D1748278

Von der Philologie
zur Grammatiktheorie

Peter Suhrkamp

Von der Philologie zur Grammatiktheorie

*Peter Suchsland
zum 65. Geburtstag*

Herausgegeben von
Josef Bayer und Christine Römer

Max Niemeyer Verlag
Tübingen 2000

Foto: Gerhard Schlosser, Cottbus

Die Deutsche Bibliothek – CIP-Einheitsaufnahme

Von der Philologie zur Grammatiktheorie : Peter Suchsland zum 65. Geburtstag /
hrsg. von Josef Bayer und Christine Römer. - Tübingen : Niemeyer, 2000
  ISBN 3-484-73049-8

© Max Niemeyer Verlag GmbH, Tübingen 2000
Das Werk einschließlich aller seiner Teile ist urheberrechtlich geschützt. Jede
Verwertung außerhalb der engen Grenzen des Urheberrechtsgesetzes ist ohne
Zustimmung des Verlages unzulässig und strafbar. Da gilt insbesondere für
Vervielfältigungen, Übersetzungen, Mikroverfilmungen und die Einspeicherung
und Verarbeitung in elektronischen Systemen. Printed in Germany.
Druck: AZ Druck und Datentechnik, Kempten
Einband: Großbuchbinderei Heinrich Koch, Tübingen

Inhalt

Vorwort IX

1. Sprachtheorie

Gerhard Helbig
Quo vadis, Grammatik? Zum Status der einzelsprachlichen
Grammatik 3

Wolfgang Sternefeld
Grammatikalität und Sprachvermögen. Anmerkungen
zum Induktionsproblem in der Syntax 15

2. Syntax und Semantik

Josef Bayer
Basic Order: A Significant Difference between English
and German 45

Gisbert Fanselow
Does Constituent Length Predict German Word Order
in the Middle Field? 63

Cornelia Krause
Anmerkungen zum pränominalen Genitiv im Deutschen 79

Michael Meng
Syntaktische Beschränkungen für Ellipsen in
Koordinationen 97

Gereon Müller
Zur Ableitung der NP-Adv-V-Stellung im Deutschen 117

Gisa Rauh
Determinantien und Lokaladverbien: Projektionsrelevante
Analogien 139

Rudolf Růžička
Russische Indefinita zwischen Quantifikation und Diskurs 161

Joachim Sabel
Syntaktische Inseln 171

Peter Staudacher
Partial Movement and Compositionality 191

Anita Steube
Ein kognitionswissenschaftlich basiertes Modell für die
Informationsstrukturierung (in Anwendung auf das Deutsche) 213

Ilse Zimmermann
Partizip II-Konstruktionen des Deutschen als Modifikatoren 239

3. Lexikontheorie

Markus Bader
Argument Linking. Wieviel lexikalisch-konzeptuelle
Informationen werden benötigt? 273

Wolfgang Motsch
Syntaktische Konsequenzen von Wortbildungsmustern 289

Rosemarie Schmidt
Grammatik und Lexikographie. Wortbildungsmittel
im zweisprachigen Wörterbuch anhand deutscher,
schwedischer und russischer Beispiele 303

Renate Steinitz
Deutsch *werden, bleiben:* Schwedisch *bli, förbli* –
viele Daten, einige Beobachtungen, ein oder zwei Ideen 315

4. Fachsprache

Ulrich Ammon
Deutsch als internationale Wissenschaftssprache:
neueste Entwicklungen 345

Christine Römer
Metaphern in der Wissenschaftssprache. Bildfelder
der sprachwissenschaftlichen Fachkommunikation 353

Inhalt VII

Gotthard Schreiter
Metaphern in persuasiver Rede 367

5. Sprachgeschichte

Heinz Endermann
Zur Datierung des althochdeutschen Tatian..................... 379

Eckhard Meineke
Zur wechselseitigen Bestimmung der Wortbedeutungen............ 393

Wolfgang Ullrich Wurzel
‚Dia-Synchronie' oder: vom Wandel zur Struktur 417

6. Briefe

Gisela
Dear Peter. Zehn Briefe aus Amerika 435

7. Schriftenverzeichnis

Veröffentlichungen von Peter Suchsland....................... 449

Vorwort

> Reden wir von sprachwissenschaft schlechthin, so verstehen wir darunter die sprachwissenschaft oder wie man sie mit einem barbarischen worte zu nennen pflegt, die linguistik im engeren sinne, [...]
>
> die philologie aber hat die sprache nicht zum hauptzwecke, sie bedient sich derselben als mittel, als organon, um durch sie einzudringen in das geistige leben, [...]
>
> während die sprachwissenschaft im eigentlichen sinne die sprache als solche zum objekte hat.
>
> August Schleicher*

Der Band, den Sie in Händen halten, ist eine Festschrift, die wir Peter Suchsland zu seinem 65. Geburtstag in Dankbarkeit und Verehrung überreicht haben. Der Band versammelt die Gaben von Freunden, Schülern und Kollegen an den Jubilar, die ihn auf unterschiedlichen Stadien seiner wissenschaftlichen Laufbahn begleitet haben oder mit ihm in Austausch getreten sind.

Peter Suchsland ist – wie manch andere Sprachwissenschaftler auch – nicht unmittelbar ins Fach gekommen, sondern zunächst über eine solch sprachferne Institution wie die Dresdener Hochschule für Verkehrswesen, dann aber – *nearer to thee* – die Germanistik und Romanistik an der Friedrich-Schiller-Universität Jena, wo er 1965 mit einer Arbeit zur Sprache der Jenaer Ratsurkunden 1317-1525 promovierte und nach einer Zeit als Assistent und Oberassistent bei Heinz Mettke sowie nach vierjähriger Tätigkeit als wissenschaftlicher Abteilungsleiter am Zentralinstitut für Sprachwissenschaft an der Akademie der Wissenschaften der DDR zum Hochschuldozenten und schließlich 1979 zum ordentlichen Professor wurde. Peter Suchsland hat diese Funktion in der damaligen Sektion Sprachwissenschaft zuerst als stellvertretender Direktor für Forschung ausgeübt, nach der Wende von 1990 bis 1994 als Direktor des neu konstituierten Instituts für Germanistische Sprachwissenschaft. In den Jahren 1994 bis 1997 war er Erster Vorsitzender der Deutschen Gesellschaft für Sprachwissenschaft, über einen längeren Zeitraum auch DFG-Gutachter für die Bereiche Allgemeine und

---

* A. Schleicher: Über die stellung der vergleichenden sprachwissenschaft in mehrsprachigen ländern. Prag 1851

Angewandte Sprachwissenschaft. In denjenigen Zeiten, in denen er das damalige Westeuropa nicht bereisen konnte, pflegte er intensiven Austausch mit Germanistischen Instituten in Georgien, in Polen, in der damaligen CSSR und anderswo; einige dieser Beziehungen haben sich bis heute gehalten und führen Peter Suchsland immer wieder als Gastprofessor an Hochschulen Osteuropas. Erst später waren dann auch Kontakte nach Schweden möglich und schließlich – als letztes sozusagen – auch in die damalige BRD. Seine hohe Kompetenz, sein Engagement für die Linguistik und seine liebenswerte Art haben ihn rasch auch in die Szene der „West-Linguistik" eingeführt. Seine Wahl und Wiederwahl zum Ersten Vorsitzenden der DGfS nach der Wiedervereinigung Deutschlands sind beredtes Zeugnis für das hohe Ansehen, das der Jubilar schon nach kurzer Zeit auch bei denjenigen hatte, die ihn vorher nicht kannten.

Schon an den äußeren Daten sieht man, daß sich Peter Suchsland „von der Philologie zur Grammatiktheorie" bewegt hat. Sein Werdegang hat ihm einen Reichtum an Wissen und Wissenshintergründen beschert, um den ihn viele beneiden müssen, die vielleicht einen geraderen Weg gehen konnten. Peter Suchslands wissenschaftlicher Weg ist von einer großen Offenheit und einer breiten Aufgeschlossenheit für gute Argumente gekennzeichnet. An dem Verzeichnis seiner bis zur Drucklegung dieses Bandes veröffentlichten Werke, das sich im Schriftenverzeichnis am Ende des Bandes findet, läßt sich ablesen, daß er sich rasch mit der Tätigkeit des „Sammlers und Jägers" nicht mehr zufrieden gab und nach Antworten auf zentrale Fragen über die Rolle der Sprache in der menschlichen Existenz und über das spezielle Wesen der Sprache zu suchen begann. Er tat das nicht mit hehrem Pathos, sondern in aller Bescheidenheit als Germanist und intimer Kenner des Deutschen und seiner Ursprünge.

Peter Suchslands wissenschaftliches Œuvre hebt zunächst literaturwissenschaftlich an und geht dann – prälinguistisch und rein philologisch – in seine große Arbeit zur Sprache der Jenaer Ratsurkunden 1317-1525 über. Die sprachgeschichtliche Kompetenz bleibt auch in seinen nachfolgenden Arbeiten immer sichtbar, auch dort, wo es um andere Themen geht. Bald wendet er sich Themen der Sprachtheorie zu. Sein besonderes Interesse gilt schon früh der Einbettung von Sprache in die Gesellschaft unter dem Aspekt der Enkapsuliertheit des sprachlichen Wissens. Dieses Interesse zieht sich durch seine ganze Laufbahn und ist u.a. in dem Sammelband *Biologische und soziale Grundlagen der Sprache* repräsentiert, der auf ein interdisziplinäres Symposium an der Universität Jena im denkwürdigen Herbst 1989 zurückgeht. Peter Suchsland hat eine breite Palette an grammatiktheoretischen Arbeiten zu Themen der Syntax, Semantik, Lexikontheorie und Morphologie vorgelegt. Zu einem geringeren Grad hat er sich auch mit Textlinguistik und Pragmatik befaßt, sowie immer wieder mit der wichtigen Frage der Umsetzung linguistischer Erkenntnisse im Fremdsprachenunterricht. Seine grammatiktheoretischen Arbeiten thematisieren schon früh die Schnittstellenproblematik, das Verhältnis von Syntax und Semantik, sowie das Verhältnis von Syntax und Morphologie. Ein Schwerpunkt in Peter Suchslands Werk war und ist bis heute die Syntax des Verbs in allen möglichen Auffächerungen: Lexikalische Struktur, Argumentstruktur, Diathese, Infinitivkonstruktionen mit und ohne *zu*, Infinitiveinbettungen, Selektionseigenschaften von Verben, Kontrollrelationen, Satzkomplemente, komplexe Sätze usw. Als weiterer Schwerpunkt traten später die Subjektsexpletiva und andere Korrelate hinzu.

Peter Suchsland hat sein Fach immer mit großem Engagement vertreten. Entsprechend anregend war auch sein Unterricht. Die Adaptation von Robert D. Borsleys Syntaxeinführung für das Deutsche ist ein Resultat einer langjährigen Unterrichtserfahrung bei der Vermittlung vertiefter syntaktischer Kenntnisse für Studierende der Germanistik. Sein Unterricht orientierte sich zentral an Grundfragen der generativen Grammatik, aber das Spektrum ging auch hier weit über das Übliche hinaus. Peter Suchsland vermittelte den Studierenden stets auch die Einsichten der traditionellen Grammatik, sowie nicht-Chomskyanische alternative Frameworks wie die GPSG oder HPSG. Obwohl er von sich stets behauptet, von Semantik „keine Ahnung" zu haben, führte er in seinen Veranstaltungen die Studierenden zu einer Beherrschung der formalen Semantik und ihrer technischen Aspekte, die weit über das hinausgeht, was als Standard in der Germanistik geboten bzw. verlangt wird. Ist es da ein Wunder, daß Peter Suchsland eine Reihe von Leuten – mehrere ehren ihren ehemaligen Lehrer mit Beiträgen zum vorliegenden Band – zu seinem wissenschaftlichen Nachwuchs zählen kann, die in anspruchsvolle Karrieren einsteigen konnten?

Last not least ein Wort zur Wissenschaftsförderung: Peter Suchsland hat sich zu DDR-Zeiten darum verdient gemacht, daß Ostberlin ein international wahrgenommenes sprachwissenschaftliches Zentrum bleiben konnte, und später, daß Jena ein kleines Zentrum der Linguistik geblieben ist, das das bedeutende Erbe, welches Forscher wie August Schleicher, Berthold Delbrück, Eduard Sievers, Henrik Becker und andere an diesem Ort hinterlassen haben, mit Würde fortsetzen konnte. Alles was Rang und Namen hatte in der Grammatikforschung der DDR hatte, fand sich zu den Jenaer Semantik-Syntax-Symposien ein. Nach der Wende hat sich Peter Suchsland in uneigennütziger Weise und mit Mut gegen Pläne zum Abbau der Germanistischen Sprachwissenschaft an der Universität Jena und der eventuellen Auflösung des Instituts zur Wehr gesetzt. Daß es heute möglich ist, an der Philosophischen Fakultät der Friedrich-Schiller-Universität u.a. experimentelle Kognitionsforschung zu betreiben, ist auch seiner Kraft und seinem Durchhaltevermögen in der Umbruchzeit zu verdanken. Peter Suchslands Kompetenz und Umsicht sind oft „draußen" mehr geschätzt worden als „drinnen". Er hat an der Etablierung mehrerer linguistischer Einrichtungen im Lande fördernd mitgewirkt, die heute das Prädikat *„center of excellence"* tragen.

An dieser Stelle soll auch denjenigen gedankt sein, die sich besonders um das Zustandekommen dieses Bandes verdient gemacht haben. Das sind natürlich die Autorinnen und Autoren, die verantwortlichen Kolleginnen des Max Niemeyer Verlags, sowie Heidrun Keßler, Ellen Bannach, Anne Breitbardt und Peter Leupold, die die Druckvorlage erstellt haben.

Die in diesem Band versammelten Beiträge spiegeln sowohl inhaltlich als auch quantitativ ziemlich gut die Interessen, Schwerpunkte und Hobbys des Jubilars wider. Wir geben sie Dir, lieber Peter, zum Dank für alles und mit dem Wunsch, daß Du uns als Mensch und als Linguist noch viele Jahre begleitest.

Josef Bayer & Christine Römer   Jena, den 28. April 2000

1. Sprachtheorie

Gerhard Helbig

Quo vadis, Grammatik?
Anmerkungen zum Status der einzelsprachlichen Grammatik

1. Es ist nicht nur guter Brauch, sondern auch ein dringendes Desiderat, in gewissen Abständen von der Arbeit an Detailfragen der Einzelforschung zurückzutreten und allgemeine Fragen danach zu stellen, wo die entsprechende Wissenschaft steht und welche Entwicklungen sich abzeichnen. Das gilt in besonderem Maße für die Linguistik und für die Grammatik, weil sie sich in den letzten 50 Jahren äußerst rasch entwickelt haben. Deshalb sollen im folgenden einige Anmerkungen zu den Fragen gemacht werden, woher die Grammatik kommt, wo sie gegenwärtig steht und wohin sie sich (möglicherweise) entwickelt, und im Zusammenhang damit einige Probleme angesprochen werden, die mit dieser Entwicklung verbunden sind. Unmittelbarer Anstoß dafür war die provozierende und zugespitzte Frage des Jubilars „Ist die Grammatiktheorie noch zu retten?" (Suchsland 1992), die keineswegs an Aktualität verloren hat. Für den Jubilar, der sich immer der Generativen Grammatik (=GG) verbunden gefühlt hat, aber auch für andere ist diese Frage offensichtlich Ausdruck eines Unbehagens, das sich aus der jüngeren Entwicklung der GG selbst ergibt und mit der Befürchtung verbunden ist, es könne „zu einer Art Selbstauflösung der Grammatiktheorie" kommen, die Autonomie der Grammatik (die lange Zeit mit Erfolg gegen funktional-kommunikative Orientierungen von außen verteidigt worden ist) sei nun „von innen her" in Gefahr, indem sie in globalen Bereichen der kognitiven Psychologie zu „verschwinden" drohe. Zugespitzt formuliert der Jubilar (Suchsland 1992: 386): „Was können wir noch zur Analyse der Struktur natürlicher Sprachen ... beitragen, wenn wir nur nach globalen Bedingungen suchen, die für alle möglichen Bereiche menschlichen Verhaltens gelten sollen?"

2. Dieses Problem ist angelegt im Wesen und in der Entwicklung der GG, die von Anfang an einen doppelten Aspekt hatte: Einerseits strebte sie nach der Ausarbeitung eines präzisen Beschreibungsapparats für natürliche Sprachen, andererseits war sie eine Theorie über die mentale Repräsentation und den Erwerb sprachlichen Wissens (als konzeptionell-philosophischer Hintergrund). Diese Theorie schließt die Frage ein, wieso wir so viel über Sprache wissen (können) trotz beschränkter Evidenz und trotz beschränkten Erfahrungsangebots (beim kindlichen Erstspracherwerb ganz offenkundig), oft als „Platos Problem" bezeichnet (vgl. Bierwisch 1992: 10f.). Fanselow/Felix (1987: 7ff.) haben betont, daß beide Aspekte untrennbar zusammengehören, nur miteinan-

der verständlich sind und ihre Trennung zu Mißverständnissen und Fehldeutungen führt (dies war das eigentliche Anliegen ihrer synoptischen „Einführung" in die GG). Seit diesem Anfang haben sich jedoch grundlegende Modifikationen in der GG vollzogen, die von „Syntactic Structures" (Chomsky 1957) über die Standardtheorie (Chomsky 1965) bis zum „Government-and-Binding-Modell" (=GB) (Chomsky 1981) und schließlich zum Minimalismus-Ansatz (Chomsky 1995) führten (vgl. im Überblick Suchsland 1998; 1999). Was diese Modifikationen motivierte, war nicht vorrangig der erste Aspekt (der deskriptiven Adäquatheit bei der Beschreibung von Einzelsprachen), sondern vor allem der zweite Aspekt (d.h. des grundlegenden konzeptionellen Ziels der GG): Die Standardtheorie hatte zwar auch unter deskriptivem Aspekt bestimmte Defizite, vor allem aber genügte sie dem Anspruch nicht, die mentale Repräsentation und den Erwerb sprachlichen Wissens in überzeugender Weise zu erklären. Das führte – folgerichtig – zu weiteren Generalisierungen im Hinblick auf eine Universalgrammatik (=UG).

Fanselow/Felix (1987: 7ff.) haben – mit vollem Recht – darauf hingewiesen, daß das mit dem zweiten Aspekt benannte grundlegende Ziel der GG seit den frühen Arbeiten Chomskys unverändert geblieben ist; verändert haben sich die Mittel, mit denen man dieses Ziel zu erreichen sucht, und die Einsichten, wie eine erklärungsstarke Theorie über sprachliches Wissen auszusehen hat. Bei diesen grundlegenden Veränderungen mußte man mächtige und auch erfolgreiche Beschreibungselemente zugunsten von erklärungsstarken Prinzipien aufgeben, wurde die deskriptive Adäquatheit vielfach zugunsten der explanativen Adäquatheit reduziert, verschob sich die Blickrichtung zunehmend vom ersten zum zweiten Aspekt der GG. Die ursprüngliche Hoffnung, man könnte mit dem Instrumentarium der GG in absehbarer Zeit eine GG von gesamten Einzelsprachen vorlegen, rückte in weite Ferne. Das führte zur Abwendung zahlreicher Linguisten (vor allem solcher, denen es vornehmlich um die Beschreibung von Einzelspachen ging) von der GG. Mit der Dominanz des zweiten (explanativen) Aspekts trat der erste (deskriptive) Aspekt so in den Hintergrund, daß sowohl eine „Entzweiung" der Linguisten als auch eine „Abkoppelung" der beiden Aspekte zu beobachten ist. Trotz der geforderten Einheit der beiden Aspekte müssen auch Fanselow/Felix (1987: 9) bekennen:

> Wer Syntax um der reinen Sprachbeschreibung willen betreibt, wer primär an einer vollständigen Erfassung von Daten mit möglichst hoher deskriptiver Adäquatheit interessiert ist ..., für den ist die GG und besonders GB das denkbar ungeeignetste Instrument.

Man hat von einer „Spannung" zwischen der adäquaten Beschreibung von Einzelsprachen (der Diversität) und ihrer generellen Erklärung mit Hilfe einer UG gesprochen (vgl. Chomsky 1986: 55-6; Newmeyer 1996: 80ff.). Dabei ist der deskriptive Bericht über alle Fakten einer Einzelsprache immer mehr zurückgetreten zugunsten der Vertiefung unserer Einsichten über die Eigenschaften einer UG (bei gleichzeitiger Reduktion der Komplexität und der Sprachspezifik von Regeln). Anders ausgedrückt: Auch wenn die GG Deskrip-

Quo vadis, Grammatik? 5

tion und Explanation (theoretisch) als komplementär ansieht, werden in der Praxis zunehmend sprachspezifische Züge nur insoweit in das Blickfeld gerückt, als sie für die UG-Erklärung theorierelevant sind. Die Komplementarität beider Aspekte erscheint gleichsam im Licht des Verhältnisses vom Mittel (Deskription) und Zweck (UG-Explanation). Dies rief Skepsis bei jenen Linguisten hervor, die theoretische Einsichten auch danach zu beurteilen gewohnt waren, wie sie eine große Varietät von sprachspezifischen Daten abdecken.

3. Daß die theoretische Konzeption der GG so grundlegend modifiziert worden ist, hängt mit allgemeinen wissenschaftsgeschichtlichen Entwicklungen der Grammatik- und Linguistik-Theorie zusammen. Huck/Goldsmith (1995: 5ff.) haben für die Linguistik nach Bloomfield in den wissenschaftlichen Programmen 3 prinzipielle „Orientierungsthesen" unterschieden (denen dann jeweils unterschiedliche „Kernthesen" zugeordnet werden): die distributionalistische, die „vermittelnde" (d.h. die Auffassung, daß die Grammatik zwischen Laut und Bedeutung vermittelt) und die psychologische (die erklären soll, was ein Sprecher implizit von seiner Sprache weiß und wie er dieses Wissen erwirbt). Chomsky (1957) beginnt in der Nachfolge des klassischen Strukturalismus mit einem distributionalistischen Programm, verfolgt in der Standardtheorie (1965) dagegen eine vermittelnde, distributionalistische *und* psychologische Orientierung. In späteren Arbeiten (nicht zuletzt auch in Antwort auf die Generative Semantik) wird die Orientierung rein psychologisch. Die Übergänge zwischen den verschiedenen Phasen verlaufen so, daß jeweils einige Kernthesen bleiben, während andere durch neue stufenweise ersetzt bzw. ergänzt werden. So ist schon bei Bloomfield (neben der dominanten distributionalistischen) die vermittelnde Orientierung vorgeprägt gewesen, so verblaßt bei Chomsky seit etwa 1963 die distributionalistische Orientierung immer mehr – zunächst zugunsten der vermittelnden (Syntax als Vermittlungsinstanz zwischen Laut und Bedeutung, die Tiefenstruktur als Vermittlungsinstanz zwischen Oberflächenstruktur und Semantik) und zunehmend dann zugunsten der psychologischen Orientierung. Wenn auf diesem Wege die distributionalistische und die vermittelnde Orientierung weitgehend aufgegeben werden (und zusätzlich der Faktenbereich vom Modell her eingeschränkt wird), gerate die GG in Gefahr (vgl. Huck/Goldsmith 1995: 43), eine Theorie ohne sprachliche Daten zu werden, die sie eigentlich erklären sollte.

4. Dieser Entwicklung in den prinzipiellen Orientierungen entsprechen wesentliche Veränderungen im Aufbau und in der Architektur der GG. Beginnend mit der Standardtheorie, kann man – mit Bierwisch (1992: 17ff.) – drei Phasen unterscheiden – je nach den unterschiedlichen Antworten auf die Grundfrage nach Struktur und Charakter des sprachlichen Wissens und seiner Fundierung durch die menschliche Sprachfähigkeit:

In einer *ersten* Phase (Standardtheorie) stellte sich die Sprachkenntnis als komplexes System von *Regeln* zur Erzeugung struktureller Repräsentationen dar. Dabei ergaben sich zunehmend offene Fragen und Defizite, dies sowohl unter beschreibungstechnischem Aspekt (vor allem: die Transformationen waren zu komplex und zu konstruktionsspezifisch, sie nahmen auch quantitativ immer mehr zu) als auch – und vor allem – unter konzeptionellem Aspekt: Auf dieser Grundlage schien es nicht möglich, Platos Problem zu lösen und die Tatsache zu erklären, daß Kinder in kürzester Zeit eine hoch komplexe Grammatik ihrer Muttersprache ausbilden (weil dies angeborene Dispositionen zum Erwerb einer beliebigen Sprache, also eine UG voraussetzt). Freilich hatte Chomsky schon in seiner Standardtheorie (1965: 6) als Aufgabe formuliert, die universellen Beschränkungen aufzudecken, denen die mentalen Grammatiken verschiedener Sprachen unterliegen, die einzelsprachlichen Grammatiken durch eine universelle Grammatik zu „ergänzen" (damit der Sprachkompetenz der Sprecher/Hörer in vollem Maße Rechnung getragen wird).

Deshalb kam es in einer *zweiten* Phase der GG zu einem Umbau von der *Regel*-Grammatik zu einer *Prinzipien*- (und Parameter-)Grammatik, der eine wesentliche Generalisierung und Universalisierung bedeutete. Die komplexen einzelsprachlichen Regeln wurden durch das Ineinandergreifen relativ einfacher Prinzipien erfaßt, die die Variabilität möglicher Regeln und auch die Klasse der Regelsysteme erheblich einschränkten. Das Interesse verlagerte sich auf diese Prinzipien, die zu Teiltheorien der grammatischen Strukturbildung zusammengefaßt wurden (z.B. Rektions-, Bindungs-, Theta-, Kasustheorie) (vgl. Chomsky 1981: 5ff.), aus deren Interaktion Eigenschaften der Sprachkenntnis abgeleitet werden können. Diese Prinzipien haben einen anderen Status als die (einzelsprachlichen) Regeln. Als übergreifende Bedingungen sprachlicher Strukturbildung gehören sie zur UG. Diese UG muß so aufgebaut sein, daß sie spezifisch ist gegenüber Dispositionen für andere mentale Leistungen, aber unspezifisch für den Erwerb irgendeiner Einzelsprache. Da die Einzelsprachen aber verschiedene Strukturen aufweisen, muß die UG zugleich die Basis sein für erheblich divergierende Kenntnissysteme, müssen ihre Prinzipien und Schemata bestimmte Variationsmöglichkeiten (offene Parameter) enthalten. Die UG (als angeborene Disposition) besteht deshalb aus allgemeinen Operationsschemata und einem strukturierten System parametrisierter Prinzipien. Die Wahl aus den Parameterwerten bestimmt die Struktur der betreffenden Einzelsprache; Sprachkenntnis und Spracherwerb bestehen in der Ermittlung und Fixierung der entsprechenden (in der UG enthaltenen) Parameterwerte. Auf diese Weise wird einerseits der Einsicht Rechnung getragen, daß Sprachkenntnis (UG) angeboren ist, andererseits der Tatsache entsprochen, daß es beträchtlich divergierende Kenntnissysteme (Einzelsprachen) gibt. Während in der Standardtheorie die UG eher als „Ergänzung" erschien, ist der Schwerpunkt jetzt anders (nahezu umgekehrt) gesetzt: Die Einzelsprachen ergeben sich aus Parameterwerten der UG.

Schließlich hat sich eine *dritte* Phase angebahnt – nach der regelorientierten Standardtheorie (mit expliziten Phrasenstruktur – und komplexen Transformationsregeln) und der prinzipienorientierten GB-Theorie (mit angeborenen UG-Prinzipien und einzelsprachlichen Parametern) –, in der der Effekt von

Prinzipien der UG aus noch allgemeineren, nicht mehr sprachspezifischen Eigenschaften von Repräsentationssystemen (z. B. Ökonomie, Vollständigkeit) abzuleiten wäre (etwa im Minimalismus-Konzept). Bierwisch spricht dabei von „*Metaprinzipien*" und nennt auch die damit im Zusammenhang stehenden – wohl wesentlichsten – Probleme, (a) daß sich – bei Erklärung der UG-Prinzipien als Konsequenzen noch allgemeinerer Metaprinzipien – die Spezifik der Sprachdisposition womöglich auflöst und die Autonomie der Sprachfähigkeit in Zweifel gezogen wird; (b) daß erst recht unklar bleibt, was aus den Parametrisierungen der UG wird, wenn deren Prinzipien zu Derivaten solcher Metaprinzipien werden.

5. Damit ist der Hintergrund angedeutet, der zu Suchslands provokativer Frage geführt hat, ob die Grammatik(theorie) noch zu retten sei (1992: 386ff.), ausgehend von der Beobachtung, daß in den letzten Phasen der Gegenstandsbereich der Grammatiken immer mehr eingeschränkt wird (womöglich „als Vorstufe zu ihrer Selbstaufgabe"), daß deskriptive Adäquatheit bei der Analyse von grammatischen Strukturen einer Einzelsprache vielfach nicht mehr als ernsthaftes wissenschaftsstrategisches Ideal (bestenfalls als „matter of execution") angesehen werde. Die Spannung zwischen deskriptiver und explanativer Adäquatheit sieht Suchsland als „Chomsky'sches Dilemma" an: Während sich unser Wissen über bestimmte generelle Bereiche erheblich erweitert und vertieft hat, hat sich gleichzeitig die Menge der Erscheinungen, die grammatisch zu erklären sind, eher verringert. Er sieht darin keine *nur* wünschenswerte Entwicklung: Es sollte uns nicht nur um (einige) universelle Prinzipien gehen (die sich vielleicht noch nicht einmal als Prinzipien sui generis erweisen könnten), sondern – zumal als Linguisten und auch in Erinnerung an die Anfänge der GG – auch darum, wie das sprachliche Wissen über die kleine Zahl parametrisierter Prinzipien hinaus organisiert ist, d.h. um eine explanativ und deskriptiv adäquate Theorie konkreter natürlicher Sprachen und ihre mentalen Grammatiken. Die Grammatiktheorie ist für Suchsland noch zu retten, aber nicht dadurch, daß das Interesse allein auf universale Erklärung über Prinzipien und Metaprinzipien fokussiert wird (die ihrerseits nicht wesentlich oder ausschließlich linguistische Begriffe involvieren), sondern dadurch, daß sie ihre Suche nach tiefer liegenden Prinzipien der universellen Sprachfähigkeit mit der Analyse der speziellen (einzelsprachlichen) Sprachkompetenz verbindet, daß sie also Explanation und Deskription wieder zusammenführt.

Es erscheint unwesentlich, ob man beim Bezug auf Einzelsprachen überhaupt von Grammatik*theorie* sprechen sollte (ob es z.B. eine *Theorie* der deutschen Sprache gibt) oder ob man sich nicht damit begnügen könnte, zwischen Grammatiktheorie (allgemein) und Einzeldeskription zu unterscheiden. Wesentlich ist das Unbehagen an der angedeuteten jüngeren Entwicklung der (generativen) Grammatiktheorie, das nicht nur von Suchsland allein, sondern von mehreren Seiten (durchaus nicht nur „von außen", sondern auch „von innen" her) artikuliert wird. Ähnlich argumentiert z. B. auch Fanselow

(1992: 352ff.), daß (einzelsprachliche) Grammatiken „weder eliminiert noch überflüssig" werden (dürfen): Sie „sind und bleiben der empirische Bewertungsmaßstab für den ‚Überbau', unsere Mutmaßungen über den Aufbau der menschlichen Kognition".

6. Die Entwicklung, die zu dem genannten Unbehagen führte, war indes so überraschend nicht, war auch kein völliger „Bruch" mit Einsichten, die schon in der Standardtheorie vorgeprägt waren im Hinblick auf Gegenstand und Methodologie. Seit Chomsky (1965: 3ff.) die grundlegende Unterscheidung zwischen Kompetenz und Performanz vorgenommen, unter Kompetenz das implizite Wissen des idealisierten Sprechers/Hörers von seiner Sprache verstanden und es als Aufgabe der Grammatik angesehen hatte, dieses implizite Wissen (als Kompetenz) zu beschreiben, war eine Gegenstandsveränderung eingetreten: Was aufgedeckt werden sollte (unter mentalistischem Aspekt), war nicht mehr das aktuelle sprachliche Verhalten, sondern die mentale Realität, die diesem Verhalten zugrunde liegt, war nicht mehr die in Texten gegebene „externe Sprache" (E-Sprache), sondern die in den Köpfen der Sprecher enthaltene „innere Sprache" (I-Sprache). Das hatte methodologische Konsequenzen hinsichtlich der Frage, woher wir unsere Informationen über die Sprachkompetenz des Sprechers/Hörers gewinnen (da sie nicht direkt beobachtbar ist und auch experimentell-deskriptive Tests dafür nicht ausreichen). Chomsky verweist – schon damals – auf die (introspektive) Intuition des Sprechers, die wesentlicher sei als operationelle Kriterien, weil „Einsicht" ein wichtigeres Ziel sei als vermeintliche Objektivität (zumal wenn diese zu keiner wesentlichen Einsicht führt). Damit sind ältere (vor allem: strukturalistische) Positionen aufgegeben – die Strukturalisten entwickelten gerade um der Objektivität willen „objektive" Methoden, um Introspektion auszuschließen –, ergab sich mancherorts schon damals die Frage, ob die (erneute) Berufung auf die Intuition die Linguistik nicht wieder aus dem Platz innerhalb der „präzisen" –Wissenschaften herausführen würde (den sie seit Bloomfield gewonnen hatte.)

7. Diese Entwicklung mündete schließlich in die Kognitive Linguistik (=KL) als Teilgebiet der sich im letzten Jahrzehnt rasch formierenden Kognitionswissenschaft (=KW). Allerdings gibt es noch recht unterschiedliche Auffassungen zum Verhältnis von GG und KL: Sie werden z.T. nahezu gleichgesetzt, z.T. aber auch erheblich differenziert, z.T. sogar fast entgegengesetzt (vgl. auch Kertész 1997, 198f.).

Eine sehr enge Verbindung (wenn nicht: Gleichsetzung) wird z.B. bei Bierwisch (1987: 645f.) suggeriert, der die KL nicht als neues Teilgebiet der Linguistik, sondern als „bestimmtes *Verständnis* vom Charakter und von der Zielstellung der Wissenschaft von der natürlichen Sprache" bestimmt. Grundlegend für dieses Verständnis ist die Auffassung, daß die Sprache, ihre Aneignung und ihr Gebrauch *mentale* Phänomene sind, d.h. charakteristische Leistungen des menschlichen Geistes. Gegenstand der KL ist deshalb die *Sprachkenntnis*, die dem sprachlichen Verhalten zugrunde liegt, sind also nicht (nur) die sprachlichen Äußerungen selbst (als „externe Sprache"), sondern das Kenntnissystem, das die sprachlichen Äußerungen organisiert (die dem Sprecher interiorisierte „innere Sprache"). Damit steht die Sprachwissenschaft nicht nur im Zusammenhang mit anderen kognitiven Wissenschaften, die ebenfalls nach Gesetzmäßigkeiten mentaler Strukturen und Prozesse (z. B. des Wahrnehmungs-, Denk- und Handlungsvermögens) suchen, daraus ergibt sich auch ihr Anspruch auf den Charakter nicht nur als beschreibende, sondern auch als erklärende Theorie. Sie geht den drei Hauptfragen nach, (a) was Sprachkenntnis ist, (b) wie Sprache erworben wird, (c) wie sie bei Sprachproduktion und -rezeption wirksam wird.

Auch Schwarz (1994: 10ff.) sieht zunächst Gemeinsamkeiten von KL und GG: Die KL ist – wie die GG – eine mentalistische Sprachtheorie, befaßt sich mit der Sprache als einer spezifischen kognitiven Fähigkeit des Menschen, als Subsystem der Kognition. Die KW insgesamt versteht sich als Verbund verschiedener Disziplinen (Psychologie, Linguistik, Philosophie, Künstliche Intelligenz) mit dem Ziel, Organisation und Funktionsweise der menschlichen Kognition zu beschreiben und zu erklären. Darum interessiert sich die KL – wie die GG – nicht so sehr für konkrete sprachliche Äußerungen als vielmehr für die mentalen Dispositionen, die es dem Menschen ermöglichen, sprachliche Äußerungen zu produzieren und zu rezipieren. Trotz dieser Gemeinsamkeiten hebt Schwarz (1992: 44; 1994: 113f.; 1997: 22ff.) aber auch wesentliche Unterschiede zwischen KL und GG hervor: (a) Die KL versteht sich nicht als Grammatik-, sondern als Sprachtheorie, d.h., sie beschränkt sich nicht auf die formale Komponente der Sprachfähigkeit, sondern schließt auch die inhaltliche Komponente ein und will das gesamte mentale Phänomen Sprache umfassen. (b) Sie konzentriert sich nicht nur auf den strukturell-repräsentationalen Aspekt der Sprachfähigkeit, sondern schließt ihren prozedural-prozessualen Aspekt ein (d.h. die Mechanismen, die Teile der repräsentierten Kenntnisse abrufen und verarbeiten), will beide Aspekte verbinden. (c) Daraus resultiert ein erweiterter Kompetenzbegriff, der nicht mehr nur strukturell-repräsentational, sondern auch prozessual definiert wird (als die Mechanismen, die die Aktualisierung sprachlicher Kenntnisse ermöglichen, also ebenfalls unseren sprachlichen Produktions- und Rezeptionsprozessen zugrunde liegen). (d) Die GG setzt zumeist auf „Einsicht" und Introspektion als Hauptinstrumente zur Evaluierung von Hypothesen, die KL auf Ergebnisse empirisch-experimenteller Forschungen (als eine Art „erweiterter Methodik").

Auch andere Auffassungen laufen auf eine Teil-von-Relation, gleichsam auf ein Inklusionsverhältnis von Sprachwissenschaft und KL hinaus. Seitens der KL selbst (vgl. Habel u. a. 1996: 7f.) wird betont, daß sich mit der KL eine Abkehr von der rein strukturbezogenen Betrachtung der Sprache und eine Zuwendung zu Prozessen vollzieht, die beim Sprachbenutzer eine Rolle spielen, wenn er sprachliche Äußerungen produzieren und verstehen will. Es geht darum, „die Zusammenhänge zwischen der Sprachfähigkeit des Menschen und seiner Kognition aufzudecken und zu klären, wie sprachliches Wissen mental repräsentiert und kognitiv verarbeitet wird". Auf die Disziplinen bezogen heißt das (vgl. Habel u.a. 1996: 15ff.): KL ist nicht eine mit andern Mitteln betriebene Sprachwissenschaft, ist zwar auch, aber zugleich stets mehr als Sprachwissenschaft, ist „Sprachwissenschaft + Sprecher-/Hörer-Wissenschaft". Das bedeute auch, nach den neuro(bio)logischen Korrelaten sprachverarbeitender Prozesse zu fragen, die Situiertheit menschlichen Handelns zu erklären und die Systeme außersprachlichen Handelns zu untersuchen. Auch wenn die KL unterschiedlich weit aufgefaßt wird (bei der zuletzt genannten Auffassung besonders weit), handelt es sich in jedem Falle bei der Einbindung der GG über die KL in eine umfassendere KW um „eine Straße in den Geist" (Schwarz 1997). Damit ist ein Weg beschritten, den Chomsky (1979: 43ff.) bereits angedeutet hatte, indem er die Linguistik als Teil der kognitiven Psychologie aufgefaßt hat; aber – dies ist wesentlich – die Sprache als ein solches System verstehen wollte, das relativ leicht auch innerhalb der anderen mentalen Fähigkeiten zu isolieren sei.

8. In dieser Frage scheiden sich bekanntlich innerhalb der KL die Geister: In einem *modularen* Ansatz erscheint das sprachliche Kenntnissystem als weitgehend autonomes (von anderen Subsystemen unterschiedenes) spezifisches Subsystem der Kognition, eigentlicher Untersuchungsgegenstand sind spezifisch sprachliche Prinzipien und Regeln, dabei werden z.B. auch eine semantische und eine konzeptuelle Repräsentationsebene (als zwei Module) unterschieden. Umgekehrt sind in einem *holistischen* Ansatz Sprachfähigkeit und allgemeine kognitive Fähigkeiten untrennbar miteinander verbunden, die Sprachkenntnis ist kein autonomes Subsystem, sondern eher ein Epiphänomen der Kognition (allgemeine Kognitionsprinzipien erklären das sprachliche Kenntnissystem), semantische und konzeptuelle Struktur werden folglich auch nicht unterschieden. Die Alternative besteht also in der Frage, ob die Sprache (und die Grammatik) ein relativ eigenständiges Modul der kognitiven Leistungsfähigkeit des Menschen ist, das mit anderen Modulen interagiert, *oder* ob Sprache auf andere (generellere) kognitive Dispositionen des Menschen zurückgeführt werden muß (vgl. auch Suchsland 1992: 3). Es versteht sich, daß Aussagen der KW insgesamt eine größere Erklärungskraft anstreben, ein größeres Ganzes zum Untersuchungsgegenstand haben und deshalb notwendig auch allgemeiner (weniger spezifisch) sind. Deshalb wird mancherorts auch befürchtet, die KL könne eher einen Rückschritt im linguistischen Erkenntnisstand mit sich bringen (wenn kognitive Prinzipien an die Stelle von linguistischen rücken, wenn die Suche nach linguistischen Gesetzmäßigkeiten zugunsten der Suche nach allgemeinen kognitiven Gesetzmäßigkeiten zurückgedrängt oder gar aufgegeben wird (vgl. Sucharowski 1996: 155f.). Eine solche Gefahr besteht nicht in einem modular(istisch)en, wohl aber in einem holistischen Konzept – immer dann, wenn eine Abkehr von linguistischen Erkenntniszielen erfolgt (zugunsten allgemeiner Betrachtungen über den menschlichen Geist), wenn sich in dieser (legitimen) Erweiterung zur KL kein explizites Erklärungspotential für die spezifische Sprachkenntnis wiederfinden läßt oder bereits erkannte sprachliche Erkenntnisse ausgeblendet werden. Die mit der Frage

nach dem, was beim Umgang mit Sprache „in unserem Kopf vorgeht", verbundene fruchtbare Erweiterung der Sprachwissenschaft und ihr Einbau in das Superparadigma KW, die „Straße in den Kopf" sollte deshalb auch nicht zu einer „Flucht in den Kopf" (Harras 1995: 1f.) werden. Solche Bedenken liegen dann nahe, wenn Fragestellungen und Erkenntnisse der Linguistik nicht integriert, sondern negiert werden. Dazu tendieren holistische Konzepte, übrigens nicht nur im Rahmen der hier thematisierten „kognitiven Wende", sondern – in auffälliger wissenschaftsgeschichtlicher Parallelität – auch schon im Rahmen der (zeitlich vorangegangenen) „kommunikativ-pragmatischen Wende" der Sprachwissenschaft, als unter dem Aspekt der Sprache primär oder ausschließlich als Kommunikationsmittel und Handlungsinstrument spezifisch grammatische (und sprachliche) Fragen oft an die Peripherie gedrückt worden sind (vgl. Helbig 1991).

9. Wie das Verhältnis von allgemeinen kognitiven und speziell sprachlichen Fähigkeiten, so sollte auch das Verhältnis von Deskription (von Einzelsprachen; „langue") und Explanation (UG; „langage") nicht einseitig gesehen, sollten beide nicht voneinander isoliert werden. In der Tat sind beide komplementär, ist Explanation ohne Deskription und Deskription ohne Explanation kaum sinnvoll möglich (vgl. Suchsland 1992: 387). Einzelsprachliche Zusammenhänge bedürfen einer universalgrammatischen Erklärung, wie umgekehrt einzelsprachliche Erkenntnisse einerseits Voraussetzung für universalgrammatische Erklärungen sind, die andererseits auch wieder der einzelsprachlichen Deskription zugute kommen sollten. Insofern verbirgt sich hinter der zunehmenden Trennung der beiden Aspekte der GG – wir kommen damit zum Anfang unseres Beitrages zurück – eine Gefahr, wie sie in Suchslands provokativer Frage zugespitzt artikuliert worden ist. Vermutlich ist auch das Bild von „Mittel" und „Zweck" irreführend, weil es suggeriert, die Einzeldeskription sei bloßes „Mittel", das dem „Zweck" einer UG diene. Vielmehr sollte die Einzeldeskription selbst als eigener Zweck, als eigenes Ziel angesehen werden, sollten sich alle Erklärungsversuche *auch* immer daran messen lassen, daß und wie Einzelsprachen, d.h. auch die *Oberflächen*strukturen konkreter natürlicher Sprachen genau beschrieben werden. Bei der Entwicklung der GG – zunächst von der Oberflächen- zur Tiefenstruktur, dann von der Tiefenstruktur zur UG (und den mit ihr verbundenen spezifischen sprachlichen Dispositionen) und schließlich von den spezifischen sprachlichen Dispositionen zu allgemeinen kognitiven Fähigkeiten – wurde zwar die „Explanation" immer tiefer und das Erklärungspotential immer größer, die Oberflächenstrukturen wurden dabei aber teilweise aus den Augen verloren.

Für den *Linguisten* sollte jedoch die *Sprache* hauptsächliches Ziel der Erkenntnis sein (und bleiben), nicht logische oder psychologische Strukturen und Prozesse (auch wenn diese wesentlich zur Erkenntnis von Sprache beitragen können). Linguistische Probleme sollten zunächst linguistisch (nicht logisch, auch nicht psychologisch) gelöst werden. Dasselbe gilt natürlich auch umgekehrt (philosophische, logische oder psychologische Fragen können gewiß nicht ausschließlich linguistisch geklärt werden), gilt darüber hinaus generell wohl auch für die Relation zwischen größeren Systemen (das bestätigen schlechte Erfahrungen bei Versuchen, z.B. wissenschaftliche Probleme ideologisch oder wirtschaftliche Probleme politisch lösen zu wollen). Deshalb stimmt eine Trennung auch von „Philologie" und „Linguistik" im Sinne von Haider (danach wäre „Linguistik" nur UG, gäbe es keine Linguistik, sondern nur eine „Philologie" für Einzelsprachen) bedenklich (vgl. Suchsland 1992: 387), löst sie doch ihren unverzichtbaren Zusammenhang, verselbständigt sie die UG und koppelt die Einzeldeskription letzlich von größeren Erklärungszusammenhängen ab. Die „Spannung" zwischen sprachlicher Diversität und Universalität, zwischen Einzeldeskription und UG hat in der Geschichte der Linguistik sehr unterschiedliche Akzentuierungen erfahren, stellt sich geradezu als eine Art „Pendelschwung" zwischen beiden Polen dar: Der traditionellen Orientierung auf das Allgemeine (in Anlehnung vielfach an die Logik und an die klassischen Sprachen) folgte eine strukturalistische Orientierung auf das Besondere (jede Einzelsprache als Struktur sui generis, mit deutlichem Akzent auf der Oberflächenstruktur). Wenn das Pendel nun wieder nach der anderen Seite (in Richtung auf Generalisierung und Universalisierung) ausschlägt, sollte dies mindestens nicht mit einer Dispensierung von einzelsprachlichen Grammatiken verbunden werden.

Literatur

Bierwisch, Manfred (1987): Linguistik als kognitive Wissenschaft - Erläuterungen zu einem Forschungsprogramm. - In: Zeitschrift für Germanistik 6, 645-667.
– (1992): Probleme der biologischen Erklärung natürlicher Sprache. - In: P. Suchsland, (Hg.) 1992, 7-45.
Chomsky, Noam (1957): Syntactic Structures. - The Hague: Mouton.
– (1965): Aspects of the Theory of Syntax. - Cambridge/Mass.: MIT Press.
– (1979): Language and Responsibility. - New York: Pantheon Books.
– (1981): Lectures on Government and Binding. The Pisa Lectures. - Dordrecht /Cinnaminson: Foris Publications.
– (1986): Knowledge of Language. Its Nature, Origin, and Use. - New York: Praeger.
– (1995): The Minimalist Program: - Cambridge/Mass.: MIT Press.
Fanselow, Gisbert (1992): Zur biologischen Autonomie der Grammatik. - In: P. Suchsland (Hg.) 1992, 335-356.
Fanselow, Gisbert/Felix, Sascha W. (1987): Sprachtheorie. Eine Einführung in die Generative Grammatik. Band 1: Grundlagen und Zielsetzungen. - Tübingen: Francke (= UTB 1441).
Habel, Christopher/Kanngießer, Siegfried/Rickheit, Gert (Hg.) (1996): Perspektiven der Kognitiven Linguistik. Modelle und Methoden. - Opladen: Westdeutscher Verlag.
Harras, Gisela (Hg.) (1995): Die Ordnung der Wörter. Kognitive und lexikalische Strukturen. - Berlin/New York: Walter de Gruyter (– Institut für deutsche Sprache, Jahrbuch 1993).

Helbig, Gerhard (1991): Aspekte der kommunikativen und der kognitiven Orientierung in der DDR-Linguistik. - In: Beiträge zur Erforschung der deutschen Sprache 10, 5-20.

Huck, Geoffrey/Goldsmith, John A. (1995): Ideology and Linguistic Theory. Noam Chomsky and the Deep Structure Debates. - London/New York: Routledge.

Kertész, András (Hg.) (1997): Metalinguistik im Wandel. Die ‚kognitive Wende' in Wissenschaftstheorie und Linguistik. - Frankfurt (Main) u.a.: Peter Lang (= Metalinguistica 4).

Newmeyer, Frederick J. (1996): Generative Linguistics. A historical perspective. - London/New York: Routledge.

Schwarz, Monika (1992; ²1996): Einführung in die Kognitive Linguistik. - Tübingen: Francke (= UTB 1636).

– (Hg.) (1994): Kognitive Semantik /Cognitive Semantics - Ergebnisse, Probleme, Perspektiven. - Tübingen: Gunter Narr.

– (1997): Kognitive Linguistik? Eine Straße in den Geist!: - In A. Kertész (Hg.) 1997, 19-29

Sucharowski, Wolfgang (1996): Sprache und Kognition. Neuere Perspektiven in der Sprachwissenschaft. - Opladen: Westdeutscher Verlag (= WV studium 167).

Suchsland, Peter (Hg.) (1992): Biologische und soziale Grundlagen der Sprache. Interdisziplinäres Symposium des Wissenschaftsbereiches Germanistik der Friedrich-Schiller-Universität Jena (17.-19.10.1989). Tübingen: Niemeyer (=Linguistische Arbeiten 280).

– (1992): Ist die Grammatiktheorie noch zu retten? - In: P. Suchsland (Hg.) 1992, 385-389

– (1998/1999): Wege zum Minimalismus in der Grammatiktheorie. Versuch einer Skizze von Entwicklungen in der Generativen Grammatik. - In Deutsch als Fremdsprache 4/1998 und 1/1999.

Wolfgang Sternefeld

Grammatikalität und Sprachvermögen

Anmerkungen zum Induktionsproblem in der Syntax*

> To determine properties of the underlying knowledge system
> requires inferential reasoning, sometimes of a highly abstract sort.
> (Grimshaw & Rosen 1990, S. 188)

Wer von uns hätte nicht schon einmal – beispielsweise bei der Lektüre linguistischer Schriften – am eigenen Verstand gezweifelt? Ein solcher Zweifel dürfte jedoch kaum jemals Anlaß gewesen sein, sich einem Intelligenztest zu unterziehen. Trotzdem mag der eine oder andere – sei es aus Neugierde, sei es aus bloßem Zeitvertreib – schon einmal einen solchen Test gewagt haben. Einschlägiges Testmaterial findet man in Illustrierten, auf „Grabbeltischen" von Buchdiscountern, und sogar auf CD-Roms. Ein Klassiker unter den Tests ist das 1962 erschienene Buch des umstrittenen Psychologen Eysenck, der Ihnen auf dem Klappentext seines Werkes verspricht, Ihren IQ anhand von 360 Testaufgaben „ganz unbestechlich" zu ermitteln. Wer nun jemals die Mühe auf sich geladen hat, einen solchen Test durchzuführen, wird ohne weiteres der häufig geäußerten Meinung zustimmen können (so unlängst in der *Süddeutschen Zeitung*, siehe Wormer 1997), daß Intelligenz heute wie vor 36 Jahren mit einem recht einseitigen Maß gemessen wird. Dies zeigt sich schon darin, daß sich die Strickmuster der Testaufgaben ständig wiederholen.

M. E. können wir die Aufgabenstellungen ziemlich erschöpfend in zwei Klassen einteilen. Beim ersten Typ geht es im weitesten Sinne um Semantisch-Begriffliches, z.B. um die Frage, welcher der Begriffe *Haus, Iglu, Villa, Kaufhaus, Hütte* nicht zu den anderen paßt. Der einschlägige Oberbegriff lautet natürlich: „Gebäude, in dem jemand wohnt", so daß *Kaufhaus*

---

* Vorversionen des hier abgedruckten Textes lagen Vorträgen zugrunde, die ich am 30.10.1997 an der Universität Jena und am 13.7.1998 bei der Arbeitsgruppe *Strukturelle Grammatik* in Berlin gehalten habe. Eine Kurzfassung habe ich am 17.5.1997 in Stuttgart vorgestellt. Ich danke allen Teilnehmern, insbesondere Josef Bayer und Manfred Bierwisch, herzlich für ihre Kommentare und die lebhafte Diskussion, die sich daraus ergeben hat. Ihre Argumente und Gegenargumente werden in diesem Text teilweise zitiert bzw. diskutiert. Ebensolcher Dank gebührt auch den Diskutanten hier in Tübingen, insbesondere Arnim von Stechow, Fritz Hamm und Hap Kolb. Im Sommer 1996 habe ich meine Thesen mit Tom Roeper diskutieren dürfen. Insbesondere diese Diskussion und meine Schwierigkeiten, meine Ansichten klar genug darzulegen, ist Anlaß gewesen, meine Meinung schriftlich niederzulegen.

der gesuchte Begriff ist. Auch beim zweiten Typ geht es um das Erfassen von Generalisierungen, diesmal jedoch nicht begrifflicher Art. Aufgaben dieses Typs nenne ich analytisch-kombinatorisch, sie lassen sich am einfachsten anhand von Zahlenreihen illustrieren. Die Aufgabe ist dann immer die, eine gegebene Reihe zu ergänzen. Ein einfaches Beispiel mit relativ kleinen Zahlen ist dieses:

(A)   5   6   9   20   ??

(Eysenck, dt. Ausgabe S. 124)

Wie muß die auf 20 folgende Zahl lauten? Der Test läßt Ihnen für jede Aufgabe etwa 40 Sekunden Zeit.

Als Antwort würde in einem tatsächlich durchgeführten Test lediglich eine Zahl genügen; was uns interessiert ist jedoch, wie wir auf diese Zahl gekommen sind. Die Zahl als solche möchte ich die **extensionale** Lösung nennen. Darüber hinaus spezifiziert der Lösungsteil des Buches von Eysenck aber auch das **Bildungsgesetz**, das der Zahlenreihe zugrundeliegt. Dieses nenne ich die **intensionale** Lösung.

Haben Sie inzwischen eine Lösung? Als solche wird im Lösungsteil folgende Rechnung angegeben:

(B)   (boxed{5}-2) × 2 ⇒ (boxed{6} – 3) × 3 ⇒ (boxed{9} – 4) × 4 ⇒ (boxed{20} – 5) × 5 ⇒ boxed{75}

Das allgemeine Bildungsgesetz wäre streng genommen hieraus erst noch zu erschließen; jedoch würde wahrscheinlich nur ein Mathematiker darauf bestehen, das Gesetz mithilfe einer Formel wie (C) explizit zu machen:

(C) $n_1 = 5$ und für alle $i > 1$ ist $n_i = (n_{(i-1)} - i) \times i$

Eine weitergehende Frage wäre nun: Ist dies die einzig mögliche Lösung?

Einer solchen Frage hat sich vor einiger Zeit das *Spektrum der Wissenschaft* gewidmet (siehe Stuart 1995). Der Titel des Artikels nimmt die Antwort vorweg. Er lautet: „Vertrauen ist gut, Beweise sind besser. Gerade Vermutungen, die auf eine begrenzte Folge kleiner Zahlen begründet sind, führen häufig in die Irre." Gezeigt wird, daß zu relativ kurzen Anfangsstücken immer mehrere Fortsetzungen existieren, was daran liegt, daß es einfach zu wenig kleine Zahlen gibt, als daß jedes Bildungsgesetz seine eigene, unverwechselbare Folge hervorbringen könnte. Z.B. kann die bis 13 gehende Reihe in (D) auf mindestens drei Weisen fortgeführt werden. Die mittlere Zeile ist die sog. Fibonacci-Reihe, die obere Zeile stammt aus *Bild der Wissenschaft* und die untere Zeile aus einem Test von Eysenck (S. 118):

Grammatikalität und Sprachvermögen

(D)
$$3-5-8-13 \begin{matrix} 21-34-55 \nearrow 91 \\ \searrow 89 \\ 22-39-72 — 137 \end{matrix} \quad \begin{matrix} x_n = \sqrt[4]{e^{n-2}}, \text{ gerundet} \\ x_n = x_{(n-1)} + x_{(n-2)} \\ x_n = (2 \times x_{(n-1)}) - 1 \end{matrix}$$

Was bedeutet nun diese grundsätzliche Mehrdeutigkeit von Anfangsstücken für die Praxis des Intelligenztests?[1] Dort würde als Fortsetzung der Reihe 3 – 5 – 8 – 13 wahrscheinlich nur die Fibonacci-Reihe genannt werden. Vorausgesetzt wird nämlich, daß immer nur ein maximal *einfaches* Bildungsgesetz in Betracht kommt, d.h. eine intensionale Lösung, die sich durch die wenigsten und elementarsten Rechenschritte gegenüber allen anderen Lösungen auszeichnet.

Eine weitere, implizite Voraussetzung für das Funktionieren des Tests ergibt sich auch aus der Meta-Überlegung, daß sich das zu erschließende Muster in den wenigen gegebenen Daten hinlänglich oft wiederholen muß. Damit die Daten *informativ* genug sind, um ein induktives Schließen zu ermöglichen, gehen wir intuitiv oft davon aus, daß der Abstand zwischen je zwei Zahlen der Reihe immer größer werden muß und daß es zwischen zwei benachbarten Zahlen keine weitere Zahl der Reihe geben kann. Diese implizite Spielregel des Intelligenztests mag auch die Motivation dafür gewesen sein, die Reihe (A) nicht mit $n_0 = 6$ zu beginnen:

(E) $(\boxed{6} - 1) \times 1 \Rightarrow (\boxed{5} - 2) \times 2 \Rightarrow (\boxed{6} - 3) \Rightarrow \boxed{9}$ ...

Die so erweiterte Reihe wäre ja nicht mehr monoton steigend, was verwirren und das Finden einer Lösung möglicherweise erschweren würde.

---

[1] Zur Illustration hier ein weiteres Beispiel aus der sog. „Denkbar" des *Stern* vom 14. 8. 1997. Die Reihe beginnt mit

    11   12   14   18   26   ...

Als Fortsetzung würde man nun, bei jeweiliger Verdoppelung des Abstands zwischen den Zahlen, 26+16=42 erwarten. Tatsächlich aber wird die Reihe im *Stern* mit 38 fortgesetzt:

    ...   38   62   74 $\boxed{??}$

Nach der 26 sind also mindestens zwei Fortsetzungen möglich, wobei sich die zweite Reihe aus der Addition des Produktes der Ziffern der Vorgängerzahl ergibt. Zu 26 wird demnach nicht, wie wir zunächst erwartet hatten, 16 addiert, sondern das Produkt von 2 und 6, also 12:

$\boxed{11} + 1 \times 1 \Rightarrow \boxed{12} + 1 \times 2 \Rightarrow \boxed{14} + 1 \times 4 \Rightarrow \boxed{18}$ ... $\boxed{26} + 2 \times 6 \Rightarrow \boxed{38}$ ...

I. Nun werden Sie sich gewiß fragen, was all dies mit Sprachwissenschaft zu tun haben soll. Einige unter Ihnen mögen jedoch eine formale Analogie zu Chomskys Theorie der Generativen Grammatik erkannt haben. Schließlich sind **Generative Grammatiken** nichts weiter als **Bildungsgesetze**, die es erlauben, mit endlichen Mitteln potentiell unendlich viele Strukturen zu erzeugen. Jede Einführung in die Generative Syntax lehrt, daß sich die Kreativität des menschlichen Geistes in der Fähigkeit manifestiere, immer neue, nie zuvor gehörte Sätze bilden und verstehen zu können, und daß diese zentrale Fähigkeit des *homo sapiens* gerade im generativen Syntax-Modell ihre adäquate Erklärung gefunden habe.

Weiterhin sind Grammatiken für natürliche Sprachen nicht *beliebige* rekursive Schemata, sondern in einem zu präzisierenden Sinne *einfache* Systeme. Diesem Einfachheitspostulat entspricht Chomskys These von einem **restriktiven Format** für Grammatiken, der sogenannten **Universalgrammatik,** auch UG genannt. Chomskys Argument von der „Armut des Stimulus" besagt, daß es für jedes Kind möglich sein muß, eine beliebige Einzelsprache aufgrund von nur spärlicher empirischer Evidenz zu erlernen. Die Analogie zum Intelligenztest besteht exakt darin, daß beim Spracherwerb nur relativ wenige Daten den induktiven Schluß auf genau eine Grammatik ermöglichen sollen, obwohl *theoretisch* mehrere korrekte intensionale Lösungen existieren. Ebenso wie beim Intelligenztest muß deshalb die präferierte Lösung, also die vom Kind zu erwerbende Grammatik, einfach gebaut sein. Die Beschränkung auf eine einfache Grammatik soll gerade durch das restriktive Format der UG gewährleistet werden.

Weniger bekannt ist vielleicht, daß die Analogie zum Intelligenztest im Rahmen einer mathematischen Theorie der **Lernbarkeit** formalisiert worden ist. Ausgangspunkt ist hier eine Sprache L, die einem potentiellen Lerner noch unbekannt ist. Zunächst bilden wir eine unendliche Folge aller Sätzen aus L. Eine solche Folge wird in der Lernbarkeitstheorie ein **Text für L** genannt. Ein solcher Text spielt annähernd dieselbe Rolle wie die Zahlenfolge im Intelligenztest. Die Idee ist nun, dem Lerner die Sätze des Texts *sukzessive* als Eingabestimuli zu präsentieren, so daß er mit jedem neuen Satz mehr Information über die zu erlernende Sprache bekommt. Gleichzeitig muß er mit jedem neuen Satz eine Grammatik bestimmen, die mit den bisher präsentierten Daten kompatibel ist. Mit jedem Datum, das nicht zur gerade postulierten Grammatik paßt, kann er seine Hypothese, d.h. die gerade postulierte Grammatik, revidieren. Die Aufgabe ist gelöst, wenn der Lerner nach endlicher Zeit eine korrekte Grammatik für die Sprache L gefunden hat.

Dabei kann es – anders als beim Intelligenztest – realistischerweise auf die Anordnung der Daten und auf das Gedächtnis in bezug auf früher präsentierte Daten nicht wesentlich ankommen. Erlernt wird in diesem Modell auch nicht eine bestimmte *Folge* von Sätzen, sondern das Bildungsgesetz einer *Menge*, nämlich der Menge von grammatischen Sätzen einer Sprache.

Auf diese Unterschiede soll es aber im folgenden nicht ankommen. Wesentlich ist eine formale Gemeinsamkeit, daß es nämlich aufgrund von kurzen Anfangsstücken von Texten im Prinzip immer mehrere verschiedene Grammatiken gibt, von denen aber nur eine richtig sein kann. Wenn es trotzdem, wie beim tatsächlichen Spracherwerb, innerhalb kürzester Zeit möglich ist, die richtige Grammatik zu wählen, so ist dies allein den restriktiven Beschränkungen der UG zu verdanken.

Der in der mathematischen Theorie formalisierte Begriff der **Lernbarkeit** betrifft nun keine einzelne Sprache oder Grammatik, sondern eine Klasse von Grammatiken, nämlich die Menge der **menschlich möglichen** Grammatiken. Die relevante Frage ist nämlich, ob sich jede beliebige Grammatik aus dieser Klasse anhand eines Textes korrekt identifizieren läßt. Das heißt also, daß es für *jede* Sprache L aus der gegebenen Klasse von Sprachen möglich sein muß, daß ein Lerner aufgrund endlicher Daten aus L induzieren kann, welche Grammatik der ganzen, ihm aber nur partiell präsentierten Sprache zugrunde liegt.

Ist dies der Fall, so nennen wir die vorgegebene Klasse von Grammatiken **lernbar**. Aus dem Gesagten folgt, daß die von der UG charakterisierte Klasse aller menschlich möglichen Sprachen gerade eine lernbare Klasse sein muß. Die Theorie der Universalgrammatik muß also einerseits, um **deskriptiv adäquat** zu sein, mit allen tatsächlich existierenden Grammatiken kompatibel sein. Andererseits muß sie, um **explanativ adäquat** zu sein, die Klasse der überhaupt denkbaren bzw. formalisierbaren Grammatiken so einschränken, daß nur ein lernbarer Subtyp übrigbleibt. In diesem Sinne können wir die Lernbarkeit als abstraktes, externes Adäquatheitskriterium für die Theorie der UG ansehen, und somit als ein Maß für die Komplexität von möglichen Grammatiken. Ich werde Lernbarkeit ausschließlich in diesen Sinne verstehen und alle konkreten Anforderungen an Texte, die aus dem tatsächlichen Ablauf des Spracherwerbs resultieren könnten, im folgenden ignorieren.

II. Nun hat sich im Laufe der letzten 30 Jahre gezeigt, daß eine Charakterisierung der UG, die einerseits deskriptiv adäquat ist, andererseits aber das Kriterium der Lernbarkeit erfüllt, sehr schwierig, wenn nicht unmöglich ist. Ich möchte dies anhand der Geschichte der Lernbarkeitsforschung kurz zusammenfassen. Ausgangspunkt ist Chomskys sog. *Aspects*-Modell von 1965:

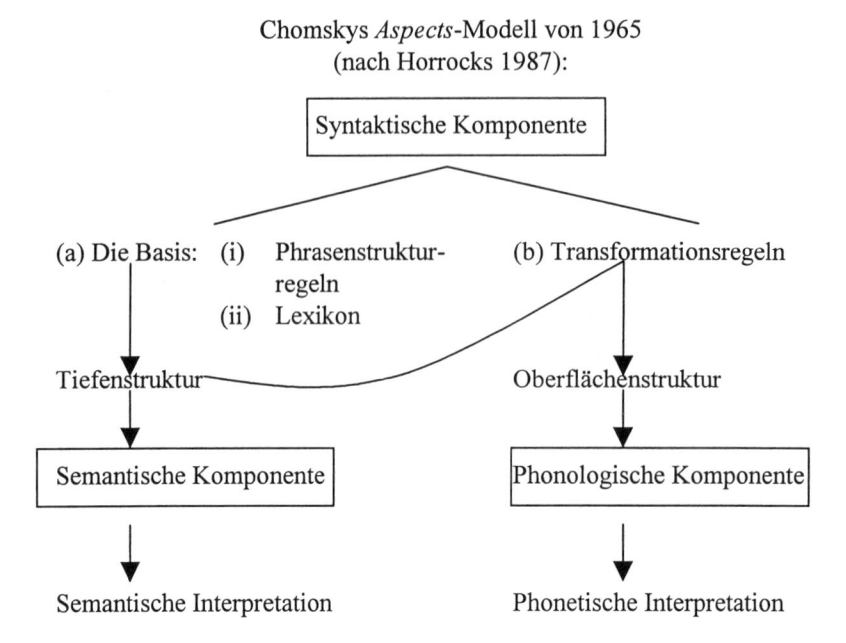

Chomskys *Aspects*-Modell von 1965
(nach Horrocks 1987):

```
                    Syntaktische Komponente
                   /                       \
(a) Die Basis: (i)  Phrasenstruktur-      (b) Transformationsregeln
                    regeln
               (ii) Lexikon
       |                                          |
   Tiefenstruktur                          Oberflächenstruktur
       |                                          |
  Semantische Komponente                 Phonologische Komponente
       |                                          |
       v                                          v
  Semantische Interpretation             Phonetische Interpretation
```

Die Syntax besteht aus einem strukturaufbauenden Teil auf der linken Seite und einem strukturverändernden Teil auf der rechten Seite. Strukturaufbauend ist die sog. Basis, worin die Phrasenstrukturregeln in (i) dafür sorgen, daß potentiell unendlich viele Sätze generiert werden können. Diese Regeln bilden für sich genommen schon eine primitive Syntax, nämlich eine kontextfreie Phrasenstrukturgrammatik (PSG). Gold hat 1967 mathematisch bewiesen, daß die Klasse aller möglichen kontextfreien Grammatiken nicht lernbar ist.

Im folgenden wurde dann angenommen, daß PSGen als solche gar nicht erlernt werden. Die Idee war die, daß sich die Sprachen der Welt in ihrer Tiefenstruktur letzlich nicht sonderlich unterscheiden, weswegen sie alle auf einer einzigen, universellen PSG beruhen sollen, deren Eigenschaften überdies genetisch determiniert seien. Das Problem des Erwerbs einer Einzelsprache wurde somit auf die Frage verschoben, wie es – bei einer schon angeborenen universellen Basis – nun möglich ist, das Lexikon und den transfomationellen Teil zu erlernen. Ignorieren wir das Lexikon und beschränken wir uns auf den eigentlich syntaktischen Teil der Grammatik. Es bleibt dann zu fragen, wie es möglich ist, die jeweils sprachspezifischen Transformationsregeln zu erlernen. Aufgrund eines formalen Resultats von Peters und Ritchie (1973) weiß man, daß dies nur dann geht, wenn auch die Transformationsregeln Einfachheitsrestriktionen unterliegen. Denn ohne zusätzliche Restriktionen könnten wir auf der Grundlage einer einzigen Tiefenstruktur alle rekursiv aufzählbaren Sprachen erzeugen. Die Klasse dieser Sprachen ist natürlich nicht lernbar.

Grammatikalität und Sprachvermögen 21

Im Laufe der Jahre wurden dann auf der Grundlage dieser Annahmen einige positive Lernbarkeitsresultate erzielt. D.h. es wurde gezeigt, beispielsweise von Wexler und Culicover (1980), daß bestimmte linguistisch interessante Transformationsgrammatiken im Prinzip lernbar sind. Bei näherer Betrachtung erweisen sich diese Ergebnisse m.E. jedoch als problematisch. Ich nenne dafür drei Gründe.

Erstens stellt die Beschränkung auf eine einzige, universelle Basis eine Idealisierung dar, deren Berechtigung bis zum heutigen Tag stark umstritten ist. Eine aktuelle Variante dieser Annahme wäre etwa Kaynes (1994) Theorem, das alle Sprachen zugrundeliegend SVO-Stellung haben. Diese Meinung wird von den meisten deutschen Linguisten nicht geteilt, wie auch umgekehrt Jan Kosters These (s. Koster 1988), das Englische sei zugrundeliegend eine SOV-Sprache, nicht akzeptiert wird. In beiden Fällen müßte die beobachtete Wortstellung der jeweils einen Sprache transformationell aus der der anderen hergeleitet werden, so daß die Transformationen weitgehend die Rolle der Basiskomponente übernehmen müssen. Mal abgesehen davon, daß deren Lern- oder Unlernbarkeit gerade das Ausgangsproblem war, stoßen diese Hypothesen auf zu viele innergrammatische Schwierigkeiten, als daß sie einem realistischen Grammatikmodell zugrundegelegt werden könnten.

Zweitens sind auch die Restriktionen für das Format von Transformationen nicht unumstritten. Betrachten wir als Beispiel das sog. *Freezing Principle*, welches besagt, daß eine bewegte Konstituente keine Lücke enthalten darf. Das Prinzip gehört zu einer Klasse von Beschränkungen, von denen Wexler und Culicover (1980) gezeigt haben, daß sie *notwendige* Bedingungen für Lernbarkeit sind, d.h., wenn wir auch nur eine einzige (aber beliebige) dieser Beschränkungen weglassen, bricht der Lernbarkeitsbeweis zusammen. Was impliziert nun das *Freezing Principle* für die Analyse eines Fragesatzes wie

(1)   Wen hat er versucht, nicht zu enttäuschen?

Die übliche Analyse würde davon ausgehen, daß der satzwertige Infinitiv in der Tiefenstruktur, also vor Extraposition und W-Bewegung, wie in (2a) gezeigt, im Mittelfeld des Hauptsatzes generiert wird, um dann wie in (2b) extraponiert, d.h. ans Ende gestellt zu werden.

(2) a.   (... daß) er [$_S$ wen nicht zu enttäuschen] versucht hat
    b.   (... daß) er t_j versucht hat [$_{Sj}$ wen nicht zu enttäuschen]
    c.   hat$_i$ er t_j versucht t_i [$_{Sj}$ wen nicht zu enttäuschen]
    d.   Wen$_k$ hat$_i$ er t_j versucht t_i [$_{Sj}$ t_k nicht zu enttäuschen]

In einem Zwischenschritt wird dann das finite Verb vorangestellt. Der entscheidende letzte Schritt ist die Voranstellung von *wen*, wie in (2d) gezeigt.

Diese Transformation wäre dann aber aufgrund des *Freezing*-Prinzips nicht mehr möglich, denn wir müßten ja aus einer Konstituente heraus bewegen, die selbst schon einmal bewegt wurde. (Die umgekehrte Abfolge, also erst Fragesatzbildung, dann Extraposition, würde eine andere notwendige Lernbarkeitsbedingung verletzen, nämlich das Zyklusprinzip.[2]) Es scheint also, daß das *Freezing Principle* empirisch zu restriktiv ist und daher das Kriterium der deskriptiven Adäquatheit verfehlt.[3]

Drittens sind die mir bekannten positiven Resultate trotz der starken Restriktionen numerisch gesehen unrealistisch. Am deutlichsten hat sich dies beim ersten positiven Lernbarkeitsergebnis von Henry James Hamburger (1971) gezeigt. Der Beweis ist rein mathematisch, ohne Orientierung an linguistisch relevanten Grammatiken. Entscheidend beim Beweis der Lernbarkeit ist es nun, welche Daten den Lerner zu einer Revision einer einmal gemachten falschen Hypothese zwingen können. Bei der Illustration von Hamburgers Resultat anhand konkreter Grammatiken läßt sich zeigen, daß gewisse Fehler erst dann erkannt werden können, wenn dem Lerner Sätze mit dutzenden von ineinander geschachtelten Nebensätzen als Input zur Verfügung stehen. Es liegt auf der Hand, daß damit der formale Beweis kaum noch aussagekräftig ist. Wenn ein Lerner Sätze analysieren muß, die 64 Einschachtelungen enthalten, hat Lernbarkeit nichts mehr mit dem ursprünglich intendierten intuitiven Einfachheitskriterium zu tun.

III. In späteren Phasen der Generativen Syntax ist das Lernbarkeitsproblem oft marginalisiert oder geleugnet worden. Insbesondere das Modell der **Prinzipien und Parameter** beanspruchte, hierfür automatisch eine triviale Lösung zu liefern. Auch in diesem Modell ist ein Großteil der Grammatik bereits **angeboren**. Gelernt werden müssen lediglich die einzelsprachlichen Werte von vorgegebenen Parametern. Welchen Wert ein Parameter hat, wird von sprachspezifischen Daten getriggert. Auch dieses Modell konnte keine restlos befriedigende Lösung des Lernbarkeitsproblems liefern.

---

[2] Würde, wie in Haiders Übertragung von Kayne aufs Deutsche, der Infinitiv nicht extraponiert, sondern am Satzende basisgeneriert, entstehen Probleme für Sätze wie *Wen hat er nicht zu enttäuschen versucht*? Gemäß der Theorie von Kayne müßte hier nämlich der an Objektposition rechts vom Verb basisgenerierte Infinitiv in das Mittelfeld an eine SpecV-Position bewegt werden, was ebenfalls eine Verletzung des *Freezing*-Prinzips zur Folge hätte. Darüber hinaus haben Büring und Hartmann (1995, 1997) gezeigt, daß Haiders Analyse auch aus innergrammatischen Gründen nicht adäquat sein kann.

[3] Tatsächlich gibt es in der Literatur die verschiedensten Vorschläge dazu, welche Restriktionen Lernbarkeit ermöglichen sollen. So entwickelt z.B. Williams (1981) eine realistischere Alternative, die insbesondere ohne das *Freezing*-Prinzip auskommt. Williams Überlegungen sind jedoch leider nur Plausibilitätsbetrachtungen, denn formale Lernbarkeitsbeweise wurden im Rahmen alternativer Vorschläge dieser Art meines Wissens nie geführt.

Denn erstens gibt es immer noch einen numerischen Einwand. Bei realistischer Einschätzung der Zahl der anzunehmenden Parameter einerseits und bei freier Kombinierbarkeit der Parameter andererseits ist der Hypothesenraum im Vergleich zur Geschwindigkeit des Spracherwerbs immer noch abwegig groß.

Zweitens liefert dieses Modell keine Lösung des sog. **Teilsprachenproblems**. Das Problem entsteht, wenn der Lerner fälschlicherweise eine Grammatik postuliert, die mehr Konstruktionen zuläßt, als die Zielsprache erlaubt. Es gibt dann kein Datum aus der Zielsprache, das ihn dazu zwingen könnte, seinen Irrtum zu erkennen und die korrekte Grammatik für die kleinere Sprache zu wählen. Eine solche Situation könnte natürlich dann nicht auftreten, wenn jede Sprache eine *nur für sie* charakteristische Konstruktion besitzt – analog zum Anfang einer Zahlenreihe, die ihr Bildungsgesetz eindeutig definieren könnte. Aber selbst wenn es *de facto* so wäre, daß jede natürliche Sprache L eine komplexe Konstruktion besitzt, die L eindeutig charakterisiert, ist das Problem nicht gelöst. Denn wir verfügen ja immer noch nicht über eine Charakterisierung eines *Grammatikformats*, das uns genau diese Eindeutigkeit garantieren könnte.

Zur Lösung des Teilsprachenproblems haben nun Manzini und Wexler (1987) vorgeschlagen, daß es bestimmte vorprogrammierte Initialwerte für Parameter gibt, die schon vor Beginn des Spracherwerbs genetisch festgelegt sind. Diese unmarkierten Werte sollen garantieren, daß als erste Parameterwerte nur solche in Frage kommen, die kleine Sprachen charakterisieren, so daß ein Abweichen vom Initialwert nur dann erfolgen kann, wenn tatsächlich Daten aus größeren Sprachen als Input dargeboten werden. Robin Clark (1990), Robert Berwick (1996), Robert Frank (1996) u.a. haben allerdings gezeigt, daß diese an sich einleuchtende Idee scheitert. Das Problem ist vereinfacht gesagt, daß sich jeder Lerner irren kann. Denn es ist klar, daß ein Datum, das mit der bisher postulierten Grammatik unverträglich ist, uns nicht notwendigerweise automatisch zeigt, mit *welchem* Parameter es unverträglich ist. Wir können in dem angenommenen Modell Parameter nicht sozusagen versuchsweise ausprobieren, denn ein inkorrekter Versuch kann unter Umständen nicht mehr rückgängig gemacht werden, weil damit eine zu große Sprache gewählt wurde. Die Idee der Initialwerte für Parameter kann also das Teilsprachenproblem als solches keineswegs lösen.

Der jetzige Stand der Lernbarkeitsforschung läßt sich dahingehend charakterisieren, daß positive Resultate nur aufgrund statistischer Approximationsverfahren erzielt werden können. Es wird nicht mehr gefordert, daß genau *die* Grammatik gewählt wird, die die gegebene Sprache erzeugt hat. Vielmehr soll es genügen, wenn sich die Zahl der möglichen Grammatiken sukzessive verringert und das Lernverfahren somit *konvergiert*. Lernbarkeit aufgrund eines solchen Konvergenzkriteriums nenne ich schwache Lernbarkeit. Schwache Lernbarkeit ist jedoch für den Linguisten kaum noch interessant, da positive Resultate für recht viele Systeme der künstlichen Intelligenz möglich sind und uns daher kaum noch etwas über spezifische Prinzipien der UG verraten.

IV. Wie schon gesagt setzen starke Lernbarkeitsresultate voraus, daß der strukturaufbauende Teil der Grammatik nicht gelernt zu werden braucht, weil er Teil der genetisch verankerten UG ist. Im Zusammenhang mit dieser Idee von Grammatik als biologischem System wird auch gerne auf den bekannten Vergleich zwischen natürlicher Sprache und genetischem Code verwiesen. Die Auffassung vom genetischen Code als „Sprache" hat Eingang in viele populäre Darstellungen der Sprachwissenschaft (z.B. bei Pinker 1996, S. 98) und der Genetik (z.B. bei Eigen und Winkler 1975) gefunden. Bezeichnenderweise lautet auch der Titel der Rede von Niels Jerne zur Verleihung des Nobelpreises „Die generative Grammatik des Immunsystems." Der Vergleich zwischen Sprache und Genetik beruht darauf, daß den vier molekularen Hauptbausteinen von DNS und RNS die Funktion von Wörtern und Phonemen zugewiesen wird. Eigenschaften der Sprache, zu denen sich im molekularen Bereich Parallelen finden lassen, sind nach Eigen und Winkler folgende:

1. Unsere Sprache macht von verschiedenen Buchstaben mit stark unterschiedlicher Häufigkeit Gebrauch.

2. Es gibt bevorzugte Folgen von Symbolen (zum Beispiel treten Vokale zumeist in Gesellschaft von Konsonanten auf).

3. Es bestehen Vereinbarungen über die Bedeutung von Symbolkombinationen, insbesondere muß jeder Satz einen Sinn ergeben.

4. Die Wörter haben eine gewisse mittlere Länge.

5. Es existiert eine gewisse „Syntax", d.h. gewisse Gesetzmäßigkeiten für die Abfolge und Zusammenstellung der Wörter zu Sätzen.

Gerade in Bezug auf den letzten Punkt jedoch kann der Vergleich zwischen genetischem Code und angeborenen Sprachfähigkeiten nicht sonderlich weit tragen. Denn die Syntax des genetischen Codes scheint mit der Syntax der menschlichen Sprache nicht viel gemein zu haben. Hierzu bemerkt Elan Dresher (übrigens der erste, der ein starkes positives Lernbarkeitsresultat im Bereich der metrischen Phonologie erzielte) in ironischer Absicht:

> What is striking to a linguist is that the 'sentences' of DNA, though impressively long, lack – so we are to believe – all the features that make human languages several orders of magnitude more complex than finite state machines: hierarchie, unbounded dependencies, empty elements, underlying forms, the distinction bet-

ween A and A-bar positions – in short, everything that theoretical linguistics works on.

(Dresher 1995)

In Sonderheit fehlt gerade jenes Element, das den vielbeschworenen kreativen Charakter der natürlichen Sprache als angeboren ausweisen soll: die Struktur der DNA und DNS deutet in keinster Weise auf irgendeine Rekursion hin.

Damit scheint aber die Behauptung von Eigen und Winkler 1975, daß nämlich der Aufbau von DNS und RNS ein Pendant in der natürlichsprachlichen Syntax habe, vollkommen unbewiesen. Ebenfalls unbewiesen ist eine andere ihrer Thesen (S. 291): „Die Parallelen zwischen einer molekularen Genetik und einer generativen Grammatik der sprachlichen Kommunikation lassen die Spielregeln evolutiver Prozesse deutlich hervortreten." Auf der Grundlage von molekular-chemischen Eigenschaften entwickeln Eigen und Winkler ein spieltheoretisches Evolutionsmodell für die Genetik; mit Sprache hat dieses Modell jedoch – mangels einer Parallele zu chemischen Prozessen – nichts zu tun. Der Vergleich mit der generativen Grammatik bleibt in ihrem Buch also vollkommen uneingelöst.

Nichts desto trotz sind gewisse Vorstellungen der Evolutionstheorie auch in Lernbarkeitstheorien eingegangen. Robin Clark z.B. entwickelt ein Modell, in dem jeder Menschen von Geburt an mit einem riesigen Grammatik-Gen-Pool ausgestattet ist; im Laufe des Spracherwerbs kämpfen die Gene bzw. die Grammatiken um das Überleben des Stärkeren und sind so einem Prozeß der natürlichen Auslese unterworfen. Nur solche Gene bzw. Grammatiken überleben, die mit ihrer Umwelt, in unserem Fall also mit den sprachlichen Input-Daten verträglich sind. Für ein solches Evolutionssystem, das darauf beruht, daß falsche Hypothesen durch plötzliche Mutationen korrigiert werden können, hat Clark dann die schwache Lernbarkeit bewiesen.

Für den Linguisten sind solche Resultate letztlich wenig hilfreich, und Analoges scheint mir auch für die Biologie zuzutreffen. Denn weder die Sprach-Metapher in der Biologie, noch die Gen-Metapher in der Linguistik verhelfen uns zu einer wirklichen Einsicht in die tatsächlichen Vorgänge. Grammatiken sollen ja das Funktionieren eines Systems *erklären*; es scheint jedoch, als trüge eine „Grammatik des Immunsystems" für eine wirkliche Erklärung der biologischen Vorgänge nichts bei, noch kann uns das Gen-Pool-Modell von Clark etwas Interessantes über den Erwerb von Grammatiken verraten.

Eine analoge Kluft zwischen Beschreibungs- und Erklärungsebene finden wir auch in der theoretischen Biologie. Zum Beispiel lassen sich Verästelungen, Verzweigungen oder Maserungen, die wir bei Blättern, Algen oder Muscheln beobachten können, mithilfe generativer Grammatiken beschreiben, den sogenannten **Lindenmayer-Systemen,** s. Herman, Rozenberg und Lindenmayer 1975, Lindenmayer 1976 oder Prusinkiewicz 1996, dem folgende Darstellungen entnommen sind:

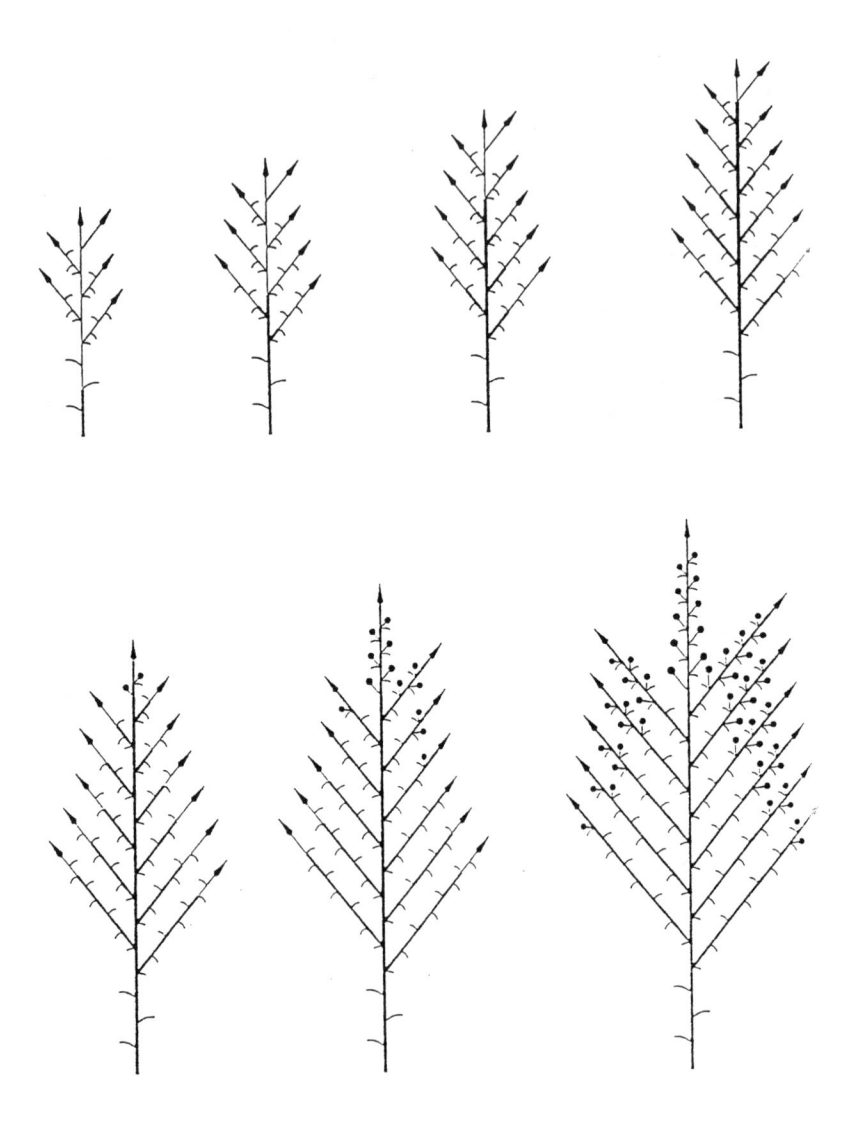

A basipetal flowering sequence in an open dibotryoid: $m = 2$, $n = 5$, $u = 1$, $v = 3$, $\Delta = -0{,}5$; derivation lengths: 16 – 20 – 24 – 28 – 32 – 36 – 40

Grammatikalität und Sprachvermögen 27

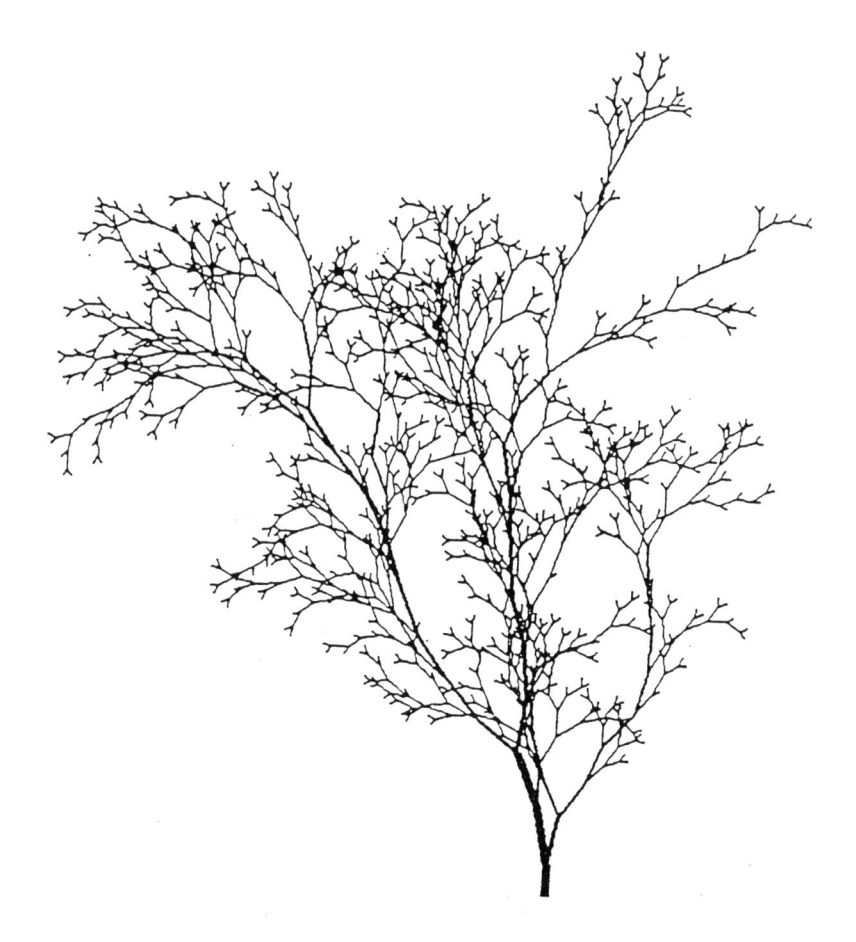

Diese Grammatiken „erklären" in gewissem Sinne die Entstehung von regelmäßigen Strukturen und werden zur Computersimulation von synthetisch erzeugten Landschaften benutzt. Sie analysieren Pflanzen und generieren ganze Wälder; allerdings tun sie dies nur **phänotypisch**, d.h. sie beschreiben das Erscheinungsbild eines Musters, stehen aber in keinem Erklärungszusammenhang mit dem tatsächlichen Geschehen innerhalb der einzelnen Zellen, denn letzteres läßt sich gänzlich ohne Rückgriff auf solche Grammatiken beschreiben (der globale Anschein des Rekursiven erscheint nicht als eine Funktion der *Struktur*, sondern als eine Funktion der *Zeit*).

Eine ähnliche Kluft zwischen den Ebenen wird sichtbar, wenn wir bedenken, daß biologische Systeme bis hin zum genetischen Code typischerweise mannigfache **Redundanzen** aufweisen. Anderseits aber sind die erfolgreichsten Beschreibungen von grammatischen Systemen idealerweise redundanzfrei. Wenn nun das Sprachorgan im Sinne Chomskys ein biologisches System ist, wie kommt es dann, daß die linguistische Theoriebildung eine wichtige charakteristische Eigenschaft von organischen Systemen nicht zu erfassen scheint? Ist damit Chomskys Auffassung von UG als Sprachorgan in Frage gestellt?

Yafei Li (1997) verneint diese Frage, indem er zeigt, daß bestimmt redundante biologische Systeme *von außen* gesehen vollkommen *redundanzfrei* beschrieben werden können; dann nämlich, wenn man das Gesamtsystem lediglich als *Black Box* betrachtet und deren *Output* beschreibt. Redundanzen entstehen ja, wenn zwei Komponenten innerhalb eines Systems dasselbe tun; um aber erkennen zu können, daß eine Redundanz vorliegt, genügt es nicht, das identische *Resultat* anzuschauen: man muß gerade in die *Black Box* hineinschauen können, um herausfinden zu können, daß das Resultat nicht redundanzfrei zustande gekommen ist. Genau dies aber ist uns beim heutigen Stand der neurobiologischen Forschung verwehrt. Daher gebe es aber auch keinen Widerspruch zwischen Chomskys nativistischen Annahmen und der Redundanzfreiheit von grammatischen Theorien.

Wenn man jedoch wie Li argumentiert und wenn die besten Theorien, über die wir derzeit verfügen, nur deshalb redundanzfrei sind, weil sie lediglich den *Output* einer *Black Box* erfassen, so folgt m.E. gleichzeitig, daß sie keine psychologische Realität beanspruchen dürfen. Grammatiken beschreiben ja lediglich das beobachtete Resultat; wie es zustande gekommen ist, bleibt das vorläufige, möglicherweise ewige Geheimnis der *Black Box*.

V. Überlegungen zur sog. „psychologischen Realität" von Grammatiken beziehen sich in der Chomskyschen Tradition meist auf die Kompetenz eines Sprechers. Der Kompetenz, seinem Wissen über die Sprache, komme eine psychologische Realität zu, die zu unterscheiden ist von anderen Realitäten, die sich in Performanzfaktoren äußern.
Performanzfaktoren sind solche wie Müdigkeit oder Betrunkenheit, die eine reibungslose Widerspiegelung der Kompetenz in den sprachlichen Daten behindern können. Zu solchen Faktoren gehören aber auch innergrammatische Faktoren, die mit der kognitiven Verarbeitung von Strukturen zu tun haben, und die sich ebenfalls hinderlich auswirken können. Zum Beispiel haben Bach, Brown und Marslen-Wilson (1987) einen drastischen Verständnisabfall bei geschachtelten Verbkonstruktionen im Holländischen und Deutschen festgestellt, vergleiche (4) mit (5):

(4) a. Jantje heeft de lerares de knikkers helpen opruimen
    b. Wolfgang hat der Lehrerin die Murmeln aufräumen geholfen

(5) a. Aad heeft Jantje de lerares de knikkers laten helpen opruimen
    b. Arnim hat Wolfgang der Lehrerin die Murmeln aufräumen helfen lassen

Die relevante terminologische Unterscheidung ist hier die zwischen Akzeptabilität und Grammatikalität. Obwohl das spontane Verständnis und daher die Akzeptabilität der Konstruktionen in (5) getrübt ist, sind die Sätze ohne jeden Zweifel grammatisch. Akzeptabilitätsverlust wird oft auf größere Einbettungstiefe zurückgeführt, die ihrerseits eine größere Gedächtnisleistung beansprucht. Interessant ist in diesem Zusammenhang auch der experimentelle Befund, daß die holländischen (a)-Sätze leichter verständlich scheinen als die deutschen (b)-Sätze. Dies ist für theoretische Syntaktiker überraschend, denn für die Analyse der holländischen Beispiele wird eine sehr viel komplexere Grammatik benötigt als für die deutschen Sätze (letztere weisen Selbsteinbettung auf, die kontextfrei beschreibbar ist, erstere überkreuzende Abhängigkeiten, die nur kontextsensitiv analysiert werden können). Größere syntaktische Komplexität führt also nicht automatisch zu schlechterer Akzeptabilität, so daß das traditionelle Maß für syntaktische Einfachheit (die Chomsky-Hierarchie) überhaupt kein relevantes Kriterium für das Verständnis dieser Sätze zu sein scheint.

Aufgrund eigener Unterrichtserfahrung kann ich bestätigen, daß nicht allein die Komplexität der Einbettung relevant ist. Schon Konstruktionen mit bloß zwei Verben können auch Linguistikstudenten erhebliche Verständnisschwierigkeiten bereiten. Die folgenden Beispiele stammen aus einem Lehrbuch der generativen Grammatik (v. Stechow & Sternefeld 1988, S. 23):

(6) a.   *Ich glaube nicht, daß die Kinder$_i$ sie$_i$ suchen ließen
    b.   Ich frage mich, wen die Kinder$_i$ sie$_i$ suchen ließen

Dort wird behauptet, jeder Deutsche wisse, daß die Koreferenz zwischen *die Kinder* und *sie* in (6b) grammatisch ist, in (6a) nicht. Tatsächlich jedoch fällt es ohne einen zuvor konstruierten Kontext oft schwer, die Studenten davon zu überzeugen, daß (6b) überhaupt grammatisch sein soll.

Wenn es also einerseits Grammatikalität ohne Akzeptabilität gibt, könnte es dann nicht auch Akzeptabilität ohne Grammatikalität geben? Dieses zweite Phänomen ist ungleich schwieriger zu diskutieren. Die von Chomsky angeführten klassischen Beispiele sind semantische Selektionsverletzungen (vom Typ „Meine Zahnbürste ist wieder schwanger") die in den Kontext der Poetik verwiesen wurden, und damit für die Erforschung von Grammatikalität im eigentlichen Sinne wenig relevant schienen. Hinzu kommt die oft festzustellende Ablehnung der kognitiven Relevanz von normativer oder präskriptiver Grammatik. Dies führte in der Praxis dazu, daß die Akzeptabilität für einen Sprecher X *automatisch* mit der Grammatikalität im *Dialekt* von X gleichgesetzt wurde. (In dem, was Lakoff 1973 das Performanz/Kompetenz-Terminologiespiel genannt hat, hätte die Kompetenz dann immer eine Art Gewinnstrategie.)

Demgegenüber meine ich, daß nicht alles, was von namhaften Syntaktikern als akzeptabel empfunden wird, damit automatisch als grammatisch deklariert werden sollte. Beispiele sind die folgenden (Neben-)Sätze aus einem Buch über deutsche Syntax:

(7) a. weil diese Person anzurühren Hans glaubt dem Hubert gefallen würde
b. eine Person die anzurühren Hans glaubt dem Hubert gefallen würde

(8) a. Ein Satz, den zu lesen Günther glaubt den Peter erfreuen wird, steht auf S. 428
b. weil diese Person anzurühren Hans glaubt niemand wagen würde

Der Autor hält diese Sätze für grammatisch, obwohl natürlich die Analyse deutlich zeigt, daß in diesen Sätzen hinter *glaubt* die Konjunktion *daß* fehlt. Die Interpretation von *Hans glaubt* bzw. von *Günther glaubt* als parenthetisch, auf die ich mehrfach hingewiesen wurde, halte ich nicht für überzeugend, da in Parenthesen des Deutschen die Erststellung des Verbs erforderlich wäre. Darüber hinaus wäre eine solche Deutung auch nicht im Sinne des Erfinders dieser Sätze, dem es gerade auf die Möglichkeit des Fehlens einer Konjunktion ankommt, und der hieraus theoretische Konsequenzen für die Syntax des Deutschen ableiten möchte. Auf der anderen Seite ist mein Grund dafür, die Konstruktion als ungrammatisch abzulehnen, ebenfalls rein grammatischer Art. Worum es geht, ist also ein Streit zwischen Theorien, der nur dann entschieden werden könnte, wenn wir klare Intuitionen über komplexe Daten hätten. Dies ist aber oft nicht der Fall, wie sich leicht anhand jeder einschlägigen Beschränkung, die in der Literatur vorgeschlagen worden ist, zeigen läßt. Ich erwähne hier nur drei:

(9) SUBJAZENZ
a. Was glaubst du, wer kommt?
b. Was glaubst du, was Fritz meint, wer kommt?
c. % Was glaubst du, daß Fritz meint, wer kommt?

(10) SUPERIORITÄT
a. Wen hat was gestört?
b. Was hat wen gestört?
c. % Wen hat Fritz gemeint daß wir einladen sollen?
d. %% Wen hat wer gemeint daß wir einladen sollen?

(11) CROSS OVER
   a.   Wer$_i$ liebt seine$_i$ Mutter?
   b. % Wen$_i$ liebt seine$_i$ Mutter?
   c. % Wen$_i$ glaubt seine$_i$ Mutter, daß sie liebt?

Ein % bedeutet, daß die Akzeptabilität umstritten ist; zwei % bedeutet, daß nicht alle Sprecher, die den vorangehenden Satz mit einem % akzeptieren, den Satz mit zwei % akzeptieren. Ich möchte diese Sätze hier nicht näher diskutieren, denn zu jeder Beschränkung könnte man eine ganzes Seminar abhalten. Vielmehr geht es mir hier eher um die grundsätzliche Möglichkeit, daß Konstruktionen als grammatisch empfunden werden, ohne es *de facto* zu sein.

Eine Erklärung hierfür könnte sein, daß die Performanz die Kompetenz bei genügender Komplexität überrumpelt und dadurch Grammatikalität vortäuscht. Ich möchte in solchen Fällen von einem **Kontrollverlust** sprechen. Kontrollverlust entsteht, wenn Strukturen mit hinreichender syntaktischer Komplexität intuitiv nicht mehr korrekt analysiert werden können. (Dieses Phänomen ist in der generativen Psycholinguistik schon vor 20 Jahren experimentell untersucht worden, s. z.B. Levelt 1974). Ein weiteres Beispiel hierfür ist die Kontrolle bzw. der Verlust derselben in Bezug auf den richtigen Kasus; zu Demonstrationszwecken brauchen wir lediglich einen früheren Satz, nämlich (5b), wie in (12b) gezeigt abzuwandeln:

(12) a.   Arnim hat Wolfgang der Lehrerin die Murmeln aufräumen helfen lassen
   b.   *Arnim hat Wolfgang die Lehrerin die Murmeln aufräumen helfen lassen

Josef Bayer (p.M.) hat experimentell nachgewiesen, daß der ursprüngliche und der abgewandelte Satz zu analogen Verständnisschwierigkeiten führen. Die Komplexität der Konstruktion führt also dazu, daß die grammatische Variante (mit Dativ) von der ungrammatischen (mit Akkusativ) nicht unterschieden wird.

Zum Kontrollverlust durch Einbettung, genauer gesagt, durch iterierte Zentraleinbettung, ein weiteres Beispiel. Unproblematisch sind zunächst die erweiterten attributiven Adjektive in folgenden Konstruktionen:

(13)   das der Gesundheit abträgliche Rauchen

und ebenso:

(14) a.   die dem Menschen wichtige Gesundheit
   b.   die für den Menschen wichtige Gesundheit

Unverständlich ist dagegen die Verflechtung beider Konstruktionen, also:

(15) a. das der dem Menschen wichtige Gesundheit abträgliche Rauchen
 b. das der für den Menschen wichtige Gesundheit abträgliche Rauchen

Der Akzeptabilitätsverslust durch Einbettung bewirkt gleichzeitig einen Kontrollverlust bezüglich der Kasuswahl. Denn ist Ihnen spontan aufgefallen, daß die Konstruktionen in (15) tatsächlich ungrammatisch sind? Korrekt müßte es nämlich statt *wichtige* **wichtigen** heißen! Dieses totale Versagen der Intuition ist umso erstaunlicher, als die Möglichkeit der Erzeugung von Konstruktionen dieses Typs das Wesensmerkmal von kontextfreien Grammatiken ist. Phrasenstrukturgrammatiken verhalten sich demnach in bezug auf das eingangs genannte Einfachheitskriterium paradox. Einerseits sind sie die einfachsten, empirisch adäquaten Beschreibungsmittel für syntaktische Strukturen, über die wir verfügen. Andererseits erlauben sie die Erzeugung von Strukturen, die wir schlechterdings nicht verstehen können.

Dieser Schwierigkeit wird nun üblicherweise dadurch begegnet, daß für die schlechte Verarbeitbarkeit Performanzfaktoren allgemeiner Art unterstellt werden. Argumentiert wird, daß (A) die Fähigkeit, Selbsteinbettungen zu verstehen, ganz klar durch unser gottgegebenes Arbeitsgedächtnis limitiert ist, und daß (B) repetitive Konstruktionen gerne als stumpfsinnig abgelehnt werden. Entfallen diese Faktoren, so gibt es beim Verständnis komplexer Strukturen keine Schwierigkeiten, wie der Satz in (16) belegt:

(16) Peter hat zu seinem Nachbarn, der in Konstanz ein Haus hat, gesagt, daß er sich jetzt ein Boot kaufen will, von dem ihm auf der Ausstellung ein Vertreter erzählt hat, daß es mühelos auf jedes Autodach passt, wenn man ...

Hier wechseln sich Komplement- und Relativ-Sätze in bunter Folge ab; Parsingprobleme sind minimal, der repetitive Stumpfsinn ist auch weg, das Ganze sieht äußerst rekursiv aus und ist dennoch ganz verständlich.

Ein solches Argument zur Rettung der psychologischen Realität der Kompetenz macht es sich jedoch zu einfach. Beispielsweise haben de Roeck, Johnson, King, Rosner, Sampson und Varile 1982 gezeigt, daß in der Alltagsliteratur sehr wohl Beispiele mit Zentraleinbettungen vorkommen, die relativ problemlos verstanden werden können. Ein gesprochener Beleg stammt aus einer Seminardiskussion über solche Sätze und ist in (17b) ins Deutsche übertragen worden:

(17) a. das der dem Menschen wichtigen Gesundheit abträgliche Rauchen
   b. Ist es nicht so, daß wir Beispielsätze, die von Person, die wir kennen, produziert werden, eher akzeptieren, als solche von Unbekannten?
   (Isn't it true that example sentences that people that you know produce are more likely to be accepted?)

Wenn es nur nach der Einbettungstiefe ginge, müßten (17b) und (17a) gleich schlecht sein; da (b) länger ist als (a), wäre für (b) sogar ein größerer Gedächtnisaufwand nötig, trotzdem ist (b) leichter verständlich als (a). Für die schlechte Verständlichkeit ist somit nicht das Gedächtnis allein verantwortlich. So hat Hudson 1996 anhand zahlreicher Beispiele nachgewiesen, daß die Störfaktoren oft konstruktionsspezifischer und somit grammatischer Art sind. Die Übertragung seiner Beispiele ins Deutsche legt überdies nahe, daß die Schwierigkeiten sogar sprachspezifisch sein können. Denn komplexe Nominalphrasen in Subjektposition, wie bei den Sätzen in (18):

(18) a. John noticed that [$_{NP}$ the fact that the room was tidy] surprised Arthur.
   b. John remembered that [$_{NP}$ the fact that criticizing himself was hard] surprised Arthur.

scheinen im Englischen schwerer verständlich als entsprechende Konstruktionen im Deutschen. Die Verständlichkeit dieser Sätze wurde experimentell bisher allerdings nur für das Englische untersucht. Diese von Ewa Dabrowska durchgeführten Experimente haben darüber hinaus gezeigt, daß der Grad der Verständlichkeit dieser Sätze individuell verschieden ist und nachweisbar vom Bildungsgrad der Probanten abhängt. Ihre Erklärung für das unterschiedliche Abschneiden ihrer Testgruppen lautet:

(19) This, I would like to suggest, is due to differences in the way these groups habitually process language. The least-educated groups, we have seen, tend to rely on simple processing strategies, such as associating constituents that occur near each other in a sentence. [...] When faced with more syntacticized language (e.g. a newspaper article or a formal speech), they can use redundancies and real-world knowledge to help them work out the meaning. These strategies, however, do not work well on the test sentences [...]

(Dabrowska 1997, S. 750f.)

Auf der anderen Seite ist es das tägliche Brot des Professors, mit hochgradig syntaktisierten Texten umzugehen, so daß er diese antrainierte Fähigkeit bei der Konfrontation mit Beipielsätze einfach anwenden kann. Dabrowskas Folgerung hieraus ist folgende:

(20) ... the ability to process complex syntactic structures of the kind that one encounters in the TG/GB literature is far from universal and depends to a

large degree on the amount of schooling that one has had; hence it cannot simply grow out of an innate language faculty given 'mere exposure'

(Dabrowska 1997, S. 737)

In dieses Bild passt auch, daß Sätze von anerkanntermaßen zweifelhafter *Grammatikalität*, wie z.B. die sog. Schmarotzerlücken-Konstruktionen in (21), einen viel höheren Akzeptabilitätsgrad haben können, als Sätze von unzweifelhafter Grammatikalität, und dies sogar ganz unabhängig vom Bildungsniveau.

(21) a. ?It was her boss$_i$ that Louise persuaded t$_i$ that Margaret will interview t$_i$.
   b. ?The mayor who$_i$ Julie warned t$_i$ after learning the ex-prisoner wanted to interrogate t$_i$ managed to get away.

Diese Unabhängigkeit erklärt Dabrowska damit, daß die Schmarotzerlücken als „Erfindung" der generativen Grammatiker sowohl für den angehenden Studenten wie für den Literaturprofessor neu und unerwartet sind. Entsprechend kann es auch keinen Trainingsvorteil durch vorhergehende Erfahrung geben, und die Differenzen zwischen den Gruppen sind bei diesen Testsätzen nur relativ gering.

VI. Dabrowskas nicht-nativistischen Standpunkt, daß nämlich die Fähigkeit zum Verständnis komplexer Strukturen nicht angeboren, sondern erlernt ist, möchte ich im folgenden plausibel zu machen versuchen. Ich behaupte also nicht, daß das Sprachsystem grundsätzlich nicht in der Lage wäre, gewisse Selbsteinbettung zu prozessieren. Was ich anzweifeln möchte ist, daß die potentielle Prozessierbarkeit solcher Beispiele auf das Vorhandensein einer hierfür geschaffenen, angeborenen linguistischen Fähigkeit schließen läßt.[4]

Wir haben zwar einerseits die erlernte Fähigkeit, zu erkennen, daß komplexe Konstruktionen korrekt gebildet sind; dies impliziert aber nicht, daß wir zur Erlangung dieses Urteils ein spezifisch grammatisches Vermögen eingesetzt haben. Im Gegenteil, es scheint, als gelangten wir zu bestimmten Grammatikalitätsurteilen nur, indem wir genau das tun, was uns im Intelligenztest abverlangt wurde: Wir benutzen analytisch-kombinatorische Fä-

---

[4] Selbst die Autoren um de Roeck, die mit ihren verständlichen Zentraleinbettungen aus der Seminardiskussion gerade den nativistischen Standpunkt verteidigen wollten, schließen ihren Aufsatz mit der Bemerkung:

(i) We therefore suggest that the acceptability or otherwise of multiple centre embedding should be seen as a matter of learned skills (sic!) rather than ... of fixed language processing machinery [...]

(De Roeck et al., S. 339)

higkeiten allgemeiner, sprachunspezifischer Art, und extrapolieren, was aufgrund der Grammatik von nicht-iterierten Einbettungen bei der Iteration herauskommen müßte. Die Grundlage des induktiven Schließen ist unsere grammatische Beschreibung – ob letztere jedoch einem genuin kognitiven sprachlichen Modul entspricht, ist zu bezweifeln. Kommen wir daher noch einmal zurück auf das Verhältnis zwischen Grammatik und Sprachorgan, das wir schon im Zusammenhang mit Yafei Li diskutiert haben.

Während es bei Li darum ging, daß zwei Module sich redundant ergänzen und gewissermaßen dasselbe tun, ohne daß wir dies der Beschreibung des Systems ansehen, so scheint es in unserem jetzigen Zusammenhang ein ganz anderes Problem zu geben: Unsere Beschreibung des grammatischen Systems, also unserer Kompetenz, scheint ja in einem gewissen Gegensatz zur Akzeptabilität zu stehen, zu dem also, was sich in der *Black Box* abspielt – so, als würden sich Kompetenz und Performanz direkt widersprechen. Dies würde jedenfalls folgen, wenn beide Systeme die gleiche psychologische Realität haben, d.h., wenn die sprachliche Kompetenz denselben Status hat wie das System, das seine Ausübung offenbar behindert. Beides wären kognitive Systeme, deren Anforderungen auf ganz unverständliche Weise miteinander im Konflikt stünden. (Hierfür scheint es in der Biologie kein Analogon zu geben; ein System mit solch widersprüchlichen Eigenschaften wäre wohl nicht überlebensfähig.)

Dies bemerkt z.B. auch Hap Kolb in seinem Aufsatz „*Is I-Language a Generative Procedure?*". Die sog. *I-Sprache* ist nach Chomsky die intensionale Sprache, also das, was wir anfangs das Bildungsgesetz bzw. die intensionale Lösung genannt haben und was in traditioneller Terminologie das Kompetenzsystem ist. Dieses wird in Chomskys neuester Theorie, dem sog. Minimalismus, als *computational system* bezeichnet und mit Begriffen des internen kognitiven Apparates beschrieben. Zu recht weist nun Hap Kolb darauf hin, daß Chomskys Beschreibung dieses Systems nur dann Sinn machen kann, wenn es möglich ist, das *computational system* vom *processing system*, also dem Performanzsystem, grundsätzlich zu unterscheiden.[5]

---

[5] Kolb bezieht sich hier insbesondere auf Aussagen Chomskys, in denen sich letzterer auf ein Performanzsystem beruft, das es überhaupt erst ermöglichen soll, I-Sprache zu benutzen:

(i) The conclusion is that although the general design of the system yields computationally intractable problems, specific features of language design often allow them to be overcome by computational tricks. Only when such specific computational devices are available can the expression actually be used. But this [...] is all that is required for the use of language; unusable parts of the language are simply not used [...]
(Chomsky 1991a, S. 49)

[Und an anderer Stelle:]

(ii) [w]ith only a slight air of paradox, we may say that languages as such, are not usable. (Chomsky 1991b, S. 19)

Hätten beide Systeme den gleichen ontologischen Status als generative, prozedurale Systeme, so wären sie theoretisch wie empirisch nicht mehr unterscheidbar. Daher führe die minimalistische Redeweise dazu ...

(22) [...] that the clear distinction between the processing system proper and I-language suggested in the literature [...] cannot be upheld. [...] the conceptual distinction between competence and performance is seriously undermined, and with it the research program of Generative Grammar.

(Kolb 1997, S. 8)

Die Lösung, die Kolb vorschlägt, und der ich mich hier anschließe, ist die, daß die I-Sprache, also die Grammatik, ein **deklaratives** System ist. I-Sprache ist nach Kolb keine generative Prozedur im Sinne eines kognitiven Mechanismus. Vielmehr vergleicht er das Kompetenzsystem als deklaratives System mit der formalen Logik, während das Performanzsystem als prozedurales System die Rolle eines Theorembeweisers spielt. Es ist klar, daß der Theorembeweiser ganz andere Eigenschaften besitzt als die Logik, die er benutzt.[6]

Sind nun Grammatiken deklarative, axiomatische Systeme, so läßt sich auch das Paradox auflösen, daß generative Syntaxen dazu prädestiniert sind, rekursive Strukturen zu erzeugen, daß aber andererseits die so erzeugten Strukturen nicht prozediert werden können. Das Paradox entsteht ja nur, wenn wir annehmen, daß eine bestimmte Komponente der Grammatik, nämlich der syntaktische Ableitungsbegriff, auch zum Kompetenzsystem gehört. Ein solcher Begriff, also eine Definition dessen, wie Sätze durch die Anwendung von Regeln generiert werden, wäre in Kolbs Analogie klarerweise Teil des Theorembeweisers. Es folgt, daß die Eigenschaft der Rekursion in erster Linie eine der rekursiven *Verwendung* des deklarativ-axiomatischen Systems ist. Nach üblichem Sprachgebrauch wäre dies eine Eigenschaft der Performanz. Und dieses System wiederum speist sich, wie wir gesehen haben, aus den verschiedensten Quellen, u.a. der, auf Schule und Universität gelernt zu haben, mit dem Sprachsystem induktiv umzugehen.

Die Auffassung von I-Sprache und somit von Kompetenz-Grammatik als deklarativer Theorie ist nicht neu. Sie deckt sich beispielsweise mit dem Sprachbegriff, für den auch Postal und Langendoen in ihrem Buch *The Vastness of Natural Languages* 1984 plädieren. Sie behaupten dort, daß Sprache überhaupt kein rekursives System sein *kann*. Ihr zentrales Argument ist jedoch sehr theoretisch, und auf den Punkt gebracht ungefähr dieses: Wie allgemein angenommen wird, enthält eine Sprache abzählbar un-

---

Wie kann dann aber die Rede von der I-Sprache als *computational system* Sinn machen, wenn dieses System nicht benutzbar ist?

[6] Z.B. ist die Prädikatenlogik vollständig axiomatisierbar, jedoch kann es keinen Theorembeweiser geben, der alle logisch wahren Sätze als solche erkennen könnte.

Grammatikalität und Sprachvermögen 37

endlich viele Sätze. Nehmen wir weiter an, wir erweitern diese Sprache um eine Konjunktion, die jede Teilmenge von Sätzen der Sprache zu einem neuen Satz der Sprache verknüpft. Nichts spricht dagegen, daß die natürlichsprachliche Konjunktion *und* gerade so funktioniert. Das Theorem von Cantor sagt dann, daß die so erweiterte Sprache überabzählbar viele Sätze hat. Eine solche Sprache ist aber nicht generativ erzeugbar.

Das Argument demonstriert sehr schön, daß sich der hier vorausgesetzte Begriff von Sprache an einer metalinguistischen grammatischen Beschreibung orientiert, die gerade nicht prozeßhaft/rekursiv vorgeht. Denn das Argument präsupponiert ja schon, daß wir die konjunktive Verknüpfung von beliebigen, also auch von *unendlichen* Teilmengen von Sätzen, wieder einen Satz nennen würden. Ich persönlich sehe nicht ein, warum man gerade dieser Voraussetzung des Arguments folgen muß. Würde ein Angeborenheitstheoretiker die Prämisse akzeptieren, so müßte er automatisch die Angeborenheit von kognitiven Mechanismen akzeptieren, die überabzählbare Mengen definieren können. Dieser absurden Folgerung kann er nur entgehen, wenn er schon die Prämisse des Arguments anzweifelt, und diese ist in der Tat recht zweifelhaft.

Wie dem auch sei, Kolbs Vergleich mit der Logik eröffnet eine weitere Perspektive für unsere Diskussion, denn auch das logische Schließen und die **Semantik** natürlicher Sprachen scheinen mit denselben Defekten behaftet wie die Syntax. Dabei steht im Mittelpunkt der generativen Argumentation, daß es möglich ist, beliebige, noch nie gehörte Sätze zu *verstehen*. So etwa meint z.B. Haider 1993, daß einen komplexen Satz zu verstehen schneller möglich wäre als eine komplexe Rechenaufgabe zu lösen. Eines seiner Beispiele (das ich allerdings einem etwas anderen Kontext entnommen habe) scheint mir jedoch wenig geeignet, diese These zu untermauern. Es lautet:

(23) Die Behauptung, daß diejenigen, die promovierten, als diejenigen, deren Kinder jetzt promovieren, geboren wurden, ungefähr 75 Jahre alt sind, ist plausibel.

(Haider 1993, S. 6)

Solche Beispiele demonstrieren lediglich das nun schon bekannte syntaktische Problem, daß Zentraleinbettung das Verständnis erschwert. Um den Punkt zu machen, daß es um Semantik, nicht aber um Syntax geht, brauchen wir andere Beispiele, die syntaktisch vollkommen unauffällig sind:

(24) Keine Augenkrankheit ist harmlos genug, um ignoriert zu werden.
No eye-injury is too trivial to ignore
I by no means wish to deny that I could not disagree with you less

Ich behaupte, daß niemand diesen Satz auf Anhieb richtig versteht, obwohl das einzige Problem eine Anhäufung von Wörtern ist, die eine implizit negative Bedeutung haben. Warum können wir beim Sprachverstehen nicht schrittweise von links nach rechts vorgehen und sozusagen *online* logisch schließen? Wir müßten dann lediglich zwei aufeinander folgende negative Elemente gegeneinander wegkürzen; der Satz sollte im Prinzip nicht schwerer zu verstehen sein, als ein Satz mit nur zwei Negationen. Die tatsächliche Verarbeitung scheint aber ganz anders zu funktionieren, als die reine Logik dies vorsieht.

Zwar ist einerseits das logische Schließen eine kognitive verankerte Fähigkeit, der eine gewisse angeborene Kompetenz zugrundeliegen muß. Andererseits aber haben Johnson-Laird und seine MitarbeiterInnen experimentell gezeigt, daß deren Performanz nur als äußerst armselig bezeichnet werden kann. Gezeigt wurde bespielsweise, daß der Schluß in (25a) von allen 20 Versuchspersonen korrekt gezogen wurde, der in (25b) aber von keiner einzigen:

(25) a. Einige Bs sind As
         Alle Bs sind Cs
         ∴ Einige As sind Cs / Einige Cs sind As
     b. Alle Bs sind As
         Kein C ist ein B
         ∴ Einige As sind keine Cs

Es wundert daher auch nicht, daß im Rahmen solcher Untersuchungen noch niemand der Idee verfallen ist, dem deklarativen System als Ganzem, also z.B. dem System der aristotelischen Syllogismen, kognitive Realität zuzusprechen. Obwohl es sich bei den Syllogismen, wie übrigens schon Lewis Carroll 1987 gezeigt hat, um ein formal einfaches, entscheidbares System handelt, scheinen jene Schlüsse, die kognitiv wie geschmiert funktionieren, auf einem ganz anderen Mechanismus zu beruhen als die Deduktionen in der Logik.

VII. Kehren wir aber zurück zur Syntax und fassen wir zusammen:

1. Die Analysierbarkeit bestimmter Formen von Einbettung ist als Eigenschaft des Sprachsystems wahrscheinlich keine angeborene Fähigkeit.

2. Die Fähigkeit, komplexe Daten beurteilen zu können, ist weitgehend eine deduktive, erworbene Fähigkeit.

3. Die induktive Basis für diese Fähigkeit ist empirisch unterdeterminiert, d.h., die komplexen Daten, um die es dem Linguisten oft geht, bilden keinen Teil des Inputs, der für die Lernbarkeit relevant sein kann.

Daß Einbettungen kognitive Schwierigkeiten verursachen, zeigt sich nicht nur bei der intuitiven Beurteilung im fiktiven Experiment des Grammatikers. Auf Seiten der Ontogenese ist festgestellt worden, daß Kinder schon mit einfachen Einbettungen erhebliche Schwierigkeiten haben (s. Hakuta 1981). Auf Seiten der Phylogenese liegt es überdies nahe, daß Einbettung ein erst spätes historisches Resultat, z.B. der Verschriftlichung von Sprache, sein könnte. Denn schon innerhalb des historisch rekonstruierbaren Zeitraums läßt sich unschwer erkennen, daß sich Hypotaxe aus der Parataxe entwickelt hat. Ein Indiz hierfür ist die Genese der unterordnenden Konjunktionen, insbesondere also von *daß* – ein Thema, das ich hier nicht weiter vertiefen kann.[7]

VIII. Wenn wir hieraus nun in der Tat die Möglichkeit ableiten, daß rekursive Einbettung nicht zur biologischen Vorgabe von Sprache gehört, wie steht es dann aber um die vielbeschworene Angeborenheit der Kreativität des Sprachvermögens? Das Argument von der Kreativität hängt m.E. zu unrecht an der Rekursivität allein. Es ist ja nicht so, wie der Umkehrschluß nahelegen würde, daß Kreativität nur dann gewährleistet ist, wenn sie potentiell Unendliches generieren kann. Um eine Rechnung aus Jackendoffs *Pattern in the Mind* (1993) zu zitieren: Gesetzt den Fall, das Deutsche habe 10^4 Nomina. Setzen wir diese in (26) für X, Y, U, und Z ein, wäre die Anzahl der Sätze der Form (26)

(26) Weil ein X kein Y ist, ist auch ein U kein Z.

---

[7] In den von Bayer (1999) untersuchten Sprachen ist der sog. Komplementierer aus einem *verbum dicendum* abgeleitet; in den indogermanischen Sprachen ist er noch als deiktisches Pronomen (*daß = das*) erkennbar. Der erste Fall deutet darauf hin, daß die Entwicklung von einer parataktischen Konstruktion ausging, die etwa einer Art Doppelpunktkonstruktion entspricht, wie *Fritz sagt: Er kommt*. Der zweite Fall, also die Ableitung von *daß* aus dem Pronomen *das*, beruht darauf, daß Pronomina über parataktische Konstruktionen hinweg ein Element der Verzahnung von Sätzen bilden, so daß sie durch Grammatikalisierung als Komplementierer hypotaktisch umgedeutet werden können. Grundlage hierfür ist ein anaphorischer Bezug, für den es durchaus eine genetische Konstruktionshilfe geben könnte. Aus solchen Grammatikalisierungserscheinungen ist jedoch nicht zu schließen, daß deren rekursive Verwendung durch irgendeine dieser Hilfen begünstigt werden könnte.

um den Faktor 10^6 größer als der Mensch Neuronen im Gehirn hat. Auch wenn Sprachverwendung nicht potentiell unendlich viele syntaktische Muster generiert, führt uns die einfache Kombinatorik der Sprachmuster mühelos in eine Größenordnung, welche die physische Substanz unserer Welt weit überschreitet. Dies sollte eigentlich ausreichen, um jedem humanen Anspruch an Kreativität genüge zu tun.

Literatur

Bach, Emmon, Colin Brown und William Marslen-Wilson (1987): Gekreuzte und geschachtelte Abhängigkeiten im Deutschen und Niederländischen: Eine psycholinguistische Studie. In: J. Bayer, ed., Grammatik und Kognition. Psycholinguistische Untersuchungen. Westdeutscher Verlag, Opladen, S. 7-23.

Bayer, Josef (1999): Final Complementizers in Hybrid Languages. Journal of Linguistics 35, 233-271

Berwick, Robert C. und Partha Niyogi (1996): Learning from Triggers, Linguistic Inquiry 27, 605-622.

Büring, Daniel und Katharina Hartmann (1995): All Right!. In: U. Lutz und J. Pafel, eds., On Extraction and Extraposition in German. Benjamins, Amsterdam/Philadelphia, S. 179-211.

Carrol, Lewis (1887): The Game of Logic. Dover, New York.

Chomsky, Noam (1965): Aspects of the Theory of Syntax. MIT Press, Cambridge, Massachusetts.

– (1991a). Linguistics and Adjacent Fields: A Personal View. In: A. Kasher, ed., The Chomskyan Turn. Blackells, Oxford/Cambridge MA, S. 3-25.

– (1991b). Linguistics and Cognitive Science: Problems and Mysteries. In: A. Kasher, ed., The Chomskyan Turn. Blackells, Oxford/Cambridge MA, S. 26-53.

Clark, Robin (1990): Papers on Learnability and Natural Selection. Technical Report in Formal and Computational Linguistics No. 1. Université de Genève

Dabrowska, Ewa (1997): The LAD Goes to School: A Cautionary Tale for Nativists, Linguistics 35, 735-767.

De Roeck, Anne, Roderick Johnson, Margaret King, Michael Rosner, Geoffrey Sampson und Nino Varile (1982): A Myth about Centre Embedding, Lingua 58, 327-40.

Dresher, Elan und Jonathan Kay (1990): A Computational Learning Model for Metrical Phonology, Cognition 34, 137-195.

Eigen, Manfred und Ruthild Winkler (1975): Das Spiel. Naturgesetze steuern Zufall. Piper, München.

Eysenck, Hans Jürgen (1962): Know Your Own I.Q. Penguin Books, Harmondsworth/Middlesex. Titel der deutschen Ausgabe: Intelligenztest. Erschienen bei Rowohlt; Reinbeck 1974.

Frank, Robert und Shyam Kapur (1996): On the Use of triggers in Parameter Setting, Linguistic Inquiry 27, 623-660.

Gold, Mark E. (1997): Language Identification in the Limit, Information and Control 10, 447-474.

Grimshaw, Jane und Sara Thomas Rosen (1990): Knowledge and Obedience: The Developmental Status of the Binding Theory. Linguistic Inquiry 21, 187-222.

Haider, Hubert (1993): Deutsche Syntax – Generativ. Narr, Tübingen.
- (1995): Rightward Down to the Right. In: U. Lutz und J. Pafel, eds., On Extraction and Extraposition in German. Benjamins, Amsterdam/Philadelphia, S. 245-272.
Hakuta, Kenji (1981): Grammatical Description versus Configurational Arrangement in Language Acquisition: The Case of Relative Clauses in Japanese, Cognition 9, 197-236.
Hamburger, Henry James (1971): On the Learning of Three Classes of Transformational Components. PhD thesis, University of Michigan.
Herman, Gabor T., Grzegorz Rozenberg und Astrid Lindenmayer (1975): Developmental Systems and Languages. North Holland Comp., Amsterdam.
Horrocks, Geoffrey (1987): Generative Grammar. Longman, London, New York.
Hudson, Richard (1996): The Difficulty of (So-Called) Self-Embedded Structures. In: UCL Working Papers in Linguistics 8. Department of Phonetics and Linguistics, University College London, S. 283-314.
Jackendoff, Ray (1993): Patterns in the Mind. Harvester Whaetsheaf, New York; London.
Johnson-Laird, Philipp N. (1983). Mental Models: Towards a Cognitive Science of Language, Inference, and Consciousness. Cambridge University Press, Cambridge.
Kayne, Richard (1994): The Antisymmetry of Syntax. MIT Press, Cambridge, Massachusetts.
Kolb, Hans-Peter (1997): Is I-Language a Generative Procedure? In: GB-Blues: Two Essays. Arbeitspapiere des Sonderforschungsbereiches 340, vol. 110, 3-11.
Koster, Jan (1988): The Residual SOV-Structure of English. Unpublishd ms., University of Groningen.
Lakoff, George (1973): Fuzzy Grammar and the Performance/Competence Terminology Game, Proceedings of the Ninth Annual Meeting of the Chicago Linguistic Society 9, 271-291.
Langendoen, D. Terence und Paul M. Postal (1984): The Vastness of Natural Languages. Basil Blackwell, Oxford.
Levelt, Willem J.M. (1974): Formal Grammars in Generative Linguistics and Psycholinguistics. Mouton, The Hague.
Li, Yafei (1997): An Optimized Universal Grammar and Biological Redundancies, Linguistic Inquiry 28, 170-178.
Lindenmayer, Aristid, ed. (1976): Automata, Languages, and Development at the Crossroads of Biology, Mathematics, and Computer Science. North Holland Comp., Amsterdam.
Manzini, Rita und Kenneth Wexler (1987): Parameters, Binding Theory, and Learnability, Linguistic Inquiry 18, 413-444.
Peters, Stanley und R. Ritchie (1969): On the Generative Power of Transformational Grammars, Computer Science S. 2-3.
Pinker, Steven (1996): Der Sprachinstinkt. Wie der Geist die Sprache bildet. Kindler, München.
Prusinkiewicz, Przemyslaw und Aristid Lindenmayer (1996): The Algorithmic Beauty of Plants. Springer, Berlin.
Riemsdijk, Henk van (1983): Correspondence Effects and the Empty Category Principle. In: Y. Otsu et al., eds., Studies in Generative Grammar and Language Acquisition: a Report on recent Trends in Linguistics. Monbusho Grant for Scientic Research, Tokyo, S. 5-16.

Stuart, Ian (1995): Mathematische Unterhaltungen: Vertrauen ist gut, Beweise sind besser. Gerade Vermutungen, die auf eine begrenzte Folge kleiner Zahlen begründet sind, führen häufig in die Irre. Spektrum der Wissenschaft 11/95, 10-12.

Stechow, Arnim von und Wolfgang Sternefeld (1988): Bausteine syntaktischen Wissens. Westdeutscher Verlag, Opladen.

Wexler, Ken und Peter Culicover (1980): Formal Principles of Language Acquisition. MIT Press, Cambridge, Massachusetts.

Williams, Edwin (1981): A Readjustment in the Learnability Assumptions. In: C. L. Baker und J. J. McCarthy, eds., The Logical Problem of Language Acquisition. MIT Press, Cambridge, Massachusetts, S. 64-78.

Wormer, Holger (1997): Auf der Suche nach den geistigen Scheinwerfern, Süddeutsche Zeitung vom 28.5.1997.

2. Syntax und Semantik

Josef Bayer

Basic Order

A Significant Difference Between English VO and German OV[*]

0. Introduction

In the generative research on German and Dutch syntax there has been an intensive controversy about the proper representation of the order of constituents. One of the various reasons is that these languages show a peculiar mix of verb-finality and verb-initiality. While nominal arguments and various other constituents such as adverbs and PPs normally line up on the left projection line of the verb, clausal complements clearly disturb this picture of head-finality: Sentential infinitives (with *zu*) tend to be extraposed; finite complements which are introduced with a complementizer or which show the V2-pattern appear in the overwhelming number of cases in extraposed position, i.e. in a place traditionally called the "Nachfeld". Putting them in direct object position generally leads to straight ungrammaticality.

(1) a. Der Mann hat kein Wort gesagt
the man has no word said
The man didn't say a word
b. *Der Mann hat gesagt kein Wort

(2) a. Der Mann hat gesagt, daß er Schmerzen hat
the man has said that he pain has
The man said that he has pain
b. *Der Mann hat, daß er Schmerzen hat, gesagt

Assuming an underlyingly head-final structure for German, the standard generative analysis so far proposed extraposition in the sense of adjunction to IP. A derivational analysis yields the result that *kein Wort* and *daß er Schmerzen*

---

[*] The research presented in this paper is based on a talk I gave at the conference *Structure de la phrase et ordre des mots*, 15.-16. 6. 1995 organized by Jacqueline Guéron and the Groupe de Recherche 120, C.N.R.S. at Université de Paris X – Nanterre. The content of section 3 is in part identical with the appendix to chapter 6 of Bayer (1996). My ideas about the topic have since then been shaped by discussions with various linguists among which my friend Peter Suchsland who can trace back to our discussions much of what I had to say here. Thanks also to Hany Babu and Konstantin Kazenin for their help.

hat receive the same θ-role from the verb *sagen*.¹ Although there were various proposals, the reason for extraposition never became quite clear under this analysis.² The extraposition analysis faces a number of empirical as well as conceptual problems which I cannot review here in any detail. Two major empirical problems are that binding facts suggest that the extraposed clause is in the c-command domain of material in the matrix clause, and that it must somehow retain argument status because one can observe overt extraction from it, as is the case in long Wh-movement and long topicalization. Extraposition, however, is thought to move CP upwards to an A'-position. Thus, it is unexpected that something could move out of it.³ Looking more from the conceptual side, it is unclear what the landing site for extraposed material could possibly be. Under Minimalist assumptions (cf. Chomsky, 1995), it is unclear which features would trigger extraposition.⁴ Problems with extraposition have always tempted syntacticians to opt against a movement analysis. Thus, for Koster (1987), the complement CP in Dutch and German is simply a right sister of V. More recently, Kayne (1994), Haider (1994; 1995), Zwart (1993) and others have argued in favor of a principled ban against rightward movement. For Kayne and Zwart, the only order between head and complement that UG would permit is HEAD COMPLEMENT. The observed ordering COMPLEMENT HEAD must always be the result of leftward movement. Thus, the West Germanic order V-CP is seen as the failure of overt movement of CP (as would be the case in Dravidian or Japanese or any other language with CP-V order).⁵

I will argue here for a different view of extraposition. According to this view, CPs are base-generated in a right-adjoined position which is related to a nominal correlate. This correlate may be dropped. CP ends up as an unlicensed structure unless it is reselected as an argument in its atypical position. I will give a number of arguments to the extent that contrary to the situation in English and (other VO-languages) the order V-CP in German is exceptional, and that this exceptionality is regularly reflected in different processes of scope

---

¹ The analysis, thus, conforms with Baker's (1988) Uniformity of Theta Assignment Hypothesis (UTAH).
² E.g. Stowell's (1981) idea that clauses must be removed from Case-positions, as well as various modifications of it. Others wanted to see extraposition as the result of a PF-operation. One major problem is that there are many clearer cases of OV-languages in which finite clauses do not extrapose.
³ For critique of the extraposition analysis see Haider (1994; 1995) and Bayer (1995; 1996). Extraposition as rightward movement is maintained in Büring & Hartmann (1994) and in Müller (1994, 1997, 1998). In order to cope with the binding problems, these authors have to assume reconstruction of the extraposed material into its trace position. Wh-movement has to apply before extraposition i.e., as long as the CP is still in an L-marked position.
⁴ See, however, Müller (1998) for an attempt.
⁵ For a critique of this view with respect to CP-V order in connection with IP-C order in South Asian languages see Bayer (1999).

Basic Order 47

taking. Section 1 will sketch an analysis of clausal extraposition. Section 2 will show why the notion of basic order and as a consequence the notion of directionality continues to be needed as a syntactic primitive. Section 3 will present two arguments from abstract scope taking which concern temporal interpretation and the scope of disjunctive operators. Section 4 will show how among other things Principle C of Binding Theory can be differentially affected in English and German result clauses. Section 5 presents a conclusion.

1. A different look at extraposition

Various generative syntactic analyses to date suffer from the classical idea that the elements in a derivation remain constant. The initial collection of items (the "numeration") contains n elements which are then affected by the operations Merge and Move. In this process it can be the case that an element to be moved can be spelled-out here or there. In reality, however, there is no reason for this to be necessarily so or for even being the rule. We know from split topicalization constructions, for instance, that the phrase *kein Hemd* ("no shirt") is spelled-out completely differently, namely as *kein-es ... Hemd* when N has been moved leftwards. The supervising requirement seems to be that the residues of movement keep to the minimal free form of an NP or DP. Under this perspective it is not at all obvious that a CP should be generated in the context [_ V] and then undergo movement to the right. Diachronically much closer to the truth seems to be the model of the Indoeuropean relative clause construction by which there is a nominal element in situ which is linked to a clause by virtue of an operator that has moved to the front of it. There has been a long and notorious debate whether Indoeuropean had complex, i.e. hypotactically formed sentences or simply coordinated (paratactic) simplex sentences. The only sense one can make of this debate is that dependent sentences must have started out as sentences which were adjoined to primary arguments in the simplex sentence. Hermann Paul (1880) found the right generalization when he wrote: "Ein wichtiger Schritt zur Erzeugung komplizierterer Gebilde war, dass das Objektsverhältnis auf einen Satz übertragen wurde." There are many instances in which complementation is incomplete in the sense that it is not the CP but rather a nominal element which bears the grammatical function of the direct object. Consider such pairs as (3a) and (3b) where it is often not obvious whether the presence or absence of the nominal draws a difference in meaning or communicative impact:

(3) a. Man   hat   es   zugelassen,   daß   er   geschlagen   wurde
        one   has   it   tolerated   that he   beaten   was
    b. Man hat zugelassen, daß er geschlagen wurde

Given this state of affairs it is not at all obvious that the CP in (3b) has been generated in the nominal A-position of the verb and subsequently extraposed. Much more plausible seems to be that the nominal argument of which the CP is an "explication" has been dropped, and that as a consequence CP has acquired argument status. The German complementizer *daß* is not a very convincing candidate in this context of explanation because it obviously derives from a demonstrative pronoun.[6] It can be no accident, however, that in virtually all Indoeuropean languages (Romance, Greek, Slavic, Indic) we find complementizers which are either homophonous with or transparently derived from a Wh-operator (often "what"). Given a nominal correlate of the extraposed CP, grammaticalization seems to have shaped direct-argument complementation in the following way:[7]

(4) a. ... (V) $[NP]_1$ (V) ... $[_{CP}$ Op_1 ... t_1 ...$]$ =Op-to-C=>
   b. ... (V) $[NP]_1$ (V) ... $[_{CP}$ C ...$]_1$ =NP-drop=>
   c. ... V ... $[_{CP}$ C ...$]$

This sketch of a diachronic analysis of complementation ties in surprisingly well with independent considerations that have been advanced in Hoekstra (1987). Hoekstra considers the role of traces in the theory of movement, and observes that the primary reason for their presence is the requirement that the Projection Principle be satisfied on all levels of representation. Traces record the transformational history, and thus they must be present, and they must have properties as defined by Case theory, Binding theory, etc. Assume now a situation where a complement moves only in a very local fashion. Assume that the complement of a verb for some reason moves just to the other side of the verb. Hoekstra argues that if it were not for the Projection Principle, traces could as well *delete*. The lexically induced relation between head and complement would then have to be recoverable in the output of the transformation. Consider the structure in (5), in which XP is taken to be the maximal projection of X; for the purpose of this introduction, we ignore the trace of an XP-internal specifier:

(5) $[_{XP}$ $[_{XP}$ t_1 X$]$ $YP_1]$

If the trace t_1 is deleted, the Projection Principle is at first sight violated because X cannot discharge its θ-role, and the shifted phrase YP is unlicensed. On closer inspection, however, it emerges that YP remains in the projection of

---

[6] See Lenerz (1985: ch.2) for relevant criticism of the traditional view that hypotaxis grew out of parataxis after the demonstrative pronoun that was supposedly cataphorically linked to the following clause had been misplaced.

[7] This can be seen most clearly in modern Bengali where the relative operator *je* ('which') also serves as the complementizer of extraposed clauses. The language has a number of nominal CP-correlates which can be dropped. See Bayer (1995; 1996) for discussion under which circumstances this is possible, and what its effects are.

X. With deletion of the trace, X cannot project to X' and XP; but now there is the required object in the next projection up. Since deletion of the trace has pruned XP down to X, X will now again bear a head relation to the YP on its right-hand side. As far as the Projection Principle is concerned, [$_{XP}$ [$_{XP}$ X] YP] is formally identical to [$_{XP}$ X YP]. The latter structure is functionally indistinguishable from a structure in which X simply selects YP to the right, and YP is included in XP. I wish to call this operation *Argument Shift* (*A-shift*) because the extraposed CP does not move to an A'-position but rather ends up in a configuration in which it bears again a direct object relation to the verb. Notice that by virtue of being local, A-shift is consistent with Ross' (1967) *Right Roof Constraint*.[8] A problem may be seen in the fact that the A-shifted CP does not attach to VP but rather to IP (if one assumes an IP for German). Notice that any number of auxiliaries and modals may intervene between V° and CP (*daß er sagen **können müßte** [daß ...]*, "that he should be able to say that ..."). This problem is only apparent, however. There is independent evidence that auxiliaries and modals trigger verb raising, i.e. the main verb will recursively incorporate into the next higher AUX/MOD verb. In analogy to Baker's (1988: 64) *Government Transparency Corollary* we could then say that a lexical category which has incorporated some lexical item is able to L-mark everything the incorporated item would have L-marked by itself. If this can be maintained, the mere linear separation of V and CP poses no serious problem.[9] The preconditions for Hoekstra's proposal to work are first that there is head movement from V to AUX/MOD and secondly that the original traces of V° and CP are deleted. If my diachronically and typologically inspired argumentation is right, we do not need to worry about CP-extraposition because CP was never in one of the standard A-positions to the left of the verb; CP was originally an adjunct, related to an NP-correlate. Assume that such a CP is adjoined to VP, and that there is no movement or at least no overt movement from V to I in German, a claim that has been made by various syntacticians, and which amounts to saying that the verb comes from the lexicon or the morphological component in fully inflected form. In analogy to the rightward movement analysis in (5), we get the base-generation analysis in (6) where the canonical object position is either occupied by an NP-correlate or *erased* (i.e. completely removed from syntactic structure, not only *deleted*). Chomsky (1995: 280) suggests that erasure is a stronger form of deletion making the affected element inaccessible to any computation.[10]

---

[8] For an introduction see Soames & Perlmutter (1979: 296ff.).
[9] Let me add, however, that there may be grammatical cases of extraction from a CP that is separated from V by adjuncts. How L-marking can be implemented in such a case, is still an open question which I must skip here.
[10] As Peter Suchsland (p.c.) has pointed out, German shows rather clear signs of a difference between deletion and erasure. See also Bayer, Bader & Meng (1999) for relevant data.

We indicate erasure by *; the subscript on NP and CP means that the two are linked by a semantic relation.[11]

(6) [$_{VP}$ [$_{VP}$ {NP$_1$ / *} V] CP$_1$]

If the Case checking mechanism of the Minimalist Program (Chomsky, 1993; 1995) is adopted, all the arguments must have left VP at the latest at LF. This means that the extraposed CP will automatically be in the c-command domain of arguments to the left of the verb. This is a desirable result because it derives the fact that there are standard binding relations between material in the matrix clause and the rightward extraposed clause.[12]

If the CP is indeed licensed as the direct argument of V by virtue of a deletion process as has been argued in more detail in Bayer (1995; 1996; 1997), the problem of a trigger for extraposition vanishes. The CP simply has never been in its purported D-structure position. Its objecthood is rather derived by virtue of erasure of its correlate. This process is in my view a fair implementation of Hermann Paul's idea that the object relation was diachronically extended from an NP (the correlate) to the clause, a process which I dubbed argument shift, as it re-directs the L-marking function of the verb to a phrase that previously was an adjunct. The resulting structure looks surprisingly like the one we see in English and other VO-languages. This similarity has caused various linguists to believe that the order V-CP is of the same nature in both types of languages. In the remainder of this article I want to show that this would in all likelihood be a premature conclusion. As I have argued in more detail in Bayer (1996), head-final languages – among which I would see German because of

---

[11] The relation we have in mind is that CP is an explicative extension of NP. See Fabricius-Hansen & von Stechow (1989).

[12] I take it for granted that standard types of scrambling out of VP in German are not to be characterized as A'-movement but rather as semantically driven movement. The articulation of the German middle-field seems to have more to do with information structure than with Case checking, the latter of which can take place anywhere in the relevant space of the *Mittelfeld*. Attributing the observation to Haider (1993), Büring & Hartmann (1997:65) say that QRing a quantifier out of a VP to which extraposed material is (right-)adjoined could amount to a Weak Crossover violation because the trace of the QP would not be fully A-free; this argument holds, of course, only as long as there remains a trace in VP. It is, however, doubtful whether material that has left the VP always leaves a trace. If it doesn't, the WCO problem would not arise. Consistent with this view is the fact that there are no reconstruction effects. Another indication would be that the subject's thematic assignment cannot be a matter of the underlying structure; e.g. in *daß Alex Klavier spielen kann* ("that Alex can play the piano") the subject is not an agent as one would expect, if its role were assigned in the inner VP. Alternatively one could adopt a control structure for modals, but this leads to complications which I cannot discuss here.

its verbal projection – exhibit special restrictions on "extra-posed" complements which are absent in typical head-initial languages.

2. Basic Order and Directionality

The process of A-shift is obviously the same in German and in English. What would build up a reliable difference between the two languages? Erasure of the object pronominal in German forces the verb to select its argument in violation of its usual behavior; the verb must now select the CP directly, and it must do so in violation of its leftward orientation. In English, pronominal erasure leads to a less dramatic change; since the verb selects the pronoun on the same side where the adjunct CP is found, pronominal erasure, i.e. direct selection of CP, does not alter the canonical L-marking function of the verb. If we symbolize the verb's canonical selection in the two types of languages with → and ← respectively, then the representations following the erasure of the correlate are as in (7):

(7) a. *English (VO)*   b.   *German (OV)*
     ... [$_{VP}$ [$_{VP}$ V *] CP]   ... [$_{VP}$ [$_{VP}$ * V] CP]
         →   ←

Following the approach developed in Bayer (1996), I want to argue now that in languages of type (7b) VP is a barrier for any XP that it dominates on the non-canonical side of V, unless XP is affected by an attractor outside VP. The definition of *Barrier* given in (8) is designed in such a way as to capture cases in which a phrase is not L-marked at all, as well as cases in which it is L-marked, but on the non-canonical side.[13] The definition is supplemented by the definitions of *Exclusion* in (9) and *Inclusion* in (10).

(8)   *Barrier*
         XP is a barrier for YP if either (i) or (ii) holds:
         (i)   XP is not selected by a head and does not exclude YP
         (ii)   XP includes YP and X is a head that L-marks YP in the
              non-canonical direction.

(9)   *Exclusion* (Chomsky, 1986: 9)
         α excludes β if no segment of α dominates β

---

[13] Earlier proposals of this kind are found in Kayne's (1983) theory of Connectedness and in Koster's (1987) theory of Domains and Dynasties. For reasons of space I cannot turn to various complications that appear with respect to the syntax of NP and DP. A full treatment is given in Bayer (1996).

(10)   *Inclusion*
       XP includes α if α is dominated by X'

Assuming that – contrary to Chomsky's (1986) proposal – there is no intermediate adjunction to VP which would allow material to not be included in VP, we predict that in German nothing can move from the context [V _]. Although this is what I am actually proposing, overt Wh-movement and topicalization from CP, which are attested in German, seem to immediately refute this proposal. My claim is, however, that movement from [V _] across VP is only possible if there is an attractor, i.e. a functional head which requires lexicalization. Interrogatives typically rely on overtly visible clausal typing (Cheng, 1991). For the formation of a constituent question, a wh-phrase is inserted in SpecCP, a process which I assume to be the requirement of lexicalizing a C-head with the feature [+wh]. It is the defining property of LF-movement that it does not rely on lexicalization. Therefore I assume that LF-movement should not be characterized as attraction but rather as self-driven movement. The prototypical case is an operator which is not in an operator position yet. Assuming that sentential negation has to be realized via the activation of a pre-VP Neg-phrase, consider the English example *I will force you to marry no one*. As has first been observed by Klima (1964), negation can be associated with the lower or with the upper clause, with a noticeable difference in truth conditions. My interpretation of this fact is that at Spell-Out negation is not in a scope position yet, and that the grammar allows it to select between more than one option of satisfying its semantic needs. Given the definition of *Barrier* in (8), the prediction is that extended scope of this sort is possible in English and typologically similar languages, but not in German and typologically similar languages. I assume that in overt movement the VP-barrier can be crossed because the head of the matrix clause contains an attractor. The chain that is built in long Wh-movement or long topicalization should then be seen as *chain composition* in the sense of Koster (1987) rather than as movement proper.[14]

Limitations of space prevent me from saying more than that about overt movement. Of central relevance in the present context is the fact that the VP-barrier blocks long semantically driven scope in German but not in English. Two aspects of the A-shift analysis are of immediate relevance: (i) erasure of the pronominal correlate in the canonical A-position removes the possibility of reconstruction, i.e. the only way of licensing the "extraposed" sentential argument by L-marking is to license it *directly*; (ii) since erasure of the canonical A-position effectively reduces V' to V°, the originally base-adjoined CP ends

---

[14]   As I have pointed out in Bayer (1996: ch.7), chain composition crucially relies on a strictly subjacent derivation. If SpecCP is filled by another operator of the same type, chain composition is not possible at all. This explains the fact that in German Wh-island violations lead to noticeably sharper ungrammaticality than in English, Italian, Swedish, etc.

up being *included* in VP. Although the resulting VP is superficially the same as the one in English, namely [$_{VP}$ ... V [$_{CP}$ ...]], the verb's leftward orientation in German will create a barrier. In the next section I will give two sets of data that have been discussed in Bayer (1996), and which corroborate my proposal. In section 4, I will turn to another observation that is known from the literature on English, but has, as far as I know, never been discussed with respect to German or other languages with a head-final VP.

3. Larson's observations meet German

3.1. Temporal relations

Larson (1990), referring to relevant observations in Geis (1970), draws attention to an interpretive difference between English (and Swedish) on the one hand and German on the other according to which there is an ambiguity in temporal relations in the former language(s). Consider first the English example in (11):

(11) I saw Mary in New York [$_{PP}$ before [$_{CP1}$ she claimed [$_{CP2}$ that she would arrive]]]

As shown in (12), there is an ambiguity as to which of the two propositions corresponding to CP_1 and CP_2 is affected by the temporal relation expressed by *before*. In one reading, I saw Mary in New York before the time she made her claim. In the other reading, I saw Mary in New York before the purported time of her arrival. Larson argues that this is the result of an empty operator moving either from CP_1 (which gives rise to the first reading), or cyclically from CP_2 to $SpecCP_1$ (which gives rise to the second reading):

(12) a. I saw Mary in New York [$_{PP}$ before [$_{CP1}$ Op$_i$ [$_{IP}$ she claimed t$_i$ [$_{CP2}$ that she would arrive]]]]
 b. I saw Mary in New York [$_{PP}$ before [$_{CP1}$ Op$_i$ [$_{IP}$ she claimed [$_{CP2}$ t'$_i$ [$_{IP}$ that she would arrive t$_i$]]]]]

The same ambiguity obviously holds in Swedish, as Larson points out. With respect to German, he observes, however, that "native speakers of German share a consensus that the embedded readings [...] are quite marginal, if not totally unavailable" (p.172). Consider the German translation of (11):

(13) Ich sah Mary in New York [$_{PP}$ bevor [$_{CP1}$ sie behauptete [$_{CP2}$ daß sie ankommen würde]]]

According to my intuitions, (13) does not show any ambiguity. Its only reading is that I saw Mary in New York before the time she made her claim. The reading which would correspond to long operator movement is unavailable. Larson tries to explain this by saying that "... in most dialects of German only clause-bound syntactic movement is permitted" (p.171). This explanation is unconvincing because speakers like myself have no problem with long syntactic movement (from *daß*-CPs).[15] Larson's prediction would be that such speakers do get more than one reading. This prediction seems to be wrong.

The difference which sets German aside from English and Swedish is predicted more successfully by the present theory. In German, the projection of the verb *behaupten* gives rise to a directionality barrier which cannot be crossed by LF-movement. The situation in English (and Swedish, another VO-language) is different. Here the clausal complement is canonically selected. As a result, the projection of the verb *claim* does not erect a directionality barrier, and it is possible for the empty operator to move from SpecCP$_2$ past the dominating VP headed by *claim* to SpecCP$_1$.

3.2. Disjunctive scope

Similar effects can be observed in connection with discontinuous disjunctive coordinations such as *either ... or, neither ... nor*. According to Larson (1985), such constructions are generated as in (14) (where ✶ is the Kleene star, and α can be any category):

(14)   [$_α$ [$_{CONJ}$ (n)either (n)or] α✶]

Either and *neither* are Scope Indicators (SI) for their counterparts *or* and *nor*. The SI may in this account undergo movement to a scope position either on the way to S-structure or on the way to LF. The details of Larson's syntactic assumptions are not all relevant for my point. Important is his observation that an example like (15) is multiply ambiguous. The different readings are listed in (16):

(15)   Sherlock pretended to be looking for either a burglar or a thief
(16) a. Sherlock pretended to look for [(a burglar) or (a thief)]
     b. Sherlock pretended [Sherlock look for (a burglar) or Sherlock look for (a thief)]

---

[15] In fact, as Kvam (1983) has shown, most German dialects do permit long extraction, as can be observed in spontaneous speech. Larson's remark pertains mainly to normative judgements. It would be highly surprising if norm-based intuitions of this kind would be reflected in semantic judgements which rest on the internalized grammar of LF.

c. [Sherlock pretended to look for (a burglar) or Sherlock pretended to look for (a thief)]

In (16a), we have a *de dicto* reading: Sherlock pretended to look for any x such that x satisfy the description "burglar" or "thief". In (16b), *or* is in the scope of *pretend* but outside the scope of *look for*, i.e. there is a search for a burglar or a search for a thief. In (16c), *or* is even outside the scope of *pretend*. These three readings are induced by LF-movements of the SI *either* to one of the scope positions indicated by ☞ as shown in (17):

(17) [☞ Sherlock pretended [☞ to be looking for [☞ [$_{NP}$ *either* or [a burglar] [a thief]]]]]

If we turn (15) into German, we observe two remarkable differences. The most noticeable one is that *entweder* cannot stay inside PP:

(18) *Sherlock gab vor nach entweder einem Einbrecher oder einem Dieb zu suchen

This shows that the conjunctive operator must be raised from PP. It can do so in English, but not in German because PP is an island not only for overt but also for covert movement.[16] The other difference is that once *entweder* is outside PP but still in the clause selected by *vorgeben* ("pretend"), widest scope is nevertheless impossible:

(19) Sherlock gab vor [PRO entweder nach einem Einbrecher oder nach einem Dieb zu suchen]

If there is an analysis like [$_{PP}$ *entweder nach einem Einbrecher oder nach einem Dieb*], there is in principle no reason why this PP should not undergo LF-movement to a matrix clause operator position. The reason why it does not

---

[16] That in German PP is an island can be demonstrated not only in the syntax of visible movement, but also in the syntax of LF. As Reinhart (1991) has pointed out, conjunctive or disjunctive ellipsis exhibits movement effects. These are noticeable in German in comparison with English:
(i) The administrator spoke [with Charles], when we met him, and/or (with) Mary
(ii) Der Verwalter hat [mit Karl] gesprochen, als wir ihn trafen, und/oder *(mit) Maria
In English the preposition in the elliptical phrase may be present or absent. In German it must be present. If *mit* in missing in (ii), the sentence is not necessarily ungrammatical. But then the only permissible reading is such that *und/oder Maria* is construed with the subject *der Verwalter*. This demonstrates that PP is an island also at LF. See Bayer (1996) for further corroboration.

follows from our theory: Due to the verb's orientation, the German VP headed by *vorgeben* is a directionality barrier for movement.[17]

4. Result clauses

It has been observed by Guéron & May (1984) (see also May, 1985 and Rochemont & Culicover 1997) that Principle C effects may be voided in result clauses such as (20b). In (20a) it is impossible to interpret *her* as coreferential with *the soprano* because the pronoun c-commands the relative clause in which the DP *the soprano* is located. Thus, the structure is ruled out as a violation of principle C of Binding Theory. In (20b), however, such a violation seems to be absent:

(20) a. *I told her$_1$ that the concert was attended by many people last year who made the soprano$_1$ nervous
 b. I told her$_1$ that the concert was attended by so many people last year that the soprano$_1$ became quite nervous

The result clause is licensed by the degree operator *so*. Usually the positioning of *so* is a surface indicator of hierarchical positioning of the result clause. For example, the pronoun *he* of the result clause can be bound by the QP in (21a) but not in (21b) which indicates that the result clause is interpreted where *so* is interpreted:

(21) a. Each candidate$_1$ was interviewed by so many journalists that he$_1$ could not remember them all

---

[17] Notice that this PP can be topicalized, and that topicalization is a reliable test for constituency in German:

(i) [$_{PP}$ Entweder nach einem Einbrecher oder nach einem Dieb]
 either for a burglar or for a thief
 hat Sherlock Holmes gesucht
 has Sherlock Holmes searched

Büring & Hartmann (1995) have argued against a constituency-based account in the context of different data which, however, address the same point. If the disjunction in (i) has clausal scope, the logic of their argumentation would dictate that the topicalized PP in (i) is not a constituent, which is not only unconventional but also technically unfeasible. The possibility remains, however, that – unless topicalized – the operator would always occupy a scope position. In that case it would, however, be surprising that English allows for the luxury of forming strange constituents. The data in 3.1 do not give any indication as to why the null operator should be in a pre-Spell-Out scope position in German but not in English. We will see in section 4 independent data which disfavor the surface scope solution Büring and Hartmann have in mind.

b. *So many journalists have interviewed each candidate₁ that he₁ could not remember them all

Thus, the lack of a Principle C effect in (20b) suggests that the degree operator *so* has been raised to a position of the matrix clause that removes the associated result clause and with it the R-expression *the soprano* from the c-command domain of the pronoun *her*. Guéron & May (1984) propose a structure for (21b) according to which, as a result of QR, *so* adjoins to the matrix clause. I suspect that the correct pre-LF structure is as in (22) where the result CP has not been reordered yet:[18]

(22)   [IP I told her₁ [CP that the concert was attended by [so [that the soprano₂ became quite nervous] many people] last year]]

Assuming that a clause could at most be extraposed to the minimal containing IP according to the Right Roof constraint, the result clause would remain in the CP-domain of the pronoun; thus the coindexed DP would not be A-free, and a Principle-C violation would result. Since (21b) is grammatical under the relevant indexation, we assume – following Guéron and May – that the phrase headed by *so* is raised into the matrix clause.[19] This changes (22) to (23):

(23)   [so [that the soprano₁ became quite nervous] many people]₂ [IP I told her₁[CP that the concert was attended by t₂ last year]]

The reordered result-CP then appears in the domain of the matrix-IP, and the binding problem vanishes.

Returning now to German, which has the very same result construction, we notice that the corresponding example in (24) remains firmly ungrammatical. This is true for myself and for all the speakers I could consult.

---

[18] The extraposition analysis is suggested for concretness but should not be taken literally. As Baltin (1987) shows, extraposition is unfeasible in cases like (i) where a single result clause would have different sources:
(i)   So many people have read so many books so often that it's hard to keep up with them
Baltin argues for a structure with discontinuous dependencies. Arguments against an extraposition analysis of result clauses are also presented in Rochemont & Culicover (1997). Kayne (1994: 126ff.) proposes a structure in which the IP containing *so* moves into the specifier of the result clause headed by *that*:
(ii)   [CP [IP ... so ...] [C' that [IP ...]]]
For critical discussion of IP-raising and IP in SpecCP see Bayer (1999). For the purposes of my argumentation the details of the syntax of result clauses are not of central importance.

[19] I can obviously not follow Chomsky (1995) in his conjecture that LF-movement is never more than feature movement. If only the degree feature inherent in the word *so* would move, the result clause would remain where it is in (22), and the ungrammaticality of the sentence would persist.

(24) *Ich erzählte ihr₁ daß das Konzert von so vielen Leuten besucht wurde, daß die Sopranistin₁ ganz nervös wurde

The present theory of complement licensing gives a straightforward explanation of this peculiar difference which is fully analogous to the explanation of the differences seen between English and German in section 3. The VP headed by the verb *erzählen* is a barrier; thus, the phrase headed by *so* cannot be raised to the matrix clause. As a result, the pronoun will continue to bind the DP *die Sopranistin* at LF.[20]

There is further corroboration of the above observations about result clauses: Consider the following pair in (25) which shows an interpretive contrast that has first been noticed by Liberman (1974).[21]

(25) Ehrlichman believed that Nixon was so crazy that he acted irrationally

This sentence is ambiguous. In its preferred reading it says that Ehrlichman believes that Nixon's high degree of craziness caused him, Nixon, to act irrationally. There is yet another, somewhat less preferred reading which says that the degree to which Ehrlichman believes that Nixon was crazy caused him, this time Ehrlichman, to act irrationally. Interestingly, this second reading is absent in German.

(26) Ehrlichman dachte, daß Nixon so verrückt war, daß er irrational handelte

Here acting irrationally cannot be the result of Ehlichman's belief; thus, *er* is always interpreted as coreferential with *Nixon*, and never with *Ehrlichman* at all. The same point can perhaps be made more clearly by the pair in (27):

(27) a. Maria dachte, daß Harry so wütend war, daß er
     Maria thought that Harry so infuriated was that he
     sich umbringen würde
     REF kill would

   b. #Maria dachte, daß Harry so wütend war, daß
     Maria thought that Harry so infuriated was that
     sie vor ihm weglief
     she from him away-ran

---

[20] The same holds for degree clauses with *too/zu*. Consider the following contrast:
   (i) The teacher thought that he₁ was too arrogant to consider John₁ for the prize
   (ii) *Die Lehrerin meinte, daß er₁ zu eingebildet sei, um Hans₁ für den Preis vorzuschlagen

[21] See also Guéron & May (1984: 16f.) and May (1985: 113) from which the example is taken.

(27b) is semantically awkward (which is indicated by #) because Maria's thought cannot be the cause for her running away. This state of affairs is predicted, if the matrix VP is a barrier which disallows matrix scope of *so* and its result associate. The same difference appears in other OV-languages in which the result clause is postposed. Bengali is such a language, as I have shown in detail in Bayer (1995; 1996). Consider the pair of examples in (28):²²

(28) a. meri   bissas   koreche   je   heri   eto   rege
        Mary thought made   that Harry so   in-rage
        gæche je   se   atmohatto korbe
        went that he   suicide   do-will

   b. meri   bissas   koreche   je   heri   eto   rege
        Mary thought made   that Harry so   in-rage
        gæche je   se   tar   theke paliye jabe
        went that she him   from   flee   will

Since Bengali does not encode gender, the pronouns *se* and *tar* in (28a,b) remain potentially ambiguous between coreference with the main-clause subject *meri* and the subject of the embedded clause, *heri*. While (28a) receives the expected standard interpretation according to which the degree of Harry's rage could be the trigger for his suicide, *se* in (28b) is assigned the referential index of *heri*. But then the reading is derived according to which Mary believes that Harry was so furious that he would flee from her. This is the only plausible reading that can be derived as expected by our theory. The reason is that the *je*-clause following the predicate *bissas kora* is only exceptionally L-marked in the sense of our account of extraposition as A-shift. Just like in German, this turns the VP into a barrier. As a consequence, the degree marker *eto* and the associated result clause cannot attain highest scope.

We see that the difference we observe has a wider range than the one which has been in the focus of the present discussion. It remains to be seen, of course, whether this finding can be substantiated by data from more languages that fall into the VO/OV-distinction.

5. Conclusion

The evidence about LF-movement that has been presented in this article speaks in favor differences in basic order between English and German. While English permits long, presumably cyclic, abstract operator movement from selected CPs, German systematically fails to do so. What could be presented here is only part of a large number of facts according to which head-final languages

---

²² Thanks to Jogamaya Bayer for her help with the Bengali data.

diverge semantically from head-initial languages. These facts include the scope of focusing particles such as *only* and *even* as well as the scope of Wh-in-situ and the scope of negation. They are reported and discussed in a theoretical framework that makes crucial use of directionality as a parametrical primitive in Bayer (1996). My explanation of the difference between [V CP] order in VO- and in OV-languages rests on the idea that [V CP] order disturbs canonical L-marking in the latter, and that this turns VP into a barrier. Special mechanisms are needed, if this barrier should be crossed, as must be the case in overt Wh-movement and topicalization. The problems connected with these are discussed in more detail in Bayer (1996: chs. 6 & 7).

Theories of word order variation which assume [V CP] order as derived by classical extraposition and reconstruction of CP to a canonically selected trace position have to explain why the scope of operators cannot be determined from the reconstructed base.[23] Theories of word order variation which assume [V CP] order as basic in all languages have a hard time explaining the scope contrasts I have presented on the basis of parametrical variation because for them [V CP] is the only order of the base which is available. If both English and German license finite CP-complements in a uniform way, we would – contrary to fact – expect them to exhibit largely the same scope options. The present account mediates between the classical extraposition account and the universal-SVO account by retaining differences in basic order as a primitive. The mechanism which seems to neutralize the difference between English V-CP and German V-CP rests on processes which are independently needed, and which seem to have high plausibility in the development of true sentence embedding in Indo-European.

References

Baker, M. (1988): Incorporation: A Theory of Grammatical Function Changing. Chicago: Chicago University Press.
Baltin, M. (1987). "Degree complements," in G. E. Huck & A. E. Ojeda (eds.). Syntax and Semantics 20: Discontinuous Constituency. Academic Press: New York.
Bayer, J. (1995): "On the origin of sentential arguments in German and Bengali," in H. Haider, S. Olsen & S. Vikner (eds.), Studies in Comparative Germanic Syntax, Dordrecht: Kluwer.
– (1996): Directionality and Logical Form: A Study of Focusing Particles and Wh-Scope, Dordrecht: Kluwer.

---

[23] Büring & Hartmann (1994), who argue for CP-extraposition, must assume that binding relations are checked in reconstructed position. If this is possible, it is unexpected that the scope of operators cannot be checked in reconstructed position either.

- (1997): "CP-extraposition as argument shift", in D. Beerman, D. LeBlanc & H. van Riemsdijk (eds).
- (1999): "Final complementizers in hybrid languages.,"Journal of Linguistics 35, 233-271.
Bayer, J., M. Bader & M. Meng (1999): "Morphological underspecification meets oblique Case: Syntactic and processing effects in German," ms. Friedrich-Schiller-Universität Jena.
Beerman, D., D. LeBlanc & H. van Riemsdijk, (eds.) (1997): Rightward Movement. Amsterdam: John Benjamins.
Büring, D. & K. Hartmann (1994): "Doing the right thing – extraposition as a movement rule," Sprachwissenschaft in Frankfurter, Arbeitspapier 13.
Büring, D. & K. Hartmann (1995): "Is it [only Rock'n Roll] or just like it?" in J. Camacho, L. Choueiri & M. Watanabe (eds.), Proceedings of the 14th West Coast Conference on Formal Linguistics. Stanford: CSLI Publication.
Büring, D. & K. Hartmann (1997): "The Kayne mutiny," in D. Beerman, D. LeBlanc & H. van Riemsdijk (eds).
Cheng, L. (1991): On the Typology of Wh-Questions, Ph.D. dissertation, MIT Cambridge, Massachusetts.
Chomsky, N. (1986): Barriers. Cambridge, Massachusetts: MIT Press.
- (1986): Barriers. Cambridge, Massachusetts: MIT Press.
- (1993): "A minimalist program for linguistic theory," in K. Hale & S. J. Keyser (eds.), The View From Building 20: Essays in Linguistics in Honor of Sylvain Bromberger. Cambridge, Massachusetts: MIT Press.
- (1995): The Minimalist Program, Cambridge, Massachusetts: MIT Press.
Fabricius-Hansen, C. & A. von Stechow (1989): "Explikative und implikative Nominalisierungen im Deutschen," Zeitschrift für Sprachwissenschaft 8. 173-205.
Geis, M. (1970): Adverbial subordinate clauses in English, Ph.D. dissertation, MIT, Cambridge, Massachusetts.
Guéron, J. & R. May (1984): "Extraposition and Logical Form," Linguistic Inquiry 15, 1-31.
Haider, H. (1993): Deutsche Syntax – generativ: Vorstudien zur Theorie einer projektiven Grammatik, Tübingen: Narr.
- (1994): "Detached clauses – the later the deeper,", ms. Universität Stuttgart.
- (1995): "Extraposition,", ms. Universität Stuttgart.
Hoekstra, T. (1987): "Extrapositie en SOV," Tabu 17, 133-142.
Kayne, R. (1983): "Connectedness," Linguistic Inquiry 14, 223-249.
- (1994): The Antisymmetry of Syntax, Cambridge, Massachusetts: MIT Press.
Klima, E. (1964): "Negation in English," in J. Katz & J. Fodor (eds.), The Structure of Language, Englewood Cliffs, New Jersey: Prentice-Hall.
Koster, J. (1987): Domains and Dynasties. The Radical Autonomy of Syntax, Dordrecht: Foris.
Kvam, S. (1983): Linksverschachtelung im Deutschen und Norwegischen, Tübingen: Niemeyer.
Larson, R. (1985): "On the syntax of disjunctive scope," Natural Language and Linguistic Theory 3, 217-264.
- (1990): "Extraction and multiple selection in PP," The Linguistic Review 7, 169-182.
Lenerz, J. (1985): Syntaktischer Wandel und Grammatiktheorie. Tübingen: Niemeyer.

Liberman, M. (1974): "On conditioning the rule of subject-auxiliary inversion," in E. Kaisse & J. Hankamer (eds.), Papers from the Fifth Annual Meeting of the North Eastern Linguistics Society, Harvard University, Cambridge, Massachusetts.

May, R. (1985): Logical Form: Its Structure and Derivation, Cambridge, Massachusetts: MIT-Press.

Müller, G. (1994): "Extraposition and successive cyclicity," ms. Universität Tübingen.

- (1997): Incomplete Category Fronting. Dordrecht: Kluwer.
- (1998): "Feature strengthening," Talk presented at the 21st GLOW Colloquium, Tilburg, 15-17 April 1998. [GLOW Newsletter 40, 48-49].

Paul, H. (1880): Prinzipien der Sprachgeschichte, 9th ed. 1975, Tübingen: Niemeyer.

Reinhart, T. (1991): "Elliptic conjunctions – non-quantificational LF," in Kasher, A. (ed.): 1991, The Chomskyan Turn, Oxford: Blackwell.

Rochemont, M. & P. Culicover (1997): "Deriving dependent right adjuncts in English," in D. Beerman, D. LeBlanc & H. van Riemsdijk (eds).

Ross, J. R. (1967): Constraints on Variable in Syntax. Ph.D. dissertation, MIT, Cambridge, Massachusetts.

Soames, S. & D. Perlmutter (1979): Syntactic Argumentation and the Structure of English. Berkeley: University of California Press.

Stowell, T. (1981): Origins of Phrase Structure, Ph.D. dissertation, MIT Cambridge, Massachusetts.

Zwart, J.-W. (1993): Dutch Syntax: A Minimalist Approach, Doctoral dissertation, University of Groningen.

Gisbert Fanselow

Does Constituent Length predict German Word Order in the Middle Field?

Introduction

Suchsland (1993) is one of the few studies discussing the consequences of German constituent order in VP for X-bar-theory. He shows that non-arguments may be hierarchically closer to a head than arguments, in contrast to what was claimed by Chomsky (1981:38). A question left open by Suchsland concerns the identification of the factors that determine under which conditions adjuncts intervene between the verb and the object. Suchsland discusses phonology and pragmatics (p.139) as likely causes. In the present study, I will not focus on these factors, but on one further factor: constituent length.

According to Behaghel's *Gesetz der wachsenden Glieder* (Law of increasing constituents), shorter constituents tend to precede longer ones (in German). Hawkins (1994) claims to have shown that constituent length is a crucial factor for order. He draws this conclusion from analyses of a set of corpora from many languages, and develops a formal theory of serialization. In this theory, linear arrangements of constituents which are cognitively simpler are predicted to be more frequent than arrangements that are cognitively difficult. The cognitive difficulty of a constituent X is a function of the ratio between the number of its immediate constituents (ICs) $Y_1,...Y_n$, and the number of words necessary to recognize all of $Y_1,...Y_n$, (the words in the "constituent recognition domain", CRD). Recognition is assumed to be possible as soon as the word identifying the categorial status of a constituent (its head, or an unambiguous specifier) has been parsed. For phrases in which constituents are (typically) recognized at the left edge, this implies that shorter XPs should precede longer ones. The VPs in (1) have three constituents. The CRD of (1a) consists of 15 words, while the CRD of (1b)'s VP consists of four words only. Thus, (1b) is less difficult in terms of CRD, so the construction type (1b) should be more frequent than (1a). This prediction is borne out, as Hawkins (1994) argues on the basis of a text frequency analysis.

(1) a. he [$_{VP}$ [$_V$ gave] [$_{NP}$ the precious book about the new theory of constituent order developed by Jim [$_{PP}$ to Mary]]

b. he [$_{VP}$ [$_V$ gave] [$_{PP}$ to Mary][$_{NP}$ the precious book about the new theory of constituent order developed by Jim]]

German VPs are (underlyingly, at least) head-final, but they contain mostly head-initial phrases. The VP in (2) consists of four ICs (by Hawkins' criteria), and only the last word, the verb, allows the recognition of the last IC. Therefore, the CRD of such a VP is *always* the whole VP – the internal order of arguments should not matter. In general, the IC/CRD ratio makes no predictions about order in head-final phrases Σ when Σ's ICs are recognized at their left periphery.

(2) er wird [$_{VP}$ [$_{PP}$ am Freitag] [$_{NP}$ den Brief] [$_{PP}$ in den Postkasten]
     he will   on Friday   the letter   into the mailbox
     [$_V$ stecken]]
     put

Hawkins (1994:81-83) claims, however, that serialization is governed by length in such cases as well. He introduces the notion of calculating the ratio between (recognized) immediate constituents and the number of words necessary for their recognition *from left to right*. Those orders are preferred that maximize the number of constituents recognized early. (3a) should therefore be preferred over (3b), since two ICs of VP can be recognized in (3a) after three words, whereas the second constituent of VP can be recognized after the sixth word only in (3b).

(3) a. er wird [$_{VP}$[die Studentin] [mit einem Buch   über Logik]
        he will   the student   with a   book   about logic
        erfreuen]
        please
    b. er wird [$_{VP}$[mit einem Buch über Logik] [die Studentin] erfreuen]

The purpose of the present study is to check whether this extension of the original approach is supported by the data.

Description of the present study

Hawkins (1994:188-190) claims that NP >> PP (=NP before PP) is the normal order of German, and that reordering to PP >> NP takes place in order to make longer constituents follow shorter ones. If this is correct, German would be a language that serializes constituents on the basis of the left-to-right extension of the IC/CRD-rule. The primary motivation for re-analysing Hawkins' data lies in the fact that the dimension "NP-PP" does not reflect a uniform category from a grammatical point of view. In particular, the category PP contains at least two (up to four, according to Suchsland 1993) subcategories: arguments and adjuncts. We therefore established order facts for such subcategories of PP. Like Hawkins, we chose the first 100 pages of Peter Handke's *Die linkshändige Frau* as the source for the data base. This choice was made in order to maximize the comparability of our results with Hawkins' study. The results of a more representative text corpus will be presented as well, however. As in Hawkins' (1994) analysis, we did not consider NP-PP-pairs in which the placement of either category is determined by a non-violable grammatical law of German, i.e. we excluded XPs moved to the prefield and XPs moved to the specifier of CP in indirect questions and relative clauses. Furthermore, subjects were not included, as in Hawkins' corpus.

In the first 100 pages of *Die linkshändige Frau*, there are 313 NP-PP pairs in 294 clauses. Hawkins (1994) just considered 89 NP-PP pairs, and this difference is due to the fact that our selection criteria differed from Hawkins' in three respects:

1. We included pronominal NPs first. Their order is partially governed by a rule placing them into the so-called Wackernagel position. Of the 313 pairs, 141 involve a pronominal NP, and in 139 cases, the pronoun precedes the PP. This confirms the strong tendency to put pronouns into the Wackernagel position – Wackernagel's law overrides other principles of serialization. We therefore ignored pronouns in the further analysis, being left with 172 NP-PP pairs.

2. An unimportant difference between Hawkins' and our corpus comes from the fact that we did not exclude indirect objects and predicative NPs. Since their number is small, this does not influence the findings reported below.

3. Hawkins confined his corpus to clauses with the format (4), with the possible addition of a subject, i.e. he did not consider clauses with additional PPs, adverbs, etc. This makes sense for head-initial structures: by confining oneself to structures such as V PP1 PP2, one does not mix up effects of the pure IC/CRD predictions (not affecting the order of PP1 and PP2 in VP = V PP1 PP2 CP) with effects of the extended left-to-right-calculation. Since German VPs are head-final, nothing is gained by the exclusion of more elaborate structures. An obvious reason for enlarging the data base is that fine-grained analyses are impossible on the basis of 89 items only. Therefore, our corpus contains *all* [-pronominal] NP-PP pairs in the text.

(4) [(prefield) (complementizer/verb) NP + PP (verbal particle) (verb)]

Basic facts about the corpus

Table 1 summarizes basic findings for the two corpora. The percentage of pairs compatible with Hawkins' approach is lower in the larger data base: in Hawkins' corpus 84.3% of the pairs are compatible with the claim that order is optimal when shorter XPs precede longer ones ("length rule, LR"). In our corpus, just 75.6 % of the pairs are compatible with LR. Hawkins interprets all pairs in which NP and PP have equal length as not *disconfirming* his approach, but such pairs certainly do not confirm it either. A more conservative interpretation has to exclude pairs of NPs and PPs of equal length from consideration. In the smaller corpus, 14 of the 68 pairs left (=20.6%) begin with a *longer* XP, in the larger corpus, 32.1% (42 out of 131) of the remaining pairs *disconfirm* the length rule.

Table 1: Basic facts about the two corpora

	Hawkins' data	Our data
Total number of NP-PP pairs	89	172
% compatible with length rule	84.3%	75.6%
% confirming length rule	79.4%	67.9%
NP-initial structures	77.5%	74.4%
% NP-initial structures compatible with length rule	89.9%	84.6%
% PP-initial structures disconfirming length rule	35.0%	50.0%
% NP-initial structures with NP = PP	85.7%	80.5%

An important aspect becomes evident when we consider length in PP-initial pairs. In the larger corpus, only 22 of 44 pairs do *not* violate the length rule (= 50%). Hawkins' assumption that NP >> PP is the "normal" order is hardly compatible with this. Under a standard interpretation, "normal" order is base-generated, and other orders are derived by scrambling. In half of the cases (larger corpus), the reordering transformation scrambling would have had to apply *against* the predictions of LR.

Directional PPs and Similar Categories

Directional PPs form the largest subgroup of PPs in our corpus: 61 of 172 NP-PP pairs (35.5%) belong to it. Consider table 2:

Table 2: Directional PPs

	XP1 > XP2	XP1 = XP2	XP1 < XP2	XP1 > XP2 by more than 3 words	XP1 < XP2 by more than 3 words
Nr. NP >> PP	5	15	41	2	3

Pairs involving a directional PP are *underrepresented* among NP-PP-pairs *disconfirming* LR (11.9% of disconfirming cases), but *overrepresented* in the set of pairs *compatible* with LR (43,8% of compatible pairs). The most important observation is, however, that there is **not a** single instance of a directional PP preceding the NP. Thus, length does *not* govern the serialization of directional PPs at all, rather, it is a relatively strict rule of *grammar* that direct object NPs precede directional PPs. One potential cause was mentioned above: directional PPs have a different grammatical status, they belong to an inner VP-layer of the sort proposed by Suchsland (1993), whereas direct object NPs belong to a higher one. Mixing these layers is dispreferred. The linearization of directional PPs fails to take into account length differences.

Directional PPs may also be interpreted as predicates of a small clause, of which the verb's object is the semantic subject. There were 4 additional NP-PP pairs which allow a small clause analysis on other grounds. They are NP-initial and in two of them, NP was longer than PP. Thus, length does not govern serialization in 65 of 172 cases: the rule is that the semantic subject precedes its predicate. In seventeen further pairs, the PP indicates a SOURCE, which allows a small clause analysis, too. The results for this category are represented in table 3.

Table 3: Source PPs

Order	1st XP longer than 2nd	Equal length	2nd XP longer than 1st
PP >> NP: 3	1	–	2
NP >> PP: 14	4	3	7

The relative order of NP and PP shows a strong bias for NP-initiality (82.3%), and length does not figure prominently, suggesting that NP >> PP is normal. Another subgroup is constituted by prepositional objects and constructions with light verbs. The eight cases in point support a strong grammatical bias in favor of NP >> PP, and indicate once more that length does not influence serialization in this domain.

Table 4: Prepositional objects/light verbs.

Order	1st XP longer than 2nd	Equal length	2nd XP longer than 1st
PP >> NP:1	–	1	–
NP >> PP:7	3	2	2

We add to the class of examples with serialization determined by grammar the four instances of *wie/als* (as)-PPs with NP >> PP order (and sometimes extraposition of PP): such PPs are predicative in nature, and therefore difficult to reorder according to German grammar.

To sum up, we have seen that
♦ the serialization of at least 94 of 172 pairs (= 54.6 %) is governed by grammar alone.
♦ of these 94 pairs, only 4 begin with PP, i.e. 70.3% of the NP-initial pairs are grammatically serialized. In other words, of the remaining 78 pairs, 40 are PP-initial.
♦ 16 of the 94 pairs contradict the length rule (=17%). Although the cases discussed so far make up more than half of the corpus, they just account for 38.1% of the counterexamples.

Locative PPs

There are 35 NP-PP pairs in the corpus involving a locative PP. In 19, the NP precedes the PP. The length facts are revealing:

Table 5: Locative PPs

Order	1st XP longer than 2nd	Equal length	2nd XP longer than 1st
PP >> NP (16 cases)	10	3	3
NP >> PP (19 cases)	2	8	9
NP>>PP, true direct objects	1	7	8

Of the 19 NP >> PP pairs, 3 can be analysed as small clauses, in which case they should not be taken into consideration (=row 4). Table 5 shows that the two major claims of Hawkins cannot be maintained simultaneously, viz. that NP >> PP is unmarked, and that reordering has the effect of making shorter XPs precede longer ones: there are 10 counterexamples (and only 3 confirming cases) for the conjunction of the two hypotheses. With the conservative interpretation of row 4, Hawkins' approach works better if PP >> NP is normal for locative PPs: with one exception, reordering to NP >> PP does not increase the processing load of VP. Optimizing length relations would be necessary for reordering, but not sufficient, since only 8 out of 18 cases in which PP is longer shift to NP >> PP. Thus, two questions arise: Is PP >> NP normal for locative PPs? Are there other factors that account for serialization?

Definiteness is relevant for order in German. No clear picture emerges from table 6. 10 of 16 indefinite objects precede PP. This suggests that NP >> PP is normal, because indefinites are not likely to be preposed. Table 7 also supports the view that NP >> PP is normal, since it allows us to uphold the claim that indefinite XPs are placed in front of definite XPs by scrambling/reordering under special circumstances only. Of the five PP-initial cases in the NP-indefinite class, three violate the length rule, another point against ordering by length.

Table 6: Definiteness of the direct object

	Definite	Indefinite
NP >> PP, NP shorter/equal	6	9
NP >> PP, NP longer	0	1
PP >> NP, PP short	4	2
PP >> NP, PP long	6	4

Table 7: Definiteness of both XPs

	NP definite	NP indefinite
PP with definite NP	16 of which 10 PP >> NP	14 of which 9 NP >> PP
PP with indefinite NP	–	2

Definiteness facts thus point to a NP >> PP normal order. Let us consider the issue from a grammatical point of view as well. If rhematic material does not undergo scrambling/ reordering, the situation in (5) - (6) finds an explanation:

(5) wem hat er die Blumen gegeben? "to whom has he given the flowers?"
    a. er   hat   Maria   die   Blumen   gegeben
       he   has   Mary   the   flowers   given
    b. er hat die Blumen Maria gegeben
(6) was hat er Maria gegeben? "what has he given Mary?"
    a. er   hat   Maria   Blumen   gegeben
       he   has   Mary   flowers   given
    b. ??er hat Blumen Maria geschenkt

That both (5a) and (5b) are appropriate answers to (5) suggests that IO >> DO is the normal order – we can then assume that *Maria* occupies its base position in both examples, and that (5b) arises by scrambling the direct object in front of the indirect object. That (6b) is not an appropriate answer to (6) supports this view: the direct object follows the indirect object in normal order, and can end up in front of the latter by scrambling only, which is hardly likely to apply to a rhematic direct object as in (6b), cf. also Lenerz (1977).

A consideration of such question-answer pairs suggests that NP >> PP is normal for locative PPs: (7a) and (7b) are answers to (7), while (8b) sounds odd. (7b) shows that *Maria* is in its unscrambled base position when preceding the locative PP, while (8b) shows the locative PP is *not* in its unscrambled normal position when it precedes NP.

(7) Wen hat er im Park gesehen? "who has he seen in-the park?"
    a.   er   hat im   Park   Maria   gesehen
         he   has in-the park   Mary   seen
    b.   er hat Maria im Park gesehen
(8) Wo hat er Maria gesehen? "where has he seen Mary?"
    a.   er hat Maria im Park gesehen
    b.   ??er hat im Park Maria gesehen

However, such considerations hold for locative PPs only which modify the direct object. With a subject-oriented interpretation of the locative PP, PP >> NP order seems possible as well, as the acceptability of the b-answer to (9) suggests.

(9) wo kann ich meine Frau anrufen? "where can I call my wife?"
    a.   Sie können ihre Frau im   **Hinterzimmer**   anrufen
         you can   your wife in-the back-room   call
    b.   Sie können **im Hinterzimmer** ihre Frau anrufen

We conclude that a standard test for normal order suggest that NP >> locative PP is normal order, with the possible exception of a PP >> NP normal order option in the case of subject-oriented locative PPs. This is in line with results of Maienborn (1996).

Table 8 analyses the 32 NP-[locative] PP-pairs along the dimension of subject- vs. object orientation. Since PPs could not always be assigned to the these categories unambiguously, two numbers are given in row 3, the first referring to an event-biased, the second to an NP-biased interpretation.

Table 8: Subject vs. object orientation and order

	Object orientied	Event orientied	Subject oriented
NP >> PP	14	2	0
PP >> NP	2/3	9/5	5/8

Under an NP-biased interpretation, subject oriented PPs (8 cases) precede the direct object, while object oriented (14 of 17) follow it. A minimal distance principle identifiable in other domains as well (cf., e.g., Aoun & Li 1993) is at work: a PP is semantically orientied to the closest c-commanding NP, so that the order PP >> direct object is highly marked if the PP is semantically related to the direct object – the closest c-commanding NP for such a PP is the subject. Since all directional and source PPs are object oriented, too, the minimal distance principle makes a prediction for NP >> PP order in at least 102 cases, of which 96 are fulfilled (94.1%), and it makes an additional PP >> NP prediction for the subject oriented cases, all of which are fullfilled, raising the success rate to 94.5% of 110 pairs.

The serialization of locative PPs with respect to direct object is governed, in clear cases, by the question of whether the PP is predicated over the object or not. Whether this is a principle of formal grammar, a consequence of semantic rules, or a consequence of avoiding intolerable misanalyses in the case of subject-oriented PPs need not concern us: what is important is that the serialization of locative PPs is not governed by LR.

The Remaining Categories

Among the remaining 43 pairs, only two larger subgroups can be identified, temporal and instrumental PPs. Consider table 9 for temporal PPs. The category is small: after the elimination of the cases noted below table 9, only seven instances remain, of which 6 are PP-initial, suggesting PP >> NP is normal. Length is again no good predictor for order.

Table 9: Temporal PPs

Order	1st XP longer than 2nd	Equal length	2nd XP longer than 1st
PP >> NP 7*	3	1	2 (3)*
NP >> PP 3#§	–(1§)	–	1(2#)

*=one NP is the nominative argument of a *be*-construction; #=one NP is an indirect object §= one NP is the subject of an embedded ECM-construction, temporal PP belongs to matrix.

If PP >> NP is normal for temporal PPs, 6 of 7 pairs appear in this normal order, half of which violate LR. The only instance of reordering is in line with LR, but the length difference is small: 1 word. Table 10 contains the facts for instrumental PPs:

Table 10: Instruments

Order	1st XP longer than 2nd	Equal length	2nd XP longer than 1st
PP >> NP 10	5	1	4
NP >> PP 6	1	1	4

There are just two instances with a large length difference, one (by three words) confirming, one (by four words) disconforming LR. NP >> PP normal order for instrumental PPs is not compatible with LR: in half of the cases, reordering would have increased processing load. If PP >> NP is normal for instrumental PPs, there would be just one counterexample, but again, we observe reordering in only 4 of 9 cases in which the PP is longer, which shows that length is at best a necessary, but never a sufficient condition for reordering. That (11b) sounds odd suggests, however, that NP >> PP is the normal order. The linearization of instrumental PPs thus constitutes a further problem for LR.

(10) Was hat er mit dem Schraubenzieher repariert? "what has he fixed with the screwdriver"
   a. er hat mit dem Schraubenzieher sein RADIO repariert
      he has with the screwdriver his radio fixed
   b. er hat sein RADIO mit dem Schraubenzieher repariert
(11) Womit hat er sein Radio repariert? "With what has he fixed his radio?"
   a. er hat sein Radio mit dem Schraubenzieher repariert
   b. ??er hat mit dem Schraubenzieher sein Radio repariert

Among the remaining examples, 7 pairs are in line with LR, 5 are incompatible with it and 5 neutral. In the complete set of 40 NP-PP pairs involving direct objects and not accounted for by the grammatical principles discussed above, 14 pairs violate LR, 18 support it positively, and 8 are just compatible with it because the length of the two XPs does not differ. Table 11 contrasts the number of confirming and disconfirming cases for larger length differences if directional PPs and related cases are ignored. No picture favoring LR emerges.

Table 11: Pairs with a length difference greater than 2

Length difference	All pairs	PP-initial	NP-initial
3 +	confirming: 12 disconfirming: 9	confirming: 6 disconfirming: 5	confirming: 6 disconfirming: 4
4 +	confirming: 6 disconfirming: 8	confirming: 3 disconfirming: 5	confirming: 3 disconfirming: 3
5 +	confirming: 5 disconfirming: 4	confirming: 3 disconfirming: 2	confirming: 2 disconfirming: 2
6 +	confirming: 4 disconfirming: 3	confirming: 3 disconfirming: 1	confirming: 1 disconfirming: 2
7 +	confirming: 2 disconfirming: 2	confirming: 2 disconfirming: 1	confirming: 0 disconfirming: 1

Conclusions: The Handke Corpus

♦ In the majority of cases, two principles govern serialization: PPs follow the NP they are semantically oriented to, and non-referential XPs are not reordered. These rules are relevant for 70% of the pairs, with a success rate greater than 94%.

♦ Among the remaining 40 NP-PP pairs, there are nearly as many pairs contradicting the length rule (14) as there are pairs that confirm it (18).

Our analysis shows that one of the constructions Hawkins (1994) cites as supporting the idea that left-to-right calculations of the IC/CRD ratio influence word order refutes rather than corroborates his assumptions. This is not just relevant for the laws governing order in German. It illustrates the general point that simple frequency counts involving coarse categories such as PP may be fairly misleading since the true generalizations emerge only when the relevant grammatical distinctions are taken into account.

A More Representative Corpus

One might object that our corpus is not representative. This criticism is correct but affects all frequency calculations in Hawkins (1994), with the possible exception of his Finnish data. We analyzed a larger, more representative text corpus as well – the overall results were identical. This text corpus was composed of a mixture of spoken language extracted from the IdS corpora, and of written language composed of parts of fictional and non-fictional texts. Table 12a corroborates the view that NP >> PP is normal for directional PPs (165:11), and the few cases of reordering are definitely not in line with LR. Source PPs (Table 12b) also fail to support LR. If NP >> PP would be normal for locative PPs, LR would be strongly disconfirmed by the 59 PP initial cases in which PP is longer than NP, because the PP would have to be the reordered category.

Table 12a: Directional PPs

	NP shorter than/equal PP	NP longer than PP
NP first	134	31
PP first	**10**	1

Table 12b: Source

	NP shorter than/equal PP	NP longer than PP
NP first	19	2
PP first	10	4

Table 12c: Locative

	NP shorter than/equal PP	NP longer than PP
NP first	93	**33**
PP first	**59**	37

Table 12d: Temporal

	NP shorter than/equal PP	NP longer than PP
NP first	29	7
PP first	**65**	37

Table 12e: Manner

	NP shorter than/equal PP	NP longer than PP
NP first	49	**12**
PP first	**41**	10

Table 12f: Instrument

	NP shorter than/equal PP	NP longer than PP
NP first	23	**9**
PP first	**27**	10

Tables 12d-f show that LR would be violated in the majority of cases if NP >> PP is the normal order for the subcategories temporal, manner and instrumental PPs. The data from the more representative corpus are in line with what we found in the text Hawkins (1994) used.

Facts from other languages

Length considerations do not play a role in determining order in the German VP. We showed this by an in-depth investigation of the text corpus used by Hawkins (1994), and our conclusion is in line with a more representative text corpus. This absence of a length effect is to be expected if the on-line left-to-right calculation of the IC/CRD ratio is irrelevant for serialization, in contrast to what Hawkins (1994) has claimed.

German might be special, however. The obligatory verb-second rule for main clauses implies that there are two kinds of VPs, those like (12a,b) in which the CRD of the VP necessarily comprises the whole VP, and those like (12c) for which this does not hold because the verb comes early. For (12a,b), we get serialization by length predictions only by applying the left-to-right extension of calculating the IC/CRD ratio, for (12c) predictions follow from an overall calculation as well.

(12) a. dass Hans das Buch auf das Regal stellte
that Hans the book onto the shelf placed
b. Hans hat das Buch auf das Regal gestellt
Hans has the book on the shelf placed
c. Hans stellte das Buch auf das Regal
Hans placed the book on the shelf

The relevance of a left-to-right-calculation must thus be assessed for more languages as well. Recall that Hawkins (1994) gives a somewhat biased interpretation of his data, by interpreting pairs of XPs with equal length as confirming evidence (rather than rating them as neutral). A re-assessment of the degree of confirmation which one gets when one disregards such neutral cases was not possible for all the data in Hawkins (1994), but if ones look at the facts summarized in table 13, an interesting picture emerges.

If pairs for which the length rule makes no prediction (pairs of phrases of equal length) are disregarded (last column) the success rate stays well above 85% in English, Rumanian and Hungarian, and is at 84.3% for Finnish if we somewhat incorrectly add up the two prefinal rows of the table – incorrectly because XP-NP pairs were rated for half of the corpus only by Hawkins. Assuming that this half is representative for the whole corpus. We can project the following numbers:
NP = XP 48 + 2x23 = 94 cases estimated.
shorter constituent preceding: 153 + 210 = 363 cases estimated
longer constituent preceding: 38 + 20 = 58 cases.
This would result in a success rate of around 86%.

Table 13: Conservative interpretation of the data in Hawkins (1994), where possible

Language	Type	Neutral	Positive	Negative	% positive & neutral	% positive
English p. 129	PP-PP	35	108	18	88.8	85.7
Hungarian p. 133	NP-NP	21	85	10	91.4	89.5
Rumanian p. 134	XP XP	18	175	23	89.4	88.4
Turkish p. 137	NP NP	102	59	40	81.3	**59.6**
Japanese p. 142	NP NP	51	46	24	80.2	**65.7**
Japanese p. 143	subj-obj	37	33	15	40.0 – 95.0%	**68.7**
Japanese p. 150	PP PP	31	25	10	84.4	**71.4**
Japanese p. 152/3	NP PP	91	110	43	82.4 – 91.0%	**71.9**
Korean p. 156	subj-obj	59	67	56	37.0 – 95.0%	**54.5**
Korean p. 158	NP- PP	15	58	14	82.0	80.5
Korean p. 159	PP >> NP	9	50	10	85.5	83.3
Korean p. 159	NP >> PP	6	8	6	70.0	**57.1**
Finnish p. 170	NP >> XP	48	153	38	84.1	80.1
Finnish p. 170	XP >> NP	23	105	10	92.8	91.3
Finnish p. 171	Give + objects	18	136	13	93.4	91.3

Note: For Hungarian, head initial NPs only were counted. The success rate for Japanese depends on the assumptions one makes concerning Japanese clause structure.

In the more careful interpretation, the success rate goes down to a value between 60 and 72% only for German, Japanese, Turkish and Korean – with one exception, viz. Korean NP-PP order, which may be due to a grammaticalization of PP before NP, as the data suggest.

What the two groups of languages have in common, respectively, is easy to guess: if neutral cases do not count, there are high success rates for verb-initial languages, and low success rates for verbfinal languages. If table 13 is representative, we may conclude that length is a governing factor for serialization in head-initial categories only – presumably because only there, the absolute IC/CRD-ratio plays a role.

Acknowledgements

For discussions of previous versions of this paper, I am indebted to Damir Ćavar, John Hawkins, Matthias Schlesewsky and Peter Staudacher. Nilgün Öz participated in reanalyzing the Handke corpus. NP-PP pairs were extracted from the larger corpus by Ralf Kirmse and Florian Schäfer. The research reported here was supported by the grant INK 12/A1 to the Innovationskolleg "Formal Models of Cognitive Complexity" financed by the Federal Ministry of Science and administered by the DFG.

References

Aoun, Joseph & Yen-hui Audrey Li (1993). Syntax of Scope. - Cambridge, Mass.: MIT Press.
Chomsky, Noam. (1981). Lectures on Government and Binding. - Dordrecht, Foris.
Hawkins, John (1994). A performance theory of order and constituency. - Cambridge: Cambridge University Press.
Lenerz, Jürgen. (1977). Zur Abfolge nominaler Satzglieder im Deutschen. - Tübingen: Narr.
Maienborn, Claudia (1996): Situation und Lokation. Die Bedeutung lokaler Adjunkte von Verbalprojektionen. - Tübingen: Stauffenburg
Suchsland, Peter (1993). The Structure of German Verb Projections. In: G. Fanselow (ed.): The parametrization of Universal Grammar, 123-143. Amsterdam: Benjamins.

Cornelia Krause

Anmerkungen zum pränominalen Genitiv im Deutschen

1. Vorbemerkungen[1]

Das Deutsche besitzt sowohl prä- als auch postnominale Possessoren. Die pränominale Position kann durch DPs im Genitiv oder Dativ belegt werden. Die postnominale Position ist Genitiv DPs und *von*-PPs vorbehalten. Vor allem pränominale Genitive weisen ein interessantes syntaktisches Verhalten auf. Nur Eigennamen und Verwandschaftsbegriffe können als pränominale Genitive auftreten. Darüber hinaus darf in dieser Konstruktion weder die D^0 Position der Matrix DP noch die D^0 Position des Possessors lexikalisch gefüllt sein. Um eine Erklärung dieser Phänomene bemüht, konzentrierten sich bisherige Arbeiten vornehmlich auf die Beziehung zwischen prä- und postnominalen Genitiven. Zwei grundlegende Hypothesen wurden bislang dazu aufgestellt. Proponenten der einen vertreten die Ansicht, daß pränominale Genitive in SpecDP oder D^0 basisgeneriert werden, wohingegen Vertreter der anderen dafür argumentieren, daß diese Genitivpossessoren aus postnominaler Position nach SpecDP oder D^0 bewegt worden sind.

Anliegen dieser Arbeit ist es, Zweifel an der wohletablierten Annahme zu erheben, daß es sich bei diesem Possessortyp um eine Genitiv DP handelt, und nach einem alternativen Lösungsansatz zu suchen. Dazu werden in einem ersten Abschnitt die relevanten Daten vorgestellt. Im Anschluß daran wird gezeigt, daß und warum eine Analyse des pränominalen Possessors als Genitiv DP scheitern muß. Der darauf folgende Abschnitt präsentiert weite-

---

[1] Ich möchte mich an dieser Stelle bei David Pesetsky, Sabine Iatridou, David Embick und Martin Hackl für zahlreiche Diskussionen und Hinweise, die zum Entstehen dieser Arbeit beigetragen haben, bedanken. Darüber hinaus möchte ich all denjenigen Sprechern des Deutschen danken, die ich immer und immer wieder nach Grammatikalitätsurteilen fragen durfte, und die sich mittlerweile wohl wünschten nie etwas von *Mutters Bild* gehört zu haben. Mein besonderer Dank gebührt jedoch Professor Suchsland, meinem Lehrer während meiner Studienzeit in Jena, der mein Interesse an der Syntaxtheorie geweckt und gefördert hat und mir stets mit sachdienlichen Hinweisen, konstruktiver Kritik, zahlreichen Diskussionen, bei der Literaturbeschaffung (was nicht zu unterschätzen ist bei der Ausrüstung unserer Bibliothek in der Nachwendezeit) und vielem mehr hilfreich zur Seite stand. Ohne ihn wäre diese Arbeit daher letztlich undenkbar.

re Daten, die Zweifel an der genitivischen Natur dieses Possessors aufkommen lassen. Der letzte Abschnitt erarbeitet einen alternativen Lösungsansatz, demzufolge pränominale Genitive als Dativ DPs reanalysiert werden.

2. Zur Datenlage

2.1. Der pränominale Genitiv

Kennzeichnend für diesen Possessortyp im Deutschen ist die (invariable) Endung -s sowie seine Inkompatibilität mit einem overten Determinierer in der Matrix DP:

(1) a.   Peters Bild
    b.* Peters das/ein Bild
    c.* das/ein Peters Bild

Weiterhin sind nur Eigennamen und Verwandtschaftsbegriffe, die ohne Artikel auftreten, als Genitive in pränominaler Position akzeptabel, wenn sie in der Lage sind, aus dem Set der Genitivendungen (-es, -s, -n, -ens,-er, -ø) die Endung -s anzunehmen.[2] DPs, die einen overten Determinierer verlangen (2a,b) und/oder die Endung -s nicht annehmen können (2c,d), sind als pränominale Genitive ungrammatisch.[3]

---

[2] Eine Ausnahme bilden Superlative, die in pränominaler Position durchaus akzeptabel sind:
(1)   der Welt höchstes Haus
Dies ist jedoch nicht die einzige Konstruktion in der Superlative ein besonderes Verhalten aufweisen. Sie können zum Beispiel auch den Definitheitseffekt in there-insertion Konstruktionen ‚umgehen' (Sabine Iatridou, p.c.)
(2)   a.* There is the man in our garden
      b. There is the tallest man (ever) in our garden.
Wegen ihres besonderen Status werde ich Superlative hier jedoch unberücksichtigt lassen.

[3] Die Situation ist im Hinblick auf Beispiele wie das in (2)a nicht ganz eineindeutig. In der Umgangssprache sind solche Konstruktionen zweifellos ungrammatisch. In der Literatursprache, der Sprache des Rechts usw. sind sie jedoch durchaus noch akzeptabel. Es ist daher ratsam, eine Unterscheidung zwischen verschiedenen Registern des Deutschen zu treffen. Dieser Artikel befaßt sich mit der Umgangssprache und demgemäß beziehen sich die angegebenen Grammatikalitätsurteile auf dieses Register. Beispiele wie das in (2)b sind in ausnahmslos allen Registern des Deutschen inakzeptabel. Dies scheint damit zusammenzuhängen, daß der Possessor in diesem Beispiel nicht belebt ist und die Possessivrelation zwischen Possessor und Kopfnomen keine inhärente (im Sinne von *alienable* versus *inalienable possession*) ist. Die selbe Restriktion läßt sich auch bei pränominalen Dativen beobachten (vgl. Fußnote 8). Es ist eine wohlbekannte

(2) a.*/?? der Tante Bild
  b.*   des Satzes Verb
  c.*   Sowjetunions Verfassung
  d.*   USAs Einwanderungsbehörde

Des weiteren kann die pränominale Position nicht mehr als eine Phrase im Genitiv beherbergen, daß heißt, die Interpretation in (3)ii ist nicht verfügbar:

(3)   */?? Peters Vaters Beleidigung
  (i)   die Beleidigung von Peters Vater
  (ii)# Vaters Beleidigung durch Peter

Charakteristisch für pränominale Genitive ist auch, daß sie weder für prä- noch für postnominale Modifikation zugänglich sind.

(4) a.* (des) klugen Peters Bild
  b.*   Peters, der ziemlich klug ist, Bild
  c.*   Peters aus Jena Bild

Wie die Beispiele in (4a-c) zeigen, kann die Possessor DP *Peters* weder durch ein Adjektiv pränominal (4a) noch postnominal durch eine Apposition (4b) oder eine PP (4c) modifiziert werden.

Abschließend sei noch bemerkt, daß die Interpretation des pränominalen Genitivs kontexsensitiv ist. *Peters Bild* kann sowohl als „das Bild, das Peter besitzt", „das Bild, das Peter gemalt hat", usw. interpretiert werden, je nachdem in welchen Kontext die Äußerung eingebettet ist.

2.2. Der postnominale Genitiv

Im Gegensatz zu pränominalen Genitiven erlauben postnominale Genitive einen lexikalisch overten Determinierer in ihrer Matrix DP. Darüber hinaus sind diese Genitive mit Ausnahme von Eigennamen nur dann akzeptabel, wenn ihre D^0 Position lexikalisch gefüllt ist oder ihnen ein modifizierendes Adjektiv vorangeht.

Tatsache, daß Possessorraising (Bewegung des Possessors aus seiner Basisposition in eine strukturell höhere Position) nur Possessoren, die in einer unveräußerlichen Possessivrelation zum Kopfnomen stehen, erlaubt ist (vgl. u.a.. Vergnaud & Zubizarreta 1992, Cho 1997). Wenn man nun annimt, daß pränominale Possessoren durch Bewegung in die DP-initiale Position gelangen, wird diese Restriktion, wenngleich nicht erklärt, so dennoch demystifiziert.

(5) a.   das Bild der Mutter
    b.   Bilder der Professoren
    c.   Bilder berühmter Professoren
    d. ? das Bild Peters
    e. */?? das Bild Mutters
    f. * Bilder Professoren

Ein weiterer Unterschied zwischen prä- und postnominalen Genitiven besteht darin, daß letztere sowohl pränominal durch ein Adjektiv (6a), als auch postnominal durch einen Relativsatz (6b) oder eine Präpositionalphrase (6c) modifiziert werden können.

(6) a.   das Bild des alten Lehrers
    b.   das Bild des Lehrers, der in Jena wohnt
    c.   das Bild des Lehrers aus Jena

Die postnominale Genitiv DP muß aber unmittelbar adjazent zum Kopfnomen der Possessivkonstruktion stehen, daß heißt, eine postnominale Modifikation des Kopfnomens ist ungrammatisch:

(7) *   das Bild von Chomsky des Lehrers

Ebenso wie die pränominale Position kann auch die postnominale Position nur eine Genitiv DP, die in einer Possessivrelation zum Kopfnomen steht, enthalten.

(8) *   die Beleidigung des Vaters Peters
    (i) die Beleidigung von Peters Vater
    (ii) # Vaters Beleidigung durch Peter

Auch bezüglich ihrer Interpretation verhalten sich postnominale Genitive wie ihr pränominaler Gegenpart. Ihre Interpretationen ist kontextsensitiv.

2.3. Dativ DPs

Ein weiterer Possessortypus, der in der Literatur bisher nur wenig Beachtung fand, ist der pränominale Dativ. Es handelt sich hierbei um eine Konstruktion, die noch keinen Eingang in die Schriftsprache gefunden hat, die sich in der Umgangssprache jedoch reger Verwendung erfreut. Charakteristisch für die Possessivkonstruktion mit pränominalem Dativ ist das Possessivpronomen, das dem DP initialen Possessor im Dativ folgt. Diese Possessorphrase muß einen overten Determinierer aufweisen.

(9) a. dem Lehrer sein Bild
   b. der Mutter ihr Bild
   c.* Lehrer sein Bild
   d.* Mutter ihr Bild

Das Possessivpronomen kongruiert mit dem Dativpossessor in Person, Genus Numerus und Definitheit, und stimmt auch mit dem Kopfnomen der Matrix DP in Person, Genus, Kasus und Numerus überein.

(10) a. dem Lehrer   sein   -ø   Bild
    b. dem Lehrer   sein   -e   Bilder
    c. den Lehrern   ihr   -ø   Bild
    d. den Lehrern   ihr   -e   Bilder
    e. (mit) den Lehrern ihr -en   Bildern

Possessor DPs im Dativ können sowohl prä- als auch postnominal modifiziert werden.

(11) a. der schönen Rosi ihre Schwiegermutter
    b. der Rosi von nebenan ihre Schwiegermutter
    c. der Rosi, die in Hildburghausen wohnt, ihre Schwiegermutter

Mit den Genitivpossessoren teilt der pränominale Dativ die Eigenschaft der kontextsensitiven Interpretation. Das gilt auch für die postnominale *von*-PP, den vierten und letzten Possessortyp in der deutschen DP. Diese Präpositionalphrase selegiert eine Dativ DP als Komplement.

(12) a. das Bild von Rosi
    b. das Bild vom Lehrer

Dieser ‚postnominale Dativ' verhält sich aus syntaktischer Sicht fast ebenso wie der postnominale Genitiv. Da er für das Anliegen dieser Arbeit jedoch von eher marginaler Relevanz ist, soll auf ihn hier nicht weiter eingegangen werden.

3. Anmerkungen zur Analyse des pränominalen Genitivs als Genitiv DP

Unter der Voraussetzung, daß es sich bei pränominalen Genitiven tatsächlich um Genitiv DPs handelt, ergeben sich zwei wesentliche Möglichkeiten für eine Analyse dieses Possessors: Man kann (a) annehmen, daß prä- und postnominale Genitive unabhängig voneinander basisgeneriert sind, oder (b) die Annahme verfolgen, daß pränominale Genitive von ihrem postnominalen Gegenpart durch Bewegung abgeleitet sind. In beiden Fällen muß zunächst jedoch die Basisposition des postnominalen Genitivs bestimmt werden und darüber hinaus für die Hypothese (a) auch die Basisposition des pränominalen Genitivs.

Wenn man der Bestimmung dieser Basisposition die DP-Theorie, wie sie in Abney (1987) entwickelt wurde, zugrunde legt, und weiterhin annimmt, daß das Kopfnomen der Possessivkonstruktion seine Basisposition nicht verläßt, folgt, daß der postnominale Genitiv die Komplementposition von N^0 einnehmen muß. Für den pränominalen Genitiv gilt, daß er das Auftreten (oder zumindest das Erscheinungsbild) eines lexikalisch overten Determinierers in seiner Matrix DP affiziert. Es ist daher sinnvoll, anzunehmen, daß sich diese Possessor DP innerhalb der maximalen Projektion dieser Matrix DP, daß heißt, in SpecDP oder D^0, befindet. Damit ergeben sich vier mögliche Analysen für den pränominalen Genitiv; (1) Bewegung aus der postnominalen Position nach SpecDP oder (2) Bewegung nach D^0, (3) Basisgenerierung in SpecDP oder (4) Basisgenerierung in D^0; die im folgenden diskutiert werden sollen.

Eine Analyse derzufolge pränominale Genitive aus postnominaler Position nach SpecDP bewegt wurden (vgl. Bhatt (1990)), impliziert, daß DPs, die in postnominaler Position im Genitiv auftreten, auch in pränominaler Position uneingeschränkt akzeptabel sein sollten und vice versa. Der Großteil der Daten spricht jedoch offensichtlich gegen eine solche Analyse. Zum einen sind aus dem Set der Phrasen, die in pränominaler Position auftreten können (Eigennamen und Verwandtschaftsbegriffe) nur Eigennamen ohne Determinierer in postnominaler Position (marginal) akzeptabel. Zum anderen sind (mit Ausnahme der Eigennamen) alle DPs, die im Genitiv in postnominaler Position auftreten können, in pränominaler Position ungrammatisch. Zudem stellt sich für solch eine Theorie die Frage, was die Bewegung des postnominalen Genitivs nach SpecDP auslöst. Des weiteren bietet eine solche Analyse keine Erklärung dafür, warum aus dem Set der verfügbaren Genitivendungen nur -s in pränominaler Position akzeptabel ist. Da in postnominaler Position alle verfügbaren Genitivendungen zulässig sind, müßte die ‚SpecDP Bewegungstheorie' einen Filter stipulieren, der alle Endungen außer -s von der pränominalen Position ausschließt. Ein solcher Filter, der spezifische Kasusendungen von einer spezifischen Position in einer spezifischen Sprache exkludiert, ist jedoch aus theoretischer Sicht äußerst fragwürdig. Dasselbe Problem besteht auch für die ‚SpecDP Basisgenerierungstheorie' und bleibt auch von dieser ungelöst.[4] Daher sind

---

[4] Diese Hypothese wird von Olsen (1991) vetreten. Olsen argumentiert dafür, daß dem pränominalen Genitiv in SpecDP Kasus und eine Thetarolle von dem Merkmal [poss] zugewiesen wird, welches sich in D^0 befindet. Das Merkmal [poss] ist phonetisch als Suffix -s realisiert und muß daher an den Kopf des Spezifikators affigiert werden. Olsen argumentiert weiterhin, daß im Gegensatz zu

Theorien, die den pränominalen Genitiv als in SpecDP befindliche Genitiv DP analysieren, aus empirischen Gründen nicht tragbar.

Den pränominalen Genitiv in D^0 zu lokalisieren, scheint auf den ersten Blick weniger problematisch zu sein. Ein solcher Ansatz bietet eine natürliche Erklärung dafür, warum dieser Possessortyp inkompatibel mit einem overten Determinierer in der Matrix DP ist. Da der Possessor die D^0 Position einnimmt, kann kein Determinierer in dieser Position präsent sein. Des weiteren, da der Possessor eine Kopfposition belegt, ist zu erwarten, daß er keine phrasalen Merkmale aufweist, daß heißt, es ist nicht überraschend, daß der Possessor keinen Determinierer oder Modifizierer aufweisen kann. Die Position des Possessors in D^0 bedingt diese Restriktionen. Neben diesen offensichtlichen Vorteilen stehen jedoch sowohl die Bewegung-nach-D^0- als auch die Basisgenerierung-in-D^0-Hypothese nicht unerheblichen Problemen gegenüber.

Die Basisgenerierung-in-D^0-Hypothese[5] impliziert, daß pränominale Genitive Determinierer sind und folglich wesentliche Eigenschaften mit den ‚regulären' Determinierern des Deutschen teilen sollten. Dies steht jedoch im Widerspruch zu den Daten. Die Beispiele in (13) zeigen, daß, während ‚reguläre' Determinierer kompatibel mit postnominalen Genitiven in ihrer DP sind, das simultane Auftreten von prä- und postnominalen Genitiven ungrammatisch ist.

---

pränominalen Genitiven postnominale Genitive ‚echten' morphologischen Kasus erhalten. Die pränominale Position ist Olsen zufolge keine ‚echte' morphologische Kasusposition, weil lediglich Eigennamen und Verwandtschaftsbegriffe, die die Genitivendung -s annehmen können, in dieser Position lizenziert sind. Dies kann jedoch nicht als echte Erklärung für die Natur dieser Restriktionen angesehen werden. Zudem ist unklar, was genau mit ‚echtem' morphologischen Kasus gemeint ist, was ihn lizenziert und worin er sich von anderen Kasus unterscheidet. Darüber hinaus ist Olsen nicht in der Lage, zu erklären, warum die Spezifikatorposition der Matrix DP keine DP mit overtem Determinierer beherbergen kann. Gemäß ihrer Theorie sollte eine Phrase wie *des Vaters Buch*, im Gegensatz zur Datenlage, durchaus akzeptabel sein, da *Vater* sowohl ein Verwandtschaftsbegriff als auch kompatibel mit der Genitivendung -s ist.

[5] Basierend auf den Gemeinsamkeiten von definiten Determinierern und pränominalen Genitiven argumentiert Demske (1995) für eine Analyse, derzufolge pränominale Genitive definite Determinierer sind. Beide denotieren Definitheit obligatorisch und beide verleihen den DPs, deren Kopf sie sind, den Status von Extraktionsinseln. Daß pränominale Genitive und definite Determinierer bestimmte Eigenschaften teilen, kann jedoch nicht als befriedigende Evidenz für die Behauptung, pränominale Genitive wären definite Determinierer, gewertet werden. Die Definitheit der Konstruktion mit pränominalem Genitiv kann ebenso durch einen phonetisch nicht realisierten definiten Determinierer hervorgerufen werden.

(13) a. **das/ein** Bild des Lehrers
b.* **Peters** Bild des Lehrers
c.* **sein** Bild des Lehrers

Man könnte nun dafür argumentieren, daß pränominale Genitive einer spezifischen Klasse von Determinierern angehören, um genauer zu sein, den Possessivpronomen, die ebenfalls nicht mit postnominalen Genitiven in ihrer DP Auftreten können (vgl. (13c)). DPs mit Possessivpronomen sind aber ebenso wie DPs mit ‚regulären' definiten und indefiniten Determinierern in der Lage, als postnominale Genitive in anderen DPs zu fungieren. Dies gilt jedoch nicht für DPs mit pränominalem Genitiv:

(14) a. das/sein/ein (neue(s)) Haus
b. [das Bild [des/seines/eines (neuen) Hauses]]
c. Vaters (neues) Haus
d.??/* [das Bild [Vaters (neuen) Hauses]]

Pränominale Genitive wären demzufolge eine Determiniererklasse für sich. Aber selbst diese Schlußfolgerung ist fragwürdig:

(15) ??/* [das Bild [(dem) Vater seines (neuen) Hauses]]

Wie das Beispiel in (15) zeigt, kann auch eine DP mit pränominalem Dativ nicht als postnominaler Genitiv in einer anderen DP fungieren. Daß dies nicht am Possessivpronomen in dieser Konstruktion liegen kann, ist durch die Grammatikalität von (14b) erwiesen. Daraus folgt, daß die Ungrammatikalität der Konstruktion von der DP-initialen Dativpossessorphrase hervorgerufen wird. Demzufolge scheint es sinnvoll, anzunehmen, daß die Markiertheit der Konstruktion in (14d) ebenfalls durch die Existenz eines pränominalen Possessors, des pränominalen Genitivs, hervorgerufen wird. Wenn nun aber der pränominale Genitiv in *Peters (neues) Haus* keine Phrase, also keine DP/NP, sondern ein Kopf, also ein D^0, ist, dann bleibt die Tatsache, daß sich DPs mit pränominalem Genitiv und DPs mit pränominalem Dativ in Konstellationen wie (14d) und (15) ähnlich verhalten, ungeklärt. Dieses Problem, das in gleichem Maße für die Bewegung-nach-D^0-Theorie besteht, bleibt von einer Analyse, derzufolge der pränominale Genitiv keine phrasale Kategorie sondern ein Kopf ist, ungelöst.

Für die Bewegung-nach-D^0-Theorie existiert zusätzlich das Problem, die Bewegung des Kopfes der Possessorphrase in die Kopfposition der Matrix DP zu motivieren.[6] Kopfbewegung ist traditionell als eine strikt lokale Form

---

[6] Eine solche Analyse wird von Lattewitz (1994) vorgeschlagen. Lattewitz versucht das Problem der unmotivierten Bewegung des Possessors nach D^0 mit den folgenden Annahmen zu umgehen:

von Bewegung analysiert. Für jede DP gilt, daß ihr Kopfnomen dem Kopf der DP, D^0, strukturell näher ist als die Köpfe von Phrasen im Spezifikator, in Komplement- oder in Adjunktposition. Daher ist zu erwarten, daß wenn sich überhaupt ein lexikalischer Kopf nach D^0 bewegt, dies der nominale Kopf der Konstruktion und nicht der Kopf eines seiner Argument- oder Adjunktphrasen ist. Die Bewegung-nach-D^0-Theorie kann also die Bewegung des Possessorkopfes nach D^0 der Matrix DP nur durch zusätzliche Stipulationen oder eine empirisch begründete Neuformulierung des Lokalitätsprinzips für Kopfbewegung erreichen. Die Schlußfolgerung, die aus dieser Diskussion gezogen werden kann, ist, daß die Basisgenerierung-in-D^0-Hypothese zumindest empirisch und die Bewegung-nach-D^0-Hypothese darüber hinaus auch theoretisch fragwürdig ist.

---

(1) DP selegiert AgrP, die NP selegiert, mit der Ausnahme von Eigennamen, die keine AgrP besitzen.

(2) N^0 bewegt sich nach Agr^0 um seine Agreementmerkmale zu überprüfen. Diese Merkmale können nur einmal überprüft werden, das heißt, N^0 kann nicht weiter bewegt werden.

(3) Im Fall des pränominalen Genitivs ist die D^0 Position der Matrix DP vakant.

Wenn nun die D^0 Position der Matrix DP vakant ist, und das Kopfnomen der Matrix DP nicht weiter als bis nach Agr^0 bewegt werden kann, so folgt Lattewitz zufolge daraus, daß das Kopfnomen der postnominalen Genitiv DP in die D^0 Position der Matrix DP bewegt werden muß, um der Anforderung nach einem lexikalisch gefüllten D^0 gerecht zu werden. Der Kopf der Possessorphrase kann sich Lattewitz gemäß in diese D^0 Position bewegen, wenn der Possessor ein Eigenname ist, da Eigennamen keine AgrP besitzen und somit das Kopfnomen der Possessorphrase seine Agreementmerkmale nicht in Agr^0 tilgen kann. Unter anderen sprechen die folgenden Gründe gegen eine solche Analyse. Zum einen muß das Kopfnomen des Possessors sich zuerst in seine eigene D^0 Position bewegen, um der Forderung nach einem lexikalisch gefüllten D^0, die auch an seine eigene DP besteht, nachzukommen. Diese Bewegung tilgt jedoch die Merkmale des nominalen Kopfes der Possessorphrase ebenso wie die Bewegung des Kopfnomens der Matrix DP nach Agr^0 die Merkmale desselben tilgt. Damit ist jedoch unklar, warum das Kopfnomen der Possessorphrase und nicht das Kopfnomen der Matrix DP in die D^0 Position der Matrix DP bewegt wird. Keiner der beiden Köpfe besitzt ungetilgte Merkmale, die eine solche Bewegung motivieren. Darüber hinaus ist das Kopfnomen der Matrix DP deren D^0 Position strukturell näher. Wenn also die Forderung nach einem lexikalisch gefüllten Kopf der Matrix DP überhaupt die Bewegung eines nominalen Kopfes verursachen kann, dann sollte diese Bewegung, gemäß der strikten Lokalitätsbedingung an Kopfbewegung, das Kopfnomen der Matrix DP affizieren, und nicht, wie von Lattewitz postuliert, das Kopfnomen der Possessorphrase. Zum zweiten, selbst wenn durch weitere Annahmen eine Bewegung des Possessorkopfes plausibel wäre, müßte selbige, wenn Kopfbewegung strikt lokal ist, in einem ersten Schritt Agr^0 der Matrix DP affizieren und somit als Resultat einen komplexen Kopf der Form $[D^0{}_{Matrix} [[[Agr^0{}_{Matrix} [N^0{}_{Matrix}]] N^0{}_{Possessor}]]$ haben.

4. Genitiv sein oder nicht sein

Der vorhergehende Abschnitt befaßte sich damit, zu zeigen, daß und warum Analysen des pränominalen Genitivs als Genitiv scheitern müssen. In diesem Abschnitt sollen weitere Daten präsentiert werden, die Zweifel an der genitivischen Natur dieses Possessortyps erheben.

Einen ersten Anhaltspunkt dafür, daß es sich bei pränominalen Genitiven im Deutschen nicht unbedingt um ‚echte' Genitive handelt, bietet die Deklination der Feminina im Singular. Der Genitiv Singular der Feminina ist endungslos. Dennoch treten Feminina, die als pränominale Genitive verwendet werden stets mit der Endung -s auf. So erscheint zum Beispiel *Mutter* in pränominaler Position als *Mutters* (Buch) aber in postnominaler Position als (das Buch) der *Mutter*. Man könnte dies damit erklären, daß Feminina wie Mutter in pränominaler Position als der Deklination der Eigennamen zugehörig reanalysiert werden. Diese Erklärung ist jedoch problematisch bezüglich des Verhaltens von Verwandschaftsnamen in postnominaler Position.

(16) a.?   das Bild Peters
      b.*/?? das Bild Mutters

Wie aus (16) ersichtlich ist, können Eigennamen in postnominaler Position im Genitiv (ohne overten Determinierer) auftreten. Dies ist den Verwandtschaftsbegriffen nicht möglich. Wenn nun Verwandtschaftsbegriffe wie Mutter als Eigennamen reanalysiert werden können, dann stellt sich die Frage, warum dieser Prozeß in prä- aber nicht in postnominaler Position verfügbar ist.

Ein weiteres Problem ergibt sich bezüglich der Daten in (17).

(17) a.   Bayern 3s Nachrichtenprecher
     b.??   Eurosports Nachrichtensprecher

Sowohl *Bayern 3* als auch *Eurosport* bezeichnen einen Fernsehsender, sind also Eigennamen. *Drei* ist in unabhängigen Vorkommen nicht in der Lage, den Genitiv auf -s zu bilden, wohingegen Sport im Genitiv invariabel mit der Endung -s auftritt. Dennoch ist überraschenderweise *Eurosport* und nicht *Bayern 3* als pränominaler Genitiv markiert. Dies läßt darauf schliessen, daß die Fähigkeit, die Endung -s anzunehmen kein (allein) ausschlaggebender Faktor dafür ist, ob ein bestimmter Eigenname als Genitivpossessor in pränominaler Position auftreten kann.

Eine weitere Besonderheit des possessiven Genitivs besteht darin, daß bei Namen wie *Oberlehrer Schmidt* in pränominaler Position die Endung -s am rechtsständigen Nomen erscheint, wohingegen in postnominaler Posi-

Anmerkungen zum pränominalen Genitiv im Deutschen 89

tion entweder das linksständige oder keines der beiden Nomen diese Endung erhält.

(18) a. Oberlehrer(*s) Schmidts Frau
     b. die Frau des Oberlehrer(s) Schmidt(*s)

Dies kann als Argument für die Reanalyse dieser Phrase als Kompositum, das heißt, als Eigenname, gewertet werden. Überraschenderweise gilt dies jedoch nicht für Komposita, deren linksständiges Nomen im Genitiv auf *-(e)n* endet:

(19) a.* Herr/Landtagsabgeordneter Schmidts Frau
     b. Herr**n**/?Landtagsbegeordnet**en** Schmidts Frau
     c. die Frau des Herr**n**/Landtagsabgeordnet**en** Schmidt

Wenn der pränominale Genitiv tatsächlich ein Genitiv ist, ist es zumindest sonderbar, daß die Endung *-s*, die invariabel den Genitiv markiert am linksständigen Nomen nicht zulässig ist, wohingegen die Endung *-(e)n*, die sowohl den Genitiv als auch den Dativ und Akkusativ markieren kann, an selbigem Nomen akzeptabel ist. Darüber hinaus ist auffällig, daß die *-ø* Endung, die allen anderen linksständigen Nomen in diesen Komplexen gemein ist, sowohl den Genitiv als auch den Dativ und Akkusativ Singular dieser Nomen kennzeichnet. Dies kann als ein erstes Indiz dafür gewertet werden, daß der pränominale Genitiv unter Umständen kein Genitiv sondern ein Dativ ist.

Dafür sprechen auch die Daten in (20). Wie bereits im vorhergehenden Abschnitt bemerkt wurde, können DPs mit einem pränominalen Genitiv, nicht als genitivische Possessoren in einer anderen DP fungieren. Das gilt auch für DPs mit pränominalem Dativ, aber, wie (20c) verdeutlicht, nicht für DPs mit postnominalen Genitiven[7].

(20) a.??/* [das Bild [Vaters (neuen) Hauses]]
     b.??/* [das Bild [(dem) Vater seines (neuen) Hauses]]
     c. [das Bild [des (neuen) Hauses [des Vaters]]]

Daß DPs mit pränominalem Genitiv sich hier wie DPs mit pränominalem Dativ verhalten, ist ein weiteres Indiz dafür, daß die beiden Possessortypen in engerer Beziehung zueinander stehen, als bisher vermutet wurde.[8]

---

[7] Eine Erklärung dieses Phänomens mit Hilfe des Konzepts der Merkmalstilgung findet sich in Krause (1999).
[8] Dafür spricht ebenfalls, daß pränominale Genitive sich auch hinsichtlich der Animiertheitsbedingung wie pränominale Dative verhalten. Während Possessoren mit dem Merkmal [+animiert] ohne Restriktionen in pränominaler Position

5. Pränominale Genitive reanalysiert

Aus der Diskussion in den vorangegangenen Abschnitten wird ersichtlich, daß zum einen Theorien, die den pränominalen Genitiv als Genitiv DP oder D^0 analysieren, erheblichen empirischen und/oder theoretischen Problemen gegenüberstehen, und daß zum anderen die Datenlage berechtigte Zweifel and der ‚genitivischen Natur' des pränominalen ‚Genitivs' erhebt. Es ist daher angebracht, nach einer alternativen Lösung für das ‚Genitivproblem' zu suchen. Dies ist das Anliegen dieses Abschnitts.

Im folgenden werde ich dafür argumentieren, daß der pränominale Genitiv einen besonderen Typ des pränominalen Dativs verkörpert.[9] Diesem Vorschlag möchte ich die DP-Struktur wie sie von Abney (1987) entwickelt worden ist, zugrunde legen.

Eine Theorie, die behauptet, der pränominale Genitiv sei ein Dativ, muß in der Lage sein, die folgenden Fragen zu beantworten: (a) Warum weisen pränominale Genitive eine Endung auf, die sie als Genitiv markiert, wenn sie tatsächlich Dativ DPs sind? (b) Warum treten Possessivpronomen obligatorisch mit pränominalen Dativen niemals jedoch mit pränominalen Genitiven auf? Mit anderen Worten, warum muß im Fall der Dativpossessoren die Kopfposition der Matrix DP lexikalisch gefüllt aber im Fall der pränominalen Genitive phonetisch leer sein, wenn beide wirklich den selben Possessortyp repräsentieren?

(c) Warum sind nur Verwandtschaftsbegriffe und Eigennamen als pränominale Genitive akzeptabel, wohingegen ‚reguläre' pränominale Dative keine Restriktion dieser Art aufweisen? Um diese Fragen zu beantworten, ist es notwendig, zu bestimmen, in welcher strukturellen Position sich der pränominale Possessor sowie das Possessivpronomen in der Dativpossessivkonstruktion befinden.

(21) a. [$_{DP}$ [$_{DP}$ Peter][$_{D'}$ [$_D{}^0$ -s] [$_{NP}$ [$_{N'}$ [$_N{}^0$ Buch]]]]]
       ↑_Dativ__|

b. [$_{DP}$ [$_{DP}$ dem Peter][$_{D'}$ [$_D{}^0$ sein] [$_{NP}$ [$_{N'}$ [$_N{}^0$ Buch]]]]]
    ↑_Dativ_____|

---

auftreten, sind Possessoren mit dem Merkmal [-animiert] in dieser Position nur dann akzeptabel, wenn daß Kopfnomen der Konstruktion ein unveräußerliches Charakteristikum des Possessors denotiert:

(1) a.   dem Vater sein Buch   (2) a.   Vaters Kupfer
    b.   dem Topf sein Deckel   b.* Kupfers Gewicht
    c.* dem Kupfer sein Gewicht

[9] Da das Deutsche pränominale Dativpossessoren besitzt, die bis auf das Althochdeutsche zurückdatieren, ist dies die nächstliegende Hypothese, wenn wir das Inventar an verschiedenen Possessorphrasen begrenzen wollen.

Anmerkungen zum pränominalen Genitiv im Deutschen 91

Wie die Strukturen in (21) zeigen, nehme ich an, daß sich der pränominale Possessor im Spezifikator von DP befindet und daß ihm der Dativ vom Kopf der Matrix DP zugewiesen wird.[10] Weiterhin nehme ich an, daß die Endung *-s*, die charakteristisch für pränominale Genitive ist, keine echte Genitivendung, sondern vielmehr eine phonologische Variante des Possessivpronomens in Form eines gebundenen Morphems ist. Da gebundene Mopheme typischerweise nicht für sich allein stehen können, muß dieses Morphem an den Kopf der Phrase im Spezifikator von DP affigiert, genauer gesagt, suffigiert werden. Durch die Tatsache, daß *-s* eine charakteristische Endung des Genitivparadigmas ist, entsteht somit der Eindruck, daß es sich bei pränominalen Dativen dieses Typs um Genitive handelt und daß der Kopf der Matrix DP phonetisch nicht realisiert ist. Dies kann als eine Annäherung an die Lösung zu den ersten beiden der oben aufgeführten Probleme verstanden werden.

Diese Lösung führt jedoch zu weiteren Fragen, nämlich welche empirische Rechtfertigung es für die Annahme verschiedener phonetischer Varianten des Possessivpronomens gibt und warum das gebundene Morphem *-s* nur mit Eigennamen und Verwandtschaftsbegriffen kompatibel ist.

Die Antwort auf diese Fragen kommt aus dem Bereich der Morpho-Phonologie. Betrachten wir dazu zunächst einige Daten zur Englischen Komparativkonstruktion:

(22) a. John is smarter than Bill.
    b. John is more intelligent than Bill.
    c.* John is more smart than Bill.
    d.* John is intelligenter than Bill.

Es ist eine wohlbekannte Tatsache, daß die Realisierung des relevanten Morphems in der englischen Komparativkonstruktion abhängig von der prosodischen Struktur des Adjektivs ist, welches dem Prozeß der Komparation unterzogen wird. Nur wenn das Adjektiv aus genau einer metrischen Silbe

---

[10] Die Frage, die es darüber hinaus zu beantworten gilt, ist, in welcher Position diese Possessoren basisgeneriert sind. Vergleichen wir dazu die Beispiele in (1):
(1)   a.*   die Entdeckung des Vaters von Radium
      b.*   die Entdeckung von Radium des Vaters
      c.*   Vaters Entdeckung des Radiums
      d.*   Vaters Entdeckung von Radium
      e.*   dem Vater seine Entdeckung des Radiums
      f.*   dem Vater seine Entdeckung von Radium
Wie diese Beispiele verdeutlichen, ist das simultane Auftreten zweier Possessortypen inakzeptabel. Dies läßt darauf schließen, daß alle Possessortypen des Deutschen vermutlich ein und dieselbe (postnominale) Basisposition belegen. (Vorsicht ist bei den von-PPs angebracht, da sie neben der Possessorinterpretation auch eine Adjunktinterpretation erlauben, die marginal kompatibel mit einer simultan auftretenden Possessorphrase in der DP ist.)

besteht, kann das Komparativmorphem als gebundenes Morphem -er auftreten und an das Adjektiv suffigiert werden. In allen anderen Fällen ist eine phonetische Realisierung dieses Morphems als Suffix -er unmöglich. Es tritt dann in Form von *more* als ungebundenes Morphem auf. Betrachten wir nun das Verhalten pränominaler Possessoren im Deutschen:

(23) a. Vaters Buch
 b. dem Vater **sein** Buch
 c.??/* Vater **sein** Buch
 d.* dem Vaters Buch

Offensichtlich ist die phonetische Realisierung des Possessivpronomens in dieser Konstruktion in derselben Art und Weise abhängig von seiner unmittelbaren morpho-phonologischen Umgebung wie die des Komparativmorphems im Englischen. Für die Possessivkonstruktion mit pränominalem Dativ im Deutschen gilt also, daß das Possessivpronomen, welches den Dativ an der DP im Spezifikator der Matrix DP lizenziert, phonetisch als gebundenes Morphem -s realisiert wird, wenn die DP in der relevanten Spezifikatorposition aus einem einzigen (overten) Prosodischen Wort besteht.[11] In allen anderen Fällen, daß heißt, wenn die Phrase im Spezifikator von DP aus morpho-phonologischer Sicht komplexer ist (wenn sie einen Artikel und/oder ein Adjektiv, eine Präpositionalphrase etc. enthält) muß das Possessivpronomen in seiner vollen Form ausbuchstabiert werden.

Damit scheint nun das Rätsel um den pränominalen Genitiv gelöst zu sein.[12] Fassen wir noch einmal zusammen: Es wurde vorgeschlagen, präno-

---

[11] Zweifler könnten an dieser Stelle anmerken, das zum Beispiel *Oma Gertrud* in pränominaler Position akzeptabel ist, aber zwei Nomina, also mehr als ein Prosodisches Wort enthält. Dem kann jedoch entgegengehalten werden, daß das morphologische und prosodische Verhalten von mehrgliedrigen Namen (oder Bezeichnungen) durchaus dafür spricht, daß sie lediglich ein einziges Prosodisches Wort konstituieren (siehe Spencer (1991: 309ff.)). So wurde zum Beispiel in Abschnitt 4 Beispiel (18) gezeigt, daß in pränominaler Position die Genitivendung bei mehrgliedrigen Namen (oder Berufsbezeichnungen mit folgendem Namen, etc.) nur einmal vergeben wird. (Eine Ausnahme bildeten Bezeichnungen deren linksständiges Nomen im Maskulinum Singular auf *-er* endete. Aber auch diese verhalten sich nicht so ungewöhnlich wie es den Anschein haben mag, wenn wir sie mit Artikeln wie *derjenige* oder *derselbe* vergleichen, deren beide Teile dekliniert werden (vgl. *desjenigen, demselben*), die aber unbestreitbar nur ein Prosodisches Wort ausmachen.)

[12] Es muß hier jedoch noch einmal betont werden, daß dies ein Vorschlag, das heißt, ein Ansatz zu einer Lösung des Problems ist. Eine vollständige Analyse muß sich unter anderem auch damit befassen, in welcher Beziehung pränominale Dative zu den postnominalen Possessoren stehen, welche Basisposition sie einnehmen, usw. und nicht zuletzt mit der Frage, warum das Possessivpronomen sensitiv in Hinblick auf seine morpho-phonologische Umgebung ist.

minale Genitive als ein Variante des pränominalen Dativs zu analysieren. Pränominale Dativpossessoren befinden sich im Spezifikator von DP. Sie erhalten ihren Kasus vom Kopf der Matrix DP, mit dem sie in einer Spezifikator-Kopf-Kongruenz Relation stehen. Die Kopfposition der Matrix DP wird von einem Possessivpronomen eingenommen. Dieses Pronomen kann in zwei unterschiedlichen phonologischen Varianten, entweder in seiner voll ausbuchstabierten Form als *sein, ihr*, oder als gebundenes Morphem *-s*, auftreten. Welche dieser beiden Formen phonetisch realisiert wird, ist abhängig von der morpho-phonologischen Umgebung in der sich das Possessivpronomen befindet. Wenn die Possessorphrase in SpecDP mehr als ein Prosodisches Wort enthält, muß das Possessivpronomen voll ausbuchstabiert werden. Konstituiert den Output des Possessors in SpecDP jedoch nicht mehr als ein Prosodisches Wort, also ein einzelnes Wort, ein Kompositum, ein Name, etc., dann nimmt das Possessivpronomen die Gestalt des gebundenen Morphems *-s* an. Dieses gebundene Morphem ist per definitionem nicht in der Lage, frei zu stehen, es muß daher an die Phrase, die ihm linear unmittelbar vorausgeht, also an den Possessor in SpecDP suffigiert werden. Da *-s* eine zulässige Endung im Genitivparadigma des Deutschen ist, und kein overter Determinierer die Ambiguität auflösen kann, entsteht somit der Eindruck, es handle sich bei dieser Konstruktion um einen pränominalen Genitiv, dessen Erscheinen an eine phonologisch leere D^0-Position gebunden ist.

Diese Analyse pränominaler Genitive bietet nicht nur eine Erklärung für die Bedingungen, die mit dem Auftreten pränominaler Genitive verbunden sind, sondern beantwortet auch die Frage, warum pränominale Dative scheinbar immer mit overtem Determinierer realisiert werden müssen. Die Antwort ist relativ simpel. Pränominale Dative müssen nicht obligatorisch mit overtem Determinierer auftreten. Es ist ‚lediglich' der Fall, daß das Erscheinen eines lexikalisch overten Determinierers oder Modifizierers Einfluß nimmt auf die phonetische Form des Possessivpronomens. Mit anderen Worten, durch die Erweiterung des Inventars der Dativpossessoren um die ‚pränominalen Genitive' wird sowohl die Generalisierung, daß pränominale Genitive nie mit overtem Determinierer in der Matrix DP, als auch die Generalisierung, daß Dativpossessoren immer mit (eigenem) overtem Determinierer oder Modifizierer auftreten, hinfällig.

5. Zusammenfassung

Das Anliegen dieser Arbeit war es, die Probleme einer Analyse des pränominalen Genitivs als Genitiv DP oder D^0 zu erörtern und für eine alternative Analyse dieser Possessoren zu argumentieren, derzufolge sie einen besonderen Typ des pränominalen Dativpossessors verkörpern. Diese Analyse wird gestützt von drei wesentlichen Faktoren:

Bisherige Theorien erschöpften bereits das Potential möglicher Analysen des pränominalen Genitivs als entweder (a) vom postnominalen Genitiv durch Bewegung abgeleiteter Possessor im Spezifikator oder Kopf von DP oder (b) als unabhängig basisgenerierter Genitiv in SpecDP oder D^0. Zu zeigen, daß diese Theorien nicht in der Lage sind, die Datenlage vollständig und korrekt zu erfassen, war daher ein wichtiger Schritt in der Argumentation für eine alternative Analyse.

Von gleicher Bedeutung war die Diskussion von Daten, die zum einen auf eine engere Beziehung zwischen pränominalen Genitiven und Dativen schließen ließ, als bisher vermutet wurde, und die zum anderen Zweifel am Status des pränominalen Genitivs als solchen erhoben.

Das letzte, jedoch nicht minder wichtige Argument zugunsten einer Analyse pränominaler Genitive als Dativpossessoren ist, daß eine solche Analyse das Potential besitzt, ausnahmslos alle Daten im Bezug auf die Possessivkonstruktion mit pränominalem Genitiv und Dativ im Deutschen folgerichtig und vollständig herleiten zu können.

Literatur

Abney, Steven Paul (1987): The English Noun Phrase in its Sentential Aspect. PhD thesis, MIT, Cambridge, MA.
Bhatt, Christina (1990): Die syntaktische Struktur der Nominalphrase im Deutschen. Tübingen, Narr.
Cho, Sungeun (1997): A New Analysis of Korean Inalienable Possession Constructions. In: Proceedings of NELS 28, 1-15.
Demske, Ulrike (1995): Prenominal Genitives and DP-Structure in the History of German. Manuskript, Universität Jena.
Fortmann, Christian (1996): Konstituentenbewegung in der DP-Struktur. Zur funktionalen Analyse der Nominalphrase im Deutschen. Tübingen, Niemeyer.
Freeze, Ray (1992): Existentials and other Locatives. In: Language 68, 553-595.
Gallmann, Peter: Die Steuerung der Flexion in der DP. In: Linguistische Berichte, 996, 1-28
Giorgi, Alessandra, Giuseppe Longobardi (1991): The Syntax of Noun Phrases. Configuration, Parameters and Empty Categories. Cambridge, Cambridge University Press.
Haider, Hubert (1988): Die Struktur der deutschen Nominalphrase. In: Zeitschrift für Sprachwissenschaft 7, 32-59.
– Die Struktur der Nominalphrase - Lexikalische und funktionale Strukturen. In: L. Hoffmann (Hrsg.): Deutsche Syntax. Ansichten und Aussichten. IDS. Jahrbuch 1991. Berlin, New York, de Gruyter, 304-333.
– (1993) Deutsche Syntax Generativ. Tübingen, Narr.
Heim, Irene (1982): The Semantics of Definite and Indefinite Noun Phrases. PhD thesis, University of Massachusetts, Amherst.

Helbig, Gerhard, Joachim Buscha (1994, ¹1970).: Deutsche Grammatik. Ein Handbuch für den Ausländerunterricht. Langenscheidt: Leipzig, Berlin, München.
Krause, Cornelia (1999): The Obsession with Possession. Unveröffentlichtes Manuskript, MIT, Cambridge, MA.
Lattewitz, Karen (1994): Eine Analyse des deutschen Genitivs. In: Linguistische Berichte 150, 118-146.
Mettke, Heinz (1989, ¹1963): Mittelhochdeutsche Grammatik. Leipzig, VEB Bibliographisches Institut.
Olsen, Susan (1989): Das Possessivum: Pronomen, Determinans oder Adjektiv? In: Linguistische Berichte 120, 133-153
- (1991): Die deutsche Nominalphrase als „Determinansphrase". In: Olsen, Susan & Gisbert Fanselow (Hrsg.): DET, COMP und INFL. Zur Syntax funktionaler Kategorien und grammatischer Funktionen. Tübingen, Niemeyer, 35-56.
Ramat, Paolo (1986): The Germanic Possessive Type ‚dem Vater sein Haus'. In: D. Kastovsky, Dieter, Aleksander Szwedek (Hrsg.): Linguistics across Historical and Geographical Boundaries. Volume 1. Berlin, de Gruyter, 579-590.
Sommerfeldt, Karl-Ernst, Günther Starke et al. (1988): Einführung in die Grammatik der deutschen Gegenwartssprache. Leipzig, VEB Bibliographisches Institut.
Spencer, Andrew (1991): Morphological Theory. Oxford UK, Cambridge, MA, Blackwell.
Vater, Heinz (1986): Zur NP-Struktur im Deutschen. In: Vater, Heinz (Hrsg.): Zur Syntax der Determinantien. Tübingen, Niemeyer, 123-145.
- (1991): Determinantien in der DP. In: Olsen, Susan, Gisbert Fanselow (Hrsg.): DET, COMP und INFL. Zur Syntax funktionaler Kategorien und grammatischer Funktionen. Tübingen, Niemeyer, 15-35.
Vergnaud, Jean-Roger, Maria Luisa Zubizarreta (1992): The Definite Determiner and the Inalienable Constructions in French and English. In: Linguistic Inquiry 23, 595-652.
Wiltschko, Martina (1998): On the Syntax and Semantics of (Relative) Pronouns and Determiners. Unveröffentlichtes Manuskript, UBC/Universität Wien.

Michael Meng

Bewegung bei Gapping

1. Einleitung

Zu den interessantesten Konsequenzen, die aus der Abkehr von konstruktionsspezifischen Regeln und der Orientierung hin zu modular aufgebauten und prinzipienorientierten Grammatiktheorien resultierten, gehört zweifellos das stärkere Hervortreten von Zusammenhängen zwischen scheinbar völlig disparaten Phänomenbereichen. In verschiedenen Bereichen zeigte sich, daß Konstruktionen, die auf den ersten Blick nichts miteinander zu tun zu haben scheinen, durch gleiche oder ähnliche grammatische Mechanismen gesteuert werden.

Eine Konstruktion, die so auf überraschende Weise in die Nähe anderer Konstruktionen gerückt wird, ist das sogenannte *Gapping*. Dieser Begriff wurde in Ross (1967, 1970) für elliptische Konstruktionen wie in (1) eingeführt, bei denen im nicht-initialen Konjunkt mindestens das finite Verb getilgt wurde, möglicherweise aber auch noch weiteres Material (hier und im folgenden i.d.R. per Durchstrich kenntlich gemacht).

(1) a. Johann las ein Buch, und Peter ~~las~~ eine Zeitschrift
   b. Der Vater schenkte dem Kind ein Buch, und die Mutter ~~schenkte dem Kind~~ einen Tuschkasten

Ebenfalls schon in Ross (1967), vor allem aber von Neijt (1979, 1981), wurde darauf aufmerksam gemacht, daß Gapping syntaktischen Beschränkungen unterliegt, die ursprünglich als Beschränkungen für bestimmte Bewegungsprozesse gedacht waren, und dies, obschon es bei Gapping keine offensichtlichen Anzeichen für Bewegungsprozesse gibt. Neijt (1981:80) verweist z.B. auf Satzpaare wie (2) und (3). (2) illustriert Ross' *Complex NP Constraint*: Eine wh-Phrase kann nicht aus einem subordinierten Satz herausbewegt werden, der in eine NP eingebettet ist (Ross, 1967; Soames & Perlmutter, 1978).

(2) a. Which flowers did John believe that Peter saw?
   b. *Which flowers did John believe the claim that Peter saw?

Gapping kann nun prinzipiell Konstituenten innerhalb eines eingebetteten Satzes zurücklassen, interessanterweise aber nicht dann, wenn der entsprechende Teilsatz Bestandteil einer komplexen NP ist. Während also Bewegung komplexe NPs nicht verlassen darf, darf bei Gapping die Lücke im elliptischen Konjunkt nicht in eine komplexe NP hineinreichen.

(3) a. John asked which flowers they saw and Bill asked which animals they saw.
 b. *John discussed my question of which flowers they saw and Bill discussed my question (of) which animals they saw.

Bewegung und Gapping scheinen also syntaktischen Beschränkungen wie dem *Complex NP Constraint* gleichermaßen unterworfen zu sein. Schon in Kuno (1976:317, fn.29) findet sich daher die Vermutung „[...] that there is a correlation between what can serve as a ‚bridge' for extraction and what can be deleted by Gapping".

Der durch Daten wie (2) und (3) gestiftete Zusammenhang zwischen Gapping und Bewegung hat sich in neueren theoretischen Zugängen im Rahmen der Rektions- und Bindungstheorie (Chomsky, 1981) auf sehr unterschiedliche Weise niedergeschlagen. Ausgehend von der Annahme, daß die Ableitung von Gapping Tilgung involviert, argumentierte z.B. Neijt (1979, 1981) explizit für die These, daß Tilgungsoperationen den geichen Lokalitätsbeschränkungen unterliegen, welche die Applikation von *Move-α* steuern.

In anderen Analysen wurde vermutet, daß die Ableitung von Gapping direkt Bewegungsoperationen involviert, welche die Reste im elliptischen Konjunkt (*e-Satz*) und/oder die mit ihnen korrespondierenden Konstituenten im initialen, vollständigen Konjunkt (*a-Satz*) erfassen soll (Jayaseelan, 1990; Abe & Hoshi, 1997; Pesetsky, 1982; Johnson, 1996; Sag, 1976).

Abgesehen von der technischen Implementierung des Zusammenhangs zwischen Gapping und Bewegung in die Analyse von Gapping bleibt ein anderes Problem zu lösen, welches im folgenden im Mittelpunkt stehen wird: Es besteht noch immer erheblicher Dissens bezüglich der Frage, mit welchem *Bewegungstyp* die syntaktischen Beschränkungen für Gapping tatsächlich korellieren, als welche Art von Bewegung die (eventuelle) Bewegung bei Gapping also zu charakterisieren ist. Parallelen wurden z.B. gezogen zu Bewegung bei Extraposition (bzw. allgemein A-Bewegung, s. Jayaseelan, 1990), Scrambling (Johnson, 1996), overter w-Bewegung (Neijt, 1981) und (verdeckter) Bewegung bei wh-in-situ in Mehrfachfragen des Englischen (Pesetsky, 1982). Diese Frage – nicht zuletzt anhand der Diskussion deutscher Daten – der Klärung näherzubringen, ist Ziel dieses Beitrags. Zuvor sollen jedoch einige grundlegende Eigenschaften von Gapping kurz diskutiert werden.

2. Gapping: Grundlegende Bemerkungen

Gapping gehört zur Gruppe der grammatischen Ellipsen. Im Unterschied zu situativen Ellipsen ist die Rekonstruktion elidierten Materials notwendigerweise an satzinternen sprachlichen Kontext gebunden und erfolgt unabhängig von der aktuellen Äußerungssituation. Der sprachliche Kontext, den die Rekonstruktion der fehlenden Äußerungsteile bei Gapping erfordert, ist keineswegs beliebig. Gapping kann nur in koordinativen, nicht aber in subordinativen Verknüpfungen auftreten.[1]

(4) a. Ich glaube, daß Frieda Schlagzeug übt und Fritz Violine übt.
  b. *Ich glaube, daß Frieda Schlagzeug übt, obwohl Fritz Violine übt.

Die Beschränkung auf koordinative Verknüpfungen ist eines der wesentlichen Charakteristika, die Gapping von anderen Formen der grammatischen Ellipse wie z.B. *Right Node Raising* (5a) und *Sluicing* (5b) unterscheiden.

(5) a. Ich glaube, daß Peter den roten Porsche kaufen wollte und Maria den gelben Ferrari kaufen wollte.
  b. Johann hat ganz sicher jemanden getroffen, aber ich weiß nicht, wen Johann getroffen hat.

Kennzeichnend für Gapping ist neben der obligatorischen Tilgung des finiten Verbs zudem die Tatsache, daß Reste im elliptischen Konjunkt stets Konstituentenstatus haben. Oft, aber nicht immer (contra Hankamer, 1973, Neijt, 1981, u.a.), handelt es sich bei den Resten um *major constituents*.[2] Beide Eigenschaften treffen etwa auf Right Node Raising nicht zu.

Hingewiesen werden soll in diesem Zusammenhang auch auf die Beobachtung, daß überbleibende Konstituenten im e-Satz sowie die korrespondierenden Konstituenten im a-Satz Kontrastpaare bilden. Sie müssen kontrastiv betont werden und sich semantisch zumindest minimal unterscheiden (Sag, 1976; Klein, 1985; Kuno, 1976; Sobin, 1982). In (6) ist daher Koreferenz zwischen *Johann* und *er*, obschon möglich im nicht-elliptischen Satz (6a), im Falle von Gapping ausgeschlossen (6b).

(6) a. Johann bestellte ein Schnitzel, und er bestellte ein Bier
  b. *Johann bestellte ein Schnitzel, und er bestellt ein Bier

---

[1] Rooryck (1985) führt allerdings Beispiele an, die zu zeigen scheinen, daß Gapping im klassischen Französisch auch in subordinierte Sätze hinein möglich ist.
[2] *Major constituents* sind Schwestern einer Projektion von C, I oder V (s. Neijt, 1981:74f.).

All die hier genannten Eigenschaften unterscheiden nicht nur Gapping von anderen Formen der grammatischen Ellipse. Sie deuten auch darauf hin, daß es sich bei Gapping um ein Problem von genuin syntaktischer Relevanz handelt.

Syntaktische Relevanz wurde Gapping jedoch häufig abgesprochen. Eine Reihe von Theorien versuchte, die Charakteristika dieser Konstruktion auf pragmatische und/oder Mechanismen der Sprachverarbeitung zu reduzieren. Lücken im elliptischen Konjunkt, so die Kernidee wohl aller dieser Theorien, werden bei Gapping einfach mit passendem Material aus dem vollständigen Konjunkt ergänzt (z.B. Kuno, 1976; Rooryck, 1985). Kuno beschließt die Diskussion von Gapping gar mit der Bemerkung: „[...] nonsyntactic factors leave, in the domain of pure syntax, a set of rather uninteresting constraints [...]" (Kuno, 1976:317). Rooryck stößt ins gleiche Horn mit der Behauptung „[...] that Gapping can hardly be a part of sentence grammar since it violates nearly every possible syntactic constraint rather arbitrarily." (Rooryck, 1985:227).

Schon einige *prima facie* Überlegungen stellen funktionale und pragmatische Erklärungsversuche allerdings vor große Probleme, denn sie machen deutlich, daß es mit der Postulierung von (oft nur vage gehaltenen) Prozeduren zur Auffüllung fehlenden Materials allein nicht getan ist.

Zum einen ist Gapping, entgegen Ross' ursprünglicher Vermutung (Ross, 1970:259), keineswegs ein universales Phänomen (Koutsoudas, 1971; Rosenbaum, 1976). Zahlreiche Sprachen erlauben Gapping nicht. Zu ihnen gehören z.B. Hausa, Swahili, Thai, und (mit Einschränkungen) das Chinesische.[3] Wäre Gapping eher ein Problem der Sprachverarbeitung, bliebe dieser zwischensprachliche Kontrast rätselhaft. Warum sollte eine Ergänzungsprozedur im Deutschen und Englischen funktionieren, nicht aber im Chinesischen?

Desweiteren kann solchen reduktionistischen Auffassungen die Beobachtung entgegengehalten werden, daß bestimmte Eigenschaften von Gapping einzelsprachlicher Variation unterliegen. So variiert zum Beispiel die Richtung, in der Gapping auftreten darf (Ross, 1970). Während Gapping im Deutschen, Englischen wie auch in Bolivianisch-Quechua (Pulte, 1971) ausschließlich von links nach rechts appliziert, d.h. das linke Konjunkt bleibt vollständig, appliziert Gapping im Koreanischen und Japanischen strikt von rechts nach links (Ross, 1970; Koutsoudas, 1971; Abe & Hoshi, 1997).

Eine dritte Gruppe von Sprachen schließlich lizensiert Gapping in beide Richtungen: von rechts nach links wie auch von links nach rechts. In diese Gruppe fallen z.B. Russisch (Ross, 1970; Herrmann, 1985) und Zapotec (Rosenbaum, 1976). Den zwischensprachlichen Variationsbereich einzelner

---

[3] Wie Paul (1999) zeigt, darf im Chinesischen lediglich das Verb getilgt werden, und auch dies nur in bestimmten Kontexten, z.B. dann, wenn das Verb von einer quantifizierten Objekt-NP begleitet wird.

Eigenschaften von Gapping abzustecken und die Ursache für diese Variation herauszufinden dürfte im Rahmen rein funktionaler oder pragmatischer Theorien kaum zu bewältigen sein.

Ein weiterer Hinweis auf die syntaktische Fundierung von Gapping resultiert schließlich aus der Beobachtung, daß nicht jedes, sondern nur bestimmte Strukturteile getilgt werden können, und nur bestimmte Strukturteile als Reste auftreten dürfen. So kann z.B. im Deutschen eine Präpositionalphrase im elliptischen Konjunkt belassen werden, nicht aber eine darin eingebettete Nominalphrase.

(7) a.   Hans dachte ständig an Petra und Fritz ~~dachte ständig~~ an Maria
    b.   *Hans dachte ständig an Petra und Fritz ~~dachte ständig an~~ Maria

Ohne Rückgriff auf die syntaktische Struktur von Sätzen wie (7) können die Eigenschaften, die für deren (Un)Grammatikalität verantwortlich sind, vermutlich nicht festgestellt werden. Die Relevanz dieser Eigenschaften wiederum läßt sich nur mit Bezug auf eine syntaktische Theorie erklären.

3. Gapping und Bewegung

Der von Ross (1967), Kuno (1976), Neijt (1979, 1981) u.a. beobachtete Zusammenhang zwischen Gapping und Bewegungsprozessen liefert den vielleicht beeindruckendsten Hinweis auf die syntaktische Fundierung dieser Konstruktion. Was aber haben Bewegung und Gapping gemeinsam? Wie läßt sich der Zusammenhang zwischen Gapping und Bewegungsphänomenen theoretisch interpretieren?

Die ersten Arbeiten, die die Parallelen zwischen Gapping und Bewegung ausführlich herzuleiten versuchen, stammen von Neijt. Neijt (1979, 1981) stellte der allgemeinen Bewegungsoperation *Move!* eine ebenso allgemeine Tilgungsoperation *Delete!* zur Seite. Während *Move!* irgendeine Konstituente irgendwohin bewegen kann, darf mit Hilfe von *Delete!* irgendetwas getilgt werden. Neijt versucht zu zeigen, daß sowohl *Move!* als auch *Delete!* der Subjazenzbedingung (Chomsky, 1973) unterliegen. *Move!* darf daher eine Konstituente nur dann über einen bestimmten Strukturabschnitt hinwegbewegen, wenn dieser nicht mehr als einen subjazenzrelevanten Knoten enthält (im Englischen IP und NP). Gleichermaßen darf ein von *Delete!* getilgter Strukturabschnitt nicht mehr als einen Knoten dieser Art enthalten. Durch Subjazenz induzierte Inseln für Bewegung, einschlägig bei der Ableitung der *Complex NP Constraint* Fälle in (2), sind automatisch auch Inseln für Gapping. Die Grammatikalitätsverteilung in (3) wird damit ebenfalls aus der Subjazenzbedingung ableitbar. Neijts Versuch, Bewegung und

Tilgung die gleichen Restriktionen zuzuordnen, erlaubt eine elegante Reintegration von Gapping in das Rektions- und Bindungsmodell.

Neijts Ansatz ist jedoch nicht ohne Probleme. Sie liefert keine befriedigende Erklärung für die Tatsache, daß Reste im e-Satz stets Konstituentenstatus haben. Anders als *Move!* ist *Delete!* zudem in Neijts Theorie eine syntaktische Operation, welche Konstituenz nicht respektiert.

In Jayaseelan (1990) und Pesetsky (1982) wird der Zusammenhang von Gapping und Bewegung auf eine Weise theoretisch erfaßt, die die von Neijt's Theorie aufgeworfenen Schwierigkeiten umgeht. Beiden Analysen zufolge werden zunächst sowohl die im e-Satz verbleibenden Reste als auch die korrespondierenden Konstituenten im a-Satz in eine prä-IP Position verschoben. Anschließend wird die IP des e-Satzes – LF-Identität mit der IP des a-Satzes vorausgesetzt – getilgt.[4] Da per *Move!* nur Konstituenten verschoben werden, ergibt sich eine einfache Erklärung für den Konstituentenstatus der Reste im e-Satz. Und da sich Tilgung nun auf komplette IPs bezieht, kann an der Annahme festgehalten werden, daß alle syntaktischen Operationen, einschließlich Tilgung, Konstituenz respektieren.

Abgesehen von diesen technischen Aspekten unterscheiden sich beide Analysen von Neijts Theorie zudem bezüglich der Frage, welchem Bewegungstyp Bewegung bei Gapping zugeordnet wird. Während Neijt (1979, 1981) Lokalitätsbeschränkungen diskutiert, die overte wh-Bewegung betreffen, ziehen Jayaseelan (1990) und Pesetsky (1982) jeweils andere Parallelen.

2.1 Gapping und Extraposition

Jayaseelan (1990) analysiert Bewegung bei Gapping als eine Form der Extraposition, analog etwa zum sogenannten *Heavy-NP shift*, einer Operation, durch die (im Englischen) komplexe NPs in eine rechtsperiphere Position gebracht werden können (8).[5]

---

[4] Diese kursorischen Bemerkungen orientieren sich mehr an Jayaseelan (1990) und treffen auf Pesetsky (1982) nur sinngemäß zu. In technischer Hinsicht unterscheidet sich Pesetskys Analyse ganz erheblich. Insbesondere verfolgt Pesetsky keinen tilgungsbasierten Ansatz. Da diese technischen Aspekte für die nachfolgende Diskussion nicht von Relevanz sind, sollen sie hier nicht weiter ausgebreitet werden.

[5] Es ist alles andere als klar, ob Extraposition, z.B. bei Heavy-NP shift, tatsächlich Bewegung involviert oder ob extraponierte Konstituenten in ihrer oberflächenstrukturellen Position basisgeneriert werden (s. u.a. Müller, 1995, für Diskussion). Da sich Jayaseelans Idee, technisch modifiziert, sicher auch in einem Ansatz mit Basisgenerierung ausführen ließe, soll diese Kontroverse hier nicht weiter beachtet werden.

(8) a. John bought [*a painting that he liked*] for his mother
    b. John bought t_i for his mother [*a painting that he liked*]

Motiviert wird die Analogie zwischen Bewegung bei Gapping und Heavy-NP shift durch die Tatsache, daß die jeweils bewegten Phrasen stets fokussiert sein müssen. Bei Gapping schlägt sich diese Eigenschaft in der kontrastiven Akzentuierung und der obligatorischen minimalen semantischen Distanz der Reste und Antezedenten nieder, auf die wir im vorigen Abschnitt bereits hingewiesen haben.

Drei Argumente werden von Jayaseelan vorgebracht, die eine Parallele der Bewegung bei Gapping zu Extraposition nahelegen. Per Heavy-NP shift dürfen z.B. keine PP-internen NPs extrahiert werden (9). Korrespondierend damit darf per Gapping eine PP-interne NP nicht im e-Satz als Rest auftreten, im Gegensatz zu vollständigen PPs (10).[6]

(9) a. John counted [$_{PP}$ *on a total stranger*] for support
    b. John counted t_i for support [$_{PP}$ *on a total stranger*]$_i$
    c. *John counted [$_{PP}$ *on* t_i] for support [$_{NP}$ *a total stranger*]$_i$
(10) a. *John depends on his wife, and Bill ~~depends on~~ his secretary
     b. John depends on his wife, and Bill ~~depends~~ on his secretary

Außerdem scheint es eine Beschränkung zu geben, der zufolge stets nur eine Konstituente extraponiert werden kann (11). Für Gapping ergibt sich aus dieser Beobachtung, daß nie mehr als ein VP-interner Rest zu erwarten wäre. In der Tat ist dies für das Englische oft behauptet worden, z.B. anhand von Daten wie (12) (Jackendoff, 1971:24f.).[7]

(11) a. It proved his guilt to the jury that John was seen with the murder weapon
     b. *It proved to the jury his guilt that John was seen with the murder weapon
(12) a. Arizona elected Goldwater Senator, and Pennsylvania ~~elected~~ Schweiker ~~Senator~~
     b. *Arizona elected Goldwater Senator, and Massachusetts ~~elected~~ McCormack, Congressman

Schließlich verweist Jayaseelan auf die (T. Stowell zugeschriebene) Beobachtung, daß das Subjekt eines sententialen ECM-Komplements extrapo-

---

[6] Hudson (1989:59) präsentiert allerdings Sätze wie *John thought about Jane and Bill, Betty* als akzeptabel. Dies ist jedoch unseres Wissens das einzige in der Literatur dokumentierte Gegenbeispiel.
[7] Viele Autoren, z.B. Kuno (1976:301), betonen jedoch, daß Grammatikalitätsurteile bei Gapping in diesem Bereich sehr variabel ausfallen.

niert werden darf, wenn der eingebettete Satz infinit ist (13a), nicht aber, wenn er finit ist (13b). Gleichermaßen darf bei Gapping ein Rest nur in Subjektposition infiniter Satzkomplemente von ECM-Verben verbleiben (14).

(13) a. I expect t_i to have arrived [*my good friend John*]$_i$
 b. *I expect that t_i will arrive [*my good friend John*]$_i$
(14) a. John expected Bill to leave and Bill ~~expected~~ John ~~to leave~~
 b. *John expected that Bill would leave and Bill ~~expected that~~ John ~~would leave~~

Diese Daten wertet Jayaseelan nicht nur als weiteren Beleg für die von ihm vermutete Parallele zwischen Extraposition und Bewegung bei Gapping, sondern auch als Zeichen dafür, daß in beiden Fällen die Bewegung als Instanz von A-Bewegung einzustufen ist.

Abgesehen von technischen Problemen der Jayaseelan'schen Analyse, auf die hier aus Platzgründen nicht weiter eingegangen werden kann, zeigt ein Blick auf weitere Daten – nicht zuletzt des Deutschen –, daß die Parallele zwischen Extraposition und Bewegung bei Gapping an verschiedenen Stellen zusammenbricht.

Zum einen ist Extraposition satzgebunden, eine Eigenschaft, die traditionell auf das *Right Roof Constraint* zurückgeführt wird (Ross, 1967; Soames & Perlmutter, 1978). Für Gapping sagt dies vorher, daß es nicht möglich sein sollte – abgesehen von ECM-Konstruktionen wie in (13a) – Reste in eingebetteten Sätzen zurückzulassen, da diese auf dem Weg in eine prä-IP Position des Matrixsatzes eine Satzgrenze überqueren müßten Diese Vorhersage ist offensichtlich falsch (Ross, 1970:250; s. auch die Diskussion in den beiden nachfolgenden Abschnitten).

(15)   I want to try to begin to write a novel and Mary ~~wants to try to begin to write~~ a play

Im Deutschen ist die Möglichkeit, eine VP-interne Konstituenten zu extraponieren, zudem von der Kategorie der betreffenden Konstituente abhängig. Finite CPs werden obligatorisch extraponiert,[8] PPs können extraponiert werden, Extaposition von NPs ist hingegen ausgeschlossen. Gapping kann jedoch nicht nur CPs und PPs, sondern sehr wohl auch NPs als Reste im e-Satz zurücklassen, wie viele der bereits diskutierten Beispiele zeigen.

Wie vielfach beobachtet wurde, ist im Deutschen Extraposition in bestimmten Kontexten gestattet, in denen die Extraktion einer Phrase per w-Bewegung, Topikalisierung oder Scrambling ausgeschlossen ist (s. u. a.

---

[8] Siehe Bayer (i. d. Band) für Argumente gegen eine Extrapositionsanalyse und einen alternativen Analysevorschlag.

Müller, 1995, und die dort zitierte Literatur.). So ist es z.B. möglich, PPs auch dann aus Subjekt-NPs zu extraponieren, wenn diese für w-Bewegung eine Insel konstituieren (Müller, 1995:216f.). Dennoch können bei Gapping in Subjekt-NPs eingebettete PPs nicht als Rest im e-Satz zurückgelassen werden.

(16) a. daß [eine Frau t_i] den Raum betreten hat [*mit blauen Augen*]$_i$
     b. *daß eine Frau mit blauen Augen das Foyer betreten hat, und eine Frau mit grauen Augen, den Vorplatz

W-Bewegung und Topikalisierung von PPs aus Objekt-NPs ist abhängig von lexikalischen Eigenschaften des Verbs, welches die Objekt-NP selegiert: *lesen* und *kaufen* erlauben Extraktion, *stehlen* und *verbrennen* gestatten dies nicht (s. z.B. Fanselow, 1991). Extraposition von PPs scheint möglich unabhängig vom übergeordneten Verb (17) (Müller, 1995:219), während sich bei Gapping durchaus lexikalische Einflüsse bemerkbar machen.

(17) a. daß Fritz ein Buch gelesen hat über die Liebe
     b. daß Fritz ein Buch gestohlen hat über die Liebe

(18) a. Fritz las ein neues Buch über Chomsky, und Fred las ein neues Buch über Wittgenstein
     b. ??Fritz verbrannte ein neues Buch über Chomsky, und Fred verbrannte ein neues Buch über Wittgenstein

Extraposition ist selbst dann möglich, wenn die Objekt-NP eine pränominale NP im Genitiv enthält (19a). W-Bewegung ist in solchen Kontexten generell ausgeschlossen (19b) (Müller, 1995:218), und auch die entsprechenden Gapping-Sätze führen nicht zu guten Ergebnissen (19c).

(19) a. daß sie Fritzens Buch gelesen hat über die Liebe
     b. *Worüber hat sie Fritzens Buch gelesen?
     c. *Peter las Fritzens neues Buch über Chomsky, und Fred las Fritzens Buch über Wittgenstein

Zusammengenommen zeigen die Daten, daß die bei Gapping stattfindenden Bewegungsprozesse wohl kaum mit Bewegung bei Extraposition identifiziert werden können.

2.2 Pesetsky: Gapping und wh-in-situ bei Mehrfachfragen

Ausgangspunkt der Gapping-Analyse in Pesetsky (1982) sind Analogien zwischen Gapping und wh-in-situ bei Mehrfachfragen des Englischen. Pesetsky stellte fest, daß wh-in-situ-Konstruktionen und Gapping einer Reihe gleicher Beschränkungen unterliegen. So zeigt (20), daß es nicht möglich ist, eine w-Phrase in Subjektposition in-situ zu belassen. Pesetsky (1982) bezeichnet dies als reinen ECP-Effekt. Befinden sich bei Gapping die Reste und deren Antezedenten in strukturell gleichen Positionen wie die wh-Phrasen in (20), läßt sich ebenfalls ein ECP-Effekt ausmachen, der Pesetsky zufolge zwar nicht so stark, aber dennoch deutlich wahrnehmbar ist (21).[9]

(20) a. Who knows that you eat what
    b. *Who knows that what makes you sick
(21) a. ?This doctor thinks that I should buy tunafish, and that doctor ~~thinks that I should buy~~ salmon
    b. *This doctor thinks that tunafish will harm me, and that doctor, ~~thinks that~~ salmon ~~will harm me~~.

Ähnliches zeigt sich bei den Mehrfachfragen in (22), deren Grammatikalitätskontrast sowohl über das ECP als auch mit Hilfe der Superioritätsbedingung abgeleitet werden kann. Auch hier gibt es analoge Effekte bei Gapping (23).

(22) a. Bill asked which records I gave to whom
    b. *Bill asked which records who bought
(23) a. Bill asked which books I gave to Mary and which records ~~I gave~~ to John.
    b. *Bill asked which records Mary likes and which records, John ~~likes~~

Schließlich verweist Pesetsky auf Fälle, die reine Superioritätseffekte exemplifizieren, welche sich nicht mit Rekurs auf das ECP erfassen lassen (24). Pesetsky merkt an, daß die analogen Gapping-Konstruktionen (25) einen schwächeren Kontrast aufweisen, der aber dennoch vorhanden sei.

---

[9] Diese Einschätzung wird allerdings nicht durchweg geteilt. Insbesondere die relative Akzeptabilität von (21a) wird oft bestritten. Johnson (1996), Abe & Hoshi (1997) und Neijt (1979) kennzeichnen äquivalente Beispiele als ungrammatisch. In Jake (1977), Takahashi (1982) und Chao (1987) werden solche Sätze hingegen ebenfalls akzeptiert. Neijt (1979:139) verweist zudem darauf, daß Varianten von (21a) ohne nebensatzeinleitendes *that* in der Regel als weitaus besser beurteilt werden. Die Variabilität der Urteile bezüglich (21a) ist um so bedauerlicher, als dem Status dieser Sätze erhebliches Gewicht bei der theoretischen Einordnung von Bewegungsphänomenen bei Gapping zukommt.

Syntaktische Beschränkungen für Ellipsen 107

(24) a. I want to know who convinced which man to visit me
 b. *I want to know who you convinced which man to visit

(25) a. ?I want to know who convinced John to visit me and who
 ~~convinced~~ Mary ~~to visit me~~
 b. ?*I want to know who you convinced John to visit, and who ~~you
 convinced~~ Mary ~~to visit~~

Die hier diskutierten parallelen Effekte von wh-in-situ und Gapping führen Pesetsky (1982) zu der Schlußfolgerung, daß die Ableitung von Gapping, wie auch die Ableitung von wh-in-situ Konstruktionen, verdeckte A'-Bewegung involvieren.

Die Frage, wie wh-in-situ Konstruktionen syntaktisch zu analysieren sind, insbesondere ob und unter welchen Umständen verdeckte Bewegungsprozesse anzunehmen sind, wurde und wird in der Literatur kontrovers diskutiert. Wir können und wollen diese Debatte hier nicht Revue passieren lassen, geschweige denn in sie eingreifen. Interessieren werden uns im folgenden allein weitere Vorhersagen, die sich aus Pesetskys Vermutung ergeben, Gapping und wh-in-situ bei Mehrfachfragen seien den gleichen syntaktischen Beschränkungen unterworfen.

Reine ECP-Effekte bei wh-in-situ sind im Deutschen nicht zu erwarten, wenn man mit Haider (1993), Müller (1992, 1995a), u.a. davon ausgeht, daß es im Deutschen auch keine *that-trace* Effekte gibt. Die relevanten Daten scheinen diese Vermutung zu bestätigen.

(26) a. Wer glaubt, daß du was geschrieben hast
 b. Wer glaubt, daß was allgemeinen Unmut hervorgerufen hat
(27) a. ?Dieser Doktor meint, daß ich mehr Lachs essen müsse, und
 jener Doktor ~~meint, daß ich~~ mehr Thunfisch ~~essen müsse~~
 b. ?Dieser Doktor meint, daß Lachs gut für mich sei, und
 jener Doktor ~~meint, daß~~ Thunfisch ~~gut für mich sei~~

Die Bewertung der Sätze ist sicher nicht ganz einfach, zumal es eine starke Parsingpräferenz gibt, den elliptischen Satz als Konjunkt koordiniert mit dem eingebetteten Satz zu analysieren. Weder in (26) noch in (27) scheint es aber einen nennenswerten Kontrast zwischen den (a)-(b)-Oppositionen zu geben. Gleiches gilt auch für die Konstruktionen, die Pesetskys Beispielen mit ECP-/Superioritätseffekten bzw. reinen Superioritätseffekten entsprechen. Da wh-in-situ Konstruktionen im einfachen Satz im Deutschen keine superioritätsrelevanten Kontraste zeigen (28),(30) (Grohmann, 1997; Sabel, 1998; s. aber Wiltschko, 1997), sollten es die korrespondierenden Gapping-Sätze auch nicht tun (29), (31).

(28) a. Johann fragte, wo ich was gekauft habe
b. Johann fragte, was wo verkauft wird
(29) a. Er fragte, wo ich die Makkaroni gekauft habe und wo ich die Spaghetti gekauft habe
b. Er fragte, wo die Makkaroni verkauft werden und wo die Spaghetti verkauft werden
(30) a. Wen hast du überredet wen zu besuchen
b. Wen hast du wen überredet zu besuchen
(31) a. Verrate mir doch bitte mal, wen du überredet hast, Maria zu besuchen, und wen du überredet hast Sarah zu besuchen
b. Verrate mir doch bitte mal, wen du Maria überredet hast zu besuchen, und wen du Sarah überredet hast zu besuchen.

Tatsächlich scheinen die Daten des Deutschen die von Pesetsky geschlagene Brücke zwischen wh-in-situ und Gapping zu stützen. Allerdings gibt es eine Reihe von Kontexten, in denen sich beide Konstruktionen unterschiedlich verhalten. Insbesondere die *Inselsensitivität* von Gapping führt zu Problemen. Strukturelle Kontexte, die für overte w-Bewegung undurchlässig sind, jedoch wh-in-situ tolerieren, führen bei Gapping – anders als von Pesetskys Ansatz vorhergesagt – stets ebenfalls zur Ungrammatikalität.

Einen ersten derartigen Kontext liefern komplexe Nominalphrasen. Das bereits erwähnte *Complex NP Constraint* verbietet es im Deutschen (und Englischen), eine w-Phrase overt aus einer komplexen NP heraus zu extrahieren (32a). Jedoch ist es prinzipiell möglich, w-Phrasen innerhalb komplexer NPs in-situ zu belassen. Möglich ist dies für Objekt-NPs wie in (32b), jedoch nicht für Adjunkte (Koster, 1987:219; Müller, 1992).

(32) a. *Was bezweifelst du die Tatsache, daß Fritz verloren hat
b. Wer bezweifelt die Tatsache, daß Fritz was verloren hat

Gapping ist jedoch absolut ausgeschlossen, wenn sich ein Rest im e-Satz innerhalb einer komplexen NP befindet, und zwar nicht nur im Fall NP-interner Komplementsätze, sondern auch bei Relativsätzen.

(33) a. *Wer bezweifelt das Gerücht, daß sie einen Yeti gesehen hat und wer bezweifelt das Gerücht, daß sie einen Pinguin gesehen hat
b. *Hans liest nur Bücher, die Chomsky loben, und Fred liest nur Bücher, die Wittgenstein loben.

Die Daten des Englischen verhalten sich analog. Huang (1982) und Fiengo et al. (1987) konstatieren einen Kontrast zwischen overter Objektextraktion aus komplexen NPs und korrespondierenden wh-in-situ Konstruktionen analog zu (32). Gapping führt in entsprechenden Kontexten jedoch stets zur Ungrammatikalität, wie bereits in (3) gezeigt wurde (Neijt, 1979, 1981).

Ein gleichartiges Problem für Pesetskys Analyse ergibt sich aus der Betrachtung von wh-Inseln. Im Deutschen ist overte Extraktion aus wh-Inseln heraus generell unmöglich. Wiederum aber dürfen Objekt-NPs (im Gegensatz zu Adjunkten) in-situ belassen werden (34a, b) (Müller, 1992:327). Gapping darf wh-Inseln aber keinesfalls nicht verletzen (34c).

(34) a. *Was fragte Hans, wann haben kann?
 b. ?Wer fragte, wann er was haben kann?
 c. *Hans fragte, wann er endlich ein Glas Bier bekommt und Peter fragte, wann er endlich einen Schoppen Wein bekommt

Mit Bezug auf das Englische hat bereits Huang (1982) anhand von Daten wie (35a, b) argumentiert, daß nur offene, nicht aber verdeckte wh-Bewegung wh-Inseleffekte induziert. Neijt (1981:79) zeigt, daß Gapping im Englischen wh-Inseln ebenfalls nicht verletzen kann (35c).[10]

(35) a. ??What do you remember where we bought
 b. Who remembers where we bought what
 c. *Peter wondered what he send to Mary, and John wondered what he send to Sue

Auch hinsichtlich der Einbettung von Elementen in Adjunkte bricht die Analogie zwischen wh-in-situ und Gapping ab. Wie (36a) und (36a) demonstriert, formen Adjunkte Inseln für overte w-Bewegung, nicht aber für wh-in-situ (Grewendorf, 1988; Sabel, 1998:71f.). Die korrespondierenden Gapping-Konstruktionen sind ebenfalls in jedem Falle ungrammatisch (36).

(36) a. *Wen hat Fritz die Universität gewechselt, nachdem er getroffen hat?
 b. Wer hat die Universität gewechselt, nachdem er wen getroffen hat?
(37) a. *Hans lachte, weil Maria zur Tür hereinkam, und Peter lachte, weil Frieda zur Tür hereinkam
 b. *Hans ging davon, ohne Fritz gegrüßt zu haben, und Fred ging davon, ohne Maria gegrüßt zu haben

Die hier diskutierten Unterschiede zwischen Mehrfachfragen und Gapping führen zu dem Schluß, daß trotz einiger Parallelen eine simple Übernahme des Erklärungsmodells für das Verhalten von wh-in-situ Konstruktionen zur

---

[10] Allerdings merkt Johnson (1996:13) in diesem Zusammenhang an, daß overte w-Extraktion aus infiniten w-Komplementen im Vergleich zu (35a) häufig zu besseren Ergebnissen führt (s. dazu auch Ross, 1967:16f.), nicht aber die entsprechenden Gapping-Konstruktionen.

Darstellung des Verhaltens von Antezedenten und Resten bei Gapping inadäquat ist. Auch in Bezug auf Inselsensitivität verhält sich Gapping eher in Analogie zu offener wh-Bewegung. Im folgenden Abschnitt soll diese Schlußfolgerung anhand weiterer Daten überprüft werden.

2.3 Gapping und overte w-Bewegung: Weitere Daten

Die syntaktischen Eigenschaften overter wh-Bewegung im Deutschen wurden in vielen Arbeiten ausführlich untersucht. Grundlage der nachfolgenden Diskussion sind v. a. Grewendorf (1986, 1988), Fanselow (1987, 1991) und Müller (1995a). Auch einige der Beispiele entstammen diesen Quellen.

Interessieren sollen zunächst einmal Extraktionen aus Subjekt- und Objekt-NPs. Generell darf aus strukturellen Subjekt-NPs nicht herausbewegt werden. Zu erwarten wäre also, daß die Lücke bei Gapping nicht den NP-Knoten struktureller Subjekte überschreiten darf. Ein entsprechendes Beispiel wurde bereits in (16b) gezeigt. Deutlich besser sind dagegen Extraktionen aus Subjekt-NPs passivierter und ergativer Verben (38). Auch Gapping wird in diesen Kontexten akzeptabler (39).

(38) a. Über wen wurde ein Artikel erst gestern veröffentlicht?
    b. Wovon ist dir die Lösung eingefallen?
(39) a. ?Ein Gemälde von Cezanne wurde gestern bei Christie's versteigert und ~~ein Gemälde~~ von Picasso ~~wurde~~ bei Sotheby's ~~versteigert~~.
    b. ?Das Modell von Karl Lagerfeld ist zuerst meiner Schwester aufgefallen und ~~das Modell~~ von Christian Dior ~~ist zuerst~~ meiner Mutter ~~aufgefallen~~

Ob aus Objekt-NPs herausbewegt werden darf, hängt – wie ebenfalls schon in Abschnitt 3.1 erwähnt – von lexikalischen Eigenschaften des regierenden Verbs ab. Auch die Akzeptabilität von Gapping ist diesbezüglich sensitiv (vgl. (18)). PPs können zudem generell sehr leicht aus NPs in Partitivkonstruktionen herausbewegt werden (40a) (Bhatt, 1990). Gapping scheint in solchen Kontexten ebenfalls möglich zu sein (40b). In pseudopartitiven Konstruktionen führen sowohl w-Extraktion als auch Gapping zu Ungrammatikalität (41).

(40) a. Wovon verlangte Hans eine Flasche?
    b. Hans verlangte eine Flasche von dem eisgekühlten Wodka, und Peter ~~verlangte eine Flasche~~ von dem schottischen Whisky.

(41) a. *Was trank Peter ein Glas?
   b. *Hans trank ein Glas Wein und Peter trank ein Glas Landmilch

Subjektsätze sind (in der Regel) Inseln für Bewegung (42).[11] Die Durchlässigkeit von finiten Objektsätzen hängt, ähnlich wie Extraktion aus Objekt-NPs, von den lexikalischen Eigenschaften des übergeordneten Verbs ab (43). Als Brückenverben gelten z.b. *glauben* und *sagen*.

(42) a. *Welcher Planet bewirkt Übelkeit, daß sich dreht?
   b. *Was bewirkt den Stillstand der Erde, daß Gott getan hat?
(43) a. *Wer hat Hans entschieden, daß kommen soll?
   b. ?Wer glaubt Hans, daß den Mann eines Tages heiraten wird?

Die Daten bezüglich Gapping sind sicher nicht ganz eindeutig. Im Deutschen (wie auch im Englischen) führt Gapping in Subjektsätze hinein generell zu schlechten Resultaten (44). Variabler sind jedoch Daten, bei denen sich die Lücke in einen finiten Objektsatz erstreckt. Gapping in Objektsätze ist durchaus möglich. Unserer Meinung nach läßt sich dabei auch ein leichter Akzeptabilitätskontrast in Abhängigkeit vom Matrixverb feststellen (45). Brückenverben erlauben Gapping bereitwilliger als andere Verben.[12]

(44)   *Daß ich Chomskys neue Theorie erläutern soll bereitet mir Kopfschmerzen und daß ich Wittgensteins Spätphilosophie erläutern soll bereitet mir schlaflose Nächte
(45) a. Dieser Doktor meint, daß nur eine Impfung hilft, und jener Doktor meint, daß nur ein Moorbad hilft.
   b ??Dieser Doktor flüsterte mir zu, daß nur eine Impfung hilft, und jener Doktor flüsterte mir zu, daß nur ein Moorbad hilft.

Interessanterweise hat Chao (1987:40) auf einen analogen Unterschied im Englischen aufmerksam gemacht. Auch in ihrem Beispielpaar (46) sind vermutlich die Brückeneigenschaften des regierenden Verbs der für die Grammatikalität der Konstruktion kritische Faktor. Jake (1977:110) präsentiert ebenfalls Daten, die zeigen, daß die Akzeptabilität von Gapping in finite Satzkomplemente hinein in Abhängigkeit von den lexikalischen Eigenschaften des Matrixverbs variiert (47) (s. dazu aber Takahashi, 1982).

---

[11] Extraktionen aus infiniten Subjektsätzen werden jedoch häufig als besser beurteilt. Vgl. dazu Grewendorf (1986:66) und Fanselow (1991:229).
[12] Huang (1982:497) und Fanselow (1991:218) bemerken, daß die Akzeptabilität entsprechender wh-in-situ-Konstruktionen nicht von den Brückeneigenschaften des Matrixverbs abhängt. Vgl. **Was murmelt Peter, daß passiert wäre?* mit *Wer murmelte wann, daß was passiert wäre?* Auch dies spricht gegen eine Gleichsetzung von Bewegung bei Gapping und bei wh-in-situ.

(46) a. ?This doctor said that I should buy tunafish, and that doctor ~~said that I should buy~~ salmon
b. *This doctor muttered that I should buy tunafish, and that doctor ~~muttered that I should buy~~ salmon
(47) a. Bob believed that Lingala has morphological causatives, and Tom ~~believed that Lingala has~~ periphrastics
b. *Bob regretted that Lingala has morphological causatives, and Tom ~~regretted that Lingala has~~ periphrastics

Im Gegensatz zu finiten Komplementsätzen kann w-Extraktion aus infiniten Objektsätzen im Deutschen ohne Schwierigkeiten und von allen Positionen aus durchgeführt werden (48). Ebenso problemlos kann in diese Strukturen hinein gegappt werden (49).

(48) a. Was versprach der Student sofort zurückzugeben?
b. Wann versprach der Student in die Uni zu kommen?
(49) a. Hans versprach, das Buch zurückzugeben, und Johann ~~versprach~~, die Zeitschrift ~~zurückzugeben~~
b. Hans versprach, morgen in die Uni zu kommen, und Peter ~~versprach~~, übermorgen ~~in die Uni zu kommen~~

Insgesamt erhärten diese Daten demnach die Hypothese, daß die bei Gapping zu verzeichnenden Bewegungseffekte überwiegend Merkmale, die overter w-Bewegung aufweisen.

3. Schlußfolgerungen und Ausblick

Ausgangspunkt unserer Betrachtung war die Beobachtung, daß Gapping, speziell das Ausmaß der Lücken im elliptischen Konjunkt, syntaktischen Beschränkungen unterliegt, welche auch für die Charakterisierung von Bewegungsprozessen einschlägig sind. Dies hat in der Literatur zu der Vermutung Anlaß gegeben, daß die Ableitung von Gapping ebenfalls Bewegungsprozesse involviert, obschon diese nicht eindeutig sichtbar werden. Im Mittelpunkt dieses Beitrags stand die Frage, mit welchem Bewegungstyp (mutmaßliche) Bewegung bei Gapping korelliert.

Zum einen kann festgehalten werden, daß Bewegung bei Gapping keine Instanz von Extraposition sein kann. Einen deutlichen Hinweis darauf liefert die Tatsache, daß Gapping – im Gegensatz zur Extraposition – nicht satzgebunden appliziert: Reste im e-Satz können sich innerhalb (finiter oder infiniter) eingebetteter Sätze zurückgelassen werden. Die Tatsache, daß die Lücke bei Gapping prinzipiell auch in finite Nebensätze hineinreichen kann, zieht zudem zwei andere Hypothesen in Zweifel: daß Bewegung bei Gapping eine Instanz von Scrambling (Johnson, 1996) bzw. ganz allgemein von A-Bewegung sei (Jayaseelan, 1990). Weder Scrambling noch allgemein A-Bewegung sind im Deutschen aus finiten Nebensätzen heraus möglich.

Bewegung bei Gapping verhält sich ebenfalls nicht in Analogie zu A'-Bewegung auf LF, wie sie traditionell für wh-in-situ Konstruktionen postuliert worden ist. Die Vorhersagen der wh-in-situ-Theorie sind zu liberal. Dies betrifft insbesondere das Verhalten von Gapping in w-Inseln, Adjunkt-Inseln bzw. Inseln, die durch komplexe NPs induziert werden. In allen drei Kontexten darf man w-Phrasen, die lexikalisch regiert werden, in-situ belassen. Reste bei Gapping jedoch sind in solchen Positionen nicht erlaubt. Die hier diskutierten Daten legen es vielmehr nahe, daß Gapping durch syntaktische Mechanismen beschränkt wird, die auch die Möglichkeit overter w-Bewegung regulieren, in Einklang mit der Hypothese in Neijt (1979, 1981). Dies wirft natürlich die Frage auf, weshalb Gapping und overte w-Bewegung gleichen syntaktischen Beschränkungen unterliegen sollten. Diese Frage muß hier offengelassen werden.

Die Diskussion hat im übrigen deutlich auf ein methodisches Problem aufmerksam gemacht, welches die Untersuchung der syntaktischen Eigenschaften von Gapping erheblich erschwert: Die Spezifik konkurrierender Hypothesen erfordert oft die Beurteilung sehr komplexer Gapping-Strukturen. Verläßliche Grammatikalitätsbeurteilungen sind dabei in vielen Fällen kaum noch zu besorgen. Ob daher bei der theoretischen Durchdringung von Gapping in Zukunft echte Fortschritte erzielt werden können, dürfte auch entscheidend davon abhängen, in wie weit es gelingt, replizierbare Verfahren der Grammatikalitätsbeurteilung – wie z.B. in Cowart (1997) skizziert – nutzbar zu machen.

Literatur

Abe, J. & H. Hoshi (1997): Gapping and P-stranding. Journal of East Asian Linguistics, 6, 101-136.
Bayer, J. (i.d. Band): Basic order.
Bhatt, C. (1990): Die syntaktische Struktur der Nominalphrase im Deutschen. Tübingen: Narr.
Chao, W. (1987): On ellipsis. PhD Diss. UMass. Amherst, Mass.
Chomsky, N. (1973): Conditions on transformations. In: Anderson, S. & Kiparsky, P. (Hgg.) A Festschrift for Morris Halle. Holt, Rinehart, & Winston: New York, N.Y.
Chomsky, N. (1981): Lectures on government and binding. Dordrecht: Foris.
Cowart, W. (1997): Experimental syntax. Thousand Oaks: Sage.
Fanselow, G. (1987): Konfigurationalität. Tübingen: Narr.
Fanselow, G. (1991): Minimale Syntax. (=Groninger Arbeiten zur Germanistischen Linguistik Nr. 32, Universität Groningen).

Fiengo, R., C.T.J. Huang, H. Lasnik & T. Reinhart (1987): The syntax of wh-in-situ. In: Proceedings of the 7th West-Coast Conference on Formal Linguistics. CSLI, Stanford, Ca.
Grewendorf, G. (1986): Ergativität im Deutschen. Universität Frankfurt.
Grewendorf, G. (1988): Aspekte der deutschen Syntax. Tübingen: Narr.
Grohmann, K. (1997): German superiority. Groninger Arbeiten zur Germanistischen Linguistik Nr. 40, S. 97-107.
Haider, H. (1993): Deutsche Syntax – generativ. Tübingen: Narr.
Hankamer, J. (1973): Unacceptable ambiguity. Linguistic Inquiry, 4, 17-68.
Hermann, E. (1985): Zur Verbal(phrasen)ellipse im modernen Russischen. In: Meyer-Herrmann, R. & Rieser, H. (Hg): Ellipsen und fragmentarische Ausdrücke. Band 1. Tübingen: Niemeyer.
Huang, C. T. J. (1982): Logical relations in Chinese and the theory of grammar. PhD Diss. MIT. Cambridge, Mass.
Hudson, R. A. (1989): Gapping and grammatical relations. Journal of Linguistics, 25, 57-94.
Jackendoff, R. (1971): Gapping and related rules. Linguistic Inquiry, 2, 21-36.
Jake, J. (1977): Gapping, pragmatics, and factivity. In: Papers from the 13th Regional Meeting of the Chicago Linguistic Society. Chicago, Ill.
Jayaseelan, K. A. (1990): Incomplete VP-deletion and gapping. Linguistic Analysis, 20, 64-81.
Johnson, K. (1996): In search of the English middle field. Chapter two: Gapping. Unveröffentl. Manuskript, University of Massachusetts, Amherst, Mass.
Klein, M. (1985): Koordination oder Gapping? In: Kürschner, W. & Vogt, R. (Hgg.) Grammatik, Semantik, Textlinguistik. Tübingen: Niemeyer.
Koster, J. (1987): Domains and dynasties. Dordrecht: Foris.
Koutsoudas, A. (1970): Gapping, conjunction reduction, and coordinate deletion. Foundations of Language, 7, 337-386.
Kuno, S. (1976): Gapping: a functional analysis. Linguistic Inquiry, 7, 300-318.
Müller, G. (1992): Beschränkungen für w-in-situ: IP als LF Barriere. Linguistische Berichte 141, 307-349.
Müller, G. (1995): On extraposition and successive cyclicity. In: Lutz, U. & Pafel, J. (Hg.): On extraction and extraposition in German. Amsterdam: Benjamins. S. 213-242.
Müller, G. (1995a): A-bar syntax: a study in movement types. Berlin: de Gruyter.
Neijt, A. (1979): Gapping. A contribution to sentence grammar. Dordrecht: Foris.
Neijt, A. (1981): Gaps and remnants: sentence grammar aspects of gapping. Linguistic Analysis, 8, 69-93.
Paul, W. (1999): Verb gapping in Chinese: a case of verb raising. Lingua, 107, 207-226
Pesetsky, D. (1982): Paths and categories. PhD Diss. MIT. Cambridge, Mass.
Pulte, W. (1971): Gapping and word order in Quechua. Papers from the 7th Regional Meeting of the Chicago Linguistic Society. Chicago,Ill..
Rooryck, J. (1985): Gapping-zeugma in French and English. Linguistic Analysis, 15, 187-229.
Rosenbaum, H. (1977): Zapotec gapping as counterevidence to some universal proposals. Linguistic Inquiry, 8, 379-395.
Ross, J. R. (1967): Constraints on variables in syntax. PhD Diss. MIT. Cambridge, Mass.

Ross, J. R. (1970): Gapping and the order of constituents. In: Bierwisch, M & Heidolph, K. E. (Hg): Progress in linguistics. The Hague: Mouton.

Sabel, J. (1998): Principles and parameters of wh-movement. Unveröffentl. Habilitationsschrift, Universität Frankfurt a.M.

Sag, I. (1976): Deletion and Logical Form. PhD Diss. MIT. Cambridge, Mass.

Soames, S. & Perlmutter, D. M. (1978): Syntactic argumentation and the structure of English. University of California Press: Berkeley, Ca.

Sobin, N. (1982): On gapping and discontinuous constituent structure. Linguistics, 20, 727-745.

Takahashi, K. (1982): Gapping and factivity. Studies in Language, 6, 431-434.

Wiltschko, M. (1997): D-linking, scrambling, and superiority in German. Unveröffentl. Manuskript, Universität Wien/University of British Columbia.

Gereon Müller

Zur Ableitung der NP-Adv-V-Stellung im Deutschen*

1. Das Problem

Es sieht im Deutschen häufig so aus, als stünden im unmarkierten Fall bestimmte Typen von Adverbialen näher an der Grundposition des Verbs als die Argumente. Wie Lenerz (1977, 85f.) feststellt, gilt dies z.B. für die Kombination von Subjekt- und (definiten) Objektargumenten einerseits und fakultativen Lokaladverbialen andererseits; und hierum soll es im folgenden gehen.[1]

(1) a. daß der Fritz$_1$ die Maria$_2$ in der Kneipe getroffen hat
　　b. ?daß der Fritz$_1$ in der Kneipe die Maria$_2$ getroffen hat
　　c. ??daß in der Kneipe der Fritz$_1$ die Maria$_2$ getroffen hat

Die unmarkierte Abfolge ist die in (1a), wo das Adverbial beiden Argumenten folgt. Mittelstellung des Adverbials wie in (1b) ist demgegenüber markiert, und Erststellung wie in (1c) noch markierter.[2] Das Problem ist

---

* Für Peter Suchsland, der sich mit dem Thema bereits ausführlich auseinandergesetzt hat.
[1] Tatsächlich ist die Situation etwas komplexer als hier dargestellt. Bei Steinitz (1969), Haftka (1981) und Maienborn (1998) wird darauf verwiesen, daß die Modifikationsstelle (Objektbezogenheit, Ereignisbezogenheit, etc.) bei Lokaladverbialen ein stellungsrelevanter Faktor ist (vgl. die Einordnung in den *Grundzügen* unter Typ I oder II). Ähnliches gilt für Fakultativität vs. Obligatorizität des Lokaladverbials. Darüber hinaus verhalten sich andere Adverbialtypen wieder anders in der Stellung zu NPs, und es bestehen relativ strikte Reihenfolgeregularitäten unter den Adverbialen (vgl. Alexiadou (1997), Frey & Pittner (1998) für neuere Ansätze). Von diesen Faktoren wird im folgenden abstrahiert. Generell soll keine umfassende Behandlung der Abfolge von Argumenten und Adverbialen im Mittelfeld geleistet werden; worum es geht, ist vielmehr, aus einem speziellen Fall – der unmarkierten Abfolge von definiten Argumenten und fakultativen Lokaladverbialen – allgemeinere Schlüsse bzgl. der Möglichkeiten der syntaktischen Ableitung unmarkierter Strukturen zu ziehen. Entsprechend ist im folgenden auch immer nur die Klasse der fakultativen Lokaladverbiale gemeint, wenn von „Adv(erbial)" die Rede ist.
[2] Hier und im folgenden setze ich gemäß Höhle (1982) (der seinerseits auf Lenerz (1977) aufbaut) voraus, daß relative Markiertheit durch die Menge der möglichen Foki determiniert ist: Von zwei Kandidaten α, β, die sich nur hinsichtlich

nun, wie die unmarkierte NP-Adv-V-Abfolge in (1a) syntaktisch abzuleiten ist. Zwei Möglichkeiten bieten sich an. Zum einen ist vorgeschlagen worden (wenn auch nicht unbedingt immer wie bei Lenerz für den gegenwärtigen Fall, sondern z.b. für Direktionaladverbiale, Negation, usw.), daß unmarkierte NP-Adv-V-Abfolgen im Deutschen wie in (2a) basisgeneriert werden können; vgl. etwa Lenerz (1977), Haftka (1981), Bierwisch (1988), Frey & Tappe (1991), Suchsland (1993), Haider (1993) und Müller & Sternefeld (1994). Zum anderen könnte es sein, daß unmarkierte NP-Adv-V-Abfolgen Resultat einer im Deutschen unabhängig (z.b. für Argumentpermutationen) motivierten Scrambling-Transformation sind, wie in (2b) dargestellt; vgl. Webelhuth (1987; 1992) und Büring (1993).

(2) a. $[_{VP}\, NP_1\, [_{V'}\, NP_2\, [_{V'}\, Adv_{loc}\, V\,]]]$
   b. $[_{VP}\, NP_1\, [_{VP}\, NP_2\, [_{VP}\, Adv_{loc}\, [_{VP}\, t_1\, [_{V'}\, t_2\, V]]]]]$

Zunächst einmal spricht für (2a) die größere derivationelle Einfachheit, für (2b) dagegen die Möglichkeit, die thematische Markierung von Argumenten durch V strikter Lokalität zu unterwerfen (vgl. Chomsky (1981)). In Anbetracht dieser Situation scheint es ratsam, empirische Argumente beizuschaffen, die zwischen den beiden Lösungen in (2) zu unterscheiden erlauben.

2. Empirische Argumente

2.1. Anaphorische Bindung

Grewendorf (1988) hat festgestellt, daß im Deutschen ein Subjekt ein in einem folgenden Lokaladverbial enthaltenes Reflexivpronomen binden kann (vgl. (3a)), daß dies aber für ein Akkusativ- oder Dativobjekt nicht gilt; hier ist Reflexivierung innerhalb eines Lokaladverbials blockiert (vgl. (3b-c)). Pronominalisierung scheint demgegenüber durchweg (wenn auch im Subjektfall nur als markierte Option) möglich.

(3) a. daß der Fritz$_1$ den Anruf $[_{PP}$ bei {sich$_1$/?ihm$_1$} zuhause] erwartet hat
   b. daß der Fritz die Maria$_2$ $[_{PP}$ bei {*sich$_2$/ihr$_2$} zuhause] erwartet hat
   c. daß der Fritz dem Peter$_3$ den Preis $[_{PP}$ bei {*sich$_3$/ihm$_3$} zuhause] überreicht hat

---

von Wortstellung und/oder Akzentzuweisung unterscheiden, ist α weniger markiert als β, falls α mehr Foki als β haben kann (d.h., in mehr Kontexttypen auftreten kann). Ein Kandidat, der maximale Fokusprojektion erlaubt, ist demgemäß immer unmarkiert.

Dasselbe Resultat ergibt sich bei der Betrachtung von Reziprokpronomina: Ein Subjekt kann ein in einer c-kommandierten lokalen PP enthaltenes Reziprokpronomen binden (vgl (4a)), ein Akkusativ- oder Dativobjekt dagegen kann dies nicht (vgl. (4b, c)). Pronominalisierung ist wie vorher immer möglich (wenn auch mit abweichender Bedeutung).

(4) a. daß [$_{NP}$ Fritz und Maria]$_1$ [$_{PP}$ bei {einander$_1$/ihnen$_1$} zuhause] Blumen gegossen haben
 b. daß man [$_{NP}$ Fritz und Maria]$_2$ [$_{PP}$ bei {*einander$_2$/ihnen$_2$} zuhause] besucht hat
 c. daß man [$_{NP}$ Fritz und Maria]$_3$ die Preise [$_{PP}$ bei {*einander$_2$/ihnen$_2$} zuhause] überreicht hat

Reflexivpronomina und Reziprokpronomina müssen als Anaphern, die Prinzip A der Bindungstheorie unterliegen (vgl. Chomsky (1981)), von einem koindizierten Antezedens in ihrer Bindungsdomäne aus einer A-Position gebunden werden. Daß A-Bindung in Lokaladverbiale hinein durch Subjekte möglich ist, zeigt, daß die fehlende anaphorische Lizensierung durch Objekte nicht auf eine zu kleine Bindungsdomäne (etwa die lokale PP selbst) zurückführbar ist. Auf der Basis der klassischen Bindungstheorie kann der Schluß dann nur sein, daß die Objekte in (3) und (4) keine A-Positionen einnehmen können (im Unterschied zum Subjekt). In Müller & Sternefeld (1994) haben wir nun dafür argumentiert, daß Scrambling im Deutschen ein A'-Bewegungstyp ist, der keine neuen A-Bindungsoptionen bereitstellen kann. Wenn dem so ist, und wenn darüber hinaus aus der VP bewegte Subjekte im Deutschen optional in einer externen A-Position (SpecT) auftreten können (vgl. etwa Grewendorf (1989), Diesing (1992)), dann sind die Daten in (3) und (4) unter der Scrambling-Struktur (2b) erklärt. Unter der basisgenerierten Struktur (2a) bleiben sie jedoch geheimnisvoll: Es gibt keinen Grund, warum NP$_2$ hier nicht in Adv$_{loc}$ hinein A-binden können sollte.

2.2. Einfrierungseffekte

Die Bewegung einer XP macht diese im Deutschen normalerweise zu einer Insel für Extraktion; sie „friert sie ein" (vgl. Ross (1967)). Dies zeigen die Beispiele in (5a, b) für W-Bewegung einer PP$_1$ aus einer NP$_2$; die Beispiele in (5c, d) machen denselben Punkt für die Subextraktion von *was* aus einer NP („*was für*-Split"). In beiden Fällen ist Extraktion möglich, solange NP$_2$ in situ steht, und unmöglich, sobald NP$_2$ gescrambelt ist.

(5) a. Worüber$_1$ hat sogar der Fritz [$_{NP2}$ ein Buch t$_1$] geschrieben?
 b. ?*Worüber$_1$ hat [$_{NP2}$ ein Buch t$_1$] sogar der Fritz t$_2$ geschrieben?

c. Was₁ hast du gestern dem Fritz [_NP2_ t₁ für ein Buch] empfohlen?
d. ?*Was₁ hast du [_NP2_ t₁ für ein Buch] gestern dem Fritz t₂ empfohlen?

Dieser Einfrierungseffekt kann somit als Test für Bewegung einer XP verwendet werden. Und tatsächlich zeigen die Beispiele in (6), daß bei der NP-Adv-V-Stellung NP eine Insel für Extraktion ist, auch wenn sie an sich (z.b. bei Adv-NP-V-Stellung oder bei Weglassen des Lokaladverbials) für Extraktion transparent ist.

(6) a. Worüber₁ hat der Fritz [_PP_ bei Marias Geburtstagsparty] [_NP_ eine Bemerkung t₁] gemacht?
b. ?*Worüber₁ hat der Fritz [_NP_ eine Bemerkung t₁] [_PP_ bei Marias Geburtstagsparty] gemacht?
c. Worüber₁ hat der Fritz der Maria [_PP_ in der Kneipe] [_NP_ ein Buch t₁] gegeben?
d. ?*Worüber₁ hat der Fritz der Maria [_NP_ ein Buch t₁] [_PP_ in der Kneipe] gegeben?

Browning (1991), Diesing (1992), Collins (1994) u.a. haben vorgeschlagen, daß der Einfrierungseffekt darauf zurückzuführen ist, daß eine XP nach erfolgter Bewegung nicht mehr in einer VP-internen (regierten) Position steht und dadurch zur Barriere wird. Somit folgt die Ungrammatikalität von (6b,d) unter der Scrambling-Struktur (2b) unmittelbar. Wiederum ergibt sich jedoch ein Problem für die Struktur (2a), derzufolge NP in (6b,d) eine VP-interne Basisposition einnehmen können und somit keine Barriere sein sollte.[3]

2.3. Restbewegung

Truckenbrodt (1992) hat beobachtet, daß eine Rest-XP (also eine XP, aus der bereits Extraktion erfolgt ist) im Deutschen zwar topikalisiert, aber nicht linksversetzt werden kann (letzteres wird angezeigt durch ein zusätzliches resumptives Pronomen *das*); vgl. den Kontrast zwischen (7a) (wo eine vollständige VP topikalisiert oder linksversetzt werden kann) und (7b) (wo eine Rest-VP zwar topikalisiert, aber nicht linksversetzt werden kann.[4]

---

[3] Alternativ könnte man annehmen, daß in (5), (6) nicht VP-Inklusion, sondern V-Adjazenz entscheidend für Bewegungstransparenz einer XP ist, womit die Struktur (2a) vereinbar wäre. Für Argumente, daß dem nicht so ist, siehe Müller & Sternefeld (1994) und die dort angegebene Literatur.
[4] Bei Restbewegungskonstruktionen liegt im übrigen kein Einfrierungseffekt vor, weil die Extraktion aus XP der Restbewegung von XP vorhergehen kann. Diese

(7) a. [$_{VP2}$ [$_{NP1}$ Das Buch über die Liebe] gelesen] (das) hat keiner t$_2$
b. [$_{VP2}$ t$_1$ Gelesen] (?*das) hat [$_{NP1}$ das Buch über die Liebe] keiner t$_2$

Weiter ist häufig festgestellt worden (vgl. etwa Fanselow (1991), Stechow (1992), Haider (1993) und Grewendorf & Sabel (1994)), daß im Deutschen zwar vollständige Infinitive gescrambelt werden können, kohärente Infinitive (d.h., Rest-Infinitive mit einer Scrambling-Spur) jedoch nicht:[5]

(8) a. daß [$_{VP2}$ das Buch zu lesen] keiner t$_2$ versucht hat
b. *daß [$_{VP2}$ t$_1$ zu lesen] das Buch$_1$ keiner t$_2$ versucht hat

In Müller (1998, 241) wird argumentiert, daß das zugrundeliegende Prinzip (dort „Unzweideutige Dominanz" genannt) eines ist, das fordert, daß bei Restbewegung die Positionen der Rest-XP$_2$ und des Antezedens der ungebundenen Spur t$_1$ von einem unterschiedlichen Typ sein müssen. Es gibt nun gute Gründe, die Positionen von Linksversetzung und Scrambling im Deutschen demselben Typ zu subsumieren (nämlich dem der Links-Adjunktionspositionen). Da das Antezedens der ungebundenen Spur in (7) und (8) immer in einer Scramblingposition ist, verletzen Linksversetzung in (7b) und Scrambling in (8b) die Forderung nach unzweideutiger Dominanz (der ungebundenen Spur), während dies bei Topikalisierung in (7b) nicht der Fall ist.

Die Unmöglichkeit von Linksversetzung und Scrambling von Rest-XPs kann somit wiederum als Indikator für die Präsenz einer Scrambling-Spur betrachtet werden (zumindest solange ein unabhängiger Grund für Ungrammatikalität ausgeschlossen werden kann). Das Ergebnis scheint hier eindeutig. In der NP-Adv-V-Konstruktion ist die Linksversetzung einer VP, die NP und V enthält und Adv im Mittelfeld zurückläßt, ebenso möglich wie Topikalisierung; vgl. (9a). Umgekehrt ist zwar die Topikalisierung einer VP möglich, die Adv und V enthält und NP zurückläßt; Linksversetzung ist jedoch (nahezu) ausgeschlossen; vgl. (9b).

(9) a. [$_{VP}$ [$_{NP}$ Das Buch über die Liebe] gelesen] (das) hat er gestern abend [$_{PP}$ in der Kneipe] t
b. [$_{VP}$ [$_{PP}$ In der Kneipe] gelesen] (?*das) hat er gestern abend [$_{NP}$ das Buch über die Liebe]

Dasselbe Resultat ergibt sich beim Scrambling von Infinitiven mit der NP-Adv-V-Konstruktion. Der Kontrast in (10) zeigt, daß zwar das Lokaladver-

---

Option besteht bei den Beispielen in 2.2 aufgrund der Bedingung des Strikten Zyklus nicht; vgl. Müller (1998, Kap. 4).
[5] Ich nehme hier aus Einfachheitsgründen VP-Analysen für die Infinitive an.

bial bei Infinitivscrambling zurückgelassen werden kann, die NP jedoch nicht.[6]

(10) a. ?daß [$_{VP}$ die Maria zu treffen] der Fritz [$_{PP}$ in der Kneipe] t versucht hat
b. *daß [$_{VP}$ in der Kneipe zu treffen] der Fritz [$_{NP}$ die Maria] t versucht hat

Daß also bei Linksversetzung und Scrambling von Rest-VPs auf der Basis der NP-Adv-V-Konstruktion Adv im Mittelfeld stranden kann, NP aber nicht, folgt unter der Annahme eines Prinzips wie dem der Unzweideutigen Dominanz unmittelbar aus der Struktur in (2b), derzufolge die bewegten VPs in (9b) und (10b) ungebundene Scramblingspuren aufweisen müssen, die in (9a) und (10a) dagegen nicht (denn das Lokaladverbial ist ja per Annahme an VP adjungiert, und VP-Bewegung kann auf das untere VP-Segment beschränkt sein). Wiederum ist der Kontrast unter der Struktur (2a) vollkommen unerwartet (sofern überhaupt möglich, sollte das Stranden der NP gegenüber dem Stranden des Lokaladverbials eher noch präferiert sein).

2.4. Schmarotzerlücken

Felix (1983) hat darauf hingewiesen, daß viele Sprecher des Deutschen Schmarotzerlücken in Adverbialinfinitiven erlauben; dies allerdings nur, wenn das Antezedens der Schmarotzerlücke letztere im Mittelfeld c-kommandiert:

(11) a. daß er das Buch$_1$ [$_{CP}$ ohne e$_1$ zu lesen] t$_1$ weggelegt hat
b. *daß er [$_{CP}$ ohne e$_1$ zu lesen] das Buch$_1$ weggelegt hat

Allgemein scheint eine korrekte Generalisierung zu sein, daß Schmarotzerlücken einerseits von einer koindizierten A'-bewegten XP c-kommandiert werden müssen und andererseits von der Spur dieser XP nicht c-kommandiert werden dürfen (vgl. etwa Chomsky & Lasnik (1993)). Dies impliziert, daß in (11a) e$_1$ wie dargestellt durch Scrambling von NP$_1$ über den Adverbialsatz hinweg lizensiert werden muß, also NP$_1$ hier nicht in situ stehen kann.

Dieselbe Argumentation läßt sich wiederum für Lokaladverbiale durchführen. Es gibt allerdings einen interferierenden Faktor: Lokale Infinitive sind in der deutschen Sprache nicht dokumentiert. Die nächstbeste Kon-

---

[6] Das „?" in (10a) resultiert daraus, daß – vermutlich aus Performanzgründen (minimale Anbindung) – die Matrixlesart des Adverbials stark präferiert ist.

struktion scheint mir die in (12a) zu sein. Hier wird ein Lokaladverbial durch einen Relativsatz modifiziert, der eine Schmarotzerlücke e_1 (alternativ zu einem Pronomen *es*) enthält; e_1 wird durch die vorangehende NP_1 lizensiert. Das Ergebnis ist einigermaßen marginal und wohl auch nur in bestimmten Substandardvarietäten des Deutschen möglich. Es gibt jedoch einen guten Grund, warum das so sein sollte: Die Schmarotzerlücke ist hier zu tief innerhalb einer (Relativsatz-) Insel eingebettet, so daß ein zusätzlicher Subjazenzeffekt entsteht (vgl. Chomsky (1986)).[7] Wichtig im gegenwärtigen Zusammenhang ist jedoch der immer noch gut feststellbare Kontrast zwischen dem intermediären Status der Schmarotzerlücke in (12a) und dem absoluten Verbot der Schmarotzerlücke in (12b), wo NP_1 dem komplexen Lokaladverbial folgt.

(12) a. daß ich das Spiel$_1$ [$_{PP}$ da [$_{CP}$ wo {es$_1$/?*e$_1$} übertragen wird]] t$_1$ nicht empfangen kann
 b. daß ich [$_{PP}$ da [$_{CP}$ wo {es$_1$/*e$_1$} übertragen wird]] das Spiel$_1$ nicht empfangen kann

Dieser Unterschied ist unter Annahme der basisgenierten Struktur (2a) nicht erklärbar (beidesmal sollte die Schmarotzerlücke nicht lizensiert sein), folgt aber unter der Annahme der Scrambling-Struktur (2b).

2.5. Indefinite NPs

Die Daten in (1) haben einen Markiertheitsunterschied zwischen den beiden Abfolgen von definiten Objekten und Lokaladverbialen gezeigt. Interessanterweise kehrt sich bei indefiniten Objekten die unmarkierte Abfolge um; diese ist dann Adv-NP-V und nicht mehr NP-Adv-V:[8]

(13) a. daß der Fritz$_1$ in der Kneipe t$_1$ eine Frau$_2$ getroffen hat
 b. ?daß der Fritz$_1$ eine Frau$_2$ in der Kneipe getroffen hat

Weiter hat Haider (1993) beobachtet, daß bestimmte Indefinita nicht leicht gescrambelt werden können; dies betrifft z.B. das reduzierte Indefinitpronomen *wen*. Wie die Beispiele in (14) zeigen, ist bei diesem Typ von inde-

---

[7] Schmarotzerlücke und echte Spur weisen hier im übrigen nicht denselben abstraken Kasus auf; wie jedoch Bayer (1988, 420) gezeigt hat, ist im Deutschen die entscheidende Bedingung die Identität des morphologischen Kasus, und diese Bedingung ist hier erfüllt.

[8] Wenn im folgenden von Indefinita die Rede ist, ist immer die existentielle Lesart präsupponiert, nicht die generische (die aber in (13) ohnehin nicht naheliegend ist). Bei generischer Lesart ist das Stellungsverhalten von Indefinita unterschiedlich; vgl. Diesing (1992), neben anderen.

finiter NP die Abfolge NP-Adv-V nicht nur markiert, sondern tatsächlich fast ungrammatisch.

(14) a. ?*daß der Fritz wen [PP in der Kneipe] aufgegabelt hat
     b. daß der Fritz [PP in der Kneipe] wen aufgegabelt hat

Aus (13) und (14) folgt, daß eine Adv-NP-V-Abfolge nicht nur basisgeneriert werden kann (vorausgesetzt natürlich, daß Lokaladverbiale nicht scramblebar sind), sondern unter bestimmten Umständen auch vollkommen unmarkiert sein kann. Es scheint mir nun wenig attraktiv, sowohl NP-Adv-V-Abfolgen, als auch Adv-NP-V-Abfolgen basiszugenerieren, und zwar allein abhängig vom [±def]-Status der NP – die thematische Beziehung von NP und V ist ja beidesmal gleich. Daher spricht auch die Evidenz aus dem Bereich der indefiniten NPs für die Scrambling-Struktur (2b) bei definiten NPs, und gegen die basisgenerierte Struktur in (2a).

2.6. Das Argument für die basisgenerierte Struktur

Soweit ich sehen kann, gibt es nur ein einziges, allerdings auf den ersten Blick sehr starkes, Argument für die basisgenerierte Struktur (2a). Dieses Argument beruht auf der (oft stillschweigend gemachten) Annahme, daß Scrambling notwendigerweise Markiertheit erzeugt. Wenn also eine NP-Adv-V-Stellung sich als weniger markiert erweist als die konkurrierende Adv-NP-V-Stellung, wie das in (1) der Fall ist, dann impliziert das nach verbreitetem Urteil, daß erstere Abfolge nicht durch Scrambling abgeleitet worden sein kann. Konsequenterweise muß die Abfolge dann basisgeneriert worden sein.

Im Einklang mit dieser Annahme steht auch die Beobachtung, daß die typischen Linearisierungsrestriktionen unter mehreren NPs ganz unabhängig von der Präsenz von Adverbialen gelten. So ist die Abfolge Subjekt vor Dativobjekt vor Akkusativobjekt in (15a) unmarkiert, egal ob ein Lokaladverbial im Satz auftritt oder nicht. Die Abfolge in (15b) ist markierter, und die in (15c) ist von den drei vorliegenden Stellungen sicherlich die markierteste, beidesmal unabhängig von der Präsenz des Lokaladverbials.[9]

(15) a. daß der Fritz der Maria das Buch (in der Kneipe) geschenkt hat
     b. ??daß der Maria der Fritz das Buch (in der Kneipe) geschenkt hat
     c. ?*daß das Buch der Maria der Fritz (in der Kneipe) geschenkt hat

---

[9] Lenerz (1977, 88) nimmt an, daß bei bitransitiven Verben Adv im unmarkierten Fall vor die beiden Objekt-NPs tritt. Bei seinen Beispielen sind jedoch interferierende Faktoren klar auszumachen, insbesondere der der Indefinitheit.

Dies folgt unter der basisgenerierten Struktur. Es ist jedoch zunächst einmal vollkommen unklar, warum mehrfaches Scrambling, wie es die Scrambling-Struktur für die Beispiele in (15) bei Präsenz des Adverbials erzwingt, die drei beteiligten NPs im unmarkierten Fall in gerade der Reihenfolge wieder versammeln sollte, die sie einnehmen würden, wenn das Adverbial nicht im Satz erschienen wäre und die NPs somit in situ stehen bleiben könnten.

Zusammenfassend läßt sich festhalten: Es gibt zwar viele Argumente gegen eine Basisgenerierungsanalyse und für eine transformationelle Ableitung von unmarkierten NP-Adv-V-Stellungen im Deutschen mit Hilfe von Scrambling. Die Scrambling-Analyse kann jedoch nur dann erfolgreich sein, wenn die Annahme, daß Scrambling Markiertheit erzeugt, widerlegt werden kann, und wenn ein alternatives Konzept der Markiertheit entwickelt werden kann. Dies sollen die Abschnitte 3, 4 leisten.[10]

3. Scrambling und Markiertheit

3.1. Die derivationelle Theorie der Komplexität

Eine vielbeachtete Hypothese in den sechziger Jahren war die derivationelle Theorie der Komplexität (DTK), derzufolge syntaktische Transformationen für die Sprachverarbeitung Kosten aufwerfen und somit Strukturen, die das Resultat der Anwendung einer kleineren Zahl von Transformationen sind, gegenüber Strukturen, deren Erzeugung einer größeren Menge von Transformationen bedarf, einfacher zu verstehen und zu generieren sind. Mehr oder weniger explizit ist nun auch in der moderneren generativen Grammatik häufig ein Markiertheitsbegriff zugrundegelegt worden, der die Idee der DTK repliziert und den ich daher im folgenden DTK-basiert nennen möchte. Die DTK-basierte Theorie der Markiertheit besagt für den vorliegenden Fall der Abfolge im Mittelfeld im wesentlichen, daß die Basisabfolge als unmarkierte zu gelten hat, d.h., daß Mittelfeld-interne Bewegungen wie Scrambling zusätzliche Komplexität und daher notwendigerweise Markiertheit erzeugen (vgl. Lenerz (1977) und Haider (1992), neben vielen anderen). Diese Annahme zwingt dazu, für unterschiedliche bitransitive Verben im Deutschen unterschiedliche Grundabfolgen der Argumente anzunehmen, und dies ist in der Tat, wofür Haider (1992) angesichts von Daten wie denen in (16) und (17) argumentiert. Die unmarkierten Sätze weisen demnach die basisgenerierte Argumentabfolge auf, die markierten Sätze sind durch Scrambling abgeleitet; d.h., Verben wie *gönnen, überlassen* in (16) induzieren eine Basisabfolge Dativobjekt vor Akkusativobjekt, und Verben wie

---

[10] Für eine ausführlichere Darstellung des Materials dieser beiden Abschnitte und weitere Argumente vgl. Müller (1998a).

ausliefern, entziehen in (17) verlangen eine umgekehrte Basisabfolge Akkusativobjekt vor Dativobjekt.[11]

(16) a. daß er {der Maria den Erfolg gönnt/dem Fritz die Zeitung überließ}
b. ?daß er {den Erfolg der Maria gönnt/die Zeitung dem Fritz überließ}

(17) a. ?daß man diesem Einfluß die Kinder {ausgeliefert/entzogen} hat
b. daß man die Kinder diesem Einfluß {ausgeliefert/entzogen} hat

Der DTK-basierte Ansatz erlaubt zwar eine einfache Erklärung der relativen Markiertheit der Sätze in (16) und (17). Es stellt sich bei näherer Betrachtung allerdings heraus, daß die wesentliche Grundannahme, es gebe unterschiedliche Basisabfolgen bei bitransitiven Verben und Scrambling erzeuge Markiertheit, nicht haltbar ist.

3.2. Argumente gegen die DTK-basierte Theorie der Markiertheit

Das erste Gegenargument beruht wiederum auf Daten zur anaphorischen Bindung (vgl. Grewendorf (1988), Webelhuth (1992) und Müller & Sternefeld (1994)). Im Deutschen kann ein Akkusativobjekt ein linear folgendes anaphorisches Dativobjekt A-binden, aber nicht umgekehrt. Interessanterweise gilt diese Generalisierung vollkommen unabhängig vom im DTK-basierten Ansatz postulierten Verbtyp. Dies ist exemplarisch für die Lizensierung von Reziprokpronomina in (18) gezeigt. Man beachte, daß nicht nur ein Verb wie *ausliefern* dieses asymmetrische Bindungsverhalten aufweist, was unter der Annahme, daß hier die Basisabfolge Akkusativobjekt vor Dativobjekt ist, nicht verwundert, sondern auch Verben wie *überlassen* und *gönnen*, was unter der DTK-basierten Annahme, daß hier eine Basisabfolge Dativobjekt vor Akkusativobjekt vorliegt, ganz unerwartet ist.[12]

---

[11] Während über diese Daten weithin Einigkeit zu bestehen scheint, gibt es in der Literatur unterschiedliche Meinungen darüber, ob die unmarkierte Argumentabfolge bei Verben wie *geben, vorstellen* nur Dativobjekt vor Akkusativobjekt sein kann, oder ob beide Abfolgen unmarkiert sein können. Ich werde im folgenden von dieser Frage abstrahieren.

[12] Man beachte, daß es kein generelles Verbot von Reziprokpronomina bei Präsenz eines Dativobjekts gibt. Bindung eines akkusativischen Reziprokpronomens an das Subjekt ist möglich:

(i) daß die Gastgeber$_1$ {einander$_1$ dem Besucher$_2$/dem Besucher$_2$ einander$_1$ t$_2$} vorstellten

(18) a. daß man {die Gäste₁ einander/*den Gästen₁ einander t₁} überließ
   b. daß ich {diese Leute₁ einander/*diesen Leuten₁ einander t₁} von Herzen gönne
   c. daß die UNO {die feindlichen Verbände₁ einander/*den feindlichen Verbänden₁ einander t₁} nicht ausliefern darf

Unter den oben gemachten Voraussetzungen bzgl. Bindungstheorie und Scrambling läßt sich aus (18) schließen, daß bei *allen* bitransitiven Verben im Deutschen die Basisabfolge Akkusativobjekt vor Dativobjekt ist, und daß die umgekehrte Abfolge immer Resultat von Scrambling ist. Dies erklärt dann die generelle Unmöglichkeit anaphorischer Bindung von Dativobjekten durch Akkusativobjekte.

Ein zweites Argument gegen den DTK-basierten Ansatz ergibt sich, wenn man den Belebtheitsstatus der Objekte bei einem als Akkusativ vor Dativ induzierend postulierten Verb wie *entziehen* manipuliert (vgl. Fanselow (1995, 30), Vogel & Steinbach (1995, 106)). In (17) ist das Akkusativobjekt belebt, das Dativobjekt unbelebt. Wenn nun aber beim selben Verb beide Objekte belebt sind, oder wenn wie in (16) das Dativobjekt belebt ist und das Akkusativobjekt unbelebt, dann dreht sich die unmarkierte Abfolge um in Dativ vor Akkusativ:

(19) a. daß man der Maria₂ {die Kinder₁/den Führerschein₁/das Buch₁} t₂ entzogen hat
   b. ?daß man {die Kinder₁/den Führerschein₁/das Buch₁} der Maria₂ entzogen hat

Der einzige Ausweg für den DTK-basierten Ansatz wäre hier, je nach Belebtheitsstatus der Argumente verschiedene Basisabfolgen bei ein und demselben Verb zu generieren; aber dies ist nicht nur konzeptuell unplausibel, es ist auch nicht mit der Evidenz aus der anaphorischen Bindung kompatibel. Der Schluß kann daher nur sein, daß die Idee aufgegeben werden muß, daß die Basisabfolge der Argumente etwas mit der unmarkierten Abfolge auf der Oberfläche zu tun hat; vgl. auch Fanselow (1995). Darüber hinaus ergibt sich, daß Scrambling nicht nur nicht per se Markiertheit erzeugt. Vielmehr sieht es in (16a) und (19a) gerade so aus, als appliziere Scrambling, um aus einer in der Basis markierten Abfolge eine unmarkierte Abfolge zu generieren.

Im Einklang mit diesen Überlegungen werde ich im folgenden die (allerdings in mancherlei Hinsicht vereinfachte) Satzstruktur in (20) für das Deutsche annehmen. Neben verb-invarianter Basisabfolge von Akkusativobjekt (DO) vor Dativobjekt (IO) ist die Korrektheit der Scrambling-Struktur (2b) für die NP-Adv-V-Stellung vorausgesetzt.

(20) [$_{CP}$ – C [$_{TP}$ – [$_{VP}$ Adv [$_{VP}$ SUBJ [$_{V'}$ DO [$_{V'}$ IO [$_{V'}$ OBL V]]]]] T]]

Wenn die DTK-basierte Theorie der Markiertheit nicht aufrechterhalten werden kann, dann stellt sich die Frage, wodurch sie zu ersetzen ist. Ich möchte im nächsten Abschnitt dafür argumentieren, daß relative Markiertheit von Abfolgen optimalitätstheoretisch erfaßt werden sollte.

4. Ein optimalitätstheoretischer Ansatz

4.1. Scrambling, Grammatikalität und Markiertheit

In einer optimalitätstheoretischen Syntax werden die durch einen vorgelagerten sog. „Generator" (der einer einfachen Grammatik ohne verletzbare Beschränkungen entspricht) erzeugten Kandidaten einer gegebenen Kandidatenmenge (die vereinfacht durch identisches lexikalisches Material definiert werden kann, vgl. Chomsky (1995)) einem Wettbewerb gemäß einem System von verletzbaren und zueinander geordneten Beschränkungen ausgesetzt. Optimal und somit einzig grammatisch ist dabei derjenige Kandidat, der das beste Beschränkungsprofil aufweist; alle suboptimalen Kandidaten sind ungrammatisch (vgl. Prince & Smolensky (1993)). Wie das minimalistische Programm Chomskys ist auch die optimalitätstheoretische Syntax ökonomiebasiert in dem Sinne, daß sie üblicherweise eine Beschränkung vorsieht, die Bewegung verbietet. Bei Grimshaw (1997) ist die entsprechende Ökonomiebeschränkung wie folgt formuliert (vgl. ihr STAY).

(21)   ÖKON („Derivationelle Ökonomie"):
        S-strukturelle Bewegung ist verboten.

Dies bedeutet, daß Scrambling durch eine höher geordnete Beschränkung erzwungen werden muß. Ich möchte nun annehmen, daß Scrambling im Deutschen immer als Adjunktion an VP zu analysieren ist, und daß diese Operation erfolgt, um wenigstens einem der in den klassischen Wettbewerbsmodellen zur Wortstellung im Mittelfeld postulierten Linearisierungsfaktoren zu entsprechen; vgl. u.a. Lenerz (1977), Hoberg (1981), Lötscher (1981), Uszkoreit (1986), Reis (1986), Jacobs (1988), Stechow & Sternefeld (1988), Primus (1994). Diese Faktoren involvieren u.a. Begriffe wie Kasus, Definitheit und Belebtheit, und sie stellen häufig unvereinbare Anforderungen an Kandidaten. Sie werden hier als in einer einzigen Beschränkung (22) zusammengefaßte, wiederum in einer Subhierarchie zueinander geordnete Teilbeschränkungen kodiert.[13]

---

[13] SCR-KRIT ist insofern unvollständig, als längst nicht alle für die deutsche Wortstellung relevanten Linearisierungsfaktoren als Teilbeschränkung auftauchen. Die Ordnung der Subhierarchie ist durch > gekennzeichnet, im Unterschied zur

Zur Ableitung der NP-Adv-V-Stellung 129

(22) SCR-KRIT („Scrambling-Kriterium"): In der VP gilt:
a. NOM (‚Nominativbeschränkung'): [+nom] geht [–nom] voran >
b. DEF (‚Definitheitsbeschränkung'): [+def] geht [–def] voran >
c. BEL (‚Belebtheitsbeschränkung'): [+belebt] geht [–belebt] voran >
d. DAT (‚Dativbeschränkung'): [+dat] geht [+akk] voran >
e. ADV (‚Adverbbeschränkung'): NP geht Adv voran >
f. PER (‚Permutationsbeschränkung'): NP$_2$ geht NP$_1$ auf der S-Struktur voran, falls NP$_1$ NP$_2$ auf der D-Struktur vorangeht.

Die Grundidee ist nun, daß die klassische Optimalitätstheorie zu modifizieren ist, und zwar so, daß zwei Begriffe der Optimalität angenommen werden: Optimalität als *Grammatikalität* und Optimalität als *Unmarkiertheit*. Wie in der Optimalitätstheorie üblich soll gelten, daß ein Kandidat grammatisch ist genau dann, wenn er in seiner Kandidatenmenge das beste Beschränkungsprofil aufweist; dabei soll es jedoch im Falle von Beschränkungen wie SCR-KRIT, die ihrerseits Subhierarchien von Teilbeschränkungen aufspannen, ausreichen, wenn das Beschränkungsprofil unter Ersetzung von SCR-KRIT durch wenigstens eine Teilbeschränkung optimal ist. M.a.W.: Ein Kandidat ist bzgl. einer Hierarchie mit SCR-KRIT grammatisch, falls er unter Ersetzung von SCR-KRIT durch DEF optimal ist, oder unter Ersetzung von SCR-KRIT durch BEL, usw. (vgl. auch Uszkoreit (1986)). Über die relative Markiertheit eines grammatischen Kandidaten ist damit noch nichts gesagt. Hier nehme ich an, daß ein Kandidat unmarkiert ist genau dann, wenn er nicht nur unter Ersetzung einer Teilbeschränkung für eine Subhierarchie optimal ist, sondern unter Ersetzung aller Teilbeschränkungen mitsamt ihrer Ordnung für die Subhierarchie. M.a.W.: Ein Kandidat ist bzgl. SCR-KRIT unmarkiert, falls er unter Ersetzung von SCR-KRIT durch die geordneten Beschränkungen NOM > DEF > ... > PER optimal ist. Schließlich soll für Grade der Markiertheit gelten: Je schlechter das Beschränkungsprofil eines grammatischen Kandidaten im Vergleich zu den anderen Kandidaten in einer Kandidatenmenge ist, desto markierter ist er.[14] Durch diese Modifikation kann die Grundannahme der Optimalitätstheorie, daß nur optimale Kandidaten grammatisch sein können, respektiert werden (im Unterschied etwa zum Modell in Keller (1996)), und gleichzeitig dem Faktum Rechnung getragen werden, daß verschiedene Mittelfeldabfolgen im Deutschen zwar häufig gleichzeitig grammatisch sein können, sich jedoch in Hinsicht auf ih-

---

Standardnotation >> für die Ordnung auf der Matrixhierarchie (hier: SCR-KRIT > ÖKON). Im übrigen sei vermerkt, daß jede der hier vorgeschlagenen Teilbeschränkungen schon in der Literatur als Auslöser bzw. Legitimation von Scrambling postuliert worden ist, so etwa BEL bei Williams (1997) oder PER bei Frey & Tappe (1991), Haider (1992; 1993).

[14] Für eine formal explizitere Festlegung der hier involvierten Begriffe vgl. Müller (1998a, 23f.).

re Markiertheit unterscheiden (im Unterschied etwa zu den Wortstellungsanalysen bei Choi (1996) und Büring (1997)).

4.2. Die unmarkierte Abfolge von NPs

Um zu sehen, wie dieses Modell funktioniert, betrachte man zunächst die beiden grammatisch wohlgeformten Beispiele in (23), für die Stechow & Sternefeld (1988, 453) den angegebenen Markiertheitskontrast beobachtet haben.

(23) a. daß der Verkäufer den Wein$_1$ einem Kunden$_2$ empfahl
 b. ?daß der Verkäufer einem Kunden$_2$ den Wein$_1$ t$_2$ empfahl

Nach (20) muß (23b) Scrambling involvieren, unter Verletzung von ÖKON. Wie Tableau T$_1$ zeigt, ist Scrambling hier jedoch erlaubt, da unter Ersetzung von SCR-KRIT durch BEL, DAT oder PER der (23b) entsprechende Kandidat K$_2$ optimal und somit grammatisch ist. Umgekehrt ist der (23a) entsprechende Kandidat K$_1$ ohne Scrambling optimal und somit grammatisch unter Substitution durch DEF, sowie unter jeder Teilbeschränkung, wo sich die beiden Kandidaten gleich verhalten (da ja in diesem Fall die ÖKON-Verletzung des Scrambling-Kandidaten K$_2$ zu seinem Nachtteil den Ausschlag gibt). Was nun die unterschiedliche Markiertheit betrifft, so ist der entscheidende Beschränkungskonflikt hier der zwischen DEF und BEL. Da DEF per Annahme höher geordnet ist als BEL, wird korrekt prognostiziert, daß bei Ersetzung der gesamten Subhierarchie für SCR-KRIT K$_1$ einzig optimal und somit unmarkiert ist; K$_2$ ist markierter, weil gegenüber K$_1$ eine entscheidende DEF-Verletzung auftritt.[15]

Tableau T$_1$: DEF vs. BEL:

Kandidaten	SRC-KRIT					ÖKON
	NOM	DEF	BEL	DAT	ADV	PER	
⇒♠ K$_1$: den Wein$_1$ einem Kunden$_2$			*	*		*	
⇒ K$_2$: einem Kunden$_2$ den Wein$_1$ t$_2$		*?					*

---

[15] Diese bzgl. der Markiertheit „fatale" Verletzung eines grammatischen (und entsprechend durch ⇒ markierten) Kandidaten wird hier und im folgenden durch ‚?' angezeigt; unmarkierte Kandidaten erhalten zusätzlich die Kennzeichnung ♠. Man beachte in diesem Kontext auch, daß nur die Qualität und nicht die absolute Zahl der Verletzungen von Teilbeschränkungen von SCR-KRIT relevant ist; der markiertere Kandidat K$_2$ weist absolut weniger Verletzungen auf als der unmarkierte Kandidat K$_1$.

Zur Ableitung der NP-Adv-V-Stellung 131

Auf dieselbe Weise folgen nun auch die Markiertheitsverteilungen bei den Daten in (16), (17) und (19). Wiederum sind jeweils beide a priori möglichen Abfolgen grammatisch (also unter Ersetzung wenigstens einer Teilbeschränkung für SCR-KRIT optimal). Von entscheidender Bedeutung für die Markiertheit ist jedoch die relative Ordnung von BEL und DAT in der Subhierarchie. DAT fordert Dativ- vor Akkusativobjekt; BEL fordert Belebtes vor Unbelebtem. Wenn bei Verben wie *gönnen*, *überlassen* wie in (16) typischerweise das Dativobjekt belebt und das Akkusativobjekt unbelebt ist, dann kommt es hier zu keinem Beschränkungskonflikt, und die unmarkierte Stellung ist die durch Scrambling gewonnene Abfolge Dativ- vor Akkusativobjekt; vgl. Tableau T_2.

Tableau T_2: BEL *vs.* DAT – ‚gönnen‘, ‚überlassen‘ *etc.*:

Kandidaten	SRC-KRIT						ÖKON
	NOM	DEF	BEL	DAT	ADV	PER	
⇒ ♠ K_1: dem Fritz$_2$ die Zeitung$_1$ t$_2$							*
⇒ K_2: die Zeitung$_1$ dem Fritz$_2$			*?	*	*		

Wenn jedoch bei Verben wie *ausliefern*, *entziehen* wie in (17) das Akkusativobjekt belebt und das Dativobjekt unbelebt ist, entsteht ein Beschränkungskonflikt, und die größere Wichtigkeit von BEL gegenüber DAT gibt zugunsten der unmarkierten Stellung Akkusativ- vor Dativobjekt den Ausschlag; vgl. Tableau T_3.

Tableau T_3: BEL *vs.* DAT – ‚ausliefern‘, ‚entziehen‘ *etc.*:

Kandidaten	SRC-KRIT						ÖKON
	NOM	DEF	BEL	DAT	ADV	PER	
⇒ K_1: diesem Einfluß$_2$ die Kinder$_1$ t$_2$			*?				*
⇒ ♠ K_2: die Kinder$_1$ diesem Einfluß$_2$				*	*		

Ist schließlich wie in (19) beim selben Verbtyp das Dativobjekt belebt, so tauscht sich wie erwartet die unmarkierte Abfolge in Dativ- vor Akkusativobjekt um, und zwar unabhängig davon, ob das Akkusativobjekt unbelebt ist wie in Tableau T_2 (vgl. die Variante von (19) mit *den Führerschein, das Buch*), oder ebenfalls belebt (vgl. die Variante von (19) mit *die Kinder*). Der letztere Fall ist in Tableau T_4 dargestellt; beide Abfolgen entsprechen BEL, und somit wird die untergeordnete Beschränkung DAT für die relative Markiertheit entscheidend.[16]

Tableau T_4: DAT bei Irrelevanz von BEL – ‚entziehen' etc.:

Kandidaten	SRC-KRIT						ÖKON
	NOM	DEF	BEL	DAT	ADV	PER	
⇒♠ K_1: der Maria$_2$ die Kinder$_1$ t_2							*
⇒ K_2: die Kinder$_1$ der Maria$_2$				*?		*	

So erweisen sich scheinbare Verbklassenunterschiede bzgl. der Basisabfolge von Argumenten als Epiphänomene der Interaktion von Linearisierungsbeschränkungen für den VP-Bereich im Deutschen. Ob dabei Scrambling zu Markiertheit führt (wie in T_1, T_3) oder nicht (wie in T_2, T_4), hängt allein von der relativen Gewichtung der auslösenden Teilbeschränkung ab.

5. Die unmarkierte Abfolge von NPs und Lokaladverbialen

Dies ist auch die Grundlage der Erklärung von unmarkierten, gemäß (2b) durch Scrambling abgeleiteten NP-Adv-V-Stellungen im Deutschen. Die Beispiele in (1) sind mit weiteren grammatisch wohlgeformten, aber immer stärker markierten Abfolgen hier wiederholt:

(24) a. daß der Fritz$_1$ die Maria$_2$ in der Kneipe t_1 t_2 getroffen hat
 b. ?daß der Fritz$_1$ in der Kneipe t_1 die Maria$_2$ getroffen hat
 c. ??daß in der Kneipe der Fritz$_1$ die Maria$_2$ getroffen hat
 d. ?*daß die Maria$_2$ der Fritz$_1$ in der Kneipe t_1 t_2 getroffen hat
 e. ??*daß die Maria$_2$ in der Kneipe der Fritz$_1$ t_2 getroffen hat
 f. *?daß in der Kneipe die Maria$_2$ der Fritz$_1$ t_2 getroffen hat

Wie Tableau T_5 zeigt, folgt die Markiertheitsverteilung in (24) aus der hier angenommenen Ordnung in der Subhierarchie SCR-KRIT: Der optimal unmarkierte Kandidat K_1 erfüllt die Beschränkung ADV, die Voranstellung von NPs vor Adverbiale verlangt, durch zweifache Verletzung der tiefer geordneten Beschränkung ÖKON (d.h., mehrfaches Scrambling erfolgt hin zur

---

[16] Wenn bei Verben wie *gönnen, überlassen* beide Objekte belebt sind, wird ebenso korrekt eine unmarkierte Abfolge Dativ- vor Akkusativobjekt vorhergesagt; vgl.:
 (i) a. daß sie der Maria$_2$ diesen Mann$_1$ t_2 {gönnen/überlassen} sollte
  b. ?daß sie diesen Mann$_1$ der Maria$_2$ {gönnen/überlassen} sollte

Zur Ableitung der NP-Adv-V-Stellung

unmarkierten Abfolge); die NPs ordnen sich hier nach erfolgter Bewegung in der Abfolge wieder an, die durch maximale Beachtung der anderen Teilbeschränkungen (hier insbesondere NOM) vorgegeben ist. (Analoges gilt für die Konstruktion mit bitransitivem Verb in (15).) Alle anderen Kandidaten sind mehr oder weniger markiert, entsprechend dem relativen Beschränkungsprofil. Dabei erweisen sich noch aufgrund der relativ niedrigen Ordnung von ADV die Abfolgen, die im Konfliktfall die höher geordnete Linearisierungsbeschränkung NOM erfüllen (K_2, K_3) gegenüber der Abfolge, die ADV respektiert (K_4) als präferiert. K_5, K_6 verletzen beide Teilbeschränkungen und sind daher am meisten markiert.[17]

Tableau T_5: ADV *und NP-Adv-V-Stellung*

Kandidaten	SRC-KRIT						ÖKON
	NOM	DEF	BEL	DAT	ADV	PER	
⇒♠ K_1: NP_1 NP_2 Adv t_1 t_2						*	**
⇒ K_2: NP_1 Adv t_1 NP_2					*?	*	*
⇒ K_3: Adv NP_1 NP_2					*?*?	*	
⇒ K_4: NP_2 NP_1 Adv t_1 t_2	*?						**
⇒ K_5: NP_2 Adv NP_1 t_2	*?				*?		*
⇒ K_6: Adv NP_2 NP_1 t_2	*?				*?*?		*

---

[17] Zwei Bemerkungen zu T_5. Zum einen sei nochmals darauf verwiesen, daß ADV natürlich zunächst einmal nur Lokaladverbiale betreffen soll. Bei Einbeziehung anderer Adverbialtypen wäre die Beschränkung weiter aufzugliedern; die Einzelbeschränkungen wären dann relativ zu den anderen Linearisierungsbeschränkungen in SRC-KRIT unterschiedlich zu ordnen. Zum anderen ergibt sich bzgl. der Sicherstellung der reinen Grammatikalität aller Kandidaten in T_5 ein interessantes Problem: K_1 und K_4 sind grammatisch unter Ersetzung von SRC-KRIT durch ADV, K_3 (z.B.) unter NOM-Ersetzung, K_5 und K_6 unter PER-Ersetzung. Es ist aber zunächst nicht klar, wie der am zweitwenigsten markierte Kandidat K_2 überhaupt grammatisch sein kann. Die Lösung besteht hier darin, daß zu jeder Beschränkung auch ihre *reflexive lokale Konjunktion* existiert (vgl. Legendre, Smolensky & Wilson (1998)). Im Falle von ADV ergibt das eine neue Beschränkung ADV', die K_3 verletzt (wg. zweier einfacher ADV -Verletzungen), K_2 aber nicht. Daher ist K_2 unter ADV'-Ersetzung grammatisch. (Dasselbe gilt für K_1 in T_6.)

Nun zu dem Fall (13), wo das Objekt nicht wie in (24) definit, sondern indefinit ist. Die Beispiele sind mit weiteren grammatischen, aber immer stärker markierten Abfolgen in (25) wiederholt.

(25) a. daß der Fritz$_1$ in der Kneipe t$_1$ eine Frau$_2$ getroffen hat
  b. ?daß in der Kneipe der Fritz$_1$ eine Frau$_2$ getroffen hat
  c. ??daß der Fritz$_1$ eine Frau$_2$ in der Kneipe t$_1$ t$_2$ getroffen hat
  d. ?*daß in der Kneipe eine Frau$_2$ der Fritz$_1$ t$_2$ getroffen hat
  e. ??*daß eine Frau$_2$ der Fritz$_1$ in der Kneipe t$_1$ t$_2$ getroffen hat
  f. *?daß eine Frau$_2$ in der Kneipe der Fritz$_1$ t$_2$ getroffen hat

Hier ist wie gesehen die Abfolge Adv-NP-V in (25a) die unmarkierte. Da dieser Kandidat ADV verletzt, ist klar, daß er gegenüber (25c) bei einer höher geordneten Teilbeschränkung im Vorteil sein muß. Wenn man annimmt, daß das Merkmal [±def] (anders als typische NP-Merkmale wie [±belebt], [nom], [dat] usw.) nicht nur auf NPs, sondern auch auf PPs erscheinen kann, dann erklären sich die Daten in (25) unmittelbar durch die relative Ordung von DEF und ADV: K$_1$ (= (25a)) respektiert DEF unter (gegenüber K$_2$ minimaler) Verletzung von ADV, während K$_3$ (= (25c)) DEF zugunsten von ADV verletzt. Den Wettbewerb in (25) illustriert Tableau T$_6$:

Tableau T$_6$: ADV und Adv-NP-V-Stellung

Kandidaten	SRC-KRIT						ÖKON
	NOM	DEF	BEL	DAT	ADV	PER	
⇒♠ K$_1$: NP$_1$ Adv t$_1$ NP$_2$					*	*	*
⇒ K$_2$: Adv NP$_1$ NP$_2$					**?	*	
⇒ K$_3$: NP$_1$ NP$_2$ Adv t$_1$ t$_2$		*?				*	**
⇒ K$_4$: Adv NP$_2$ NP$_1$ t$_2$	*?	*			**		*
⇒ K$_5$: NP$_2$ NP$_1$ Adv t$_1$ t$_2$	*?	**?					**
⇒ K$_6$: NP$_2$ Adv NP$_1$ t$_2$	*?	**?			*?		*

So, wie es steht, sagt dieses System auch voraus, daß in dem Fall, wo in einer Kandidatenmenge sowohl das Akkusativobjekt als auch das Lokaladverbial indefinit sind, der unmarkierte Kandidat wiederum NP-Adv-Stellung aufweist. Wie die Daten in (26) zeigen, ist dieses Resultat wohl im großen und ganzen vertretbar.

(26) a. daß der Fritz₁ eine Frau₂ in einer Kneipe t₁ t₂ getroffen hat
b. ?daß der Fritz₁ in einer Kneipe t₁ eine Frau₂ getroffen hat
c. ??daß in einer Kneipe der Fritz₁ eine Frau₂ getroffen hat
d. ?*daß eine Frau₂ der Fritz₁ in einer Kneipe t₁ t₂ getroffen hat
e. ?*daß eine Frau₂ in einer Kneipe der Fritz₁ t₂ getroffen hat
f. *?daß in einer Kneipe eine Frau₂ der Fritz₁ t₂ getroffen hat

6. Schluß

Abschließend seien die wesentlichen Resultate zusammengefaßt. Es gibt gute empirische Evidenz dafür, unmarkierte NP-Adv-V-Stellungen (mit einem definiten Objekt und einem Lokaladverbial) im Deutschen durch Scrambling abzuleiten. Dies steht allerdings im Widerspruch zur weit verbreiteten und als DTK-basierte Theorie der Markiertheit formulierbaren Ansicht, daß Scrambling per se Markiertheit erzeuge und nur die Basisabfolge von Argumenten unmarkiert sein könne. Es zeigt sich jedoch bei näherer Betrachtung, daß die DTK-basierte Theorie der Markiertheit nicht haltbar und die darin implizite Voraussetzung der Verbabhängigkeit von Basisabfolgen aufzugeben ist. Vielmehr spricht die verfügbare Evidenz aus dem Bereich der anaphorischen Bindung für eine einheitliche Basisabfolge Akkusativ- vor Dativobjekt im Deutschen; weiterhin zeigt die Abhängigkeit der unmarkierten Abfolge von interagierenden und zum Teil konfligierenden Faktoren wie Belebtheit, Definitheit und Kasus, daß Scrambling sehr wohl zu unmarkierter Wortstellung führen kann. Diese Faktoren lassen sich somit als Auslöser für Scrambling auffassen. Schließlich habe ich zu zeigen versucht, daß eine leichte Modifikation der Optimalitätstheorie, die zwischen zwei Begriffen von Optimalität – Grammatikalität vs. Unmarkiertheit – unterscheidet, nicht nur die Abfolgedaten bei bitransitiven Verben gut in den Griff bekommt, sondern auch ohne weiteres erklärt, warum im Deutschen unmarkierte NP-Adv-V-Stellungen per Scrambling gewonnen werden können (bei definiten Objekten), aber nicht notwendigerweise gewonnen werden müssen (bei indefiniten Objekten): Unmarkiert ist nicht die Basisabfolge, sondern die optimale Abfolge.

Literatur

Alexiadou, Artemis (1997): Adverb Placement. Amsterdam: Benjamins.
Bayer, Josef (1988): Fortschritte der Syntaxtheorie. Linguistische Berichte 117:410-426.

Bierwisch, Manfred (1988): A Puzzling Domain in German Clause Structure. Ms., Akademie der Wissenschaften Berlin.
Browning, M.A. (1991): Bounding Conditions on Representations. Linguistic Inquiry 22:541-562.
Büring, Daniel (1993): Word Order in the German Middle Field and the Position of NegP. Ms., Universität Köln.
- 1997. Towards an OT Account of German Mittelfeld Word Order. Ms., Universität Köln.
Choi, Hye-Won (1996): Optimizing Structure in Context: Scrambling and Information Structure. Dissertation, Stanford University.
Chomsky, Noam (1981): Lectures on Government and Binding. Dordrecht: Foris.
- (1986): Barriers. Cambridge, Mass.: MIT Press.
- (1995): Categories and Transformations. Chapter 4 of The Minimalist Program, 219-394. Cambridge, Mass.: MIT Press.
Chomsky, Noam & Howard Lasnik (1993): Principles and Parameters Theory. In: Jacobs, Joachim, Arnim von Stechow, Wolfgang Sternefeld & Theo Vennemann(eds.), Syntax, vol. I, 506-569. Berlin: de Gruyter.
Collins, Chris (1994): Economy of Derivation and the Generalized Proper Binding Condition. Linguistic Inquiry 25:45-61.
Diesing, Molly (1992): Indefinites. Cambridge, Mass.: MIT Press.
Fanselow, Gisbert (1991): Minimale Syntax. Habilitationsschrift, Universität Passau.
- (1995): A Minimalist Approach to Free Constituent Order. Ms., Universität Potsdam.
Felix, Sascha (1983): Parasitic Gaps in German. Groninger Arbeiten zur Germanistischen Linguistik 22:1-46.
Frey, Werner & Thilo Tappe (1991): Zur Interpretation der X-bar-Theorie und zur Syntax des Mittelfeldes. Grundlagen eines GB-Fragmentes. Ms., Universität Stuttgart.
Frey, Werner & Karin Pittner (1998): Zur Positionierung der Adverbiale im deutschen Mittelfeld. Linguistische Berichte 176:489-534.
Grewendorf, Günther (1988): Aspekte der deutschen Syntax. Tübingen: Narr.
- (1989): Ergativity in German. Dordrecht: Foris.
- Grewendorf, Günther & Joachim Sabel (1994): Long Scrambling and Incorporation. Linguistic Inquiry 25:263-308.
Grimshaw, Jane (1997): Projection, Heads, and Optimality. Linguistic Inquiry 28:373-422.
Haftka, Brigitta (1981): Reihenfolgebeziehungen im Satz. In: Heidolph, Karl-Erich et al. (eds.), Grundzüge einer deutschen Grammatik, 702-764. Berlin: Akademieverlag.
Haider, Hubert (1992): Branching and Discharge. Ms., Universität Stuttgart.
- 1993. Deutsche Syntax, generativ. Tübingen: Narr.
Hoberg, Ursula (1981): Die Wortstellung in der geschriebenen deutschen Gegenwartssprache. München: Hueber.
Höhle, Tilman (1982): Explikation für „normale Betonung" und „normale Wortstellung". In: Abraham, Werner (ed.): Satzglieder im Deutschen, 75-153. Tübingen: Narr.
Jacobs, Joachim (1988): Probleme der freien Wortstellung im Deutschen. Sprache und Pragmatik 5:8-37.
Keller, Frank (1996): Extraction from Complex Noun Phrases. A Case Study in Graded Grammaticality. Diplomarbeit, Universität Stuttgart.

Legendre, Géraldine, Paul Smolensky & Colin Wilson (1998): When is Less More? Faithfulness and Minimal Links in Wh-Chains. In: Barbosa, Pilar et al. (eds.), Is the Best Good Enough?, 249-289. Cambridge, Mass.: MIT Press & MITWPL.

Lenerz, Jürgen (1977): Zur Abfolge nominaler Satzglieder im Deutschen. Tübingen: Narr.

Lötscher, Andreas (1981): Abfolgeregeln für Ergänzungen im Mittelfeld. Deutsche Sprache, 44-60.

Maienborn, Claudia (1998): VP-Internal and VP-External Modifiers. Ms., Humboldt-Universität Berlin.

Müller, Gereon (1998): Incomplete Category Fronting. A Derivational Approach to Remnant Movement in German. Dordrecht: Kluwer.

- (1998a). German Word Order and Optimality Theory. Arbeitsbericht Nr. 126. Stuttgart & Tübingen: SFB 340.

Müller, Gereon & Wolfgang Sternefeld (1994): Scrambling as A-bar Movement. In: Corver, Norbert & Henk van Riemsdijk (eds.), Studies on Scrambling, 331-385. Berlin: Mouton de Gruyter.

Primus, Beatrice (1994): Grammatik und Performanz: Faktoren der Wortstellungsvariation im Mittelfeld. Sprache und Pragmatik 32:39-86.

Prince, Alan & Paul Smolensky (1993): Optimality Theory. Constraint Interaction in Generative Grammar. Buch-Ms., Rutgers University.

Reis, Marga (1986): Die Stellung der Verbargumente im Deutschen. Stilübungen zum Grammatik:Pragmatik-Verhältnis. Ms., Universität Tübingen. In: Rosengren, Inger (ed.). 1987, Sprache und Pragmatik, 139-178. Stockholm: Almqvist & Wiksell International.

Ross, John (1967): Constraints on Variables in Syntax. Dissertation, MIT, Cambridge, Mass.

Stechow, Arnim von (1992): Kompositionsprinzipien und grammatische Struktur. In: Suchsland, Peter (ed.), Biologische und soziale Grundlagen der Sprache, 175-248. Tübingen: Niemeyer.

Stechow, Arnim von & Wolfgang Sternefeld (1988): Bausteine syntaktischen Wissens. Opladen: Westdeutscher Verlag.

Steinitz, Renate (1969): Adverbial-Syntax. Berlin: Akademieverlag.

Suchsland, Peter (1993): The Structure of German Verb Projections. In: Fanselow, Gisbert (ed.), The Parametrization of Universal Grammar, 123-143. Amsterdam: Benjamins.

Truckenbrodt, Hubert (1992): Fleeing the VP. Ms., MIT, Cambridge, Mass.

Uszkoreit, Hans Jürgen (1986): Constraints on Order. Linguistics 24:883-906.

Vogel, Ralf & Markus Steinbach (1995): On the (Absence of a) Base Position for Dative Objects in German. FAS Papers in Linguistics 4:99-131.

Webelhuth, Gert (1987): Eine universale Scrambling-Theorie. Vortrags-Ms., DGfS Augsburg.

- (1992): Principles and Parameters of Syntactic Saturation. Oxford: Oxford University Press.

Williams, Edwin (1997): Blocking and Anaphora. Linguistic Inquiry 28:577-628.

Gisa Rauh

Determinantien und Lokaladverbien: Projektionsrelevante Analogien

1. Einleitung

Gegenstand der nachfolgenden Betrachtung sind analoge Eigenschaften von Determinantien und Lokaladverbien, die für deren jeweilige Projektionen von Relevanz sind. Zu den Determinantien werden dabei – Abney (1987) folgend – Artikel und Pronomina gerechnet.[1]

Hinweise auf Gemeinsamkeiten zwischen Pronomina und Lokaladverbien geben bereits allgemeine Grammatiken, wenn sie in Anlehnung an die Bezeichnung ‚Pronomen' für einen Teil der betroffenen Lokaladverbien die Bezeichnung ‚Pronominaladverbien' (z.B. *darauf, hierauf, worauf*) oder ‚Pro-Adverbien' (z.B. *da, dort, wo*) (vgl. z.B. Admoni 1982; Heidolph et al. 1981) verwenden. Unter dem Gesichtspunkt von Projektionseigenschaften sprachlicher Einheiten im Zusammenhang mit der X-bar-Theorie hat sich vor allem Zwarts (1992) mit dieser Thematik befaßt. Zwarts argumentiert, daß in Analogie zur funktionalen Kategorie D in erweiterten Projektionen von N ein ‚Determinans' in der erweiterten Projektion von P anzunehmen sei, das durch die gleichen referenzbestimmenden Merkmale wie D charakterisiert werde. Bedauerlicherweise haben die Ausführungen von Zwarts wenig Beachtung gefunden, was sich in der wiederholt ausgedrückten Vermutung (vgl. z.B. Suchsland 1993) oder Behauptung (vgl. z.B. Steinitz 1997) widerspiegelt, daß nur Elemente der Kategorien N und V, nicht aber solche der Kategorie P erweiterte Projektionen lizenzierten.

Die nachfolgenden Ausführungen zeigen am Beispiel des Deutschen, wie weitreichend die Analogien zwischen Determinantien und Lokaladverbien sind, die eine analoge Beschreibung nicht nur möglich, sondern not-

---

[1] Es sei hier darauf hingewiesen, daß die Kategorienbezeichnungen ungenau sind, was in der allgemeinen Inadäquatheit von Kategorienbezeichnungen für *grammatische* Kategorien liegt, wie ich in Rauh (1999) ausgeführt habe. Bezogen auf den gegenwärtigen Gegenstandsbereich bezeichnet beispielsweise Zwarts (1994) anders als Abney (1987) Pronomina nicht als Determinantien, und andernorts würde ich selbst einen Teil der betroffenen Lokaladverbien als ‚intransitive Präpositionen' bezeichnen. Trotz möglicher terminologischer Verwirrungen sollten die nachfolgenden Ausführungen eindeutig interpretierbar sein, zumal jeweils explizite Beschreibungsvorschläge gemacht werden.

wendig machen. Abschnitt 2 diskutiert zunächst die Eigenschaften, die mit der Kategorie D verbunden werden und die entsprechend Determinantien als Elemente der Kategorie D charakterisieren. Vorrangig relevant sind dabei referenzbestimmende Eigenschaften. Deren Identifikation und Beschreibung sind die nachfolgenden Abschnitte 3 bis 6 gewidmet, in denen nacheinander die Typen ‚definite Referenz' mit den Varianten ‚deiktische' und ‚anaphorische Referenz', ‚indefinite Referenz', ‚offene Referenz' und ‚quantifizierte Referenz' vorgestellt und diskutiert werden. Für jeden Typ wird gezeigt, daß deutliche Analogien zwischen Determinantien und Lokaladverbien vorliegen, die Konsequenzen für die Lizenzierung von erweiterten Projektionen von P in Analogie zu erweiterten Projektionen von N begründen. Abschnitt 7 enthält ein abschließendes Resümee.

2. Eigenschaften von D

In seiner grundlegenden und wegweisenden Arbeit über die Nominalphrase im Englischen schlägt Abney (1987) vor, NPs als DPs zu analysieren, wobei er D analog zu INFL als Träger von Flexions- und Referenzeigenschaften beschreibt. Zu den Flexionseigenschaften von D, das als funktionale Kategorie in der erweiterten Projektion von N – im Sinne von Grimshaw (1991) – angesiedelt ist, gehören als sogenannte ‚Phi'-Merkmale die nominalen Eigenschaften Numerus, Genus und Kasus. Analysen, die D als Träger dieser Eigenschaften in DPs des Deutschen beschreiben, werden unter anderen von Olsen (1989) und Bhatt (1990) vorgestellt. Spätere Analysen sehen neben D in der erweiterten Projektion von N (mindestens) eine weitere funktionale Kategorie vor, die anstelle von D als Träger der nominalen Flexionseigenschaften identifiziert wird. Entsprechende Vorschläge werden zum Beispiel von Tappe (1990), Ritter (1991), Lenerz (1992) und Zwarts (1994) begründet.

Die Referenzeigenschaften von D erläutert Abney (1987) mit dem Hinweis auf Higginbotham (1985) als Operatoreigenschaften, wobei Elementen in D über diese Eigenschaften die Funktion zukommt, die offene referentielle Argumentstelle in der Argumentstruktur von Nomina zu binden. Das Verhältnis von D und NP wird dabei wie folgt charakterisiert (vgl. insbes. Abney 1986): Eine NP repräsentiert ein Prädikat, das Mengen von Objekten bezeichnet, und D legt die Auswahl aus den Objekten dieser Menge fest, auf die die DP referieren soll. In diesem Sinne bezeichnet beispielsweise *book* die Menge der Objekte x, auf die das Prädikat BOOK (x) zutrifft, und *this* in *this book* bestimmt die Selektion eines Elementes aus dieser Menge.

Nach Abney (1987) sind Artikel und Pronomina Elemente der Kategorie D, wobei die Artikel *a* und *the* im Englischen stets NPs selegieren und folglich transitiv sind, während Pronomina wie *these*, *we* oder *you* intransitiv oder transitiv sein können. Für letzteres gibt Abney mit folgenden Konstruktionen ein Beispiel: *these/we/you linguists*.

Die Analyse von Pronomina als intransitive Repräsentanten der Kategorie D beschreibt sie als inhärent referentiell, das heißt, sie bestimmen nicht wie transitive Ds die Selektion von Objekten, auf die das durch eine NP ausgedrückte Prädikat zutrifft, sondern sie bestimmen ihre eigenen Referenten autonom.

Bei transitiven und intransitiven Determinantien sind unterschiedliche Typen von referenzbestimmenden Eigenschaften zu identifizieren, die in gleicher Weise auch bei Lokaladverbien vorliegen. Dies wird im folgenden gezeigt. Es wird auch gezeigt, daß eine einheitliche Analyse von Pronomina als intransitive Repräsentationen von D zu undifferenziert ist.[2]

3. Definite Referenz

Bezogen auf die Bestimmung definiter Referenz durch Determinantien werden im folgenden deiktische und anaphorische Referenz unterschieden.

3.1. Deiktische Referenz

Deiktische Referenz wird einerseits durch Demonstrativartikel und –pronomina, andererseits durch Personalpronomina ausgedrückt. Deiktisches Referieren durch Demonstrativa erfolgt in der kanonischen Sprechsituation durch eine begleitende Zeiggeste, wobei die Demonstrativa relative Distanz zu einem Orientierungszentrum ausdrücken (vgl. dazu Rauh 1984):

(1) a. Gib mir *dieses/das/jenes* Buch.
  b. Gib mir *dieses/das/jenes*.

Mit *dieses*, *das* und *jenes* werden solche Objekte als Referenten selegiert, die bezogen auf die Position des Kodierers proximal ([+proximal]), nicht-proximal, aber auch nicht-distal ([-proximal, -distal]) oder distal ([+distal]) sind. Für die Beispiele in (1a) muß auf die selegierten Referenten x zugleich das Prädikat BUCH (x) zutreffen. Die Genus- und Numerusspezifikation der Determinantien in (1b) zeigt, daß sie nicht autonom referenzbestimmend sind. Auf die durch sie bestimmten Referenten muß zutreffen, daß der sprachliche Ausdruck, der sie bezeichnet, als Neutrum und Singular spezifiziert ist. Andernfalls wären die Phi-Merkmale von *dieses*, *das* und *jenes*, die

---

[2] Man vergleiche dazu auch die Ausführungen von Giorgi und Longobardi (1991), Cardinaletti (1994), Longobardi (1994) und Zwarts (1994).

Kongruenzmerkmale sind, nicht zu erklären. Dies begründet für die Beispiele in (1a) und (1b) eine einheitliche Analyse der Determinantien als transitive Repräsentanten der Kategorie D, wie sie auch von Zwarts (1994) vorgeschlagen wird, wobei für die Beispiele in (1b) eine elliptische Analyse mit phonetisch leerem N-Kopf, jedoch mit entsprechenden Phi-Merkmalen angenommen wird.

Demonstrative Determinantien können auch textdeiktisch[3] im Zusammenhang mit Anaphern (vgl. Abschnitt 3.2) verwendet werden. Die Distinktion [+proximal] vs. [+distal] drückt in diesen Fällen relative Entfernung zwischen der anaphorischen DP und der Bezugs-DP im Textkontinuum aus:

(2) Hans hat mir [ein Buch über Italien]$_i$ und [eines über Spanien]$_j$ geschenkt. [Dieses]$_j$ habe ich schon gelesen. Zu [jenem]$_i$ bin ich noch nicht gekommen.

Die Genus- und Numerusspezifikation der demonstrativen Determinantien signalisieren, daß sie abgesehen von ihrer Spezifikation für anaphorische Referenz wie die Determinantien in (1b) zu beschreiben sind, wobei allerdings Koreferenz festlegende Indizes mit zu berücksichtigen sind.

Die folgenden Beispiele zeigen, daß es analog zu den demonstrativen Determinantien demonstrative Lokaladverbien gibt, mit denen mit gleicher Differenzierung und ebenfalls unter Verwendung einer begleitenden Zeigegeste, die im Sinne Bühlers (1934) auch durch eine Blickrichtung realisiert sein kann, deiktisch referiert wird:

(3) a. Das Buch liegt *hier/da/dort im Regal*.
    b. Das Buch liegt *hier/da/dort*.

In den Beispielen wird mit *hier* [+proximal], *da* [-proximal, -distal] und *dort* [+distal] jeweils ein Raum oder Raumausschnitt bestimmt, der in der spezifizierten relativen Distanz zum lokalen Orientierungspunkt liegt, der in der kanonischen Sprechsituation mit der Position des Sprechers gegeben ist. Für diesen Raum oder Raumausschnitt x muß für die Beispiele unter (3a) das Prädikat IM REGAL (x) zutreffen,[4] während er für die Beispiele unter (3b) ausschließlich deiktisch bestimmt wird und deskriptiv unspezifiziert bleibt. Ebenso wie das demonstrative Determinans *jen-* in (1), so ist auch das bezüglich seiner deiktischen Bestimmung analoge *dort* in (3) in dieser Verwendung selten, da in der Regel die durch die beiden anderen Formen

---

[3] Unterschiedliche Modi der Deixis, zu denen auch die Textdeixis gehört, werden in Rauh (1984) diskutiert. Vgl. auch Bühler (1934) und Fillmore (1971).

[4] Es wird weiter unten gezeigt, daß dies nur eine von zwei möglichen Lesarten von (3a) ist.

ausgedrückte Distinktion von relativer Nähe zur Position des Sprechers ausreicht.
Die Beispiele unter (4) zeigen, daß die als [+proximal] und [+distal] spezifizierten demonstrativen Lokaladverbien ganz analog den entsprechend spezifizierten demonstrativen Determinantien im Zusammenhang mit Anaphern textdeiktisch verwendet werden können:

(4) Hans hat [*in München*]$_i$ und [*in Paris*]$_j$ gelebt. *Hier*$_j$ hat er gearbeitet, *dort*$_i$ hat er seine Studienzeit verbracht.

Den grammatischen Eigenschaften von Lokaladverbien entsprechend sind die Bezugsphrasen in diesen Fällen keine DPs, sondern Projektionen von P.
Anders als die Formen der demonstrativen Determinantien in (1b) und (2) weisen die demonstrativen Lokaladverbien in (3b) und (4) naturgemäß keine Phi-Merkmale eines phonetisch leeren lexikalischen Kopfes auf, da PPs nicht durch Phi-Merkmale spezifiziert sind. Eine Analyse als Analogien zu transitiven Determinantien bietet sich daher nur für die Formen unter (3a), nicht für die unter (3b) und (4), an. Unter diesem Gesichtspunkt ihrer Beschreibung verhalten sich die demonstrativen Lokaladverbien *hier*, *da* und *dort* nicht wie demonstrative Determinantien, sondern wie deiktische Personalpronomina, wie im folgenden zu sehen sein wird.
Die Personalpronomina der ersten und zweiten Person, *ich/wir* und *du/ihr*, sind neben ihrer Spezifikation für Singular und Plural für personendeiktische Referenzeigenschaften spezifiziert, nämlich bezogen auf die kanonische Sprechsituation determiniert als ‚Sprecher' und ‚Adressat' beziehungsweise ‚Sprecher nebst anderen' und ‚Adressaten'. Dies gilt für die Personalpronomina der dritten Person, *er/sie*[Sg]/*es* und *sie* [Pl], nicht.[5] Deiktische Pronomina der dritten Person, in der kanonischen Sprechsituation referierend auf Anwesende und Einbezogene, die weder Sprecher noch Adressat sind, sind die betonten Formen *der* und *die*, wie in den folgenden Beispielen:

(5) a. Was macht DER denn hier?
 b. Was wollen DIE denn hier?

---

[5] Allerdings ist die Verwendung von betontem ER oder SIE (Sg) in Kontexten wie (5a) – zumindest für einige Sprecher des Deutschen – möglich, nicht aber ES oder SIE (Pl) in (5b), es sei denn, es handelt sich bei letzterem um die distanzierte Anredeform. Zwischen *Was macht ER denn hier* und *Was macht DER denn hier* zeichnet sich dabei ein Unterschied derart ab, daß DER eher eine abfällige Sprecherhaltung ausdrückt und ER eher eine erstaunte. Wird *er* schwach betont in solchen Kontexten, so liegt die anaphorische Variante vor, die von einer Vorerwähnung des Referenten abhängt.

Nach Abney repräsentieren die Personalpronomina der ersten und zweiten Person in Konstruktionen wie *wir/ihr Linguisten* transitive Determinantien, das heißt, sie werden ganz im Sinne der Annahmen von Postal (1969) als Artikel analysiert. Gegen diese Analyse argumentiert Cardinaletti (1994) mit dem Hinweis, daß Personalpronomina der dritten Person in solchen Konstruktionen nicht erlaubt sind, was in Analogie zu Konstruktionen wie *wir/ihr mit den roten Haaren* vs. **sie* [+Pl] *mit den roten Haaren* gesehen werden könne.[6] Für beide Konstruktionstypen sei entsprechend anzunehmen, daß die auf die Pronomina folgende Konstituente kein Komplement, sondern vielmehr Adjunkt sei. Cardinaletti analysiert in diesem Zusammenhang Personalpronomina tiefenstrukturell als nominale Köpfe, die für Referenz merkmalspezifiziert sind und zwecks Merkmalüberprüfung im Sinne des minimalistischen Programms (vgl. Chomsky 1995) in die Position von D bewegt werden. Dies löst allerdings nicht das Problem, daß Personalpronomina der dritten Person sich anders verhalten als Pronomina der ersten und zweiten Person. Eine Erklärung dafür ist vielmehr, wie oben ausgeführt, daß die herkömmlicherweise mit den Pronomina der ersten und zweiten Person in dasselbe Paradigma eingeordneten Pronomina der dritten Person keine deiktischen Pronomina sind und folglich nicht autonom referieren können: Sie sind nicht für deiktische, sondern – wie Abschnitt 3.2 zeigen wird – für anaphorische Referenz spezifiziert.[7] In das Paradigma der deiktischen Personalpronomina gehören daher anstelle von *er/sie* [Sg] und *sie* [Pl] die betonten Formen *der/die* [Sg] und *die* [Pl]. Erwartungsgemäß ist der Ausdruck *DER mit den roten Haaren* wohlgeformt.[8]

Die Analyse von Cardinaletti hilft allerdings, für Sequenzen wie *wir Linguisten* Ambiguitäten zu identifizieren, die eine je unterschiedliche Analyse von *wir* bedingen. Man betrachte dazu die folgenden Beispiele:

(6) a. Wir LINGUISTEN finden Syntax spannend.
    b. WIR Linguisten, die wir Syntax spannend finden, können mit generativer Semantik nichts anfangen.

Mit der Betonung auf *Linguisten* wäre *wir Linguisten* in (6a) gemäß dem Vorschlag von Cardinaletti als Konstruktion zu analysieren, in der *wir* den

---

[6] Die Beispiele wurden den italienischen Beispielen von Cardinaletti nachgebildet.
[7] Man vergleiche in diesem Zusammenhang auch die Ausführungen von Schmid (1972) zur deiktischen Kategorisierung von Personalpronomina in den indogermanischen Sprachen.
[8] Für solche Sprecher, die in (5a) DER durch ER ersetzen können, gilt dies auch in diesem Kontext. Entsprechend gehört hier die Form ER – wie auch SIE [Sg], aber nicht ES oder SIE [Pl] – in das Paradigma der deiktischen Pronomina. Vgl. auch Fn. (5).

nominalen Kopf und *Linguisten* ein Adjunkt repräsentieren. (6a') ist eine Paraphrase für diese Analyse:

(6) a'. Wir, die wir Linguisten sind, finden Syntax spannend.

Danach wird das autonom referierende deiktische Personalpronomen *wir* in (6a) durch *Linguisten* nicht-restriktiv modifiziert, was dem Ausdruck den Charakter einer quasi generischen Aussage mit Einschluß des Kodierers verleiht.

Mit der Betonung auf *wir* sind in (6b) die Beziehungen anders. Das deiktische Personalpronomen bestimmt hier die Referenz des Prädikates LINGUISTEN (x) und hat folglich die Funktion transitiver Determinantien. Es bestimmt, daß mit der Phrase *wir Linguisten* aus der Menge der Objekte x, auf die das Prädikat LINGUISTEN (x) zutrifft, diejenigen als Referenten selegiert werden, auf die die mit *wir* ausgedrückte deiktische Determination zutrifft. Als Folge sind ganz im Sinne Abneys deiktische Personalpronomina zweifach zu kategorisieren: als transitive und intransitive Determinantien. Intransitive Determinantien sind sie allerdings nur bezogen auf ihre abgeleitete Position, da sie in dieser Variante als nominale Köpfe basisgeneriert werden. Die phonologischen Formen deiktischer Personalpronomina sind mithin zum einen als Elemente der funktionalen Kategorie D und zum anderen als Elemente der lexikalischen Kategorie N, die auch D-Merkmale enthalten, zu analysieren.

Die hier bezogen auf personaldeiktische Determinantien gemachten Beobachtungen können in analoger Weise auch bezogen auf Lokaladverbien gemacht werden, die ihrerseits lokaldeiktisch spezifiziert sind. Die folgenden Beispiele zeigen dies:

(7)   Das Buch liegt *oben/unten*.
(8)   Das Buch liegt *oben/unten im Regal*.

Die Formen *oben* und *unten* in (7) referieren autonom auf Räume, die lokaldeiktisch, das heißt in der kanonischen Sprechsituation bezogen auf die Situation des Sprechers, determiniert werden. Es kann sich daher beispielsweise um Bereiche in einem Gebäude handeln, die relativ zur Position des Sprechers in diesem Gebäude *oben* oder *unten* liegen. Als autonom referierende Deiktika verhalten sich diese Lokaladverbien wie die (intransitiven) deiktischen Personalpronomina, die Eigenschaften lexikalischer und funktionaler Kategorien zugleich haben und die als basisgenerierte lexikalische Köpfe beschrieben werden, die zwecks Merkmalüberprüfung in die Position von D bewegt werden.

Die Sequenzen *oben/unten im Regal* in (8) sind ebenso wie die Sequenz *wir Linguisten* jeweils ambig. Zum einen bestimmen die deiktischen Lokaladverbien – analog zu transitiven Determinantien – aus der Menge der

Räume oder Raumausschnitte x, auf die das Prädikat IM REGAL (x) zutrifft, die Selektion derjenigen, die der jeweils ausgedrückten lokaldeiktischen Determination entsprechen. Die Sequenzen *oben/unten im Regal* bezeichnen in diesen Fall Räume oder Raumausschnitte im von der Position des Sprechers – im besonderen der Position seiner Augen – aus gesehen oberen/unteren Teil eines Regals.

In der zweiten Lesart referieren die Lokaladverbien wie in (7) deiktisch autonom. Sie sind in diesem Fall in der Basis als lexikalische Köpfe der Konstruktionen zu analysieren, in denen die PP *im Regal* ein Adjunkt repräsentiert. Beispielsweise in einem Gebäude geäußert, verweist *oben/unten im Regal* in dieser Lesart auf einen Raumausschnitt in einem Regal, das sich in einem Raum befindet, der relativ zur Position des Sprechers höher oder tiefer gelegen ist.

Für die deiktischen Lokaladverbien folgt aus diesen Beobachtungen, daß sie wie die deiktischen Personalpronomina zweifach zu kategorisieren sind, zum einen als Elemente einer funktionalen Kategorie, zum anderen als Elemente einer lexikalischen, die außerdem funktionale, referenzdeterminierende Eigenschaften hat.

Ein Blick zurück zeigt, daß die demonstrativen Lokaladverbien *hier, da* und *dort* in dieser Hinsicht wie deiktische Personalpronomina und wie die deiktischen Lokaladverbien *oben* und *unten* zu analysieren sind, denn die Sequenzen *hier/da/dort im Regal* in Beispiel (3) erweisen sich in gleicher Weise als ambig wie die Sequenzen *wir Linguisten* und *oben/unten im Regal*. In einer der beiden Lesarten determinieren sie die Selektion derjenigen Referenten aus einer Menge von Räumen x, auf die das Prädikat IM REGAL (x) zutrifft, die relativ zur Position des Sprechers proximal, nicht-proximal und nicht-distal beziehungsweise distal sind. In diesem Fall sind *hier, da* und *dort* wie transitive Determinantien zu analysieren, die die PP *im Regal* als Komplement haben. In der zweiten Lesart determinieren *hier, da* und *dort* entsprechend ihrer deiktischen Spezifikation autonom räumliche Referenten, innerhalb derer Räume x lokalisiert sind, auf die das Prädikat IM REGAL (x) zutrifft. In diesem Fall sind die Lokaladverbien als lexikalische Köpfe in Konstruktionen zu analysieren, in denen die PP *im Regal* ein Adjunkt ist. Aufgrund ihrer referenzbestimmenden deiktischen Merkmale bewegen sich die in der Basis lexikalischen Köpfe zwecks Merkmalüberprüfung in der abgeleiteten Struktur in die Position einer übergeordneten funktionalen Kategorie.

Für deiktische Determinantien und Lokaladverbien lassen sich zusammenfassend folgende Beschreibungen ableiten:

(9) a. demonstrative Determinantien
1. situationsdeiktische Varianten: funktionale Köpfe in der erweiterten Projektion von N/[$_N$pro]
   dieses,... [+def,+deic,+prox] [Num,Gen,Cas]
   das,... [+def,+deic,-prox,-dist] [Num,Gen,Cas]
   jenes,... [+def,+deic,-prox,+dist] [Num,Gen,Cas]
2. textdeiktische Varianten: funktionale Köpfe in der erweiterten Projektion von [$_N$pro]
   dieses,... [+def,+anaph,+prox] [Num,Gen,Cas]
   jenes,... [+def,+anaph,-prox,+dist] [Num,Gen,Cas]

b. demonstrative Lokaladverbien
1. situationsdeiktische Varianten:
   a. lexikalische Köpfe
      hier [+def,+deic,+prox] [locative] <ext, S>
      da [+def,+deic,-prox,-dist] [locative] <ext, S>
      dort [+def,+deic,-prox,+dist] [locative] <ext, S>
   b. funktionale Köpfe in der erweiterten Projektion von P
      hier [+def,+deic,+prox] [locative]
      da [+def,+deic,-prox,-dist] [locative]
      dort [+def,+deic,-prox,+dist] [locative]
2. textdeiktische Varianten: lexikalische Köpfe
   hier [+def,+anaph,+prox] [locative] <ext, S>
   dort [+def,+anaph,-prox,+dist] [locative] <ext, S>

(10) a. deiktische Personalpronomina
1. lexikalische Köpfe
   ich [+def,+deic,1.Ps] [Sg,Nom]<R>
   du [+def,+deic,2.Ps] [Sg,Nom]<R>
   der/die [+def,+deic,3.Ps] [Sg,Masc/Fem,Nom]<R>
   wir [+def,+deic,1.Ps] [Pl,Nom]<R>
   ihr [+def,+deic,2.Ps] [Pl,Nom]<R>
   die [+def,+deic,3.Ps] [Pl,Nom]<R>
2. funktionale Köpfe in der erweiterten Projektion von N
   ich [+def,+deic,1.Ps] [Sg,Nom]
   du [+def,+deic,2.Ps] [Sg,Nom]
   der/die [+def,+deic,3.Ps] [Sg,Masc/Fem,Nom]
   wir [+def,+deic,1.Ps] [Pl,Nom]
   ihr [+def,+deic,2.Ps] [Pl,Nom]
   die [+def,+deic,3.Ps] [Pl,Nom]

b. deiktische Lokaladverbien
1. lexikalische Köpfe
   oben [+def,+deic,vert+] [locative] <ext, S>
   unten [+def,+deic,vert-] [locative] <ext, S>

2. funktionale Köpfe in der erweiterten Projektion von P
    oben   [+def,+deic,vert+] [locative]
    unten   [+def,+deic,vert-] [locative]

Die Beschreibungen machen von folgenden Merkmalen Gebrauch: 1. *Operatorenmerkmale* [+definite, +deictic, ±proximal, ±distal], [+definite, +anaphoric], [+definite, +deictic, 1./2./3.Ps] beziehungsweise [+definite, +deictic, vertical±], die jeweils referenzdeterminierend sind, 2. *Phi-Merkmale*, die neben der Spezifikation von Determinantien für die Lizenzierung (transitiver) Determinantien in erweiterten Projektionen von N (einschließlich pro) verantwortlich sind,[9] 3. *Thetamerkmale*, die die referentiellen Argumente <Referent> und <Space> sowie das externe Argument <ext> umfassen, wobei <R> beschreibt, daß DPs Objekte als Referenten haben und <S>, daß es sich bei den Referenten von Projektionen von P um Räume handelt, und 4. das *semantische Merkmal* [locative], das Ausdrücke wie *hier* beispielsweise von Ausdrücken wie *jetzt* unterscheidet, die durch das Merkmal [temporal] spezifiziert werden.

Die Beschreibungen der Formen, die als lexikalische Köpfe analysiert wurden, unterscheiden sich von denen der rein funktionalen Köpfe durch Thetamerkmale, die auch ein referentielles Argument einschließen. Die Lokaladverbien enthalten in ihrer Beschreibung außerdem ein externes Argument, das für ihre Lizenzierung als Adjunkte in Ausdrücken wie *das Buch hier* oder *das Zimmer oben* verantwortlich ist. Die Beschreibungen machen explizit, daß die lexikalischen Köpfe zugleich funktionale Merkmale aufweisen, die ihrerseits die funktionalen Köpfe ausschließlich charakterisieren. Die Beziehung zwischen den lexikalischen und funktionalen Varianten derselben Form kann dabei unter dem Gesichtspunkt der Grammatikalisierung im Sinne von Meillet (1912) gesehen werden, mit der Annahme, daß die funktionalen Varianten ebenso grammatikalisierte Formen der lexikalischen sind, wie dies für die bestimmten Artikel (*der, die,...*) und anaphorische Pronomina zutrifft und historisch belegt ist (vgl. z.B. Behaghel 1923: 33).

3.2. Anaphorische Referenz

Personalpronomina der dritten Person, *er, sie* [Sg], *es* und *sie* [Pl], sind für anaphorische Referenzeigenschaften spezifiziert:

---

[9] Für diese Merkmale ist anzunehmen, daß sie nicht D repräsentieren, sondern die in Abschnitt 2 erwähnte zusätzliche Kategorie innerhalb der erweiterten Projektion von N, die beispielsweise Lenerz (1992) als DAGR bezeichnet. Gegebenenfalls sind diese Merkmale auf unterschiedliche funktionale Kategorien zu verteilen. Dies ist für die gegenwärtige Diskussion nicht von Relevanz.

(11) An der Tür war eben [ein Mann]$_i$/[eine Frau]$_j$/[ein Kind]$_k$.
Er$_i$/Sie$_j$/Es$_k$ ist jetzt wieder gegangen.

Anaphorische Referenzeigenschaften zeichnen sich dadurch aus, daß sie definit sind und zur Bestimmung von Referenten auf eine Bezugsphrase verweisen. Das ‚Verweisen' erfolgt über identische kategoriale Eigenschaften, in diesem Fall über das referentielle Argument <R> sowie Genus und Numerus.[10] Anaphorisches Verweisen kann auch über den definiten Artikel in Kombination mit einer NP erfolgen. Entsprechende Beispiele liegen vor, wenn in (11) die Personalpronomina durch *der Mann, die Frau* beziehungsweise *das Kind* substituiert werden.

In Abschnitt 3.1 ist bereits gezeigt worden, daß anaphorisches Referieren mit textdeiktischem Referieren verbunden werden kann. Eine solche zusätzliche deiktische Spezifikation liegt auch dann vor, wenn anstelle von *er/sie/es* in (11) die deiktischen Personalpronomina *der/die/das* eingesetzt werden.

Eine Variante der anaphorischen - zurückverweisenden Referenz – ist die kataphorische - vorausweisende - Referenz, für die mit (12) Beispiele gegeben sind:

(12) a. Der$_i$, der$_i$ ein Buch liest,...
b. Derjenige$_i$, welcher$_i$ ein Buch liest,...

Kataphorisches Referieren kann auch über NPs mit dem definiten Artikel erfolgen:

(13) [*Der Mann*]$_i$, der$_i$ an der Tür steht,...

Die folgenden Beispiele zeigen, daß anaphorisches und kataphorisches Referieren auch über Lokaladverbien erfolgt, wobei die Bezugsphrasen jeweils Projektionen von P sind, die wie die referenzbestimmenden (intransitiven) Lokaladverbien das kategoriale Merkmal <S> aufweisen:

(14) Das Buch liegt [*im Regal*]$_i$. Da$_i$ habe ich es selbst gesehen.
(15) Da$_i$, wo$_i$ das Buch liegt,...
(16) [*Da im Regal*]$_i$, wo$_i$ das Buch liegt,...

Das Lokaladverb *da* hat, wenn es nicht als Demonstrativum mit einer Zeigegeste in der kanonischen Sprechsituation verwendet wird, die gleichen anaphorischen Referenzeigenschaften wie Personalpronomina der dritten Person und bei zusätzlichen textdeiktischen Eigenschaften die gleichen Ei-

---

[10] Nach meinen Ausführungen in Rauh (1998) rechne ich – anders als sonst üblich – auch Thetaeigenschaften wie hier das referentielle Argument <R> zu den kategorialen Eigenschaften.

genschaften wie das deiktische Personalpronomen *der*. Beispiel (16) zeigt, daß es sich in einer transitiven Variante wie der bestimmte Artikel verhält. Die Beobachtungen bezogen auf anaphorische Referenzeigenschaften führen zu folgender Beschreibung für anaphorische Determinantien und Lokaladverbien:

(17) a. anaphorische Personalpronomina/Artikel
    1. lexikalische Köpfe
       a. rein anaphorisch
          er [+def,+anaph] [Sg,Masc,Nom] <R>
          sie [+def,+anaph] [Sg,Fem,Nom] <R>
          es [+def,+anaph] [Sg,Neutr,Nom] <R>
          sie [+def,+anaph] [Pl,Nom] <R>
       b. anaphorisch und textdeiktisch
          der [+def,+anaph,+deic,-prox,-dist] [Sg,Masc,Nom] <R>
          die [+def,+anaph,+deic,-prox,-dist] [Sg,Fem,Nom] <R>
          das [+def,+anaph,+deic,-prox,-dist] [Sg,Neutr,Nom] <R>
          die [+def,+anaph,+deic,-prox,-dist] [Pl,Nom] <R>
    2. funktionale Köpfe in der erweiterten Projektion von N
       anaphorisch (und textdeiktisch)
         der [+def,+anaph,(+deic,-prox,-dist)] [Sg,Masc,Nom]]
         die [+def,+anaph,(+deic,-prox,-dist)] [Sg,Fem,Nom]
         das [+def,+anaph,(+deic,-prox,-dist)] [Sg,Neutr,Nom]
         die [+def,+anaph,(+deic,-prox,-dist)] [Pl,Nom]
  b. anaphorisches Lokaladverb
    1. lexikalischer Kopf: anaphorisch (und textdeiktisch)
       da [+def,+anaph,(+deic,-prox,-dist)] [locative] <ext, S>
    2. funktionaler Kopf in der erweiterten Projektion von P:
       anaphorisch (und textdeiktisch)
       da [+def,+anaph,(+deic,-prox,-dist)] [locative]

Die lexikalischen Varianten der anaphorischen Determinantien und Lokaladverbien weisen ebenso wie die deiktischen eine Argumentstruktur mit einem referentiellen Argument auf. Gesättigt wird dieses Argument durch unterschiedliche Arten der Festlegung der Referenz, zum einen im sprachlichen, zum anderen im außersprachlichen Kontext.[11]

---

[11] Diese Analyse unterscheidet sich von der, die Lenerz (1992) erwägt, wenn er anaphorische Pronomina als Repräsentanten der Kategorie DAGRP analysiert.

Determinantien und Lokaladverbien 151

4. Indefinite Referenz

Indefinite Referenz kann im Deutschen durch Determinantien in folgender Weise ausgedrückt werden:

(18) a. Schenk mir (*irgend*)*ein Buch*.
    b. Schenk mir (*irgendwelche*) *Bücher*.
    c. Schenk mir (*irgend*)*etwas Schönes*.

(19) a. *Irgendeines* hättest du mir schenken können!
    b. *Irgendwelche* hättest du mir schenken können!
    c. (*Irgend*)*etwas* hättest du mir schenken können!

Nach der Charakterisierung durch Abney liegen in den Beispielen unter (18) transitive Determinantien vor. Die unterschiedlichen Formen in (18a), (18b) und (18c) sind abhängig von Spezifikationen bezüglich Singular und Plural beziehungsweise Zählbarkeit. Die Formen *irgend-* in (18a) und (18c) beziehungsweise *irgendwelche* in (18b) haben lediglich verstärkenden Charakter und sind daher fakultativ. (18b) zeigt im Kontext der Spezifikationen [+zählbar] und [Plural], daß indefinite Referenz den *Default*-Fall darstellt und durch ein phonetisch leeres Determinans ausgedrückt werden kann. Indefinite Referenz bestimmt in den Beispielen unter (18), daß aus der Menge der Objekte, auf die das durch die NP ausgedrückte Prädikat zutrifft, eines (18a), und zwar einerlei, welches, mehrere (18b), und zwar einerlei, welche, beziehungsweise ein Anteil (18c), und zwar einerlei, welcher, selegiert werden.

In den Beispielen unter (19) liegen nach Abney intransitive Varianten der transitiven Determinantien aus den Beispielen unter (18) vor. Die Genusspezifikation in (19a) sowie die Spezifikation bezüglich Zählbarkeit in (19a) und (19b) legen allerdings nahe, daß vielmehr eine elliptische Verwendung, das heißt ein transitives Determinans mit einem phonetisch leeren N-Kopf vorliegt, wie bei den vergleichbaren Demonstrativa in Beispielen wie (1b) (vgl. Abschnitt 3.1). Für (*irgend*)*etwas* in (19c) ist eine solche Analyse nicht naheliegend, da mit dieser Form auf zählbare und nichtzählbare, auf einzelne und mehrere Objekte unabhängig vom Genus ihrer möglichen nominalen Bezeichnungen referiert werden kann. Die Obligatorik von *irgend-* in (19a) ist wohl dadurch zu erklären, daß ohne diese Form der indefinite Artikel mit seinem Homonym, dem Numeral, verwechselt werden könnte. Ein Ähnliches könnte für die Form in (19b) angeführt werden: *welche* allein ist mehrfach ambig zwischen einem Indefinitum, einem Interrogativum und einem Partitivum.

Man betrachte nun die Lokaladverbien in den folgenden Beispielen:

(20)   Das Buch liegt (*irgendwo*) *im Regal*.
(21)   Das Buch liegt *irgendwo*.

Das Verhältnis von Lokaladverb und PP in (20) kann analog zum Verhältnis von D und NP in den Beispielen unter (18) charakterisiert werden: Die PP *im Regal* bezeichnet alle Räume oder Raumausschnitte x, auf die das Prädikat IM REGAL (x) zutrifft. Das Lokaladverb *irgendwo* bestimmt, daß von diesen Räumen oder Raumausschnitten einer, und zwar einerlei welcher, selegiert wird. Da PPs weder bezüglich Zählbarkeit noch bezüglich Singular oder Plural spezifiziert sind, entfällt eine Differenzierung, wie sie die Formen (18a), (18b) und (18c) repräsentieren. Die Fakultativität von *irgendwo* in (20) zeigt ebenso wie die Fakultativität von *irgendwelche* in (18b), daß indefinite Referenz den *Default*-Fall darstellt und daher phonetisch nicht repräsentiert werden muß. Die intransitiv erscheinende Variante von *irgendwo* in (21) ist mit *(irgend)etwas* in (19c) vergleichbar, da in beiden Fällen ausschließlich eine Spezifikation für die Sortenzugehörigkeit des Referenten – (unbelebte) Objekte beziehungsweise Räume – vorliegt. Die Obligatorik von *irgend-* in (21) könnte ebenso wie dessen Obligatorik in (19b) durch Ambiguitätsvermeidung erklärt werden: Auch hier liegt Formidentität mit dem Interrogativum vor.

Für die Beschreibung der indefiniten Determinantien und Lokaladverbien seien noch einmal die Beispiele (18c) und (20) betrachtet:

(18) c. Schenk mir *(irgend)etwas Schönes*.
(20)   Das Buch liegt *(irgendwo) im Regal*.

Für die beiden Sequenzen *irgendetwas Schönes* und *irgendwo im Regal* gilt wie für die zuvor betrachteten Sequenzen *wir Linguisten, hier/da/dort im Regal* und *oben/unten im Regal*, daß sie ambig sind. Mit *irgendetwas* in *irgendetwas Schönes* wird zum einen bestimmt, daß aus der Menge der Objekte x, auf die das Prädikat SCHÖNES (x) zutrifft eines oder mehrere, gleichgültig welches oder welche, selegiert werden. Paraphrasiert heißt dies: ‚Schenk mir von den schönen Dingen eines oder mehrere, gleichgültig welches oder welche.' Zum anderen wird eine indefinite Menge von Objekten x oder ein Objekt x bestimmt, auf das/die das Prädikat SCHÖNES (x) zutrifft: ‚Schenk mir irgendetwas, aber es muß schön sein.' Mit *irgendwo im Regal* wird zum einen aus der Menge der Räume oder Raumauschnitte x, auf die das Prädikat IM REGAL (x) zutrifft, irgendeiner bestimmt. Zum anderen wird irgendein Raum bestimmt, innerhalb dessen ein Raum oder Raumausschnitt x lokalisiert ist, auf den das Prädikat IM REGAL (x) zutrifft. Für *irgendetwas* und *irgendwo* leitet sich daraus ab, daß sie beide, wie die deiktischen Personalpronomina und die lokaldeiktischen Adverbien, zweifach zu kategorisieren sind, zum einen als Elemente von funktionalen Kategorien und zum zweiten als lexikalische Köpfe mit funktionalen Eigenschaften:[12]

(21) a. indefinite Determinantien
    1. lexikalischer Kopf
        (*irgend*)*etwa*s   [-def]   [Acc] [-animate] <R>
    2. funktionale Köpfe in der erweiterten Projektion von N
        (*irgend*)*ein*   [-def] [Sg,Neutr,Acc]
        (*irgendwelche*) [-def] [Pl,Acc]
        (*irgend*)*etwas*   [-def]   [Acc] [-animate]
    3. funktionale Köpfe in der erweiterten Projektion von [$_N$pro]
        irgendeines   [-def] [Sg,Neutr,Acc]
        irgendwelche   [-def] [Pl,Acc]
  b. indefinite Lokaladverbien
    1. lexikalischer Kopf
        irgendwo   [-def] [locative] <ext, S>
    2. funktionaler Kopf in der erweiterten Projektion von P
        (*irgendwo*)   [-def] [locative]

5. ‚Offene' Referenz

‚Offene' Referenz wird zunächst durch Interrogativpronomina ausgedrückt, wobei im Sinne Abneys intransitive und transitive Formen zu unterscheiden sind:

(22) a.   *Was* hast du gelesen?
     b.   *Wer* steht an der Tür?
(23) a.   *Welches Buch* hast du gelesen?
     b.   *Welcher Mann* steht an der Tür?

Die Art des Referierens ist deshalb als ‚offen' zu bezeichnen, weil sie nicht determiniert, sondern im Gegenteil erfragt wird (vgl. Reis 1990). Interrogative Determinantien erfragen entweder die Referenz von sich selbst (22) oder die von NPs (23). Bestimmt wird in beiden Fällen, daß es sich um Objekte, zählbare oder nicht-zählbare, handelt.

Analog zu Determinantien drücken in den Beispielen unter (24) Lokaladverbien offene Referenz aus:

---

[12] Für alle nachfolgenden Beschreibungen ist zu beachten, daß es sich jeweils nur um eine Auswahl der Formen des Deutschen handelt, auf die hier auch im Text als Beispiele verwiesen wurde.

(24) a.   *Wo* liegt das Buch?
     b.   *Wo im Regal* liegt das Buch?

Die Lokaladverbien erfragen dabei ebenfalls die Referenz von sich selbst oder die von PPs. In jedem Fall handelt es sich dabei um Räume. Auf den ersten Blick mag es scheinen, daß auch Relativpronomina so zu charakterisieren sind, daß sie offene Referenz determinieren, zumal von denselben Formen Gebrauch gemacht wird. Allerdings wird bei Relativpronomina mit der Bezugs-DP die Referenz festgelegt, so daß keine ‚offene' Referenz vorliegt. Die Synonymie der Alternanten mit *welcher* und *der* in (25) zeigt, daß auch mit Relativpronomina in der W-Form Definitheit determiniert wird:

(25) a.   [*Der Mann*]$_i$, *welcher*$_i$ an der Tür steht...
     b.   [*Der Mann*]$_i$, *der*$_i$ an der Tür steht...

Für die gegenwärtige Betrachtung ist allerdings interessant, daß auch hier analoges Verhalten von Lokaladverbien zu beobachten ist:

(26) a.   [*Im Regal*]$_i$, *wo*$_i$ das Buch liegt...
     b.   [*Im Regal*]$_i$, [*da wo*]$_i$ das Buch liegt...

Unter (27) sind Beispiele für die Beschreibung von Determinantien und Lokaladverbien mit Referenzeigenschaften zur Bestimmung von ‚offener' Referenz angegeben:

(27) a.   Determinantien
         1. lexikalische Köpfe
            was   [offen] [Acc] [-animate] <R>
            wer   [offen] [Nom] [+animate] <R>
         2. funktionale Köpfe in der erweiterten Projektion von N/[$_N$pro]
            welches [offen] [Sg,Neutr,Acc]
            welcher [offen] [Sg,Neutr,Nom]
     b.   Lokaladverb
         1. lexikalischer Kopf
            wo   [offen] [locative] <ext, S>
         2. funktionaler Kopf in der erweiterten Projektion von P
            wo   [offen] [locative]

6. Quantifizierte Referenz

Quantifizierte Referenz wird durch Determinantien wie *einige, manche, viele, alle* oder *keine* ausgedrückt, wovon die ersten drei auch Aspekte des Indefiniten aufweisen. Die folgenden Betrachtungen konzentrieren sich auf zwei Arten quantifizierter Referenz, die als ‚universale' Referenz und als ‚Null-Referenz' bezeichnet werden.[13]

Determinantien, die universale Referenz ausdrücken, selegieren als Referenten sämtliche Elemente einer Menge, auf die das durch ihre Komplement-NP ausgedrückte Prädikat zutrifft, beziehungsweise alle Elemente der Menge, auf die sie aufgrund ihrer eigenen Spezifikation verweisen. In jedem Fall handelt es sich dabei um zählbare oder nicht-zählbare Objekte:

(28) a. Hans hat *alle Bücher* gelesen.
     b. Hans hat *alles Wichtige* gelesen.
(29) a.? Hans hat *alle* gelesen.
     b. Hans hat *alles* gelesen.

Die folgenden Beispiele zeigen, daß auch Lokaladverbien universale Referenz ausdrücken, wobei es sich bei den Referenten jeweils um Räume handelt:

(30) a. *Überall im Regal* sind Bücher.
     b. *Überall* sind Bücher.

Bei der Null-Referenz bestimmen Determinantien, daß die Menge, auf die das Prädikat, das ihre Komplement-NP ausdrückt, oder auf die sie selbst verweisen, leer ist:

(31) a. Hans hat *kein Buch* gelesen.
     b. Hans hat *nichts Wichtiges* gelesen.
     c. Hans hat *niemanden Interessantes/Interessanten* getroffen.[14]
(32) a. Hans hat *keines* gelesen.
     b. Hans hat *nichts* gelesen.
     c. Hans hat *niemanden* getroffen.

---

[13] Da Lokaladverbien auf Räume oder Raumausschnitte referieren, die nichtzählbar sind, gibt es keine Entsprechungen zu den quantifizierenden *einige*, *manche* und *viele*. Daß vergleichbare Quantifizierungen versucht werden, zeigen allerdings Lexikalisierungen wie *vielerorts* und *mancherorts*.

[14] Nicht alle Informanten akzeptieren hier die Form, die Kongruenz mit dem Pronomen aufweist. Ihr Gebrauch wurde jedoch mehrfach beobachtet.

Aufschlußreich ist hier die Alternative von *Interessantes* und *Interessanten* in (31c), die die strukturelle Ambiguität belegt: Die Kongruenz von *niemanden* und *Interessanten* drückt die Beziehung funktionaler Kopf und Komplement aus, die andere, kongruenzlose Alternante die Beziehung lexikalischer Kopf und Adjunkt.

Wie bei den vorangegangenen Beispielen, so liegen auch hier analoge Lokaladverbien vor, die sich neben der Abwesenheit von Kongruenzeigenschaften allein dadurch von den Determinantien unterscheiden, daß die durch sie bestimmten Referenten Räume und keine Objekte sind:

(33) a.   Das Buch liegt *nirgendwo/nirgends im Regal.*
    b.   Das Buch liegt *nirgendwo/nirgends.*

(34) und (35) geben jeweils Beispiele für die Beschreibung von Determinantien und Lokaladverbien mit Referenzeigenschaften zur Bestimmung von universaler Referenz und Null-Referenz:

(34) a.   Universal-Determinantien
    1.   lexikalischer Kopf
        alles   [universal] [Acc] [-animate] <R>
    2.   funktionale Köpfe in der erweiterten Projektion von N/[$_N$pro]
        alle   [universal] [Pl,Acc]
        alles   [universal] [Acc] [-animate]
  b.   Universal-Lokaladverbien
    1.   lexikalischer Kopf
        überall   [universal] [locative] <ext, S>
    2.   funktionale Köpfe in der erweiterten Projektion von P
        überall   [universal] [locative]

(35) a.   Null-Determinantien
    1.   lexikalischer Kopf
        nichts   [null] [Acc] [-animate] <R>
        niemanden [null] [Acc] [+animate] <R>
    2.   funktionale Köpfe in der erweiterten Projektion von N
        kein   [null] [Sg,Neutr,Acc]
        nichts   [null] [Acc] [-animate]
        niemanden [null] [Acc] [+animate]
    3.   funktionaler Kopf in der erweiterten Projektion von [$_N$pro]
        keines   [null] [Sg,Neutr,Acc]
  b.   Null-Lokaladverbien
    1.   lexikalische Köpfe
        nirgendwo [null] [locative] <ext, S>
        nirgends   [null] [locative] <ext, S>
    2.   funktionaler Kopf in der erweiterten Projektion von P
        nirgendwo [null] [locative]

Bezüglich der quantifizierenden Referenzeigenschaften mag die Frage gestellt werden, ob sie die Kategorie D oder die Kategorie Q repräsentieren.[15] Allerdings sind nicht Kategorienbezeichnungen, sondern Merkmalspezifikationen von Relevanz, wobei es sich bei den Merkmalen zur Bestimmung der quantifizierten Referenz wie bei den übrigen um Operatormerkmale handelt. Dies bestätigt, was Haider (1988) feststellt: Wenn mit D und Q zwei unterschiedliche Kategorien angenommen werden, so kann die eine wie die andere referenzbestimmend sein.[16]

7. Resümee

Die Ausführungen haben gezeigt, daß für Determinantien, die nach traditioneller Kategorisierung Artikel und Pronomina umfassen, und für bestimmte Lokaladverbien bezogen auf die Referenztypen ‚definite Referenz' mit den Varianten ‚deiktische' und ‚anaphorische Referenz', ‚indefinite Referenz', ‚offene Referenz' und ‚quantifizierte Referenz' mit den Varianten ‚universale Referenz' und ‚Null-Referenz' jeweils analoge referenzbestimmende Eigenschaften zu identifizieren sind. Ebenso wie Artikel und Pronomina die Referenz von DPs bestimmen, trifft dies auch für die betrachteten Lokaladverbien in bezug auf Projektionen von P zu, wobei hier allerdings als Referenten keine Objekte, sondern Räume oder Raumausschnitte bestimmt werden. In beiden Fällen sind im Sinne Abneys ‚transitive' und ‚intransitive' Formen zu unterscheiden, wobei die ‚transitiven' funktionale Köpfe repräsentieren. Anders als Abney vorgeschlagen hat, sind jedoch die ‚intransitiven' Formen nicht als intransitive funktionale Köpfe zu beschreiben, sondern teils als funktionale Köpfe mit phonetisch leerem [$_N$pro]-Komplement (z.B. *dieser, der, jener*), teils als lexikalische Köpfe mit funktionalen Merkmalen, die zwecks Merkmalüberprüfung aus ihrer basisgenerierten N- beziehungsweise P-Position in die Position einer funktionalen Kategorie in der erweiterten Projektion bewegt werden (z.B. *ich, etwas, da, oben*). Phonetisch leere Komplemente wurden dabei nur für Determinantien, nicht für Lokaladverbien identifiziert. Dies ist in Verbindung zu sehen mit den möglichen Referenten von DPs und Projektionen von lokalen PPs: Während letztere stets auf Räume oder Raumausschnitte referieren, können DPs die unterschiedlichsten Objekte – zählbare und nicht-zählbare, belebte und unbelebte, männliche, weibliche und sächliche – als Referenten haben. Die Kongruenzmerkmale an *dieser, der, jener*, etc., die mit denen des phone-

---

[15] Zu Q als funktionale Kategorie in der erweiterten Projektion von N sei auf Löbel (1990), Giusti (1991) und Vater (1996) hingewiesen.
[16] In Kombinationen wie z.B. *alle diese Bücher* ist allerdings mehr als fraglich, ob es sich um Q und D in der erweiterten Projektion von N handelt, oder ob nicht vielmehr *alle* das Determinans *diese* spezifiziert.

tisch leeren, aber offensichtlich ‚mitgedachten' N-Kopfes übereinstimmen, haben daher gleichsam die Funktion eines disambiguierenden sprachlichen Hinweises, die für Lokaladverbien unnötig ist. Abgesehen von solchen Unterschieden, die bedingt sind durch unterschiedliche Eigenschaften der möglichen Referenten von DPs und Projektionen von P, liegen bis ins Detail analoge Eigenschaften vor.

Demzufolge gilt: Wird angenommen, daß referenzbestimmende Merkmale (basisgenerierte oder abgeleitete) Determinantien in der erweiterten Projektion von N lizenzieren, so ist dies *mutatis mutandis* aufgrund der nachgewiesenen Analogien auch für die betrachteten Lokaladverbien bezogen auf die erweiterte Projektion von P anzunehmen. Dabei ist irrelevant, ob die D analoge funktionale Kategorie in Analogie zu D(et) als ‚P-D(et)' bezeichnet wird, oder, wie in Rauh (1996; 1997) in Anlehnung an Zwarts (1992), als ‚R'.[17] Entscheidend sind – ebenso wie für die Repräsentation von N und P und allen übrigen linguistischen Kategorien – ausschließlich die Merkmalrepräsentationen, die die entsprechenden Eigenschaften repräsentieren. Und diese lassen keinen Zweifel an projektionsrelevanten Analogien von Determinantien und Lokaladverbien zu.

Literatur

Abney, Steven P. (1986): Functional Elements and Licensing. - Ms, Cambridge, Mass.: MIT Press.
– (1987): The English Noun Phrase in its Sentential Aspects. - Cambridge, Mass.: MIT Press.
Admoni, Wladimir (1982): Der deutsche Sprachbau. - 4. überarbeitete Auflage. München: C. H. Beck.
Behaghel, Otto (1923): Deutsche Syntax. Eine geschichtliche Darstellung. Bd. I: Wortklassen und Wortformen. - Heidelberg: Carl Winter's Universitätsbuchhandlung.
Bhatt, Christa, Elisabeth Löbel, Claudia Schmidt (eds.) (1989): Syntactic Phrase Structure Phenomena in Noun Phrases and Sentences. - Amsterdam: Benjamins.
Bhatt, Christa (1990): Die syntaktische Struktur der Nominalphrase im Deutschen. - Tübingen: Narr (Studien zur deutschen Grammatik 38).
Bühler, Karl (1934): Sprachtheorie. Die Darstellungsfunktion der Sprache. - Stuttgart: Gustav Fischer Verlag.
Cardinaletti, Anna (1994): On the Internal Structure of Pronominal DPs. – In: The Linguistic Review 11, 195-219.
Chomsky, Noam (1995): The Minimalist Program. - Cambridge, Mass.: MIT Press.
Fillmore, Charles J. (1971): Santa Cruz Lectures on Deixis. - reproduced by the Indiana University Linguistics Club, Bloomington, Indiana.

---

[17] Zwarts begründet diese Bezeichnung damit, daß die Elemente dieser Kategorie im Niederländischen das Phonem /r/ enthalten. In Rauh (1996; 1997) wird ‚R' als ‚Raum' gelesen und ‚RP' entsprechend als ‚Raumphrase'.

Giorgi, Alessandra, Giuseppe Longobardi (1991): The Syntax of Noun Phrases. - Cambridge: University Press.
Grimshaw, Jane (1991): Extended Projections. - Ms, Waltham, MA: Brandeis University.
Giusti, Giuliana (1991): The Categorial Status of Quantified Nominals. - In: Linguistische Berichte 136, 438-454.
Haider, Hubert (1988): Die Struktur der deutschen Nominalphrase. - In: Zeitschrift für Sprachwissenschaft 7, 32-59.
Heidolph, Karl Erich, Walter Flämig, Wolfgang Motsch (1981): Grundzüge einer deutschen Grammatik. - Berlin: Akademie-Verlag.
Higginbotham, James (1985): On Semantics. - In: Linguistic Inquiry 16, 547-593.
Longobardi, Giuseppe. (1994): Reference and Proper Names: A Theory of N-movement in Syntax and Logical Form. - In: Linguistic Inquiry 25, 609-665.
Lenerz, Jürgen (1992): Zur Syntax der Pronomina im Deutschen. (Sprache und Pragmatik 29). - Lund.
Löbel, Elisabeth (1990): D und Q als funktionale Kategorien in der Nominalphrase. In: Linguistische Berichte 127, 232-264.
Löbel, Elisabeth, Gisa Rauh (Hg.) (1997): Lexikalische Kategorien und Merkmale. Tübingen: Niemeyer (Linguistische Arbeiten 366).
Meillet, Antoine (1912): L'evolution des formes grammaticales. - In: A. Meillet (ed.): Linguistique historique et linguistique générale. Tome I., 130-148. Paris: Klincksieck.
Olsen, Susan (1989): AGR(eement) in the German Noun Phrase. - In: C. Bhatt, E. Löbel, C. Schmidt (eds.). 35-50.
Postal, Paul M. (1969): On So-called ‚Pronouns' in English. - In: D. Reibel, S. Schane (eds.): Modern Studies in English. 201-224. Englewood Cliffs, N. J.: Prentice Hall.
Rauh, Gisa (1984): Aspekte der Deixis. - In: Sprachwissenschaft 9. 23-84.
– (1996): Zur Struktur von Präpositionalphrasen im Englischen.- In: Zeitschrift für Sprachwissenschaft 15, 178-230.
– (1997): Lokale Präpositionen und referentielle Argumente.- In: Linguistische Berichte 171. 415-442.
– (1998): Don't call it ‚X'! oder: Warum die Kategorienvariable ‚X' keine grammatischen Kategorien repräsentiert. – In: G. Rauh: Wortarten und grammatische Kategorien. Zwei Studien. Arbeiten des Sonderforschungsbereiches 282 Theorie des Lexikons 104. Bergische Universität-GHS Wuppertal.
– (1999): Adverb oder Präposition? Von der Notwendigkeit einer Abgrenzung von Wortarten und grammatischen Kategorien und der Gefahr einer terminologischen Falle. In: E. Eggers, J. Becker, J. Rudolph, D. Weber (Hg.):.Florilegium Linguisticum. Festschrift für Wolfgang D. Schmid zum 70. Geburtstag. - Frankfurt/Main: Peter Lang. 367-392
Reis, Marga (1990): Zur Grammatik und Pragmatik von Echo-w-Fragen. - (Sprache und Pragmatik 20). Lund. 1-72.
Ritter, Elisabeth (1991): Two Functional Categories in Noun Phrases: Evidence from Modern Hebrew. - In: S. Rothstein (ed.): Perspectives on Phrase Structure: Heads and Licensing. 37-62. San Diego: Academic Press (Syntax and Semantics 25).
Schmid, Wolfgang. P. (1972): Die pragmatische Komponente in der Grammatik – Nachdruck in: G. Rauh (ed.): Essays on Deixis. 61-78. Tübingen: Narr (Tübinger Beiträge zur Linguistik 188).

Steinitz, Renate (1997): Lexikalische Kategorisierung: Ein Vorschlag zur Revision. In: E. Löbel, G. Rauh, (Hg.) (1997). 1-26.
Suchsland, Peter (1993): The Structure of German Verb Projections – A Problem of Syntactic Parametrization? In: G. Fanselow (ed.): The Parametrization of Universal Grammar. 123-143. Amsterdam: John Benjamins.
Tappe, Thilo (1990): The Determiner Phrase Syntax of German. Ms.
Vater, Heinz (1996): Determinantien, Pronomina, Quantoren. - In: M.-H. Pérennec (Hg.): Pro-Formen des Deutschen. 191-209. Tübingen: Stauffenberg.
Zwarts, Joost (1992): X'-Syntax – X'-Semantics. On the Interpretation of Functional and Lexical Heads. - OTS Dissertation Series. Utrecht: OTS Publications.
– (1994): Pronouns and N-to-D movement. - In: M. Everaert, B. Schouten, W. Zonneveld (eds.): OTS Yearbook 1993. 93-112. Utrecht University.

Rudolf Růžička

Russische Indefinita zwischen Quantifikation und Diskurs

Ἐν τοῖς κακοῖς γὰρ ἀγαθοὶ σαφέστατοι φίλοι. (Euripides)

1. Im Inventar der russischen Indefinitpronomina zeichnet sich eine binäre Ordnung ab. Aus jedem Interrogativpronomen läßt sich ein Paar von Indefinitpronomina bilden, indem entweder *-to* oder *-nibud'* als zweite Komponente angefügt wird. Die Beziehung zwischen den Partnern jedes Paares ist äquivalent, ganz gleich, welches Interrogativum die erste Komponente bildet. Ich will im Folgenden versuchen, diese Beziehung in ihren Facetten zu erfassen, indem ich vor allem das Verhältnis dieser Indefinitpronomina zu Quantifikatoren und Kontext betrachte.

Die Komponente *-to*, zum Beispiel in *kto-to* (jemand), der aus Interrogativa gebildeten Indefinita ist ihrer Herkunft nach ein demonstrativdeiktisches Pronomen, so daß die Kombination mit einem Interrogativum als Oxymoron erscheinen könnte, wenn man nicht eine natürliche Erklärung darin sehen will, daß *-to* die interrogative Komponente absorbiert. Das Ergebnis ist die unerfragte Offenheit des Indefinitums, einer Variablen. In der anderen Reihe dieser Indefinita absorbiert *-nibud'* das Interrogativum mit einem ähnlichen, aber zu unterscheidenden Ergebnis. Die Herkunft von *-nibud'* charakterisiert Isačenko (1962:498) als „univerbierten Konzessivsatz". Es hieß ursprünglich „wer es auch sei" im Falle von *kto-nibud'*. Ich lasse beiseite, daß es zu *-nibud'* eine synonyme Variante mit *-libo* gibt, die vor allem umgangssprachlich im Gebrauch ist.

Was unterscheidet ein, d.h. jedes Indefinitpronomen der Kombination Interrogativum+*to* von seinem Partner mit *-nibud'* ? Die einzelnen Paare entstehen dadurch, daß *-to* oder *-nibud'* an *kto-* (wer), *čto-* (was), *gde-* (wo), *kogda-* (wann), *kuda-* (wohin), *otkuda-* (woher), *kakoj-* (welcher, was für ein) und *čej-* (wessen) angesetzt werden. *Počemu-* (warum) scheint vorzugsweise *-to* anzunehmen: (*Počemu-nibud'*).

2. Betrachten wir zunächst folgenden Satz (1):

(1) *Nepremenno   kto-nibud'   ežednevno   u nego*
    Unbedingt-adv (irgend)jemand   jeden Tag [Adv]   bei ihm
    obedal,   chot'   dva   chot' odin   tol'ko   gost',
    aß zu Mittag, seien es zwei (oder) ein   nur   Gast
    [Partikel]

no   bez   gostej i   za stol   ne   sadilis'.
Aber ohne Gäste   zu Tisch (man) nicht   (sich) setzte.
                                                (Dostojewski)

Das Indefinitum *kto-nibud'* geht dem Quantifikationsadverb *ežednevno* (täglich) voraus. Was ändert sich, wenn wir *kto-nibud'* durch *kto-to* ersetzen? Die Folgen dieser Substitution sind subtiler als in Dahls (197:35) minimalem Kontrastpaar (2a, b) ausdrückbar ist:

(2) a. *Vse ljudi čitajut čto-to.*
(2) b. *Vse ljudi čitajut čto-nibud'.* (Alle Menschen lesen etwas).

Dahl beschreibt den Unterschied wie folgt: „In the first case there is one thing that everybody is reading, in the second each person may read a different thing." (3a, b) sind die entsprechenden Repräsentationsschemata:

(3) a. $Exist_x (All_y (y \text{ reads } x))$
(3) b. $All_x Exist_y (x \text{ reads } y))$

Mit anderen Worten, *čto-to* kehrt das Skopusverhältnis um. In (3a) ist der Allquantor abhängig, das heißt, im Skopus des Existentialquantors, in (3b) ist es umgekehrt. Nehmen wir an, diese unterschiedlichen Skopusverhältnisse gelten für *kto-nibud'* und *kto-to* in der Umgebung von Allquantifikatoren jeder Art. Diese Annahme gilt dann für das Vorkommen der Indefinita bei Präsenz solcher Quantifikation. Die Skopusabhängigkeit muß also aus allgemeineren Charakteristika der beiden Indefinitklassen folgen und ist jedenfalls heuristisch bedeutsam für die Analyse der Unterschiede zwischen ihnen. Welche sind das?

3. Wenn wir in (1) *kto-to* experimentell an die Stelle von *kto-nibud'* setzen, ist der Satz in Analogie zu (3a) versus (3b) anders zu interpretieren.
Ežednevno verliert den weiten Skopus und wird von *kto-to* abhängig. Mit anderen Worten *kto-to* läßt nicht die Interpretation zu, die für *kto-nibud'* typisch ist, die Interpretation einer bei jedem Essensereignis beliebigen Auswahl der Gäste. Was aber richtet dieser Wechsel der Variablen, also *kto-to* für *kto-nibud'*, für den Spielraum ihrer referentiellen Interpretation aus? Hat Heim (1982:123, 127) darin recht, daß „... indefinites simply have no quantificational force of their own at all, but are rather like variables, which may get bound by whatever quantifier is there to bind them." Indefinita verhalten sich also nur wie Variable, die gebunden werden, wenn sich Quantifikatoren oder Adverbiale der Quantifizierung zufällig in ihrer Umgebung befinden. Ein solches Adverb wäre z. B. *always*, das unselektiv, also mehr als nur eine Variable, binden kann (Pesetsky 1987:101). (4) ist ein

Beispiel von Heim (1982:123), seine intermediäre Repräsentation (5) von Pesetsky (1987:101):

(4) *If a man owns a donkey, he always beats it.*
(5) (always $_{i,j}$ (if a man$_i$ owns a donkey$_j$, he$_i$ beats it$_j$))

In (1) und (6), einem minimalen Kontrastpaar, befinden sich die Indefinita in der Nachbarschaft des quantifizierenden Adverbs *ežednevno*.

(6) *Nepremenno kto-to ežednevno u nego obedal, chot' dva; chot' odin tol'ko gost', no bez gostej i za stol ne sadilis'.*

Die Präsenz des Adverbs verschafft aber dem Indefinitum „quantificational force", wenn es in (6) das Adverb bindet. Was befähigt die Variablen unter diesen Bedingungen selbst quantifizierende Eigenschaften, quantificational force, zu erhalten? Und welche inhärenten semantischen Eigenschaften bestimmen ihre unterschiedlichen Geltungsbereiche in (1) und (6)? In (1) haben wir es mit völliger Beliebigkeit der täglichen Auswahl der am Mittagstisch teilnehmenden Gäste zu tun. Isačenko (1962:498) spricht von „Gleichgültigkeit gegenüber den durch den Interrogativstamm als unbekannt gekennzeichneten Substanzen." Die täglich geladenen Gäste können von Tag zu Tag wechseln. Die restriktive Allquantifizierung *ežednevno* (täglich, jeden Tag) muß weiten Skopus haben. Der Kreis der möglichen als Mittagsgäste überhaupt in Betracht kommenden Personen kann, wenn der „Hörer" es denn will, diskursbezogen abgeschätzt werden. Er erfährt keinerlei Spezifizierung.

Kto-to verändert in (6) die Skopusrelation. Der Grund dieses Effekts ist eine der *-nibud'*-Reihe entgegenstehende Eigenschaft: *-to*-Indefinita induzieren oder erfordern eine implizite Restriktion des Referenzbereichs, wenn sie nicht eine explizite aufnehmen. Letztere ist ein Spezialfall, der default-Fall der ersteren. Er läßt sich leicht beschreiben: Die Assertion der Existenz eines Ereignisses, das also stattgefunden hat oder im Zeitintervall seiner Assertion stattfindet, legt die an diesem Ereignis beteiligten Personen fest, deren Teilnahme ja das Ereignis erst konstituiert. Das schlichte Paradebeispiel ist (7):

(7) *Kto-to stučal v dver'.*
  jemand hat geklopft an die Tür

Solche ereignisidentifizierte Restriktionen verlangen *kto-to*. *Kto-nibud'* in (7) ist nicht sprachgerecht. Existenzquantifikation ist hier als Repräsentationsform verwendbar.

Die Restriktion, die *kto-to* in (6) legitimiert, besteht nicht in der im Ereignis inkludierten Identität seiner Beteiligten. Selbst ohne den Satzkontext zu Hilfe zu nehmen, ist (6) nicht so zu verstehen, daß es sich bei jedem der täglichen Mittagessen um dieselben Gäste handelt. Die Interpretation täglich wechselnder Gäste liefe aber auch auf die Beliebigkeit ihrer Auswahl hinaus, der *kto-nibud'* gerecht würde. Wie läßt sich dieser Widerspruch lösen, ohne den Unterschied zwischen *kto-to* und *kto-nibud'* und zwischen den beiden Reihen überhaupt aufzugeben oder zu verwischen? Ich sagte, daß die Restriktion, die *kto-to* in (7) induziert, nur ein Spezialfall, der default-Fall einer allgemeineren ist. Wie manifestiert sie sich für *kto-to* in (6), wenn sie geeignet sein soll, den angedeuteten Widerspruch zu lösen.

Die Restriktion, die als die allgemeinere in Betracht kommt, kann charakterisiert werden als intendierte restringierende Auswahl von Personen (-kreisen) nach bestimmten diskursbezogenen Kriterien. Unkenntnis der Person(en), ihrer referentiellen Identität beim Sprecher oder beiden Gesprächspartnern ist keine notwendige Bedingung des Gebrauchs von *kto-to*. Denn es ist kaum, jedenfalls nicht immer, entscheidbar, ob solche Unkenntnis tatsächlich vorliegt. (vgl. Isačenko 1962:500; Borras / Christian 1971: 302ff.; Bolla Kálmán, Páll Erna, Papp Ference 1968:329). Selbst in dem Standardbeispiel (7) kann nicht sicher entscheidbar sein, daß der Sprechende nicht weiß, wer an die Tür klopft. Er mag Grund haben, gegen Grice'sche Maximen zu verstoßen, die allerdings ihrerseits in bezug auf pragmatisches Sprecherinteresse und „current concern" der Gesprächspartner (Yokoyama 1986:4ff.) zu relativieren sind. Betrachten wir Beispiel (8):

(8) *Chleb   v magazine   možet   okazat'sja   tol'ko   dvumja putjami –*
 Brot   im Laden   kann   vorhanden sein nur   auf zwei Wegen –
 ili   kto-to   zastavil   ego   tuda   privezti   ili
 entweder jemand hat lassen es   dorthin bringen   oder
 kto-to   zainteresovan   ego   tuda   privezti.
 jemand   ist interessiert es   dorthin zu bringen.

In beiden Fällen schließt *kto-to* Beliebigkeit der in Frage kommenden Person(en) aus. Vielmehr ist der Spielraum seines Referenzbereichs limitiert. Die alternative VP-Prädikation liefert selbst schon eine Abgrenzung von Personenkreisen, auf deren Vertreter *kto-to* referieren kann. Vergleichsweise erscheint das Prädikat *obedat'* in (6) weit weniger geeignet, restriktiv auf den mit einem Indefinitum ins Auge gefaßten personellen Referenzbereich zu wirken. *Kto-nibud'* in (1) erscheint natürlicher als in (8), würde es hier für beide Vorkommen von *kto-to* substituiert. Die Restriktion, die *kto-to* in (6) induziert, ist konzeptuell-pragmatischer Intention und Interpretation weit mehr überlassen als in (8). Sie ist jedenfalls stark genug, sich den adverbialen Quantifikator unterzuordnen, also weiten Skopus einzunehmen.

4. Die Kriterien, welche die inhärente Restriktion der -*to*-Reihe erfüllen, lassen sich unter dem Begriff der Diskursbezogenheit zusammenfassen. Die Verwendung des Begriffs und Terminus D-linking (discourse-linking) scheint hier geeignet, den Pesetsky (1987:107ff.) zur Unterscheidung von „which-phrase(s) and the normal occurrence of who or what" eingeführt hat: „When a speaker asks a question like ‚Which book did you read', the range of felicitous answers is limited by a set of books both speaker and hearer have in mind." (Pesetsky 1987:108). Was ist es, das „speaker and hearer have in mind" bei der „D-linked" Restringierung der Bezugsbereiche von *kto-to*? Die Frage, ob und wie weit – vom schlichten default-Fall (7) abgesehen – das Wissen von Sprecher und Hörer involviert ist und gegebenenfalls über die Wahl oder Bevorzug von -*to* oder -*nibud'* entscheidet, scheint eher beantwortbar, wenn Yokoyamas (1986: 3ff.) Konzept „matters of their (the interlocutors: RR) current concern" in eine D-linked Analyse eingeschlossen wird. In diesem Diskurskontext ist ihre Charakterisierung von -*to* und -*nibud'*-Indefinita zu interpretieren:

> In Russian, the presence /absence of existential knowledge of reference of indefinite pronouns is lexicalized. There are two kinds of indefinite pronouns whose referential knowledge the speaker does not have: those suffixed by the particle -*to* and those with -*nibud'*. They differ in that those with -*to* indicate that the speaker has existential knowledge of the referent, while those with -*nibud'* indicate that the speaker does not have this knowledge. (Yokoyama, 1986: 40 Fn. 8).

Generelle Bedingung für den Gebrauch von *kto-to* ist die intendierte Restriktion seines Referenzbereiches, die sich im Satzkontext durch ereignisidentifizierte Referenz (7), Quantorenbindung (1), (6), Prädikatseigenschaften (8) sowie durch Diskurswissen und „matters of current concern" erfüllt. Auf Bedingungen des durch *kto-to* implizierten existentiellen Wissens und entsprechende Assertionen – als Voraussetzung der Referenz – gehe ich in Sektion 5 ein.

Ist *kto-nibud'* und z. B. *kakoj-nibud'* grundsätzlich mit existentiellem Wissen unvereinbar? (9) scheint dagegen zu sprechen:

(9) *Skaži,   otkuda   u tebja   etot   kompas?*
    sag   woher   bei dir (ist)   dieser   Kompaß
    Kto-nibud'   *poterjal,*   *a ja*   *našel.*
    (irgend)-jemand   hat (ihn) verloren,   und ich hab   (ihn) gefunden
    Kto že   *poterjal?* –   Soldat   *kakoj-nibud'.*
    wer denn hat (ihn)   verloren –   Soldat   irgendeiner

Existentielles Wissen ohne referentielles Wissen muß hier wohl angenommen werden. Nichtexistenz ist der natürliche Grenzfall der Beliebigkeit des Bezugs der -*nibud'*-Reihe. Existentielles Wissen ist mit der Beliebigkeit der Auswahl verträglich wie *kto-nibud'* in (9) zeigt. Aber ebenso mit fehlendem existentiellen Wissen, wie es für *kto-nibud'* in (10) festgestellt werden kann:

(10) *Da, čto   slučilos'-to,   skažet   kto-nibud'   mne?*
    ja, was   ist denn passiert, sagt (das) jemand   mir?

In diesem Spielraum, den die Beliebigkeit oder Gleichgültigkeit der Auswahl der Betroffenen bietet, ist existentielles (Nicht)Wissen involviert und wird diskursbezogen erschließbar.

5. Ich komme zurück auf die Frage, ob die durch *-to*-Formen induzierte obligatorische Restriktion des Referenzbereichs existentielles Wissen impliziert, das also bei jedem Diskurs vorliegen sollte. Nehmen wir Beispiel (11):

(11) *Den'gi   ležat   u   nas   pod   nogami,*
     das Geld   liegt   bei   uns   vor   den Füßen
     prosto   my   do sich por   ne naučilis'
     einfach   wir   bis jetzt   nicht haben gelernt
     brat'ich,
     zu nehmen es,
     a   vse ždem,   kogda kto-to   vse   delajet   za   nas
     sondern   alle warten   bis   einer   alles macht   für uns
     i   predložit nam   na bljudečke.
     und   (es) reicht uns   auf dem Tablett.

Das Erscheinen und damit die Existenz eines ‚*kto-to*' wird von allen erwartet und hat einige Wahrscheinlichkeit für sich. Von sicherem Wissen, daß es jemanden gibt, der erscheint und „alles für uns macht", kann kaum die Rede sein. Beispiel (11) und auch (8) lassen klar genug erkennen, daß wir uns auf eine weitere, eine modale Ebene begeben müssen, wo die Erwartungs-„Welt" von (11) und die Zukunfts-„Welt", z. B. in (10), untergebracht werden können.

Modale, z. B. deontische Prädikate, epistemische oder voluntative Verben stellen eine Relation zwischen dem Produzenten des Satzes und möglichen Welten oder, spezieller, Sachverhalten her. In den eingebetteten Sätzen solcher Prädikate, die gewünschte, vermutete, notwendige etc. Welten – andere als die aktuelle – kreieren, finden sich die Unterschiede zwischen *-to* und *-nibud'*-Indefinita wieder. Sie werden auf die modalmodifizierten Sachverhalte projiziert und eingestellt. Die Diskurs-Bindungen werden variationsreicher. (12) und (13) stellen *kto-to* und *kto-nibud'* in deontischer Projektion gegenüber.

(12) *Byla   očen'   ser'eznaja   proverka,*
     (es) fand statt (eine) sehr   ernste   Nachprüfung (statt)
     poskol'ko   sledovalo   kogo-to   nakazat'.
     weil (man)   mußte   jemanden   bestrafen

Es geht um ein Flugzeugunglück, für das es nötig war (oder für nötig gehalten wurde), einen Verantwortlichen zu (finden und zu) bestrafen. In der durch *sledovalo* projizierten deontisch gebotenen Soll-Welt muß die ereignisbestimmte (s. S. 4) Identität eines Verantwortlichen angenommen werden. Der Richtige, nicht ein Beliebiger, soll bestraft werden.

(13) *Možet byt',   ne mne,   a   komu-nibud'   drugomu*
     vielleicht   nicht mir   sondern   (irgend-)jemand anderem
     sledovalo   eto   skazat'.
     gebührte (es) das   zu sagen
                                                (Beispiel von Křížková, 1971)

Eine deontisch gebotene (*sledovalo*), „Welt", die keine aktuelle werden kann, wird als mögliche errichtet. Aber die Wahrheit des Satzes, der dies tut, ist durch *možet byt'* modifiziert. *Komu-nibud'* (Dativ) impliziert, daß jeder andere, gleich wer, den Vorrang vor dem Sprechenden hätte erhalten sollen. Für diese mögliche Soll-Welt wird die Existenz anderer angenommen.

Beliebigkeit der Auswahl setzt allerdings auch einen Kreis von Personen voraus, aus dem ausgewählt werden kann, wie groß er auch sei. Ausdrücke von *kto-nibud'*, denen nicht unmittelbar *iz* NP (*aus NP,* z. B. *kto-nibud' iz nich*, jemand von ihnen) folgt, brauchen nicht als „elliptisch" gelten. (s. Růžička 1973:716; Seliverstova 1964:80). Ein weiteres Beispiel:

(14) *Kto-to   dolžen   kupit'   emu   čto-nibud'.*
     jemand/ einer muß   kaufen   ihm   etwas

In der durch deontisches *dolžen* kreierten Soll-Welt ist der Referenz(be)reich von *kto-to* kontextlich (D-linked) restringiert, aber nicht der von *čto-nibud'*. Mit Hilfe modallogischer Theoreme läßt sich der Skopus des Existentialquantors in bezug auf Operatoren wie Möglichkeit und Notwendigkeit variieren (s. Růžička 1973:64f.). Aufschlußreich sind Unterschiede in der Bewertung von *kto-nibud'*-Vorkommen in epistemisch oder perzeptiv eingebetteten Sätzen. Bogusławski (1998:44) bewertet (15) und (16) zutreffend als sprachgerecht, Padučeva (1985) versieht sie mit einem Asterisk:

(15) *Mne   kažetsja,   čto   kto-nibud'   chodit   po*
     mir   scheint   daß   jemand   (herum) läuft auf
     čerdaku.
     dem Dachboden

(16) *Ran'še   ona   čuvstvovala sebja   nužnoj   komu-nibud'.*
    früher   sie   fühlte sich   notwendig   (für) jemanden

Wie (15) zeigt, wenn es als sprachgerecht bewertet wird, kann sich in der durch *kažetsja* bedingten möglichen Welt die Beliebigkeit der Person, bewertet als „matter of current concern" des Sprechers, auch über ereignisbestimmte Identifizierung, d. h. Restriktion hinwegsetzen. In (16) richtet sich das Empfinden allein darauf, daß sie gebraucht wurde, ganz gleich von wem.

6. Die Verwendung des Existentialoperators und seiner Skopusalternative in den Analysen der Indefinita ergibt bei all seiner Transparenz und Handlichkeit keine ausreichende Interpretation der *-to-* und der *-nibud'*-Reihe. Wird der *-to-*Reihe weiter Skopus in bezug auf Allquantoren zugeschrieben, besagt die Existenzbehauptung zu wenig. Sie ist selbst eine Folge anderer Faktoren und vernachlässigt die inhärent induzierte und durch Satzkontext oder „D-linking" spezifizierte Restriktion. Auch wenn mit Hilfe des Existentialquantors klare Unterscheidungen getroffen werden können, kann sein weiter Skopus in bezug auf Allquantifizierer natürlich nicht mit singulärer Existenz der Referenten von *kto-to* gleichgesetzt werden. In (6) z. B. kann *kto-to* auf von Tag zu Tag verschiedene Personen referieren, die aber, durch eine bestimmte Auswahl, die „gleichen" sind.

7. Die Indefinita *kakoj-to, kakoj-nibud'* sind Modifikatoren in Nominalphrasen. Singular einer NP mit *kakoj-to* impliziert singuläre Existenz des Referenten der NP. *Kakoj-to* selegiert ein Element aus einer Menge gleicher Gegenstände kraft einer identifizierenden, aber dem Sprecher in der Regel unbekannten Eigenschaft.
   Im Plural *kakie-to* handelt es sich um mehrere Gegenstände gleicher Eigenschaften. Für Singular und für Plural des indefiniten Modifikators der -*to*-Reihe sind das die Möglichkeiten, ihre inhärente Restriktion zu manifestieren. In (17) handelt es sich um ein und dasselbe uns unbekannte Motiv *(odin i tot že neizvestnyj motiv)*, wie Vsevolodova und Judina (1963: 310), von denen das Beispiel stammt, feststellen:

(17) *Andrej   postojanno   nasvistyvaet   kakoj-to motiv.*
     Andrej   ständig   pfeift   ein (bestimmtes) Motiv

Setzen wir *kakoj-nibud'* an die Stelle von *kakoj-to* in (17), so legt die Beliebigkeit der Auswahl ‚verschiedene Motive' als Interpretation nahe. Es ist nicht auszuschließen, daß Diskurswissen ein und dasselbe x-beliebige Motiv ins Spiel bringt. Andererseits greift die dem Modifikator *kakoj-nibud'* inhärente Beliebigkeit des referentiellen Bezugs in Leere, wenn keine Unterscheidungsmerkmale zwischen den Elementen eine Menge gleicher Gegenstände erkennbar erscheinen. Wenn wir einsehen, daß drei Armvoll Reisig sich kaum wesentlich oder überhaupt unterscheiden lassen, ist eine Modifizierung des russischen Äquivalents von Armvoll Reisig durch *kakojnibud'* nicht akzeptabel. Tatsächlich erklärt O. N. Seliverstova (1964:85) einen Satz wie (18) für nicht sprachgerecht:

(18) *Každyj   den'   on   prinosil   kakuju-nibud'   ochapku   chvorosta.*
     jeden   Tag   er   brachte   irgendein   Armvoll Reisig

8. Die Dualität der *-to-* und *-nibud'- (-libo)*-Reihen indefiniter Pronomina im Russischen legt Untersuchungen ihres typologischen Status innerhalb und außerhalb slavischer Sprachen nahe. Wie sich diese Dualität mit der Ambiguität der Indefinita und ihrer vierfachen Referenzidentität: *spezifisch, D-linked, präsuppositionell* und *stark (strong)* – beides vermerkt in Reinhart (1997:343) – verträgt, bedarf weiterer Analyse.

Literatur

Bogusławski, A. (1989): The semantic primitives ‚someone', ‚something' and the Russian contradistinktion -nibud' vs. -to. In: M. Grochowski, G. Hentschel (Hrsg.) Funktionswörter im Polnischen. Studia Slavica Oldenburgensia. Oldenburg. 35-53.
Bolla, K., Páll, E., Papp, F. (1968): Kurs sovremennogo russkogo jazyka. Budapest: Tankönyvkiadó.
Borras, F. M., R. F. Christian (1971): Russian Syntax, second edition Oxford: Clarendon Press.
Dahl, Ö., Some Notes on Indefinites, in: Language, Vol. 46, No.1.
Heim, I. (1982): The semantics of definite and indefinite noun phrases. Ph. D. dissertation University of Massachusetts, Amherst.
Isačenko, A. V. (1962): Die russische Sprache der Gegenwart, Teil I, Formenlehre, Halle.
Křížková, H. (1971): Systém neurčitých zájmen v současných slovanských jazycích. Slavia XL, 342-370.
Padučeva, E. V. (1985): Vyskazyvanije i ego sootnesennost' s dejstvitel'nost'ju. In: Referencial'nyje aspekty semantiki mestoimenij. Moskva.
Pesetsky, D. (1987): Wh-in-situ: Movement and unselective binding. In: The representation of (in)definiteness, ed. E. J. Reuland and A. G. B. ter Meulen, 98-129, Cambridge, Mass.: MIT Press.

Růžička, R. (1973): Indefinite pronouns and quantification. In: Liczba, Ilosc, Miara 49-79. Warszawa-Wrocław, Kraków, Gdańsk. Ossolineum.
- (1973[a]): *Kto-to* und *kto-nibud'*: Zeitschrift für Slawistik, XVIII. 705-736.

Reinhart, Tanya (1997): Quantifier Scope: How labor is divided between QR and choice functions. Linguistics an Philosophy, 20. 335-397.

Seliverstova, O. N. (1964): Opyt semantičeskogo analiza slov tipa VSE i tipa *kto-nibud'*. Voprosy jazykoznanija XIII, No. 4, 80-90.

Vsevolodova, M. V., Judina L. P. (1963): Učebnik russkogo jazyka dlja poljakov.

Yokoyama, O. T. (1986): Discourse and word order. John Benjamins Amsterdam / Philadelphia

Joachim Sabel

Syntaktische Inseln

1. Einleitung[*]

Im Rahmen des Minimalistischen Programms (Chomsky 1995, Kapitel 4) wird lediglich nur noch eine einzige Lokalitätsbeschränkung für Bewegung angenommen, die sogenannte *Minimal Link Condition* (MLC). Ich werde im folgenden die Frage behandeln, wie Inseleffekte, die traditionellerweise mit dem *Empty Category Principle* (ECP) und dem Lokalitätskonzept der *Subjazenz* erklärt wurden – hierunter fallen z. B. die sogenannten CED-Effekte (*Condition on Extraction Domains*) und Asymmetrien, die bei *W*-Extraktion aus *W*-Inseln auftreten – unter dieser Annahme hergeleitet werden können.

Der Aufsatz ist folgendermaßen gegliedert. Abschnitt 2 gibt eine kurze Einführung in die theoretischen Grundlagen und Hauptideen des Minimalistischen Programms (vgl. hierzu auch Suchsland 1998/9). In Abschnitt 3 erläutere ich, warum *W*-Inselverletzungen auf der Grundlage der MLC nicht erklärbar zu sein scheinen und mache einen alternativen Analysevorschlag, der auf der Idee basiert, daß das eingebettete C-System mehrfache Spezifikatoren aufweist. Auf der Grundlage dieser Annahme ergibt sich ferner eine Erklärung für Variationen im Bereich der *W*-Inselverletzungen in unterschiedlichen Sprachen. Abschnitt 4 thematisiert das Phänomen der CED-Inseln. Die MLC liefert keine Erklärung dafür, daß Extraktion aus CED-Inseln unmöglich ist. Ich argumentiere dafür, daß die charakteristischen Eigenschaften dieser Inseln aus der Art und Weise hergeleitet werden können, wie im Minimalistischen Programm Strukturen erzeugt werden. In Abschnitt 5 gebe ich eine Zusammenfassung der wichtigsten Ergebnisse.

---

[*] Für Kommentare und hilfreiche Diskussionen danke ich Josef Bayer, Daniel Büring, Chris Collins, John Frampton, Hans-Martin Gärtner, Günther Grewendorf, Iris Mulders, Gereon Müller, Norvin Richards und Peter Staudacher.

2. Das Minimalistische Programm und die *Minimal Link Condition*

Im Minimalistischen Programm (Chomsky 1995, Kapitel 4) wird ein linguistischer Ausdruck als Paar (π, λ) aufgefaßt, wobei π eine PF-Repräsentation und λ eine LF-Repräsentation darstellt. C_{HL}, das *computational system* der natürlichen Sprache, bildet eine Auswahl lexikalischer Elemente (die *Numeration* – siehe unten) auf das Paar (π, λ) ab, wie in (1) dargestellt. Im Minimalistischen Programm gibt es keine D- und auch keine S-Struktur. PF und LF sind die Schnittstellen zum artikulatorisch-perzeptuellen System und zur Wissensdomäne des Sprechers/Hörers (vgl. Chomsky 1995, Kapitel 4):

(1) $\quad C_{HL}$ (N) $\quad\xrightarrow{\text{Spell Out}}\quad \lambda$
$\qquad\qquad\qquad\qquad\searrow$
$\qquad\qquad\qquad\qquad\quad\pi$

Die (wichtigsten) syntaktischen Operationen, die λ erzeugen, sind die Operationen *Select*, *Merge* und *Attract/Move*.

Die Operation *Select* entnimmt der *numeration* N ein Element, führt es in die Derivation ein und reduziert hierdurch den Index dieses Elements um 1. Eine Numeration ist eine Menge von Paaren (LI, i), wobei LI ein Element des Lexikons und i sein Index ist, der angibt, wie oft LI in die Derivation eingeführt wird (Chomsky 1995: 225, 227). Betrachtet man z. B. eine Numeration wie (John$_1$, sleeps$_1$), dann müssen *John* und *sleeps* jeweils einmal in die Derivation eingeführt werden. Es kommt zu keiner wohlgeformten Derivation, wenn *Select* nicht alle Elemente der Numeration entnimmt, bzw. der Index sämtlicher Elemente nicht auf 0 reduziert wurde.

Merge ist eine binäre Strukturerzeugungsoperation, die Bäume zyklisch „bottom to top" generiert. Die Operation *Merge* verwendet zwei syntaktische Objekte und kombiniert sie miteinander, wodurch ein neues syntaktisches Objekt entsteht. Zwei *Terme* (Konstituenten) werden verkettet und ergeben so einen komplexen Term (eine komplexe Konstituente), der die Eigenschaft seines Kopfes aufweist. Die DP [$_{DP}$ *the book*] ist z. B. Ergebnis der *Merge*-Operation. Sie besteht aus dem komplexen Term {(D)*the*, {(D)*the*, (N)*book*}}, der daraus entsteht, daß die zwei Terme *the* und *book* gemergt werden, wobei D (*the*) der (projizierende) Kopf der komplexen DP ist.

Die dritte syntaktische Operation *Move F(eature)/Attract F* ist die transformationelle Operation, die verantwortlich ist für die Versetzung einzelner Elemente, für die Erscheinung also, die man traditionellerweise als „Bewegung" bezeichnet. Im Minimalistischen Programm spielt die Idee eine zentrale Rolle, daß alle Bewegung morphologiegetrieben bzw. *merkmals*getrieben ist. Es wird daher angenommen, daß es sich bei der für Bewegung verantwortlichen transformationellen Operation um *Move F(eature)* handel

(Chomsky 1995: 280) und nicht, wie in früheren Versionen der Prinzipien- und Parametertheorie angenommen wurde, um *Move α* (vgl. Chomsky 1981, 1982, 1986a, 1986b, 1991). Im Minimalistischen Programm wird angenommen, daß Transformationen durch die Notwendigkeit ausgelöst werden, daß Merkmale *gecheckt* (bzw. eliminiert) werden. *Feature-Checking* ist symmetrisch: Wenn ein Kopf X° ein bestimmtes Merkmal aufweist, wird dieses durch ein sich an einem Element YP (oder Y°) befindliches entsprechendes Merkmal desselben Typs Merkmal gecheckt, indem sich YP (oder Y°) in die *Checking-Domäne* von X° bewegt. Unsichtbare Bewegung (bzw. LF-Bewegung) ist reine Merkmalsbewegung, wohingegen sichtbaree Bewegung die ganze Kategorie betrifft, d. h. bei sichtbarer Bewegung werden die Merkmale bewegt, die ansonsten alleine auf LF bewegt werden, allerdings zusammen mit den zugehörigen PF-Merkmalen. Ein Prozeß, der *Spell-Out* genannt wird, ist ferner dafür verantwortlich, daß an einem Schritt der Derivation sämtliche für die PF-Repräsentation π relevanten Merkmale von den lexikalischen Elementen abgezogen werden. Auf LF, wo diese Merkmale nicht interpretiert werden können, sind sie dann nicht mehr vorhanden.

Das Konzept *Move F* unterscheidet sich von *Move α*, weil es auf Merkmale und nicht auf Kategorien Bezug nimmt und niemals optional ist. Letzteres ergibt sich aus der Idee, daß Bewegungsoperationen merkmalsgetrieben sein müssen, und zwar werden sie durch die Notwendigkeit des *Feature-Checking* bzw. durch die *Last Resort Condition* ausgelöst. Chomsky (1995, Abschnitt 4.10) geht noch einen Schritt weiter. Er gibt die Idee von *Move F* auf und definiert statt dessen die transformationelle Operation *Attract F(eature)*. (2) subsumiert das *Last Resort* Prinzip und eine Lokalitätsbeschränkung, die sogenannte *Minimal Link Condition* (MLC):[1]

(2) *Attract F(eature)* (Chomsky 1995: 297)[2]
 K attracts F if F is the closest feature that can enter into a checking relation with a sublabel of K.

---

[1] Die MLC in ist eine Variante des Ökonomieprinzips *Minimize Chain Links* (MCL) (i) (Chomsky und Lasnik 1993):
(i) *Minimize Chain Links* (MCL)
 Make the shortest movement (i. e., do not skip potential landing sites).
(i) ist wiederum die derivationale Variante von *Relativized Minimality* (RM) (vgl. Rizzi 1990). MCL besagt, daß *Move* die kürzest-möglichen (=minimalen) Abstände zwischen den einzelnen Kettengliedern erzeugen muß, und erzwingt auf diese Weise z. B. sukzessiv-zyklische Bewegung, wohingegen RM eine Bedingung für Ketten (bzw. Repräsentationen) ist, die über Antezedens-Rektion definiert ist. Grob gesprochen besagt RM, daß in einer Konfiguration [... X ... Y ... Z ...] X Z nicht antezedens-regieren kann, wenn ein potentieller Antezedens-Regent Y interveniert.

[2] Unter einem 'sublabel von K' wird ein Merkmal von $H(K)^{omax}$ verstanden, wobei ein Merkmal von $H(K)^{omax}$ ein Merkmal des Kopfes H(K) oder eines daran adjungierten Kopfes ist (Chomsky 1995: 268).

(*Minimal Link Condition* (MLC) – vgl. Chomsky 1995: 311
K attracts α only if there is no β, β closer to K than α, such that K attracts β.)

(3) *Closeness* (Chomsky 1995: 358)
β is closer to the target K than α if β c-commands α.

In (4) sind noch einmal klassische Beispiele für Bewegungen aufgeführt, bei denen Lokalitätsbeschränkungen verletzt sind. In (4a) liegt eine *W*-Inselverletzung vor, in (4b) eine Verletzung des *Head Movement Constraint* (HMC) und (4c) repräsentiert einen Fall von *Superraising*:

(4) a. * *How* do you wonder what John could fix *t* ?
 b. * *Be* John will *t* honest?
 c. * *John* seems that it was told *t* [that Mary is pregnant]

Man beachte, daß zur einheitlichen Erklärung dieser Beispiele auf der Grundlage von (2) das Konzept „*closeness*" (3) eine wesentliche Rolle spielt. (2) besagt, daß ein Kopf das *nächste* Merkmal attrahiert. In (4b) hat C° ein starkes Merkmal, das gemäß (2) *will* attrahiert, das nächste Element, das in eine Checking-Relation mit (dem entsprechenden Merkmal in) C° treten kann. Laut (2) ist das Beispiel (4b) daher nicht herleitbar, sondern lediglich *Will John be honest?* Auch (4a) und (4c) können gemäß (2) nicht erzeugt werden. Die einzig mögliche Derivation für die (4c) zugrundeliegende Numeration ist *It seems that John was told t [that Mary is pregnant]*.[3] Auf Beispiele mit *W*-Inselverletzungen wie (4a) gehe ich im folgenden Abschnitt ausführlich ein.

3. *W*-Inseln und mehrfache Spezifikatoren im C-System

Vergegenwärtigen wir uns zunächst noch einmal das Paradigma der *W*-Insel-Phänomene. Im Rahmen der Prinzipien- und Parametertheorie ist immer

---

[3] Das Beispiel (4c) liefert eine Motivation dafür, die MLC/MCL – Bedingung in die Definition von *Attract/Move* zu integrieren (vgl. Chomsky 1995: 268, 296f.). Andererseits gibt es Argumente, die dafür sprechen, die MLC als gesonderte Bedingung zu formulieren (vgl. Nakamura 1995). Welche Schlußfolgerung letztlich gezogen wird, ist im vorliegenden Zusammenhang irrelevant, denn meine Analyse von *W*-Inseln und CED-Phänomenen ist unabhängig davon, ob die MLC als definitorischer Bestandteil von (*Move* bzw.) *Attract F* aufzufassen ist oder nicht. Ich spreche daher im folgenden von *Attract F* oder von der MLC-Bedingung.

Syntaktische Inseln 175

wieder der Versuch unternommen worden, eine Erklärung für die Extraktionsasymmetrien in (5) zu liefern:

(5) a. ?? *What* do you [$_{VP}$ *t″* wonder [$_{CP}$ how John could [$_{VP}$ *t′* [$_{VP}$ fix *t*]]]]
 b. * *How* do you [$_{VP}$ *t″* wonder [$_{CP}$ what John could [$_{VP}$ *t′* [$_{VP}$ fix *t*]]]]
 c. * *Who* do you [$_{VP}$ *t′* wonder [$_{CP}$ how [$_{IP}$ *t* could fix the car]]]

Im Englischen können lediglich Komplemente aus *W*-Inseln (5a) extrahiert werden. Extraktion von Adjunkten und Subjekten verletzt das ECP (5b)-(5c). Die traditionelle Erklärung für die Kontraste in (5) basiert auf den Annahmen, daß Zwischenadjunktion (an VP) möglich ist und daß Zwischenspuren von Argumenten, die in A′-Positionen auftreten, auf LF nicht lizenziert sind und daher getilgt werden müssen, wohingegen Zwischenspuren von Adjunkten nicht getilgt werden können (vgl. u. a. Lasnik und Saito 1984; 1992, Chomsky 1986a; 1991, Chomsky and Lasnik 1993).

Chomsky (1991) und Chomsky und Lasnik (1993: 546f.) rekurrieren auf die *Uniformity Condition*, um abzuleiten, daß auf LF Argument-Zwischenspuren im Gegensatz zu Adjunkt-Zwischenspuren getilgt werden müssen (vgl. hierzu auch die Diskussion in Browning 1987, Abschnitt 3.4). Die Idee ist, daß eine Kette $C = (\alpha_1, ..., \alpha_n)$ nur dann ein legitimes Objekt darstellt, wenn sie *uniform* ist, und daß grammatische Operationen wie Spurentilgung erfolgen, um ein legitimes LF-Objekt zu erzeugen. Generell gilt: *The chain C is uniform with respect to P (UN[P]) if each α_i has the property P or each α_i has non-P* (Chomsky und Lasnik 1993:546f.). Uniformität ist also ein relationaler Begriff. Eine Kette ist bezüglich einer Eigenschaft uniform, wenn ihre Teile die Eigenschaft E oder non-E aufweisen. Eine Kette ist z. B. uniform, wenn alle ihre Elemente bezüglich positionaler Eigenschaften (i. e. Lexical-relatedness) die relevante Eigenschaft gemeinsam aufweisen (UN[L]). Adjunkte und Köpfe gelten als non-L(exical)-related elements. Sie bewegen sich ausschließlich in non-L-related-Positionen und erzeugen so legitime Objekte bzw. uniforme Ketten, in denen jedes Element eine non-L-related-Position besetzt. A-Ketten mit jedem Element in einer A- oder L-related-Position sind ebenfalls uniform. Spurentilgung kann daher in diesen Ketten nicht erfolgen. Im Fall von langer *W*-Bewegung von Argumenten ist nun die Zusatzannahme wichtig, daß ausschließlich Operator-Variable Ketten als uniform gelten. Zwischenspuren in A′- oder non-L-related-Positionen werden durch eine *Last Resort*-Operation (*Delete α*) getilgt und liefern auf diese Weise legitime LF-Objekte der Form (*wh, t*), wobei *t* die Variable repräsentiert.

Die Erklärung der *W*-Inselverletzungen (5) in Chomsky und Lasnik (1993) beruht auf dem Ökonomieprinzip *Minimize Chain Links* („make the shortest movement i.e., do not skip potential landing sites", siehe Fußnote 1) und der *Uniformity Condition*. Die Beispiele in (5) lassen sich damit erklären, daß die *W*-Phrasen nicht sukzessiv-zyklisch durch Spec CP gewandert sind. Die lang extrahierten *W*-Elemente machen also nicht die „kürzeste Bewegung", weil sie Spec CP, eine potentielle Landeposition, überspringen. (IP-Adjunktion ist aus unabhängigen Gründen ausgeschlossen.) Die Bewegung verletzt daher *Minimize Chain Links*. Die Spur in Spec IP in (5c) wird folglich *-markiert. Auf LF bleibt diese Spur erhalten, weil sie die Variable repräsentiert. In (5b) wird eine uniforme Kette mit einer *-markierten Spur erzeugt, der Spur in VP-adjungierter Position. Tilgung der *-markierten Spur *t'* kann nicht erfolgen. In (5a) sichert demgegenüber eine Spur in VP-adjungierter Position, daß die Variable nicht *-markiert wird. Die Annahme, daß Zwischenadjunktion an VP möglich ist, ist also zusätzlich nötig, um die Kontraste in (5) erklären zu können. Da MCL fordert, daß der Abstand der Kettenglieder minimal sein muß, ist VP-Adjunktion überdies obligatorisch, weil davon ausgegangen wird, daß VP eine potentielle Landeposition für Bewegung darstellt.

Diese Analyse kann allerdings nicht aufrechterhalten werden, wenn man die Annahmen aus Chomsky (1995, Kapitel 4) zugrunde legt. Ich habe bereits erwähnt, daß Chomsky (1995, Kapitel 4) davon ausgeht, daß jegliche Bewegung durch Merkmals-Checking ausgelöst wird. Da sich Elemente in XP-Adjunktionsposition nicht in einer Checking-Position befinden, ist Zwischenadjunktion an VP wie in (5) ausgeschlossen. Ein weiteres Problem liefert die MLC bzw. die Definition von *Attract F* (2), die MCL ersetzt. Chomsky (1995, Kapitel 4) geht davon aus, daß zwischen [±interpretierbaren] Merkmalen unterschieden werden muß. Die *W*-Merkmale an *W*-Phrasen sind [+interpretierbar]. Diese Merkmale an XPs bleiben auch, nachdem sie einmal gecheckt wurden, für das C_{HL} zugänglich und können erneut gecheckt werden. Hiermit wird gesichert, daß ein und dasselbe Element sukzessiv-zyklisch bewegt bzw. attrahiert werden kann. Es ergibt sich aber auch, daß *W*-Inselverletzungen wie in (5) niemals auftreten können. Ein eingebetteter [+*w*]-C° attrahiert gemäß (2)-(3) stets nur die *nächste W*-Phrase. Diese *W*-Phrase bewegt sich nach Spec CP (6a) und wird an einem späteren Zeitpunkt der Derivation erneut durch den [+*w*]-Matrix C-Kopf attrahiert (6b), da sie – wenn sie sich in der eingebetteten Spec CP-Position befindet – näher an dem Matrix C° ist als die *W*-Phrase in-situ. (6b) ist abweichend, obwohl die Derivation konvergiert (was bedeutet, daß alle Merkmale gecheckt wurden). Laut Chomsky (1995) ist das Beispiel aus semantischen Gründen ausgeschlossen, möglicherweise weil die Zwischenspur in der eingebetteten Spec CP-Position nicht als Operator fungieren kann (vgl. hierzu auch Fußnote 4).

(6) a. [$_{CP}$ *Who*$_1$ [$_{IP}$ *t*$_1$ could solve what]]
 b. [$_{CP}$ *Who*$_1$ do you wonder [$_{CP}$ *t*$_1$' [$_{IP}$ *t*$_1$ could solve what]]]

Gemäß dieser Erklärung können *W*-Inselverletzungen wie in (5) nicht abgeleitet werden. Das Problem ist, daß die beobachteten Asymmetrien in (5)

Syntaktische Inseln

unerklärt bleiben. Chomsky (1995: 297) weist überdies darauf hin, daß diese Analyse auf der Grundlage der MLC keine Erklärung dafür liefert, daß Grammatikalitätsverletzungen in *Superraising*-Konstruktionen (4c) wesentlich stärker sind als die entsprechenden *W*-Inselverletzungen mit Komplementen (5a).

Im weiteren werden wir sehen, daß im Rahmen einer Analyse, in der mehrfache Spezifikatoren für das C-System angenommen werden, eine Erklärung für die zuletzt genannte Asymmetrie, für die Kontraste in (5) und für typologische Variationen im Hinblick auf *W*-Inselverletzungen auf der Grundlage der MLC gegeben werden kann.

Sprachübergreifende Vergleiche in bezug auf *W*-Insel-Effekte legen nahe, daß das, was in (5) dem Anschein nach eine Komplement/Nicht-Komplement-Asymmetrie ist, tatsächlich als Θ-/Non-Θ-Asymmetrie analysiert werden sollte. Das Akkusativ-Objekt im Englischen, das aus Kasus-Gründen nicht in der overten Syntax aus der VP bewegt wird (vgl. Chomsky 1995), ist in (5a) aus seiner Θ-Position extrahiert worden, wohingegen Subjekt- (5c) und Adjunkt-Extraktion (5b) aus Non-Θ-Positionen erfolgen. Ich nehme an, daß Extraktion aus *W*-Inseln nur dann möglich ist, wenn sie aus einer Θ-Position stattfindet (vgl. hierzu auch Koopman und Sportiche 1985, 1986).

Die Bedeutung dieser Generalisierung wird durch Extraktionsdaten aus Sprachen wie dem Französischen (Comorovski 1990), Deutschen (7) (Fanselow 1987, Bayer 1991) oder Niederländischen (8) (Browning 1987, van Koot 1988) bestätigt, in denen Subjekt- *und* Objekt-NPs aus Kasus-Gründen in der overten Syntax aus der VP herausbewegt werden müssen. In diesen Sprachen können weder Objekte (7a), (8a) noch Subjekte (7c), (8c) und Adjunkte (7b), (8b) aus *W*-Inseln extrahiert werden:

(7) a. * [$_{CP}$ *Was$_2$* fragt sich Hans [$_{CP}$ *wie$_1$* [$_{IP}$ Fritz t_2 t_1 repariert hat]]]?
   b. * [$_{CP}$ *Wie$_2$* fragt sich Hans [$_{CP}$ *was$_1$* [$_{IP}$ Fritz t_1 t_2 repariert hat]]]?
   c. * [$_{CP}$ *Wer$_2$* fragt sich Hans [$_{CP}$ *wie$_1$* [$_{IP}$ t_2 das Auto t_1 repariert hat]]]?

(8) a. * ...*wie*   hij zich afvroeg of jij t aardig vond
        wen   er   sich fragte ob du   magst
   b. * ...*waarom* hij zich afvroeg of Jan t ontslagen was
        warum er   sich fragte ob J.   gefeuert wurde
   c. * ...*wie*   hij zich afvroeg of t jou aardig vond
        wer   er   sich fragte ob dich mag

Die Generalisierung, daß Extraktion aus *W*-Inseln ausschließlich aus Θ-Positionen erfolgen kann, läßt sich auf die Analyse ähnlicher Beispiele im Spanischen und Italienischen übertragen. Rizzi (1986) hat dafür argumentiert, daß die Subjekt-Position in diesen Sprachen, die das Phänomen der Subjektinversion aufweisen, durch ein expletives *pro* besetzt sein kann. Das sich in Θ-Position befindliche invertierte Subjekt verhält sich wie ein Element, das eine kasusmarkierte A-Position besetzt. Es wird auf andere Weise als durch Spezifikator Kopf-Kongruenz mit Infl kasusmarkiert. Chomsky (1995, Abschnitt 4.5) kommt zu einem ähnlichen Schluß. Wenn wir akzeptieren, daß sich das invertierte Subjekt in einer Θ-Position befindet, dann ist zu erwarten, daß die Extraktion des Subjekts im Spanischen (9c) (und Italienischen – vgl. Rizzi 1982: 51 zu entsprechenden Beispielen), im Gegensatz zum Englischen (5c), Deutschen (7c) oder Niederländischen (8c) möglich sein sollte (Bsp. aus Jaeggli 1988):

(9) a. * [$_{CP}$ *Que* no sabes [$_{CP}$ *quién* compró t]
       was nicht du-weißt wer kaufte
   b. * [$_{CP}$ *Porqué* no sabes [$_{CP}$ *cuándo* salió Juan t t]]
       warum nicht du-weißt wann ging Juan'?'
   c. ? [$_{CP}$ *Quién* no sabes [$_{CP}$ *qué* compró t t]]
       wer nicht du-weißt was kaufte

Wenden wir uns nun der technischen Implementierung der erwähnten deskriptiven Generalisierung zu, wonach Extraktion aus W-Inseln nur aus Θ-Positionen erfolgen kann. Zunächst ist zu fragen, wie – unter der Voraussetzung, daß Zwischenadjunktion unmöglich ist und Bewegung durch *Attract F* determiniert wird – die Derivation bei Extraktion aus *W*-Inseln verläuft. Ich nehme an, daß das eingebettete C-System in diesen Fällen mehrfache Landepositionen bzw. mehrfache Spezifikatoren für *W*-Phrasen bereitstellt (vgl. auch Reinhart 1981, Comorovski 1986). Ich übernehme überdies eine Idee, die Koizumi (1994) im Zusammenhang mit einer Analyse von Topikalisierungsphänomenen auf der Grundlage mehrfacher Spezifikatoren vorgeschlagen hat, und zwar gehe ich davon aus, daß der selegierte C-Kopf in indirekten Fragen mehr als ein [+w]-Merkmal tragen kann. Die [+w]-Merkmale in diesem Kopf sind dann hierarchisch geordnet ([w_2]>[w_1]). Unter dieser Annahme hat die eingebettete Spec CP-Position in den oben betrachteten Beispielen die folgende Struktur, wobei t_2 in (10)-(11) entweder eine Non-L-related- also A'-Position (im Fall von Adjunktextraktion) bzw. eine Basis oder abgeleitete L-related- also A-Position (im Falle von Argumentextraktion) repräsentiert:

(10) [$_{CP2}$ W_2 ... [$_{CP1}$ *t_2' [$_{C'}$ W_1 [$_{C'}$ [$_{C°}$ [w2 [w1]]] [$_{IP}$ ... t_1 ... t_2 ...]]]]]
(11) [$_{CP2}$ W_2 ... [$_{CP1}$ *t_2' [$_{C'}$ W_1 [$_{C'}$ [$_{C°}$ [w2 [w1]]] [$_{IP}$ ... t_2 ... t_1 ...]]]]]

Beide *W*-Phrasen bewegen sich in eine intermediäre CP Spezifikator-Position. Die Zwischenspur t_2' befindet sich in Spec$_2$ der eingebetteten CP$_1$, wohingegen W_1 nach Spec$_1$ bewegt wurde. In (10) und (11) besetzen unterschiedliche *W*-Phrasen die betreffenden Spezifikator-Positionen, da die *W*-Phrasen sich hinsichtlich der [+w]-Merkmale, die sie tragen können, unterscheiden. In beiden Fällen ist W_2 näher am attrahierenden Matrix C-Kopf. Die Idee, daß die W-Phrasen unterschiedliche [+w]-Merkmale tragen, ermöglicht es, zu motivieren, daß *beide* W-Phrasen durch die verschiedenen [+w]-Merkmale in C° attrahiert werden. Wichtig ist überdies die Annahme, daß ein eingebetteter C-Kopf, der [+w]-Merkmale trägt, die Präsenz eines W-Operators in seiner Spec-Position verlangt. Die Zwischenspur t_2' der W-Phrase W_2 ist kein Operator. Diese Spur wird daher *-markiert, nachdem der Matrix C-Kopf W_2 attrahiert.[4]

Wenden wir uns nun den Bedingungen für Spurentilgung zu. Ich greife hierzu einen Vorschlag aus Chomsky (1995: 388, Fußnote 75) auf, der besagt, daß neben L-relatedness auch die Unterscheidung zwischen Θ- und Non-Θ-Positionen für die Uniformitätsbedingung von Ketten relevant ist. Rufen wir uns noch einmal in Erinnerung, daß Zwischenspurtilgung ausschließlich in Operator-Variable Ketten erfolgen kann. In uniformen Ketten findet keine Zwischenspurtilgung statt. Wenn wir nun L-relatedness *und* das Auftreten von Elementen in Θ-/Non-Θ-Positionen als relevante Eigenschaft [P] auffassen, dann können wir die Bedingung für Zwischenspurtilgung wie in (12) reformulieren.

(12) *Uniformity Condition*
    a. A chain C is uniform with respect to P (UN[P]) if each $α_i$ has property P or each $α_i$ has property non-P.
    b. i. A' ... (A') ... A   (Operator-Variable Kette)
       ii. Θ' ... (Θ') ... Θ

Nimmt man an, daß Zwischenspurtilgung nur erfolgen kann, wenn eine Kette die Bedingungen (12b.i.-ii.) erfüllt, ist es möglich, die Beispiele (5) und (7)-(9) einer einheitlichen Erklärung zuzuführen: In (5b-c) kann die Zwischenspur *t_2' (im Hinblick auf die Struktur in (10)-(11)) nicht getilgt werden. (Ich gehe davon aus, daß keine Spuren in VP-Adjunktionsposition vorhanden sind, vgl. Sabel 1996b, 1998). Die Kette (Wh_2, *t_2', t_2) ist uniform, weil sich jedes Kettenglied in einer Non-Θ-Position befindet. Die Ausgangsspur t_2 in (5b) nimmt die Basisposition des Adjunkts ein (siehe (10)), während sich t_2 in (5c) in Spec IP befindet (vgl. (11)). Die Zwischenspuren können daher nicht getilgt werden. Im Gegensatz hierzu ist die Kette (Wh_2, *t_2', t_2) in (5a) nicht uniform, weil t_2 eine Θ-Position einnimmt. In diesem Beispiel muß die Zwischenspur getilgt werden. Auf LF erhält man dann

---

[4] Es wird im allgemeinen angenommen, daß Zwischenspuren als [-w]-Elemente bzw. Nicht-Operatoren aufzufassen sind. Diese Annahme schließt z. B. Beispiele wie *Who do you wonder [t' [t won the race]] aus, in denen der [+w]-C-Kopf des eingebetteten Satzes ein [+w]-Element in seinem Spezifikator verlangt. Unter der Annahme, daß Zwischenspuren [-w]-Elemente repräsentieren, ist die Ungrammatikalität des Satzes erwartet. Zur weiteren Diskussion vgl. Rizzi (1996), Lasnik and Saito (1992).

die Kette (Wh_2, t_2). Der leichte Grad der Grammatikalitätsabweichung dieses Beispiels kann damit erklärt werden, daß die an einem Schritt der Derivation erzeugte *-markierte Spur getilgt wurde. Die Erklärung für (5b-c) läßt sich auf (7b-c) und (8b-c) übertragen. Im Gegensatz zu (5a) ist *W*-Extraktion von Objekten aus *W*-Inseln im Deutschen (7a), Niederländischen (8a), Spanischen (9a) (und Französischen) unmöglich, weil sich t_2 in einer non-Θ-Position befindet, und zwar in der Position, in der dem extrahierten Objekt struktureller Kasus zugewiesen wird. Die relevanten Ketten in den (a)-Beispielen in (7)-(9) sind also alle uniform, was zur Folge hat, daß die *-markierte Zwischenspur nicht getilgt werden kann. Die Erklärung für den Fall (9b) im Spanischen ist analog zu der Erklärung der entsprechenden Fälle im Deutschen, Niederländischen und Englischen. Im Gegensatz zu diesen Sprachen können allerdings im Spanischen Subjekte lang aus *W*-Inseln extrahiert werden (9c), weil die Extraktion aus der invertierten Position des Subjekts, einer Θ-Position, erfolgt. Hier ist zur Bildung einer uniformen Kette wieder die Tilgung der Zwischenspur *t_2' obligatorisch.[5, 6]

Im folgenden will ich zwei weitere Vorteile der vorgeschlagenen Analyse von *W*-Inseln auf der Grundlage mehrfacher Spezifikatoren anführen. Unabhängige Evidenz für diese Analyse kann aus Rekonstruktionsdaten gewonnen werden. Betrachten wir hierzu die Beispiele (13)-(14). In (13c) und (14c) ist die in der *W*-Phrase enthaltene Anapher nicht vom Matrixsubjekt c-kommandiert. Dennoch können *John* bzw. *Mary* als Antezedens der Anapher fungieren. In (13a) und (14a) ist die Anapher nicht in der angemessenen Bindungsdomäne (dem eingebetteten Satz) gebunden. Die Sätze sind daher ungrammatisch. Wenn sich die *W*-Phrase in die eingebettete Spec CP-Position bewegt wie in (13b), (14b), kann hingegen die Anapher vom Antezedens im Matrixsatz gebunden werden. (13c) und (14c) liefern Evidenz für die Annahme, daß an einem Schritt der Derivation die *W*-Phrase die intermediäre Spec CP-Position besetzt hat.

(13) a. * John$_i$ thinks [$_{CP}$ that [$_{IP}$ Mary bought some pictures of himself$_i$]]
    b.   John$_i$ wonders [$_{CP}$ [*which pictures of himself$_i$*] [$_{IP}$ Mary bought t_i]]

---

[5] Diese Analyse prognostiziert, daß sich Θ-markierte PPs aus *W*-Inseln in sämtlichen Sprachen extrahieren lassen. Dies scheint nicht nur für das Englische zuzutreffen (Chomsky 1986a: 39). Laut Comorovski (1990) gilt dies auch für Französisch, Italienisch und Spanisch. An (i)-(ii) sieht man, daß PP-Extraktion aus *W*-Inseln prinzipiell auch im Niederländischen (vgl. auch Browning 1987, Koster 1987) und Deutschen möglich ist:
(i) ... met wie hij zich afvroeg of hij t zou kunnen praten
    mit wem er sich fragte ob er würde können sprechen
(ii) *Mit welchem Mann* weißt du nicht was er t besprechen will?

[6] Zur Analyse der entsprechenden Beispiele in weiteren Sprachen wie etwa dem Bulgarischen oder Rumänischen, in denen in Konstruktionen mit mehrfachen *W*-Phrasen overte Bewegung aller *W*-Phrasen obligatorisch ist, vgl. Sabel (1998).

c. [$_{CP}$ [*Which pictures of himself*$_i$] does John$_i$ think [$_{CP}$ *t'* that [$_{IP}$ Mary bought *t*]]]
(14) a. * John told Mary$_i$ [$_{CP}$ that [$_{IP}$ Paul bought some pictures of *herself*]]
b. John asked Mary$_i$ [$_{CP}$ [*which pictures of herself*$_i$] [$_{IP}$ Paul bought *t*$_i$]]
c. [$_{CP}$ [*Which pictures of herself*$_i$] did John tell Mary$_i$ [$_{CP}$ *t'* that [$_{IP}$ Paul bought *t*]]]

Nimmt man an, daß Prinzip A der Bindungstheorie an einem beliebigen Schritt der Derivation erfüllt werden kann (vgl. Belletti and Rizzi 1988, Uriagereka 1988, Lebeaux 1991, Sabel 1996b), dann erfüllt die Anapher Prinzip A an dem Schritt der Derivation, an dem sich die *W*-Phrase in die intermediäre Spec CP-Position bewegt. Unter dieser Voraussetzung liefern die Beispiele (15) und (16) unabhängige Evidenz für die vorgeschlagene Analyse der *W*-Inseleffekte auf Grundlage der Annahme mehrfacher Spezifikatoren:

(15) a. * John$_i$ wonders [$_{CP}$where [$_{IP}$ Mary bought some pictures of himself$_i$]]
b. John$_i$ wonders [$_{CP}$[*which pictures of himself*$_i$] [$_{IP}$ Mary bought *t*]]
c. ?? [$_{CP}$[*Which pictures of himself*$_i$] does John$_i$ wonder [$_{CP}$ *t'* where[$_{IP}$ Mary bought *t*]]]
(16) a. * John asked Mary$_i$ [$_{CP}$ where [$_{IP}$ Paul bought some pictures of herself$_i$]]
b. John asked Mary$_i$ [$_{CP}$[*which pictures of herself*$_i$] [$_{IP}$ Paul bought *t*]]
c. ?? [$_{CP}$ [*Which pictures of herself*$_i$] did John ask Mary$_i$ [$_{CP}$ *t'* where [$_{IP}$Paul bought *t*]]]

Die Beispiele in (15c) und (16c) sind wesentlich besser als die Beispiele (15a) und (16a), was darauf hindeutet, daß Prinzip A der Bindungstheorie in den (c)-Beispielen, nicht aber in den (a)-Beispielen erfüllt ist. Da die Anapher weder in ihrer zugrundeliegenden Position (15a), (16a) noch in ihrer abgeleiteten Position (15c), (16c) adäquat gebunden ist, und da in (15c) und (16c) die intermediäre Spec CP mit einer *W*-Phrase gefüllt ist, entsteht die Frage, wie es möglich ist, daß die Bindungstheorie in (15c), (16c) nicht verletzt ist. Die Annahme mehrfacher Spezifikatoren liefert hierauf eine Antwort. Die lang bewegten *W*-Phrasen sind in (15c) und (16c) durch die Spec$_2$-Position der eingebetteten CP gewandert. In dieser Position können sie wie in (13b) und (14b) von dem Antezedens im Matrixsatz gebunden werden, und zwar in (15b-c) von dem Matrixsubjekt und in (16b-c) von dem Matrixobjekt. Die leichte Ungrammatikalität der Beispiele resultiert aus der vorliegenden *W*-Inselverletzung bzw. daraus, daß im Verlauf der Derivation eine *-markierte Spur erzeugt wird.

Die vorgeschlagene Analyse hat den zusätzlichen Vorteil, daß sie eine Antwort auf die bereits erwähnte Frage liefert, warum Fälle von *Superraising* (4c) eine wesentlich stärkere Grammatikalitätsverletzung darstellen als *W*-Inselverletzungen wie (5a) (vgl. Chomsky 1995: 297). Im Rahmen der vorliegenden Analyse ist der Grund für diese Asymmetrie klar: In (5a) wird im Gegensatz zu (4c) eine intermediäre (*-markierte) Spur erzeugt, die an einem späteren Stadium der Derivation wieder verschwindet bzw. getilgt wird.

4. CED-Effekte und die Operation *Merge*

Im vorangegangenen Abschnitt habe ich dafür argumentiert, daß *W*-Inselverletzungen als Konsequenz des Zusammenspiels der *Uniformity Condition* und der Möglichkeit mehrfacher Spezifikatoren im C-System aufgefaßt werden können. Was nun die Analyse weiterer Inselphänomene wie z. B. der CED-Inseln betrifft, ist im Minimalistischen Programm, wie es in Chomsky (1995, Kapitel 4) entwickelt wird, zunächst durch nichts ausgeschlossen, daß Elemente im Innern von Inseln von starken funktionalen Köpfen attrahiert werden, die sich außerhalb der Inseln befinden. Die Ungrammatikalität entsprechender Beispiele wie in (17) ist somit unerklärt. In früheren Stadien der Theoriebildung in der Prinzipien- und Parametertheorie wurde versucht, eine einheitliche Erklärung für *W*-Inselphänomene und CED-Inselverletzungen zu liefern. Ein bekanntes Beispiel hierfür ist die Kombination aus L-Markierungs- und Vererbungsbarriere in Chomsky (1986a). Derartige Konzepte stehen im Minimalistischen Programm jedoch nicht länger zur Verfügung, weil sie auf dem obsoleten Mechanismus der Zwischenadjunktion (vgl. Chomsky 1986a, Chomsky und Lasnik 1993, Sabel 1996b) und auf dem Konzept der Rektion beruhen. (Das Konzept der Rektion wird im Minimalistischen Programm nicht länger als annehmbar angesehen.) Chomsky und Lasnik (1993) übernehmen von daher Huangs CED, eine Generalisierung, die besagt, daß *jedes Nicht-Komplement eine Barriere für Extraktion ist* (vgl. auch Cinque 1990). Die CED schließt Extraktionen aus Adjunkten (17a), aus Subjekten (17c) und Verletzungen der CNP-Beschränkung (17b) aus. Wie in (17) zu sehen ist, nehme ich an, daß Bewegung, die eine Barriere überschreitet, eine *-markierte Spur hinterläßt:

(17) a. * *What* did Sam go out [$_{PP}$ without [$_{CP}$ *t' PRO talking about t]]
   b. * *What* did you hear [$_{NP}$ a rumor [$_{CP}$ *t' that John had read t]]
   c. * *What* did [$_{CP}$ *t' that you had paid t] surprise you

Problematisch zur Erklärung der Ungrammatikalität dieser Beispiele ist zunächst, daß die *Uniformity Condition* die Tilgung der Zwischenspuren in (17) verlangt. Die Konsequenz ist, daß die resultierenden Ketten (*Wh*, *t*)

Syntaktische Inseln

wohlgeformte LF-Objekte darstellen, was insofern problematisch ist, als diese Ketten nicht dieselbe leichte Ungrammatikalität wie die Beispiele mit Objektextraktion aus *W*-Inseln (5a) aufweisen. Im weiteren Verlauf dieses Abschnitts werde ich zur Lösung dieses Problems vorschlagen, daß die Zwischenspuren in (17) unsichtbar für *Delete α* sind und daher die *Uniformity Condition* verletzen. Betrachten wir aber zunächst den Begriff der Barriere.[7]

Man kann CED-Effekte aus Eigenschaften der strukturerzeugenden Operation *Merge* herleiten. Die phrasenstrukturelle Beziehung zwischen Kopf und Komplement entsteht dadurch, daß ein Kopf mit einer anderen Kategorie gemergt wird. Man beachte, daß wegen des zyklischen Operierens von *Merge* der Spezifikator einer Projektion noch nicht vorhanden ist, wenn Kopf und Komplement verknüpft werden. In diesem Zusammenhang ist die folgende wichtige Asymmetrie relevant. Kategorien, die mit Köpfen gemergt werden (Komplemente), sind keine Barrieren für Extraktion, wohingegen Kategorien, die mit Nicht-Köpfen gemergt werden (Adjunkte und Spezifikatoren), Barrieren für Extraktion darstellen. Kurzum: Komplemente sind Elemente, die mit Köpfen gemergt werden. Sie sind transparent für Extraktion. Hierin unterscheiden sie sich von Subjekten (bzw. Spezifikatoren) und Adjunkten. Letztere werden mit komplexen Kategorien (Nicht-Köpfen) gemergt und stellen im Gegensatz zu Komplementen Extraktionsbarrieren dar. Diese intuitive Idee wird durch die folgende Definition für Barriere wiedergegeben. In (18) werden T_1 und T_2 unterschieden, wobei T_1 eine Konstituente ist, die T_2 als Konstituente enthält:

(18) *Barriere*
Eine Kategorie A kann nicht aus einem Teilbaum T_2 von T_1 extrahiert werden, wenn T_2 an einem Schritt der Derivation mit einer komplexen Kategorie (mit einem Nicht-Kopf) gemergt wurde.

---

[7] Ich gehe davon aus, daß lange *W*-Bewegung in (17) bzw. generell sukzessivzyklisch erfolgt. Dies impliziert im Rahmen der hier verwendeten Theorie, daß Bewegung in einen intermediären [-*w*] CP-Spezifikator durch einen Merkmals-Checking Prozeß ausgelöst sein muß (vgl. hierzu auch Collins 1993, 1994, 1997; Ferguson and Groat 1994; Sabel 1996a, 1998). In verschiedenen Sprachen ist deutlich zu sehen, daß intermediäre C-Köpfe phonetisch realisierte *Operator*-Merkmale aufweisen (vgl. Sabel 1998, Kapitel 4). Ich nehme im folgenden an, daß in Beispielen wie (17) *W*-Bewegung in die intermediäre Spec CP-Position durch *Operator*- bzw. *Fokus*-Merkmale erzwungen wird, die im betreffenden C° (nicht overt) realisiert sind. (Zur Annahme, daß *W*-Bewegung generell sukzessiv-zyklisch erfolgt, vgl. auch Kayne und Pollock 1978; Reinhart 1981; Browning 1987: 309ff.; Ferguson and Groat 1994; Thornton and Crain 1994, Sabel 1998, Kapitel 4).

Es ergibt sich, daß VP und IP laut (18) im Hinblick auf satzinterne Extraktion niemals Barrieren sind. Betrachten wir ein Beispiel. VP ist keine Barriere für *t* in (19), weil VP mit I° gemergt wurde. IP ist ebenfalls keine Barriere für *t*, weil IP mit C° gemergt wurde.

(19)   *What* do [IP you [VP like *t*]]

(18) prognostiziert korrekt die Ungrammatikalität der Inselverletzungen in (17) und (20):

(20) a. * *How* did you [VP [VP leave] [PP before [CP *t′ PRO solving the problem *t*]]]
  b. * *How* did you hear [NP a rumor [CP *t′ that John had solved the problem *t*]]
  c. * *How* did [CP *t′ to solve the problem *t*] surprise John

In (17a) und (20a) ist die Adjunkt-PP eine Barriere für *t*′, weil PP mit VP, einer komplexen Kategorie, gemergt wurde. PP ist somit eine Barriere für *t*′. Mit Stowell (1981), Kiss (1990), Grimshaw (1992) und Takahashi (1994) nehme ich an, daß die eingebettete *that*-CP in (17b) und (20b) keine Argument-CP des Nomens *rumor* ist, sondern ein Appositiv-Satz, der ein strukturelles Adjunkt repräsentiert. Die Erklärung für (17a) und (20a) kann dann auf (17b) und (20b) übertragen werden. Die Adjunkt-CP ist eine Barriere für *t*′, weil die NP/DP und CP miteinander gemergt wurden. Die Erklärung für (17a-b) und (20a-b) kann ebenfalls auf Fälle von Extraktion aus Relativsätzen übertragen werden (21). Der Relativsatz wurde mit einem Nicht-Kopf gemergt. Er ist daher eine Barriere für Extraktion.

(21)   * *Which book* did John have [NP a friend [CP to whom [to read *t]]]

Betrachten wir nun (17c) und (20c). Diese Beispiele sind aus den gleichen Gründen ungrammatisch, aus denen (22c) ausgeschlossen ist. Extraktion aus Subjekten ist ausgeschlossen, weil das Subjekt mit einer komplexen Kategorie gemergt wurde. Die CP/NP-Subjekt-Insel ist in den erwähnten Beispielen mit V′ (oder Infl′) gemergt worden. Das Subjekt ist eine Barriere für *t* in (22c) und für *t*′ in (17c) und (20c). Die gleiche Erklärung kann für die Unmöglichkeit der Extraktion aus Adjunkt-PPs (22a) gegeben werden:

(22) a. * *Which movie* did you sleep [PP during *t]
  b.   *Of whom* did Mary take [NP pictures *t*]
  c. * *Who* do you think [CP *t*′ that [IP [NP pictures of *t] are on sale]]?

(18) prognostiziert korrekt, daß Extraktion aus phrasenstrukturellen Komplementen generell möglich ist. Insofern erwartet man, daß Bewegung aus

Syntaktische Inseln 185

VPs und IPs (19), aus NP-Komplementen (22b) und ebenso aus sententialen Komplementen (23a-b) möglich ist, denn die Konstituente, aus der Extraktion erfolgt, wurde mit einem Kopf gemergt. Extraktion von Subjekten aus small clauses ist ebenfalls möglich (23c), denn wie im Fall der Extraktion in (19), (22b) und (23a-b) wurde das small-clause-Komplement mit einem Kopf, dem Matrixverb, gemergt:

(23) a. *What* did Mary say *t'* that John bought *t*
 b. ?? *What* do you wonder [$_{CP}$ how John could fix *t*]
 c. *Who* does John consider [$_{SC}$ *t* stupid]

Überdies prognostiziert man korrekt, daß in Analogie zu (17c), (20c) und (22c) Extraktion aus Subjekten von small clauses ausgeschlossen ist (24):

(24) a. * *Of whom* does John consider [$_{SC}$ [$_{NP}$ friends **t*] idiotic]
 b. * *Who* does John believe [$_{IP}$ [$_{NP}$ a friend of **t*] to be stupid]

Extraktion aus direkten Objekten ist im allgemeinen im Englischen möglich (22b), wohingegen Extraktion aus Ziel-Argumenten weitaus weniger akzeptabel ist (25)-(26). Die Beispiele (25)-(26) findet man in Johnson (1985: 48):

(25) * *Who* did John give pencils to [friends of *t*]
(26) * *Of whom* did John give pencils to [friends *t*]

Folgt man der Analyse der Doppelobjekt-Konstruktion in Aoun and Li (1990: 164) (vgl. auch Sabel 1996b: 33-37, 188-192 und Steinbach und Vogel 1998), wo angenommen wird, daß Ziel-Argumente (in Analogie zu Subjekten in Passivkonstruktionen) strukturelle VP-Adjunkte darstellen, kann die Unmöglichkeit der Extraktion in (26) analog zur Ungrammatikalität der Extraktion aus Adjunkten in (17a-b), (20a-b), (21) und (22a) erklärt werden.

Betrachten wir nun noch die zu (17) analogen *W*-in-situ-Konstruktionen. Da Barrieren in (18) für Bewegung definiert sind, ergibt sich, daß die Beispiele (27) nicht unkorrekterweise ausgeschlossen werden, wenn man davon ausgeht, daß die [+w]-Merkmale der in-situ *W*-Argument-Phrasen durch Bindung bzw. „unselective binding" lizenziert werden (vgl. hierzu u.a. Tsai 1994, Chomsky 1995, Kapitel 4).

(27) a. *Who t* went out [$_{PP}$ without [$_{CP}$ PRO talking about what]]
 b. *Who t* heard [$_{NP}$ a rumor [$_{CP}$ that John had read what]]
 c. *Who* did [$_{CP}$ that you had paid what] surprise *t*

Wenden wir uns abschließend dem Problem zu, das ich am Beginn des Abschnittes in Verbindung mit (17) – hier wiederholt als (28) – erwähnt habe:

(28) a. * *What* did Sam go out [$_{PP}$ without [$_{CP}$ *t' PRO talking about t]]
 b. * *What* did you hear [$_{NP}$ a rumor [$_{CP}$ *t' that John had read t]]
 c. * *What* did [$_{CP}$ *t' that you had paid t] surprise you

Die Zwischenspuren t' sind *-markiert, weil die extrahierten Phrasen (18) verletzen bzw. weil sie eine Barriere überqueren. Andererseits sollten – gemäß der *Uniformity Condition* – diese Zwischenspuren getilgt werden, was zur Folge hätte, daß die resultierenden Ketten (*Wh*, t) wohlgeformte LF-Objekte darstellen. Die starke Ungrammatikalität der Beispiele in (28) ist dann unerklärt.

Wie bereits erwähnt, gibt es Grund zu der Annahme, daß die Zwischenspuren in (28) nicht getilgt werden können. Was dann tatsächlich in (28) auf LF vorhanden ist, sind die Ketten (*what*, *t', t), die die *Uniformity Condition* verletzen und somit das *Principle of Full Interpretation*. Diese Ketten können somit nicht vom ECP gecheckt werden. In den analogen Beispielen mit Adjunktextraktion (20) sind hingegen uniforme Ketten des Typs (*how*, *t', t) vorhanden. Diese verletzen das ECP und nicht die *Uniformity Condition*. Die Tatsache, daß in (28) und (20) unterschiedliche Verletzungen vorliegen, erklärt dann überdies, daß die Beispiele in (20) als stärker ungrammatisch angesehen werden als die Beispiele in (28).

Nun muß noch geklärt werden, warum die Tilgung von Argumentzwischenspuren im Innern von CED-Inseln unmöglich ist. Zur Beantwortung dieser Frage können wir auf eine Beobachtung Epsteins (1995) rekurrieren, der darauf hinweist, daß ein Element A nur dann in einer syntaktischen Relation mit einem Element B stehen kann, wenn beide nicht Teile von Bäumen sind, die an mindestens einem Schritt der Derivation *unverbunden* waren. Was ich hier unter *unverbunden* verstehe, ergibt sich aus der (bottom to top) Arbeitsweise von *Merge*. Im Rahmen dieser Theorie werden Bäume manchmal parallel als lokal unabhängige, komplexe Teilbäume generiert, und zwar ist dies der Fall bei solchen Phrasen, die an einem bestimmten Punkt der Derivation während der Strukturerzeugung (noch) nicht Konstituenten eines partiell erzeugten komplexen Baumes sind. Dies ist immer dann der Fall, wenn *Merge* zwei (oder mehr) komplexe Terme verknüpft wie in (28). Das (komplexe) Subjekt und die (komplexen strukturellen) Adjunkte in (28) werden an einem Schritt der Derivation mit VP/IP gemergt. Die komplexen Terme, die hierbei mittels *Merge* verbunden werden, existierten zuvor als unabhängige und komplexe Teilbäume. Man beachte, daß diese Situation nie bei der Erzeugung phrasenstruktureller Komplemente entsteht. Es liegt z. B. eine ganz andere Situation vor, wenn man ein Verb und sein DP-Objekt merged. Das (komplexe) Objekt wird mit einem *nicht-komplexen* Term gemergt, dem V-Kopf. Das Gleiche gilt für die Beziehung zwischen I°

Syntaktische Inseln 187

und VP und C° und IP. „Unverbundenheit" liegt also immer nur bei der Generierung von CED-Inseln vor. Diese komplexen Teilbäume unterscheiden sich von Konstituenten wie Komplementen darin, daß sie an mindestens einem Schritt der Derivation „unverbunden" waren mit einem anderen komplexen Teilbaum. Es ist nun leicht zu sehen, daß die Zwischenspuren in (28) in PP/CP Teilbäumen enthalten sind, die die Barrieren repräsentieren. Diese Teilbäume waren an mehreren Schritten der Derivation unverbunden. Nimmt man nun an, daß eine Bedingung für die Möglichkeit der Zwischenspurtilgung darin besteht, daß die Elemente der relevanten Kette zueinander in einer syntaktischen Relation stehen und daß diese in (28) nicht besteht, dann erhält man das gewünschte Resultat: Die Unmöglichkeit der Tilgung der Zwischenspuren *t' in (28a-c).

5. Schlußbemerkungen

Fassen wir noch einmal die wichtigsten Ergebnisse zusammen. Es wurde gezeigt, daß sich Extraktions-Asymmetrien bei *W*-Inselverletzungen in verschiedenen Sprachen unter Verwendung der *Minimal Link Condition* (oder *Attract F*) erklären lassen, wenn zusätzlich angenommen wird, daß Zwischenspurtilgung auf der Grundlage der *Uniformity Condition* erfolgt und daß CPs mehrfache Spezifikatoren aufweisen können, von denen jeder Spezifikator eine Position für Feature-Checking bereitstellt. Ferner habe ich dafür argumentiert, daß CED-Inseleffekte aus der Art und Weise hergeleitet werden können, wie *Merge* Phrasenstrukturen erzeugt. Die intuitive Idee hierbei war, daß Konstituenten, die mit einem Nicht-Kopf gemergt werden, Extraktionsbarrieren darstellen. Die implizite Annahme der vorgeschlagenen Analyse war, daß lange Bewegung (universell) sukzessiv-zyklisch erfolgt.[8]

Verschiedene weitere Inselphänomene wurden bislang nicht unter die vorgeschlagene Erklärung subsumiert. Es ist jedoch leicht zu sehen, daß z. B. Inseleffekte in Zusammenhang mit Negationselementen oder der Barrierencharakter von faktiven Komplementen in Anlehnung an Ideen von Hegarty (1991: 93) und Rizzi (1992) durch die Annahme erklärt werden können, daß in diesen Fällen ein leerer Operator in Spec CP bzw. Spec NegP lange Extraktion bzw. Attrahierung blockiert.

---

[8] Rizzi (1982) argumentiert hingegen dafür, daß 'Bewegung' im Hinblick darauf parametrisiert ist, ob sie der Subjazenzbedingung unterliegt. Eine weitere Alternative wird in Reinhart (1981) vorgeschlagen, wo angenommen wird, daß sich Sprachen hinsichtlich verschiedener ‚Phrasenstrukturen'. Die hier vorgestellte Analyse beruht demgegenüber auf der Idee, daß sich sprachspezifische Unterschiede aus den parametrisierten lexikalischen Eigenschaften funktionaler Kategorien ergeben (vgl. auch Chomsky 1991, 1995).

Literatur

Aoun, J. und Y. Li (1990): Scope and Consistency. In: Linguistic Inquiry 20, 141-172
Bayer, J. (1991): Notes on the ECP in English and German. In: Groninger Arbeiten zur Germanistischen Linguistik 30, 1-55.
Belletti, A. und L. Rizzi (1988): Psych-Verbs and Θ-Theory. In: Natural Language and Linguistic Theory 6, 291-352.
Browning, M. (1987): Null Operator Constructions. Doctoral dissertation, MIT.
Chomsky, N. (1981): Lectures on Government and Binding. Dordrecht: Foris.
- (1982): Some Concepts and Consequences of the Theory of Government and Binding. Cambridge, Mass.: MIT Press.
- (1986a): Barriers. Cambridge, Mass.: MIT Press.
- (1986b): Knowledge of Language. Its Nature, Origin and Use. New York: Praeger.
- (1991): Some Notes on Economy of Derivation and Representation. In: R. Freidin (Hrsg.): Principles and Parameters in Comparative Grammar, 417-454. Cambridge, Mass.: MIT Press.
- (1993): A Minimalist Program for Linguistic Theory. In: K. Hale und S. J. Keyser (Hrsg.): The View from Building 20: Essays in Linguistics in Honor of Sylvian Bromberger, 1-52. Cambridge, Mass.: MIT Press.
- (1995): The Minimalist Program. Cambridge, Mass.: MIT Press.
Chomsky, N. und H. Lasnik (1993): Principles and Parameters Theory. In: J. Jacobs et al. (Hrsg.): Syntax: An International Handbook of Contemporary Research, 469-596. Berlin: de Gruyter.
Cinque, G. (1990): Types of A'-Dependencies. Cambridge, Mass.: MIT Press.
Collins, C. (1993): Topics in Ewe Syntax. Doctoral dissertation, MIT.
- (1994): Merge and Greed. Ms., Cornell University.
- (1997): Local Economy. Cambridge, Mass.: MIT Press.
Comorovski, I. (1986): Multiple Wh-Movement in Romanian. In: Linguistic Inquiry 17, 171-177.
- (1990): Verb Movement and Object Extraction in French. In: Proceedings of the North East Linguistic Society (NELS) 20, 91-105.
Epstein, S. (1995): Un-Principled Syntax and the Derivation of Syntactic Relations. Ms., Harvard University.
Fanselow, G. (1987): Konfigurationalität. Tübingen: Narr.
Ferguson, K. S. and E. M. Groat (1994): Defining Shortest Move. Ms., Harvard University.
Grimshaw, J. (1992): Argument Structure. Cambridge, Mass.: MIT Press.
Hegarty, M. V. (1991): Adjunct Extraction and Chain Configuration. Doctoral dissertation, MIT.
Jaeggli, O. (1988): ECP Effects at LF in Spanish. In: D. Birdsong und J.-P. Montreuil (Hrsg.): Advances in Linguistics, 113-149. Dordrecht: Foris.
Johnson, K. (1985): A Case for Movement. Doctoral dissertation, MIT.
Kayne, R. und J.-Y. Pollock (1978): Stylistic Inversion, Successive Cyclicity, and Move NP in French. Linguistic Inquiry 9, 595-621.
Kiss, K. (1990): Why Noun-complement Clauses are Barriers. In: J. Mascaró und M. Nespor (Hrsg.): Grammar in Progress, 265-277. Dordrecht: Foris.

Koizumi, M. (1994): Layered Specifiers. In: Proceedings of the North East Linguistic Society (NELS) 24, 255-269.
Koopman, H. und D. Sportiche (1985): Θ-Theory and Extraction. In: Glow Newsletter 14, 57-58.
- (1986): A Note on Long Extraction in Vata and the ECP. In: Natural Language and Linguistic Theory 4, 357-374.
Koot, H. van de (1988): The Vacuous Movement Hypothesis, Superiority and the ECP. In: G. de Haan und W. Zonnefeld (Hrsg.):. Formal Parameters of Generative Grammar. IV Yearbook 1988. Dordrecht: Foris.
Koster, J. (1987): Domains and Dynasties. Dordrecht: Foris.
Lasnik, H. und M. Saito (1984): On the Nature of Proper Government. In: Linguistic Inquiry 15, 235-289.
- (1992): Move α. Cambridge, Mass.: MIT Press.
Lebeaux, D. (1991):, Relative Clauses, Licensing, and the Nature of the Derivation. In: S. D. Rothstein (Hrsg.): Perspectives on Phrase Structure. Syntax and Semantics 25, 209-239.
Nakamura, M. (1995): Economy of Chain Formation. Doctoral dissertation, McGill University.
Reinhart, T. (1981): A Second Comp Position. In: A. Belletti, L. Brandi, und L. Rizzi (Hrsg.): Theory of Markedness in Generative Grammar, 517-557. Pisa: Scuola Normale Superiore di Pisa.
Rizzi, L. (1982): Issues in Italian Syntax. Dordrecht: Foris.
- (1986): Null Objects in Italian and the Theory of *pro*. In: Linguistic Inquiry 3, 501-557.
- (1990): Relativized Minimality. Cambridge, Mass.: MIT Press.
- (1992): Argument/Adjunct (A)symmetries. In: Proceedings of the North East Linguistic Society (NELS) 22, 365-381.
Sabel, J. (1996a): Asymmetries in Partial Wh-Movement. In: U. Lutz und G. Müller (Hrsg.): Papers on Wh-Scope Marking, 289-315. Institut für Allgemeine Sprachwissenschaft, Universität Tübingen.
- (1996b): Restrukturierung und Lokalität. Universelle Beschränkungen für Wortstellungsvarianten. Berlin: Akademie-Verlag.
- (1998): Principles and Parameters of Wh-Movement. Habilitationsschrift. Universität Frankfurt/Main.
Stowell, T. (1981): Origins of Phrase Structure. Doctoral dissertation, MIT.
Suchsland, P. (1998/9): Wege zum Minimalismus in der Grammatiktheorie. Entwicklungen in der generativen Grammatik. In: Deutsch als Fremdsprache 35, 212-219 und 36, 26-31.
Takahashi, D. (1994): Minimality of Movement. Doctoral dissertation, University of Connecticut.
Tsai, W.-T. D. (1994): On Economizing the Theory of A-bar Dependencies. Doctoral dissertation, MIT.
Thornton, R. und S. Crain (1994): Successful Cyclic Movement. In: T. Hoekstra and B. D. Schwartz (Hrsg.): Language Acquisition Studies in Generative Grammar. Amsterdam: John Benjamins.
Uriagereka, J. (1988): On Government. Doctoral dissertation, University of Connecticut.
Vogel, R. und M. Steinbach (1998): The Dative - an Oblique Case. In: Linguistische Berichte 173, 65-90.

Peter Staudacher

Partial Movement and Compositionality

0. Background

In what follows, a derivational step consisting of a syntactic operation O_{syn} applied to its operants $c_1...c_n$ is considered to be *compositionally interpretable* if the meaning of the output can be obtained by applying an appropriate semantic operation O_{sem} corresponding to the syntactic operation O_{syn} to the meanings of the input-operants, or schematically:

(1) $Meaning(O_{syn}(c_1,...,c_n)) = O_{sem}(Meaning(c_1),..., Meaning(c_n))$.

Of course, this notion of compositional interpretability is in danger of being nearly vacuous unless a specification is added of what is to count as an appropriate semantic operation. This question cannot be addressed here, but it seems to be intuitively clear that e.g. the operation instantiated by Quantifier Raising cannot be conceived of as compositionally interpretable in the above sense. Assume that Quantifier Raising is a unary operation which derives e.g. the wide scope reading of *every new patient* in *A doctor will interview every new patient*[1] by covertly moving *every new patient* into a position c-commanding the rest of the sentence. Compositional interpretability of this movement operation would then require that a semantic operation R_{sem} corresponding to Quantifier Raising (QR) should be able to map the proposition expressed by the narrow-scope reading onto the proposition expressed by the wide scope reading or schematically (assuming for convenience $\exists y(A[y] \& \forall x(B[x] \supset C[x,y]))$ and $\forall x(B[x] \supset \exists y(A[y] \& C[x,y]))$ as representations of the respective meanings)

$\forall x(B[x] \supset \exists y(A[y] \& C[x,y])) = Meaning(QR(A\ doctor\ will\ interview\ every\ new\ patient)) =$
$R_{sem}(Meaning(A\ doctor\ will\ interview\ every\ new\ patient)) =$
$R_{sem}(\exists y(A[y] \& \forall x(B[x] \supset C[x,y])))$

---

[1] The example is taken from T. Reinhart (1997).

It will be assumed without argument that operations like R_{sem}, mapping propositions to propositions as illustrated in (2), do not exist in the 'realm' or 'Algebra' of meaning. Note that this seems also to be a tacit assumption underlying the concept of Logical Form (LF). For it appears to be constitutive of this concept that only structures belonging to the LF-level and not the inputs to operations like QR deriving them are legitimate objects of semantic interpretation. In other words, operations like QR cannot have semantic analogues like R_{sem} (and, thus, cannot function as Ariadne-threads for compositionality) simply because the latter would necessarily lack a semantic operant to begin with.

Now, instances of Logical Form are highly complex structures which have to be interpreted by some compositional procedure, true, however the syntactic guidelines controlling the mapping of LF-structures to their meaning are not determined by the derivational steps leading to LF (i.e. move-α), but by structural properties of LF which can be considered to be virtually independent from their derivation. Thus, the syntax used to *derive* LF is strictly speaking not compositionally interpretable, whereas the syntax *underlying* the syntactic LF-relations which are compositionally interpretable is distinct from the syntax generating them.[2]

Discussing the question whether this conception of LF is ultimately justified, is far beyond the scope of the following remarks, of course. Instead, some aspects of a phenomenon which seems to support the assumption of a structural level of LF, too, and which has recently received much attention will be considered, namely partial movement in German, exemplified by (2):

(2) *Was glaubt Hans, wer gekommen ist?*
    What believes Hans, who come is?

A near paraphrase of (2) exhibiting long distance movement is given in (3):

(3) *Wer glaubt Hans, daß gekommen ist?*
    Who believes Hans, that come is? i.e. '*Who does Hans believe came?*'

1. Two approaches to partial movement

There exist two main strategies of analyzing the construction exemplified in (2).

I. The first one makes essential use of the difference between overt and covert syntactic structure:

---

[2] Note that the question of compositionality is frequently trivialized by confining it to the question of compositionality of LF.

Since *glauben* (believe) does not allow an indirect question as complement, it seems to be impossible to treat *wer gekommen ist* in (2), which undoubtedly is a syntactic constituent, also as a semantic unit. The paraphrase in (3) suggests, rather, that *wer* in (2) has to be interpreted not in the embedded SpecCP-position where it appears and where it apparently has moved to, but in the SpecCP-position of the matrix-clause – the overt movement being in this sense only a 'partial' one. Thus, like in the putative QR-cases mentioned above, there seems to be a divergence between overt (or 'pre-spell-out') syntactic integration of phrases into larger structures and the covert structure which is ultimately amenable to compositional interpretation.

As to the manner the LF-function of the embedded 'true' *wh*-phrase *wer* in cases like (2) is established, there is a major split of opinions:

(i) The standard view (cf. e.g. Tappe (1980) cited in Höhle (1996), van Riemsdijk (1983), von Stechow and Sternefeld (1988), McDaniel (1989), Bayer (1996), Müller (1996), Sabel (1996)) holds that *was* is a 'scope marker' with properties of an *wh*-expletive which either directly builds an A-bar-chain together with the 'real' *wh*-phrase *wer* or is replaced by it at LF resulting in a LF-structure differing either not at all or only minimally from (3).

Adopting the terminology introduced by Dayal, this view will be called the 'direct dependency approach' (*dda*).

(ii) Drawing on an analysis of a similar construction in Hindi, cf. (4):

(4) *siitaa-ne kyaa socaa ki ravii-ne kis-ko dekhaa*
    Sita-erg KYAA thought that Ravi-erg who saw
    "Who did Sita think that ravi saw?"

where *kyaa*, which corresponds to *was*, can be shown to be in object position, Mahajan (1996) and Fanselow & Mahajan (1996) made the proposal that *was* is strictly speaking not a scope-marker but an expletive originating in object-position of the matrix verb (*glaubst* in (2)) and is furthermore associated not with the embedded *wh*-phrase, but with the embedded *wh*-complement as a whole. Replacing the *wh*-complement-expletive by its associate, the LF of (2) looks like (5)

(5) [$_{CP}$[$_{CP}$ wer gekommen ist] glaubt Hans t]]

Assuming that the Specifier of XP can take scope over whatever XP c-commands at LF (i.e.LF-Pied-Piping), the meaning – but not the LF – of (2) and (3) is the same.

Judged from the perspective of compositionality, the approach under (ii) does not separate interpretable from non-interpretable syntactic structure to an extraordinary degree, insofar as the strategy of Pied Piping (though not the assumption of a LF-variety of it) is well-established and independently motivated.

II. The second main strategy of analyzing (2) was proposed by Dayal (1996). She calls it the 'indirect dependency approach' (*ida*). It is characterized by the endeavour to preserve compositionality. The *wh*-complement *wer gekommen ist* in (2) is not only treated as a syntactic constituent but also as a semantic unity. This is accomplished in the following manner: The putative expletive *was* is interpreted as a genuine *wh*-phrase asking for a proposition which functions as an argument of the matrix-verb.

The crucial step: the set of propositions delivering the answer candidates for this *wh*-phrase is restricted by constraints which are imposed by the embedded *wh*-sentence as follows. Utilizing the approach of Hamblin (1973) to the semantics of questions, the embedded *wh*-sentence is interpreted as denoting a set of possible answer-propositions. Since membership in a set can be conceived of as fulfilment of a constraint, the *wh*-complement can not only express an indirect question but also function as a restriction on propositions. In other words, the possible answers to *was* in (2) should not only satisfy the requirement of the matrix clause of being believed by Hans, but also of being posssible answers to the embedded question *wer gekommen ist*. Formally, the unrestricted part *was glaubt Hans* of (2) is interpreted as

(6) $\lambda p[\exists q[T(q) \ \& \ [p = {}^\wedge glauben(hans, q)]]]$,
where $T \in Var_{<<s,t>,t>}$, $p,q \in Var_{<s,t>}$.

The *wh*-clause *wer gekommen ist* functioning as restriction is rendered as

(7) $\lambda p[\exists x[p = {}^\wedge gekommen\text{-}ist(x)]]$.

Abstracting T in (6) and applying the resulting function ($\lambda T(6)$) to (7) – or alternatively substituting (7) for T in (6) – yields (8):

(8) $\lambda p[\exists q[\lambda p[\exists x[p = {}^\wedge gekommen\text{-}ist(x)]](q) \ \& \ [p = {}^\wedge glauben(hans, q)]]]$ or
$\lambda p[\exists q[\exists x[q = {}^\wedge gekommen\text{-}ist(x)] \ \& \ [p = {}^\wedge glauben(hans, q)]]]$

which by laws of identity is equivalent to

(9) $\lambda p[\exists x[p = {}^\wedge glauben(hans, {}^\wedge gekommen\text{-}ist(x))]]$

Now, (9) is the Hamblin-version of (3), repeated below

(3) *Wer glaubt Hans, daß gekommen ist?*

So, the near-synonymy of (2)

(2) *Was glaubt Hans, wer gekommen ist?*

and (3) is not a consequence of a putatively shared LF, but is instead accounted for by the compositional semantics of the underlying construction.

Comparing some advantages and disadvantages of the two approaches, the following picture emerges: In contrast to the indirect dependency approach (*ida*) and the pied piping account, the direct dependency approach (*dda*) has to explain why the putative *wh*-expletive *was* does not mark the scope of a clause-mate *wh*-phrase; this 'Anti-Locality' (cf.Müller (1996)) is illustrated in (10):

(10) **Was ist sie warum gekommen?* – *What has she why come?*

Secondly, it has to explain, why partial movement is obligatory in constructions scope marked by *was*, ('Partiality' cf. Müller (1996)), but impossible, if introduced by a 'real' *wh*-phrase, cf. (11) and (12)

(11) **Was glaubst du, daß sie wann gekommen ist?-*
What think you that she when come is?
Was glaubst du, wann sie gekommen ist?
What think you when she come is?

(12) *Wer glaubst du, daß wann gekommen ist?–*
Who think you that when come is?
**Wer glaubst du, wann gekommen ist?*
Who think you when come is?

Anti-Locality and Partiality (originally observed and analysed by Stechow and Sternefeld (1988)) have been accounted for by accomodating the so-called *Wh*-Criterion to the different needs of *was* and 'real' *wh*-phrases (for different proposals cf. Stechow and Sternefeld (1988), v. Stechow (1996), Müller (1996) and – analysing *was* as a "purely syntactic typer" – Brandner (1996)). Not completely without stipulation, the accomodation either directly or indirectly prevents all configurations in which the expletive *was*, like in (10) and (11), can not be linked to a subjacent '*wh*-element' (either another *was* or a 'real' *wh*-phrase) in a SpecCP position.

Since in *ida was* has to be linked to an argument place, the deviance of (10) is predicted. As to (11), the structure is out, because a [–wh]-complement cannot accomplish the restrictive function on *was* required by the *ida*.

Skipping some controversial data (echo-questions, multiple questions), a point of some debate has been the contrasting behaviour of partial-movement and long-distance movement with respect to putative weak islands like negation , cf. (13) and (14):

(13)   ??*Was glaubt Hans nicht, wer gekommen ist?*
       What thinks Hans not who come is?

(14)   *Wer glaubt Hans nicht, daß gekommen ist?*
       Who thinks Hans not that come is?
       'Who doesn't Hans believe has come?'

Proponents of *dda* seem to agree that the contrast between (13) and (14) has to be explained in terms of some concept of barrier: In (13) the link between *was* and *wer* is disturbed by the barrier erected by the Neg-Phrase involved (Rizzi 1992). The disturbance is stronger in (13) than in (14) either because only LF-movement crossing a Neg-barrier is stigmatized (Beck and Berman (1996)), assuming that in (13) LF-movement (of *wer* to the position of *was*) applies, or alternatively because the offending intermediate trace of overt movement in (14) can be deleted, whereas the disturbance of the link between *was* and *wer* remains in effect, assuming that for independent reasons LF-movement cannot apply in this case (Sabel (1996)).

In *ida*, an analogous explanation is not available, at least as long as no LF-movement or chain formation in the relevant sense is assumed.

It must be added, though, that the explanation is weakened somewhat by the following fact, as rightly pointed out by Müller (1996): the deviance of *wh*-phrases in-situ which have to be linked by LF-movement or some similar device accross a Neg-phrase to a [+wh]-position is not comparably as strong as in partial movement cases like (13), cf.

(15)   *Wer glaubt nicht, daß Hans wen getroffen hat?*
       (=(18)c in Müller (1996)).

There is one major flaw of the *ida* as applied to German, for which no convincing therapy has been offered until now, i.e. the indirect question restricting *was* can not be introduced by *ob* 'whether', cf.

(16)   **Was glaubt Hans, ob Maria kommt?*

As an indirect question (17i) or relative clause (17ii) (see also the next section) the construction seems to be slightly better, cf.

(17i) ?*Was Sokrates meinte, ob die Seele unsterblich ist, habe ich mich*
       What Socrates thinks whether the soul immortal is, have I myself
       immer wieder gefragt
       repeatedly asked

(17ii) ?*Was Platon meinte, ob Tugend lehrbar sei, vertrat wohl schon*
What Plato thought whether virtue teachable is, supported already
Sokrates.
Socrates.

In Hindi the corresponding construction is perfect, cf.

(18) *ravi-ne kyaa kahhaa ki anu yaa nahiiN*
Ravi-E what say-P that Anu come-F or not
"What did Ravi say, will Anu come or not?"
(= (22)a in Dayal (1996))

According to Dayal (1996) (18) means what **was sagt Ravi, ob Anu kommt?* should mean according to the *ida*, i.e.: 'Which proposition did Ravi assert that (simultaneously) answers the question whether Anu will come or not'.[3] Since the analysis proposed below cannot explain the deviance of (16), it suffers from the same flaw. Whether and how it can possibly be repaired, will be left open.[4]

---

[3] As Dayal notes, (18) does not mean what it would mean according to an extension of the *dda* to this case, i.e. "Did Ravi say or did he not say that Anu will come".

[4] It is tempting to relate the impossiblity of (16) to properties of the construction called *was*-parenthetical by Marga Reis (1996). She considers – with much hesitation – the possibility of diachronically connecting syntactically fully integrated partial movement structures, like *was glaubst du, wen sie liebt*, with only intonationally integrated structures, like *was glaubst du, wen liebt sie?* in which the *was glaubst du*-part functions as a kind of parenthetical inserted into the main clause *wen liebt sie*. Now, the nearest *was*-parenthetical corresponding to (16) *was glaubt Hans, ob Maria kommt?* would be *was glaubt Hans, kommt Maria?* which because of lack of surface similarity obviously cannot be reanalysed into (16). The idea that the embedded *wh*-clause in partial movement constructions is ultimately due to reanalysis of a main clause structure is attractive, the scepticism of Marga Reis notwithstanding. The problem, clearly articulated by her, is how far reanalysis can reach. The Latin analogue of partial movement – which I hereby add to the records – is an interesting case in point: cf. Cicero, De officiis 2,25: *Quid enim censemus superiorem illum Dionysium quo cruciatu timoris angi solitum?* (cf.Kühner-Stegmann II,2,500). Note that the Latin AcI can neither be used for main clauses nor for indirect questions.

2. *Was* as free relative*

Fanselow and Mahajan (1996) judge the sentence in (19)

(19)   *Wer glaubt, was sie meint, wen Hans liebt?*
         Who believes what she thinks who John loves

as acceptable, in which according to them *was* is a free relative. The meaning of (19), then, should be: "Who believes whatever she thinks concerning the question whom John loves?"[5]

Crucially, the standard *dda* cannot be applied to (19), for substituting *wen* for *was* in (19) results in *Wer glaubt, wen$_i$ sie meint, (daß) Hans t$_i$ liebt* ("who believes whom$_i$ she thinks Hans loves t$_i$") and that would be strictly uninterpretable, because *glauben* (believe) does not admit an indirect question as a complement. Fanselow and Mahajan claim that replacing *was* by the whole *wh*-clause *wen Hans liebt* and letting *wen* take scope over the embedded clause dependent on *glaubt* is possible. The result would be the LF-Pied-Piping-structure in (20)

(20)   Wer glaubt [[wen Hans liebt]$_i$ sie meint t$_i$].

But that would imply the impossibility of allowing an indirect question dependent on *glaubt*, too, and has, therefore, to be dismissed for the same reasons as the *dda* solution.

They rightly point out, however, that "a free relative with *was* has a propositional, not a DP-scope-marking interpretation", i.e. (21)

(21)   **was er glaubt, wen er gut kennt, betrügt er auch*
         what he believes who he well knows cheats he as well
         (= (27)b in Fanselow and Mahajan)

cannot have the meaning of (22)

(22)   *wen er glaubt, daß er gut kennt, betrügt er auch*
         who he believes that he well knows cheats he as well
         "he is cheating whoever he thinks he knows well" (=(27)a ibidem)

In other words, *was* as a free relative cannot do duty for a partially moved *wh*-phrase functioning as a relative pronoun. But as (19) or (23) (≠ (23')) show,

---

[5]   The LF given by them is distorted by misprints.

Partial Movement and Compositionality 199

(23)   was Hans glaubt, wer wen verführt hat, ist abwegig
       what Hans thinks who whom seduced has, is absurd
       "Whatever John believes about who has seduced whom, is absurd"
(23') *wer Hans glaubt, daß wen verführt hat, ist abwegig

was as a free relative can not, be it 'directly' or 'indirectly' (i.e. by being a place-holder of a LF-pied-piper), do duty for a 'partially moved' *wh*-phrase functioning as an interrogative pronoun either. On the assumption that (19) and (23) are acceptable, we have, then, to conclude that at least for free relative *was* neither the direct dependency nor the LF-Pied-Piping approach can be correct, since the *wh*-clause embedded under such a *was* definitely is an indirect question and cannot be treated as something else in disguise.

Since the direct dependency approach is for at least some cases strictly impossible, an attempt will be made to modify the semantics of Dayal's indirect dependency approach in order to counter some of the objections raised against it without abandoning her essential insights.

3. Questions as partitions

As pointed out above, Dayal formalized her approach using the Hamblin semantics of questions which interprets questions as sets of propositons conceived of as possible answers. The single propositions in the set are possible partial answers, the concept of a complete and exhaustive answer is not explicitly built into the formalization. The proposal of Karttunen (1977) formalizes a stronger concept. According to him a question is to be interpreted as the set of true answers. This implies a weak version of exhaustiveness. Thus, the denotation of *wer gekommen ist* is the following set {p| there exists a person x such that p is the proposition that x came and p is true} or in Montague's intensional logic, specifying a set by its characteristic function, $\lambda p \exists x[\text{person}(x) \ \& \ ^{\vee}p \ \& \ p = \ ^{\wedge}\text{gekommen}(x)]$. This set contains for every person who in fact came the proposition that s/he came and is in this sense complete.

If one further strengthens the notion of exhaustiveness of an answer by requiring that it not only is *in fact* complete but *states* in addition its own completeness and identifies such a strongly exhaustive answer with the extension or denotation of an interrogative sentence in a world, one obtains the semantics of questions developed by Groenendijk & Stokhof (1982, 1997), which for reasons which can not be pointed out here will be preferred.

According to this approach, knowing the meaning or intension of a question means knowing which conditions a true and complete answer has to satisfy without knowing which proposition really does satisfy these conditions, just like knowing the meaning of a declarative sentence amounts to knowing its truth conditions (or how a world looks like in which it is true) without knowing its truthvalue (or whether the actual world is a world in which it is true). Thus, the meaning of a question partitions the logical space consisting of the possible worlds in which the presuppostions of the question are true into mutually exclusive possibilities which jointly cover the relevant space. Assuming e.g. a domain of n persons, the meaning of *wer gekommen ist* would (according to the cardinality of the possible extensions of *gekommen*) correspond to a partition of the (appropriate) logical space into 2^n possible strongly exhaustive answers, as illustrated in (24) for the domain $D=\{a,b,c\}$ and the set of possible worlds $I = \{w_1, w_2, ..., w_{25}\}$

(24)

Everybody came	$\{w_1, w_3, w_9, w_{11}\}$
a and noone else came	$\{w_4, w_5, w_{12}, w_{13}\}$
b and noone else came	$\{w_2, w_6, w_8, w_{10}\}$
c and noone else came	$\{w_{14}, w_{16}, w_{19}\}$
a and c and noone else came	$\{w_{15}, w_{17}, w_{18}\}$
b and c and noone else came	$\{w_7, w_{21}, w_{22}\}$
a and b and c and noone else came	$\{w_{20}, w_{23},\}$
Nobody came	$\{w_{24}, w_{25}\}$

In Gallin's two-sorted type-logic Ty2 (Gallin (1975)) used by Groenendijk and Stokhof, where reference not only to entities of the usual types but also to possible worlds is allowed, the question *wer gekommen ist* could be represented as $\lambda k\ \lambda i\ [\lambda u\ [\textbf{gekommen}\ (k)\ (u)] = \lambda u\ [\textbf{gekommen}\ (i)\ (u)]]$ or, equi-valently, as $\lambda k\ \lambda i\ [\forall u\ [\textbf{gekommen}\ (k)\ (u) \leftrightarrow \textbf{gekommen}\ (i)\ (u)]]$, where i and k are variables for possible worlds. Assuming the standard denotation for λ-terms[6], the expression $\lambda i\ [\lambda u\ [\textbf{gekommen}\ (k)\ (u)] = \lambda u\ [\textbf{gekommen}\ (i)\ (u)]]$ can be understood as denoting the (characteristic function of) the set of worlds in which the set of persons who came is the same as in the world k. Assuming e.g. for the *M*-assignment g: $g(k)= w_{17}$ in (24), we would get

(25) $Denotation_{M,g}\ (\lambda i\ [\lambda u\ [\textbf{gekommen}\ (k)\ (u)] = \lambda u\ [\textbf{gekommen}\ (i)\ (u)]]) = \{w_{15}, w_{17}, w_{18}\}$

which would be the correct answer, namely the propositon that "a and c came and noone else", if w_{17} were our actual world. Correspondingly, the

---

[6]   (i.e.: If α is a variable of type a and β an expression of type b, then $\lambda\alpha\beta$ is an expression of type <a,b> and $Denotation_{M,g}\ (\lambda\alpha\beta)$ is that function h with domain D_a and range D_b such that whenever x is in D_a, $h(x)= Denotation_{M,g'}(\beta)$, where g' is an *M*-assignment (of entities of appropriate types to variables (including variables ranging over possible worlds)) like g such that $g'(z)=g(z)$ for $z \neq x$.

Partial Movement and Compositionality 201

function λk λi [λu [**gekommen** (k) (u)] = λu [**gekommen** (i) (u)]], which represents the meaning or intension of *wer gekommen ist*, maps every possible world k to the proposition that specifies exhaustively which people came in k and thus partitions the set of possible worlds into mutually exclusive complete answers, as illustrated by the box in (24), which can in fact be looked at as a pictorial representation of our question.

Coming back to our main topic, partial movement, it should be clear by now how to render (3), the putative synonym of (2), both repeated here, as a partition in the sense of Groenendijk and Stokhof (1982, 1997).

(2)   *was glaubt Hans, wer gekommen ist*
(3)   *wer glaubt Hans, daß gekommen ist*

Since the derivational steps leading to (3) and their compositional interpretation does not raise any problems, they are omitted in (26) (*"T"* for 'Translation')

(26)   *T*(wer glaubt Hans, daß gekommen ist) = λkλj[λu[**glaubt(k)(hans,** λi[**gekommen**(i)(u)])] =λu[**glaubt(j)(hans,** λi[**gekommen**(i)(u)])]

i.e. for every world k a correct answer in k specifies exhaustively the persons who Hans believes in k to have come. Put otherwise, assuming a to be our actual world: the correct answer in a is the proposition which is true in every world j in which Hans believes that exactly the same people came as he believes in a.

Putting aside for the moment the embedded *wh*-clause, the matrix-clause of (2) *was Hans glaubt* is easy to render (expressing set-identity by a universal biconditional):

(27)   *T*(was Hans glaubt) = λkλi [∀p [**glaubt** (k) (**hans,** p) ↔ **glaubt** (i) (**hans,** p)]].

The embedded clause of (2) *wer gekommen ist* should be taken, like in Dayal's analysis, as a restriction on *was* without giving up its rendering as a question. Since the proposition p asked for in (2) is not only required to be something Hans believes to be true, but simultaneously a possible answer to the question *wer gekommen ist,* the restriction on p is most simply the condition that p be such a possible answer, i.e.

(28)   ∃r[λi[λu[**gekommen**(r)(u)] =λu[**gekommen**(i)(u)]] = p]

The possible world r which determines the truth conditions of the answer p is not specified but only existentially bound, since ultimately it has to be a world which Hans believes to be the actual world, the latter constraint being already imposed by (27). Related to the box in (24), what (28) amounts to, is that the desired answer p has to be some cell or 'pigeonhole' in the box. Putting together the rendering (27) of the matrix part and the rendering (28) of the restrictive part of (2), the complete translation of (2) is given in (29)

(29) T (was glaubt Hans, wer gekommen ist) =
$\lambda k \, \lambda i \, [\forall p \, [\exists r \, [\lambda i \, [\lambda u \, [\textbf{gekommen} \, (r) \, (u)] = \lambda u \, [\textbf{gekommen} \, (i) \, (u)]] = p] \rightarrow [\textbf{glaubt} \, (k) \, (\textbf{hans}, p) \leftrightarrow \textbf{glaubt} \, (i) \, (\textbf{hans}, p)]]]$.

(29) can be paraphrased as follows: "which proposition that is a possible answer to the question who came is believed by Hans". Interestingly, the translation in (29) can formally be shown to be equivalent to (30) below

(30) $\lambda k \, \lambda i \, [\lambda p \, [\textbf{glaubt} \, (k) \, (\textbf{hans}, \lambda k \, [\lambda i \, [\lambda u \, [\textbf{gekommen} \, (k) \, (u)]$
$= \lambda u \, [\textbf{gekommen} \, (i) \, (u)]] = p])$
$= \lambda p \, [\textbf{glaubt} \, (i) \, (\textbf{hans}, \lambda k \, [\lambda i \, [\lambda u \, [\textbf{gekommen} \, (k) \, (u)]$
$= \lambda u \, [\textbf{gekommen} \, (i) \, (u)]] = p])]$

(30) suggests the paraphrase: "Of which proposition does Hans believe that it is an answer to the question who came?"

If an interpretation along these lines is correct, the meaning of (3) and (2) as presented in (26) and (29) (or (30)), respectively, is not the same. E.g. in a situation in which Hans believes that Otto and Elsa came, but does not believe that Mary came, although he doesn't believe that she did *not* come either (since he simply does not have enough information), it would strictly speaking be true to say – and consequently a correct and complete answer to (3) – that only Otto and Elsa (and noone else) are such that he believes of them that they came. On the other hand, it would not be correct to say that Hans believes that the unique answer to the question who came is the proposition that Otto and Elsa and noone else came, since he in fact does not believe that Mary did *not* come. Consequently there would be no proposition which could truly be said to be believed by Hans to be 'the' answer to the question who came, i.e the set $B = \lambda p \, [\textbf{glaubt} \, (k) \, (\textbf{hans}, \lambda k \, [\lambda i \, [\lambda u \, [\textbf{gekommen} \, (k) \, (u)] = \lambda u \, [\textbf{gekommen} \, (i) \, (u)]] = p])$ would be empty in world k. But in the situation described the set of possible worlds in which B is empty (i.e. those worlds in which Hans does not believe to know the complete answer to the question who came) is obviously different from the set of worlds in which the only persons believed by him to have come are Otto and Elsa, since in some of the latter worlds the reason why he does not believe that Mary came is that he definitely believes that Mary did not come and consequently believes to know the unique answer to the question who came. Thus, according to the interpretation in (26) and (29) the meanings of the partial movement and long distance questions (2) and (3) are different, insofar as they partition the logical space differently. It can be shown however (see the

Appendix), that the partitions induced by (2) and (3) coincide under conditions of firm believe or certainty, i.e if every person is such that Hans believes of her/him that s/he came or believes of her/him that s/he didn't come (i.e.∀u [**glaubt (k) (hans,** λi [**gekommen** (i) (u)]) ∨ **glaubt (j) (hans,** λi [¬**gekommen** (i) (u)])]).

As to the combination of *was* as free relative and indirect questions embedded under verbs not allowing indirect questions mentioned in the last section, the rendering is straightforward, as illustrated for the case of (23) repeated below

(23) *was Hans glaubt, wer wen verführt hat, ist abwegig*
 what Hans believes, who whom seduced has, is absurd
 "*Whatever John believes about who has seduced whom, is absurd*"
 T(23)=λkλi[∀p[[∃r[λi[λuλv[**verführt**(r)(u,v)]
 =λuλv[**verführt**(i)(u,v)]] = p]
 ∧ **glaubt**(k)(**hans**,p)] →**absurd**(k)(p)]] or equivalently
 T(23)=λkλi[∀p[[**glaubt**(k)(**hans**,λr[λi[λuλv[**verführt**(r)(u,v)]
 =λuλv[**verführt**(i)(u,v)]] = p])] → **absurd**(k)(p)]]

As pointed out above, the *dda* or the LF-Pied Piping approach is strictly impossible for (23), since the LF which would result from treating *was* as an expletive for *wer* or for *wer wen verführt hat* would be semantically uninterpretable.

4. Weak-island-effects and questions as partitions

Coming back to the constrast between (13) and (14), repeated below as (31) and (32),

(31) ??*Was glaubt Hans nicht, wer gekommen ist?*
(32) *Wer glaubt Hans nicht, daß gekommen ist?*

interpreting questions as partitions as proposed by Groenendijk and Stokhof (1982) suggests the following (pragmatic) explanation of the strong deviance of (31) (the Ty2 translation of the Extension of (31) in world *a* is as given in (33)):

(33) λi[∀p[∃r[λi[λu[**gekommen**(r)(u)] =λu[**gekommen**(i)(u)]] = p] →
 [¬**glaubt**(a)(**hans**, p) ↔ ¬**glaubt**(i)(**hans**, p)]]].

Although (33) and (29) are equivalent, we have to assume that apropriate answers to questions of the form [Wh-x [not-S(x)]] like (31) and (32) have to be negative in the sense that they specify the complement of the set answering the corresponding positive question [Wh-x [S(x)]].

The proposition N denoted by (33) depends on which propositions Hans does not believe in a to be complete and true answers to the question who came. I.e. N is true in a world i if and only if the set of possible complete answers to the question who came which Hans does *not* believe to be true is the same in world i as it is in world a. Thus, (31) would have to be answered by an exhaustive specification of all and only the possible complete answers which Hans does not believe in a. Assuming e.g. with respect to the example above that Hans believes the answer of the second cell of (24) ("a and noone else came") to be true, the answer to (31) would have to consist in a complete enumeration of the remaining $(2^n - 1)$ cells corresponding to the possible answers Hans does not believe to be true. So the number of propositions to be specified would grow exponentially with the number of individuals which could be in the extension of the respective embedded predicate (*kommen* in our case).[7]

In contrast, the Ty2-translation of the extension of (32) in world a is as given in (34)

(34) T(wer glaubt Hans nicht, daß gekommen ist) =
         $\lambda j[\lambda u[\neg \mathbf{glaubt}(a)(\mathbf{hans}, \lambda i[\mathbf{gekommen}(i)(u)])]$
         $= \lambda u[\neg \mathbf{glaubt}(j)(\mathbf{hans}, \lambda i[\mathbf{gekommen}(i)(u)])]$

Using again figure (24) as illustration, if Hans still believes the answer in the second cell ("a and noone else came") to be true, the correct answer to (34) would be "b and c and noone else" (sc. are such that Hans does not believe them to have come), an answer of the same order of size as an answer to the corresponding positive question.

Dayal's account of the deviance of (31), repeated below,

(31)   ??*Was glaubt Hans nicht, wer gekommen ist?*

---

[7] The deviance of **Was bezweifelt Hans, wer gekommen ist,* ('what doubts Hans, who has come') (in contrast to ?*Wer bezweifelt Hans, daß gekommen ist*) could be accounted for in a similar manner (replacing ¬**glaubt** by **bezweifelt** in (33)). For assuming that such a question presupposes at least one case of doubt, it can easily be shown that this minimum of doubt affects at least 2^{n-1} possible complete answers to *wer gekommen ist*, if n is the potential maximal cardinality of the embedded predicate's extension. The appearance of absurdity of this 'account' should be compared with the plausiblity of assuming another ad hoc LF-barrier for the completion of partial movement in the sense of the *dda* (cf. the impeccability of the counter-example of Reis (1996) against connecting *bezweifeln* with a general LF-barrier: *Wann bezweifelte er die Gültigkeit welchen Theorems?*)

Partial Movement and Compositionality 205

is based on the observation that negative questions presuppose common knowledge of the possible values for the *wh*-phrases involved. The latter have, then, to be D(iscourse)-linked to some kind of contextually given antecedents (in the sense of Pesetsky (1987)). As a result the restrictive force of the the embedded *wh*-complement *wer gekommen ist* becomes vacuous and cannot be integrated semantically. Against this explanation, Beck and Berman (1996) raise the conceptual objection that being contextually restricted by D-linking is not incompatible with being in addition explicitly restricted by the intrasentential local environment. Whatever the merits of this argument and the counterexamples adduced in support of it, according to the partition approach, questions like (31) are for trivial reasons, as shown above, virtually unanswerable and that is enough to account for the strongly deviant character of negated partial movement sentences.

In similar fashion another contrast between long distance movement and partial movement can be dealt with, that pertaining to the different behaviour of universal quantifiers in the two constructions, cf.

(35) *was glaubt jeder, wer gekommen ist?*
      what believes everyone who come is
(36) *wer glaubt jeder, daß gekommen ist?*
      who believes everyone that come is –
      "who does everyone believe has come?"

Example (36) has two readings: (i) according to the first, the utterer of (36) wants to know who is unanimously believed by everyone to have come (scoping: *who>everyone*), (ii) according to the second, the utterer wants to know in the case of everyone who the latter (in particular) believes to have come (scoping: *everyone > who*). In partial movement cases like (35), however, only the latter kind of scoping is judged to be possible by careful scope investigators like Beck and Berman (1996), Pafel (1996), and v. Stechow (1996), suggesting a LF-barrier account like in case (31). The extension of (35) for the reading judged to be unacceptable (narrow scope of *everyone*), can be expressed by the Ty2-translation given in (37)

(37) T(was glaubt jeder, wer gekommen ist) =
      $\lambda i[\forall p[\exists r[\lambda i[\lambda u[\textbf{gekommen}(r)(u)] = \lambda u[\textbf{gekommen}(i)(u)]] = p]$
      $\rightarrow [\forall x[\textbf{glaubt}(a)(x,p)] \leftrightarrow \forall x[\textbf{glaubt}(i)(x,p)]]]]$

The proposition specified in (37) as a complete answer in world *a* is true in every world *i* in which the set of propositions answering exhaustively the question who came that is believed by everyone in *i* is the same one as the corresponding set of propositions that is believed by everyone in *a*. This set is either empty or a unit set. Consequently, the reading of (35) given in (37) presupposes for the nonempty case absolute unanimity of all believers.

In constrast, the extension (in world a) of the narrow scope reading of *jeder* in (36), given in (38),

(38) T(wer glaubt jeder, daß gekommen ist) =
$\lambda j\ [\lambda u\ \forall x\ [\textbf{glaubt}\ (a)\ (x, \lambda i\ [\textbf{gekommen}\ (i)\ (u)])]$
$= \lambda u\ \forall x\ [\textbf{glaubt}\ (j)\ (x, \lambda i\ [\textbf{gekommen}\ (i)\ (u)])]$

does not require absolute unanimity of all believers. On the contrary, the proposition indicated in (38) is true in every world i in which the *minimal* consent among the believers about who came is the same as in world a. In other words, it does not presuppose like (37) that all believers would give (in the nonempty case) the same *complete* answer. By working out counterexamples, it can easily be shown that the propositions expressed by the λ-terms in (37) and (38) are different.[8]

If the impression of deviance which cases like (35) give rise to is ultimately due to the implausiblity of a context in which the existence of a unique complete answer shared by everyone is already established and only the content of this answer is an open issue, it is predicted that the deviance decreases in the same degree as the difference between maximal and minimal consent mentioned above diminishes. Thus, the contrast in acceptability between (39) and (40) below (scoping in both cases *wo>jeder*) should be weaker than the one between (35) and (36) above scoping *wer>jeder*)

(39) *was meint jeder, wo Goethe geboren ist?*
(40) *wo meint jeder, daß Goethe geboren ist?* 'where does everyone think Goethe was born?'

The prediction seems to be borne out, although the effect is weaker than expected.[9]

---

[8] Note that the impossibility of binding er_i by *jeder$_i$* in *was glaubt jeder$_i$, mit wem er$_i$ gesprochen hat* (scoping *wem > jeder*) is simply due to the wide scope or '*de re* reading' of *was*, correctly represented in (37) where the value of the variable p cannot be dependent on the value of the variable x for the believer. Under the inverse scoping *jeder > wem* such a dependence would be possible, of course.

[9] Pafel (1996) judges the following sequence as unacceptable ('#'), *Ich möchte nicht von jedem einzelnen wissen, was er glaubt, wo die besten Weine wachsen. Sondern ich möchte wissen, was jeder glaubt, wo die besten Weine wachsen.* 'It is not the case that, for every x, I want to know where x thinks that the best wines grow. Instead I want to know where everyone thinks that the best wines grow.' But he adds in parenthesis "it is unclear whether wide scope of the *wh*-phrase is possible when there is very heavy stress on *jeder*".

5. Conclusion

The direct dependency approach to partial movement implies a considerable divergence between overt and covert syntactic structure and, thus, between syntactic and semantic integration. The divergence is even stronger than in cases of scope relations which are assumed to require covert quantifier raising. Whereas in the latter cases overt syntax and semantics differ with respect to the order in which quantifying expressions get integrated into a more inclusive structure, the so-called partial movement phenomenon seems additionally to require the destruction of syntactic units generated on the overt syntactic level: an embedded sentence which looks like an indirect question because of an interrogative wh-phrase in its specifier position has to be destroyed by covertly extracting the wh-phrase, rendering the initial appearance of the clause type as being interrogative as a deception. Thus, from the semantic point of view one of the essential properties of the level of overt syntactic representation seems to be its systematically misleading character.

In the preceding sections, an attempt has been made to show that this picture of the relation between syntax and semantics is not inevitable. On the basis of evidence drawn from relative clause formation, it was argued that in at least some cases wh-clauses seemingly dependent from verbs which are repulsive of indirect questions as complements strictly cannot be reinterpreted as disguised non-wh-complements by exporting their offensive initial wh-phrase into a specifer position of an interrogative head, because a relative clause does not have such a head.

Adopting the essential insights of the analysis of Dayal, but applying the partition approach of Groenendijk and Stokhof to the semantics of questions, it was shown that a strictly compositional semantics of the overt syntactic structure of partial movement constructions is possible, thus avoiding the assumption of derivational steps which can in principle not be interpreted compositionally.

Contrary to the standard view, applying partial movement instead of long distance movement has semantic consequences, for the structures resulting in each case differ in meaning. The contrasts of acceptability between the two constructions in cases in which the putatively true wh-phrase is in the scope of negation or universal quantification can at least partly be accounted for by this difference in meaning. Taking refuge in the assumption of particular LF-barriers is unnecessary.

In sum, challenging as the so-called partial movement phenomenon may be for the assumption of strict compositionality, the problems can be solved without dividing syntax into two parts, the first one inaccessible to compositional interpretation, but necessary for upholding the second one which is in contrast compositionally interpretable, but unable to stand on its own.

Appendix

In the following, it will be proved that under specific epistemic conditions (Hans believes of every person that s/he came or that s/he didn't come= Assumption (A) below) the translations of the two questions given below determine the same partition of the relevant set of possible worlds, i.e.

T(wer glaubt Hans, daß gekommen ist) =
$\lambda k\, \lambda j\, [\lambda u\, [\textbf{glaubt (k) (hans}, \lambda i\, [\textbf{gekommen (i) (u)}])]]$
$= \lambda u\, [\textbf{glaubt (j) (hans}, \lambda i\, [\textbf{gekommen (i) (u)}])]$
$= T$(was glaubt Hans, wer gekommen ist)
$= \lambda k\, \lambda i\, [\forall p\, [\exists r\, [\lambda i\, [\lambda u\, [\textbf{gekommen (r) (u)}] = \lambda u\, [\textbf{gekommen (i) (u)}]] = p] \to [\textbf{glaubt (k) (hans, p)} \leftrightarrow \textbf{glaubt (i) (hans, p)}]]]$.

Let I be a (nonempty) set of possible worlds, let i,j,k, and r be variables ranging over I, let u be a variable over individuals, p a variable over propositions (i.e.(characteristic functions of) sets of possible worlds), and let g be an assignment function for variables. For every possible world i let S_i be a nonempty subset of I such that $j \in S_i$ only if $S_j = S_i$. S_i is to be the set of possible worlds of which Hans believes in i that one of them is the actual world. Following the standard approaches to epistemic logic (see v. Kutschera 1976), the truth condition for believe-sentences is as follows:

(E) glaubt(i)(hans,p) if and only if $S_i \subset \{j|\ p$ is true in $j\}$ $(= g(p))$
Abbreviations: **G**:= **glaubt**, **K** := **gekommen**, **h** := **hans**

Assumption
(A) $\forall j \forall u [G(j)(\textbf{h}, \lambda i[K(i)(u)]) \lor G(j)(\textbf{h}, \lambda i[\neg K(i)(u)])])$.
Claim C: If **(A)** is true, then
T(wer glaubt Hans, daß gekommen ist) =
$\lambda k \lambda j [\lambda u[G(k)(\textbf{h}, \lambda i[K(i)(u)])]] = \lambda u[G(j)(\textbf{h}, \lambda i[K(i)(u)])]$
$= T($ was glaubt Hans, wer gekommen ist)
$= \lambda k \lambda i [\forall p[\exists r[\lambda i[\lambda u[K(r)(u)] = \lambda u[K(i)(u)]] = p] \to$
 $[G(k)(\textbf{h},p) \leftrightarrow G(i)(\textbf{h},p)]]]$.
Proof of C:
I T(wer glaubt Hans, daß gekommen ist)(k)(j)$\Rightarrow T($ was glaubt Hans, wer gekommen ist)(k)(j)

$\lambda u[G(k)(\textbf{h}, \lambda i[K(i)(u)])] = \lambda u[G(j)(\textbf{h}, \lambda i[K(i)(u)])]$	(1) Assumption
$[\lambda i[\lambda u[K(r)(u)] = \lambda u[K(i)(u)]] = p$	(2) Assumption
$G(k)(\textbf{h}, p)$	(3) Assumption
$G(k)(\textbf{h}, \lambda i[\lambda u[K(r)(u)] = \lambda u[K(i)(u)]])$	(4) by **(E)** from (2) and (3)
$\forall i[i \in S_k \to \forall u[K(r)(u) \leftrightarrow K(i)(u)]]$	(5) by applying **(E)** to (4)
$\forall u[K(r)(u) \to \forall i[i \in S_k \to K(i)(u)]]$	(6) from (5)(pred.logic)
$\forall u[\forall i[i \in S_k \to K(i)(u)] \leftrightarrow \forall i[i \in S_j \to K(i)(u)]]$	(7) from (1) by **(E)**
$\forall u[K(r)(u) \to \forall i[i \in S_j \to K(i)(u)]]$	(8) from (7) and (6) (pred.logic)

Partial Movement and Compositionality

$\forall i[i \in S_j \rightarrow \forall u[K(r)(u) \rightarrow K(i)(u)]]$ (9) from (8) (pred.logic)
$\forall u[\neg K(r)(u) \rightarrow \forall i[i \in S_k \rightarrow \neg K(i)(u)]]$ (10) from (5)
$\forall u[\neg K(r)(u) \rightarrow \neg \forall i[i \in S_k \rightarrow K(i)(u)]]$ (11) from (10) and $S_k \neq \emptyset$
$\forall u[\neg K(r)(u) \rightarrow \neg \forall i[i \in S_j \rightarrow K(i)(u)]]$ (12) from (11) and (7)
$\forall u[\neg K(r)(u) \rightarrow \forall i[i \in S_j \rightarrow \neg K(i)(u)]]$ (13) from (12) and Assumption **(A)**
$\forall i[i \in S_j \rightarrow \forall u[K(i)(u) \rightarrow K(r)(u)]]$ (14) from (13)(pred.logic)
$\forall i[i \in S_j \rightarrow \forall u[K(r)(u) \leftrightarrow K(i)(u)]]$ (15) from (9) and (14)
$G(j)(\mathbf{h}, \lambda i[\lambda u[K(r)(u)] = \lambda u[K(i)(u)]])$ (16) from (15) and **(E)**
$G(j)(\mathbf{h}, p)$ (17) from (16) and (2)

Exactly in the same way, we derive $G(k)(\mathbf{h}, p)$ from $G(j)(\mathbf{h}, p)$. Hence, we have shown by conditional derivation
$\lambda u[G(k)(\mathbf{h}, \lambda i[K(i)(u)])] = \lambda u[G(j)(\mathbf{h}, \lambda i[K(i)(u)])] \rightarrow$
$\forall p[\exists r[\lambda i[\lambda u[K(r)(u)] = \lambda u[K(i)(u)]] = p] \rightarrow [G(k)(\mathbf{h}, p) \leftrightarrow G(j)(\mathbf{h}, p)]].$

II *T*(was glaubt Hans, wer gekommen ist)(k)(j)⇒*T*(wer glaubt Hans, daß gekommen ist)(k)(j)

     (0) Assumption
$\forall p[\exists r[\lambda i[\lambda u[K(r)(u)] = \lambda u[K(i)(u)]] = p] \rightarrow [G(k)(\mathbf{h}, p) \leftrightarrow G(j)(\mathbf{h}, p)]]$
$G(k)(\mathbf{h}, \lambda i[K(i)(u)])$ (1) Assumption
$\exists r[r \in S_k]$ (2) since $S_k \neq \emptyset$
$r \in S_k$ (3) Assumption
$\forall u[G(k)(\mathbf{h}, \lambda j[K(j)(u)]) \leftrightarrow K(i)(u)]$ (4) Assumption
$\forall u[[S_k \subset \lambda i K(i)(u)] \leftrightarrow K(i)(u)]$ (5) from (4) and **(E)**
$\forall u[K(i)(u) \rightarrow K(r)(u)]$ (6) from (5) and (3)
$\forall u[\neg K(i)(u) \rightarrow \neg G(k)(\mathbf{h}, \lambda j[K(j)(u)])]$ (7) from (4)
$\forall u[\neg K(i)(u) \rightarrow G(k)(\mathbf{h}, \lambda i[\neg K(i)(u)])]$ (8) from (7) and **(A)**
$\forall u[\neg K(i)(u) \rightarrow [S_k \subset \lambda i[\neg K(i)(u)]]]$ (9) from (8) and **(E)**
$\forall u[\neg K(i)(u) \rightarrow \neg K(r)(u)]$ (10) from (9) and (3)
$\forall u[K(i)(u) \leftrightarrow K(r)(u)]$ (11) from (10) and (6)
     (12) from (4) to (11)
$\forall u[G(k)(\mathbf{h}, \lambda j[K(j)(u)]) \leftrightarrow K(i)(u)] \rightarrow \forall u[K(i)(u) \leftrightarrow K(r)(u)]$
$\forall u[K(i)(u) \leftrightarrow K(r)(u)]$ (13) Assumption
$\forall u[[S_k \subset \lambda i K(i)(u)] \rightarrow K(r)(u)]$ (14) from (3)
$\forall u[G(k)(\mathbf{h}, \lambda j[K(j)(u)]) \rightarrow K(i)(u)]$ (15) from (14), **(E)**, and (13)
$\forall u[K(r)(u) \rightarrow \neg[S_k \subset \lambda i[\neg K(i)(u)]]]$ (16) from (3)
$\forall u[K(r)(u) \rightarrow \neg G(k)(\mathbf{h}, \lambda i[\neg K(i)(u)])]$ (17) from (16) and **(E)**
$\forall u[K(r)(u) \rightarrow G(k)(\mathbf{h}, \lambda j[K(j)(u)])]$ (18) from (17) and **(A)**
$\forall u[K(i)(u) \rightarrow G(k)(\mathbf{h}, \lambda j[K(j)(u)])]$ (19) from (18) and (13)
$\forall u[G(k)(\mathbf{h}, \lambda j[K(j)(u)]) \leftrightarrow K(i)(u)]$ (20) from (15) and (19)
     (21) from (13) to (20)
$\forall u[K(i)(u) \leftrightarrow K(r)(u)] \rightarrow \forall u[G(k)(\mathbf{h}, \lambda j[K(j)(u)]) \leftrightarrow K(i)(u)]$
     (22) from (12) and (21)
$\forall i \forall u[K(i)(u) \leftrightarrow K(r)(u)] \leftrightarrow \forall u[G(k)(\mathbf{h}, \lambda j[K(j)(u)]) \leftrightarrow K(i)(u)]$

$\pi_k = \lambda i\, \forall u[G(k)(\mathbf{h}, \lambda j[K(j)(u)]) \leftrightarrow K(i)(u)]$ (23) Assumption
(24) from (0)
$\exists r[\lambda i[\lambda u[K(r)(u)] = \lambda u[K(i)(u)]] = \pi_k] \to [G(k)(\mathbf{h}, \pi_k) \leftrightarrow G(j)(\mathbf{h}, \pi_k)]$
$G(k)(\mathbf{h}, \pi_k) \leftrightarrow G(j)(\mathbf{h}, \pi_k)$ (25) from (22), (23)&(24)
$\neg G(k)(\mathbf{h}, \lambda i \forall u[G(k)(\mathbf{h}, \lambda j[K(j)(u)]) \to K(i)(u)])$ (26) Assumption
$\exists s[s \in S_k\ \&\ \exists u \forall j[j \in S_k \to K(j)(u)]\ \&\ \neg K(s)(u)]$ (27) from (26) and **(E)**
$\exists s[s \in S_k\ \&\ \exists u[s \in S_k \to K(s)(u)]\ \&\ \neg K(s)(u)]$ (28) from (27) (pred.logic)
$\exists s \exists u[K(s)(u)\ \&\ \neg K(s)(u)]$ *contradiction* (29) from (28) (pred.logic)
$G(k)(\mathbf{h}, \lambda i \forall u[G(k)(\mathbf{h}, \lambda j[K(j)(u)]) \to K(i)(u)])$ (30) from (26) to (29)
$\neg G(k)(\mathbf{h}, \lambda i \forall u[\neg G(k)(\mathbf{h}, \lambda j[K(j)(u)]) \to \neg K(i)(u)])$ (31) Assumption
$\exists s[s \in S_k\ \&\ \exists u \neg G(k)(\mathbf{h}, \lambda j[K(j)(u)])\ \&\ K(s)(u)]$ (32) from (31) and **(E)**
$\exists s[s \in S_k\ \&\ \exists u G(k)(\mathbf{h}, \lambda j[\neg K(j)(u)])\ \&\ K(s)(u)]$ (33) from (32) and **(A)**
$\exists s[s \in S_k\ \&\ \exists u \forall j[j \in S_k \to [\neg K(j)(u)]]\ \&\ K(s)(u)]$ (34) from (33) and **(E)**
$\exists s \exists u[\neg K(s)(u)\ \&\ K(s)(u)]$ *contradiction* (35) from (34) (pred.logic)
$G(k)(\mathbf{h}, \lambda i \forall u[\neg G(k)(\mathbf{h}, \lambda j[K(j)(u)]) \to \neg K(i)(u)])$ (36) from (31) to (35)
$G(k)(\mathbf{h}, \lambda i \forall u[G(k)(\mathbf{h}, \lambda j[K(j)(u)]) \leftrightarrow K(i)(u)])$ (37) from (30) and (36)
$G(k)(\mathbf{h}, \pi_k)$ (38) from (37) and (23)
$G(j)(\mathbf{h}, \pi_k)$ (39) from (38) and (25)
$\forall u[G(k)(\mathbf{h}, \lambda j[K(j)(u)]) \leftrightarrow K(i)(u)]\ (=\pi_k(i))$ (40) Assumption
$K(i)(u)$ (41) from (40) and (1)
$\pi_k \subset \lambda j[K(j)(u)]$ (42) from (40) to (41)
$G(j)(\mathbf{h}, \lambda j[K(j)(u)])$ (43) from (39),(42) & **(E)**
$\lambda u[G(k)(\mathbf{h}, \lambda i[K(i)(u)])] \subset \lambda u[G(j)(\mathbf{h}, \lambda i[K(i)(u)])]$ (44) from (1) to (43)
$\lambda u[G(k)(\mathbf{h}, \lambda i[K(i)(u)])] \supset \lambda u[G(j)(\mathbf{h}, \lambda i[K(i)(u)])]$

can be derived in exactly the same way □

Remark: By Lemma L: $\forall p[\exists r[\lambda i[\lambda u[K(r)(u)] = \lambda u[K(i)(u)]] = p] \to \forall j[G(j)(\mathbf{h},p) \leftrightarrow G(j)(\mathbf{h}, \lambda k[\lambda i[\lambda u[K(k)(u)] = \lambda u[K(i)(u)]] = p])]]$, which can easily be proved, the equivalence of
$\lambda k \lambda i[\forall p[\exists r[\lambda i[\lambda u[K(r)(u)] = \lambda u[K(i)(u)]] = p] \to [G(k)(\mathbf{h},p) \leftrightarrow G(i)(\mathbf{h},p)]]]$
and
$\lambda k \lambda i[\forall p[G(k)(\mathbf{h}, \lambda r[\lambda i[\lambda u[K(r)(u)] = \lambda u[K(i)(u)]] = p])$
$\leftrightarrow G(i)(\mathbf{h}, \lambda r[\lambda i[\lambda u[K(r)(u)] = \lambda u[K(i)(u)]] = p])]]$
(see (29) and (30) in the main text above) can be shown.

References

Bayer, Josef (1996): *Directionality and Logical Form. On the Scope of Focussing Particles and Wh-in-Situ*. Dordrecht: Kluwer.

Beck, Sigrid & Stephen Berman (1996): Wh-Scope Marking: direct vs. Indirect Dependency. In: Lutz & Müller (1996) (eds.). 59-83.

Brandner, Ellen (1996): The Was-W-Construction and Clausal Typing. In: Lutz & Müller (1996) (eds.). 85 -106.
Dayal, Veneeta (1996): Scope marking: In Defence of Indirect Dependency. In: Lutz & Müller (1996) (eds.). 107-130.
Fanselow, Gisbert and Anoop Mahajan (1996): Partial Movement and Successive Cyclicity. In: Lutz & Müller (1996) (eds.). 131-161.
Gallin, Daniel (1975): Intensional and Higher-Order Modal Logic. North-Holland, Amsterdam.
Groenendijk, Jeroen and Martin Stokhof (1982): Semantic Analysis of Wh-Complements. In: Linguistics and Philosophy 5. 175-233.
Groenendijk, Jeroen and Martin Stokhof (1997): Questions. In: J. van Benthem and A. ter Meulen (eds.): Handbook of Logic and Language. Elsevier, Amsterdam.
Hamblin, C. L. (1973): Questions in Montague Englich. In: Foundations of Language, 10. 41-53.
Höhle, Tilman N. (1996): The W-...W-Construction: Appositive or Scope Indicating? In: Lutz & Müller (1996) (eds.). 37-58.
Karttunen, Lauri (1977): Syntax and Semantics of Questions. In: Linguistics and Philosophy 1. 3-44.
Kutschera, Franz von (1976): Einführung in die intensionale Semantik. De Gruyter, Berlin.
Lutz, Uli and Gereon Müller (1996) (eds.): Papers on Wh-Scope Marking. Arbeitspapiere des Sonderforschungsbereichs 340. Sprachtheoretische Grundlagen für die Computerlinguistik. Stuttgart, Tübingen.
Mahajan, Anoop (1996): Wh-Expletives and the Syntax of Partial Wh-Movement. In: Lutz &Müller (1996) (eds.). 163-177.
McDaniel, Dana (1989): Partial and multiple wh-movement. Natural Language and Linguistic Theory 7. 565-604.
Müller, Gereon (1996): Partial Wh-Movement and Optimality Theory. In: Lutz & Müller (1996) (eds.). 179-230.
Pafel, Jürgen (1996): Absolute and Relative. On Scope in German Wh-Sentences including W...W-Constructions. In: Lutz & Müller (1996) (eds.). 231-256.
Pesetsky, David (1987): Wh-in situ: Movement and Unselective Binding. In: E. Reuland and A. ter Meulen (eds.): The Representation of (In)Definiteness. MIT Press, Cambridge MA.
Reinhart, Tanya (1997): Quantifier scope: how labor is divided between QR and choice functions. In: Linguistics and Philosophy 20. 335-397.
Reis, Marga (1996): On Was-Parentheticals and Was...w-Constructions in German. In: Lutz & Müller (1996) (eds.). 257-288.
Riemsdijk, Henk van (1982): Correspondence Effects and the Empty Category Principle. Tilburg Papers in Language and Literature 12.
Rizzi, Luigi (1992): Argument/Adjunct (A)symmetries. Proceedings of the North Eastern Linguistic Society 22. 365-381.
Sabel, Joachim (1996): Asymmetries in Partial Wh-Movement. In: Lutz & Müller (1996) (eds.). 289-315.
Stechow, Arnim von (1996): Partial Wh-Movement and Logical Form. An Introduction. In: Lutz & Müller (1996) (eds.). 1-36.
Stechow, Arnim von und Wolfgang Sternefeld (1988): Bausteine syntaktischen Wissens. Westdeutscher Verlag, Opladen.

Anita Steube

Ein kognitionswissenschaftlich basiertes Modell für Informationsstrukturierung

(in Anwendung auf das Deutsche)

Der Beitrag kommt zu dem Ergebnis, daß Informationsstrukturierung einmal im Zusammenspiel der Repräsentationen von Satzäußerungen auf den unterschiedlichen Ebenen der Grammatik zum Ausdruck kommt, und zum anderen im Zusammenspiel von grammatischen und konzeptuellen Repräsentationen.[1]

1. Informationsstrukturierung und Grammatik

Es wird eine Grammatik nach Chomsky 1995, vermehrt um die Ebene der Semantischen Form nach Bierwisch und Wunderlich verwendet. Lexemwie Satzbedeutungen haben Repräsentationen des sprachlichen Wissens (Semantische Form), die im konzeptuellen Wissen (Konzeptuelle Struktur) spezifiziert/interpretiert werden. Chomskygrammatiken sind richtungsneutral. Wir konzipieren sie so, daß das konzeptuelle Wissen zum input für die Grammatik wird, und daß das Lexikon als Schnittstelle zwischen dem konzeptuellen System und der Semantischen Form (vgl. auch Bierwisch, Schreuder 1992; Herweg, Maienborn 1992), dient. Im Lexikon werden u.a. die Bedeutungen mit ihren semantischen Verknüpfungspotentialen bereitgestellt, durch die Semantische Form zu Satzbedeutungen amalgamiert und auf syntaktische (Oberflächen-)Strukturen abgebildet, um dann morphologisch und phonologisch weiter interpretiert zu werden. In umgekehrter Richtung angewendet, muß die Semantische Form noch konzeptuell interpretiert werden. Dieser Beitrag beschränkt sich auf das Deutsche, eine flektierende OV-Sprache.

---

[1] Für hilfreiche Kommentare zu einer früheren Fassung des Textes bedanke ich mich vor allem bei Kai-Uwe Alter, Brigitta Haftka, Uwe Junghanns, Renate Musan, Ines Seidel, Andreas Späth, Gisela Walther und Ilse Zimmermann. Darüber hinaus habe ich Eva Hajičová und Petr Sgall für mehrere ausführliche und sehr aufschlußreiche Diskussionen zu den beiderseitigen Herangehensweisen zu danken.

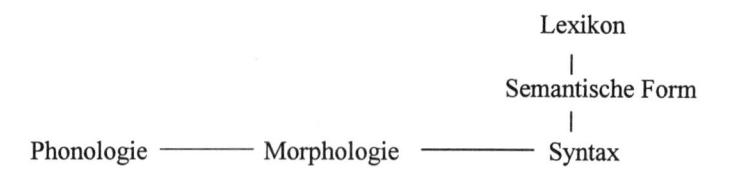

```
                                              Lexikon
                                                 |
                                           Semantische Form
                                                 |
         Phonologie  ————  Morphologie  ————  Syntax
```

Figur 1: Grammatisches Modul

Die Grammatik nach Figur 1 wird als Teilsystem des Konzeptuellen Systems betrachtet. Im Sprachproduktionsmodell von Levelt 1989 geht ihr eine zweigeteilte „Kognition"(sphase) voraus, in deren erstem Teil, der sog. mentalen Textbasis, mindestens partner- und textsortenbezogen vorstrukturiert wird. Im zweiten Teil wird der eigentliche input für die Formulierung hergestellt: Es entstehen sprachnahe propositionale Strukturen, mit denen für die Versprachlichung auch satzweise die Entscheidung fällt, was Hintergrund- und Fokusinformation ist, welche Information als Topik bzw. Kommentar zu verwenden ist, etc..

Kognition	Phase1	partner- und textbezogene Vorstrukturierung
	Phase2	informationsstrukturbezogene Vorstrukturierg.
Formulierung = Grammatik (s. Figur 1)		

Figur 2: Konzeptuelles Modell

Mit Figur 2 soll nicht der Eindruck vermittelt werden, wir wollten ein Verlaufsmodell konzipieren. Es soll lediglich ein über die Grammatik hinausgehendes Modell zur produktions- wie zur verstehensseitigen Beschreibung situations- und texteingepaßter Äußerungen in kohärenten Äußerungsfolgen aufgebaut werden, dessen pragmatischer Teil im konzeptuellen System (oben: Kognition) situiert ist und dessen Grammatik den Teil kognitiver Strukturbildung ausmacht, der mit der Strukturierung des Grammatischen auch die informationsstrukturelle Gliederung mit ausdrücken oder „formulieren" muß. Auf diese Weise wird eine separate informationsstrukturelle „Ebene" überflüssig.

Was eine Sprache mit Mitteln des einen Teilsystems ausdrücken kann, dafür muß eine andere Sprache, die über dieses Teilsystem (z.B. die Morphologie) nicht oder nicht in dem Maße verfügt, andere Mittel einsetzen, z.B. syntaktische. Wenn eine Sprache ein reiches Inventar an grammatischen Endungen hat, kann sie damit die grammatischen Funktionen „Subjekt-sein", „Objekt-sein" ausdrücken. Im Englischen fehlen die Endungen weitgehend. „Subjekt-" oder „Objekt-sein" wird nur in konstanten syntaktischen Positionen zum Ausdruck gebracht. In morphologiereichen Sprachen brauchen die syntaktischen Positionen, die für diesen Zweck nicht benötigt werden, nicht so strikt beachtet zu werden. Die Wortfolge wird freier. Insbesondere in OV-Sprachen, deren Verben auch die nach links bewegten Argumente innerhalb ihrer erweiterten aber ununterbrochenen V-Projektion regieren können[2], steht diese Positionsvariabilität auch als Mittel für ein die Grammatik überschreitendes Strukturierungsprinzip zur Verfügung, als Mittel für die Informationsstrukturierung. Das Deutsche benutzt dazu neben der Satzglied- und Wortfolgevariabilität noch die Artikel und Pronomen und die Intonation (in der Hauptsache die Akzentstruktur). Der Beitrag bezieht sich auf die Textsätze 1 bis 5 und modelliert die Informationsstruktur der Sätze 1 bis 3.

(1) [*Es war einmal ein RAUBritter*]$_F$
(2) [*Der*]$_{T=Th=H}$ [*hatte drei SÖHne*]$_{F=K}$
(3) [[*Von ihren drei Burgen aus*]$_{T=Th}$ *beherrschten$_i$ sie*$_{Th}$]$_H$ [*eine wichtige HANdelsstraße* t$_{i+F}$]$_{F=K=Rh}$
(4) [*Der /älteste Bruder*]$_{T=Th=H}$ [*war \ZOLLkontrolleur*]$_{F=K=Rh}$
(5) [*die /jüngeren*]$_{T=Th=H}$ [*plünderten die*]$_{Th=H}$ [*\LOHnenden*]$_{KF}$ [*Wagen*]$_{Th=H}$[3]

Die Informationsstruktur und ihre Bestandteile werden ganz unterschiedlich definiert. Seit Molnár 1991 wird sie als sich überschneidende Dreifachgliederung analysiert. Wir benutzen dies als Basis und geben eigene Definitionen (durch Klassifikation und Interaktion der beteiligten grammatischen und konzeptuellen Elemente) und eine funktionale Umschreibung, beschränken uns aber auf Topik-Kommentar- und die Fokus-Hintergrund-Gliederung. (Solange keine Kontrastakzente im Spiel sind, ist Thema = Hintergrund und Rhema = Fokus.)
– Hintergrund – Fokus – Gliederung (Der Fokus wird durch Fokusakzent und dazugehörige Fokusdomäne festgelegt. Solange keine Kontrastfoki im Spiel sind, umfaßt die Fokusdomäne die Neuinformation; Hintergrund definiert sich negativ. Er umfaßt die bekannte Information außerhalb der Fokusdomäne, bei Neuinformationsfokus links der Fokusdomäne. Konzeptuell werden Hintergrundkonstituenten als Diskursreferenten festgelegt.)
– Topik – Kommentar – Gliederung (Der Beitrag des Topiks in assertierenden Sätzen ist die Existenzbehauptung für ein Individuum (Sachverhalt, Objekt, Ort, Zeit[4]), das einen Strukturplatz in der den Kommentarteil aus-

---

[2] Vergleiche die auf OV-Sprachen festgelegte Definition von Scrambling bei Haider, Rosengren 1998: *Scrambling*. - In: Sprache und Pragmatik 49. Lund.
[3] T = Topik, Th = Thema, H = Hintergrund, F = Fokus, K = Kommentar, Rh = Rhema
[4] Ob auch Gründe, Umstände und dgl. solche Individuen sind, muß durch weitere

machenden Proposition hat. Das Topik ist typischerweise ein referentiell verwendetes Satzglied im Spec-CP (Vorfeld) eines deutschen Aussagehauptsatzes bzw. in der Position direkt nach der einleitenden Konjunktion eines eingeleiteten Aussagenebensatzes. Topiks können thematische Information ausdrücken, müssen es aber nicht. Sie können sogar kontrastfokussiert sein. Das Vorfeld im Aussagehauptsatz kann aber auch von satzeinleitenden Konstituenten eingenommen werden, die keine Topiks sind.[5]

– Die Relation zwischen der Topik-Kommentar- und der Hintergrund-Fokus-Gliederung wird unterschiedlich aufgefaßt.

1. Von Fintel 1994 und Jacobs 1992 z.b. nehmen an, daß beide Gliederungen zusammenfallen oder sich überlappen können. Dieser Beitrag befaßt sich nicht explizit mit dem semantischen Beitrag von Kontrastfoki oder Hutkonturen und auch nicht mit thetischen Sätzen. In kategorischen Sätzen mit Neuinformationsfokus analysieren wir in Übereinstimmung mit diesen Autoren das thematische Topik als Teil des Hintergrundes. Focus ist (Teil des) Kommentar(s), vgl. Abschnitt 2. Zimmermann 1998 und Späth 1998 beschränken sich auf die Analyse der Topik-Kommentar-Gliederung. In den Arbeiter der Prager Funktionalen Grammatik (s. die Arbeiten von Hajičová und Sgall im Literaturverzeichnis) werden Topik und Hintergrund nicht unterschieden. Man spricht nur vom Topik. Eine Begründung dafür ist das Nichtvorhandensein eines Äquivalents zur deutschen Topikposition in den slawischen Sprachen. Das Topik unserer Auffassung wäre nur die linkestes Konstituente eines (möglicherweise) längeren Topiks. Nach Firbas nimmt jedoch der Grad des kommunikativen Dynamismus innerhalb der Topikkonstituenten nach rechts ab.

2. In den sog. Hutkonturen wird die Konstituente unter (fallend-) steigendem Pränuklearakzent (s. Beispiele vier und fünf) entweder als Hintergrundinformation betrachtet, die auch Topik sein kann. Aber bei Büring 1995 und in den Arbeiter der Prager Funktionalen Grammatik ist die Topik-Kommentar- der Hintergrund-Fokus-Gliederung untergeordnet. Sowohl Topik als auch Kommentar können in Hintergrund und Fokus zerfallen. Dort ist die Konstituente mit (fallend-) steigendem Pränuklearakzent der Fokus des Topiks. Dazu äußert sich dieser Beitrag nicht.

– Das deutsche finite Verb bewegt sich nicht aus Informationsstruktur-

---

[5] Untersuchungen der Topiksemantik und der sie realisierenden Konstituenten (z.B. der sog. frame adverbials) herausgefunden werden.
In informationsstrukturell gesteuerten Bewegungen sind jedoch die infiniten Teile des Verbkomplexes im Topik ebenso einbezogen wie die infiniten Verbkomplexteile, die sich an die linke Grenze der Fokusdomäne bewegen. Vgl.: *[Auf den /Berg getragen haben]*$_T$ *wird er vermutlich das \BROT; [Auf den Berg]*$_T$ *wird er vermutlich haben das BROT tragen müssen.* Beispiele von B. Haftka.

Ein Modell für Informationsstrukturierung

gründen. Es ist in Satz drei durch seine Bewegungsspur t_{i+F} als Teil des Fokus und des Kommentars ausgewiesen. Wenn das finite Verb zur Fokusinformation gehört, ist auch der Satzmodus fokal, was in Abschnitt 2 bei der Bedeutungsbeschreibung des Satzes drei wichtig wird.

Wir kommen nun zu den die einzelnen Gliederungsarten ausdrückenden grammatischen Mittel im einzelnen.

1.1. Fokusexponenten und Syntax

In den Beispielsätzen signalisieren Großbuchstaben die Akzentgipfel, d.h. die Fokusexponenten Neuinformationsfokus und Kontrastfokus. Als Pränuklearakzent wurde nur der (fallend-)steigende Ton in den sog. Hutkonturen (s. Beispiele vier und fünf) berücksichtigt. Wie sind die Intonationsstrukturen (unter besonderer Beachtung der Akzentstrukturen) nun auf die syntaktischen Strukturen bezogen?

Es hatte eine Zeit lang den Anschein, als sei die Fokusdomäne in der deutschen Syntax nicht recht begründbar und würde in die syntaktischen Strukturen nur aufgenommen, weil das Zusammenwirken des synttkischen und des phonologischen Moduls nicht anders zu erklären sei. Wenn allerdings mit der Plazierung der Satzadverbien, der Partikeln und der Negation eine linke Grenzmarkierung festlegt, über die hinaus anaphorische XP im Deutschen immer nach links bewegt werden müssen (vgl. Haftka 1995; Haider, Rosengren 1998), ist eine syntaktisch begründete konstante linke Begrenzung der Fokusdomäne gegeben.[6]

---

[6] Enthalten die Sätze die Domänenmarkierer (Satzadverbiale, Partikeln, Negation oder auch das infinite *haben* wie im Satz *Auf den Berg wird er vermutlich **haben** das Brot tragen müssen,* das unmittelbar rechts der Grenzmarkierung steht,) nicht, läßt sich die Fokusdomäne aus anderen grammatischen Eigenschaften nicht verläßlich ablesen. Fest steht nur, daß die Träger des Nuklearakzents fokaler Natur und daß die mit (fallend-) steigendem Pränuklearakzent in den sog. Hutkonturen realisierten Konstituenten nichtfokaler Natur sind. Die anaphorischen Pronomen sind zwar präferent im Hintergrund angesiedelt, die definiten DP – zwar mit niedrigerer Wahrscheinlichkeit als die Pronomen – ebenfalls. Indefinite DP dagegen sind mit größerer Wahrscheinlichkeit fokal. Im Abschnitt 1.2 werden wir aber sehen, daß hier feinere semantische Unterschiede notwendig sind.
Unser Modell für Informationsstrukturierung ist durch die Interaktion mit konzeptuellen Strukturen jedoch nicht auf die grammatische Information allein angewiesen. Es kann die von Sprecher und Hörer verarbeiteten sprachlichen, situativen und Wissenskontexte in Kognitionsphase 2 aufarbeiten, pragmatisch klassifizieren und bei der Versprachlichung als Steuergröße nutzen. Vgl. Abschnitt 2.

Vollfokussierter Satz:

(1.1) Es war$_i$ _wohl_ [einmal ein RAUBritter t$_{i+F}$]$_F$

in Hintergrund und Fokus gegliederter Satz:

(2.1) Der$_j$ hatte$_i$ _ja_ [t$_{j-F}$ drei Söhne t$_{i+F}$]$_F$

Was zum Fokus gehört, wird durch die in der Fokusdomäne enthaltene fokusrelevante Information gekennzeichnet. Deshalb ist die Spur des aus syntaktischen Gründen bewegten Verbs mit +F, die Spur des anaphorischen Hintergrundpronomens *der* ist in 2.1 mit –F gekennzeichnet. Die Semantische Form, in der der informationsstrukturelle Bedeutungsanteil berücksichtigt wird, baut auf der Oberflächenstruktur auf und verrechnet die Konstituenten entsprechend ihrer informationsstrukturellen Markierungen durch +F oder –F, vgl. Abschn. 2.

Jeder Fokusdomäne wird mindestens ein Akzent zugewiesen. Der metrisch stärkste ist der Nuklearakzent. In Sätzen mit Neuinformationsfokus liegt er im Deutschen im allgemeinen auf der lexikalisch prominentesten Silbe der am engsten mit den Verb verbundenen (tiefsteingebetteten) Verbergänzung (vgl. Jacobs 1993). Davor befinden sich innerhalb und außerhalb der Fokusdomäne die Pränuklearakzente, deren Stärke sich entsprechend Bierwisch 1966 umgekehrt proportional zum Grad ihrer Herabstufung verhält und in deren Verlauf metrische Phrasen entstehen. Die steigenden Ziffern geben die relative Herabstufung von Pränuklearakzenten im Vergleich zum Nuklearakzent wieder.

(2.2) Der$_j$ hatte$_i$ ja [t$_{j-F}$ drei   SÖHne t$_{i+F}$]$_F$
       3   4   1   4
                                        H*L

Pierrehumbert 1980 hat den Grundfrequenzverlauf über den (bzw. in unmittelbarer Umgebung der) akzentuierten Silben untersucht und sechs Akzenttöne ermittelt. Sie befinden sich auf zwei distinktiven Tonhöhenstufen (H = hoch, L = tief) und sind monotonal (H*, L*) oder bitonal (H*L, HL*, L*H, LH*). Die gesternte Tonhöhenstufe ist mit der metrisch prominentesten Silbe assoziiert. Schließlich gleichen Tonsequenzregeln, eine Art Sandhi-Regeln, die prätonalen Akzente an Nuklearakzente innerhalb der Intonationsphrasen an (vgl. Féry 1993). Uhmann 1991 ergänzte die Intonationsstrukturierung durch Regeln für die modusabhängige Interaktion der (initialen und finalen) Grenztöne (H%, L%) mit Akzenttönen.

(2.3) Der$_j$ hatte$_i$ ja   [t$_{j-F}$ drei   SÖHne   t$_{i+F}$]$_F$
       3   4   1   4
    L%   L*   L*   H*L   L%

Die Nuklearakzente in den Beispielen eins bis vier sind Neuinformationsfoki; im Beispiel fünf liegt ein Kontrastakzent vor, der immer engen Fokus markiert. Alle, auch die unbetonbaren Wörter können kontrastfokussiert werden. Die besondere phonetische Markierung geschieht meist durch steigend-fallenden Tonhöhenverlauf (L+H*–L) und unterscheidet sich nur marginal in der vertikalen Ablenkung (pitch-range). Zum anderen zeigt auch die relative Dauer links vor dem kontrastfokussierten Material den engen Fokus an (s. Alter 1996). Darüber hinaus ist der satzinitiale pitch-range in engfokussierten Sätzen geringer als in weit fokussierten. Der Sprecher kann dadurch die Unterschiede in der vertikalen Ablenkung auf effiziente Weise salient machen. Auf die Bedeutungsseite der Kontrastfoki wird in diesem Beitrag nicht eingegangen. In der Syntax ist wichtig, daß kontrastfokussierte Konstituenten vor Hintergrundinformation stehen und im Topik vorkommen können.

Die (fallend-)steigenden Akzente in den sog. Hutkonturen wie auf /älteste und /jüngeren in den Beispielen vier und fünf sind gepaart mit dem Nuklearakzent und bilden eine zweigipflige Akzentstruktur. Die Bezeichnung I-Topik für die Konstituente unter Pränuklearakzent ist jedoch nichts weiter als ein Name. Die Hutkonturen kommen in unterschiedlichen Konstruktionen vor:[7]

im sog. T-scrambling:

(6) *daß [/so viel Geld]$_i$ man nicht glauben würde, daß \IRgendjemand t$_i$ unterschlagen kann.*

bei subkategorisierten PP, die über indefinite DP gescrambelt sind:

(7) *da standen [hinter den /Blumenvasen]$_i$ dann auch immer \MikroFOne t$_i$*

In Hutkonturen zur Festlegung des Skopus:

(8) *[Mich ihr /vorgestellt]$_i$ hat er \NICHT t$_i$.*

---

[7] Vgl. Rosengren 1993, Haider, Rosengren 1998, Féry 1993, Büring 1995, Schwabe 1997.

und zur Skopusdesambiguierung:

(9) *Du weißt doch, daß [/mehr als drei Fragen]$_i$ die \MEIsten t$_i$ beantworten konnten.*

in Gapping-Konstruktionen:

(10) */Anneliese hat \JUra studiert, ihr / Mann \AUCH.*

in Ellipsen:

(11) */Hans hat \ANna und /Fritz hat \PAUla einen Pfannkuchen geschenkt.*

Die Beispiele in 10 und 11 können auch Antworten auf Mehrfachfragen sein.
Hutkonturen bringen zwar das kommunikativ wichtige in den Fokus; sie kommen aber auch unabhängig von Umstellungen vor. Die präferierte Interpretation bei Skopusambiguität ist die, die der Basisabfolge der Operatoren folgt; Hutkonturen sind aber nicht an die Anwesenheit von Operatoren gebunden. Bei entsprechendem Kontext werden in allen aufgezählten Beispielen Alternativen zur Menge der mit Pränuklearakzent ausgedrückten Individuen/Eigenschaften impliziert; die Alternativenimplikation ist aber unterschiedlich wichtig für die Interpretation im Kontext, oder teilweise sogar unmöglich (s. Büring 1995). Werden in Folgesätzen die Alternativen genannt und darüber geredet, entstehen Parallelkonstruktionen wie in unseren Beispielsätzen vier und fünf. Ob das sehr interessante Zusammenspiel der grammatischen Ebenen mit den konzeptuellen Strukturen zu einer einheitlichen Erklärung für die sog. Hutkonturen führt, bleibt weiterer Forschung vorbehalten.

1.2. Anaphorizität und Syntax

Pronomen sind von sich aus anaphorisch, d.h. sie beziehen sich auf Sprecher und Hörern bekannte Diskursindividuen, gehören zur Hintergrundinformation. Die Interpretation deiktischer Adverbiale setzt ebenfalls die Belegung ihrer Variablen im Kontext voraus, so daß sie dann die Bedingung für Anaphorizität erfüllen. Definite DP lassen sich generisch, nichtspezifisch und spezifisch verwenden. Bezüglich Anaphorizität bedeutet das nichts weiter, als daß die Individuen(mengen) mit Hilfe der ihnen durch die NP zugeschriebenen Eigenschaften in unterschiedlichem Grade, nämlich generisch, nichtspezifisch oder spezifisch identifiziert werden können. Alle diese Ausdrücke kommen als Ausdrucksmittel für Hintergrundinformation in Frage. Sind sie auch im Fokus verwendbar? Die nichtbetonten Personalpronomen und *es, man, wer* sind es nicht; definite DP im Fokus können generisch sein, oder sie referieren kontextbezogen unik. Indefinite Pronomen oder DP können mit generischer oder mit spezifischer Interpretation anaphorisch verwendet werden. In nichtspezifischer Interpretation gehören sie nur in den Fokus. Im Fokus können sie aber auch mit generischer Interpretation vorkommen. Dies vorausgesetzt, stimmt die Semantische Form der DP mit den pragmatischen Informationen Hintergrund bzw. Neuinformationsfokus des Satzes überein, ist aber nicht detailliert genug und kann die pragmatische Information nur in Interaktion mit syntaktischer und phonologischer Strukturbildung realisieren, wobei das konzeptuelle System in Verarbeitung des Kontextes letztlich festlegt, welche Diskursreferenten gegeben oder ableitbar sind. Diese werden mit –F markiert und tragen diese pragmatische Information des Sprechers in die grammatischen Ebenen hinein. Der Hörer muß diese pragmatische Information durch sein grammatisches und nicht-grammatisches Wissen unter Zuhilfenahme von Schlußoperationen zurückgewinnen.

Unter dieser Voraussetzung können wir uns in diesem Abschnitt auf Anaphorizität bzw. Nichtanaphorizität als Charakterisierung der DP, PP, Adverbiale beschränken. Die Einführungssätze der deutsch geschriebenen Märchen werden voraussetzungslos begonnen (vgl. Satz 1). Sätze, die nur aus Neuinformation bestehen, enthalten nur nichtanaphorische DP und PP /Adverbiale. Es gibt dagegen keine Sätze, die nur aus Information bestehen, die der Sprecher für sich und den Hörer als völlig bekannt einschätzt. Das würde den Konversationsmaximen der Qualität und Relevanz widersprechen. Da also jeder Satz dem common ground Information hinzufügt, sind Fortsetzungssätze normalerweise in bekannte Information=Hintergrund [–F] und Neuinformation [+F] gegliedert. Konstituenten, die bekannte Information ausdrücken, gehen normalerweise solchen, die Neuinformation ausdrücken, linear voraus (vgl. die Beispiele 2, 3). In der flektierenden OV-Sprache Deutsch werden die anaphorischen DP, PP und Adverbiale zur Bildung des Hintergrunds aus dem Fokusbereich hinaus nach links bewegt (vgl. die Beispiele 2, 3). Bekannte Information wird also in deutschen informationsstrukturell gegliederten Sätzen z.T. doppelt oder dreifach angezeigt, durch die semantischen Pendants für Anaphorizität, durch Nichtfokussiertsein oder (fallend-)steigenden Pränuklearakzent und durch die Position links der Fokusdomäne. (Wenn finite Verben zur bekannten Information gehören, ändert sich an ihrer Stellung jedoch nichts; in die Informationsstrukturierung teilweise eingliederbar sind nur infinite Verben oder VP. Vgl. auch 1.3)

1.3. Satzgliedstellung und Informationsstruktur

Die deutsche Satzgliedfolgevariabilität wird in jüngeren Chomskygrammatiken präferent durch zwei Arten von Bewegungen beschrieben. Entweder wird mit funktionalen Kategorien gearbeitet, deren Spezifiziererpositionen Landeplätze für informationsstrukturgetriebene Bewegungen anaphorischer Satzglieder sind wie bei B. Haftka 1993, oder es wird eine Scramblingtheorie zugrundegelegt, die die aus der Fokusdomäne bewegten anaphorischen Satzglieder an VP adjungiert (vgl. Rosengren 1993). Scrambling kann unterschiedlich weit aufgefaßt werden; die Pronomen können entweder einbezogen werden, oder ihre Bewegung in die Wackernagelposition wird als gesonderte Bewegung angesehen.

Unsere Auffassung trifft sich mit Haider, Rosengren 1998. Sie nehmen wie auch Fanselow 1991 eine verbklassenabhängige Basisstellung der Argumente an, so daß – im Gegensatz zu Müller 1998 – eine generelle hierarchische Positionierung der Argumente nach Kasus nicht gerechtfertigt ist.

Von Haider und Rosengren 1998 werden drei Arten von Bewegungen unterschieden: Scrambling von Argument-DP, -CP und -PP; Pronominalbewegung und T-scrambling.

1.3.1 Scrambling geschieht clauseintern, ist mehrfach anwendbar und erlaubt Extraktion aus der gescrambelten XP. Scrambling geschieht einmal innerhalb der Fokusdomäne – z.B. in vollfokussierten Sätzen – und hat dann keinen Einfluß auf Informationsstrukturierung, solange der Nuklearakzent nicht verschoben wird.

(12) *ob vielleicht [am 20. Dezember der Nachbarsjunge dem Bauern den schönen WEIHnachtsbaum gestohlen hat* $]_F$ = Basisabfolge
(13) *ob vielleicht [am 20. Dezember dem Bauern$_i$ der Nachbarsjunge t$_i$ den schönen WEIHnachtsbaum gestohlen hat* $]_F$

Die auch mögliche Verschiebung der Adverbiale ist kein Scrambling und wird bei Haider, Rosengren 1998 mit Stellungsvariablität erklärt.

(14) *ob vielleicht [der Nachbarsjunge dem Bauern am 20. Dezember den schönen WEIHnachtsbaum gestohlen hat* $]_F$

Scrambling wird informationsstrukturell relevant, wenn die verschobenen Argumente an die VP außerhalb der Fokusdomäne adjungiert werden. Sie unterliegen dann der Anaphorizitätsbedingung. Wenn die gescrambelten XP bei Mehrfachscrambling in der Basisreihenfolge an VP adjungiert werden, entstehen immer richtige Sätze. Diese Abfolge gescrambelter XP ist aber nicht obligatorisch, vgl. die Beispiele 15 (gescrambelt unter Beibehaltung der Basisabfolge) und 16:

(15) *ob der Nachbarsjunge$_i$ dem Bauern$_j$ vielleicht [am 20. Dezember t$_i$ t$_j$ den schönen WEIHnachtsbaum gestohlen hat* $]_F$

(16) *ob dem Bauern_j der Nachbarsjunge_i vielleicht [am 20. Dezember t_i t_j den schönen WEIhnachtsbaum gestohlen hat]_F*

Haider, Rosengren 1998 sehen Scrambling als OV-Sprachen-spezifisch an, weil die Verben nur nach links regieren und die maximale V-Projektion nur ausgedehnt zu werden braucht, wodurch die Argumente mit ihren Spuren Ketten bilden können und funktional identifizierbar bleiben.[8] Scrambling ist als generelle Erscheinung also nicht informationsstrukturgetrieben, die Adjunktion an VP außerhalb der Fokusdomäne unterliegt jedoch den Bedingungen an Informationsstrukturierung.

1.3.2 Die Pronominalbewegung geht präferent in die sog. Wackernagelposition oberhalb des Scramblingbereichs. Diese anaphorischen Pronomen bilden ebenfalls Ketten, ihre Reihenfolge in der Wackernagelposition ist jedoch kasusgesteuert: Nom vor Acc vor Dat, und zwar unabhängig von der Klasse des regierenden Verbs und der entsprechenden Basisposition der Argumente.

(17) *ob er_i ihm_j vielleicht [am 20. Dezember t_i t_j den schönen WEIhnachtsbaum gestohlen hat]_F*

Es ist weiterhin möglich, daß eine nominativische anaphorische DP die Pronominalkette anführt:

(18) *ob der Nachbarsjunge_i ihn_k ihm_j vielleicht [am 20. Dezember t_i t_j t_k geSTOHlen hat]_F*

Pronomen können jedoch in seltenen Fällen auch im Fokusbereich vorkommen.

1.3.3 Nun noch kurz zum T-scrambling in der Benennung von Haider, Rosengren 1998. Diese Operation ist im Gegensatz zu Scrambling im Deutschen nur einmal anwendbar, sie kann aber die clause überschreiten und läßt keine Extraktion aus der T-gescrambelten XP zu. Als Landeplatz dieser Bewegung außerhalb der maximalen VP wird von den Autoren deshalb der Spec-CP vorgeschlagen. Da auch normale gescrambelte XP ins Vorfeld geschoben werden können, und da aus diesen wh-Extraktion möglich ist, wird CP gesplittet. T-scrambling landet im Spec der unteren CP. Der Complementizer oder das finite Verb dagegen werden von der C°-Position der obe-

---

[8] Da sich diese Scramblingkriterien vorwiegend am innergermanischen Vergleich orientieren, könnte z.B. durch die Einbeziehung slawischer Sprachen größere Verallgemeinerbarkeit bezüglich der Natur informationsstrukturgetriebener Stellungsveränderung gewonnen werden.

ren CP attrahiert. Die untere C⁰-Position bleibt dann leer. Bei Scrambling mit wh-Extraktion steht das wh-Element im Spec der oberen CP, der Rest der gescrambelten XP steht im Spec der unteren CP. Der unter Nummer 19 wiederholte Satz 6 ist ein Beispiel für T-scrambling über die clause-Grenze.

(19) *daß [/so viel Geld]$_i$ man nicht glauben würde, daß \IRgendjemand t$_i$ unterschlagen kann.*

Wenn in der erweiterten VP keine funktionalen Kategorien vorhanden sind und C die einzige funktionale Kategorie ist, muß in der Basisstellung deutscher Sätze geklärt werden, wie die theta-Rollen und Kasus vergeben werden. Fanselow 1991, Müller 1998 und auch Haider, Rosengren 1998 sind sich darin einig, daß die Klassen deutscher Verben im Lexikon die theta-Rollen festlegen, zwischen lexikalischem- und Strukturkasus unterscheiden und Kasus in Abhängigkeit davon wie auch unter Berücksichtigung von genus verbi aber unabhängig von Kasuspositionen vergeben:

(20) *daß der Vater eine schnelle EntSCHEIdung bedauerte*
(21) *daß den Vater eine schnelle EntSCHEIdung interessierte*
(22) *daß der Vater dem Sohn die EntSCHEIdung überläßt*
(23) *daß dem Sohn die EntSCHEIdung überlassen wird*
(24) *daß der Vater den Sohn dieser PRÜfung unterzog*
(25) *daß der Sohn dieser PRÜfung unterzogen wurde*

Je nach Verbklasse und genus verbi kann die nominativische DP in der Basisabfolge links oder rechts von DP mit obliquen Kasus stehen. Testmittel für die Normalstellung der Argumente in der Basisabfolge ist die Plazierung des Neuinformationsfokus auf der verbnächsten XP vollfokussierter Sätze. Die vom Lexikon her festgelegte Variabilität in der kasusbezogenen Verbstellung stellt das Deutsche in strikten Gegensatz zum morphologiearmen Englischen, das Kasus an Positionen bindet. Durch die Kettenbildung bei Scrambling und anaphorischen Pronomen können Haider, Rosengren 1998 diese bewegten XP auf ihre Basispositionen zurückbeziehen, wo sie durch theta-Rolle und Kasus identifiziert sind. Bewegung aus Kasusgründen ist also im Deutschen nicht opportun. Scrambling innerhalb der maximalen VP, das für Informationsstruktur im Sinne einer Hintergrund-Fokus-Gliederung irrelevant ist, wird in unserem Beitrag nicht behandelt. Informationsstrukturrelevantes Scrambling und die Bewegung anaphorischer Pronomen sowie des T-Scrambling werden durch die in Kognitionsphase 2 vergebenen und in die grammatischen Ebenen übernommenen pragmatischen Markierungen für Topiks (T), für Hintergrundinformation (H) und für Information unter Neuinformations- (F) oder Kontrastfokus (KF) ausgelöst. Die ausführliche Analyse der Beispiele 1 bis 3 wird das mit verdeutlichen.

Ein Modell für Informationsstrukturierung 225

2. Analyse der Beispielsätze (1) bis (3) unter besonderer Beachtung der informationsstrukturrelevanten Interaktion der grammatischen Ebenen und des grammatischen Systems mit dem konzeptuellen Systems

2.1. Analyse des Beispielsatzes (1): Es war$_i$ [einmal ein RAUBritter t$_{i+F}$]$_F$

2.1.1. In Kognitionsphase 2:

Der an Märchen erinnernde Textabschnitt beginnt mit Satz eins nahezu hintergrundlos. Außer der vom Märchentext implizierten sehr vagen Referenzzeit in einer (vom Tempus gestützten) Vergangenheit sind keine Diskursreferenten vorhanden. Sie müssen mit dem Satz erst eingeführt werden. Satz eins ist vollfokussiert. Es gibt keine informationsstrukturgetriebene Bewegung. Das finite Verb hat sich bewegt, aber um den Satzmodus Urteil und den Satztyp Hauptsatz anzuzeigen. Seine Spur zeigt das Verb als zur Fokusdomäne gehörig an. *Es* ist die semantisch leere aber syntaktisch obligatorische Besetzung des Vorfeldes eines Aussagehauptsatzes. Die pragmatische Markierung wird auf die referentiellen theta-Rollen in den SF der Lexikoneinheiten übertragen.
Diskursreferenten: nicht vorhanden
Topik: nicht vorhanden
Referenzzeit: T'

2.1.2. Semantische Form (SF) der Lexikoneintragungen:

sei: $\lambda x\ \lambda T\ \lambda s\ [[TIME\ s = T] : [s\ INST\ [EXIST, x]]]$
    [+F]
Präteritum: $\lambda V\ [V\ [T': [T'\ VOR\ T_o]]]$
Raubritter: $\lambda x\ [ROBBER\ BARON, x]$
singular: $\lambda P\ \lambda x\ [[P, x] : [QUANT\ x = 1]]$
ein: $\lambda P\ \varepsilon x\ [P, x]^9$
    [+F]
    ontologisches Objekt
einmal: $\lambda s\ \exists t_i\ [TIME\ s \subseteq T_i]$
    [+F]
Aussagesatzmodus: $\lambda P\ \exists s\ [P, s]$
es: $\lambda p\ [p]$

---

9 Indefinite Artikel verbinden sich mit Nomina, die ontologische Objekte ausdrücken; definite Artikel aber mit Nomina, die Diskursobjekte ausdrücken, wobei ontologische Objekte eine Untermenge der Diskursobjekte sind. Vgl. Steube, Späth 1998.

2.1.3. SF des Satzes (1):

Für die kompositionelle Erstellung der die Informationsstrukturierung berücksichtigenden Satzbedeutung ist zu beachten, daß die Nominalphrasen nicht nur in unterschiedlichen Funktionen vorkommen (als Prädikative und Argumente), sondern auch im Fokus oder im Hintergrund von kategorischen Sätzen. Als Prädikative gehören Nominalphrasen dem semantischen Typ S/N an. Als Argumente in der Fokusdomäne sind sie vom Typ N; als thematische und topikalische Argumente sind sie in die informationsstrukturelle Aufteilung der Information in Topik – Kommentar und/oder Hintergrund – Fokus einbezogen und werden in diesem Beitrag mittels generalisierter Quantoren repräsentiert. Diese Typenverschiebung wurde in Partee 1992 ausführlich beschrieben und ist von Zimmermann 1998 und Späth 1998 bereits für Informationsstrukturzwecke genutzt worden. Zimmermann 1998 und Späth 1998 verwenden jedoch die Artikel einheitlich als generalisierte Quantoren. Sie gewinnen dadurch einheitliche Lexikoneintragungen für die Artikelbedeutungen, die in diesem Beitrag nur durch regelbezogene Typenverschiebungen im Kontext zu haben sind. Der Vorteil der unterschiedlichen semantischen Repräsentation von fokalen und nichtfokalen DP und Adverbialen liegt aber in folgendem: die Reihenfolge der *innerhalb* der VP gescrambelten und informationsstrukturell irrelevanten Satzglieder wirkt sich semantisch nicht aus. Sie werden – wie in ihrer Basisposition – in die Argument- und Modifikationspositionen der Verbbedeutungen eingefügt. Nur für die nichtfokalen Strukturen, die aus der VP hinausbewegt sind, wird ihre informationsstrukturelle Relevanz durch die generalisierten Quantoren repräsentiert.

Satz eins enthält nur eine nominativische fokale DP und ein fokales Adverbial. Wir benutzen hierfür die SF in der Schreibweise von Bierwisch 1987 und 1988 mit dem Existenzquantor εx, der Determinansphrasen einer N-Kategorie erzeugt.

∃s ([[TIME s = T': [T' VOR T_o]] : [s INST [EXIST, εx [[ROBBER
[+F]   [+F]
BARON, x] : [QUANT x = 1]]]]] : [TIME s ⊆ εT_i])
                                                                     [+F]

Die pragmatischen Merkmale zeigen gleichzeitig die informationsstrukturelle Gliederung des Satzes als vollfokussiert an. Die Gliederung könnte auch anders verdeutlicht werden:

∃s ([[TIME s = T' : [T' VOR T_o]] : [s INST [EXIST, εx [[ROBBER
BARON, x]: [QUANT x = 1]]]]] : [TIME s ⊆ εT_i])

Ein Modell für Informationsstrukturierung 227

Die SF des Satzes eins ist kaum weniger spezifisch als ihre konzeptuelle Interpretation. Lediglich die als Parameter angegebene Topikzeit T' kann als vage Märchenvergangenheit spezifiziert werden.

2.1.4. Syntaktische Repräsentation des Satzes (1):

Nach dem minimalistischem Programm wird angenommen, daß die Kategorien nur so weit projizieren, wie es erforderlich ist. „Gesteuert" wird die syntaktische Ableitung durch die über das Lexikon und die SF in die Syntax übernommene informationsstrukturell relevante pragmatische Information.

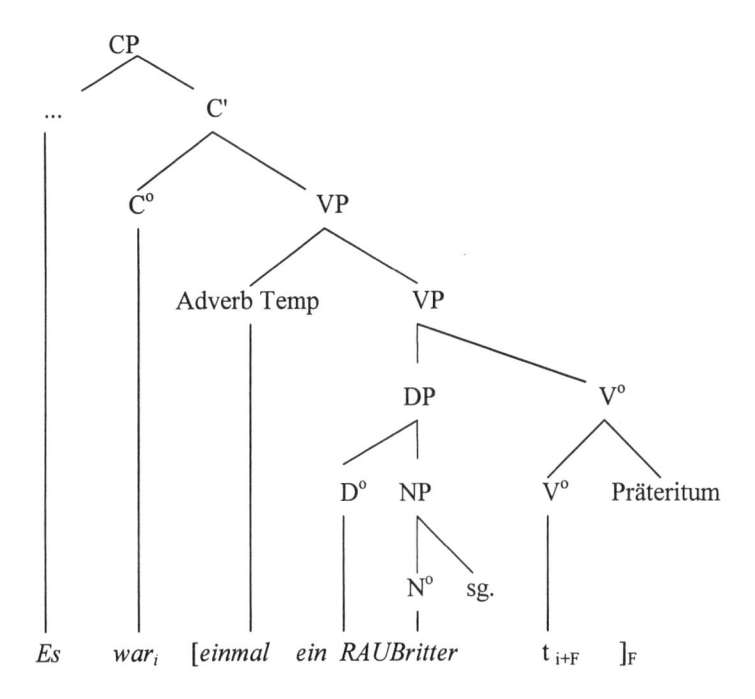

```
              CP
           /      \
         ...       C'
                 /    \
                C°     VP
                     /    \
                Adverb Temp  VP
                              |
                           /     \
                         DP       V°
                        /  \     /   \
                       D°  NP   V°  Präteritum
                           |
                          N°  sg.

       Es   warᵢ  [einmal  ein  RAUBritter   tᵢ₊F  ]F
```

2.2. Analyse des Beispielsatzes (2): Der_j $hatte_i$ [t_{j-F} drei $SÖHne$ t_{i+F}]$_F$

2.2.1. In Kognitionsphase 2:

Satz eins hat als Diskursreferenten einen Raubritter eingeführt. Der_j identifiziert grammatisch εx_i [ROBBER BARON, x_i]

Satz zwei führt die drei neuen Diskursreferenten *drei Söhne* ein. *Sohn* ist ein relationales Nomen. $Jemand_i$ ist Sohn von $jemand_j$. Als $jemand_j$ gibt Satz zwei per Bedeutungspostulat aus der HABEN-Relation den Raubritter x_i aus Satz eins an: $x_i = z$

Das anaphorische Pronomen der_j ist Topik. Die Referenzzeit T" des Satzes zwei muß in Relation zur Referenzzeit T' des Satzes eins gesetzt werden. Da beide Sätze Zustände ausdrücken und auch außergrammatisch keine Sequenzierung erschlossen werden kann, gilt der Default, daß die Referenzzeiten der beiden Zustände parallel laufen oder zumindest weitgehend überlappen, so daß davon ausgegangen werden kann, daß die Topikzeiten übereinstimmen: T" = T'.

2.2.2. SF der hinzukommenden LE oder Ausdrücke:

Topikspur: x_i
    [–F]
Topik der_i: $\lambda Q \; \exists x_i \; ([[[INDIVIDUAL, x_i] : [MALE, x_i]] : [QUANT \; x_i = 1]]$
    [–F]
    Diskursobjekt
    $\wedge \; [Q, x_i])$

hab-: $\lambda y \; \lambda x \; \lambda T \; \lambda s \; [[TIME \; s = T] : [s \; INST \; [HAVE \; x, y]]]$
    [+F]
drei Söhne: $\varepsilon y \; [[SON \; y, z] : [QUANT \; y = 3]]$
    [+F]
    ontologisches Objekt

2.2.3. SF des Satzes (2):

In diesem Satz entspricht die Topik-Kommentar-Gliederung auch der Hintergrund-Fokus-Gliederung. Das anaphorische Pronomen der_j drückt nicht nur Hintergrundinformation aus, es ist auch Topik und muß mit Hilfe eines generalisierten Quantors repräsentiert werden. Auf diese Weise erreichen wir eine Gliederung derart daß es das anaphorische Pronomen ist, über das mit dem Kommentar, der die Fokusdomäne umfaßt, geredet wird.

Spuren in der Fokusdomäne sind Elemente der Kategorie N. Um aber die vom Satzmodusoperator gebundene SF der maximalen VP mit dem Topik, repräsentiert mittels generalisiertem Quantor, verbinden zu können, muß Typenanpassung vorgenommen werden. Dieser Amalgamierungsschritt wird im folgenden vorgeführt:

SF von C': $\exists s \; [[TIME \; s = [T': [T' \; VOR \; T_o]]] : [s \; INST \; [HAB, x_i, \varepsilon y$
$[[SON \; y, z] : [QUANT \; y = 3]]]]]$

Ein Modell für Informationsstrukturierung

SF des Topiks: $\lambda Q \; \exists x_i \; ([[[INDIVIDUAL, x_i] : [MALE, x_i]] : [QUANT$
${\scriptstyle [-F,T]}$
$x_i = 1]] \wedge [Q, x_i])$

Typenanpassung von C': $\lambda p \; \lambda \; \Phi \; [\Phi \; \lambda x \; p]$

Für p wird die SF von C' eingesetzt. Mittels λx wird der Subjektsparameter x wieder zugänglich gemacht, um mit der SF von *sie* koindiziert werden zu können. Für Φ wird schließlich die SF von *sie* eingesetzt.

$\lambda p \; \lambda \; \Phi \; [\Phi \; \lambda x \; p] \; (\exists s \; [[TIME \; s = [T': [T' \; VOR \; T_o]]] : [s \; INST \; [HAB, x_i, \varepsilon y \; [[SON \; y, z] : [QUANT \; y = 3]]]]])$

$\lambda \; \Phi \; [\Phi \; \lambda x \; \exists s \; [[TIME \; s = [T': [T' \; VOR \; T_o]]] : [s \; INST \; [HAB, x_i, \varepsilon y \; [[SON \; y, z] : [QUANT \; y = 3]]]]]]$

$\lambda Q \; \exists x_i \; ([[[INDIVIDUAL, x_i] : [MALE, x_i]] : [QUANT \; x_i = 1]] \wedge [Q, x_i]) \; \lambda x \; \exists s \; [[TIME \; s = [T': [T' \; VOR \; T_o]]] : [s \; INST \; [HAB, x_i, \varepsilon y \; [[SON \; y, z] : [QUANT \; y = 3]]]]]$

$\exists x_i \; ([[[INDIVIDUAL, x_i] : [MALE, x_i]] : [QUANT \; x_i = 1]] \wedge [\; \lambda x \; \exists s \; [[TIME \; s = [T': [T' \; VOR \; T_o]]] : [s \; INST \; [HAB, x_i, \varepsilon y \; [[SON \; y, z] : [QUANT \; y = 3]]]]] \; x_i \;])$

Die informationsstrukturell gegliederte SF des Satzes zwei ist schließlich:

$\exists x_i \; ([[[INDIVIDUAL, x_i]: [MALE, x_i]] : [QUANT \; x_i = 1]] \wedge \exists s \; [[TIME$
${\scriptstyle [-F,T]} {\scriptstyle [+F, K]}$
$s = [T': [T' \; VOR \; T_o]]] : [s \; INST \; [HAB, x_i, \varepsilon y \; [[SON \; y, z] : [QUANT \; y =$
${\scriptstyle [+F]}$
$3]]]]])$
bzw.
$\exists x_i \; ([[[INDIVIDUAL, x_i] : [MALE, x_i]] : [QUANT \; x_i = 1]] \wedge \exists s \; [$
$[TIME \; s$
$= [T': [T' \; VOR \; T_o]]] : [s \; INST \; [HAB, x_i, \varepsilon y \; [[SON \; y, z] : [QUANT \; y = 3]]]]])$

Es wird die Existenz eines männlichen voridentifizierten Individuums x_i derart behauptet, daß ein Sachverhalt s existiert, so daß das Individuum x_i in s drei Söhne hatte.

2.2.4. Syntaktische Repräsentation des Satzes zwei:

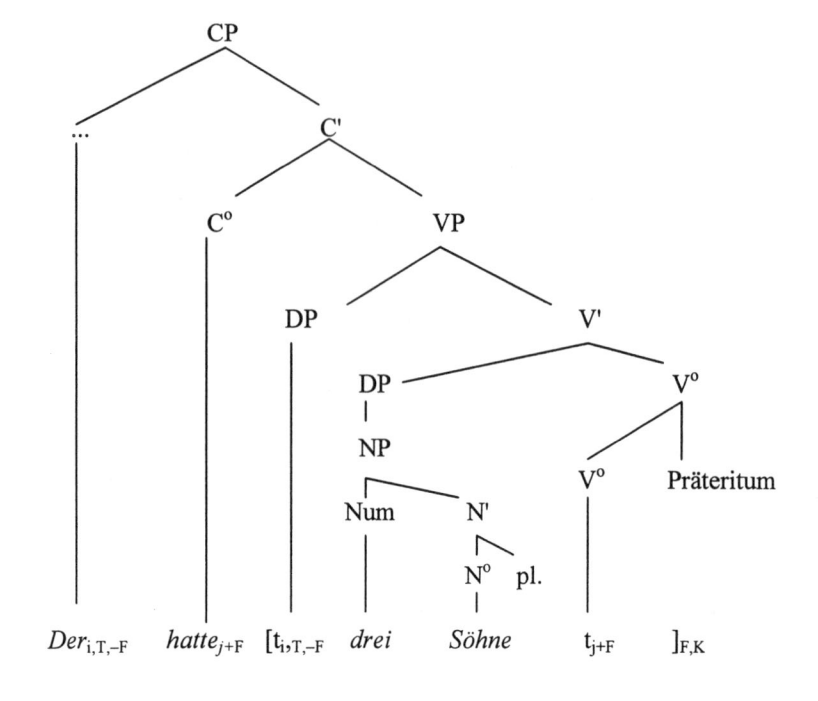

```
                          CP
                    ┌──────┴──────┐
                   ...            C'
                            ┌──────┴──────┐
                           C°             VP
                                     ┌─────┴─────┐
                                    DP           V'
                                           ┌──────┴──────┐
                                          DP             V°
                                          │         ┌─────┴─────┐
                                          NP        V°        Präteritum
                                       ┌──┴──┐
                                      Num    N'
                                             │
                                             N°  pl.
                                             │

  Der_{i,T,-F}    hatte_{j+F}   [t_{i,T,-F}  drei   Söhne      t_{j+F}   ]_{F,K}
```

2.3. Analyse des Beispielsatzes (3): [[*Von ihren drei Burgen aus*]$_{T=H}$ {*beherrschten*$_i$ *sie*$_{Th}$]$_H$ [*eine wichtige HANdelsstraße* t$_{i+F}$]} $_{F=K}$

Während in der Satzfolge eins plus zwei nur insofern über das grammatische Wissen hinausgegangen werden mußte, als die Identifizierung und Identität von Objekts- und Zeit-Referenten festzustellen war, erfordert die Interpretation des Satzes drei beträchtlich viel mehr.

Wenn *von ihren drei Burgen aus* topikalisch und thematisch ist, muß es wissensmäßig erschlossen werden, denn eine explizite Vorerwähnung gibt es nicht. Der Anker *Raubritter* aktiviert das konzeptuelle Wissen über die Wohn- und Besitzverhältnisse von Rittern und identifiziert *Burg* darin als Behausung eine Ritters. Das Possessivum *ihren,* das nur eine Relation zu einem Pluralausdruck als Interpretationsrahmen expliziert, ist präferent als Besitzrelation zwischen den drei Burgen und den Besitzern zu deuten, die unter den vorher Genannten zu suchen sind. Ob es die drei Söhne sind oder ob auch der Vater noch dazugehört, bleibt bis zu Satz drei offen. Das Topik behauptet die Existenz eines Situationsverlaufs, dessen Ursprung die sich im Besitzt der Genannten befindlichen drei Burgen sind. Damit ist die Existenz der drei Burgen auch behauptet. Nach dieser Verarbeitung von Sachwissen unter Zuhilfenahme von Schlußoperationen ist *ihre drei Burgen*

Ein Modell für Informationsstrukturierung 231

als Diskursreferent bereitgestellt. Die Genannten, *sie,* werden selbstverständlich thematisch verwendet und erweitern den Hintergrund. Die fokale Information ist *beherrschen eine wichtige Handelsstraße.*

2.3.1. In Kognitionsphase 2:

Diskursreferenten: *drei Burgen; von ihren drei Burgen aus; sie*
Topik: *von ihren drei Burgen aus*
Referenzzeit T''', wobei T''' = T''= T', was wieder als die präferente Interpretation des statalen Beschreibungstextes anzunehmen ist.

2.3.2. SF der hinzukommenden LE und Ausdrücke:

sie: $\lambda Q \,\exists!u_i \,[[[INDIVIDUAL, u_i\,] : [QUANT\ u_i \supseteq 2]] \wedge [Q, u_i]]$
 [−F]

beherrsch-: $\lambda v\,\lambda y\,\lambda T\,\lambda s\,[[TIME\ s = T] : [s\ INST\ [RULE\ y, v]]]$
 [+F]

eine wichtige Handelsstraße: $\varepsilon v\,[[[ROUTE, v] : [IMPORTANT, v]]:$
                                                    [+F]
                                        ontologisches Objekt
$[QUANT\ v = 1]]$

von ... aus: $\lambda w\,\lambda s\,[INIT\ [LOC\ s] \subseteq [LOC\ w]]$
 [−F,T]

ihre drei Burgen: $\lambda Q\,\exists!w\,[[[[CASTLE, w] : [QUANT\ w = 3]] : [REL, u_i,$
                                          [−F,T]
                                ontologisches Objekt
$w]] \wedge [Q, w]]$

Topikspur: $\lambda s\,[P, s]$
 [−F]

2.3.3. SF des Satzes (3):

Satz drei enthält zwei Hintergrundelemente, die einmal vor dem Verb [als Topik und Hintergrund] und einmal nach dem Verb [in Fortsetzung des Hintergrundes] stehen. In Sprachen, die keine Verbzweitstellung im Aussagehauptsatz verlangen, gibt es an der Stelle eine ununterbrochene Reihe thematischer Elemente, solange das erste Satzglied nicht kontrastiv fokussiert ist. Man scheint dann keine wesentlichen Gründe zu haben, Topik und Hintergrund zu unterscheiden. Die heute bestehenden Meinungen darüber sind noch zu sehr einzelsprachlich gesteuert. Dieser Beitrag bringt beide Gliederungen, die nach Topik und Kommentar wie auch diejenige nach Fokus und Hintergrund, in der Semantik des Satzes zum Ausdruck. Beide Gliederungen können jeweils auf eine Gliederung nach Quantor, Restriktor, Nuklearskopus abgebildet werden (vgl. Hajičová, Partee, Sgall 1998).

Da es bis zur SF von V'^1 (vgl. 2.3.4) in der kompositionellen Erstellung der Bedeutungsstruktur des Satzes keine Probleme gibt, nehmen wir die Struktur dieser fokalen Information als Ausgangspunkt:

$\lambda x \, \lambda s \, [[\text{TIME } s = T': [T' \text{ VOR } T_0]] : [s \text{ INST } [\text{RULE}, x, \varepsilon v \, [[[\text{ROUTE}, v] : [\text{IMPORTANT}, v]] : [\text{QUANT } v = 1]]]]]$

Mit dieser Repräsentation wird die Topikspur modifikatorisch verbunden:

$\lambda x \, \lambda s \, [[\text{TIME } s = T': [T' \text{ VOR } T_0]] : [[s \text{ INST } [\text{RULE}, x, \varepsilon v \, [[[\text{ROUTE}, v] : [\text{IMPORTANT}, v]] : [\text{QUANT } v = 1]]]] : [P, s]]]$

Das Subjekt *sie* hat die Fokusprojektion durch Pronominalbewegung in die Wackernagelposition verlassen. Die Subjektspur x wird vom Parameter x ersetzt. Damit erreichen wir die SF von VP^1:

$\lambda s \, [[\text{TIME } s = T': [T' \text{ VOR } T_0]] : [[s \text{ INST } [\text{RULE}, x, \varepsilon v \, [[[\text{ROUTE}, v] : [\text{IMPORTANT}, v]] : [\text{QUANT } v = 1]]]] : [P, s]]]$

Vor der Amalgamierung mit der SF von *sie*, die mit genralisiertem Quantor repräsentiert wird, muß Typenanpassung erfolgen. Wir brauchen eine Möglichkeit, daß nacheinander die SF von VP^1 mit dem Satzmodus,[10] mit der Hintergrund-DP *sie* und schließlich mit der Topik-PP *von ihren Burgen aus* typengerecht amalgamiert werden kann. Das leistet das Template

$\lambda P \, \lambda \Phi \, \lambda \Psi \, \lambda \Pi \, [\Pi \, \Psi \, \lambda x \, \Phi \, \lambda s \, [P, s]]$.

Als erstes wird für P die SF von VP^1 eingesetzt:

$\lambda P \, \lambda \Phi \, \lambda \Psi \, \lambda \Pi \, [\Pi \, \Psi \, \lambda x \, \Phi \, \lambda s \, [P, s]] \, (\lambda s \, [[\text{TIME } s = T': [T' \text{ VOR } T_0]] : [[s \text{ INST } [\text{RULE}, x, \varepsilon v \, [[[\text{ROUTE}, v] : [\text{IMPORTANT}, v]] : [\text{QUANT } v = 1]]]] : [P, s]]])$

---

[10] Vgl. Abschnitt 1: wenn das finite Verb fokal ist, ist auch der Satzmodus fokal. Das trifft auf Satz drei zu. Die Hintergrund-Fokus-Gliederung wird also im deutschen Aussagehauptsatz vom Satzmodus ebenso durchbrochen wie vom finiten Verb.

Ein Modell für Informationsstrukturierung 233

λΦ λΨ λΠ [Π Ψ λx Φ λs [λs [[TIME s = T': [T' VOR T_o]] : [[s INST [RULE, x, εv [[[ROUTE, v] : [IMPORTANT, v]] : [QUANT v = 1]]]] : [P, s]]] s]]

λΦ λΨ λΠ [Π Ψ λx Φ λs [[TIME s = T': [T' VOR T_o]] : [[s INST [RULE, x, εv [[[ROUTE, v] : [IMPORTANT, v]] : [QUANT v = 1]]]] : [P, s]]]]

Für Φ wird der Satzmodus λP ∃s [P, s] eingesetzt:

λΦ λΨ λΠ [Π Ψ λx Φ λs [[TIME s = T': [T' VOR T_o]] : [[s INST [RULE, x, εv [[[ROUTE, v] : [IMPORTANT, v]] : [QUANT v = 1]]]] : [P, s]]]] (λP ∃s [P, s])

λΨ λΠ [Π Ψ λx λP ∃s [P, s]] (λs [[TIME s = T': [T' VOR T_o]] : [[s INST [RULE, x, εv [[[ROUTE, v] : [IMPORTANT, v]] : [QUANT v = 1]]]] : [P, s]]])

λΨ λΠ [Π Ψ λx ∃s [λs [[TIME s = T': [T' VOR T_o]] : [[s INST [RULE, x, εv [[[ROUTE, v] : [IMPORTANT, v]] : [QUANT v = 1]]]] : [P, s]]] s]]

λΨ λΠ [Π Ψ λx ∃s [[TIME s = T': [T' VOR T_o]] : [[s INST [RULE, x, εv [[[ROUTE, v] : [IMPORTANT, v]] : [QUANT v = 1]]]] : [P, s]]]]

Für Ψ wird die SF von *sie* eingefügt. λx im Template dient dazu, die Position der Subjektsspur in der Verbbedeutung wieder zugänglich zu machen und die entsprechenden Variablen in der SF von *sie* und in der Verbbedeutung zu vereinheitlichen.

λΨ λΠ [Π Ψ λx ∃s [[TIME s = T': [T' VOR T_o]] : [[s INST [RULE, x, εv [[[ROUTE, v] : [IMPORTANT, v]] : [QUANT v = 1]]]] : [P, s]]]] (λQ ∃!u_i [[[INDIVIDUAL, u_i] : [QUANT $u_i \supseteq 2$]] ∧ [Q, u_i]])

λΠ [Π (λQ ∃! u_i [[[INDIVIDUAL, u_i] : [QUANT $u_i \supseteq 2$]] ∧ [Q, u_i]]) λx ∃s [[TIME s = T': [T' VOR T_o]] : [[s INST [RULE, x, εv [[[ROUTE, v] : [IMPORTANT, v]] : [QUANT v = 1]]]] : [P, s]]]]

λΠ [Π ∃!u_i [[[INDIVIDUAL, u_i] : [QUANT $u_i \supseteq 2$]] ∧ [λx ∃s [[TIME s = T': [T' VOR T_o]] : [[s INST [RULE, x, εv [[[ROUTE, v] : [IMPORTANT, v]] : [QUANT v = 1]]]] : [P, s]]] u_i]]]

λΠ [Π ∃!u_i [[[INDIVIDUAL, u_i] : [QUANT u_i ⊇ 2]] ∧ ∃s [[TIME s = T': [T' VOR T_0]] : [[s INST [RULE, u_i, εv [[[ROUTE, v] : [IMPORTANT, v]] : [QUANT v = 1]]]] : [P, s]]]]]

Damit haben wir die SF von C' erreicht. Ehe für Π die SF der Topik-PP eingesetzt werden kann, muß der Typ der Präposition *von ... aus* (s. 2.3.2) so angepaßt werden, daß er die DP *ihre drei Burgen*, die mit generalisiertem Quantor repräsentiert ist, aufnehmen kann, und er muß auch so angepaßt werden, daß die gesamte PP Topik des Satzes wird:
Für P wird zunächst die SF der Präposition eingesetzt.

λP λΦ λp ∃s_1 [[Φ λw [P, w, s_1]] ∧ [p]] (λw λs_1 [INIT LOC s_1 ⊆ LOC w])
λΦ λp ∃s_1 [[Φ λw [λw λs_1[INIT LOC s_1 ⊆ LOC w] w, s_1]] ∧ [p]]
λΦ λp ∃s_1 [[Φ λw [INIT LOC s_1 ⊆ LOC w]] ∧ [p]]

Für Φ wird die SF der DP *ihre drei Burgen* eingesetzt:

λQ ∃!w [[[[CASTLE, w] : [QUANT w = 3]] : [REL, u_i, w]] ∧ [Q, w]].
λp ∃s_1 [[λQ ∃!w [[[[CASTLE, w] : [QUANT w = 3]] : [REL, u_i, w]] ∧ [Q, w]] (λw [INIT LOC s_1 ⊆ LOC w]] ∧ [p]])
λp ∃s_1 [[∃!w [[[[CASTLE, w] : [QUANT w = 3]] : [REL, u_i, w]] ∧ [λw [INIT LOC s_1 ⊆ LOC w]] ∧ [p]] w]]
λp ∃s_1 [∃!w [[[[CASTLE, w] : [QUANT w = 3]] : [REL, u_i, w]] ∧ [INIT LOC s_1 ⊆ LOC w]] ∧ [p]]

Die Topik-PP wird nun für Π in die SF von C' eingesetzt:

λΠ [Π ∃!u_i [[[INDIVIDUAL, u_i] : [QUANT u_i ⊇ 2]] ∧ ∃s [[TIME s = T': [T' VOR T_0]] : [[s INST [RULE, u_i, εv [[[ROUTE, v] : [IMPORTANT, v]] : [QUANT v = 1]]]] : [P, s]]]] (λp ∃s_1 [∃!w [[[[CASTLE, w] : [QUANT w = 3]] : [REL, u_i, w]] ∧ [INIT LOC s_1 ⊆ LOC w]] ∧ [p]])
λp ∃s_1 [∃!w [[[[CASTLE, w] : [QUANT w = 3]] : [REL, u_i, w]] ∧ [INIT LOC s_1 ⊆ LOC w]] ∧ [p]] (∃!u_i [[[INDIVIDUAL, u_i] : [QUANT u_i ⊇ 2]] ∧ ∃s [[TIME s = T': [T' VOR T_0]] : [[s INST [RULE, u_i, εv [[[ROUTE, v] : [IMPORTANT, v]] : [QUANT v = 1]]]] : [P, s]]]])

Die informationsstrukturell gegliederte SF des Satzes drei ist schließlich:

∃s_1 [∃w [[[[CASTLE, w] : [QUANT w = 3]] : [REL, u_i, w]] ∧ [INIT
[T,-F] [T,-F]
LOC s_1 ⊆ LOC w]$]_k$ ∧ [∃!u_i [[[INDIVIDUAL, u_i] : [QUANT u_i ⊇ 2]] ∧
[-F]

Ein Modell für Informationsstrukturierung 235

∃s [[TIME s = T': [T' VOR T_0]] : [[s INST [RULE, u_i, εv [[[ROUTE,
[+F]   [+F]
v] : [IMPORTANT, v]] : [QUANT v = 1]]]] : [P, s]$_k$]]]]]

wobei: s_1 = s durch die Koindizierung der Spur.

∃s_1 [∃!w [[[[CASTLE, w] : [QUANT w = 3]] : [REL, u_i, w]] ∧ [INIT
LOC s_1 ⊆ LOC w]] ∧ [∃!u_i [[[INDIVIDUAL, u_i] : [QUANT u_i ⊆ 2]] ∧
∃s [[TIME s = T': [T' VOR T_0]] : [[s INST [RULE, u_i, εv [[[ROUTE, v]
: [IMPORTANT, v]] : [QUANT v = 1]]]] : [P,s]]]]]]

In dieser Repräsentation sind sowohl die Topik-Kommentar- als auch die Hintergrund-Fokus-Gliederung auf eine Quantor-Restriktor-Nuklearskopus-Gliederung abgebildet, die sich jedoch überschneiden. Die Klammerung zeigt an, daß der Fokus Teil des Kommentars ist, so daß klar wird, worüber der Kommentar redet, über das Topik. Hintergrund wird in dieser Klammerung nur negativ angezeigt, als Nicht-Fokus. Wenn sich empirisch erweist, daß es zwischen Hintergrund und und (thematischem) Topik weitere semantische Unterschiede gibt, müssen diese etwa wie bei Zimmermann 1998 in das Topiktemplate aufgenommen werden.

2.2.4. Syntaktische Repräsentation des Satzes drei:

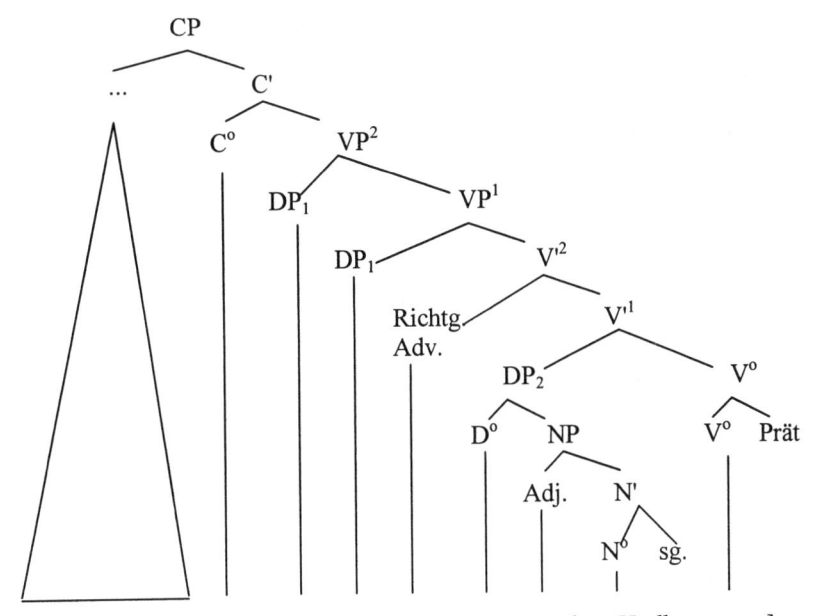

```
                    CP
                  /    \
               ...      C'
                      /    \
                    C°      VP²
                          /     \
                       DP₁       VP¹
                              /      \
                           DP₁'       V'²
                          Richtg.   /     \
                           Adv.   DP₂'     V'¹
                                 /   \    /    \
                               D°    NP  V°    Prät
                                    /  \
                                  Adj.  N'
                                        |
                                        N°  sg.
```

*Von ihr. 3 Bg. aus$_i$ beherr.$_j$ sie$_k$ [$t_{k,-F}$ $t_{i,T,-F}$ *eine wichtg. Hndl.str* $t_{j,+F}$]$_F$

Dieser Beitrag enthält keine formale Behandlung dessen, wie das Konzeptuelle System in Kognitionsphase 2 die Diskursreferenten durch Verarbeitung sprachlichen Wissens mit nichtsprachlichem Wissen bereitstellt und dadurch auch die Dynamik des Modells erzeugt. Sobald die Versprachlichung jeweils einsetzt, genügt eine Satzgrammatik. In die satzweise Bereitstellung der Diskursreferenten ist all das einbezogen, was unter assoziativer Referenz, unter Anaphernbeziehungen und Textkohärenz untersucht worden ist. In einer Zweiebenensemantik haben alle dafür erforderlichen Beziehungen im Domänenwissen und die zu benutzenden Schlußoperationen ihren Platz in der konzeptuellen Strukturbildung. Die einzelsprachliche Grammatik setzt mit ihren eigenen Möglichkeiten die informationsstrukturellen Vorgaben des konzeptuellen Systems um.

Literatur

Alter, Kai (1996): Phrasierung und Akzentuierung.– In: E. Lang, G. Zifonun (Hg.): Deutsch – typologisch. 585-614. Mannheim, Berlin, New York: de Gruyter.
- (1996): Discovering time structure in German.– In: Proceedings of Nordic Prosody VII. Joensuu/Finnland.
Bierwisch, Manfred (1966): Regeln für die Intonation deutscher Sätze.– In: Untersuchungen über Akzent und Intonation im Deutschen. 99-201. Berlin: Akademie-Verlag (= studia grammatica VII).
- (1987): Semantik der Graduierung. – In: M. Bierwisch, E. Lang (Hg.): Grammatische und konzeptuelle Aspekte von Dimensionsadjektiven. 91-286. Berlin: Akademie-Verlag (= studia grammatica XXVI-XXVII).
- (1988): On the Grammar of Local Prepositions.– In: M. Bierwisch, W. Motsch, I. Zimmermann (Hg): Syntax, Semantik und Lexikon.1-65. Berlin: Akademie-Verlag (= studia grammatica XXIX).
Bierwisch, Manfred und Schreuder, R. (1992): From Concepts to Lexical Item.– In: Cognition 42, 23-60.
Büring, Daniel (1996): The 59th Street Bridge Accent – On the Meaning of Topic and Focus. Tübingen: Seminar für Sprachwissenschaft der Eberhard-Karls-Universität Tübingen (= SfS-Report 05/96).
Chomsky, Noam (1995): The Minimalist Program. Cambridge/Mass., London: MIT-Press.
Dölling, Johannes (1995): Ontological Domains, Semantic Sorts and Semantic Ambiguity. – In: International Journal of Human-Computer Studies 43, 785-807.
- (1997): Semantic Form and Abductive Fixation of Parameters. – In: R. van der Sandt, R. Blutner, M. Bierwisch (Hg.): From Underspecification to Interpretation. 113-138. IBM Deutschland, Heidelberg (= Working Papers of the Institute for Logic and Linguistics. IBM Deutschland).
von Fintel, Kai (1994): Restrictions on Quantifier Domains. PhDiss. University of Massachusetts at Amherst.

Haftka, Brigitta (1995): Syntactic Positions for Topic and Contrastive Focus in the German Middlefield. – In: I. Kohlhoff, S. Winkler, B. Drubig (Hg.): Proceedings of the Goettingen Focus workshop 17. DGfS. März 1-3/1995. 137-158. Heidelberg (= Arbeitspapiere des SFB 340, Nr. 69).

Haftka, Brigitta und Schmidt, Christa (Hg.) (1993): Was determiniert Wortstellungsvariation? Opladen: Westdeutscher Verlag

Haider, Hubert und Rosengren, Inger (1998): Scrambling. In: Sprache und Pragmatik 49. Lund.

Herweg, Michael und Maienborn, Claudia (1992): Konzept, Kontext, Bedeutung – zur Rolle der Zwei-Ebenen-Semantik in einem Modell der Sprachproduktion. – In: M. Herweg (Hg.): Hamburger Arbeitspapiere zur Sprachproduktion 1.

Hajičová, Eva (1993): Issues of Sentence Structure and Discourse Patterns. – In: Theoretical and Computational Linguistics vol. 2, Praha.

Hajičová, Eva und Partee, Barbara und Sgall, Petr (1998): Focus, Topic, and Semantics. – In: E. Benedicto, M. Romero, S. Tomecka (Hg.): Proceedings of the Workshop on Focus. 100-124. Amherst/Mass. (=University of Massachusetts Occasional papers 21).

Hajičová, Eva und Partee, Barbara und Sgall, Petr (1998): Topic-Focus Articulation, Tripartite Structures, and Semantic Content. Dordrecht, Boston, London: Kluwer Academic Publishers (=Studies in Linguistics and Philosophy 71).

Jerry R. Hobbs, et al. (1993): Interpretation as Abduction. In: Artificial Intelligence 63, 69-142.

Jackendoff, Ray (1996): Semantics and Cognition. – In: S. Lappin (Hg.): The Handbook of Contemporary Semantic Theory. 539-559. Oxford: Univ. Press.

Jacobs, Joachim (1992): Neutral Stress and the Position of Heads.– In: Informationsstruktur und Grammatik. Opladen: Westdeutscher Verlag (= Linguistische Berichte, Sonderheft 4).

– (1996): Bemerkungen zur I-Topikalisierung. In: Sprache und Pragmatik 41, 1-41. Lund.

Krifka, Manfred (1998): Scope Inversion under the Rise-fall Contour in German. – In: Linguistic Inquiry 29/1. 75-112.

Levelt, Willem, J.M. (1989): Speaking: From Intention to Articulation. Cambridge/Mass., London: MIT Press.

Lenerz, Jürgen (1992): Zur Syntax der Pronomina im Deutsche. In: Sprache und Pragmatik 29. Lund.

Molnár, Valéria (1991): Das Topik im Deutschen und im Ungarischen. Stockholm: Almquist (= Lunder germanistische Forschungen 58).

Molnár, Valéria und Rosengren, Inger (1996): Zu Jacobs' Explikation der I-Topikalisierung. – In: Sprache und Pragmatik 41, 49-88. Lund.

Müller, Gereon (1998): Elemente der optimalitätstheoretischen Syntax. Universität Stuttgart (Manuskript).

Nespor, Marina und Vogel, Irene (1986): Prosodic Phonology. Dordrecht: Foris.

Partee, Barbara (1986): Noun Phrase Interpretation and Type-Shifting Principles.– In: J. Groenendijk, D. de Jongh, M. Stokhof (Hg.): Studies in Discourse Representation Theory and the Theory of Generalized Quantifiers. 115-143. Dordrecht: Foris.

– (1991): Topic, Focus, and Quantification.– In: S. Moore, A. Wyner (Hg.): Proceedings from SALT. 257-280. Ithaca, New York: Cornell University.

Pierrehumbert, Janet (1980): The Phonetics and Phonology of English Intonation. PhDiss. Cambridge/Mass.

Reinhart, Tanya (1991): Pronouns. – In: A. v. Stechow, D. Wunderlich (Hg.): Semantik, ein internationales Handbuch der Zeitgenössischen Forschung. Berlin, New York: deGruyter.

Reis, Marga und Rosengren, Inger (1997): A Modular Approach to the Grammar of Additive Particles: the Case of German Auch.– In: Journal of Semantics 14/4, 1-77.

Rickheit, Gert (Hrsg) (1991): Kohärenzprozess: Modellierung von Sprachverarbeitung in Texten und Diskursen. Opladen: Westdeutscher Verlag.

Rooth, Mats E. (1985): Association with Focus. PhDiss. University of Massachusetts at Amherst.

Rosengren, Inger (1993): Wahlfreiheit mit Konsequenzen – Scrambling, Topikalisierung und FHG im Dienst der Informationsstrukturierung. – In: M. Reis (Hg.): Wortstellung und Informationsstruktur. Tübingen: Niemeyer.

Schwabe, Kerstin (1997): Focused and Non-Focused Constituents in Coordination. Vortrag Goetheborg.

Schwarz, Monika (im Druck): Indirekte Anaphern in Texten. Studien zur domänengebundenen Referenz im Deutschen. Tübingen: Niemeyer.

Sgall, Petr et al. (1995): Experimental Research on Systemic Ordering. – In: Theoretical Linguistics 21, 197-239.

Späth, Andreas (1998): Determination und Semantische Form (am Beispiel slawischer und deutscher DPs). Vortrag auf der Jahrestagung „Sinn und Bedeutung 98" der Gesellschaft für Semantik, 11.-13. Dezember 1998 in Leipzig.

Steube, Anita und Späth, Andreas (1998): DP-Semantik und Informationsstrukturierung im Russischen – auf der Grundlage des Deutschen. In: Sprache und Pragmatik 46. Lund

Uhmann, Susanne (1991): Fokusphonologie, eine Analyse deutscher Intonationskonturen im Rahmen der Nicht-linearen Phonologie.Tübingen: Niemeyer (= Linguistische Arbeiten 252).

Zimmermann, Ilse (1998): Die Integration topikalischer DPs in die syntaktische und semantische Struktur von Sätzen. – In: M. Doherty (Hg.): Sprachspezifische Aspekte der Informationsverteilung. Berlin: Akademie-Verlag (= studia grammatica), im Druck.

Zybatow, Tatjana (1997): Definitheit und Indefinitheit als Mittel der Kohärenzbildung in Erzähltexten. Magisterarbeit. Humboldt-Universität zu Berlin.

Ilse Zimmermann

Partizip II-Konstruktionen des Deutschen als Modifikatoren

1. Aufgabenstellung

Im Rahmen neuerer Theorieentwicklungen zur Arbeitsteilung von Morphologie, Syntax und Semantik in der Laut-Bedeutungs-Zuordnung werden Partizip II-Konstruktionen des Deutschen in Modifikatorfunktion untersucht.[*]
Es ist zu klären
- welches die morphosyntaktische und die semantische Struktur einfacher und komplexer Partizip II-Konstruktionen in Modifikatorfunktion ist
- wie die Beschränkung modifikatorischer Partizip II-Konstruktionen auf bestimmte Verbklassen und ihr Verhältnis zu den Kategorien des Genus verbi und des Aspekts zu berücksichtigen sind
- worin die Konversion des Partizips II zum Adjektiv bzw. zum Adjektivadverb besteht
- in welcher Beziehung attributiv bzw. adverbial gebrauchte Partizip II-Konstruktionen zu Relativsätzen bzw. zu adverbialen PPs und Nebensätzen stehen
- inwiefern sich Partizip II-Konstruktionen in adverbialer Funktion von attributiv oder als sekundäres Prädikat verwendeten Partizip II-Konstruktionen unterscheiden
- welches die syntaktische und semantische Bezugseinheit modifikatorischer Partizip II-Konstruktionen ist
- wie die Verknüpfung von Modifikator und Modifikand zustande kommt

Es geht um die Frage, wieweit der Kombinations- und Bedeutungsvielfalt des Partizips II auf der grammatischen Ebene durch Unterspezifiziertheit gerecht zu werden ist und in welchem Maße Partizip II-Konstruktionen unsichtbaren Differenzierungen unterworfen sind.

---

[*] Diese Arbeit wurde im Zentrum für Allgemeine Sprachwissenschaft (ZAS) und in der Projektgruppe Strukturelle Grammatik in Berlin sowie auf einem Workshop „Kopulaverben und Prädikative" im Rahmen des SFB 282 in Wuppertal vorgestellt. Ich danke den Teilnehmern für anregende Diskussion. Die Arbeit wurde z. T. durch ein Gastwissenschaftlerstipendium der DFG am ZAS gefördert und ist in den ZAS Papers in Linguistics 14, 123-146 abgedruckt.

2. Beispiele und empirische Befunde

Zunächst werden Beobachtungen präsentiert, die deutsche Partizip II-Konstruktionen betreffen und in der folgenden Analyse in systematische Zusammenhänge der Laut-Bedeutungs-Zuordnung gestellt werden müssen. ‚Modifikation' meint vorerst undifferenziert attributive bzw. adverbiale Modifikation und auch Modifikation durch sekundäre Prädikate. ‚Partizip' meint Partizipformen von Verben, ungeachtet ihrer möglichen Konversion zum Adjektiv.

Partizipien und Adjektive zeigen im Deutschen als Kopf pränominaler Modifikatoren durch Flexive ausgedrücktes Kongruenzverhalten. In anderen Stellungen haben sie keine nominale Flexion.

(1) *der im Büro immer freundlich empfangene Chef*
(2) *die beim Kauf noch geschlossenen Blüten*
(3) *mein häufig für längere Zeit verreister Nachbar*

Es gibt einfache und relativ komplexe modifikatorische Partizip II-Konstruktionen.

(4) *Er hörte ihr interessiert zu.*
(5) *Erschreckt kroch die Katze unter das Sofa.*
(6) *Überladen brach der Karren zusammen.*
(7) *Vertrocknet mag ich die Plätzchen nicht.*
(8) *Zum Schluß heben Sie das Eiweiß, steif geschlagen und im Kühlschrank gut gekühlt, locker unter den Teig.*
(9) *Das Fleisch bleibt, im Römertopf gegart, schön saftig.*
(10) *Irene kann sich, endlich von ihrer Angst befreit, wieder besser konzentrieren.*
(11) *Offenbar stark mit sich beschäftigt, ist Bruno wenig offen für andere.*
(12) *In seinem Heimatdorf als Dichter anerkannt, rechnet sich Meier zu den Auserwählten.*
(13) *Wir kaufen die in diesem Laden selbst gemachte Wurst sehr gern.*

Es läßt sich zeigen, daß Partizipialgruppen in Modifikatorfunktion satzartige Konstruktionen sind (s. Fanselow 1986 und Zimmermann 1988a, 1988b). Nur das Subjekt, Modus und Tempus sowie satzeinleitende Konjunktionen sind systematisch abwesend.

In resultativen sekundären Prädikaten konkurrieren Partizipien II nicht mit Adjektiven als Kopf.

(14) *Sie tranken den Vorratskeller leer/ *geleert.*
(15) *Er spritzte die Fenster schmutzig/ *verschmutzt.*

(16) *Der Wind wehte die Tür zu/ *geschlossen.*
(17) *Er badete sich für lange Zeit wieder ganz gesund/ *geheilt.*

Adjektive sind hier als Bezeichnungen der Resultatzustände angebracht. Sie und nicht Partizipien II lassen sich, wie (18) zeigt, mit der inchoativen Kopula *werden* verknüpfen, deren Semantik auch in den Konstruktionen mit einem resultativen sekundären Prädikat beteiligt ist (s. Kaufmann/Wunderlich 1998).

(18) *Er wurde gesund/* geheilt.*

Offenbar sind die Partizipien II hier ausgeschlossen, weil sie die inchoative Bedeutungskomponente enthalten, so daß es in den betreffenden Konstruktionen zu einer unerwünschten Doppelung der Inchoativität kommen würde.

Es gibt Partizip II-Konstruktionen, die keinerlei Ereignisbezug involvieren. Es handelt sich um reine Zustandsbezeichnungen.

(19) *Am Meer gelegen/ von Wäldern umgeben, hat dieser Kurort seine besonderen Reize.*
(20) *Alkohol kann, in vielen Medikamenten enthalten, kaum ganz ausgeschaltet werden.*
(21) *Zwar noch geschlossen, dufteten die Rosen schon zart.*

Modifikatorische Partizip II-Konstruktionen korrespondieren in der Regel nicht mit periphrastischen Konstruktionen mit dem Hilfsverb *haben*, es sei denn es handelt sich um reflexive Inchoativa wie *sich verändern*, um reflexive Causativa wie *sich rasieren* oder um einige andere (schwer zu charakterisierende) Reflexiva wie *sich verspäten*.

(22) *Im Büro angekommen/ im Büro freundlich empfangen/ frisch rasiert/ ausgeschlafen/ *gut gefrühstückt, machte sich Bruno jeden Morgen als erstes an die Erledigung der Post.*
(23) *Der Zug kam ganz vereist/ beschädigt/ mehrere Stunden verspätet/ *mehrmals auf freier Strecke gehalten an.*
(24) *Ich kaufte die Rosen noch geschlossen/ schon geöffnet/ in Folie eingeschlagen/ *schön geduftet.*

Modifikatorische Partizip II-Konstruktionen beinhalten immer ein implizites Subjekt-Argument, das in entsprechenden finiten Konstruktionen im Nominativ auftritt. Konstruktionen mit einem unechten Subjekt-Argument, das in finiten Konstruktionen durch ein Expletivum ausgedrückt wird oder unausgedrückt bleibt, sind als modifikatorische Partizipialgruppe wohl ausgeschlossen.

(25)   *Kalt geworden/ abgekühlt schmeckt der Kaffee nicht.*
         *Kalt geworden/ *abgekühlt fing es auch noch an zu nieseln.
(26)   *Aufgeräumt gefällt mir dein Zimmer viel besser.*
         ?Aufgeräumt gefällt es mir hier viel besser.

Das implizite Subjekt-Argument modifikatorischer Partizip II-Konstruktionen ist in der Regel koreferent mit einer Bezugseinheit in der modifizierten Konstruktion.

(27)   *Unerwartet haben gestern Holzfäller, aus der Stadt angereist, einen schön gewachsenen Baum, noch belaubt, mit einer Motorsäge, ungerührt von den Bitten der Dorfbewohner, in Stücke gesägt.*
(28)   *Mit den Zweigen kann ich abgeschnitten nichts anfangen.*
(29)   *Ich kann mich ihrer nur in warme Decken gehüllt erinnern.*

Sofern eine Partizip II-Konstruktion sich als Modifikator auf ein Situationsargument bezieht, hat es im Normalfall auch Bezug auf das Subjekt-Argument der modifizierten Konstruktion. Die Relation zwischen der durch die Partizipialgruppe und die einbettende Konstruktion charakterisierten Situationen bleibt unspezifiziert.

(30)   *Operiert fühlte sich Jutta wesentlich besser.*
(31)   *Nach Amerika ausgewandert, entwickelten die Emigranten über die Jahre ein reiches kulturelles Leben.*

Es gibt Partizip II-Konstruktionen, die die Funktion von Satzadverbialen haben.

(32)   *Wie schon erwähnt/ wie erwartet/ wie allgemein angenommen, breitet sich die Grippeepidemie weiter aus.*
(33)   *Genau genommen/ bei Nahem besehen/ kurz gesagt, ist die Situation total verfahren.*

Rahmensetzende Partizip II-Konstruktionen fungieren als operatorartige Ergänzungen, die den Geltungsbereich der in ihrem Skopus befindlichen Proposition (ggf. der Topik-Kommentar-Beziehung) abstecken.

(34)   *Mit ein paar Blumen geschmückt, sieht das Zimmer gleich freundlicher aus.*
(35)   *Ans Ufer geschwemmt, wirken Fische immer wie tot.*

Die folgende Analyse konzentriert sich auf attributive und adverbiale Modifikatoren, wobei bei letzteren zwischen situations- und propositionsbezüglichen Partizipialgruppen unterschieden wird. Es ist zu untersuchen, wie die Struktur dieser Partizip II-Konstruktionen morphosyntaktisch und semantisch aussieht und wie ihre Verknüpfung mit der einbettenden Konstruktion erfolgt. Die Parallelitäten mit den als sekundäres Prädikat verwendeten Partizipialgruppen werden verdeutlicht werden.

3. Hypothesen und Bausteine der Analyse

3.1. Grundannahmen

- Das Partizip II ist eine infinite Verbform mit der Argumentstruktur des zugrunde liegenden Verbs.
- Ein Passivierungsaffix blockiert ggf. die Argumentstelle für das externe Argument.
- Ein Perfektivierungsaffix erweitert ggf. die Bedeutungsstruktur des Partizips II um die Perfektkomponente.
- Ein Adjektivierungsaffix kreiert ein Zustandsprädikat.
- Partizipphrasen haben genau wie APs kein syntaktisch repräsentiertes Subjekt.
- Modifikatorische Partizip II-Konstruktionen sind einstellige Prädikat-ausdrücke.
- Sie werden semantisch durch Modifikationstemplates mit dem Modifikandum verknüpft.
- Bei adverbialer Funktion der Partizip II-Konstruktion wird die semantische Struktur durch einen Parameter angereichert, der in der konzeptuellen Struktur kontext- bzw. wissensabhängig spezifiziert wird, so daß der Inhalt der Relation zwischen Modifikator und Modifikand bestimmt wird.

3.2. Die syntaktische Basisstruktur von Sätzen

Als syntaktische Basisstruktur von Sätzen wird folgende Konstellation von Konstituenten angenommen:

(36)   [$_{PP}$ P [$_{CP}$ C [$_{Mod\,P}$ Mod [$_{TempP}$ Temp VP]]]]

Die lexikalische Kategorie P leitet adverbielle Nebensätze ein.
Die funktionale Kategorie C spezifiziert den Satzmodus und den semantischen Status nichtadverbieller Nebensätze. Sie liefert die Unterscheidung von Interrogativ-, Imperativ- und Deklarativsätzen und von nichtadverbiellen konjunktional oder durch eine w-Phrase eingeleiteten Nebensätzen.
Die funktionale Kategorie Mod spezifiziert den verbalen Modus.

Die funktionale Kategorie Temp spezifiziert die Beziehung von Sprechakt- und Topikzeit.

Wie in den Grundzügen (1981), bei Maienborn (1996, 1997, 1998) und bei Frey/Pittner (1998) rechne ich für Argumente und Modifikatoren mit Grundpositionen. Modifikatoren und ins Mittelfeld bewegte Konstituenten sind Adjunkte.[1] Grundsätzlich rechne ich wie Haider (1993) mit einer möglichst kleinen Zahl funktionaler Strukturetagen.

(37)   Folgende Basisabfolge von Konstituenten wird angenommen:
       P C Rahmenangaben Topik Mod Temp Satzadverbiale Adverbiale
       III Subjekt Adverbiale II Objekte verbnahe Adverbiale Adverbiale
       I Verb

Sekundäre Prädikate nehmen in der Basisstruktur Positionen ein, die von den Bezugskonstituenten unmittelbar c-kommandiert werden. In Partizipialgruppen sind P, C, Topik, Mod, Temp und das Subjekt sowie die entsprechenden Projektionen systematisch abwesend. Alle übrigen Strukturaspekte teilen Partizipialkonstruktionen mit Sätzen. Je nach ihrem Charakter und ihrer Bezugsdomäne figurieren modifikatorische Partizipialgruppen in den entsprechenden Adjunktpositionen. Bezüglich dieser Positionen in der syntaktischen Basisstruktur geschieht auch ihre semantische Integration.

3.3. Verben und Adjektive:Ausschnitte aus ihren Lexikoneinträgen

Bevor Partizipien II als Verbformen und ihre mögliche Adjektivierung analysiert werden, müssen einige Annahmen über die Repräsentation von Verben und Adjektiven im Lexikon verdeutlicht werden (s. dazu Bierwisch 1997a, Wunderlich 1997a). Anders als Jacobs (1995) und viele andere nehme ich an, daß nur Verben außer Argumentstellen für Partizipanten ein Situationsargument haben, und zwar alle Verben.[2] Adjektive haben nur Partizipantenargumente und können durch die Kopula auf Situationen bezogen werden.

(38)   /welk/; +V+N;
       λx [WELK x] mit WELK $\in$ <e,t>
(39)   /leer/; +V+N;
       λx [LEER x] mit LEER $\in$ <e,t>

---

[1]   Zum Skopus von Modifikatoren siehe Zimmermann (1992).
[2]   Es ist hier nicht möglich, Maienborns (1996, 1997, 1998, 1999) Position zu diskutieren, daß Kopula-Prädikativ-Konstruktionen kein Situationsargument haben.

(40) /verwelk-/; +V−N;
λx λs [s INST BECOME WELK x] mit INST ∈ < t, < e,t>>,
BECOME ∈ <t,t>

(41) /leer-/; +V−N -αrefl;
λy (λx)$_α$ λs [s INST (x DO-CAUSE)$_α$ BECOME LEER y]
mit DO-CAUSE ∈ <t,<e,t>>

(42) /sei-/; +V−N;
λP λx λs [s INST P x] mit P ∈ <e,t>
αV βN mit α = + → β = +

Der Lexikoneintrag (41) für das transitive bzw. reflexive Verb *(sich) leeren* zeigt Kovarianz bezüglich des morphosyntaktischen Merkmals refl und bestimmter Komponenten der Bedeutungsstruktur (zu solchen komplexen Einträgen s. Bierwisch 1997a). Ich nehme an, daß die Argumentstruktur des Verbs um eine Pseudoargumentstelle für das Reflexivpronomen angereichert wird, wenn der Wert +refl und aktivisches Genus verbi gegeben sind.

Der Lexikoneintrag (42) für die Kopula enthält für die Form des Prädikativs die Bedingung, daß es sich nicht um eine Verbphrase handeln darf. Partizipialgruppen können nur dann als Prädikativ der Kopula auftreten, wenn sie als Adjektivphrasen kategorisiert sind. Das ist der Fall beim sogenannten Zustandspassiv. Das in diesen Konstruktionen mögliche vollständige Paradigma von *sein* spricht dafür, daß es keine analytischen Verbformen mit einem Hilfsverb sind. Das Hilfsverb *sein* hat ein defektives Paradigma.

Im Folgenden geht es um das Partizip II mit seiner morphosyntaktischen Kategorisierung und seinen Bedeutungen. Mit Bierwisch (1990, 1997a, 1997b), Wunderlich (1997d) und Gallmann (1998) setze ich ein lexikalistisches Morphologiekonzept voraus. Ihm zufolge liefert das Lexikon der Syntax Wortformen als syntaktische Atome. Sie projizieren ihre Fügungspotenzen in die Phrasenstruktur und in die Semantische Form der betreffenden Konstruktionen.

3.4. Die morphosyntaktische Kategorisierung der Partizipien

Die folgenden Betrachtungen sind der morphosyntaktischen Kategorisierung von Partizipien gewidmet. Dabei ist vorerst nicht entschieden, ob das Partizip eine Verbform ist oder einer anderen Wortklasse zuzurechnen ist. Es kommen hier alle Partizipien ins Blickfeld, denen ein Verb mit korrespondierender Bedeutung entspricht. Nicht zu den Partizipien werden solche Bildungen gerechnet, die keine Verbentsprechung haben, z.B.:

(43) *gekünstelt, gesittet, gestreift, geblümt, gefleckt, kariert, gewillt, gut gelaunt, anders geartet*

Partizipien II haben im Deutschen außer ihrer morphologischen Kennzeichnung durch die Suffixe -*t* und -*n*, ggf. gepaart mit dem Formativ *ge*-, als Attribut in pränominaler Stellung eine flexivische Markierung, die für Adjektive charakteristisch ist:

(44)   *ein gültiger Fahrausweis*
(45)   *ein geschlossenes Fenster*

Partizipien II können wie bestimmte Adjektivklassen mit *un*- präfigiert werden (s. Lenz 1993, 1995, 1996):

(46)   *unbesiegt, ungewaschen, unverändert, uninteressiert, unverdorben, unvergilbt, unverrottet*

Auch Komparierbarkeit ist bei bestimmten Partizipien zu beobachten:

(47)   *gebildeter als seine Schwester, noch begeisterter als ich, am gefährdetsten von allen*

Ferner zeigt auch die Verknüpfung mit kopulativen Verben die Verwandtschaft von Partizipien und Adjektiven:

(48)   *Das Museum bleibt heute bis 22.00 offen/ geöffnet.*

Diese Verhältnisse werfen die Frage nach der morphosyntaktischen Kategorisierung der Partizipien auf. Haben Partizipien wie Verben die syntaktische Charakterisierung +V–N? Sind es wie Adjektive +V+N-Einheiten? Oder sind Partizipien kategorial unterspezifiziert? Oder handelt es sich vielleicht um kategorial hybride Einheiten, die sich bezüglich bestimmter Struktureigenschaften wie Verben und bezüglich anderer Struktureigenschaften adjektivisch verhalten?

Wenn man voraussetzt, daß das Lexikon der Syntax Wortformen liefert, ist mit deren Kategorisierung zu rechnen. Die Phrasenstruktur ist kein Lieferant von Wortstruktureinheiten und kann allenfalls phonologisch leere Affixe zum Zwecke des Merkmalabgleichs oder der Konversion bereitstellen.

Ich gehe mit Kratzer (1994a, 1994b, 1998) und Rapp (1996, 1997) davon aus, daß Partizipien II auf der Wort- bzw. Phrasenebene zu Adjektiven konvertieren können und daß es sich beim sogenannten Zustandspassiv um eine Kopula-Konstruktion mit adjektiviertem Partizip II handelt. Ferner ist für eine beträchtliche Anzahl von Partizip II-Einheiten Isolierung vom Verbparadigma und entsprechende Verzeichnung im Lexikon, nämlich als Adjektive, anzunehmen. Somit reduziert sich das Kategorisierungsproblem darauf, wie nichtadjektivierte Partizipien zu klassifizieren sind.

Bech (1955/1957) hat für infinite Verbformen des Deutschen mit folgenden Unterscheidungen gerechnet:

(49) Supinum „Partizip"

1. Status   *lieben*   *liebend (-...)*

2. Status   *zu lieben*   *zu liebend -...*

3. Status   *geliebt*   *geliebt (-...)*

Das Supinum verknüpft sich mit Kontroll-, Subjekthebungs- oder ECM-Prädikaten bzw. mit Hilfsverben, während das „Partizip" in Bechs System (hier durch Anführungszeichen markiert) ausschließlich modifikatorische Funktion hat und entweder als adjektivisch flektierter Kopf eines pränominalen Attributs auftritt oder als unflektierter Modifikator fungiert:[3]

(50) *Hans hat seine Eltern geliebt.*
Hans wurde von seinen Eltern geliebt.
(51) *der von seinen Eltern geliebte Junge*
Von seinen Eltern geliebt, fühlte sich der Junge immer geborgen.

Für das „Partizip" des 3. Status ist nun wesentlich, daß es nur von ergativen (unakkusativischen) Verben bzw. passivierten Verben als Modifikator bildbar ist. Verben mit einem designierten Argument (s. Haider 1984) haben nur ein Supinum, jedoch kein „Partizip" im 3. Status, abgesehen von den im Abschnitt 2 erwähnten Reflexiva.

Es ist von Lenz (1993, 1995) und von Rapp (1997) vorgeschlagen worden, Partizipien generell bzw. nur in Modifikatorfunktion bezüglich des für Verben charakteristischen Merkmals –N zu neutralisieren.[4] Ich halte diese Idee nicht für tragfähig und werde zeigen, wie mit Hilfe der folgenden morphosyntaktischen Kategorisierung die unterschiedliche Distribution des Supinums und des „Partizips" des 3. Status zustande kommt.

Partizip II-Formen sind durch folgende morphosyntaktischen Merkmale charakterisiert:[5]

---

[3] Es ist hervorhebenswert, daß das „Partizip" des 2. Status nicht unflektiert als Modifikator verwendbar ist. Vgl.:
(i) *das nicht entzifferbare/ zu entziffernde Testament*
(ii) *Nicht entzifferbar/ ?zu entziffern / *zu entziffernd, blieb das Testament unwirksam.*
Das „Partizip" des 1. Status verhält sich diesbezüglich anders. Es läßt genau wie das „Partizip" des 3. Status unflektierte Formen als Modifikator zu. Vgl.:
(iii) *Der das Testament entziffernde Erbe geriet in Panik.*
(iv) *Das Testament entziffernd, geriet der Erbe in Panik.*

[4] Vgl. auch Toman (1986).
[5] In Klammern gesetzte Merkmalwerte sind in der betreffenden Verwendung des Partizips II als Supinum bzw. als „Partizip" nicht wirksam.

(52)

	Supinum	„Partizip"
V	+	+
N	−	−
3S	+	+
Pass	+/−	+/−
Sein	+/−	+/(−)
Max	+/(−)	+/−
A-Fl	(+)	+

Das Supinum und das „Partizip" stimmen morphosyntaktisch darin überein, daß sie wie Verben als +V−N kategorisiert sind, das Statusmerkmal +3S aufweisen und bei Passivierung das Merkmal +pass erhalten. Unterschiede bestehen hinsichtlich der Merkmale +/−sein, +/−max und +A-Fl.

Die Perfekt, Plusquamperfekt und 2. Futur mit dem Hilfsverb *sein* bildenden Verben haben das Merkmal +sein. Diese Verben haben kein designiertes Argument und sind charakteristischerweise unfähig, den Akkusativ zuzuweisen. Ganz analog verhält sich das passivische Partizip II, das die Kennzeichnung +pass hat und sich im Supinum mit dem Hilfsverb *werden* verbindet. Den unmarkierten Fall − mit dem Merkmal −sein − bilden alle Verben, deren Supinum im 3. Status im Perfekt, Plusquamperfekt und 2. Futur mit dem Hilfsverb *haben* auftritt. Das „Partizip" des 3. Status ist von solchen Verben nur passiviert möglich. Das muß durch das Regelsystem garantiert werden.

Mit +max wird eine Wortform als morphologisch komplett und damit als syntaktisch atomare Einheit X^0 charakterisiert. Das gilt für das Supinum immer. Es nimmt keine weiteren Flexive zu sich. Das „Partizip" kann adjektivisch flektiert werden. Für diesen Fall hat es die Kennzeichnung −max. Auf dieser Basis wird das Merkmal +A-Fl wirksam, mit dem Partizipien als adjektivisch flektierende Einheiten gekennzeichnet sind.[6] Der so charakterisierte Stamm kann ein adjektivisches Flexiv wie z. B. -em für den Dativ Singular Masculinum oder Neutrum zu sich nehmen. Dadurch erhalten „Partizipien" Kongruenzmerkmale für Kasus, Numerus und Genus, die sich auf die attributiv verwendete Partizipphrase vererben und mit den entsprechenden Merkmalen des Modifikandums abgeglichen werden. Nur für die Verknüpfung von nominalem Modifikand und pränominalem Modifikator ist verlangt, daß Kongruenz besteht.[7]

---

[6] Adjektivische Flexion haben im Deutschen Adjektive, „Partizipien", Determinierer und einige Numeralia. Es fragt sich, was − ggf. anstelle des hier angenommenen Merkmals +A-Fl − die Basis für diese morphosyntaktische Gemeinsamkeit sein könnte.

[7] Es bedarf der Klärung, warum im Deutschen adjektivisch flektierte Modifikatoren nur in pränominaler Position auftreten. Im Russischen sind die Flexive auch in postnominaler Stellung der Adjektiv- und Partizipphrasen unerläßlich. Ich bin skeptisch, ob eine zwischen der D- und der N-Projektion angenommene

Partizip II-Konstruktionen des Deutschen als Modifikatoren 249

Ich nehme also an, daß das deutsche Supinum des 3. Status eine mit +V–N +3S gekennzeichnete Verbform ist, die zusammen mit einem Hilfsverb einen aktivischen oder passivischen komplexen Prädikatausdruck bilden kann. Das „Partizip" des 3. Status hat ebenfalls die Merkmale +V–N +3S und ist Kopf einer Modifikatorphrase, die durch ihre Beschränkung auf Konstruktionen ohne designiertes Argument und ihre mögliche adjektivische Flexion adjektivischen Modifikatorphrasen angenähert ist. Eine Kategorisierung modifikatorischer Partizipialkonstruktionen als Adjektivphrase (+V+N) liegt nur vor, wenn das Partizip lexikalisch als Adjektiv verzeichnet ist oder wenn Konversion erfolgt ist.

Im Folgenden wird deutlich werden, durch welche Operationen die hier vorgestellten kategorialen Charakteristika des Partizips II schrittweise zur Geltung kommen.

3.5. *Affixe und Templates*

In diesem Abschnitt werden die Verfahren beleuchtet, die an der Formenbildung und an der Festlegung der morphosyntaktischen und semantischen Struktureigenschaften der Partizipien II beteiligt sind. Es geht um die Bildung des Partizips II, um seinen möglichen Passiv- und/oder Perfektcharakter, um die Konversion zum Adjektiv und um die Modifikatorfunktionen von Partizipphrasen. Es wird erörtert werden, auf welcher Ebene der Wort- bzw. Phrasenstruktur Affixe, ggf. auch solche ohne phonologische Substanz, wirksam werden und in welchem Verhältnis sie zu Templates stehen, die der Bedeutungskomposition dienen.

3.5.1. *Das Flexionssuffix -t bzw. -n*

Das Partizip II entsteht durch Suffigierung, auf der phonologischen Ebene ggf. gepaart mit dem Formativ *ge-*. Suffigierung mit dem Suffix *-t* bei den schwachen Verben ist der Regelfall. Suffigierung mit *-n* ist verbunden mit der Selektion von Formen aus Formvererbungsbäumen (s. dazu Wunderlich 1997d). Das Lexikon verzeichnet das Suffix *-t* mit folgenden Strukturangaben:

(53) a. */-t/*
    b. +3S αmax +A-Fl

---

funktionale Strukturdomäne (wie z.B. bei Gallmann 1998) eine Lösung des Problems bieten kann.

c. λP [P]
   +V–N
   –max
   –stark

Unter (a) sind die wortstrukturelle Stellung und die phonologische Form des Affixes -*t* angedeutet. In (b) wird die gegenüber dem Stamm veränderte Kategorisierung der resultierenden Wortstruktureinheit angegeben. In (c) sind unter dem Lambdaoperator die morphosyntaktischen Anforderungen an die wortstrukturelle Schwester des Affixes verzeichnet. Die Bedeutungscharakterisierung in (c) beinhaltet identische Abbildung. Das heißt, das Partizip II übernimmt die Bedeutung des Verbstamms. Diese Annahme teile ich mit Wunderlich (1997c) und Bierwisch (1997b).

Für den Fall, daß das Partizip II am Ausdruck des Perfekts oder/und des Passivs beteiligt ist, muß es entsprechenden semantischen und kategorialen Modifikationen unterzogen werden.

3.5.2. Die Passivierung des Partizips II

Das Partizip II kann zusammen mit dem Hilfsverb *werden* oder als Kopf von Partizipialkonstruktionen passivisches Genus verbi ausdrücken:

(54)   *Die Schafe werden zur Osterzeit geschoren.*
(55)   *die bei uns in der Regel gleich nach Ostern geschorenen Schafe*

Ich gehe davon aus, daß es das Partizip ist, dem Passivität zuzuordnen ist, und daß das Hilfsverb *werden* dazu dient, das Partizip als infinite Verbform Tempus- und Modusunterscheidungen zugängig zu machen, ganz analog zur Funktion der Hilfsverben *haben* und *sein* (s. unten). *Werden* selegiert das passivierte Supinum des 3. Status und bildet zusammen mit ihm eine komplexe Verbform.[8]

Die Passivierung des Partizips II geschieht durch folgendes Nullaffix (s. Wunderlich 1997c):

(56) a. /ø/
     b. +pass

---

[8] Ich nehme mit Bierwisch (1990) an, daß analytische Verbformen Verbkomplexe bilden, z.B.

   (i) [[*geleert worden*] *ist*]
   (ii) [[*geleert haben*] *wird*]

   Dabei ist sicherzustellen, daß die beteiligten Konstituenten die für die Hilfsverbselektion erforderlichen morphosyntaktischen Merkmale haben.

c. $\lambda P \lambda s \exists x [P x s]$ mit $P \in <e, <e,t>>$
   +3S

Das der Passivierung unterzogene Partizip II muß mindestens eine Argumentstelle für einen Partizipanten haben. Diese Argumentstelle wird durch Existenzquantifizierung für die Spezifizierung durch einen Argumentausdruck blockiert. Bezüglich dieses Arguments und auch hinsichtlich des Situationstyps bestehen für die Passivierung bestimmte Restriktionen (s. Rapp 1997), denen hier keine besondere Aufmerksamkeit gewidmet werden kann. Wesentlich sind die Zuordnung der Passivierung zum Supinum bzw. zum „Partizip" des 3. Status und die Argumentstellenblockierung.

Durch diesen Eingriff in die Bedeutungsstruktur entstehen unakkusativische Prädikate für persönliche bzw. auch für unpersönliche Konstruktionen. In persönlichen Konstruktionen wird das dem direkten Objekt entsprechende Argument – bzw. beim Rezipientenpassiv das Rezipientenargument – zum Subjektkandidaten.[9] In unpersönlichen Konstruktionen gibt es kein sichtbares Subjekt. Vgl.:

(57) *Die Mieterin wird von den Nachbarn unterstützt.*
     Der Mieterin wird von den Nachbarn geholfen.
(58) *Dann wurde das Essen serviert.*
     Dann wurde serviert.

Für das passivierte „Partizip" des 3. Status ist bei attributiver Verwendung zu garantieren, daß eine Subjektargumentstelle vorhanden ist:

(59) *die von den Nachbarn unterstützte/ *geholfene Mieterin*

Es ist nun möglich, diese durch Passivierung entstandenen unakkusativischen Prädikatausdrücke weiteren Operationen der Bedeutungsmodifikation zu unterziehen, unter anderem Perfektivierung und Konversion in die Kategorie der Adjektive.

---

[9] Das sogenannte Rezipientenpassiv setzt sich aus dem passivierten Supinum des 3. Status und *bekommen* bzw. *kriegen* zusammen. Der Unterschied dieser als Hilfsverb fungierenden Einheiten gegenüber *werden* besteht darin, daß sie das Rezipientenargument und nicht das dem direkten Objekt entsprechende Argument zum Subjektkandidaten machen. In jedem dieser Fälle wird das externe Argument des Hauptverbs durch Passivierung des Partizips blockiert und die Hilfsverben operieren auf der entstandenen reduzierten Argumentstruktur des Partizips.

3.5.3. *Die Perfektivierung des Partizips II*

Konstruktionen mit dem Partizip II können perfektive Bedeutung haben. Die bezeichnete Situation wird als begrenzt und von der Referenzzeit T r aus als zeitlich zurückliegend verstanden.[10] Ich nehme an, daß die Bedeutung des Partizips II entsprechend angereichert wird (vgl. dazu Wunderlich 1997c, Klein/Vater 1998, Musan 1998 und von Stechow 1998).

(60) a. /ø/
b. +perf
c. λP   λs [[T s < T r] & [P s]]
   +3S   mit P ∈ < e,t >, < ∈ < e, < e,t >>, T ∈ < e,e >

Es findet also auf der Basis des Supinums oder des „Partizips" des 3. Status eine Nullaffigierung statt. Ihre Anwendung ist fakultativ. Das heißt, daß Partizipien II aspektuell mehrdeutig sind, je nachdem ob sie die perfektivierende Bedeutungskomponente erhalten oder nicht. Semantische Beschränkungen für die Perfektivierung werden hier vernachlässigt. Sie sind durch geeignete Bedeutungspostulate zu erfassen. Die Hilfsverben *haben* und *sein*, die das Supinum des 3. Status selegieren, bewirken diesem Vorschlag zufolge keine Perfektivierung.

Die in den folgenden Beispielen unterstrichenen Verbformen sind als perfektiviert zu interpretieren:

(61)   *Irene hat im Garten gearbeitet. Ihre Hände sind schmutzig.*
(62)   *Paul war schon gestorben, als der Krankenwagen kam.*
(63)   *Die Sinfoniker werden dann bereits alle entlassen worden sein.*
(64)   *das dann bereits aufgelöste Sinfonieorchester*
(65)   *Kaum in den Tunnel eingefahren, explodierte der Lastwagen.*

Die perfektivierten Verbformen haben die morphosyntaktische Kennzeichnung +perf. Ich nehme fürs Deutsche in der Satzstruktur keine Aspektphrase an, durch die Sätze aspektuell charakterisiert würden. Auch in der Wortstruktur ist für deutsche Verben keine generelle aspektuelle Differenzierung vorgesehen. Nur im Perfekt, im Plusquamperfekt und im 2. Futur sowie in Partizipialkonstruktionen kann Perfektivität zur Geltung kommen.[11]

---

[10]   Die Zeitintervalle T r, T u und T s sind die Bezugsgrößen für temporale bzw. aspektuelle Relationen zwischen der bezeichneten Situation s, der Äußerungssituation u und der Bezugssituation r (s. Klein 1994, 1995). Dabei gelten u und r als Konstante.

[11]   Diese Sehweise hat mich Renate Steinitz gelehrt. Vielleicht ist es sogar geboten, von Perfekt statt von Perfektivierung zu sprechen. T s < T r legt höchstens durch ein entsprechendes Bedeutungspostulat fest, daß s ⊃⊂ s' & T s' ⊇ T r ge-

3.5.4. Die Konversion des Partizips II zum Adjektiv

Passivierung und Perfektivierung sind mit Eingriffen in die Bedeutungsstruktur der Partizipien verbunden, die ihre Prädikat-Argument-Struktur nicht antasten. Bei Passivierung wird eine Argumentstelle durch Existenzquantifizierung blockiert. Bei Perfektivierung erfolgt eine Erweiterung der Prädikat-Argument-Struktur um die Perfektkomponente. Bei den zu Adjektiven konvertierten Partizipien sieht es so aus, als liege in vielen Fällen eine Bedeutungsreduzierung vor derart, daß von Bedeutungsaspekten, die Inchoativität und/oder Kausativität der entsprechenden Verben ausmachen, beim adjektivierten Partizip völlig abgesehen wird. Rapp (1996, 1997) spricht von Herausschneiden einer Zustandscharakterisierung.

Um ganz deutlich zu sein: Das hier vorausgesetzte System von Annahmen über die Semantische Form sprachlicher Ausdrücke läßt nur Anreicherungen von Prädikat-Argument-Strukturen zu. Lediglich Eingriffe in die Argumentstruktur können auf Reduktionen hinauslaufen. Entsprechend dieser Beschränkung kann es sich bei den zu Adjektiven konvertierten Partizipien nur um Bedeutungsverschiebungen handeln, die einen involvierten Zustand als diejenige aus einem Ereignis resultierende Situation behandeln, von der in der betreffenden Konstruktion die Rede ist und als deren Partizipant der ggf. vorhandene Zustandsträger gelten kann, auf den sich das konvertierte Partizip als Prädikat bezieht.

In weitgehender Übereinstimmung mit Dölling (1998) sehe ich für diese Konversion folgende Nullaffigierung vor:

(66) a. /ø/
b. +V+N
c. $\lambda P \; \lambda x \; \exists s' \; s \; [[\; s' \; \text{RESULTAT} \; s \;] \; \& \; [P \; x \; s]]$ mit RESULTAT,
$P \in \;<e, <e,t>>$
+3S
+perf
$\begin{Bmatrix} +\text{sein} \\ +\text{pass} \\ .... \end{Bmatrix}$
αMAX

Dieses die Adjektivierung des Partizips II leistende Affix verlangt als Operationsbasis eine perfektivierte Verbform im 3. Status auf der syntaktischen Projektionsebene −MAX (Wortebene) bzw. +MAX (Phrasenebene).[12] Fer-

---

geben ist, was nach Demjjanow (1998) für perfektiven Aspekt charakteristisch ist. Dabei repräsentiert s ⊃⊂ s' unmittelbare Nachbarschaft von s und s'.

[12] Zur Konversion des Partizips II auf der Wort- bzw. Phrasenebene s. Kratzer (1994a, 1994b) und Rapp (1996, 1997). Zwischen dem wortstrukturellen

ner gilt die Bedingung, daß das Partizip II eine *sein* selegierende oder passivierte Verbform ist oder daß die durch das Verlegenheitszeichen „..." gekennzeichnete Eigenschaft bestimmter reflexiver Verben gegeben ist (s. Abschnitt 2).

In der Semantischen Form des Partizips II ergänzt das Affix die Komponente s' RESULTAT s und bindet die Situationsvariablen s' und s durch Existenzquantifizierung. Es entsteht ein mindestens einstelliges Prädikat. Je nachdem ob x ein echtes oder unechtes Argument ist, stellt das zum Adjektiv konvertierte Partizip II einen persönlichen oder unpersönlichen Prädikatausdruck dar.[13] Für die attributive Verwendung eines konvertierten Partizips II ist ein persönlicher Prädikatausdruck erforderlich. Vgl.:

(67) *Der Tisch ist gedeckt.*
(68) *Es ist gedeckt.*
(69) *der gedeckte Tisch*

Geeignete Bedeutungspostulate stellen sicher, daß x (und möglicherweise weitere Argumente) als Partizipanten von s' verstanden werden und daß s' einen Zustand und s ein Ereignis bezeichnet.[14] Auf ein designiertes Argument eines der Derivation zugrunde liegenden Verbs hat diese Konversion keinen Zugriff. Dieses ist – sofern vorhanden – durch Passivierung blockiert.

Konversion von Partizipien II in die Kategorie der Adjektive ist – diesem Vorschlag zufolge – immer mit der Bezugnahme auf einen Resultatzustand eines Ereignisses verbunden. Das bedeutet, daß Partizipien II, die als Adjektive anzusehen sind und keine Resultatzustände charakterisieren, nicht durch Konversion entstehen, sondern mit ihren spezifischen Fügungspotenzen separat im Lexikon verzeichnet sind. Beispiele sind die Partizipien in folgenden Fügungen:

Merkmal max und dem phrasenstrukturellen Merkmal MAX besteht folgender Zusammenhang: +max → –MAX.

[13] Prädikate mit einer Argumentstelle λx für ein unechtes Subjektargument haben in der Prädikat-Argument-Struktur keine Position x, die durch das Subjekt spezifiziert werden könnte. Ich setze hier ohne weitere Erörterung voraus, daß neben *es* auch ein phonologisch leeres Expletivum existiert, das in scheinbar subjektlosen Sätzen wie (i) und (ii) auftritt:

(i) *Lange wurde nicht applaudiert.*
(ii) *Gestern war hier nicht zugeschlossen.*

[14] Durch Funktionale Komposition können interne Argumente des Partizips II an das Adjektiv vererbt werden. Z.B.:

(i) *Die Geschenke sind dem Jubilar überreicht.*

Es handelt sich dabei immer um solche Argumente, die Partizipanten des jeweiligen Zielzustands komplexer Situationen repräsentieren (s. dazu auch Rapp 1997).

(70) *umgeben sein von, gelegen sein an, enthalten sein in*

Daneben bestünde für Verben mit nichtresultativ zu verstehendem adjektiviertem Partizip II die Möglichkeit, Lexikoneinträge sehr komplexer Art zuzulassen, in denen die Präsenz bestimmter Bedeutungskomponenten nicht obligatorisch ist und ihre Absenz mit entsprechenden Kategorisierungsunterschieden korrespondiert (s. Bierwisch 1997a).[15] Ein solches Beispiel stellt das Verbpaar *leeren/ sich leeren* (s. (41)) dar, wo die Reflexivität mit der Abwesenheit der Bedeutungskomponente x DO-CAUSE einhergeht. Könnte man beispielsweise für *schließen/ sich schließen/ geschlossen* eine Vereinigung in einem komplexen Lexikoneintrag vorsehen derart, daß *geschlossen* nicht notwendig als resultatives Adjektiv gilt?[16] Oder werden damit die Grenzen des Machbaren oder Vernünftigen überschritten? Wenn ja, muß für viele Partizipien II, die nicht als Resultatzustände interpretiert werden, separateVerzeichnung im Lexikon vorgesehen werden, z. B. für *geschlossen* in Beispielen wie (71).

(71) *Die Apfelblüten sind noch geschlossen.*

Auch für die große Klasse der psychischen Verben ist charakteristisch, daß die durch das Partizip II bezeichneten Zustände wie *interessiert, beschäftigt, aufgeregt, überzeugt* nicht unbedingt als Resultatzustände gelten können, aber systematisch mit der Kopula auftreten. Auch hier scheint eine separate Verzeichnung dieser Einheiten als Adjektive geboten.

Die als nichtresultative Adjektive zu charakterisierenden und separat im Lexikon zu verzeichnenden Partizipien II verlangen natürlich eine Inbeziehungsetzung zu den entsprechenden Verben und deren Partizip II sowie ggf. zu dessen Konversion zum resultativen Adjektiv.[17] Das alles bedeutet ein großes Arbeitsprogramm, von dem nur die Umrisse einigermaßen klar sind.

---

[15] Auch Rapp (1997) rechnet mit solchen Möglichkeiten der Repräsentation lexikalisch verwandter Einheiten.

[16] In dem von Kratzer (1994a, 1994b, 1998), von Stechow (1995, 1996, 1998), Paslawska (1998) zugrunde gelegten System der semantischen Dekomposition von Verbbedeutungen und ihrer Verankerung in der Syntax sind BECOME, AGENT, PERF mögliche Ingredienzien der syntaktischen Strukturbildung, die einfach nicht auftreten, wenn sie in der Bedeutung der betreffenden Konstruktion keine Rolle spielen. Allerdings – das geht aus Paslawska (1998) klar hervor – müssen in den Lexikoneinträgen für die am tiefsten eingebetteten Zustands-prädikate nichtlokale Selektionsvorschriften enthalten sein, die determinieren, ob ein (abstraktes) Lexem mit BECOME, AGENT etc. kompatibel ist wie bei *geschlossen* bzw. mit diesen obligatorisch zu verknüpfen ist wie bei *geschnitten*. Das ist ein hoher Preis des Systems und wirft die grundsätzliche Frage nach der Arbeitsteilung zwischen Lexikon, Syntax und Semantik auf.

[17] Man wird an die lexical relatedness rules von Jackendoff (1975) erinnert.

Andererseits scheint die Konversionsregel durchaus angebracht zu sein. Denn viele Verben bilden ein Partizip II, das im Kontext kopulativer Verben oder in entsprechenden Modifikatorphrasen nur als resultatives Adjektiv interpretierbar ist.

(72) *Der Rasen ist geschnitten.*
(73) *Franz ist frisch rasiert.*
(74) *Mein Nachbar ist seit zwei Wochen verreist.*
(75) *Das Brot sieht ganz verschimmelt aus.*

Kurzum: Für alle konvertierten und nichtkonvertierten Adjektive in Partizip II-Form ist typisch, daß sie sich mit der Kopula *sein* verknüpfen lassen und in adjektivischen Modifikatorphrasen als Kopf auftreten können. Ein Zustandspassiv als besonderes Genus verbi bilden sie nicht. Darin stimme ich mit Rapp (1996, 1997) überein.

3.5.5. *Partizipialkonstruktionen als Modifikatoren*

Partizipien II, die als Adjektive klassifiziert werden, bilden als APs partizipantenbezügliche einstellige Prädikatausdrücke. Dadurch sind diese Phrasen geeignet, als Prädikativ bzw. als Modifikator zu fungieren. Partizipialkonstruktionen mit einem nichtadjektivierten Partizip II als Kopf haben nicht automatisch dieses Format. Sie sind als verbale Projektionen – nach meiner noch zu erläuternden Analyse – zunächst zweistellige Prädikatausdrücke, mit einer referentiellen Argumentstelle λs für das Situationsargument und mit einer echten oder unechten Argumentstelle λx für einen Partizipanten:

(76) λx λs [... s ... (x) ...]

Die hier vorausgesetzte Argumentstruktur λx λs ist nicht selbstverständlich. Sie beruht auf einer Vereinheitlichung zweier Typen von Argumentstellenabfolgen bei Verben bzw. Verbformen, darunter Partizipien II:

(77) ... λx λs [... s ... (x) ...]
      –hr
(78) ... λx ... λs [... s ... (x) ...]
      –hr
      –lr

(77) ist das Schema für Verb(form)en mit λx als der ranghöchsten, durch das Merkmal –hr bestimmten Partizipantenargumentstelle. Unakkusativische Partizipien II wie *verwelkt, geschmolzen, operiert* gehören hierher. (78) zeigt λx als nichtranghöchste Argumentstelle (–hr, –lr) für einen Partizi-

Partizip II-Konstruktionen des Deutschen als Modifikatoren 257

panten. Dieser Verb(formen)gruppe gehören unakkusativische Partizipien wie *entfallen, passiert, gewidmet, überreicht* an. In beiden Fällen sind mit λx Kasusmerkmale für das grammatische Subjekt assoziiert (s. dazu Wunderlich 1997a, 1997d, Kaufmann/Wunderlich 1998). Diese Merkmale lassen sich in Partizipialgruppen als infiniten Konstruktionen nicht realisieren. Als einfachste Auswege bieten sich Vererbung der betreffenden Argumentstelle auf die Partizipphrase oder Blockierung an. Von beiden Möglichkeiten wird Gebrauch gemacht und zwar für beide Verbgruppen auf einheitliche Weise.

Ich nehme mit Jacobs (1995) an, daß die Argumentstellen für Partizipanten permutierbar sind, so daß die Abfolge in (78) an die in (77) angepaßt werden kann und das generelle Schema (76) für Partizipphrasen ermöglicht wird. Das heißt, daß die Argumentstelle für das grammatische Subjekt in Partizipialgruppen als die ranghöchste Argumentstelle für Partizipanten figuriert. Außer den Argumentstellen λx für das grammatische Subjekt und λs für das Situationsargument sind in Partizipialgruppen alle übrigen Argumentstellen des Partizips gesättigt. Auch Modifikatoren verschiedener Art können in Partizipphrasen auftreten, wie die Beispiele im Abschnitt 2 verdeutlichen. Was an semantisch fundierten Fügungspotenzen der Partizipphrasen bleibt, ist in dem Schema (76) angegeben.

3.5.5.1. Nichtadverbial verwendete Partizipialgruppen

Wenn nun – ausgehend von (76) – das Situationsargument existentiell gebunden wird, entsteht ein APs vergleichbarer einstelliger Prädikatausdruck, der als attributiver Modifikator bzw. als sekundäres Prädikat fungieren kann. Als Prädikativ der Kopula ist das „Partizip" durch seine Kategorisierung +V–N ausgeschlossen. Die Kopula selegiert keine Verbformen.

Ich nehme an, daß ein Template zur Verfügung steht, das auf Partizipialgruppen anwendbar ist und die erwähnte Existenzquantifizierung besorgt:

(79) $\lambda P \quad \lambda x \exists s [P \, x \, s]$
 +3S
 [+sein]
 {+pass}
 [...]
 +MAX

Das Template (79) ist auf alle Partizipialgruppen anwendbar, die die angegebenen Bedingungen erfüllen. Ist das Partizip unflektiert, kann eine Partizipphrase, die (79) unterworfen wurde, als sekundäres Prädikat fungieren. Ist das Partizip flektiert, eignet sich die Partizipialgruppe als pränominales Attribut.

Anders als Fanselow (1986) nehme ich also an, daß die Argumentstelle des Verbs für das grammatische Subjekt offen bleiben kann und sich auf die erweiterte V-Projektion vererbt. Es ist dann nicht erforderlich, die Syntax mit einer Kette phonologisch leerer Konstituenten mit der semantischen Funktion Operator$_i$ ...Variable$_i$ zu belasten. Gemäß meiner Analyse haben Partizipialgruppen weder ein grammatisches Subjekt noch eine syntaktische Position für einen Operator.

Templates wie (79) dienen bei mehrfunktionalen Ausdrücken bestimmten semantischen Akkomodationen, ohne von irgendwelchen kategorialen Veränderungen der betroffenen Struktureinheit begleitet zu sein. Nullaffixe dagegen sind Umkategorisierer. Allerdings bietet sich für nichtadverbial verwendete Partizipialgruppen auch folgende Alternative zu (79) an:

(80) a. / ø /
   b. –w –imp
   c. $\lambda P \exists s [P s]$

Das ist die Repräsentation des phonologisch leeren Komplementierers, der für Deklarativsätze ohnehin erforderlich ist. Angewendet auf Partizipialgruppen mit der Argumentstruktur in (76), entsteht durch Funktionale Komposition wunschgemäß (81).

(81) $\lambda x \exists s [... s ... (x) ...]$

Demzufolge wäre es möglich, nichtadverbial verwendete Partizipialgruppen als infinite CPs ohne Subjektphrase anzusehen und auf das Template (79) zu verzichten. Allerdings müssen bezüglich der Operationsbasis des Nullaffixes die gleichen Bedingungen geltend gemacht werden wie in (79). Also wäre dieses Nullaffix doch ein besonderer Komplementierer.

3.5.5.2. Adverbial verwendete Partizipialgruppen

Für die Funktion von Partizipialgruppen als adverbialer Modifikator muß eine weitere Operation in Anspruch genommen werden, die in allgemeinster Form die adverbiale Bedeutung der Konstruktion liefert und das Partizipantenargument blockiert:

(82) a. (/ø/)
   b. (–V–N)

c. λP   λs' ∃s [[s' R s] & [P x s]]   mit R, P ∈ < e, < e,t >>
   +3S
   ⎡+sein ⎤
   ⎨+pass⎬
   ⎣ ...   ⎦
   +MAX

Ordnet man diese Operation einem Null-Formativ zu, ist dieses aus systematischen Gründen am ehesten wie ein adverbialer Relator als −V−N zu kategorisieren. Es wäre aber auch möglich, ein Template − ohne kategoriale Veränderung der Partizipialgruppe − anzunehmen (s. Zimmermann 1988a).

Die in (82c) angegebene semantische Operation bringt eine Anreicherung der Semantischen Form der Partizipphrase mit sich, und zwar die Ergänzung einer auf zwei Situationen bezüglichen und inhaltlich unspezifischen Relation R (durch die Unterstreichung als Parameter gekennzeichnet), die in der konzeptuellen Struktur kontextabhängig spezifiziert wird.[18] Diese Relation R steht in einer paradigmatischen Reihe mit adverbialen Bedeutungen, die durch Präpositionen oder Konjunktionen oder besondere Morpheme von Adverbialpartizipien (Konverben) ausdrückbar sind.[19]

Die Operation (82c) bewirkt auch die Existenzquantifizierung des Situationsarguments s und die Blockierung des Partizipantenarguments x. Erstere Operation tritt auch in (79) bzw. in (80c) als Charakteristikum auf, letztere ist für Adverbialpartizipien typisch. Diese sind wie Infinitivkonstruktionen subjektlos und können bezüglich x Kontrollbeziehungen eingehen. Ich nehme mit Haspelmath (1995) an, daß Kontrolle von verschiedenen Faktoren abhängt, die nicht durch syntaktische oder semantische Unifizierungsmechanismen für die Interrelierung von Kontrolleur und Kontrolliertem erfaßbar sind.[20] Mein Vorschlag benötigt auch keine syntaktische Konstituente für ein PRO. (82c) liefert x als semantischen Repräsentanten für PRO. Es ist − als ungebundene Variable − ein kontextabhängig zu spezifizierender Parameter.

Es sei erwähnt, daß die Blockierung des Partizipantenarguments x ein sprach(typ)spezifisches Phänomen ist. Es gibt viele Sprachen, die in infiniten und besonders in adverbialen Konstruktionen Subjektausdrücke zulas-

---

[18] Siehe dazu den programmatischen Artikel von König (1995).
[19] Siehe die aufschlußreichen Arbeiten von Růžička (1978, 1982), V. P. Nedjalkov (1995), I. V. Nedjalkov (1995, 1998), Hengeveld (1998) und Kortmann (1995).
[20] Es sei hier erwähnt, daß Jacobs (1995) ein sehr generelles Schema der Komposition zweier Prädikate bereitstellt, das erlauben würde, einen mehrstelligen Modifikator mit einem mehrstelligen Modifikanden zu verknüpfen und dabei bestimmte Argumentstellen zu unifizieren. Für Kontrollphänomene, wie sie in Adverbialpartizipialkonstruktionen vorliegen, halte ich diese semantische Lösung nicht für angemessen.

sen.²¹ Adverbialpartizipien (Konverben) können auch Kongruenzmarkierungen aufweisen, die auf ein phonologisch stummes Subjekt der Konstruktion und/oder auf Eigenschaften des Kontrolleurs hindeuten.²² Trotzdem sehe ich keinen Grund, fürs Deutsche ein PRO in der Syntax zu bemühen (s. auch Wunderlich 1987).

Ich nehme also die relative morphosyntaktische Unmarkiertheit deutscher Partizipialkonstruktionen wörtlich. Wo keine Unterscheidung angezeigt ist, werden höchstens semantische Adaptationen vorgenommen, die der Mehrfunktionalität von Partizipphrasen Rechnung tragen und die semantische Komposition befördern. Parameter treten da auf, wo kontextuelle Faktoren und konzeptuelles Wissen wirksam werden. Besonders an den Partizipialkonstruktionen verschiedener Sprach(typ)en wird deutlich, daß es wichtig ist, zwischen grammatisch determinierter, möglicherweise hochgradig unterspezifizierter Bedeutungsdifferenzierung und konzeptueller Spezifiziertheit von Inhalten zu unterscheiden. Was die eine Sprache auszudrükken vermag oder verlangt, kann in einer anderen nur angedeutet oder ganz verborgen, ja vernachlässigt sein. Partizipien sind wirklich ein Lehrstück zur Arbeitsteilung von Morphologie, Syntax und Semantik einerseits und zwischen Semantischer Form und konzeptueller Struktur andererseits.

3.5.6. *Die Verknüpfung von Modifikator und Modifikand*

Adjektivphrasen und Partizipialgruppen sind geeignete Modifikatoren. Sie sind partizipanten- oder situationsbezügliche einstellige Prädikatausdrücke:

(83) /welk/; +V+N; λx [WELK x]
(84) /verwelkt/; +V+N; $\lambda x\ \exists s'\ s\ [[\ s'\ \text{RESULTAT}\ s\ ]\ \&$
      $[[\ T\ s\ <\ T\ r\ ]\ \&\ [\ s\ \text{INST BECOME WELK}\ x\ ]]]$
(85) /verwelkt/; +V–N +3S +perf; $\lambda x\ \exists s\ [[\ T\ s\ <\ T\ r\ ]\ \&\ [\ s\ \text{INST BECOME WELK}\ x\ ]]$
(86) /verwelkt/; +V–N +3S +perf; $\lambda s'\ \exists s\ [[\ s'\ R\ s\ ]\ \&\ [[\ T\ s\ <\ T\ r]\ \&\ [\ s\ \text{INST BECOME WELK}\ x\ ]]]$

In (83) und (84) haben wir einen adjektivischen Prädikatausdruck vor uns, in (85) und (86) einen „partizip"ialen. Das Partizip *verwelkt* hat in (84) neben der Perfektivierung die Konversion zum Adjektiv, in (85) die existentielle Bindung des Situationsarguments und in (86) die Anpassung an adverbiale Modifikatoren durchlaufen. (83)-(85) sind partizipantenbezügliche Prädikatausdrücke, (86) ist situationsbezüglich. (83)-(86) taugen als Modifikatoren, (83) und (84) können wegen ihrer Kategorisierung als Adjektiv-

---

[21] Zum Italienischen s. Pusch (1980).
[22] Siehe I. V. Nedjalkov (1995) zum Evenki.

(phrase) auch als Prädikativ kopulativer Verben fungieren. Als Köpfe pränominaler Modifikatoren müssen *welk* und *verwelkt* ein adjektivisches, Genus, Numerus und Kasus anzeigendes Flexiv aufweisen.

Es ist nun zu klären, wie solche Modifikatoren wie (83)-(86) mit dem Modifikandum verknüpft sind, und zwar syntaktisch und semantisch. Ist der Modifikator Adjunkt oder Spezifikator? Und wie kommt die für Modifikation typische Unifizierung von Argumentstellen des Modifikators und des Modifikanden zustande? Und gilt sie in allen Fällen von ‚Modifikation'? Ich werde mich bei der Beantwortung dieser Fragen auf attributive pränominale Modifikatoren und auf adverbiale Modifikatoren konzentrieren. Sekundäre Prädikate klammere ich aus (s. dazu Koch/Rosengren 1995, Kaufmann/ Wunderlich 1998).

Für die Verknüpfung von Modifikator und Modifikand ist semantisch zunächst eine geeignete Operation vorzusehen, die zwei Prädikate P und Q auf ein Argument bezieht. Das impliziert, daß es sich um sortal verträgliche Prädikate handeln muß. Zusätzlich kann für bestimmte Konstruktionen Kongruenz zwischen dem Modifikator und dem Modifikanden erforderlich sein. Die für diese Verhältnisse rigoroseste, Syntax und Semantik analog strukturierende Lösung wäre, von einer Konstellation wie in (87) auszugehen.

(87)   [$_{FP}$ YP [$_{F'}$ F XP]]

F könnte als funktionales phonologisch leeres Formativ angesehen werden, das Träger der semantischen Verknüpfungsoperation von Modifikand, XP, und Modifikator, YP, ist.[23] Ohne irgendwelche zusätzlichen Annahmen könnten zwischen YP und F einerseits (nämlich in Spezifizierer-Kopf-Beziehung) und zwischen F und XP andererseits (nämlich in Kopf-Komplement-Beziehung) bestehende Zusammenhänge kontrolliert (geprüft) werden. Für sortale Verträglichkeit und für Kongruenz zwischen YP und XP wäre das allerdings eine fragwürdige, weil durch F vermittelte Beziehung. Für die Lokalisierung der semantischen Brücke zwischen Modifikator und Modifikand wäre F jedoch ein nicht ungeeignetes Vehikel. Außerdem könnten für mehrere Modifikatoren übereinander geschichtete FPs angenommen werden, deren Köpfe den hierarchischen und linearen Anordnungen syntaktisch und semantisch Rechnung tragen. Es fragt sich aber, ob ein Adjunktschema wie (88) die vorliegenden morphosyntaktischen und semantischen Zusammenhänge von Modifikator (YP) und Modifikand (XP) nicht sparsamer und angemessener erfaßt.

(88)   [$_{XP}$ YP XP]

---

[23] So könnte man die von Bailyn (1994) für russische attributive Adjektivphrasen angenommene Struktur interpretieren und verallgemeinern.

Hier könnten sortale und morphosyntaktische Verträglichkeiten von YP und XP direkt zur Wirkung kommen. Und sofern Eigenschaften von XP durch die Kombination mit YP verändert oder spezifiziert werden, könnten sie bei weiteren Adjunktionen jeweils direkt zum Tragen kommen. Was in (88) wirklich fehlt, ist der Platz für die erforderliche Verknüpfungsoperation zwischen YP und XP.

Ich werde zwei Templates, (89) und (90), vorschlagen, die in der Bedeutungskomposition von Modifikator und Modifikand wirksam werden und von der in (88) gegebenen syntaktischen Konstellation ausgehen. Templates sind – wie bereits deutlich wurde – Operationen, die der semantischen Komposition dienen, ohne von kategorialen Veränderungen begleitet zu sein. Und dies korrespondiert genau mit syntaktischer Adjunktion einer Konstituente.

(89) $\lambda Q\ \lambda P\ \lambda z\ [[\ P\ z\ ]\ \&\ [\ Q\ z\ ]]$ mit P, Q ∈ <e,t> und Kongruenz der Prädikatausdrücke in Genus, Numerus und Kasus bei +N für λP und +V für λQ

(90) $\lambda Q\ \lambda p\ [[\ Q\ z\ ]\ \underline{C}\ p\ ]$ mit Q ∈ <e,t>, $\underline{C}$ ∈ <t, <t,t>>, p ∈ t

Das Template (89) erweitert die Argumentstruktur des Modifikators um eine Stelle für ein Prädikat, nämlich für den Modifikanden (s. Zimmermann 1992). Es wird bezüglich z eine Schnittmenge zweier Prädikate gebildet. Falls der Modifikand ein mehrstelliges Prädikat ist, findet Argumentvererbung statt.[24] Die in (89) angegebenen Kongruenzbedingungen betreffen Adjektivphrasen (+V +N) und Partizipphrasen (+V –N) als Attribute zu Nomina (+N +/–V).[25]

(92) illustriert die Operationsweise des Templates (89) für den komplexen Prädikatausdruck (91) mit der nichtresultativen perfektiven Lesart des Attributs *verwelkt*.

(91) *verwelkte Rose*
(92) $\lambda Q\ \lambda P\ \lambda z\ [[\ P\ z\ ]\ \&\ [\ Q\ z\ ]]\ (\lambda y\ \exists s\ [[\ T\ s\ <\ T\ r\ ]\ \&\ [s\ INST\ BECOME\ WELK\ y\ ]])\ (\ \lambda x\ [ROSE\ x\ ]) =$
$\lambda z\ [[\ ROSE\ z\ ]\ \&\ \exists s\ [[\ T\ s\ <\ T\ r\ ]\ \&\ [s\ INST\ BECOME\ WELK\ z]]$

---

[24] Wunderlich (1997b) sieht für Modifikation eine Anreicherung der Argumentstruktur des Modifikanden um eine Argumentstelle für den Modifikator vor. Er rechnet offenbar nicht mit Argumentvererbung. Auch erlaubt sein Template der Argumentstrukturerweiterung nicht, Attributiva tantum als Modifikatoren mit einer lexikalisch eingebauten Argumentstelle für den Modifikanden mit den normalen Fällen von Modifikation in Beziehung zu setzen.

[25] Zur Beschränkung der Kongruenzforderung auf pränominale Stellung des Attributs im Deutschen s. Anm. 7.

(94) zeigt die Semantische Form für den Satz (93) mit der adverbialisierten perfektiven Lesart des passivischen Partizips *geleert* als Modifikator.

(93) *Geleert fuhren die Wagen ins Depot.*
(94) λQ λP λz [[P z] & [Q z]] (λs' ∃s [[s' $\underline{R}$ s] & [[T s < T r] & ∃x [s INST x DO-CAUSE BECOME LEER y]]])
(λs" [die Wagen fuhren ins Depot']) =
λz [[λs" [die Wagen fuhren ins Depot'] (z)] & ∃s [[z $\underline{R}$ s] & [[T s >T r] & ∃x [s INST x DO-CAUSE BECOME LEER y]]]]

Während durch das Template (89) in (92) zwei partizipantenbezügliche Prädikate verknüpft werden, sind es in (94) zwei situationsbezügliche Prädikate.

Das Template (90) wird für Fälle von Modifikation zur Verfügung gestellt, die Maienborn (1996, 1997, 1998) rahmensetzende Modifikatoren nennt. Sie beziehen sich auf ganze Satzinhalte und charakterisieren deren Geltungsbereich. Das Template (90) macht ein Prädikat zu einem propositionalen Operator und rückt die betreffenden Phrasen damit in die Nähe von Satzadverbialen. Ich nehme an, daß hier zwischen Modifikator und Modifikand eine sehr allgemeine, inhaltlich flexible Konnexion besteht und repräsentiere sie als Parameter $\underline{C}$. Die Argumentstelle des Modifikators wird blockiert und geht ebenfalls als Parameter in die konzeptuelle Interpretation der betreffenden Konstruktionen ein. Gegebenenfalls kann sie eine Kontrollbeziehung zum Modifikanden haben. (96) veranschaulicht das für den Satz (95) mit der resultativen Lesart des Partizips *verwelkt*.

(95) *Verwelkt kaufe ich die Rose nicht.*
(96) λQ λp [[Q z] $\underline{C}$ p] (λx ∃s's [[s' RESULTAT s] & [[T s < T r] & [s INST BECOME WELK x]]]) ([ich kaufe die Rose nicht']) =
∃s's [[s' RESULTAT s] & [[T s < T r] & [s INST BECOME WELK $\underline{z}$]]] $\underline{C}$ [ich kaufe die Rose nicht']

Hier geht es nicht um eine Schnittmengenbildung zweier Prädikate, sondern um einen Zusammenhang zweier Propositionen, wobei die erste gemeinsam mit dem Konnektor den Geltungsrahmen für die zweite bildet.[26] Das System von Regeln der konzeptuellen Wissensbasis spezifiziert die in (96) durch Unterstreichung gekennzeichneten Parameter. $\underline{C}$ kann durch eine kausale

---

[26] Es sei erwähnt, daß die Operationsweise des Templates (90) nicht voraussetzt, daß das referentielle Argument des Modifikanden spezifiziert ist, wenn der rahmensetzende Modifikator hinzutritt. Die referentielle Argumentstelle des Modifikanden könnte bei der Anwendung des Templates durch Funktionale Komposition vererbt werden.

Relation und z durch eine Koreferenzbeziehung zu *die Rose* interpretiert werden.[27]

Die Templates (89) und (90) haben also unterschiedliche Operationsdomänen, und zwar nicht nur semantisch, sondern auch syntaktisch. In (89) ist der Modifikand ein Prädikat, in (90) eine Proposition. Mit Maienborn (1996, 1997, 1998) nehme ich an, daß dieser Unterschied syntaktisch basiert ist und mit der syntaktischen Position des Modifikators korrespondiert. Modifikatoren, die für die Geltung von Satzinhalten rahmensetzende Funktion haben, c-kommandieren solche Modifikatoren, die der Identifizierung von Situationen oder Partizipanten dienen.[28] Das sieht man deutlich, wenn wie in (97) mehrere adverbiale Modifikatoren in ein und demselben Satz auftreten.[29]

(97)   *In den Anden werden die Schafe vom Pfarrer vor der Kirche an den Ohren gebrandmarkt.*

Hier ist das rahmensetzende Adverbial *in den Anden* oberhalb der situationsbezüglichen Lokalangabe *vor der Kirche* plaziert. Ich nehme an, daß Partizip II-Gruppen, die rahmensetzende Adverbiale sind, den obersten Platz in der Hierarchie der Modifikatoren einnehmen.

Worauf die hier vorgeschlagene Differenzierung also abzielt, ist die Tatsache, daß es der Identifizierung von Partizipanten und Situationen dienende Modifikatoren gibt und solche, die als propositionale Operatoren fungieren und den Geltungsbereich von Prädikationen abstecken. Es erscheint mir möglich, auch Wendungen wie *genau genommen, einfach gesagt* durch das Template (90) als Operatorausdrücke zu charakterisieren.

4. Ausblick

Wie immer bleibt noch viel zu tun. Manches mußte vernachlässigt werden. Anderes ist nicht klar. Dennoch hoffe ich deutlich gemacht zu haben, daß es lohnend ist und möglich erscheint, die Arbeitsteilung zwischen Lexikon, Syntax und Semantik anders zu sehen als es gegenwärtig im Rahmen des minimalistischen Programms Chomskyscher Prägung üblich ist. Deutsche Partizip II-Konstruktionen bieten in ihrer formalen Nacktheit und funktionalen Mehrdeutigkeit ein sehr geeignetes Übungsfeld.

Ich habe ein lexikalistisches Morphologiekonzept verfolgt und mit den morphosyntaktischen und semantischen Fügungspotenzen der Partizipien II,

---

[27]   Zur Spezifizierung von Parametern der Semantischen Form sprachlicher Ausdrücke s. Dölling (1997) und Maienborn (1998).
[28]   Vgl. dazu auch die Annahmen von Frey/Pittner (1998).
[29]   Das Beispiel ist Maienborn (1999) entnommen.

wie sie als Wortformen aus dem Lexikon kommen, in Syntax und Semantik gerechnet. Wo semantische Akkomodationen erforderlich waren, wurde Nullaffigierung vorgenommen, sofern sich auch kategoriale Verschiebungen zeigten.Wenn wie charakteristischerweise bei Adjunktion keine kategorialen Veränderungen auftreten, wurden Templates zur Beförderung der semantischen Komposition in Anschlag gebracht.

In den vorgeschlagenen Repräsentationen zeigt sich Enthaltsamkeit und damit Sparsamkeit in zweierlei Hinsicht.

In der Semantischen Form sprachlicher Ausdrücke ist die grammatisch determinierte Bedeutung erfaßt und strikt unterschieden von kontextuellem und Weltwissen. An verschiedenen Stellen der semantischen Charakterisierung von Partizipien II wurden Parameter in Gestalt von ausgezeichneten Variablen eingeführt. Sie sind wesentliche Bezugspunkte für die Axiome der konzeptuellen Wissensbasis, durch die die betreffenden Parameter spezifiziert werden. In diesem Interpretationssystem werden auch andere Komponenten der Semantischen Form präzisiert. Das betrifft auch die Zusammenhänge von Resultativität, Perfektivität und Zielzuständen von Ereignissen, die hier unbeleuchtet blieben.

In der Syntax habe ich Repräsentationen bevorzugt, die in den oberen und unteren Strukturetagen Aufblähungen vermeiden. Für semantische Dekomposition von Wörtern wurde keine Syntax bemüht. Für die syntaktische Einbettung von Modifikatoren wurde Adjunktion als ausreichend vorgestellt. Ferner wurde der für infinite Konstruktionen typischen Abwesenheit des Subjekts konsequent Rechnung getragen. Nur die semantische Struktur weist einen entsprechenden Repräsentanten auf. Es ist eine Variable, die in nichtadverbialen Modifikatoren durch den Lambdaoperator gebunden ist und bei adverbialer Modifikation den Status eines Parameters hat, der in Kontrollbeziehungen eingehen kann.

Partizipialkonstruktionen sind im Vergleich mit finiten Konstruktionen syntaktisch und semantisch reduzierte und dadurch für die konzeptuelle Interpretation sehr flexible Einheiten. Die gegenwärtige Entwicklung der minimalistisch orientierten Theoriebildung und die Unterscheidung zwischen Semantischer Form und konzeptueller Struktur ermöglichen die sachgerechte Erfassung dieses Faktums.

Literatur

Alexiadou, Artemis, Wilder, Chris (eds.) (1998): Possessors, Predicates and Movement in the Determiner Phrase. – Amsterdam, Philadelphia: Benjamins (Linguistik Aktuell 22).

van der Auwera, Johan (ed.) (1998): Adverbial Constructions in the Languages of Europe. – Berlin, New York: Mouton de Gruyter (Empirical Approaches to Language Typology 20, EUROTYP 3).

Bailyn, John F. (1994): The Syntax and Semantics of Russian Long and Short Adjectives: An X'-Theoretic Account. – In: J. Toman (ed.), 1-30.
Bech, Gunnar (1955/1957): Studien über das deutsche verbum infinitum. – København (1. Bd. 1955, 2. Bd. 1957): Munksgaard.
Benedicto, Elena E., Runner, Jeffrey T. (eds.) (1994): Functional Projections. – University of Massachusetts Occasional Papers (UMOP) 17. Graduate Linguistic Student Association (G.L.S.A.) Amherst, University of Massachusetts.
Bierwisch, Manfred (1990): Verb Cluster Formation as a Morphological Process. – In: G. Booij, J. van Marle (eds.), 173-190.
– (1997a): Lexical Information from a Minimalist Point of View. – In: Ch. Wilder, H.-M. Gärtner, M. Bierwisch (eds.), 227-266.
– (1997b): Probleme der Kompositionalität des deutschen Tempussystems. – Handout.
Bierwisch, Manfred, Motsch, Wolfgang, Zimmermann, Ilse (Hg.) (1988): Syntax, Semantik und Lexikon. – Berlin: Akademie-Verlag (Studia grammatica 29).
Booij, Geert, van Marle, Jaap (eds.) (1990): Yearbook of Morphology. – Dordrecht: Foris.
Demjjanow, Assinja (1998): Eine semantische Analyse der Perfektivierungspräfigierung im Russischen. – Dissertation, Humboldt-Universität Berlin, erschienen in München: Sagner (Slavistische Beiträge 365).
Dölling, Johannes (1997): Semantic Form and Abductive Fixation of Parameters. – In: R. van der Sandt, R. Blutner, M. Bierwisch (eds.), 113-139.
– (1998): Das Partizip II und seine ‚Bedeutungen': Ereignisse, Zustände, Zeiten. – Arbeitsmaterial vom 8. und 16.4.1998, Handout vom 24.4.1998.
Egli, Urs, Pause, Peter E., Schwarze, Christoph, von Stechow, Arnim, Wienold, Götz (eds.) (1995): Lexical Knowledge in the Organization of Language. – Amsterdam, Philadelphia: Benjamins (Current Issues in Linguistic Theory 114).
Fanselow, Gisbert (1986): On the Sentential Nature of Prenominal Adjectives in German. – In: Folia Linguistica 20. 3-4, 341-380.
Frey, Werner, Pittner, Karin (1998): Zur Positionierung der Adverbiale im deutschen Mittelfeld. – In: Linguistische Berichte 176, 489-534.
Gallmann, Peter (1998): Case Underspecification in Morphology, Syntax and the Lexicon. – In. A. Alexiadou, Ch. Wilder (eds.), 141-175.
Grundzüge (1981): Grundzüge einer deutschen Grammatik. Von einem Autorenkollektiv unter der Leitung von Karl Erich Heidolph, Walter Flämig, Wolfgang Motsch. – Berlin: Akademie-Verlag.
Haider, Hubert (1984): Was zu haben ist und was zu sein hat. Bemerkungen zum Infinitiv. – In: Papiere zur Linguistik 30. 1, 23-36.
– (1993): Deutsche Syntax – generativ: Vorstudien zur Theorie einer projektiven Grammatik. – Tübingen: Narr (Tübinger Beiträge zur Linguistik 325).
Haspelmath, Martin (1995): The Converb as a Crosslinguistically Valid Category. – In: M. Haspelmath, E. König (eds.), 1-55.
Haspelmath, Martin, König, Ekkehard (eds.) (1995): Converbs in Cross-Linguistic Perspective. Structure and Meaning of Adverbial Verb Forms – Adverbial Participles, Gerunds. – Berlin, New York: Mouton de Gruyter (Empirical Approaches to Language Typology 13).
Hengeveld, Kees (1998): Adverbial Clauses in the Languages of Europe. – In: J. van der Auwera (ed.), 335-419.
Jackendoff, Ray S. (1975): Morphological and Semantic Regularities in the Lexicon. – In: Language 51. 3, 639-671.

Jacobs, Joachim (1995): Wieviel Syntax braucht die Semantik? Möglichkeiten und Grenzen einer sparsamen Theorie der Bedeutungskomposition. – Theorie des Lexikons. Arbeiten des Sonderforschungsbereichs 282, Nr. 73. Düsseldorf: Heinrich-Heine-Universität.

Kaufmann, Ingrid, Wunderlich, Dieter (1998): Cross-Linguistic Patterns of Resultatives. – Theorie des Lexikons. Arbeiten des Sonderforschungsbereichs 282, Nr. 109. Düsseldorf: Heinrich-Heine-Universität.

Klein, Wolfgang (1994): Time in Language. – London, New York: Routledge.

– (1995): A Time-Relational Analysis of Russian Aspect. – In: Language 71. 4, 669-685.

Klein, Wolfgang, Vater, Heinz (1998): The Perfect in English and German. – In: L. Kulikov, H. Vater (eds.), 215-235.

Koch, Wolfgang, Rosengren, Inger (1995): Secondary Predications: Their Grammatical and Conceptual Structure. – Sprache und Pragmatik 35. Arbeitsberichte, Lund.

König, Ekkehard (1995): The Meaning of Converb Constructions. – In: M. Haspelmath, E. König (eds.), 57-95.

Kortmann, Bernd (1995): Adverbial Participial Clauses in English. – In: M. Haspelmath, E. König (eds.), 189-237.

Kratzer, Angelika (1994a): On External Arguments. – In: E. E. Benedicto, J. T. Runner (eds.), 103-130 (= Kapitel 1 in A. Kratzer (1994b).

– (1994b): The Event Argument and the Semantics of Voice. – Manuskript.

– (1998): Aspect in Adjectival Passives. – Handout, WCCFL XVII, University of British Columbia, February 20-22 1998.

Kulikov, Leonid, Vater, Heinz (eds.) (1998): Typology of Verbal Categories. Papers Presented to Vladimir Nedjalkov on the Occasion of His 70th Birthday. – Tübingen: Niemeyer (Linguistische Arbeiten 382).

Lenz, Barbara (1993): Probleme der Kategorisierung deutscher Partizipien. – In: Zeitschrift für Sprachwissenschaft 12. 1, 39-76.

– (1995): *Un*-Affigierung. Unrealisierbare Argumente, unausweichliche Fragen, nicht unplausible Antworten. – Tübingen: Narr (Studien zur deutschen Grammatik 50).

– (1996): *Sein, bleiben* und *werden* im Negations- und Partizipial-Kontext. – In: Linguistische Berichte 162, 161-182.

Maienborn, Claudia (1996): Situation und Lokation. Die Bedeutung lokaler Adjunkte von Verbalprojektionen. – Tübingen: Stauffenburg Verlag (Studien zur deutschen Grammatik 53).

– (1997): On the Meaning of Sentence Modifiers: Semantic Indeterminacy and its Grammatically Induced Specification. – In: R. van der Sandt, R. Blutner, M. Bierwisch (eds.), 183-202.

– (1998): The Grammar and Pragmatics of Locative Modifiers. – Manuskript.

– (1999): Situationsbezug und die Stadien/Individuen-Distinktion bei Kopula-Prädikativ-Konstruktionen. – In: ZAS Papers in Linguistics 14, 41-64.

Motsch, Wolfgang (ed.) (1988): The Contribution of Word-Structure Theories to the Study of Word Formation. – Berlin (LS/ZISW/A 179).

Musan, Renate (1998): The Core Semantics of the Present Perfect. – In: ZAS Papers in Linguistics 10, 113-145.

Nedjalkov, Igor V. (1995): Converbs in Evenki. – In: M. Haspelmath, E. König (eds.), 441-463.

- (1998): Converbs in the Languages of Europe. – In: J. van der Auwera (ed.), 421-455.
Nedjalkov, Vladimir P. (1995): Some Typological Parameters of Converbs. – In: M. Haspelmath, E. König (eds.), 97-136.
Paslawska, Alla (1998): Transparente Morphologie und Semantik eines deutschen Negationsaffixes. – In: Linguistische Berichte 175, 353-385.
Pusch, Luise (1980): Kontrastive Untersuchungen zum italienischen ‚gerundio': Instrumental- und Modalsätze und das Problem der Individuierung von Ereignissen. – Tübingen: Niemeyer (Linguistische Arbeiten 69).
Rapp, Irene (1996): Zustand? Passiv? – Überlegungen zum sogenannten „Zustandspassiv". – In: Zeitschrift für Sprachwissenschaft 15. 2, 231-265.
- (1997): Partizipien und semantische Struktur. Zu passivischen Konstruktionen mit dem 3. Status. – Tübingen: Stauffenburg Verlag (Studien zur deutschen Grammatik 54).
Růžička, Rudolf (1978): Erkundungen für eine Typologie der syntaktischen und semantischen Strukturen der Gerundien (Adverbialpartizipien) in modernen slawischen Literatursprachen. – In: Zeitschrift für Slawistik 20. 2, 229-244.
- (1982): Kontrollprinzipien infiniter Satzformen: Infinitiv und Gerundium (deepričastie) im Russischen und in anderen slawischen Sprachen. – In: Zeitschrift für Slawistik 27. 3, 373-411.
van der Sandt, Rob, Blutner, Reinhard, Bierwisch, Manfred (eds.) (1997): From Underspecification to Interpretation. – Working Papers of the Institute for Logic and Linguistics. IBM Deutschland, Heidelberg.
von Stechow, Arnim (1995): Lexical Decomposition in Syntax. – In: U. Egli, P. E. Pause, Ch. Schwarze, A. von Stechow, G. Wienold (eds.), 81-117.
- (1996): The Different Readings of *wieder* 'again': A Structural Account. – In: Journal of Semantics 13. 2, 87-138.
- (1998): Participles II in German. – Handout.
Toman, Jindrich (1986): A (Word) Syntax for Participles. – In: Linguistische Berichte 105, 367-408.
- (ed.) (1994): Formal Approaches to Slavic Linguistics: Functional Categories in Slavic Syntax. – Ann Arbor: Michigan Slavic Publications.
Wilder, Chris, Gärtner, Hans-Martin, Bierwisch, Manfred (eds.) (1997): The Role of Economy Principles in Linguistic Theory. – Berlin: Akademie Verlag (Studia grammatica 40).
Wunderlich, Dieter (1987): Partizipien im Deutschen.– In: Linguistische Berichte 111, 345-366.
- (1997a): CAUSE and the Structure of Verbs. – In: Linguistic Inquiry 28. 1, 27-68.
- (1997b): Argument Extension by Lexical Adjunction. – In: Journal of Semantics 14, 95-142.
- (1997c): Participle, Perfect and Passive in German. – Theorie des Lexikons. Arbeiten des Sonderforschungsbereichs 282, Nr. 99. Düsseldorf: Heinrich-Heine-Universität.
- (1997d): A Minimalist Model of Inflectional Morphology. – In: Ch. Wilder, H.-M. Gärtner, M. Bierwisch (eds.), 267-298.
Zimmermann, Ilse (1988a): Wohin mit den Affixen? – In: W. Motsch (ed.), 157-188.
- (1988b): Die substantivische Verwendung von Adjektiven und Partizipien. – In: M. Bierwisch, W. Motsch, I. Zimmermann (Hg.), 279-311.

- (1992): Der Skopus von Modifikatoren. – In: I. Zimmermann, A. Strigin (Hg.), 251-279.
Zimmermann, Ilse, Strigin, Anatoli (Hg.) (1992): Fügungspotenzen. Zum 60. Geburtstag von Manfred Bierwisch. – Berlin: Akademie Verlag (Studia grammatica 34).

3. Lexikontheorie

Markus Bader

Anmerkungen zur Argumenstruktur

1. Einleitung

Im Folgenden sollen zwei Fragen diskutiert werden, die sich bezüglich der Abbildung von lexikalisch-konzeptuellen Strukturen auf syntaktische Strukturen stellen. Grundlage der Diskussion werden zwei neuere Ansätze sein – Haider (1993) und Wunderlich (1997). Diese beiden Ansätze teilen mit einer Vielzahl weiterer Arbeiten (vgl. z.B. Grimshaw, 1990; Jackendoff, 1990; Levin & Rappaport Hovav, 1995; Pinker, 1989) die Annahme, daß es einen systematischen Zusammenhang zwischen der Bedeutung von Wörtern und den syntaktischen Strukturen gibt, in denen diese Wörter auftreten. Insbesondere wird angenommen, daß die Bedeutung eines Verbs – auf diese wird sich das Folgende beschränken – zumindest partiell determiniert, auf welche syntaktischen Funktionen (Subjekt, Objekt im Akkusativ, Objekt im Dativ u.a.) die einzelnen semantischen Argumente des Verbs abgebildet werden und in welcher Reihenfolge diese Argumente im Satz auftreten. Desweiteren wird häufig angenommen, daß die Abbildung von der Bedeutung eines Verbs auf bestimmte syntaktische Strukturen nicht in einem Schritt erfolgt, sondern daß zunächst Bedeutungen auf Argumentstrukturen und anschließend Argumentstrukturen auf syntaktische Strukturen abgebildet werden. Damit ergibt sich das in (1) gezeigte Bild.[1]

(1) Lexikalisch-Konzeptuelle Struktur (LKS)
↓
Argumentstruktur
↓
Syntaktische Struktur

---

[1] Die Terminologie bezüglich der obersten Ebene ist nicht einheitlich. Neben dem Begriff der lexikalisch-konzeptuellen Struktur ist auch der Begriff der Semantischen Form (vgl. z.B. Bierwisch, 1986) verbreitet. Die meisten Autoren gehen darüberhinaus davon aus, daß die lexikalisch-konzeptuelle Struktur ihrerseits aus einer rein konzeptuellen nichtsprachlichen Struktur abgeleitet ist (vgl. aber Jackendoff, 1983).

In Abschnitt 2 werden die Theorien von Haider (1993) und Wunderlich (1997) eingeführt, soweit dies für die folgende Diskussion notwendig ist. Darauf aufbauend sollen dann zwei Fragen diskutiert werden, eine bezüglich des ersten Schrittes in (1) – der Abbildung von lexikalisch-konzeptuellen Strukturen auf Argumentstrukturen – und eine zweite bezüglich des zweiten Schrittes – der Abbildung von Argumentstrukturen auf syntaktische Strukturen.

Bezüglich der letzteren Abbildung stellt sich die Frage nach dem Status des Dativs im Deutschen – insbesondere des Dativs der ditransitiven Verben. Während relativ breite Einigkeit darüber besteht, daß bei dreistelligen Verben häufig semantisch vorhergesagt werden kann, welches der drei Argumente im Dativ auftreten wird (vgl. insbesondere Wegener, 1985), herrscht wenig Einigkeit darüber, ob es sich beim Dativ um einen strukturellen Kasus handelt oder nicht. Für Haider (1993) ist der Dativ eines dreistelligen Verbs ein inhärenter Kasus, für Wunderlich (1997) dagegen ein struktureller Kasus. Aufgrund der Explizitheit beider Theorien ist es möglich, zwischen diesen beiden Positionen zu entscheiden, ohne dabei auf irgendwelche vortheoretischen Annahmen über Begriffe wie struktureller oder inhärenter/lexikalischer Kasus zurückgreifen zu müssen. Dies wird in Abschnitt 3 geschehen.

Anschließend soll als zweites kurz die Frage betrachtet werden, welche Eigenschaften der LKS in die Formation der Argumentstruktur eingehen. Für das Folgende ist es ausreichend, zwischen lediglich zwei Arten von Eigenschaften zu unterscheiden: Formale und inhaltliche Eigenschaften. Als Beispiel für eine LKS findet sich in (2) die LKS des dreistelligen Verbs /geben/ (vgl. Wunderlich, 1997, S. 39; auf die Angabe der Ereignisvariablen wird hier und im folgenden aus Gründen der Einfachheit verzichtet).

(2) Lexikalisch-Konzeptuelle-Struktur von /geben/:
(x CAUSE (BECOME (y POSSESS z)))

Die für das folgende wichtigste formale Eigenschaft ist die hierarchische Anordnung der Argumente in der LKS, die sich aus deren Einbettungstiefe ergibt. In (2) beispielsweise befindet sich x in einer höheren Position als y und y wiederum in einer höheren Position als z. Im Gegensatz zu der formalen Eigenschaft der hierarchischen Anordnung nehmen inhaltliche Eigenschaften der LKS auf die speziellen Prädikate Bezug, die in der LKS vorkommen. Sie geben damit Auskunft darüber, ob ein Argument Agens oder Thema ist, ob es die zeitliche Ausdehnung eines Ereignisses ausmißt usw. Hinsichtlich der Frage, ob formale und/oder inhaltliche Eigenschaften der LKS in die Formation der Argumentstruktur eingehen, gibt es keinen Unterschied zwischen Haider (1993) und Wunderlich (1997). Beide nehmen an, daß die Argumentstruktur nur formale Aspekte der LKS widerspiegelt. Ob diese sparsame Annahme ausreicht, ist Thema von Abschnitt 4.

Anmerkungen zur Argumentstruktur 275

2. Argumentstruktur und hierarchische Relationen in CS

Bezüglich der Abbildung von lexikalisch-konzeptuellen Strukturen auf Argumentstrukturen und der anschließenden Abbildung von Argumentstrukturen auf syntaktische Strukturen teilen Haider (1993) und Wunderlich (1997) die beiden folgenden Annahmen: (i) Die einzige Information, die aus der LKS in die Argumentstruktur übernommen wird, betrifft die hierarchische Anordnung der Argumente in der LKS (ii) Die Stellung der Argumente im Satz folgt aus deren Anordnung in der Argumentstruktur und reflektiert deshalb wegen (i) deren Einbettungstiefe in der SF. Diese beiden Annahmen werden in Abschnitt 2.1 näher skizziert.

Der für das Folgende wichtigste Unterschied zwischen Haider (1993) und Wunderlich (1997) betrifft die Frage, wie aus dem Zusammenspiel von Argumentstruktur und Linking-Regeln folgt, welcher Kasus den einzelnen Argumenten zugewiesen wird. Die jeweiligen Antworten auf diese Frage werden in den Abschnitten 2.2 und 2.3 vorgestellt.

2.1. Von der lexikalisch-konzeptuellen Struktur zur Serialisierung der Argumente

Einige vereinfachte Beispiele für lexikalisch-konzeptuelle Strukturen finden sich in (3).

(3) a. *einschlafen*: Hans schlief ein
     BECOME (SLEEP(x))
   b. *wecken*: Hans weckte Maria
     CAUSE (x, BECOME (NOT (SLEEP(y))))
   c. *geben*: Hans gab Maria das Buch.
     CAUSE(x, BECOME(POSSESS(y,z)))

Für das letzte Verb, das dreistellige *geben*, ist in (4) eine explizitere Baumrepräsentation in typentheoretischer Notation angegeben (vgl. Wunderlich, 1997), die die Einbettungstiefe der jeweiligen Argumente klarer zum Ausdruck bringt.

(4)
```
                    t
           ┌────────┴────────┐
         t (= x)            <e,t>
      ┌────┴────┐       ┌────┴────┐
   <t, <e,t>>   t       
    CAUSE   ┌───┴───┐
          <t,t>     t
         BECOME  ┌──┴──┐
                t (= y)  <e,t>
                      ┌───┴───┐
                   <e,<e,t>>  t (= z)
                     POSS
```

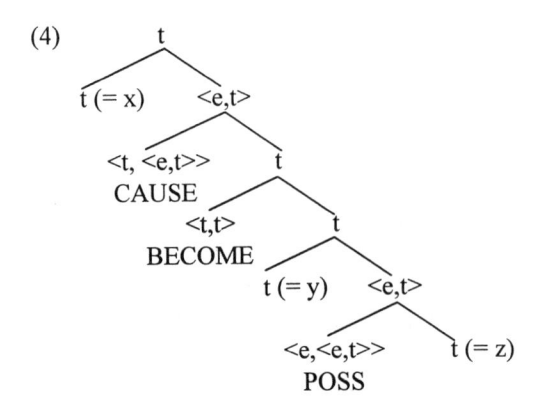

Diese Einbettungstiefe bzw. Hierarchie der einzelnen Argumente ist es nämlich, die gemäß der beiden hier diskutierten Autoren vermittelt über die Argumentstruktur die tiefenstrukturelle Serialisierung der Argumente im Satz (Basiswortstellung) determiniert. Auf den Mechanismus dieser Vermittlung – Lambda-Abstraktion und funktionale Applikation – soll hier aus Gründen der Einfachheit nicht eingegangen werden. Der Hinweis möge reichen, daß die als strukturiertes Tupel von Lambda-Abstraktoren organisierte Argumentstruktur zur Folge hat, daß die Argumente im syntaktischen Strukturbaum in derselben hierarchischen Anordnung erscheinen wie in der LKS. Die wird in (5) und (6) gezeigt.

(5) ... daß der Mann dem Bub das Buch gegeben hat.

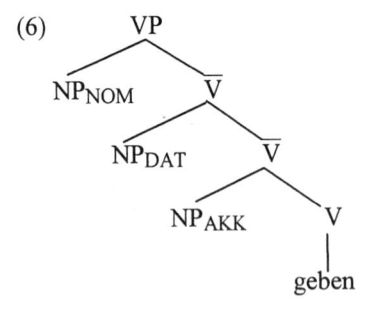

(6)
```
              VP
          ┌───┴───┐
       NP_NOM     V
              ┌───┴───┐
           NP_DAT     V
                  ┌───┴───┐
               NP_AKK     V
                          │
                        geben
```

2.2. Kasuszuweisung I: Wunderlich (1997)

Im System von Wunderlich (1997) operieren die Linking-Regeln, die strukturelle Argumente mit bestimmten syntaktischen Funktionen assoziieren, unmittelbar auf Argumentstrukturen, die die oben gezeigte Einbettungstiefe der Argumente in der LKS widerspiegeln. Die Abbildung dieser Argumentstrukturen auf syntaktische Strukturen wird durch zwei Merkmale gesteuert,

Anmerkungen zur Argumentstruktur

die die hierarchische Anordnung der Argumente in der Argumentstruktur kodieren. Das Merkmal [±hr] („there is a/no higher role") kodiert, ob es zu einem gegebenen Argument x ein hierarchisch höheres Argument y gibt oder nicht. Entsprechend kodiert das Merkmal [±lr] („there is a/no lower role") die An- bzw. Abwesenheit eines tieferen Argumentes.

(7) a. z   b. x   y   c. x   y   z
    – hr   –hr +hr   –hr +hr +hr
    – lr   +lr –lr   +lr +lr –lr

Unter Bezugnahme auf Merkmalsstrukturen wie in (7) werden die drei strukturellen Kasus Nominativ, Dativ und Akkusativ gemäß den Spezifikationen in (8) und dem Specificity Principle in (9) zugewiesen.

(8)   Structural cases: Dative   [+hr, + lr]
      Accusative   [+hr]
      Nominative   [ ]

(9)   Specificity Principle
      Each context selects the most specific linker compatible with it.

Unter der Annahme, daß ein Verb nicht mehr als drei strukturelle Argumente besitzen kann, ergeben sich damit drei Konfigurationen für die strukturelle Kasuszuweisung. Diese werden in (10) gezeigt.

(10) a. Intransitiv   b. Transitiv   c. Ditransitiv
         z   x   y   x   y   x
         – hr   –hr +hr   –hr   +hr   +hr
         – lr   +lr –lr   +lr   +lr   –lr
         nom   nom acc   nom   dat   acc
         [ ]   [ ] [+hr]   [ ]   [+hr, + lr] [+hr]

Bei Verben, die einem der Muster in (10) folgen, handelt es sich um kanonische Verben. Zweistellige Verben beispielsweise sind dann kanonisch, wenn das untere Argument Akkusativ und das obere Argument Nominativ erhält. Alle anderen Arten von zweistelligen Verben sind nicht-kanonisch. Zum Abschluß dieses Abschnittes sollen zwei Beispiele für die Behandlung nichtkanonischer Verben angeführt werden.

Nicht-kanonische Verben, worunter z.B. zweistellige Verben mit einem Dativobjekt fallen, werden durch lexikalische Zuweisung der Merkmale [±hr], [±lr] erfaßt. Zwei Beispiele werden in (11) gezeigt.

(11) a.   daß der Fritz der Maria hilft.
     b.   daß dem Fritz die Maria gefällt.

Die zu den Verben *helfen* und *gefallen* gehörigen Argumentstrukturen finden sich in (12) und (13). Bei *helfen* wird dem untersten Argument lexikalisch [+lr] zugewiesen, was zur Folge hat, daß dieses Verb mit der Abfolge Nominativ – Dativ auftritt. Bei *gefallen* dagegen wird dem obersten Argument lexikalisch [+lr] zugewiesen, so daß dieses Verb die Abfolge Dativ – Nominativ serialisiert.

(12) *helfen*:   x   y   HELP (x,y)
     lexical: +lr
     default: −lr
                 −hr   +hr
     case: nom   dat

(13) *gefallen*: y   x   LIKE (y,x)
     lexical: +hr
     default: −hr
                 +lr   −lr
     case: dat   nom

2.3. Kasuszuweisung II: Haider (1993)

Haider (1993) greift wie Wunderlich (1997) bezüglich der LKS auf Ideen von Bierwisch zurück. Desweiteren teilt er mit Wunderlich die beiden Annahmen, daß die Argumentstruktur ausschließlich die Einbettungstiefe von Argumenten in der LKS reflektiert und daß die Serialisierung der Argumente in der syntaktischen Struktur – über den Zwischenschritt der Argumentstruktur – deren Einbettungstiefe in der LKS widerspiegelt. Unterschiede zwischen Haider und Wunderlich treten damit erst hinsichtlich der Frage auf, wie aus dem Zusammenspiel von Linking-Regeln und Argumentstruktur die Verteilung der Kasusmerkmale auf die einzelnen Argumente resultiert. Der wichtigste Unterschied zu Wunderlich bezüglich dieser Frage besteht darin, daß Argumentstrukturen bei Haider nicht nur hierarchisch geordnet sind – dies ist ja auch bei Wunderlich der Fall –, sondern daß die einzelnen Argumente schon in der Argumentstruktur bestimmte Merkmale besitzen, die die weitere Abbildung auf die einzelnen syntaktischen Funktionen steuern. Diese Merkmale erlauben es, Argumente hinsichtlich zweier Dimensionen zu unterscheiden.

Die erste Dimension betrifft die Unterscheidung zwischen strukturellem und inhärentem Kasus. Im Bereich der Verbargumente gelten Nominativ und Akkusativ als strukturelle Kasus, Dativ und Genitiv dagegen als inhärente Kasus. Trägt ein Objekt einen der inhärenten Kasus, so wird dieser in der Argumentstruktur explizit vermerkt. Bezüglich des Dativs wird dabei nicht weiter unterschieden zwischen zwei- und dreistelligen Verben mit Dativobjekt. Im Gegensatz zu Wunderlich gilt der Dativ also generell als inhärent. Für Argumente mit inhärentem Kasus wird dann lediglich noch eine triviale Linkingregel benötigt, die besagt, daß ein Argument mit inhärentem Kasus α in der syntaktischen Struktur α zugewiesen bekommt.

Die zweite Dimension, hinsichtlich derer Argumente in der Argumentstruktur markiert werden, betrifft ausschließlich die strukturellen Argumente. Im Gegensatz zu Argumenten mit inhärentem Kasus wird ein Argument mit strukturellem Kasus nicht direkt für Nominativ oder Akkusativ ausgezeichnet, sondern dafür, ob es sich um ein designiertes oder ein nicht-designiertes Argument handelt. Ein designiertes Argument entspricht einem externen Argument im Sinne von Williams (1980), ein nicht-designiertes Argument einem internen Argument. Hat ein Verb zwei strukturelle Argumente, so ist eines davon das designierte, das andere das nicht-designierte Argument. Hat ein Verb nur ein einziges strukturelles Argument, kann dieses designiert sein oder nicht.

Als Beispiel für Argumentstrukturen im Sinne Haiders wird in (14) die Argumentstruktur eines dreistelligen Verbs gezeigt. Dabei steht „S" für strukturellen Kasus; „D" für inhärenten Kasus/Dativ, und das designierte Argument ist unterstrichen.

(14) /zeigen/: x   y   z
                <u>S</u>   D   S

Im Gegensatz zu Argumenten mit inhärentem Kasus wird für Argumente mit strukturellem Kasus ein nicht-triviales System von Linkingregeln (Lizensierungsregeln in der Terminologie von Haider) benötigt. Aus diesem System von Linkingregeln, die hier nicht im Detail aufgeführt werden müssen, folgt beispielsweise, daß in einem finiten Satz mit zwei strukturellen Argumenten dem designierten Argument Nominativ und dem nicht-designierten Argument Akkusativ zugewiesen wird, während in einem finiten Satz mit nur einem strukturellen Argument diesem Argument Nominativ zugewiesen wird, unabhängig davon, ob es sich dabei um ein designiertes oder ein nicht-designiertes Argument handelt. Damit ist die Unterscheidung zwischen designiertem und nicht-designiertem Argument bei Verben mit nur einem einzigen strukturelle Argument für die Kasuszuweisung irrelevant. Daß diese Unterscheidung dennoch auch bei solchen Verben benötigt wird, hängt mit Eigenschaften wie beispielsweise der Auxiliarselektion im Perfekt zusammen.

3. Der Dativ: strukturell oder lexikalisch?

Im letzten Abschnitt wurden zwei Theorien – diejenige von Wunderlich (1997) und diejenige von Haider (1993) – vorgestellt, die zu erfassen versuchen, wie lexikalisch-konzeptuelle Strukturen auf syntaktische Strukturen abgebildet werden. Ein wesentlicher Unterschied zwischen diesen beiden Theorien betrifft die Behandlung des Dativs: Während bei Wunderlich der Dativ der dreistelligen Verben ein struktureller Kasus ist, ist der Dativ bei Haider ein inhärenter Kasus, und zwar generell, unabhängig davon, ob es sich um den Dativ eines zwei- oder dreistelligen Verbs handelt. Wie der letzte Abschnitt gezeigt hat, läuft der Unterschied zwischen strukturellem und inhärentem Dativ auf folgendes hinaus: Ein inhärenter Kasus ist bereits als solcher in der Argumentstruktur spezifiziert, ein struktureller dagegen nicht. Deshalb kann ein inhärenter Kasus durch eine triviale Linkingregel (Identitätsabbildung) mit der entsprechenden syntaktischen Funktion verbunden werden, während für strukturelle Kasus nicht-triviale Linking-Regeln benötigt werden. Es gibt folglich einen Trade-off zwischen Komplexität der Argumentstruktur und Komplexität der Linking-Regel. Komplexere, mehr Information enthaltende Argumentstrukturen erlauben einfachere Linking-Regel und umgekehrt.

In diesem Abschnitt soll dafür argumentiert werden, daß die Annahme, der Dativ sei generell ein inhärenter Kasus, zu einer deutlich einfacheren Linking-Theorie führt als die entgegengesetzte Annahme. Betrachten wir dazu die Bildung des Passivs. Eine wesentliche Eigenschaft des deutschen Passivs, genauer gesagt des *Werden*-Passivs, um das es zunächst nur gehen soll, ist bekanntlich, daß Dativ-Objekte von der Passivierung nicht affiziert werden. Dies gilt sowohl für Verben mit einem (vgl. (15)) als auch für Verben mit zwei Objekten (vgl. (16)).

(15) a. Der Fritz hat der Maria geholfen.
 b. Der Maria ist geholfen worden.
(16) a. Der Fritz hat der Maria einen Brief geschrieben.
 b. Der Maria ist ein Brief geschrieben worden.

In einer Theorie wie der von Haider, in der der Dativ generell als inhärenter Kasus gilt, ist das Muster in (15) und (16) einfach zu erfassen (und umgekehrt ist ja auch genau dieses Muster eines der Argumente, den Dativ generell als inhärent zu erfassen). Die Bildung des Passivs besteht einfach darin, daß das designierte Argument aus der Argumentstruktur entfernt wird (bzw. in ein optional durch eine *von*-Phrase zu realisierendes Argument umgewandelt wird). Alles weitere folgt dann automatisch aus den bereits für Aktivsätze formulierten Linkingregeln. Insbesondere folgt, daß der Prozeß der Passivierung Dativobjekte nicht affiziert: Für die Linkingregeln, die die Zuweisung von Nominativ und Akkusativ regeln, sind Argumente mit inhärentem Kasus „unsichtbar", so daß aus ihrer Sicht keinerlei Unterschied besteht, ob beispielsweise ein Verb mit Subjekt und Akkusativobjekt oder ein Verb mit Subjekt, Dativobjekt und Akkusativobjekt passiviert wird. In beiden Fällen verschwindet das Subjekt, das Akkusativobjekt wird zum neuen Subjekt, und alles andere bleibt sich gleich.

Wie ist die Bildung des Passivs in einer Theorie wie der von Wunderlich zu behandeln? Im günstigsten Fall sollte es auch hier ausreichen, sagen zu müssen, daß bei Passivierung das oberste Argument aus der Liste der strukturellen Argumente entfernt wird. Wie (17) zeigt, reicht diese Minimalannahme aus, wenn einfache transitive Verben, d.h. Verben mit nur einem Objekt im Akkusativ, betrachtet werden. Entfernt man aus der Argumentliste in (17a) das obere Argument (y), dann bleibt das tiefere Argument (x) als einziges strukturelles Argument übrig. Dieses Argument ist $-hr$ und $-lr$ und bekommt deshalb Nominativ zugewiesen.

(17) a. Transitives Verb (Aktiv)   b. Transitives Verb (Passiv)

x	y		x
–hr	+hr		–hr
+lr	–lr		–lr
nom	acc		*nom*

Überlegen wir als nächstes, wie das Passiv dreistelliger Verben gebildet wird. Wenn wir weiterhin annehmen, daß die Bildung des Passivs ausschließlich in der Entfernung des höchsten Argumentes aus der Liste der strukturellen Argumente besteht, erhalten wir bei völlig transparenter Interpretation der Merkmale *hr* und *lr* folgendes Muster für das Passiv eines dreistelligen Verbs. Nach Entfernen des höchsten Arguments (z) bleiben zwei strukturelle Argumente übrig. Das obere Argument erhält die Merkmal $-hr$ und $+lr$ (denn es gibt kein höheres Argument, aber ein tieferes); das untere Argument erhält $+hr$ und $-lr$ (denn es gibt ein höheres Argument, aber kein tieferes). Diese Merkmalsverteilung entspricht exakt derjenigen, die sich bei einfachen transitiven Verben findet. Wie bei diesen Verben ergibt sich in (18b), daß das obere Argument Nominativ erhält und das untere Argument Akkusativ.

(18) a. Ditransitiv (Aktiv)   b. Ditransitiv (Passiv)

x	y	z		z	y
–hr	+hr	+hr		–hr	+hr
+lr	+lr	–lr		+lr	–lr
nom	*dat*	*acc*		*nom*	*acc*

(18) entspricht aber nicht dem, was wir im Deutschen für das *Werden*-Passiv eines dreistelligen Verbs beobachten: Wir finden nicht die Verteilung No-

minativ vor Akkusativ, sondern die Verteilung Dativ vor Nominativ (vgl. (19)).

(19) a. Mir wurde ein Brief geschickt.
   b   *Ich wurde einen Brief geschickt.

Dies heißt aber nicht, daß es überhaupt keine Passivoperationen gibt, die (18) entsprechen. Das englische Passiv eines ditransitiven Verbs beispielsweise gehorcht genau diesem Muster (vgl. (20)). Die Abfolge der drei Argumente in (20a) zeigt zunächst, daß (18a) nicht nur die Argumentstruktur für deutsche ditransitive Verben ist, sondern auch die Argumentstruktur englischer ditransitiver Verben. Desweiteren gelten auch die gleichen Linking-Regeln, mit der einzigen Ausnahme, daß die Unterscheidung zwischen Akkusativ und Dativ vermutlich zugunsten eines einzigen Objektskasus aufgegeben werden kann. Interessant ist nun, was passiert, wenn das oberste Argument durch Passivierung eliminiert wird. Wie (20b) zeigt, passiert genau das, was von (19) vorhergesagt wird: Das ursprünglich mittlere Argument – das indirekte Objekt – wird zum höchsten Argument und damit Subjekt, das unterste Argument dagegen verändert seine relative Position nicht und bleibt damit das direkte Objekt.[2]

(20) a. Peter sent Mary a letter.
   b. Mary was sent a letter.
   b. *A letter was sent Mary.

Der Ableitung von (18b) aus (18a) lagen zwei Annahmen zugrunde: (i) Der einzige Effekt der Passivoperation besteht darin, daß das höchste Argument aus der Liste der strukturellen Argumente entfernt wird. (ii) Der dadurch entstandenen Argumentstruktur eines passivierten Verbs werden die Merkmale [±hr]/[±lr] in transparenter Weise zugewiesen, d.h. nicht anders als für andere Verben mit strukturellen Argumenten. Was das *Werden*-Passiv im Deutschen betrifft, so führen diese beiden Annahmen für einfache transitive Verben zum korrekten Ergebnis, nicht aber für ditransitive Verben. Tat-

---

[2] Auch im Deutschen findet sich eine Instantiierung von (18): das sog. *Bekommen*-Passiv.
  (i) a. Ich bekam einen Brief geschickt.
      b. *Mir bekam ein Brief geschickt.
  Die Behandlung des *Bekommen*-Passivs muß allerdings als orthogonal zu der Frage, ob der Dativ ein lexikalischer oder struktureller Kasus ist, behandelt werden. Beispielsweise hält Wunderlich (1997, S. 51) sowohl (iia) als auch (iib) für grammatisch, obwohl der Dativ in (iia) auf die in (15) gezeigte Weise lexikalisch zugewiesen werden muß
  (ii) a. Ich habe ihm gedankt.
      b. Er kriegt gedankt.

Anmerkungen zur Argumentstruktur 283

sächlich macht Wunderlich (1997) diese beiden Annahmen auch nicht. Die Operation der Passivbildung nimmt in der Theorie von Wunderlich zwei Änderungen in der Argumentstruktur vor. Erstens wird das höchste Argument aus der Liste der strukturellen Argumente entfernt. Dies entspricht unseren bisherigen Annahmen. Zweitens wird das tiefste Argument exzeptionell als [–hr] spezifiziert (vgl. Wunderlich, 1997, Fußnote 17). Wie die bisherige Diskussion gezeigt hat, ist letztere Annahme nur für ditransitive Verben notwendig. Bei einfachen transitiven Verben ergibt sich ja die Zuweisung des Merkmals nach Wegfall des höchsten Argumentes automatisch und muß deshalb nicht eigens stipuliert werden (vgl. (17a)). Für das Passiv ditransitiver Verben erhalten wir nun (21) anstatt (18). In (21b) besitzt das tiefere Argument (z) aufgrund der eben erwähnten Sonderregelung das Merkmal [–hr]. Dies hat zur Konsequenz, daß dieses Argument korrekt den Nominativ zugewiesen bekommt.

(21) a. Ditransitiv (Aktiv)   b. Ditransitiv (Passiv)

x	y	z		y	z
–hr	+hr	+hr		+hr	–hr
+lr	+lr	–lr		+lr	–lr
nom	*dat*	*acc*		*dat*	*nom*

Neben dem Faktum, daß λz in (21b) trotz der Existenz eines höheren Argumentes als [–hr] ausgezeichnet ist, gibt es noch eine weitere Abweichung von der eigentlichen Interpretation der Merkmale [±hr]/[±lr]. Das höhere Argument λy verfügt über das Merkmal [+hr], obwohl es gar kein höheres strukturelles Argument gibt. Diese Auszeichnung wird in Wunderlich (1997) nicht erwähnt. Aufgrund der Regeln für die Kasuszuweisung in (8) ist sie aber zwingend vorgeschrieben. Ein Argument wird nur dann als Dativ-Argument realisiert, wenn es, wie in (21b), über die Merkmalsverteilung [+hr, +lr] verfügt.

Festhalten läßt sich damit, daß die Merkmale [±hr]/[±lr] nicht transparent interpretiert werden dürfen, wenn das *Werden*-Passiv dreistelliger Verben korrekt abgeleitet werden soll. Insbesondere muß für das mittlere Argument die Spezifizierung [+hr, +lr], die sich im Falle des Aktivs automatisch ergibt, quasi „eingefroren" werden, um auch im Passiv die Zuweisung des Dativs zu gewährleisten. Insgesamt wird dadurch erreicht, daß die Argumentstruktur eines passivierten dreistelligen Verbs derjenigen eines Verbs wie *gefallen* gleicht, für die der Dativ lexikalisch zugewiesen werden muß. Was heißt es aber dann noch, der Dativ der dreistelligen Verben sei ein struktureller Kasus? Wenn das mittlere Argument eines dreistelligen Verbs sowohl im Aktiv als auch im Passiv [+hr, +lr] ist, obwohl nur im ersteren Falle tatsächlich ein höheres strukturelles Argument vorhanden ist, dann ist letztlich kein Unterschied mehr zu einer Theorie zu erkennen, die den Dativ generell als lexikalischen Kasus behandelt.

Wenn man innerhalb des System von Wunderlich annähme, daß der Dativ im Deutschen kein struktureller Kasus ist, ergäben sich mindestens zwei positive Konsequenzen. Erstens könnte die Bildung des Passivs auf die einfache Operation „Entferne das höchste Argument aus der Liste der strukturellen Argumente" reduziert werden. Alles weitere würde dann automatisch aus dem Zusammenspiel der Merkmale [±hr, ±lr] in Verbindung mit den Regeln der Kasuszuweisung in (8) folgen. Eine zweite positive Konsequenz wäre, daß man eine einfache Erklärung für das Passiv ditransitiver Verben im Englischen bekäme (vgl. (20b)). Wie wir oben gesehen haben, entspricht das englische Passiv ditransitiver Verben dem in (18) gezeigten Muster. Da (18) die Annahme zugrundeliegt, daß es drei strukturelle Argumente gibt, müssen wir lediglich annehmen, daß das mittlere Argument eines dreistelligen Verbs im Englischen tatsächlich ein strukturelles Argument ist, im Gegensatz zum Deutschen, wo dieses Argument nicht-strukturell ist. Diese Annahme kann auf Unterschiede zwischen den Kasussystemen des Englischen und des Deutschen zurückgeführt werden und muß deshalb nicht eigens stipuliert werden (vgl. Bayer, Bader & Meng, 1999).[3]

4. Argumentstruktur und CS: Hierarchie und/oder Inhalt

Sowohl Haider (1993) als auch Wunderlich (1997) behaupten, daß die einzige Information, die aus der lexikalisch-konzeptuellen Struktur in die Argumentstruktur übernommen wird, die hierarchische Anordnung der Argumente in der LKS ist. Vermittelt über die Argumentstruktur determiniert sie damit die Grundabfolge der einzelnen Satzglieder. Wenn es nun zumindest in bestimmten Sprachen nicht ausreicht, die einzelnen Argumente in der Argumentstruktur hierarchisch anzuordnen, sondern darüber hinaus weitere Merkmalsspezifikationen notwendig sind, wie beispielsweise, ob ein Argument inhärenten Kasus oder strukturellen Kasus trägt, oder auch, falls letzteres der Fall ist, ob es sich um ein designiertes oder ein nicht-designiertes Argument handelt, so stellt sich die Frage, woher diese zusätzlichen Merkmale kommen. Wenn die Argumentstruktur bestimmte Aspekte der LKS kodiert, ist es naheliegend anzunehmen, daß diese Merkmale aus irgendwelchen Eigenschaften der LKS folgen. Damit ergibt sich als nächste Frage, welche Eigenschaften der LKS hierzu benötigt werden.

Klar ist, daß die Klassifizierung von Argumenten bezüglich der Kriterien inhärenter Kasus/struktureller Kasus bzw. designiertes Argument/nicht-designiertes Argument nicht aus ihrer hierarchischen Anordnung in der LKS

---

[3] Daß diese Annahme auch mit einer merkmalsbasierten Behandlung des Argumentlinking problemlos kompatibel, wenn nicht gar notwendig ist, zeigt Kiparsky (1997).

folgen kann. Bei einstelligen Verben des Deutschen beispielsweise stellt sich (von einigen wenigen Ausnahmen wie z.b. *grauen*) nur die Frage, ob das jeweilige Argument ein designiertes (oder externes) oder ob es ein nichtdesigniertes (oder internes) Argument ist. Diese Unterscheidung, die sich z.B. in der Auxiliarselektion beim Passiv zeigt (vgl. (22)), kann bei Vorhandensein nur eines einzelnen Argumentes nicht aus der hierarchischen Anordnung der Argumente folgen.

(22) a. daß der Fritz lange geschlafen hat.
   b. daß der Fritz innerhalb weniger Minuten eingeschlafen ist.

Das gleiche läßt sich für zweistellige Verben zeigen. Ob beispielsweise das erste Argument als Subjekt fungiert und das zweite als Dativobjekt (vgl. (23a) versus (23b) und (23c)) oder ob ein zweistelliges Verb über ein designiertes Argument verfügt oder nicht (vgl. (23a) und (23b) versus (23c)), kann nicht von der Einbettungstiefe der einzelnen Argumente abhängen, da diese für alle drei Beispiele in (23) identisch ist.

(23) a. daß der Fritz der Maria geholfen hat.
   b. daß dem Fritz die Idee gefallen hat.
   c. daß dem Fritz die rettende Idee eingefallen ist.

Da die Existenz von Verben mit der gleichen Anzahl von Argumenten, aber dennoch unterschiedlichen Argumentstrukturen nicht durch Informationen erfaßt werden können, die ausschließlich die hierarchische Anordnung der Argumente betrifft, scheint es hier nur zwei Möglichkeiten zu geben. Entweder hält man an dem Postulat fest, daß nur die Hierarchie der Argumente aus der LKS in die Argumentstruktur übernommen wird, was voraussagen würde, daß es keine weiteren systematischen Zusammenhänge zwischen LKS und Argumentstruktur geben sollte. Oder aber man gibt dieses Postulat auf und läßt zu, daß neben hierarchischen auch inhaltliche Aspekte der LKS in die Argumentstruktur einfließen können.

Daß letzteres der Fall ist, ist vielfach vorgeschlagen worden (vgl. z.B. Grimshaw, 1990; Jackendoff, 1990; Levin & Rappaport Hovav, 1995; Pinker, 1989). Der Unterschied zwischen (22a) und (22b) beispielsweise könnte darauf zurückgeführt werden, daß *schlafen* eine Aktivität bezeichnet, einschlafen *dagegen* eine Zustandsänderung.

Daß die Argumentverteilung in den genannten Beispielen vermutlich aus semantischen Faktoren abgeleitet werden kann, liegt nicht zuletzt auch daran, daß diese Beispiele sorgfältig ausgewählt wurden. Gegenbeispiele zu finden ist nicht allzu schwer, wie beispielsweise das folgende Beispiel aus Haider (1993) zeigt. Obwohl die Verbpaare *zunehmen/abnehmen* und *wachsen/schrumpfen* bedeutungsähnlich sind, selegiert ersteres Paar *haben* und das letztere *sein* als Perfekt-Auxiliar.

(24) a. Das Außenhandelsdefizit hat zugenommen/abgenommen.
     b. Das Außenhandelsdefizit ist gewachsen/geschrumpft.

Auch wenn es nicht möglich sein sollte, den syntaktischen Unterschied zwischen (24a) und (24b) auf semantische Faktoren zu reduzieren, so daß eines der beiden Verbpaare als irregulär ausgezeichnet werden muß, so erscheint es dennoch fraglich, daraus zu schließen, daß es gar keine semantischen Regularitäten gibt, die über die Anordnung der Argumente hinausgehen.

5. Zusammenfassung

In diesem Beitrag wurde erstens anhand eines Vergleichs zweier Theorien – Wunderlich (1997) und Haider (1993) – dafür argumentiert, daß der Dativ als inhärenter (bzw. lexikalischer) Kasus zu behandeln ist. Wie wir gesehen haben, ist es nur unter dieser Annahme möglich, zu einer einheitlichen Behandlung sowohl des deutschen als auch des englischen Passivs zu gelangen. Anschließend wurde – contra Wunderlich (1997) und Haider (1993) – kurz dafür plädiert, daß neben formalen, hierarchischen Eigenschaften der lexikalisch konzeptuellen Struktur auch inhaltliche Aspekte der LKS. Folgt man letzerer Annahme, dann ist es auch keinerlei Widerspruch, sowohl anzunehmen, der Dativ im Deutschen sei häufig semantisch motiviert und gleichzeitig ein nicht-struktureller, inhärenter Kasus.

Literatur

Bayer, Josef, Bader, Markus & Meng, Michael (1999): Morphological underspecification meets oblique case: Syntactic and processing effects. Zur Veröffentlichung eingereichtes Manuskript.

Bierwisch, Manfred (1988): The grammar of local prepositions. In: Bierwisch, M., Motsch, W. & Zimmermann, I. (Hgg.) Syntax, Semantik, Lexikon. Berlin: Akademie-Verlag. (= studia grammatica XXIX). S. 1-65.

Grimshaw, Jane (1990): Argument structure. Cambridge, MA: MIT Press.

Haider, Hubert (1993): Deutsche Syntax – generativ. Vorstudien zu einer projektiven Theorie der Grammatik. Tübingen: Narr.

Jackendoff, Ray (1983): Semantics and cognition. Cambridge, MA: MIT Press.

Jackendoff, Ray (1990): Semantic structures. Cambridge, MA: MIT Press.

Kiparsky, Paul (1997): The rise of positional licensing. In: van Kemenade, A. (ed.) Parameters of morphosyntactic change. Cambridge: Cambridge University Press. S. 460-494.

Levin, Beth & Rappaport Hovav, Malka (1995): Unaccusativity. At the syntax-lexical semantics interface. Cambridge, MA: MIT Press.

Pinker, Steven (1989): Learnability and cognition: The acquisition of argument structure. Cambridge, MA: MIT Press.
Wegener (1985): Der Dativ im heutigen Deutsch. Tübingen: Narr Verlag.
Wunderlich, Dieter (1997): Cause and the structure of verbs. Linguistic Inquiry, 28. S. 27-68.

Wolfgang Motsch

Syntaktische Konsequenzen von Wortbildungsmustern

Dieser Beitrag, den ich meinem langjährigen Freund und Kollegen Peter Suchsland zum 65. Geburtstag widme, befasst sich mit dem Platz der Wortbildung in der Grammatik. Typische Wortbildungen sind komplexe sprachliche Ausdrücke, die aus Lexikoneinheiten und Affixen nach besonderen Regeln zusammengesetzt sind. Im Unterschied zu syntaktischen Phrasen bleiben sie, wie elementare lexikalische Einheiten, auf der Ebene der syntaktischen Wortkategorien. Auch lexikalisierte syntaktische Phrasen, idiomatische Wendungen, und formelhafte Ausdrücke sind von Wortbildungen zu unterscheiden. Wortbildungen sind syntaktisch mit Simplizia gleichzusetzen, sie haben jedoch eine interne Struktur, die mehr als die phonologische Morphemstruktur umfasst. Die Kernfrage jeder Wortbildungstheorie lautet deshalb: wie sieht die interne Struktur von Wortbildungen aus und durch welche grammatischen Prinzipien kommt sie zustande?

Auf diese Frage gibt es viele verschiedene Antworten und wenig Konsens. Fast alle denkbaren Beschreibungswege sind in der Literatur vertreten:

1. Wortbildungen sind spezielle syntaktische Fügungen, d.h. die interne Struktur von Wortbildungen ist letztlich auf syntaktische Strukturen und deren Prinzipien zurückzuführen. Die erste Ausformulierung dieses Weges erfolgte in der Frühphase der Generativen Grammatik. Sie wurde in ihren Details schon Anfang der 70er Jahre in Frage gestellt (vgl. Chomsky 1970) aber nicht grundsätzlich verworfen. Es folgten Wortsyntaxtheorien (vgl. Selkirk 1982) und andere Vorschläge, die auf aktuelleren Syntaxtheorien aufbauten (vgl. Fabb 1984, Lebeaux 1986, Roeper 1987, Baker 1988).

2. Fanselow (1987) versuchte nachzuweisen, dass Prinzipien der Semantik und der Kognition ausreichen, um die interne Struktur von Wortbildungen zu beschreiben. Er setzt eine Kombinationsalgebra für Denkinhalte voraus, die auch für elementare, durch Lexikoneinheiten versprachlichte Konzepte gilt und die folgende Operationen einschließt: Konjunktion, Funktionalapplikation, existentielle Quantifikation, Erschließen einer stereotypen Relation und Ausfüllung einer Argumentstelle.

3. Einen dritten Beschreibungsweg schlagen DiSciullo und Williams (1987) vor. Sie nehmen besondere Prinzipien der Wortstruktur an. Ihr Vorschlag zeigt aber nur Beschränkungen syntaktischer Prinzipien auf und keine spezifischen Prinzipien der Wortbildung.

Alle Beschreibungswege müssen die syntaktischen, semantischen, flektionsmorphologischen und phonologischen Eigenschaften von Wortbildungen berücksichtigen. Neben der grundsätzlichen Frage nach den strukturstiftenden Prinzipien müssen deshalb auch die Regularitäten aufgezeigt werden, die zu einer vollständigen Beschreibung aller für die Einheit notwendigen Eigenschaften führen. Werden syntaktische Prinzipien als fundamental betrachtet, müssen die generellen Regularitäten der semantischen Interpretation syntaktischer Ausdrücke und der phonologischen Form anschließbar sein. Bilden semantische Prinzipien die Grundlage, müssen die syntaktischen und die phonologischen Eigenschaften von Wortbildungen nach generellen Regeln vorhersagbar sein. Auch der dritte Weg muss diesen empirischen Anforderungen genügen.

Während der dritte Weg das Lexikon als den Platz voraussetzt, in dem Wortbildungen zu beschreiben sind, sind die beiden anderen Wege nicht auf diese Entscheidung festgelegt, falls die Unterscheidung zwischen lexikalisierten und nicht-lexikalisierten Wortbildungen außer Acht gelassen wird.

Aus Gründen, die mit dem Status von Wortbildungsregularitäten zusammenhängen, plädiere ich dafür, von lexikalisierten Wortbildungen auszugehen. Aber auch nicht-lexikalisierte Textwörter sind als empirisches Material zu berücksichtigen. Sie bezeugen die Möglichkeit von Neubildungen. Wortbildungsregeln können dann als Verallgemeinerungen der Eigenschaften von lexikalisierten Wörtern betrachtet werden, die auch die Regularitäten von Textwörtern erfassen und mögliche Wortbildungen vorhersagen (vgl. ausführlicher Motsch 1999, Kapitel 1). Mein Vorschlag geht von Wortbildungsmustern aus, die als Paare von semantischen Mustern und phonologisch-morphologischen Indikatoren betrachtet werden. Wortbildungsmuster kommen ohne eine spezielle Wortsyntax aus, sie müssen jedoch alle systematischen Eigenschaften erfassen, die eine Wortbildung als Lexikoneinheit aufweist. Dazu gehört: die phonologische Form, (gegebenenfalls) die flexionsmorphologischen Eigenschaften, die syntaktische Wortkategorie, die Argumentstruktur (falls vorhanden) und die semantische Repräsentation. Auf die für eine vollständige Analyse notwendige Einbeziehung idiosynkratischer Informationen sowie von assoziiertem Weltwissen sei hier nur hingewiesen. Wortbildungsmuster haben die allgemeine Form: {SM; PF} SM steht für ein semantisches Muster, PF für die phonologische Form und (in einschlägigen Fällen) flexionsmorphologische Merkmale.

Die semantische Repräsentation einer Wortbildung enthält das semantische Muster SM, das Bestandteil des Wortbildungsmusters ist, nach dem die Bildung zu analysieren ist. Die phonologische Form wird durch die phonologisch-morphologische Komponente PF des Wortbildungsmusters angegeben. Semantische Muster für Derivationen enthalten eine Variable (V, A, N) für die semantische Repräsentation einer Lexikoneinheit, die einer bestimmten syntaktischen Wortkategorie angehört. Die Variable wird auch Basis einer Derivation genannt. Vgl. die folgenden Beispiele für semantische Muster:

[WIE (N)](x)
‚ein Bezugswort x hat prominente Eigenschaften von N'

närrisch
[WIE (NARR)](x)
‚ein Bezugswort x hat prominente Eigenschaften von Narren'
[CAUS (TUN (x^1_{agens}, x^2_{thema}), WERD (A, x^2_{thema}))](x^1_{agens}, x^2_{thema}, s)
‚ein Aktant verursacht durch eine Aktivität, dass ein weiterer Aktant A wird'

versteifen
[CAUS (TUN (x^1_{agens}, x^2_{thema}), WERD (STEIF, x^2_{thema}))](x^1_{agens}, x^2_{thema}, s)
‚ein Aktant verursacht durch eine Aktivität, dass ein weiterer Aktant die Eigenschaft A hat'

Die Formeln haben die allgemeine Form [...] (...). In eckigen Klammern wird die Bedeutung einer Lexikoneinheit beschrieben, in runden Klammern die Argumentstruktur, die bei Adjektiven eine Stelle x für ein Bezugswort, bei Nomen eine Stelle r für die Referenten und bei Verben, neben den Argumentstellen, eine Stelle s für die Sachverhalte umfasst, auf die referiert werden kann. Die folgenden Arten von semantischen Mustern lassen sich unterscheiden:
1. Reine Umkategorisierung: In diesem Falle übernimmt die Wortbildung die semantische Repräsentation der Basis ohne jede semantische Veränderung. Das Muster nimmt nur eine Veränderung der syntaktischen Wortkategorie und der syntaktischen Argumentstruktur vor *(sing(en) – das Singen; untersuch(en) – die Untersuchung; kalt – die Kälte; dumm – die Dummheit)*.
2. Semantische Umkategorisierung: Das semantische Muster ist umfangreicher als die semantische Repräsentation der Basis. Eine syntaktische Umkategorisierung ist semantisch bedingt. Vgl. die angeführten Beispiele für semantische Muster. Im ersten Beispiel ersetzt die semantische Repräsentation eines Nomens die Variable des Musters, das Adjektive analysiert. Im zweiten Beispiel wird die Bedeutung eines Adjektivs in das semantische Muster für Verben integriert.
3. Semantische Modifizierung: Die semantische Repräsentation und die syntaktische Kategorie der Basis bleiben erhalten. Das Muster fügt modifizierende Prädikat-Argumentstrukturen hinzu *(wähl(en) – sich verwähl(en); lach(en) – lächeln)*
4. Wortnegation: Die semantische Repräsentation der Basis wird durch den Negationsoperator verändert, die syntaktische Kategorie bleibt erhalten *(klug – unklug; billig(en) – missbillig(en))*.

5. Umformung der Argumentstruktur: Es gibt Verbbildungsmuster, die lediglich eine Veränderung der semantischen Argumentstruktur vornehmen, aus der auch eine Veränderung der syntaktischen Argumentstruktur resultiert *(lad(en) - belad(en); kreis(en)- umkreis(en))*. Da diese Muster für das Verhältnis zwischen Syntax und Semantik in Wörtern von besonderem Interesse sind, werden wir auf sie noch genauer eingehen.

Semantische Muster für Komposita sind Prädikat-Argumentstrukturen mit mindestens zwei Variablen:

[N § BESTANDTEIL VON (N', N)](r)
‚Referenten sind N, die Bestandteil von N sind'
Jackentasche
[TASCHE § BESTANDTEIL VON (JACKE, TASCHE)](r)
‚Referenten sind Taschen, die Bestandteil von Jacken sind'

Der phonologisch-morphologische Teil von Wortbildungsmustern gibt die phonologische Form von Wortbildungen und, gegebenenfalls, flexionsmorphologische Eigenschaften an. Bei Derivationen wird im Deutschen die phonologische Form der Basis durch ein Suffix, Präfix oder Zirkumfix ergänzt *(dumm - dümmlich; klug - unklug; schrei(en) - Geschreie)*. In einigen Fällen kann der Stamm durch eine sog. Fuge ergänzt werden *(damenhaft)*. Möglich ist auch, bei inaktiven Mustern, Ablaut, d.h. eine Veränderung des Stammvokals der phonologischen Form der Basis *(spring(en) - Sprung; reit(en) - Ritt)*. In nicht wenigen Wortbildungsmustern fehlt eine phonologische Kennzeichnung der Derivation, d.h. die phonologische Form der Basis bildet auch die phonologische Form der Wortbildung *(Schaukel - schaukel(n); Gras - gras(en)*: Dabei wird vorausgesetzt, dass -en bei Verben eine Flexionsendung ist und kein Derivationssuffix). Die phonologische Form von Komposita besteht aus der phonologischen Form der in das semantische Muster eingehenden Lexikoneinheiten und (in einigen Fällen) Fugen *(Liebeskummer, Sonnenwetter)*. Ich begnüge mich mit diesen Hinweisen.

Der hier skizzierte Weg zur Beschreibung von Wortbildungsregularitäten geht davon aus, dass alle für die Analyse von Wortbildungen benötigten Regeln und Prinzipien auch für die Beschreibung von einfachen Lexikoneinheiten notwendig sind. Das heißt, die semantischen Muster folgen den Prinzipien für mögliche semantische Repräsentationen von lexikalischen Einheiten, es gelten die allgemeinen Regularitäten für die Abbildung von Argumentstellen der semantischen Repräsentation von Lexikoneinheiten auf syntaktische Strukturen und es gelten die Regeln der phonologischen und speziell der prosodischen Struktur von Wörtern.

Ich nehme an, und damit nähere ich mich dem von Fanselow vorgeschlagenen Weg, dass die semantischen Muster die eigentlich kreative Komponente von Wortbildungsstrukturen sind. Das bedeutet, die syntaktischen Eigenschaften von Wortbildungen müssen aus semantischen Veränderungen der Basis vorhersagbar sein, wenn sie nicht einfach eine Umkategorisierung, einen Kategorienwechsel, beinhalten. Die phonologisch-morphologische Komponente dient in erster Linie semiotischen Prinzipien der Bildung sprachlicher Zeichen. Sie kann aber auch Beschränkungen für die Versprachlichung semantischer Muster mit sich bringen.

Eine im Grundsatz semantische Analyse von Wortbildungen nehmen auch Bierwisch (1989), Wunderlich (1994) und Olsen (1995) an. Betrachtet werden in diesen Arbeiten aber vor allem Wortbildungen, die sich als Komposition zweier Funktionen beschreiben lassen, als funktionale Komposition. Ich halte es für zweifelhaft, dass dieser Beschreibungsweg auf alle Typen von Wortbildungen ausgeweitet werden kann. So gibt es zahlreiche Wortbildungsmuster, die nicht als bloße Komposition zweier separater semantischer Repräsentationen zu betrachten sind. Die Bedeutung von *Gewerkschafter* (‚Person, die Mitglied einer Gewerkschaft ist') lässt sich nicht als Komposition der Bedeutungen von *Gewerkschaft* und *-er* (‚Person, die eine Tätigkeit ausübt') beschreiben. Die generelle Voraussetzung separater Funktionen führt zu gravierenden empirischen Schwierigkeiten. Sie setzt Affixe als spezielle Lexikoneinheiten mit semantischen Repräsentationen voraus. Es bedarf aber höchst artifizieller Annahmen um Muster mit phonologischer Veränderung der Basis (z.B. Ablaut in germanischen Sprachen) und Muster ohne phonologische Kennzeichnung auf Lexikoneinheiten zurückzuführen *(gras(en), faul(en))*. Auf Probleme mit Wortbildungsmustern, die eine Umwandlung der Argumentstruktur der Basis vornehmen, gehe ich noch ausführlicher ein.

In meinem Vorschlag beschreiben die semantischen Muster die Veränderungen der semantischen Repräsentation der Basis. Generelle semantische Prinzipien für Wortbildungen, über die besonders Fanselow nachgedacht hat, beschränken die möglichen semantischen Muster. Derivationsaffixe sind dann keine direkten Bedeutungsträger, sondern nur Indikatoren für ein Muster. In den meisten Fällen indizieren sie eine große Zahl von semantischen Mustern. Dieser Beschreibungsweg vermeidet viele Probleme, auf die Wortbildungstheorien stoßen, die von einer Konkatenation separater Lexikoneinheiten ausgehen.

Nach dem vorgeschlagenen Weg ergibt sich die interne Struktur von Wortbildungen aus den Wortbildungsmustern, die die Bedeutung strikt von der phonologischen Form trennen. Es gibt keine besonderen syntaktischen Regeln für die interne Wortstruktur. Da die Variablen in semantischen Mustern keine Bedingungen an die Komplexität der Basis oder der Lexikoneinheiten bei Komposita stellen, ergibt sich eine zum Teil hierarchische Struktur. Der strikt lexikalistische Standpunkt schließt syntaktische Phrasen als Basis von Derivationen oder Glieder von Komposita aus. Scheinbare Gegenbeispiele sind Bildungen, deren Basis aus einer Kombination lexikalischer Einheiten bestehen, sog. Zusammenbildungen *(Liebhaber – lieb ha-*

ben; Arbeitgeber – Arbeit geben; Hungerleider – Hunger leiden; dreieckig – drei Ecken; Fünf-Sterne-Hotel – fünf Sterne). Solche Zusammenbildungen können auf Wortbildungsmuster zurückgeführt werden, die eine Kombination der Basis mit Lexikoneinheiten ermöglichen, die allein auf semantischen Grundlagen beruht, d.h. auf einer Ausfüllung von Argumentstellen oder Modifikationen. Die Kombination erfolgt außerhalb der Syntax (vgl. ausführlicher Motsch 1999).

Notwendig ist selbstverständlich eine Angabe der syntaktischen Eigenschaften von Wortbildungen, die sich in vielen Fällen von den syntaktischen Eigenschaften der in die Wortbildung eingehenden Lexikoneinheiten unterscheiden. Neben der syntaktischen Wortkategorie betrifft das die syntaktische Argumentstruktur. Ich schließe mich Richtungen an, die von der Möglichkeit ausgehen, die syntaktischen Eigenschaften von Wörtern aus deren semantischer Detailanalyse systematisch abzuleiten. So unterbreitet z.B. Büring (1992) einen Vorschlag, der eine semantische Dekomposition von Verben vorsieht, aus der sich die semantische Argumentstruktur ergibt, die als Folge von mit semantischen Rollen verbundenen Argumentstellen beschrieben wird. Besondere Linking-Regeln geben an, welche syntaktischen Positionen mit den semantischen Argumentstellen korrespondieren. Die Bedingungen für die Einsetzung einer Lexikoneinheit in syntaktische Bäume, d.h. ihre syntaktische Subkategorisierung oder ihre syntaktische Argumentstruktur folgt aus Angaben der semantischen Repräsentation einer Lexikoneinheit, bei Wortbildungen aus dem semantischen Muster.

Im Hinblick auf syntaktische Konsequenzen lassen sich semantische Muster wie folgt untergliedern:

1. Muster ohne syntaktische Veränderungen

Dazu gehören alle semantischen Muster, die die syntaktische Kategorie und Argumentstruktur der Basis erhalten. Das sind Muster, die Modifikationen der semantischen Repräsentation der Basis oder Wortnegation einschließen. Auch semantische Muster für Komposita gehören in diese Gruppe. Besonders die Verbbildung umfasst zahlreiche Bildungen dieses Typs. Beispiele:

$[V (x^1_{agens}, (x^2_{thema},) s) \& \text{ÜBER NORM} (s)] (x^1_{agens}, (x^2_{thema},) s)$
‚ein Aktant tut etwas in einer das normale Maß überschreitenden Weise'

sich überfressen, sich überversichern
jmd. überschätzen, jmd. überbewerten

[V (x $_{agens}$) & WERD (AN (ORT, x))] (x $_{agens}$)
‚ein Aktant befindet sich in einem Prozess, dessen Zielzustand darin besteht, dass der Aktant sich an einem Ort befindet'

anreisen, antreten, ankommen

[GRAD (A)] (x)
‚einem Bezugwort kommt ein bestimmter Grad der Eigenschaft A zu'

dümmlich, bläulich
ernsthaft, krankhaft
zärtlich, gröblich
urgemütlich, urkomisch
überglücklich, übergenau

[NON (A)] (x)
‚ein Bezugswort hat die Eigenschaft NON-A'

unklug, unbegabt
nichtdemokratisch, nichtmoslimisch

2. Muster mit syntaktischen Veränderungen

2.1. Reine Umkategorisierung

Muster dieses Typs sind insofern ein Sonderfall, als die Veränderung der syntaktischen Kategorie, keine Folge semantischer Veränderungen der Basis ist. So können primär als Verben kategorisierte Bezeichnungen für Geschehen zu Nomen umkategorisiert werden *(schweig(en) – das Schweigen; beobacht(en) – Beobachtung)*. Das trifft auch auf primär als Adjektiv kategorisierte Bezeichnungen für Eigenschaften zu *(feige – die Feigheit; kalt – die Kälte)*.

2.2. Die syntaktische Umkategorisierung ist Folge einer Veränderung der semantischen Repräsentation der Basis

In diese Gruppe gehören alle semantischen Muster, die die Basis in eine semantische Repräsentation einbetten, die mit einer von der Basis verschiedenen syntaktischen Wortkategorie verbunden wird. Das sind deverbale und deadjektivische Nomen, denominale und deverbale Adjektive sowie denominale und deadjektivische Verben. In die Muster geht auch die Angabe einer semantischen Argumentstruktur ein. Beispiele:

[TUN (x_{agens}, s) & WIE (TUN (N), s)] (x_{agens}, s)
‚ein Aktant vollzieht eine Tätigkeit, die die typische Tätigkeit von N ist'

   schlaumeiern, schriftstellern, bocken

[WERD (A/N (x_{thema})] (x_{thema}, s)
‚Aktanten nehmen in einem Prozess die Eigenschaft A, bzw. die mit N verbundenen Eigenschaften an'

   faulen, reifen
   ergrauen, erstarren
   verarmen, verstummen
   abstumpfen, abmagern
   aufheitern, aufklaren
   vergreisen, verstädtern

[CAUS (TUN (x_{agens}), WERD (A/N (x_{thema})] (x_{agens}, x_{thema}, s)
‚die Tätigkeit eines Aktanten verursacht einen Prozess, in dem ein zweiter Aktant die Eigenschaft A, bzw. die mit N verbundenen Eigenschaften annimmt'

   kürzen, töten
   verdünnen, vertiefen
   erhöhen, ermüden
   befeuchten, befreien
   besänftigen, begradigen
   aufsägen, aufknacken
   zunageln, zuschrauben
   ängstigen, nötigen
   versklaven, verbeamten

[WIE (N)] (x)
‚die typischen Eigenschaften von N sind Eigenschften des Bezugswortes'

   schurkenhaft, engelhaft
   kindlich, feierlich
   bäurisch, weibisch, hündisch
   bullig, riesig, breiig
   räubermäßig, geckenmäßig

[TEIL VON (N)] (x)
‚N als natürlichen Teil zu haben ist eine Eigenschaft des Bezugswortes'

   bärtig, bucklig, langbeinig, breitschultrig, dickblättrig

Wortbildungsmuster 297

[MÖGLICH (V (x_{thema}))] (x)
‚die Möglichkeit, betroffener Aktant einer Tätigkeit zu sein, ist eine Eigenschaft des Bezugswortes'

erkennbar, beschreibbar
begreiflich, verständlich
förderfähig, biegefähig

[LEBEWESEN & V (LEBEWESEN$_{agens}$ (‚x_{thema})] ((x_{thema},) r)
‚Referenten sind Lebewesen, die durch eine Tätigkeit V charakterisiert sind'

Weber, Schreiber, Vertreter, Lügner
Schlucki, Knacki, Greifi

2.3. *Veränderung der syntaktischen Argumentstruktur als Folge einer Erweiterung der semantischen Argumentstruktur*

Einige Verbbildungsmuster führen nur neue Argumentstellen ein. In folgenden Beispielen wird eine Thema-Stelle eingeführt, der ein Akkusativ-Objekt entspricht bzw. eine Ziel-Stelle, die mit einem Dativobjekt korrespondiert:

[V(x^1_{agens}) § AFFIZIER (s, x^2_{thema})] (x^1_{agens}, x^2_{thema}, s)
‚eine Tätigkeit V affiziert einen Aktanten'

auslachen, ausschimpfen
verlachen, verlästern
anmeckern, anreden

[V(x^1_{agens}) § ZIEL (s, x^2)] (x^1_{agens}, x^2_{ziel}, s)
‚eine Tätigkeit V hat einen Aktanten als Ziel'

zuwinken, zunicken, zulächeln

2.4. *Veränderung der syntaktischen Argumentstruktur als Folge einer Umwandlung der semantischen Argumenstruktur*

Dieser Typ verdient besonderes Interesse, weil er Muster umfasst, die lediglich eine Veränderung der semantischen Rollen von Argumentstellen vornehmen. Zur Illustration seien die folgenden Beispiele angeführt:

Peter gießt Bier auf die Bratwürste.
Peter begießt die Bratwürste mit Bier.

Peter klebt Streifen über die Zeilen.
Peter überklebt die Zeilen mit Streifen.

Peter pflanzt Sträucher um das neue Haus.
Peter umpflanzt das neue Haus (mit Sträuchern).

Peter stellt eine Karre vor die Garage.
Peter verstellt die Garage (mit einer Karre).

In allen Beispielpaaren enthält der erste Satz ein dreistelliges Verb mit der semantischen Argumentstruktur {Agens, Thema, Ort}. Die Ortstelle wird durch eine Präpositionalphrase ausgefüllt. Dass die Präpositionalphrase tatsächlich den Status einer Argumentstelle hat, wird deutlich, wenn man sie weglässt. Der resultierende Satz ist unvollständig:

*Peter gießt Bier.
*Peter klebt Streifen.
*Peter stellt eine Karre.

Nur in *Plakate kleben* sowie *Sträucher pflanzen* kann die Ortsstelle wegfallen. Das ist jedoch die Folge einer speziellen Lexikalisierung. Zu dem von gießen, stellen und kleben bezeichneten Konzept gehört eine Ortsstelle.

Durch das Wortbildungsmuster wird nun die Ortsstelle des Basisverbs zur Thema-Stelle des derivierten Verbs. Die Thema-Stelle des Basisverbs tritt in den Hintergrund, kann aber durch eine Präpositionalphrase mit der Präposition *mit* in die syntaktische Struktur aufgenommen werden. Die semantische Repräsentation von *mit* charakterisiert das zugehörige Argument als eine an dem Geschehen beteiligte Größe. Als allgemeinen Hintergrund für dieses semantische Muster kann man eine Veränderung der Perspektive, d.h. der Aufmerksamkeit annehmen, die auf die Aktanten eines Geschehens gerichtet wird. Die Basisverben bezeichnen Geschehen (Ereignisse), mit drei Aktanten, dem Initiator (Agens) einer Aktivität, einem von der Aktivität betroffenen Aktanten (Thema) und einem Aktanten, der als Ort erscheint, an den der betroffene Aktant im Verlauf des Geschehens bewegt wird. Wichtig ist, dass die Bewegung eines betroffenen Aktanten an einen Ort zum Verbkonzept gehört. Die Angabe eines Ortes ist somit keine fakultative Modifizierung des Geschehens. Diese Analyse kann wie folgt dargestellt werden. Die semantische Repräsentation V eines Verbs enthält die Teilstruktur:

$$[\text{TUN}(x^1_{agens}, x^2_{thema}) \& \text{WERD}(\text{LOC}(x^3_{ort}, x^2))] (x^1_{agens}, x^2_{thema}, x^3_{ort}, s)$$

Das semantische Muster bewirkt nun, dass das vom Basisverb bezeichnete Geschehen nicht mehr aus der Perspektive des Aktanten betrachtet wird, der an einen Ort gelangt, sondern aus der Perspektive des Ortes, d.h. der Ort wird durch eine Verschiebung der Perspektive in den Vordergrund der Aufmerksamkeit gerückt und im gleichen Zuge gerät der bewegte Aktant in den Hintergrund. Durch *gießen* gelangt *Bier* auf *Bratwürste*. Durch *begiessen* werden die *Bratwürste* zum betroffenen Aktanten. Der Initiator des Geschehens richtet nun seine Aktivität auf die Bratwürste. Zugleich wird der Prozess, in dessen Verlauf *Bier* auf die *Bratwürste* gelangt, in den Hintergrund gerückt. Der bewegte Aktant wird dadurch zum beteiligten Aktanten herabgestuft, der nur durch Weltwissen spezifiziert wird. Es besteht jedoch die Möglichkeit, ihn mit einer modifizierenden Präpositionalphrase zu spezifizieren. Die derivierten Verben haben, neben den besonderen Eigenschaften von V, die semantische Repräsentation:

[TUN $(x^1_{agens}, x^3_{thema})$ {& WERD (LOC $(x^3_{ort}, x^2))$}] $(x^1_{agens}, x^3_{thema}, s)$

Die geschweiften Klammern sollen ausdrücken, dass der Prozess, in dessen Verlauf ein bewegter Aktant an einen Ort gelangt, in den Hintergrund der Aufmerksamkeit rückt.

Nach dieser Analyse muss angenommen werden, daß es semantische Muster gibt, die der semantischen Repräsentation keine Komponenten hinzufügen, sondern die lediglich eine Perspektiveverschiebung vornehmen, die sich auf die semantische Argumentstruktur auswirkt. Da die semantische Argumentstruktur die Grundlage für die syntaktische bildet, muss sich auch die syntaktische Argumentstruktur ändern. Veränderung der semantischen Argumentstruktur durch Verschiebung der Perspektive und der Aufmerksamkeit sind empirische Tatsachen, die auch in der Aktiv-Passiv-Diathese anzunehmen sind. Wie diese Tatsachen in einer formalen Semantiktheorie berücksichtigt werden können, muss hier offen bleiben.

Alle in der Wortbildungsforschung angebotenen Analysen des betrachteten Wortbildungstyps gehen von einer Kombination zweier separater Konstituenten aus, von einer ‚Inkorporierung' einer Präposition oder eines Präfixes in die Bedeutung bzw. syntaktische und phonologische Form des Basisverbs. So schlägt Baker (1988) eine syntaktische Analyse für Beispiele des beschriebenen Typs vor. Die Präposition einer Präpositionalphrase wird an das Verb adjungiert. Dadurch wird die Rektionsdomäne des Basisverbs erweitert. Das komplexe Verb regiert nun in die ursprüngliche Rektionsdomäne der Präposition hinein und macht das Objekt der Präposition zum strukturellen Objekt des abgeleiteten Verbs.

Semantisch basierte Vorschläge stammen u.a. von Wunderlich (1994) und Olsen (1995). Die Basisverben und die Präfixe bzw. Partikeln werden als separate Einheiten analysiert, deren semantische Form als Funktor-Argumentstrukturen (Prädikat-Argument-Strukturen) formuliert wird. Die semantische Form der derivierten Verben wird als das Ergebnis einer besonderen Art der semantischen Verknüpfung beschrieben, als funktionale Komposition (Komposition von Funktionen). Funktionale Komposition erlaubt es, Veränderungen der Argumentstruktur vorzunehmen. In sehr vergröberter Form besagt diese Analyse, dass eine lokale Relation in die semantische Form des Basisverbs inkorporiert wird. Mit der Inkorporierung ist die Übernahme der Argumentstelle des lokalen Prädikats in das Theta-Raster des derivierten Verbs verbunden.

Die Analyse erweckt zunächst den Eindruck einer soliden theoretischen Fundierung. Funktionale Komposition wird als eine semantische Operation betrachtet, deren Voraussetzungen und Folgen genau definiert sind. Um die empirischen Fakten zu erfassen, sind jedoch zusätzliche Operationen notwendig. Olsen nimmt die Unterdrückung der Argument-Stelle für das direkte Objekt des Basisverbs sowie die fakultative Hinzufügung einer Modifizierer-Phrase an, die (irgendwie) auf die unterdrückte Argumentstelle Bezug nimmt. Wiederum wird versucht, faktenbedingte Einschränkungen nicht durch ad-hoc-Mechanismen, sondern durch generelle Prinzipien zu erklären.

Wenn die oben dargestellte Analyse als empirisch angemessen betrachtet wird, weisen die Vorschläge von Wunderlich und Olsen grundsätzliche Mängel auf:

Sie nehmen an, dass das Präfix *be-* oder Partikeln wie *über* eine Bedeutung haben, die in die Bedeutung des Basisverbs inkorporiert wird. Empirisch angemessener ist aber eine Analyse, die davon ausgeht, dass die Bedeutung der Basisverben bereits eine Komponente enthält, die genau der für *be-* und *über* postulierten Bedeutung entspricht. Die angenommene Inkorporierung ist somit semantisch überflüssig. In dem von Olsen und Wunderlich vorausgesetzten theoretischen Rahmen ist sie jedoch notwendig, da semantische Veränderungen in Wortbildungen grundsätzlich als Konkatenation von separaten Einheiten beschrieben werden müssen. Gegen diese Annahme sprechen also nicht nur die bereits aufgezeigten Probleme für die Beschreibung der phonologischen Form von Wortbildungen, sondern auch unplausible Lösungen für die semantische Beschreibung betimmter Wortbildungstypen. So erscheint der Perspektivewechsel als Blockierung einer Argumentstelle des Basisverbs. Die Blockierung ist jedoch keinesfalls generell. Gerade in den Fällen, in denen man tatsächlich von einem semantischen Muster ausgehen kann, das die semantische Repräsentation des Basisverbs durch eine lokale Relation erweitert, erfolgt keine Blockierung:

Er fährt das Heu in die Scheune.
Er fährt das Heu ein (in die Scheune).

Er lädt Kisten auf den Wagen.
Er lädt Kisten auf (auf den Wagen).

In diesem Zusammenhang kann auch auf Wortbildungmuster für denominale Verben hingewiesen werden, die semantische Muster enthalten, die eng mit dem soeben diskutierten verwandt sind. Diese Muster erlauben die wortinterne Ausfüllung der Thema-Stelle eines abstrakten Verbs:

[TUN (x^1_{agens}, N_{thema}) & WERD (LOC(x^2_{ort}, N))] (x^1_{agens}, x^2_{thema}, s)

Peter macht keinen Keller unter das Haus.
Peter unterkellert das Haus nicht.

Peter macht einen Zaun um das Grundstück.
Peter umzäunt das Grundstück.

Peter macht ein Dach über die Terrasse.
Peter überdacht die Terrasse.

Es bedarf keiner weiteren Begründung, dass dieser Wortbildungstyp nicht als Kombination der Bedeutungen eines Nomens und einer Präposition beschrieben werden kann.

Literatur

Baker, Mark (1988): Incorporation: A Theory of Grammatical Function Changing. Chicago: University of Chicago Press.
Bierwisch, Manfred (1989): Event Nominalizations. In: Motsch, W. (Hg.): Wortstruktur und Satzstruktur. Berlin: LS des ZISW, 1-73.
Büring, Daniel (1992): Linking. Dekomposition – Theta-Rollen – Argumentstruktur. Hürth-Efferen.
Chomsky, Noam (1970): Remarks on Nominalization. In: Jakobs, R./ Rosenbaum, P. (Hg.): Readings in English transformational grammar. Waltham, Mass., 184-221.
DiSciullo, Anna Maria und Williams, Edwin (1987): On the Definition of Word. Cambridge Mass.: MIT Press.
Fabb, Nigel (1984): Syntactic Affixation. Ph.D Diss, MIT.
Fanselow, Gisbert (1987): Gemeinsame Prinzipien von Wort- und Phrasensemantik. In: Asbach-Schnitker, B. & Roggenhofer, J. (Hg.): Neuere Forschungen zur Wortbildung und Historiographie der Linguistik. Festgabe für Herbert E. Brekle. Tübingen: Narr, 177-194.
Motsch, Wolfgang (1999): Deutsche Wortbildung in Grundzügen. Berlin, New York: de Gruyter.
Olsen, Susan (1995): Alternative grammatische Realisierungen lokativer Komplemente. In: Sprache und Pragmatik 36. Lund, 1-26.
Roeper, Thomas(1987): Implicit Arguments and the Head-Complement Relation. In: Linguistic Inquiry 18, 2, 267-310.
Selkirk, Elisabeth (1982): The Syntax of Words. Cambridge Mass.: MIT Press.
Wunderlich, Dieter (1994): CAUSE and the Structure of Verbs. Düsseldorf: Arbeiten des Sonderforschungsbereichs 282 Nr.36.

Rosemarie Schmidt

Grammatik und Lexikographie

Wortbildungsmittel im zweisprachigen Wörterbuch anhand deutscher, schwedischer und russischer Beispiele

Auch für zweisprachige Wörterbücher gilt, was der englische Lexikograph Johnson schon im 18. Jahrhundert feststellte: „Wörterbücher sind wie Uhren. Die schlechteste ist besser als gar keine, und von der besten kann man nicht erwarten, daß sie ganz genau geht."[1]
    Aber trotzdem sollte – um den Vergleich aufzunehmen – die Uhr möglichst funktionstüchtig sein. Und analog dazu erwartet der Wörterbuchbenutzer natürlich so viel Informationen wie möglich und vor allem für ihn nötig vorzufinden.
    Um dies zu gewährleisten, muß er unter anderem in die Lage versetzt werden, potentielle und okkasionelle Wörter bilden bzw. erschließen zu können. Das bedeutet, daß produktive Wortbildungsmittel als Teil einer Grammatik in einem zweisprachigen Wörterbuch hinreichend beschrieben werden müssen, damit der – als mit grundlegenden Wortbildungsregeln vertraut vorausgesetzte – Benutzer diese Wortbildungsmittel auch nutzen kann.
    Es ergibt sich also die Frage, wie produktive Wortbildungsmittel grundsätzlich im Rahmen der Grammatik zu beschreiben sind und inwieweit diese Beschreibungen in zweisprachige Wörterbücher Eingang finden können.
    Wortbildungsmittel betrachte ich im Rahmen einer generativen Grammatiktheorie als Teil des Lexikons und von einer gemäßigten lexikalistischen Position aus. Das Lexikon im Sinne der generativen Grammatik kann natürlich nicht direkt auf ein Wörterbuch und schon gar nicht ein zweisprachiges projiziert werden. Die generative Grammatik ist eine Sprachtheorie, die das Sprachsystem als Gesamtheit aller komplexen Ausdrücke, die in einer Sprache aus elementaren Ausdrücken gebildet werden können, zu erklären und zu beschreiben versucht, und zwar insbesondere die Grammatik (bzw. Lexik als Teil der Grammatik) mit einer Menge von Regeln für die Zuordnung der Laut-Bedeutungs-Struktur.

---

[1] Kempcke, Günther: Lexikologie, lexikographische Theorie und lexikographische Praxis, in: Wortschatzforschung heute, hg. Agricola, Schildt, Viehweger. Leipzig 1982, S.42-51, S.42

Ein Wörterbuch wird dagegen bestrebt sein, den Zeichenvorrat einer Sprache mit gewissen Hinweisen auf die Gebrauchsbedingungen dieser Zeichen in der Kommunikation darzustellen.[2]

Auch wenn es vor allem darauf ankommt, kommunikativ äquivalente Entsprechungen anzugeben, wird Grundlage für die einzelnen Wörterbuchartikel natürlich eine Sprachtheorie sein müssen, die die einzelsprachlichen Erscheinungen zu erklären und zu beschreiben versucht und außerdem die jeweiligen Sprachen kontrastiv betrachtet.

Als grundlegende Sprachtheorie scheint dazu die generative Grammatiktheorie bestens geeignet.

Wie Chomsky in einem Interview mit Günther Grewendorf 1995 feststellte, machten bereits deskriptive Sprachuntersuchungen aus den 50er Jahren deutlich, daß die verfügbaren Theorien der Sprache nur die Oberfläche tangierten. „Selbst eine noch so umfassende Grammatik lieferte kaum mehr als Hinweise, mit denen der ‚intelligente Leser' zufriedenzustellen war; daß es so etwas wie eine Sprachfähigkeit gibt, wurde stillschweigend vorausgesetzt ... Dasselbe gilt für noch so umfassende Wörterbücher."[3]

Für eine deskriptive Adäquatheit mußte man sehr komplizierte und komplexe Grammatiken voraussetzen, die für die entsprechenden Sprachen radikal voneinander unterschieden waren. Dagegen konnte eine explanatorische Adäquatheit nur erreicht werden mit der Annahme, daß alle Sprachen nach dem selben Muster gebaut sind und sich nur an der Oberfläche unterscheiden. In dem generativen Prinzipien- und Parameteransatz werden deshalb allgemeine Prinzipien der Sprachfähigkeit angenommen und endliche Parameter, die durch eine Fixierung ihrer Werte die jeweilige Sprache ergeben. Eine solche Grammatiktheorie ist auch als Voraussetzung für kontrastive Sprachuntersuchungen zu betrachten, die ihrerseits Ergebnisse für eine Parameterfixierung der universellen Prinzipien liefert.

Im Bereich der Wortbildung spiegeln generative Modelle die Fähigkeit wider, lexikalische Neubildungen zu produzieren oder zu akzeptieren und bilden somit den prozessualen produktiven Charakter von Wortbildungen ab.

Unter wortstrukturellem Aspekt lege ich für komplexe Wörter die universelle Wortbildungsregel

$$\left\{\begin{matrix} X \to YX \\ X \to XY \end{matrix}\right\}$$

---

[2] Vgl. Lang, Ewald: Lexikon als Modellkomponente und Wörterbuch als lexikographisches Produkt, in: Die Lexikographie von heute und das Wörterbuch von morgen, hg. Schildt, Viehweger. Berlin 1983, S. 76-91

[3] Grewendorf, Günther: Sprache als Organ – Sprache als Lebensform. Frankfurt /Main 1995, S. 221

zugrunde, aus der die sprachspezifisch parametrisierte Positionierung des Head nach rechts für das Deutsche, Schwedische und Russische gilt. Die Wortstruktur ist also in diesem Sinne im Rahmen genereller Prinzipien organisiert. Diese tragen wie die anderen Prinzipien der Universalgrammatik universellen Charakter und weisen Parameter für einzelsprachliche Variationen auf.[4] Durch die UG werden somit mögliche Wörter einer Sprache bestimmt.

Innerhalb eines minimalistischen Konzepts der generativen Grammatiktheorie spielen lexikalische Einheiten eine noch größere Rolle. Denn das minimalistische Programm versucht – wie Chomsky sagt – „die Anzahl von Annahmen auf das konzeptuell Notwendige zu reduzieren und zu zeigen, daß die Eigenschaften der I-Sprache ansonsten ausschließlich durch Schnittstellenbedingungen determiniert sind."[5] In den Lexikoneinheiten sind alle phonetischen, morphologischen und syntaktischen Besonderheiten der jeweiligen Einzelsprachen enthalten, so daß die Parameter eigentlich im Lexikon operieren. Die elementare Begriffsstruktur von Wörtern wird in diesem Sinne ebenfalls nicht sprachspezifisch sondern universell sein. Es gibt dann zwar eine universelle Kompetenz für abstrakte Wortbildungsregeln, nicht aber für die Verwendung der konventionell lexikalisierten Einheiten.

Somit ist das Lexikon innerhalb einer Grammatiktheorie zwar ebenso wie die Lexik in einem Wörterbuch eine Form der Repräsentation der Lexik einer Sprache, aber beide sind mit unterschiedlichen Ausführungsbedingungen und Zwecksetzungen verbunden. Für den Inventarteil eines Wörterbuches sollte aber geprüft werden, inwieweit der Repräsentation von strukturellen Systemeigenschaften der Lexik mehr Raum gegeben werden kann, um die Nutzerbedürfnisse besser abzudecken.

Aus Untersuchungen der Sprachberatungsstellen zur Wörterbuchbenutzerforschung geht hervor, daß Fragen zur Semantik eigentlich häufig auf den Bereich der Grammatik verweisen. So wirft die Rolle von Affixen in der Bedeutungserschließung Probleme auf, wenn nach Wörtern wie *Unkosten, aufkündigen* oder der Differenzierung von *farblich* vs. *farbig, zweistündig* vs. *zweistündlich* gefragt wird. Als Gründe für die Inanspruchnahme der Sprachberatung überhaupt werden genannt, daß ein Lemma nicht erfaßt ist (Neologismen, okkasionelle Bildungen, Fremdwörter) und daß der Benutzer zu wenig Kenntnisse über Wortbildungstypen und Regeln hat, um eventuelle Problemfälle einordnen zu können.

Ersterem könnte durch die Aufnahme produktiver Wortbildungsmittel ins Wörterbuch entgegengetreten werden. Denn man kann auf die Aufnahme einer ganzen Reihe von Wortschatzelementen in die Wortliste verzichten, wenn auch Äquivalente für Wortbildungsmorpheme verzeichnet sind. Die Wortliste wird

---

[4] Vgl. u.a. Bierwisch, Manfred: Linguistik als kognitive Wissenschaft – Erläuterungen zu einem Forschungsprogramm, in: ZfG 6 (1987), S. 645-667
[5] Grewendorf, Günther, a.a.O., S. 223

übersichtlicher, die Handhabbarkeit verbessert, und es werden trotzdem ausreichend Äquivalente angegeben.

Es ist eben nicht möglich, alle nach produktiven Regeln gebildeten Wörter (potentielle, okkasionelle) in einem Wörterbuch zu berücksichtigen. Diese kann der Benutzer aber erschließen, wenn er Angaben über produktive Wortbildungsmittel findet. Diese können dann auch bei der Interpretation von Neubildungen behilflich sein.

Da es also nicht möglich ist, den Wortschatz komplett zu erfassen, kann eine Lösung nur in einer veränderten bzw. vereinfachten Regeldarstellung und in einer modifizierten Beispielauswahl liegen.

Inwieweit theoretische Beschreibungen von produktiven Wortbildungsmitteln in Wörterbücher Eingang finden können, soll nun an einigen ausgewählten Beispielen komplexer Verben verdeutlicht werden. Es soll gezeigt werden, daß und wie Überlegungen zur Verbbildung in den Wortbildungssystemen der entsprechenden Sprachen in zweisprachigen Wörterbüchern Beachtung finden sollten.

Es ist zunächst davon auszugehen, daß im Deutschen von über der Hälfte aller Verben mittels Zusammensetzung und vor allem Präfigierung neue Verben entstehen (ohne daß dabei deadjektivische und desubstantivische Ableitungen berücksichtigt sind). Ähnliches gilt auch – in unterschiedlichem Maße – für das Schwedische und das Russische, für letzteres besonders im Hinblick auf Präfixe. Diese Masse neuer Verben ist nur mittels der Wortbildungselemente zu erfassen, aus denen sie bestehen. In diesem Fall müßten die entsprechenden Präfixe in Wörterbüchern als Stichwort so beschrieben werden, daß klar wird, mit welchen Stämmen sie wie zu welcher Bedeutung kombiniert werden und welche Äquivalente jeweils in Frage kommen. Das versuchen auch die meisten Wörterbücher darzustellen, wenn auch mit unterschiedlichem Erfolg.

Bei zusammengesetzten Verben ist grundlegend zu beachten, daß die Komposition als Wortbildungsart in Sprachen mit einer im unmarkierten Fall konkatenativen Wortbildung (wie das Deutsche, Schwedische und Russische) unterschiedliche Produktivität aufweist und mit verschiedenen Bildungsmöglichkeiten realisiert wird.

Betrachten wir an dieser Stelle für Verben die Bildungsmöglichkeit

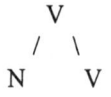

```
      V
     / \
    N   V
```

Im Russischen sind diese Komposita sehr selten. In Bildungen wie *senokosnitschat* ist wohl von einer unproduktiven Rückbildung eines deverbalen nominalen Kompositums auszugehen:

kosit	seno	→	senokos	→	senokosnitschat
mähen	Heu		Heuernte		heu-ernten
V	N		N		V

Diese verbalen Komposita müßten also in einem russisch-deutschen Wörterbuch verzeichnet sein, weil hier produktive Wortbildungsmittel zum Erschließen bzw. Bilden nicht herangezogen werden können. Das ist aber leider nicht der Fall. Nur im Wörterbuch der Wortbildung der russischen Sprache,[6] das nestalphabetisch geordnet ist, gelangt man unter dem Stichwort *seno* über *senokos* zu *senokosnitschat*. Ein solches spezielles Wörterbuch wird aber dem durchschnittlichen Benutzer meist nicht zur Verfügung stehen.

Im Deutschen sind solche Verben wie *bildhauern* ebenfalls als unproduktive Rückbildungen anzusehen. Ausgehend von dieser Erscheinung wird für die germanischen Sprachen schon seit dem 16. Jahrhundert angezweifelt, ob es hier überhaupt echte N+V-Komposita gibt.[7] Fanselow präzisiert diese Überlegungen dahingehend, daß es im Deutschen zwar Verben mit adverbialen Modifikatoren gibt wie *eislaufen, kopfstehen*, aber keine des Typs **apfelessen*.[8]

Auch bei Fleischer findet sich für letztere Bildungsart nur das Beispiel *kegelschieben*.[9]

Die adverbiale Modifikation kann bei dieser Art von Verben allerdings sehr verschiedener Art sein, und die komplexen Verben sind in unterschiedlichem Maße idiomatisiert. Hinzu kommt, daß diese Verben im Deutschen alle trennbar sind, so daß das N dann wieder selbständig auftritt:

Er läuft auf dem Eis.
Er steht auf dem Kopf.
Er steht Kopf. (idiomatisiert)

Nach der umstrittenen neuen Rechtschreibreform fallen solche N+V-Komposita überhaupt weg, denn die Getrenntschreibung wird auch durchgängig auf die Infinitive übertragen, so daß es laut neuer Wortliste heißt Eis laufen, Kopf stehen.

Unabhängig davon, ob man diese Vorschläge akzeptabel findet, sind im Deutschen diese Verben nicht gleich zu behandeln, sie sind oft idiomatisiert und nicht produktiv, so daß sie in einem Wörterbuch als Komplexe zu verzeichnen wären, was auch in deutsch-schwedischen und deutsch-russischen Wörterbüchern der Fall ist.

Anders sieht es im Schwedischen aus. Hier gibt es zwar auch Rückbildungen wie

---

[6] Slowoobrasowatelny slowar russkowo jazyka. 2.Bd. Moskau 1985
[7] Vgl. Grimm, Jakob: Deutsche Grammatik. Zweiter Teil. Göttingen 1826
[8] Fanselow, Gisbert: Word Formation and the Human Conceptual System, in: LSA 179 (1988), S. 37-52
[9] Fleischer, Wolfgang: Wortbildung der deutschen Gegenwartssprache. Leipzig ^{5}1983

Atombom → *atombomba*
hungerstrejk → *hungerstrejka*
N V

Aber es kommen auch echte N+V-Komposita – die man auch als Inkorporierungen betrachten kann – relativ häufig vor, sowohl mit adverbialen Modifikatoren als auch Argumenten (Objekten). Mit adverbialen Modifikatoren stehen beispielsweise:

helikopterbevaka	–	*bevaka med helikoptern*
V		mit Hubschrauber bewachen
kvällshandla	–	*handla på kvällen*
V		am Abend einkaufen
polisanmäla	–	*anmäla hos polisen*
V		bei der Polizei melden
månlanda	–	*landa på månen*
V		auf dem Mond landen
? *marslanda*		

Mit Argumenten (Objekten) kommen vor:

hjärtoperera, benamputera, prismärka, ?fingeroperera
herz-operieren, bein-amputieren, preis-markieren, ?finger-operieren

Natürlich wird man auch im Schwedischen nicht alle möglichen N+V-Komposita voraussagen können. Als produktiv kommt zunächst nur die Inkorporierung von Nicht-Argumenten in Frage. Es gibt aber auch hierbei idiomatisierte Bildungen und semantische und pragmatische Aspekte spielen eine Rolle (vgl. die (noch) nicht existenten Verben). Trotzdem sollte eine Möglichkeit gefunden werden, diese Verben in einem schwedisch-deutschen Wörterbuch zugänglich zu machen – sei es durch Aufnahme idiomatisierter Bildungen oder/und den Versuch, bestimmte Bildungsmuster in den Beschreibungen der Basisverben sichtbar zu machen. Denn diese komplexen Verben tauchen in schwedisch-deutschen Wörterbüchern überhaupt nicht auf.

Aber auch bei der Inkorporierung von Argumenten scheinen sich bestimmte Regelmäßigkeiten abzuzeichnen. So kommt dafür nur eine Konstituente in Frage mit der thematischen Rolle „Teil von THEME" eines komplexen THEME mit Teil-Ganzes-Struktur. Eine Erklärung dafür könnte eine Hierarchie der thematischen Rollen geben, in die diese Teil-Ganzes-Beziehung aufgenommen werden könnte:

AGENT(EXP(GOAL/SOURCE/LOC(THEME-tot(THEME-part))))[10]

---

[10] Vgl. Grimshaw, Jane: Argument Structure. Cambridge/Mass., London 1990

Grammatik und Lexikographie

Bei der Komposition muß das niedrigste Argument zuerst thetamarkiert werden und kann inkorporiert werden, also THEME-part. Für Verben aus dem medizinischen Bereich scheinen diese Verhältnisse mit einer bestimmten Regelmäßigkeit zuzutreffen, so daß bei diesen Verben im Wörterbuch auf das entsprechende Bildungsmuster hingewiesen werden müßte, ohne daß alle inkorporierten Verben verzeichnet werden müßten. Bisher kann aber ein Wörterbuchbenutzer in schwedisch-deutschen Wörterbüchern überhaupt keinen Hinweis auf solche Verben finden, obwohl sie relativ stark frequentiert sind.

Produktive Wortbildungsmittel sollten also auf jeden Fall in Wörterbücher aufgenommen werden. Besonders sinnvoll ist es wohl, Affixe mit homonymem freiem Lexem aufzunehmen. Zu fragen wäre, ob auch Affixe ohne homonymes freies Lexem als Lemmata anzusetzen sind. Es ist vielleicht für einsprachige Wörterbücher zutreffend, daß ein linguistisch nicht gebildeter Benutzer aus vorliegenden Wörtern solche Affixe nicht ausgliedert und an entsprechender Stelle ihre Bedeutung sucht. Aber in einem zweisprachigen Wörterbuch könnten Informationen zu einzelnen Affixen für den Benutzer sehr wohl von Interesse sein, um entsprechende Äquivalente bilden zu können bzw. bei Kenntnis des Basiswortes entsprechende Bildungen exakt zu verstehen.

Damit ist bereits angedeutet, daß Wortbildungsmittel und Wortbildungsmuster eigentlich, wenn auch in unterschiedlichem Maße, sowohl in erklärende zweisprachige Wörterbücher, die der Textrezeption von der Fremdsprache in die Muttersprache dienen, Eingang finden sollten, als auch in passive und aktive Übersetzungswörterbücher für die Textproduktion aus der Fremdsprache in die Muttersprache und umgekehrt.

Ein Lemma kann in diesem Sinne unterschiedlichen lexikalischen Status haben. Neben Wörtern (Simplicia aber auch Derivate und Komposita) sind auch Wortgruppenlexeme, Abkürzungen, Wortformen und Wortbildungselemente möglich.

Ein Problem ist, ob und wie polyseme Morpheme mit allen ihren Bedeutungen im Wörterbuch verzeichnet werden können, ohne die Überschaubarkeit zu gefährden. Es werden in der Regel nicht alle Bedeutungen ins Wörterbuch eingehen können, damit die semantische Untergliederung überschaubar bleibt. Ein wichtiges Kriterium für die Auswahl sehen viele Lexikographen in der Möglichkeit, entsprechende strukturell ähnliche Wortbildungsmittel als Äquivalente anbieten zu können.

Grundlage für Wörterbuchartikel im zweisprachigen Wörterbuch sind also sowohl einzelsprachliche Darstellungen der Wortbildungsmittel als auch – und damit möchte ich kurz einen dritten Aspekt der Thematik ansprechen – Überlegungen zur kontrastiven Betrachtung im Bereich der Wortbildung der entsprechenden Sprachen.

Kontrastive Sprachbetrachtung verstehe ich in dem Sinne, daß die offenen Parameter im Rahmen der Sprachfähigkeit zunächst durch die Muttersprache fixiert werden und beim Zweitspracherwerb umgestellt werden müssen, so daß die Fremdsprache „gewissermaßen durch die Muttersprache hindurch" erworben wird.[11] Das beinhaltet – wie allgemein bekannt – sowohl positive als auch negative Effekte. Wie mehrfach nachgewiesen wurde, reichen zwar kontrastive Sprachanalysen allein nicht aus, zweitsprachliches Lernerverhalten zu erklären und Fehler zu prognostizieren – nicht alle Fehler sind interferenzbedingt sondern häufig auch von der Sprachlernsituation und lernpsychologischen Prozessen abhängig. Aber eine linguistisch begründete Erklärung von möglichen Schwierigkeiten in der Handhabung einer Fremdsprache kann doch hilfreich sein, bestimmte Schwerpunkte aus linguistischer Sicht zu setzen.

Für die interlinguale Interferenz in Form der Einwirkung der Muttersprache auf die Fremdsprache ist die Frau Andersson in Tucholskys Liebesroman „Schloß Gripsholm" ein ergiebiges Beispiel, denn „... sie übersetzte sich wahrscheinlich alles wörtlich aus dem Schwedischen ...", wenn sie sagt:

die spielen da viele Gängen – många gånger – viele Male
eine heile Masse – hela massan – eine ganze Masse (Menge)
Sie ist nicht gut gegen den Kindern. – mot barn – zu den Kindern

Neben Gemeinsamkeiten und Unterschieden in der Wortbildung verschiedener Sprachen spielt – wie bereits erwähnt – auch der Grad der Produktivität eine Rolle. Deutsch lernende Schweden haben auf Grund der großen formalen und semantischen Ähnlichkeit der Wortbildungssysteme beider Sprachen oft Schwierigkeiten, den entsprechenden Wortbildungstyp anzuwenden. So ergaben z. B. Untersuchungen des Tyskans-universitets-pedagogisk-projekt des Germanistischen Instituts der Universität Stockholm gerade in diesem Bereich häufige Fehler. Neben der Anwendung von falschen Allomorphen mörden – morden – mörda; unwiderständlich- unwiderstehlich – oemotståndlig wurden vor allem der falsche Wortbildungstyp oder der falsche Ableitungstyp verwendet.
Einige Beispiele zum falschen Wortbildungstyp:

Eisenbahnmann – Eisenbahner – järnvägsman
nicht Raucher – Nichtraucher – icke rökare
Schriftstellerschaft – schriftstellerische Produktion – författerskap
Lüneburg Heide –Lüneburger Heide – Lüneburgheden

Der falsche Ableitungstyp liegt vor bei

Umziehung – Umzug – flyttning
Erstaunung – Erstaunen – förvåning
Arbeitsloskeit – Arbeitslosigkeit – arbetslöshet
salz – salzig – salt
hefesten – befestigen – befästa

---

[11] Butzkamm, Wolfgang: Psycholinguistik des Fremdsprachenunterrichts. Tübingen 1989, S.116

Grammatik und Lexikographie

Es werden oft Ableitungstypen gewählt, die zwar existieren, im aktuellen Fall aber nicht anwendbar sind.[12] Die Beispiele zeigen auch, daß und wie man auf die unlexematisierte elementare begriffliche Struktur zurückgreift, wenn die Beherrschung der konventionalisierten Lexeme versagt. Dabei kann es dann eben zur Wahl eines nicht-adäquaten Formationsmusters aus dem Potential der Fremdsprache bzw. der Muttersprache kommen, so daß eine Art Kontamination zweier Kompetenzen für verschiedene Sprachen entsteht.

Auf diesem Hintergrund ist in gewissem Sinne vorhersagbar, welche Bereiche in welchen kontrastierten Sprachen besondere Schwierigkeiten bereiten. Das Bestreben, vorprogrammierte Fehler aus dieser Sicht zu vermeiden, sollte sich auch in den Artikeln eines zweisprachigen Wörterbuches widerspiegeln, die diese Gegebenheiten in besonderem Maße beachten müßten. So müssen solche Wörter, die mit unterschiedlichem Wortbildungs- bzw. Ableitungstyp gebildet werden – auch wenn dieser produktiv ist – als Stichwort verzeichnet werden.

Ein Beispiel für die unterschiedliche Verwendung und Produktivität von Wortbildungsmitteln für den Bereich deutsch-russisch ist bekanntlich, daß im Russischen im nominalen Bereich die Komposition nur schwach ausgeprägt ist. Die dem Deutschen entsprechenden Komposita sind nicht analog zusammenzusetzen, sondern mit adjektivischen bzw. genitivischen Attributen, PP's und anderen Mitteln zu bilden.

Regenmonat – doshdliwy mesjaz
Eisbär – bely medwed
Theaterbesucher – posetitel teatra
Hautarzt – wratsch po koshnym bolesnjam
Filterzigarette – sigareta s filtrom

Die unterschiedliche Produktivität von Wortbildungsmitteln wird auch bei dem im Deutschen produktiven Suffix -er relevant, für das man im Russischen nicht einfach ein entsprechendes Suffix als Äquivalent zur Verfügung stellen kann.

Neben *Hörer – sluschatel* (AGENS), *Telefonhörer – trubka* (INSTR), *Wecker – budilnik* (INSTR) müssen für produktive nichtkonventionalisierte Bildungen wie *Wecker* (AGENS), *Rechner* (INSTR) Umschreibungen verwendet werden:

Wecker (AGENS) – *tschelowek, kotory kowo-nibud budit*
Rechner (INSTR) – *elektronnaja wytschislitelnaja maschina; kompjuter.*

Diese können grundlegend zwischen Agens- und Instrumentlesart unterschieden werden durch Wortgruppen mit *tschelowek* bzw. *pribor/maschina*. Das trifft dann auch auf solche produktiven Bildungen im Deutschen zu wie

---

[12] Inghult, Göran: Zur Analyse von Wortbildungsfehlern. Rapport 4. Stockholms Universität 1973

Pulszähler – pribor, kotory ismerjajet puls
Schneeräumer – maschina po uborke snega
Bombenleger – tschelowek, kotory podkladywajet bomby

Zu beachten ist bei *-er* -Derivaten auch, daß das im Deutschen sehr produktive Suffix *-er* in der Regel als Agens/Instrument der V-Handlung zu kennzeichnen ist, was sich in folgendem Lexikoneintrag widerspiegelt:

-er:
PC /ɐ /
KC N^{af}
SK (V^0 –)
SC ‚Agens o. Instrument der V-Handlung'
Subj ---- O
Obj ---- Obj[13]

Es gibt aber auch abweichende Bildungen wie *Aufkleber, Untersetzer, Lutscher,* die gerade durch Patiens/Thema der V-Handlung charakterisiert sind. Für diese scheint es im Russischen eine regelmäßige Entsprechung mit dem Suffix *-ka* zu geben: *naklejka, podstawka, soska.*

Dem Wörterbuchbenutzer könnten beim Erschließen der sehr produktiven *er*-Bildungen im Deutschen solche grundlegenden Charakterisierungen eine Hilfe sein, die er aber bisher in keiner Weise findet.

Problematisch bleibt, welche Informationen in einem zweisprachigen Wörterbuch gegeben werden sollen und müssen, ohne es auf der einen Seite zu überlasten und auf der anderen Seite trotzdem eine relative Vollständigkeit der Beschreibung zu gewährleisten. Bereits an den wenigen Beispielen sollte deutlich geworden sein, wie schwierig es ist, die Bedeutung produktiver Wortbildungsmittel klar und für den Benutzer nutzbringend darzustellen.

Grundsätzlich kann aber die Möglichkeit, mit Hilfe von Wörterbuchartikeln auch potentielle und okkasionelle Wörter in der Fremdsprache zu erschließen, vielleicht im anfangs genannten Vergleich die Uhr zumindest etwas genauer gehen lassen.

Literatur

Bierwisch, Manfred: Linguistik als kognitive Wissenschaft – Erläuterungen zu einem Forschungsprogramm, in: ZfG 6 (1987), S.645-667
Butzkamm, Wolfgang: Psycholinguistik des Fremdsprachenunterrichts. Tübingen 1989

---

[13] Olsen, Susan: Wortbildung im Deutschen. Eine Einführung in die Theorie der Wortstruktur. Köln 1986, S. 58

Fanselow, Gisbert: Word Formation and the Human Conceptual System, in: LSA 179 (1988), S.31-52
Fleischer, Wolfgang: Wortbildung der deutschen Gegenwartssprache. Leipzig ⁵1983
Grewendorf, Günter: Sprache als Organ – Sprache als Lebensform. Frankfurt/Main 1995
Grimm, Jakob: Deutsche Grammatik. Zweiter Teil. Göttingen 1826
Grimshaw, Jane: Argument Structure. Cambridge/Mass., London 1990
Inghult, Göran: Zur Analyse von Wortbildungsfehlern. Rapport 4. Stockholms Universitet 1973
Kempcke, Günter: Lexikologie, lexikographische Theorie und lexikographische Praxis, in: Wortschatzforschung heute, hg. Agricola, Schildt, Viehweger. Leipzig 1982, S.42-51
Lang, Ewald: Lexikon als Modellkomponente und Wörterbuch als lexikographisches Produkt, in: Die Lexikographie von heute und das Wörterbuch von morgen, hg. v. Schildt, Viehweger. Berlin 1983, S.76-91
Olsen, Susan: Wortbildung im Deutschen. Eine Einführung in die Theorie der Wortstruktur. Köln 1986
Slowoobrasowatelny slowar russkowo jazyka. 2 Bd. Moskau 1985

Renate Steinitz

Deutsch *werden, bleiben* und Schwedisch *bli, förbli*
– ein Dualitätsproblem

Viele Daten, einige Beobachtungen, eine oder zwei Ideen.[1]

Abstract

In contradistinction to main verbs copula verbs like *sein, werden* or *bleiben* (*be, become* or *remain*) can, though with some restrictions, take projections of all lexical categories as complements. Semantically *werden* and *bleiben* are considered to be dual operators, related to each other by inner and outer (= dual) negation. But there are contexts where *bleiben* seems to assume the meaning of its dual *werden*. What at first glance appears to be an idiosyncracy of German turns out to hold for Swedish, Brazil-Portuguese and other unrelated languages as well.

Werden is more restricted than *sein* and *bleiben*, it cannot have a locative complement. *Bleiben* has the widest distribution, it can also take infinitives of verbs of position as complement. But in this case *stehen bleiben* is ambiguous between a „remain"-reading and a „become"-reading.

In 15th century the Swedish verb *bliva* – a borrowing from German – has undergone a regular change from the „remain"-reading to the „become"-reading. The „become"-reading of *bliva* (later form *bli*) is only blocked (as is the German verb *werden*) in the case of a locative complement, where the „remain"-reading has survived. The two readings of *bli* do not produce any ambiguity, except when taking a verb of position as complement – much the same as in German.

The paper attempts to pinpoint the conditions that lead to this surprising shift of meaning between duals.

---

[1] Eine Vorfassung dieses Aufsatzes ist als Steinitz (1999b) erschienen. Für konstruktive Kommentare, Vorschläge und Geduld danke ich vor allem Ewald Lang, Ilse Zimmermann und Gerhard Jäger.

1. Dualität

Werden und *bleiben* werden allgemein als ein *duales Paar* analysiert (vgl. etwa Lakoff (1970), Löbner (1990), Bierwisch (1992)). Wenn *gesund* und *krank* Antonyme sind, dann sortiere ich das folgende Beispiel-Set mit Äquivalenzen in gute Wünsche (1a-b) und Bannsprüche (1c-d) für den Jubilar:

(1) a. *Peter bleibt gesund* = *Peter wird nicht krank*
    b. *Peter bleibt nicht krank* = *Peter wird gesund*
    c. *Peter bleibt krank* = *Peter wird nicht gesund*
    d. *Peter bleibt nicht gesund* = *Peter wird krank*

Die sprachlich relevanten Bedeutungen beider Verben, ihre Semantische Form, werden zunächst unabhängig voneinander in Lexikoneinträgen folgender Art angegeben:

(2)   /werden/   [+V]; $\lambda P \lambda x \lambda s \, [s \, \text{INST} \, [\, \text{BECOME} \, P(x)\,]\,]$
       /bleiben/   [+V]; $\lambda P \lambda x \lambda s \, [s \, \text{INST} \, [\, \text{REMAIN} \, P(x)\,]\,]$

mit P: eine Prädikatenvariable, für die die Semantik von Adjektiv- oder Nominalphrasen einsetzbar sind. INST ist in Bierwisch (1988) und Folgearbeiten eine Konstante in der Semantischen Form von Verben. INST bezieht eine Proposition auf ein Situationsargument s. Dieses Situationsargument ist zunächst unspezifiziert bezüglich der unterschiedlichen Typen Zustand, Prozeß und Ereignis in der Nachfolge von Vendler (1967). [2]

Der im Stil der Standard-Analyse der Kopula *sein* gehaltene Vorschlag zur Dualität von *werden* und *bleiben* als Operatoren bezieht qua Bedeutungspostulate *bleiben* auf seinen Dual *werden*, im Folgenden in verglichen mit (2) verkürzter Form:

(3) a.   [REMAIN [P(x)]]   =df   [¬ [BECOME [¬ P(x)]]]
    b.   [¬ [REMAIN [P(x)]]   =df   [BECOME [¬ P(x)]]
    c.   [REMAIN [¬ P(x)]]   =df   [¬ BECOME   [P(x)]]
    d.   [¬ REMAIN [¬ P(x)]]   =df   [BECOME   [P(x)]]

Dargestellt als Dualitätsrechteck in Löbner (1990: 89, 106)

---

[2] In Steinitz (1999a) mache ich einen Vorschlag, wie die Situationstypen aus der Komposition von Verb + Komplement abzuleiten sind.

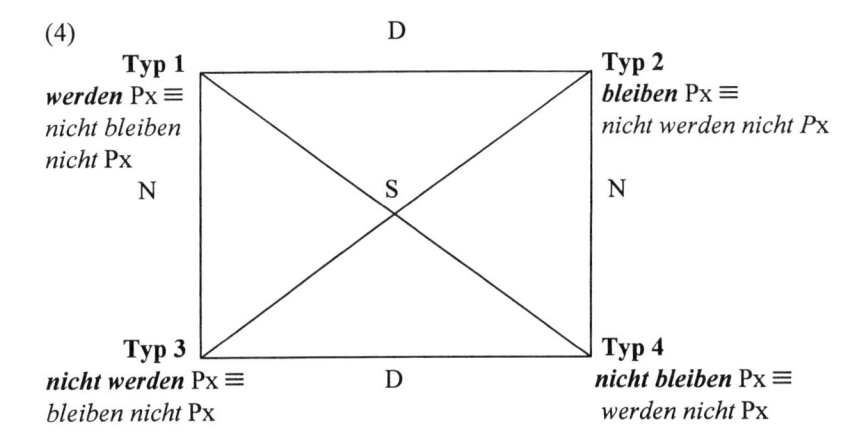

(4)
```
      Typ 1              D              Typ 2
   werden Px ≡                        bleiben Px ≡
   nicht bleiben                      nicht werden nicht Px
   nicht Px
               N          S          N


      Typ 3                              Typ 4
   nicht werden Px ≡      D           nicht bleiben Px ≡
   bleiben nicht Px                   werden nicht Px
```

Mit:
N (P) = äußere oder kontradiktorische Negation
S (P) = innere oder Subnegation
D (P) = duale Negation = (N(S (P)) oder (S(N(P))

Die auf diese Weise in *bleiben* enthaltene Negation einer Zustandsveränderung bringt bestimmte Anwendungsbedingungen mit sich, etwa die Implikatur „entgegen anderen Erwartungen".

2. Gemeinsamkeiten der Kopulaverben

Werden und *bleiben* haben Eigenschaften mit der Kopula *sein* gemeinsam, die sie von Vollverben wie Hilfsverben abheben. Ich nenne alle drei Kopulaverben:[3]

Im Unterschied zu den Vollverben haben sie kaum Eigenbedeutung, die über die Bildung von verbalen Klassen hinaus geht.
Sie nehmen anders als Vollverben Projektionen von Adjektiven und Nomina als Komplement, sogenannte Prädikatargumente im Kontrast zu Individuenargumenten, die charakteristisch für Komplemente der Vollverben sind, vgl. *Peter ist / wird / bleibt gesund / Lehrer.* Außer im Fall von identifizierenden Prädikativen sind dies nicht-referierende Ausdrücke. Syntaktisch entspricht einem Prädikatargument die Prädikativposition mit anderen Positionseigenschaften als Subjekt oder Objekt.

Zu *sein* und *werden* gibt es Auxiliarpendants zur Bildung analytischer Verbformen. Hilfsverben haben anders als Kopulaverben nur infinite Verb-

---

[3] Zum Kopulacharakter speziell von *werden* vgl. Steinitz (1999a)

formen als Komplement und sie haben ein unvollständiges Tempusparadigma.

Sprachhistorisch sind Kopula- und Auxiliarfunktion durch unterschiedlich weit getriebene Grammatikalisierungsprozesse aus einer gemeinsamen Wurzel entstanden. Das Paradigma von *sein* enthält drei unterschiedliche Wurzeln, Ieur *es, *bheu „wachsen, werden, sein" und ues „verweilen, wohnen"; *werden* ist aus Ieur. *uuert „sich wenden", *bleiben* aus *lei(p) „kleben" entstanden. Im Germanischen entwickeln sich die Vollverben zunächst zu Kopulaverben und haben dann nur klassenbildende Bedeutung; erst später werden *sein* und *werden* zu Auxiliarverben. Im Ahd ist *werden* mit Vollverben in der Form des Partizips I (*Tho ward múnd siner sar spréchanter* „Da ward Mund seiner alsbald sprechender") oder Partizips II (*Sumu fielun nâh themo uuege inti vvurdun furtretanu* „Manche (Samen) fielen auf den Weg und wurden zertreten") verbindbar. Diese *werden*-Konstruktionen unterliegen einer weiteren Grammatikalisierung. Erstere entwickeln sich einer Erklärungsversion nach aus der abgeschliffenen Partizipialendung und dem Präsens von *werden* zur analytischen Futurform, letztere zum Passiv. *Sein* bildet mit dem Partizip II das Perfekt.

Aus synchroner Sicht werden üblicherweise für Auxiliar, Passiv-Auxiliar und Kopula-Verb separate Einträge vorgesehen. Bei Überschneidungen klären Tests wie morphologische vs. syntaktische Negation meistens das Einordnungsproblem. In den dualen Äquivalenz-Konstruktionen *Die Aufgabe wird nicht erfüllt / *unerfüllt* vs. *Die Aufgabe bleibt unerfüllt / *nicht erfüllt*) korrelieren das Passiv-Auxiliar *werden* und das Kopulaverb *bleiben*.

3. Asymmetrien und andere Merkwürdigkeiten

3.1. Unterschiede in Assertion, Präsupposition und Implikation und den involvierten Zeiten

Die drei Kopula-Verben unterscheiden sich in folgender Weise:

(5) a.   P + *sein*: Das Bestehen eines Zustands/einer Eigenschaft P ist assertiert, die Proposition enthält keine Präsupposition oder Implikation über einen Zustand zu einer Zeit t_1 vor oder einen Zustand zu einer Zeit t_2 nach der Ereigniszeit t.

   b.   P + *werden*: Eine Veränderung ist assertiert. Spezifiziert durch eine AP im Positiv oder eine NP benennt die Prädikatenvariable P das Ziel bzw. das Resultat der Veränderung, den Nachzustand zur Zeit t_2. Ein dazu komplementärer Vorzustand Nicht-P in t_1 ist vorausgesetzt.

c. P + *bleiben*: Das Nicht-Verändern eines Zustands/einer Eigenschaft P in t_2 ist assertiert, im Normalfall ist derselbe Zustand P als Vorzustand in t_1 vorausgesetzt.
Im Kontrast zu *sein* sind bei *werden* und *bleiben* drei Zustände und damit drei Zeiten involviert.

3.2. Situationstyp-Veränderung bei Negation

Werden-Konstruktionen sind Ereignis- oder (bei AP im Komparativ) Prozeßprädikate, *bleiben*-Konstruktionen sind wie *sein*-Konstruktionen Zustandsprädikate.

Bei äußerer Negation ändert sich jedoch die Situationstypzuordnung, *werden-* und *bleiben*-Konstruktionen nehmen den Situationstyp ihres Duals an, vgl.

(6) *Peter wurde nicht groß/größer*   *Er blieb klein oder mittelgroß*
                                                                    (nach 3c)
(7) *Peter blieb nicht klein*   *Er wurde groß/größer*   (nach 3d)

3.3. Unterschiedliche Komplement-Selektion

Hier gehen die Kopulaverben wechselnde Koalitionen ein.

a) Alle sind mit A- und N-Projektionen als Komplemente kompatibel, aber nur *bleiben, sein* sind es auch mit Präpositionalphrasen, vgl.:

(8) *Er ist/bleibt im Zimmer : Er *wird/gerät ins falsche Zimmer*[4]
     Er war/blieb in Kontakt zu mir : Er *wurde/kam in Kontakt zu mir

b) *Bleiben, sein* sind mit *zu*-Infinitiven und absoluten Adjektiven kompatibel, *werden* nicht bzw. nur begrenzt:

(9) *Das Problem ist/bleibt /*wird zu lösen*
     Peter war/blieb/*wurde nackt / tot / frei
     Aber: *Anna war/ blieb/ **wurde** schwanger*

Dasselbe gilt (mit Einschränkungen) für die Verbindung mit dem adjektivischen Partizip II:

---

[4] Mit nichtlokalem *zu* und einer DP mit einem charakterisierenden N ist *werden* jedoch verbindbar, vgl. *Sie wurde zur Löwin / zur Heldin der Nation*.

(10)　*Peter ist/bleibt/ #wird verheiratet/überrascht*
　　　Er war/blieb/*wurde verdutzt/entzückt/erstaunt/unverheiratet
　　　(# bedeutet hier und im Folgenden: nur in Kopula-Funktion nicht korrekt)

Möglicherweise blockiert das Passivpattern *verheiratet / überrascht werden* die Kopula-Funktion.

c) Nur *bleiben* ist mit dem Infinitiv einer ausgezeichneten Verbklasse, den Positionsverben, kompatibel, *sein, werden* nicht:

(11)　*Er bleibt / *ist / #wird liegen / hängen*

d) Und schließlich kann *bleiben* als einziges zwei unterschiedliche Lesarten im Kontext eines Positionsverbs haben, vgl.

(12) a.　*Peter stand am Start, sollte loslaufen, blieb aber stehen*
　　 b.　*Peter sollte drei Runden laufen, blieb aber nach der ersten stehen*

In (12a) ist nach (3a) *stehen bleiben* bedeutungsgleich mit „nicht loslaufen", der Zustand wird nicht verändert. In (12b) dagegen bedeutet *stehen bleiben* soviel wie „stehend werden / nicht weiter laufen". Es scheint, daß *bleiben* im Kontext von Positionsverben neben seiner regulären Bedeutung auch nichtregulär die Bedeutung seines Duals *werden* annimmt, eine Veränderung zu „stehen" wird assertiert. Dies nenne ich provisorisch die „become"-Lesart. Ein und dasselbe Verb *bleiben* changiert somit zwischen „remain"- und „become"-Lesart. Diese eher marginale Eigenschaft wäre getrost zu vernachlässigen, wenn es nicht in anderen Sprachen ein reguläres Pendant gäbe. Doch zunächst zu den Verhältnissen im Deutschen.

4. Die zwei Lesarten von *stehen bleiben*

Nach Maienborn (1990) und Steinitz (1990:125f.) haben Positions- und Bewegungsverben zwei semantische Komponenten, eine die beiden Klassen fundierende, die ich STILL bzw. MOVE nenne und eine spezifizierende, die Positur (Körperhaltung) betreffende modale Komponente MOD, die verschiedene Werte annehmen kann, z.B. UPRIGHT für *stehen, gehen*, HORIZONTAL für *liegen, robben*, KNEEL für *knien, kriechen* usw.[5]

---

[5] Die Spezifikation der modalen Komponente setzt bestimmte Gestalteigenschaften voraus. Ein Ball nur liegen, ein Buch nicht sitzen usw. Oder das Verb ist lexikalisch fixiert, vgl. *Die Zeiger der Uhr blieben stehen.*

Mögliche Bedeutungspostulate für *stehen/gehen* sind entsprechend den Relationen in (13) und (14) formuliert (im Folgenden vereinfache ich die semantischen Repräsentationen und blende die Theta-Raster aus).

(13) a. STILL x   ≡   ¬ MOVE x
　　 b. MOVE x   ≡   ¬STILL x
　　 c. STAND x   ≡   [UPRIGHT x] & [STILL x]
　　 d. WALK x   ≡   [UPRIGHT x] & [¬STILL x]

Die Negation von (13c) ist

(14)　¬STAND x   ≡   ¬ [[UPRIGHT x] & [STILL x]]

Die Negation der Konjunktion in (14) ist nach de Morgan als Disjunktion dreier unterschiedlicher Negationsskopi umformbar, die jeweils unterschiedliche Antonyme zu *stehen* repräsentieren:

(i)　　[[UPRIGHT x] & [¬STILL x]]　　(*gehen, laufen, rennen,..*)
(ii)　　v [[¬UPRIGHT x] & [STILL x]]　(*sitzen, liegen, knien, ...*)
(iii)　 v [[¬UPRIGHT x] & [¬STILL x]] (*kriechen, rutschen, robben, ...*)

4.1. „remain"-Lesart von stehen bleiben

In den Sätzen

(15) a. *Peter stand am Start, sollte loslaufen, blieb aber stehen*
　　 b. *Peter sollte sich setzen, blieb aber lieber stehen*
　　 c. *Peter sollte durch den Reifen kriechen, blieb aber stehen*
　　 d. *Peter blieb lange stehen*

ist dank des Kontextes – vorausgegangener Satz oder Adverbial – die „remain"-Lesart offensichtlich. Nach (5c) in 3.1. sind mit der Kopula *bleiben* drei Zeiten involviert: In t_1 vor t besteht der gleiche Zustand „stehen" von x wie in t. Welcher komplementäre Zustand wird aber als in t_2 nach t gültig gemäß (3a) negiert? Da im Kontext die Antonyme explizit genannt sind, kann *stehen bleiben* in (15a) gemäß (14i) ausbuchstabiert werden als „nicht losgehen", in (15b) gemäß (14ii) als „sich nicht setzen" und in (15c) nach (14iii) als „nicht loskriechen". Die Nach-„Zustände" sind dann „gehen", „sitzen" bzw „kriechen". In (15d) dagegen bleibt der Nachzustand vage.

4.2. „become"-Lesart von stehen bleiben

(16) (*Peter sollte weiter laufen,*) *blieb aber vor dem Ziel stehen* (= 12b)
Plötzlich blieb Peter stehen

Hier schreibt der Kontext die sog. „become"-Lesart von *stehen bleiben* vor. In der einschlägigen Literatur wird „become" definiert durch einen Vorzustand, in dem gilt [¬Px], und einen Nachzustand, in dem gilt [Px].[6] In (16) ist auch wirklich eine Situation Nicht-Stehen zu einer Zeit t_1 vor der Ereigniszeit t und Stehen von x in t anzunehmen. In diesem Fall kommen nicht alle drei möglichen Ausbuchstabierungen (14i-iii) der Negation von STAND zum Zuge, nur (14i), d.h. *laufen* usw. kann ein möglicher Vorzustand sein. Die Komponente UPRIGHT bleibt unverändert. Nur die zweite Bedeutungskomponente wechselt von ¬ STILL zu STILL. Fraglos sind aber die beiden Lesarten nicht gleichberechtigt.

5. Differenzen zwischen den zwei Lesarten

5.1. Reguläre vs. markierte Bedeutung

In der „remain"-Lesart hat *bleiben* die weiteste Distribution unter den Kopula-Verben. Die „become"-Lesart von *bleiben* ist im Deutschen dagegen hochgradig beschränkt:
– Sie ist nur möglich mit Positionsverben als Komplement.
– Sie ist von extralinguistischen Bedingungen bezüglich des Modus der Fortbewegung abhängig. Bei einer vorausgesetzten Fortbewegung mit Kontakt auf einer Unterlage (*laufen, kriechen, robben* usw.) ist die „become"-Lesart nur möglich, wenn die Positur beibehalten wird. Variationsmöglichkeiten sind natürlich von den Gestalteigenschaften des Objekts abhängig.
In (17) sind die beiden Lesarten durch den Kontext desambiguiert, (a) hat die „remain"-, (b) hat die „become"-Lesart:

---

[6] vgl. die Wahrheitsbedingung für BECOME in von Stechow (1996:96): ‖BECOME‖ (P) (e) = 1, iff e is the smallest event such that P is not true of the prestate of e but P is true of the target state of e. In Steinitz (1999a) schlage ich eine weniger spezifizierte Definition von *werden* vor, die auch atelischen Ausdrükken wie *größer werden* gerecht wird.

(17) a. *Peter blieb lange stehen/ sitzen/ hocken/ knien/ liegen*
b. *Peter rollte den Berg hinab und blieb unten liegen/ *stehen / *sitzen/*knien*
Peter rannte los, aber blieb plötzlich wieder stehen / *sitzen / *liegen/ *knien
Peterle kroch zur Schokolade und blieb dort hocken / ²liegen /*stehen
Der Ball rollte übers Feld und blieb vor dem Tor liegen / *stehen

Eine „become"-Lesart von *sitzen / knien bleiben* ist nicht möglich, wenn eine vorausgehende Fortbewegung mit dieser Körperhaltung nicht möglich ist. Hängen bleiben kann man dagegen aus den unterschiedlichsten Bewegungsarten heraus. Als Folge eines Fallens ist die „become"-Lesart von Gestalteigenschaft und Körperhaltung des Objektes unabhängig, was fällt, bleibt im Normalfall liegen, vgl. gegenüber der „remain"-Lesart (18a) die „become"-Lesart (18b):

(18) a. *Nach dem Essen blieben die Teller auf dem Tisch stehen*
Der Drachen blieb den ganzen Winter über im Baum hängen
Eichenblätter bleiben bis zum Frühjahr an den Zweigen hängen
Es blieb lange an dem Reck hängen
b. *Der Teller fiel vom Tisch und blieb unten liegen / *stehen*
Das Kind fiel vom Baum und blieb auf der Erde liegen / ²stehen
Der Drachen flog aufwärts, aber blieb im Baum hängen
Das Blatt schwamm ans Ufer und blieb an einem Stein hängen
Das Kind fiel vom Baum, blieb aber an einem Ast hängen
Er kroch durchs Gebüsch, blieb aber an einem Ast hängen

5.2. Kompositionalität

Die gemeinsame Basis für beide Lesarten von *stehen bleiben* sollten die Bedeutungen der Komponenten der beiden Verbbedeutungen und ihre Komposition sein:

(19) /stehen/ [[UPRIGHT x] & [STILL x]]
(20) /bleiben/ [REMAIN [P x]]

(21) /stehen bleiben/ [REMAIN [[UPRIGHT x] & [STILL x]]]

Bleiben und *werden* nehmen im Unterschied zu *sein* Bezug auf drei Situationen und damit auf drei Zeiten $t_1 < t < t_2$, vgl. Abschnitt 3.1.

Die „remain"-Lesart birgt keine Probleme. (21) ist äquivalent mit

[¬ [BECOME [¬[UPRIGHT x] &[STILL x]]]]   nach (3a)

Die Negation der konjunktiv verknüpften Prädikate ist auszubuchstabieren:

[¬ [BECOME [[UPRIGHT x] & [¬ STILL x]]]]   nach (14i)
v [¬ [BECOME [[¬UPRIGHT x] & [STILL x]]]]   nach (14ii)
v [¬ [BECOME [[¬ UPRIGHT x] & [¬STILL x]]]]   nach (14iii)

Stehen bleiben = „nicht losgehen oder sich nicht setzen oder nicht loskriechen und keiner anderen möglichen Veränderung der Positur unterliegen".

Die „become"-Lesart gibt dagegen Probleme auf. *Stehen bleiben* hat in dieser Lesung nur die Bedeutung „zum Stillstand kommen", die in t_1 eingenommene Positur, hier „upright", bleibt gültig und es gilt nur (14i). In der „become"-Lesart ist also von der eingenommenen Positur zu schließen auf eine gleichartige vorhergehende; das zeigen die Beispiele in (17b).

Stehen bleiben in der „become"-Lesart hat große Ähnlichkeiten mit *krank werden*. Da *werden* im Kontext eines Positionsverbs blockiert ist, vgl. (11), scheint es, als ob *bleiben* in diesem Kontext den Part von *werden* übernähme. Bezüglich eines angenommenen komplementären Vorzustandes ist *bleiben* aber restriktiver, weil die beiden Komponenten von *stehen* sich nicht gleich verhalten. Zwar gilt in t_1 regulär [¬ STILL x] aber UPRIGHT ist von der Negation nicht betroffen.

Stehen bleiben in dieser Bedeutung ergibt sich nicht direkt aus der Komposition (21) der Bestandteile. *Bleiben* aber kann auch nicht einfach für einen Spezialfall eine extra Eintragung beanspruchen. In Abschnitt 8 werde ich einem möglichen Ausweg aus diesem Dilemma nachgehen.

5.3. Ambiguität im dualen System, eine Kuriosität des Deutschen?

Man könnte die Ambiguität als periphere Erscheinung im Deutschen mehr oder weniger ignorieren. Der Witz aber ist, daß auch in anderen Sprachen die zu *bleiben* und *werden* analogen Verben eng miteinander verbunden sind, auch dort scheint eine Bedeutung in die seines Duals überzugehen. Weil sich dieses Bild in kaum oder gar nicht verwandten Sprachen wiederholt,[7] muß eine Regularität dahinter stecken, der aber nur schwer auf die Spur zu kommen ist. Die Lexikalisierung von BECOME und REMAIN kann in den einzelnen Sprachen anders portioniert sein als im Deutschen. Ge-

---

[7] Rosenthal (1984) führt Beispiele aus den romanischen Sprachen, dem Albanischen, Polnischen, Litauischen, Estnischen und Ungarischen an.

meinsam ist ihnen aber, daß ein und dasselbe Verb je nach Belegung der Komplementposition zwischen der „become"- und „remain"-Lesart changiert, und das nicht nur in einem Spezialfall. Schmitt (1999) analysiert Brasil-Portugiesisch *ficar*, ich werde im Folgenden Schwedisch *bli(va)* mit Deutsch *bleiben* und *werden* vergleichen.

6. „Be, become, remain" in den germanischen Sprachen

In den einschlägigen etymologischen Wörterbüchern und sprachgeschichtlichen Arbeiten sind die indoeuropäischen Wurzeln und die gotischen Einträge nicht unumstritten. Die zusammenfassende Tabelle nimmt die jeweiligen Angaben als gegeben:

(22)

	„sein"	„werden"	„bleiben"
Indoeur	*es – „sein"	*u̯erth – (lat. vertere)	*lei(p) –
	*bheu – „wachsen,"	„sich wenden"	„kleben, schmieren"
	*u̯es – „verweilen"		
Got	ist / wisan	wairthan	bileiban
Altnord	es / vesa	verða	(dveljask)
Schwed	är / vara	vart, bliva	förbliva, (stanna)
Altengl	is / bēon / wesan	weorthan, (becuman)	belifan, (dwellan)
Neuengl	is / be / was	(become)	(remain, stay)
Niederl	is, zijn / ben / was	worden	blijven
Ahd	ist, sīn / bim / wesan	werdan	bilīban
Mhd	ist, sīn / bin / wesen	werden	b(e)līben
Nhd	ist, sein / bin / war	werden	bleiben

Kurze Geschichte von bli

Nach Markey (1969) und Rosenthal (1984) ist das Skandinavische *bliva* im 13. Jahrhundert aus dem Mittelniederdeutschen (*bliven*) oder Mittelniederländischen (*blijven*) entlehnt worden. Ob der Switch von der „remain"- zur „become"-Lesart vor oder nach der Entlehnung zu lokalisieren ist, sei dahingestellt.[8] *Bli(va)* verdrängt allmählich zumindest in der schwedischen Standardsprache *varda* (nhd *werden)*, was nur möglich ist, wenn sich die „become"-Lesart bereits eingebürgert hat. Dialektal hält sich noch heute

---

[8] Auch im Niederländischen und in niederdeutschen Dialekten hat *blijven/bliven* noch lange auch die „become"- Lesart, heute ist diese Lesart nur in Relikten wie *doot bliven, stom blijven* vorhanden.

varda. In vielen schwedischen Dialekten gibt es Misch-Paradigmen, *bli* im Präsens, *wart* im Präteritum.

7. Schwedisch *bli* im Vergleich[9]

7.1. Die „become"-Lesart von bli

Ungeachtet der etymologischen Zugehörigkeit von *bli* und *bleiben* hat *bli* im heutigen Schwedisch genauso regulär die „become"-Lesart wie Deutsch *werden*.

(23) *Han var / blev sjuk / ond / stor*   *Er war / wurde krank / böse / groß*
       Han var / blev lärare   *Er war / wurde Lehrer*

Es gibt einige Unterschiede. Wenn z.b eine NP inhärent einen Nachzustand denotiert, kann im Deutschen nur *sein* verwandt werden, im Schwedischen ist *bli* vorzuziehen:

(24) *Vad* $^?$*var /*   *blev*   *följden?*
      Was   *war /*   **wurde*   *die Folge?*
      Vad $^?$*var /*   *blev*   *resultatet / effekten / svaret?*
      Was   *war /*   **wurde*   *das Resultat / der Effekt / die Antwort?*[10]

Das tangiert aber nicht die Tatsache, daß *bli* regulär die gleiche Semantische Form wie *werden* hat, also wie (2):

(25) /bli/   [+V]; $\lambda P \lambda x \lambda s$ [s INST [BECOME P (x)]]

Auch im Schwedischen hat *bli* ein Auxiliarpendant. Der analytischen Passiv (nicht aber das Futur) wird mit *bli* gebildet:

(26) *Brevet blev öppnat*   *Der Brief wurde geöffnet*
      Han ska komma   *Er wird kommen*

---

[9] Für die Überprüfung meiner Beispiele danke ich den Kollegen von Tyska Institutionen in Lund.

[10] Weitere Beispiele:
     Det blev inte mera   *Es wurden nicht mehr :*
     Vad blev det av ditt löfte   *Was wurde aus deinem Versprechen*
     Han blev till   *Er entstand, wurde geboren*
     Han blev av med alla pengar   *Er wurde sein ganzes Geld los*

Im Kontext eines adjektivierten Partizips II ist *werden/ bli* dagegen Kopula und nicht Passiv-Auxiliar:

(27) *Maja blir förargad (*av mig)*   *Maja wird verärgert (*von mir)*

7.2. *Besonderheiten, die* bli *und* werden *teilen:*

Absolute Adjektive sind mit der Kopula *werden* nur beschränkt verbindbar, vgl. (9) in Abschnitt 3. Angesichts der gleichen Einschränkungen im Schwedischen (und in anderen Sprachen) kann hier nicht eine reine Idiosynkrasie vorliegen.

(28) *Han var / ?blev naken*   *Er war / *wurde nackt*
     Han var / *blev död   *Er war / *wurde tot*
     Han var /*blev fri   *Er war / *wurde frei*[11]
     Dörren var /*blev öppen   *Die Tür war / *wurde offen/auf*
     Nur: *Dörren gick upp/öppnades*   *Die Tür ging auf/öffnete sich*

Adjektivierte Partizipien sind im Deutschen genauso wenig mit *werden* zu kombinieren, vgl.(9). Das Schwedische ist hier großzügiger.

(29) *Han var / blev förtjust*   *Er war / *wurde entzückt*
     Han var / blev förvånad   *Er war / *wurde erstaunt*
     Han var / blev överraskad   *Er war / #wurde überrascht*
     Han var / blev förkyld   *Er war / *wurde erkältet*

Es scheint ein allgemeines, wenngleich noch nicht entschlüsseltes Prinzip zu sein, daß *direktionale Adverbiale* nicht Komplement von Kopulaverben mit der Bedeutung „become" sein können, im Gegensatz zum lokalen Pendant *Han var i rummet / Er war im Zimmer. Werden* und *bli* (und Brasil-Portugiesisch *ficar*[12]) verhalten sich hier ganz gleich:

(30) **Han blev hem*   **Er wurde heim*
     Nur: *Han gick / kom hem*   *Er ging / kam heim*

---

[11] *Die Stelle wurde frei* ist dagegen völlig korrekt. Dieses Gegenbeispiel verdanke ich Jürgen Amrhein. Nicht immer deckt sich die Intuition der verschiedenen Sprecher. Ich halte *Er wurde froh über das Geschenk, Er wurde gespannt auf die Geschichte* nicht für akzeptabel. Eine Erklärung für diese – nicht voll durchgehende – Eigenschaft absoluter Adjektive, habe ich nicht, vgl. auch Steinitz (1999a: 176-68).

[12] Im Brasil-Portugiesischen hat *ficar*, das sonst „become" bedeutet oder ambig ist, im Kontext eines lokativen Adverbials wie im Schwedischen nur die „remain"-Lesart, vgl. Schmitt (1999).

*Han blev in i rummet *Er wurde ins Zimmer
Nur: Han gick in i rummet Er ging ins Zimmer (hinein)

7.3. Die zwei Lesarten von bli stående, Besonderheiten, die bli und bleiben teilen

Die Besonderheit, die bei der deutschen Kopula *bleiben* zu beobachten ist, wiederholt sich bei Schwedisch *bli,* nur spiegelbildlich.

Deutsch *bleiben* hat regulär die „remain"-Lesart, Schwedisch *bliva* hat regulär die „become"-Lesart. Im Kontext von Positionsverben tritt zur regulären Lesart beider Verben die des Duals. *Bleiben* kann die „become"-Lesart annehmen, *bli* die „remain"- Lesart. Das macht die Verknotung sowohl der Form (*werden/bleiben/bli*) wie der Bedeutung („become"/ „remain") sichtbar.

Das Positionsverb steht im Schwedischen in der Form des Partizips Präsens (*-ande / -ende*), wahrscheinlich ist auch der deutsche Infinitiv in *stehen bleiben* durch Abschleifung aus dem Partizip Präsens entstanden.

Die beiden Lesarten sind nicht immer gleich gut. *Bli* steht teilweise in Konkurrenz mit dem gleichbedeutenden *stanna.*[13]

„Become"-Lesart:

bli stående/ stanna = stehen bleiben (,stop')

(31) *Vart gick han och var stannade han / blev han stående?*
 ,Wohin ging er und wo (hielt) er / blieb er stehend?'
 I samma sekund blev hon stände / stannade hon
 ,In gleicher Sekunde blieb sie stehend / hielt sie'
 Bollen rullade över fältet och stannade / blev liggande framför målet
 ,Ball-der rollte über Feld-das und hielt/blieb liegend vor Tor-dem'
 Lövet flög genom luften och ?stannade / blev liggande pa marken
 ,Blatt-das flog durch Luft-die und (hielt) / blieb liegend auf Erde-der'

„Remain"-Lesart:

(32) *Pojken skulle gå ut, men han blevsittande / stående / stannade*
 ,Junge der sollte gehen hinaus, aber er blieb sitzend / stehend/(blieb)'

---

[13] *Stanna* ist in vielen Fällen dem *bli stående* vorzuziehen. Es ist selbst auch ambig. Landschaftlich werden *stanna* und *bli* unterschiedlich bewertet.
  (i) *Han ilade i väg men stannade framför polisen*
   ,Er eilte weg aber hielt an vor Polizist-den'
  (ii) *Han stannade/blev länge i sängen* ,Er blieb lange in Bett-dem'

Aber besser: *Han satt / stod / stannade kvar*
‚Er saß / stand / (blieb) zurück'
De knuffade pa honom, men han blev stånde / *stannade/stod kvar
‚Sie schubsten auf ihn, aber er blieb stehend / (blieb) / stand zurück'
Hon blev sittande / stannade i tre timmar
‚Sie blieb sitzen / (blieb) in drei Stunden (drei Stunden lang)'

Schwedisch *bli* ist unversehens in das Muster von deutsch *bleiben* (zurück?) gerutscht. Und das „remain"-Muster geht noch weiter:

7.4. Die „remain"-Lesart von bli im Kontext lokaler Adverbiale

Wir hatten beobachtet, daß direktionale Adverbiale weder Komplement von *werden* noch von *bli* sein können (**Er wurde heim / *Han blev hem*). *Bli* aber kann anders als *werden* ein lokales Adverbial zum Komplement nehmen, vgl. (33), hat dann aber nur die „remain"-Lesart, ganz so wie reguläres *bleiben* in (34):

(33)   *Alla gick ut, bara Anna blev (kvar) /stannade (i huset)*

Solche Sätze sind überhaupt nicht ambig, *bli* kann einzig mit deutsch *bleiben* übersetzt werden:

(34)   *Alle gingen hinaus, nur Anna blieb (zurück) / blieb (im Hause)*

Das trifft für lokale PP und Adverbien gleichermaßen zu:

(35)   *Han blev/stannade i sängen*   *Er blieb im Bett*
        Han blev / stannade på trottoaren *Er blieb auf dem Bürgersteig*
        Han blev/stannade hema t   *Er blieb daheim*
        Det blev/ stannade ingenting kvar   *Es blieb nichts übrig/ zurück*
        Han blev/stannade kvar   *Er blieb zurück /? übrig*

Bli hat also im Kontext von lokalen Adverbialen die „remain"-Lesart und nichts anderes.
   Verwandtschaft und Differenz zwischen den beiden Verbbedeutungen zeigt sich auch beim folgenden Koordinationstest:

(36) Deutsch
  a. *Er ist und bleibt in Berlin*
  b. *Er ist und bleibt Raucher*
  c. **Er ist und wird Raucher*

(37) Schwedisch
   a. *Han är och blir i Berlin*
   b. ?
   c. **Han är och blir rökare*

Nur wenn beide Kopulaverben Zustandsbedeutung haben, sind sie koordinierbar. Das sind im Deutschen *sein* und *bleiben* in (36a) und (36b). (36c) ist inkorrekt, weil hier ein Zustandswechselverb mit einem Zustandsverb koordiniert wird.

Im Schwedischen ist (37a) korrekt, weil im PP-Kontext *bli* die „remain"-Lesart und damit Zustandsbedeutung hat wie *vara* „be". Im NP-Kontext jedoch hat dasselbe Verb *bli* nur die „become"-Bedeutung, (36b) ist deshalb nicht mit *bli* übersetzbar, (37b) bleibt (zunächst) leer, vgl. aber 7.5. unten. (37c) ist wiederum aus demselben Grund inkorrekt wie (36c).

7.5. Erstes Fazit zu bli

Das Verhalten von deutsch *bleiben* bei einer kleinen Gruppe von Komplementen, den Positionsverben, könnte noch als Randerscheinung gelten: die Grundbedeutung „remain" kann – durch den Kontext erzwungen – in die seines Duals *werden* rutschen, so daß *stehen bleiben* ambig ist.

Das aber ist auf *bli* nicht übertragbar und also nicht zu verallgemeinern. Neben der dem Deutschen gleichenden Ambiguität von *bli stående* hat *bli* eindeutig in unterschiedlichen Kontexten unterschiedliche Bedeutung:

- im Kontext von NP- und AP-Komplementen hat *bli* die Bedeutung „become",
- im Kontext von lokativen Komplementen hat *bli* die Bedeutung „remain".

Wir können sogar sagen, daß die „become"-Lesart die reguläre ist, während die „remain"-Lesart markiert ist:

- Nur wo *bli* (wie *werden)* in seiner „become"-Lesart blockiert ist, nämlich im Kontext von lokativen Komplementen, hat es (anders als *werden*) die „remain"-Lesart.

Mit Ausnahme der Positionsverben ist überall dort, wo *bli* regulär die „become"-Lesart hat, die „remain"-Lesart blockiert und vice versa; es entsteht keine Ambiguität.

Wo *bli* auf die „become"-Lesart festgelegt ist, muß „remain" durch ein anderes Lexem ausgedrückt werden.

Deutsch werden, bleiben *und Schwedisch* bli, förbli

7.6. *förbli = (ver)bleiben "remain"*

Im Kontext von APs und NPs ist für die „remain"-Lesart im Schwedischen *förbli* (Deutsch *verbleiben*) verfügbar:

Komplement: AP

(38) *Han förblev / # blev sjuk*   Er blieb krank
    Han förblev / # blev vaken   Er blieb wach
    Han förblev / # blev ledig   Er blieb ledig
    Han förblev / * blev ogift hela sitt liv   Er blieb sein ganzes Leben unverheiratet
    Han förblev / # blev levande   Er blieb lebendig (am Leben)

(# bedeutet: nur in „remain"-Lesart nicht korrekt, in der „become"-Lesart sehr wohl).

Komplement: NP

(39) *Han förblev / # blev lärare*   Er blieb Lehrer
    Han har alltid förblivit / *blivit sig själv   Er ist immer er selbst geblieben [14]

Jetzt füllt sich auch die Lücke beim Koordinationstest in (37b):

(40) *Han är och förblir / *blir rökare*   Er ist und bleibt Raucher
    (=(36b / 37b)
    Han är och förblir / *blir frisk   Er ist und *wird /bleibt gesund
    Han är och förbli / *blir ogift   Er ist und bleibt unverheiratet
    Han är och förblir / *blir liten   Er ist und bleibt klein

---

[14] *Förbli* ist wie das Deutsche *verbleiben* z.T. veraltet oder gestelzt, es wird eher das äquivalente Duale (in analytischer oder synthetischer Form) benutzt, also statt (38):
Han blev inte frisk,   Er wurde nicht gesund
Han somnade inte,   Er schlief nicht ein
Han gifte sig inte   Er heiratete nicht usw.
Für *förbli* werden oft andere Umschreibungen bevorzugt, wo im Deutschen *bleiben* ganz normal ist:
Det återstår att berätta om   Es bleibt zu berichten
Det aterstar att se vad resultatet blir   Es bleibt abzuwarten, was das Resultat ist
Jag vet inte varför han inte kommer   Ich weiß nicht, wo er bleibt
Komm mig inte för nära   Bleib mir vom Leibe
Färgen sitter i   Die Farbe bleibt:
Han stod länge kvar   Er blieb lange stehen
Hon satt kvar   Sie blieb sitzen

Han är och förblir / *blir min vän   *Er ist und bleibt mein Freund*
Sa är det och sa ska det förbli / *bli *So ist es und so soll es auch*
                                           bleiben
Han är och förblir / *blir sig själv   *Er ist und bleibt er selbst*

8. Erste Schritte zur Lösung des Rätsels

Bis jetzt hab ich nur gezeigt, daß ein Verb die Bedeutung seines Duals annehmen kann und daß dies nicht eine zufällige Kuriosität einer Einzelsprache ist. Aber wie kann das geschehen?

8.1. Voraussetzung bei allen Erklärungsversuchen

- Die Verschränkung der dualen Bedeutungen „remain" und „become" derart, daß unter bestimmten Bedingungen die eine Bedeutung in die andere übergehen kann, sollte nicht als einzelsprachliches Phänomen behandelt werden.
- Beide Bedeutungen ein und desselben Verbs sollten auf eine gemeinsame Basis zurückzuführen sein, wobei die nichtreguläre Bedeutung von der regulären Basisbedeutung abgeleitet sein sollte.

Ich bleibe aber zunächst beim Deutschen. Die Idee, den Switch in der Bedeutung von *bleiben* zu erklären mit der Aufhebung zweier Negationen, der äußeren und der inneren, kann ich gleich beiseite tun. Negationsneutralisierung trifft zwar zu bei *sein,* vgl.

Peter ist nicht Nichtraucher = Peter ist Raucher

Duale aber sind gerade durch äußere und innere Negation (duale Negation) auf einander bezogen, vgl.

Peter wird nicht Nichtraucher = Peter bleibt Raucher
Peter bleibt nicht Nichtraucher = Peter wird Raucher

Eine etwas seriösere Idee führt zurück zum Ausgangspunkt, zu den Bedeutungspostulaten (3) und dem Dualitätsquadrat (4) in Abschnitt 1.

Deutsch werden, bleiben *und Schwedisch* bli, förbli

8.2. Erster Versuch: Konsistente Operatoren implizieren ihren Dual

Nach den Bedeutungspostulaten (3) und dem Dualitätsquadrat (4) sind *werden* P (Typ 1) und *bleiben* P (Typ 2) durch duale Negation mit einander verbunden. Nach Löbner (1990:93) gilt nun:
Typ 1-Operatoren sind inkonsistent, Typ 2-Operatoren sind konsistent, und:
Konsistente Operatoren implizieren ihren Dual.

Ein entsprechender Test für verschiedene Operatoren ergibt allerdings unterschiedliche Resultate.

Er verläuft positiv bei
  Typ 2   Typ 1
  alle   *manche*
  immer   *manchmal*
  und   *oder*
  müssen   *können*
aber negativ bei
  nur   *auch*
  bleiben   *werden*

Bei den dualen Operatoren *alle/manche* trifft zu:

(41)   *Alle Männer rauchen Pfeife* ⇒ *Manche Männer rauchen Pfeife*

Wenn *bleiben* als Typ-2-Operator auch konsistent wäre, sollte genauso gelten, gilt aber leider *nicht*:

(42) a. *Peter bleibt gesund* ⇒   *Peter bleibt nicht krank,*
                                   äquivalent mit *Peter wird gesund*
     b. [REMAIN P(x)]   ⇒   [BECOME P(x)]

Warum „leider"? Wenn *bleiben* als Dual von *werden* konsistent wäre und somit *werden* implizierte, dann hätten wir eine elegante Erklärung dafür, daß unter wohldefinierten Bedingungen *bleiben* die Bedeutung seines implizierten Duals annehmen kann, (42b) hätte den Status eines Templates, das die Bedeutung von *bleiben* anreicherte. Es würde gelten:
Bleiben springt für *werden* ein, wenn dieses Lexem blockiert ist. Im Kontext von Positionsverben ist *werden* blockiert, *bleiben* bekommt neben der regulären „remain"-Lesart eine „become"-Lesart. Die Anweisung lautet: Wenn die reguläre „remain"-Lesart nicht greift, weil die Bedingung „Vorzustand gleich Nachzustand" nicht zutrifft, dann nimm (42b) als Template, das die „become"-Lesart erzwingt.

Schwedisch *bliva* hat seinen früheren Dual *varda* („become") verdrängt und es hat dessen Bedeutung mit übernommen. Das Template (42b) hat im Schwedischen zur regulären „become"-Lesart von *bli* geführt, *bli* hat schon in seiner Basisbedeutung die Komponente BECOME Px. Nur im Kontext von lokativen Angaben hat *bli* nicht die „become"-Lesart. Die „remain"-Lesart bei Lokativen im Schwedischen ist als Relikt der ursprünglichen Bedeutung des entlehnten Wortes *bliva* zu deuten, verursacht durch die in vielen Sprachen auftretende Blockierung des BECOME-Lexems in lokativen Kontexten.

Wenn *bleiben* konsistent wäre, würde (42b) erklären, warum es die Bedeutung seines Duals annehmen kann, das inkonsistente *werden* dies jedoch nie kann. Aber leider stimmt die Basis (42b) nicht, *bleiben* P ist nicht konsistent und impliziert nicht *werden* P. Wie kann eine falsche Prämisse zu richtigen Lösungen führen? Das ganze Gebäude fällt zusammen.

8.3. Zweiter Versuch: Rekonstruktion eines komplementären Vorzustandes

Dieser Versuch geht auf eine Idee in Steinitz (1975) bezüglich der Zustandswechselverben (Inchoativa) zurück.

Homogene Prädikate geben von Haus aus keinen Aufschluß über vorausgehende Zustände oder Zustandsveränderungen. In

(43) *Eine Hand lag auf ihrer Schulter*
    Peter sang

wird nichts über Beginn oder Ende der denotierten Situation gesagt. Entsprechende Kontexte, wie das Zeitadverb *plötzlich* oder das Phasenverb *beginnen*, erlauben es aber, Vorzustand und Eintritt in den benannten Zustand zu rekonstruieren. Ich sehe Parallelen der „become"-Lesart von *stehen bleiben* zu solchen Konstruktionen.

8.3.1. Zeitpunktadverbien

Liegen, stehen sind Zustandsprädikate ohne Bezug auf einen komplementären Vor- oder Nachzustand. Durch temporale Modifikatoren wie *plötzlich, nach fünf Minuten* wird aber ein Vorzustand $\neg$ p rekonstruiert, der komplementär zum behaupteten Zustand p ist. Die Sequenz $\neg$ p at t_1 & p at t (mit t_1 < t) ist Bestandteil der gängigen Definition von BECOME p (vgl. 4.2. und Fußnote 6). Zwischen den zwei Zeitintervallen t_1 und t muß ein Zustandswechsel liegen, vgl.

(44) a. *Plötzlich legte sich eine Hand auf ihre Schulter*
  b. *Plötzlich lag eine Hand auf ihrer Schulter*
  c. *Plötzlich stand Peter*

In (44a) wird durch das Zustandswechselverb (*sich*) *legen* selbst schon eine Veränderung behauptet, die zum Resultatszustand „liegen" führt. In (44b) wird ein Zustand „liegen", „stehen" dagegen erst durch das Adverbial als ein unmittelbar nach einem Wechsel beginnender Zustand rekonstruiert. Nun könnte auch der Satz

(45) *Er blieb vor mir stehen*

auf der Basis von (44b) interpretiert werden. Allerdings hat (44b) nicht die Beschränkungen von (45). Während in (45) ein möglicher komplementärer Vorzustand nur „sich aufrecht bewegen" ist, sind nach (14i-iii) für *Plötzlich stand Peter in* (44c) verschiedene Vorzustände möglich.

Diese Idee führt uns zu einer weiteren Vergleichsmöglichkeit der problematischen *bleiben*-Konstruktion.

8.3.2. Bleiben – ein Phasenverb?

Das Phasenverb *beginnen* bezeichnet die Anfangsphase eines Zustandes oder eines Prozesses, der begrenzt oder nichtbegrenzt sein kann.

(46) *(Peter räusperte sich) und fing an zu singen*
  (Peter aß wieder) und fing an zuzunehmen
  Er begann zu altern

In (46) ist – ähnlich wie bei (44b) – ein komplementärer Vorzustand als vorausgesetzt rekonstruierbar (vorher sang er nicht, nahm er nicht zu, alterte er nicht).
  Es gibt einige Beschränkungen, sog. Statives und Achievement-Verben sind nicht mit *beginnen* kombinierbar, doch aus unterschiedlichen Gründen: Obwohl natürlich auch Statives Zustände mit einem Anfang denotieren können, geht aus bislang ungeklärten Gründen nicht **zu liegen /* zu stehen / *zu kosten beginnen.*
  *Zu verstummen / *aufzustehen beginnen sind hingegen inkorrekt, weil der Beginn einer Situation immer eine gewisse zeitliche Ausdehnung derselben bedingt; atomare Situationen haben per definitionem aber keine Ausdehnung. Mehr noch, Achievement-Verben selbst implizieren den Beginn eines neuen Zustandes.[15]

---

[15] In beiden Fällen gibt es scheinbare Gegenbeispiele wie *Er begann damit, täglich*

Noch ohne Kenntnis von Vendler (1967), aber durchaus in seinem Sinne habe ich in Steinitz (1975) zwei Klassen von Zustandswechselverben durch die Art des Übergangs – atomar oder ausdehnbar – unterschieden. Bei einem atomaren Übergang aber „fällt das *Ende* des einen Zustands zusammen mit dem *Beginn* des kontradiktorisch zu ihm definierten" (ibid: 32).

Achievement- und Phasenverb-Konstruktionen sind sich somit ganz nahe, ein klarer Unterschied ist nicht recht auszumachen. Die Lexikalisierungen in (47) sind zwar nicht gleich akzeptabel, die Beispiele zeigen aber, daß zwischen Achievement-Verben *(verstummen)* und Phasen-Verben *(zu reden beginnen)* weitgehende Äquivalenz besteht:

(47)   *Peter verstummte*   = $^?$*Er begann zu schweigen*
       $^?$*Peter hub an*   =   *Er begann zu reden / zu singen*

Zurück zum Problemfall, für *stehen* könnte die Kombination mit *bleiben* die Möglichkeit bieten, den Beginn des Zustands „stehen" auszudrücken, auch (48) könnte parallel zu (47) interpretiert werden:

(48)   *(Er rannte zur Tür) und blieb stehen*   = $^?$*Er begann zu stehen*

Stehen bleiben in der „become"-Lesart ist dann kein sog. Accomplishment-Verb wie *alt werden / altern*, bei dem der Wechsel selbst, nicht aber der Nachzustand die Situation in t ausmacht. *Peter blieb stehen* in dieser Lesart ist wie *Peter begann zu reden* eine Phasenverbkonstruktion. Die Proposition kennzeichnet eine Situation als Anfangsphase einer andauernden Situation. In beiden Fällen ist die Übergangsphase von „nicht stehen" zu „stehen", bzw. von „nicht reden" zu „reden" atomar, die Nähe zu den Achievements ist offensichtlich.

Eine solche Deutung der Fakten findet Bestätigung im *Russischen*. Dort ist ein und dasselbe Verb *stat'*[16] äquivalent dem deutschen *werden* oder *beginnen*, je nach lexikalischer Kategorie im Komplement:

(49)   *On stal učitel'em*   *Er wurde Lehrer*
       On stal pisat'   *Er begann zu schreiben*

---

mehrere Stunden in der Sonne zu liegen (vs. *Als wir am Strand ankamen, *begann er mehrere Stunden in der Sonne zu liegen*) und *Die Gäste begannen aufzustehen* (vs. **Peter begann aufzustehen*). Hier wird durch Iteration bzw. Distributivität sekundär der Situationstyp verändert und damit die Kombination mit *beginnen* ermöglicht.

[16] *Stat'*(perfektiv) / *stanovit'sja* (imperfektiv) „become / begin" hat außerdem eine gemeinsame Wurzel nicht nur mit *stojat'* „stand", sondern auch mit *ostavat'sja* „remain" und *ostanovit'sja* „become standing, stop". Im Russischen sind also alle drei Bedeutungen „become, begin, remain" morphologisch verwandt.

Deutsch werden, bleiben *und Schwedisch* bli, förbli 337

Hilft uns das bei der Lösung unseres Problems?

Ausgangspunkt der jetzt angenommenen Beschreibung der beiden Lesarten von *stehen bleiben* ist die kompositionell gewonnene semantische Repräsentation (21) in Abschnitt 5.2, hier wiederholt als (50):

(50)   /stehen bleiben/   [REMAIN [[UPRIGHT x] & [STILL x]]]

Für beide Lesarten von *stehen bleiben* gilt bezüglich des Vorzustandes in t_1 die Positur UPRIGHT, unabhängig von der Gültigkeit von STILL. Analog bleibt z.B. bei *liegen bleiben* der Modus HORIZONTAL in beiden Lesarten erhalten, vgl.Abschnitt 5.1.

Die Komponente STILL ist im unmarkierten Fall gleichfalls als zur Zeit t_1 gültig vorausgesetzt, vorher galt „stehen" und es wird weiter gelten. Wenn aber der Kontext dagegen spricht, so daß in t_1 nicht STILL gilt, dann kann in einem Rettungsakt die Interpretierbarkeit des Satzes gewahrt bleiben, indem aus der Tatsache zweier zu unterschiedlichen Zeiten gültiger komplementärer Zustände ein Zustandswechsel inferiert wird. Etwas genauer:

In der regulären „remain"-Lesart, vgl. (12a) *Peter stand am Start, sollte loslaufen, blieb aber stehen,* erfüllt der nach (50), erweitert um den Zeitindex t, behauptete Zustand

(51)   [REMAIN [[UPRIGHT x t] & [STILL x t]]]

den durch *bleiben* lexikalisch vorausgesetzten Vorzustand, nämlich

(52)   [[UPRIGHT x t_1] & [STILL x t_1]] & [t_1 < t]

In der irregulären „become"-Lesart, vgl. (12b) *Peter sollte drei Runden laufen, blieb aber nach der ersten stehen,* bleibt die Behauptung unverändert:

(=51)   [REMAIN [[UPRIGHT x t] & [STILL x t]]]

Wenn aber durch den Kontext (*Er rannte*) ein vom gegebenen abweichender Vorzustand als gültig vorausgesetzt werden muß, und zwar

(53)   [UPRIGHT x t_1] & [¬ STILL x t_1] & [t_1 < t]

dann erzeugt dies einen Widerspruch zum lexikalisch vorausgesetzten Vorzustand, vgl. (52).

Eine Anpassung erfolgt, indem aus [¬ STILL x t_1] und [STILL x t] das Stattfinden eines Zustandswechsels zwischen t_1 und t inferiert wird.

Unter diesen Bedingungen wird eine Reinterpretation von (51) in etwa der folgenden Art erzwungen:

(54) [¬ REMAIN [¬ STILL x]] ⇒ [BECOME [STILL x]]

Diese Reinterpretation nutzt die duale Definition nach (3d) und berücksichtigt dabei den per Anpassung induzierten Zustandswechsel. Nach dem inferierten Wechsel beginnt in t die Situation [[UPRIGHT x] & [STILL x]]. *Stehen bleiben* wird reinterpretiert als Anfangsphase des Zustandes „stehen" nach einem Wechsel. Das ist eine Erklärungsidee zunächst nur fürs Deutsche.[17] Ist sie auch auf andere Sprachen anwendbar?

8.4. Schwedisch *bli*

Wie wird aus einer durch den Kontext erzwungenen Inferenz im Deutschen eine reguläre Zustandswechsel-Denotation im Schwedischen (und auch im Brasil-Portugiesischen, s. Schmitt (1999))? Die Bedeutung von *bli* ist regulär [BECOME P x], vgl. (25) in Abschnitt 7.1, daran gibt es nichts zu deuteln.

Nach dem ersten mißglückten Versuch in Abschnitt 8.2 können die Dualitätsbeziehungen zwischen *werden* und *bleiben* doch als relevant für diese Bedeutungsverschiebung rehabilitiert werden.

Wie *stehen bleiben* hat auch Schwedisch *bli stående* zwei Lesarten, doch diesmal ist die „become"-Lesart die Basis. Das Pendant zu (50) fürs Deutsche ist fürs Schwedische:

(55) /bli stående/ [BECOME[[UPRIGHT x] & [STILL x]]]

---

[17] Eine andere Interpretation hat Dieter Wunderlich 1997 in einem Kommentar zu einer früheren Version des vorliegenden Aufsatzes angeboten: „Stehen bleiben ist für mich nicht ambig (in jedem Fall gilt: es ist nicht der Fall, daß eine Veränderung zum Gegenteil von ‚stehen' eintritt), aber erlaubt verschiedene Kontexte (Präsuppositionen für die Bewertung): (a) entweder er stand schon vorher, dann gibt es keine Veränderung, (b) oder er stand vorher nicht (also bewegte sich), dann gibt es eine Veränderung in den Fakten von nicht-stehen zu stehen, erzwungen durch die Bedeutung des Verbs, daß es nämlich keine Änderung zu nicht-stehen geben darf, was nur auf der Basis von stehen einen Sinn macht, also muß stehen nunmehr erreicht sein. Das ist ein markierter Kontext." Vielleicht wollen wir beide auf dasselbe hinaus, aber ich ziehe die hier vorgestellte Version vor. Der Sprung zu den Verhältnissen im Schwedischen scheint mir auf dieser Basis außerdem eher möglich.

Deutsch werden, bleiben und Schwedisch bli, förbli   339

Die Verteilung von regulär und nicht regulär angenommenen Vorzustand bezüglich STILL ist spiegelbildlich zum Deutschen, (53) ist im Schwedischen der reguläre, (52) der irreguläre. Im Normalfall verhält sich *bli* wie Deutsch *werden*, das auch einen komplementären Vorzustand voraussetzt. Die „remain"-Lesart kommt nur dort zum Zuge, wo die „become"-Lesart blockiert ist.

Wenn für ein Vorkommen von *bli stående* sich durch den Kontext die Voraussetzung [STILL x t_1] als gültig erweist, dann ist die „become" Lesart blockiert, denn wenn Vor- und Nachzustand identisch sind, kann kein Zustandswechsel stattgefunden haben. Ohne Positionsverb ist in beiden Sprachen die „become"-Lesart der Kopula mit einem lokativen Adverbial als Komplement blockiert, vgl. deutsch **Er wurde ins/im Bett*; *bli* aber kann sich retten durch die markiert verfügbare „remain"-Lesart, vgl. *Han blev i sängen* „Er blieb im Bett". Parallel zur Beschreibung im Deutschen soll gelten:

In der regulären „become"-Lesart, vgl. (31) und *Per skulle löpa tre varv men blev staende /stannade efter första varvet* (zu deutsch (12b)), erfüllt der nach (55), erweitert um den Zeitindex t für die Ereigniszeit, behauptete Zustand

(56)   [BECOME [[UPRIGHT x t] & [STILL x t]]]

den durch *bli* lexikalisch vorausgesetzten Vorzustand, nämlich

(57)   [¬ [UPRIGHT x t_1] & [STILL x t_1]] & [t_1 < t]

In der irregulären „become"-Lesart, vgl. (32) und *Per stod vid starten, skulle löpa, men blev staende/stod kvar* (zu deutsch 12a)) bleibt die Behauptung unverändert:

(=56)   [BECOME [[UPRIGHT x t] & [STILL x t]]]

Wenn aber durch den Kontext (*Han stod* „Er stand") ein vom gegebenen abweichender Vorzustand als gültig vorausgesetzt werden muß, und zwar

(58)   [[UPRIGHT x t_1] & [STILL x t_1]] & [t_1 < t]

dann erzeugt dies einen Widerspruch zum in (57) lexikalisch vorausgesetzten Vorzustand. Eine Anpassung erfolgt, indem aus [STILL x t_1] und [STILL x t] inferiert wird, daß zwischen t_1 und t kein Wechsel stattgefunden hat. Unter diesen Bedingungen wird eine Reinterpretation erzwungen, auch hier ganz analog zum Deutschen, nur in umgekehrter Richtung:

(59)   [¬ [BECOME [¬ STILL x]]] ⇒ [REMAIN [STILL x]]

Diese Reinterpretation nutzt die duale Definition (3a). Wenn kein Wechsel stattgefunden hat, bleibt der Vorzustand unverändert bestehen.

8.5. Was bleibt zu tun?

Ich habe versucht, die bekannte Idee der Anpassung und Reinterpretation für zweierlei zu nutzen. Zum einen zur Erklärung der merkwürdigen Ambiguität von *bleiben* und *bli* in speziellen Kontexten, zum anderen für einen Erklärungsansatz für die ebenfalls merkwürdige Verschiebung der Bedeutung eines Verbs in die seines Duals. Ich bin mir des Provisoriums bewußt, ebenso wie einiger der in Steinitz (1999a,b) festgestellten aber bisher ungelösten Rätsel.
1. Warum sind Präpositionalphrasen (bis auf die mit *zu*) und
2. warum sind viele, aber eben nicht alle absoluten Adjektive
nicht mit *werden*, sondern nur mit *sein* und *bleiben* kombinierbar (Beispiel (8) bzw. (9))?

Beide Fälle legen eine semantische Begründung nahe, denn die Beschränkungen sind kein deutscher Sonderweg, in vielen Sprachen zeigt sich derselbe Befund. Andererseits ist eine semantische Basis dafür schwer nachweisbar. Die Blockierung in 1. kann nicht daraus erklärt werden, daß Direktionale schon ein BECOME hätten, so daß das zweite BECOME in *werden* blockiert wäre. Das müßte dann auch für *ins Zimmer eintreten* oder ähnlich bedeutungsarme Verben wie *geraten, gelangen* gelten. Die Blockierung in 2. ist nicht auf eine klar umrissene semantische Klasse wie die absoluten Adjektive reduzierbar.

Ich möchte die Aufgabe, eine auch den Spezialisten befriedigende Lösung zu finden, hiermit der nächsten Generation weitergeben.

Literatur

Bierwisch, Manfred (1988): On the Grammar of Local Prepositions. In: M. Bierwisch, W. Motsch, I. Zimmermann (eds.): Syntax, Semantik und Lexikon (=studia grammatica XXIX) Berlin: Akademie-Verlag. 1-65 .
- (1992): „Wir bleiben hier", Ms.
Lakoff, George (1970): Linguistics and Natural Logic. In: Synthese 22/1-2: 151-271.
Lenz, Barbara (1996): *sein, bleiben* und *werden* im Negations- und Partizipial-Kontext. Linguistische Berichte 162, 161-182.
Löbner, Sebastian (1990): Wahr neben falsch. Duale Operatoren als die Quantoren natürlicher Sprache. Tübingen: Niemeyer.

Markey, Thomas (1969): The Verbs *varda* and *bliva* in Scandinavian. Uppsala: Almqvist & Wiksell.
Maienborn, Claudia (1990): Position und Bewegung: Zur Semantik lokaler Verben. IWBS Report 138.
Rosenthal, Dieter (1984): Studien zur Syntax und Semantik des Verbs *bleiben*. Göteborger germanistische Forschungen 27.
Schmitt, Cristina (1999): When STAY and BECOME are the same Verb: the Case of *ficar*. ZAS-Papers in Linguistics 14, 227-255.
Steinitz, Renate (1975): Sind alle Inchoative inchoativ? In: Neue Aspekte der Grammatikforschung I (=Linguistische Studien 18: 1-82), Berlin.
– (1990): Prädikation, Modifikation und die Adverbiale. In Linguistische Studien des ZISW der Akademie der Wissenschaften der DDR, Heft 206: 117-132.
– (1999a): Die Kopula *werden* und die Situationstypen. ZAS-Papers in Linguistics 14, 165-188. Erscheint auch in: Zeitschrift für Sprachwissenschaft.
– (1999b): Deutsch *werden, bleiben* : Schwedisch *bli, förbli*. ZAS-Papers in Linguistics 14, 209-226.
Teleman, Ulf, Hellberg, S. & E. Andersson (im Druck): Svenska Akademiens grammatik.
Vendler, Zeno (1967): Verbs and Times. Linguistics in Philosophy. Ithaca: Cornell University Press.
von Stechow, Arnim (1996): The Different Readings of *Wieder* ‚Again': A Structural Account, Journal of Semantics 13, 2: 87-138.

4. Fachsprache

Ulrich Ammon

Deutsch als internationale Wissenschaftsprache: Neueste Entwicklungen

1. Zur jüngsten Entwicklung der Publikationsanteile in einigen Natur- und Geisteswissenschaften

Aufgrund einschlägiger Veröffentlichungen (Skudlik 1990; Ammon 1998) und einer teilweise auch an die Öffentlichkeit dringenden Diskussion sind folgende Grundzüge zur Entwicklung des Deutschen als internationale Wissenschaftssprache weithin bekannt. Zu Beginn unseres Jahrhunderts spielte Deutsch in dieser Funktion eine prominente Rolle, zusammen mit Englisch und Französisch. Es stand als Wissenschaftssprache hinter dem Englischen und dem Französischen nicht zurück. Da es vielerorts als internationale Sprache vor allem in den Wissenschaften auffiel – in der Diplomatie war Französisch und im Geschäftsleben Englisch vorherrschend –, wurde es nicht selten auch als die wichtigste Wissenschaftssprache überhaupt eingeschätzt.

Infolge der Kriegsniederlage Deutschlands und Österreichs im Ersten Weltkrieg wurde Deutsch eines Teils der Fundamente beraubt, auf die sich seine Weltgeltung als Wissenschaftssprache stützte. Besonders gravierend war der wirtschaftliche Ruin Deutschlands und Österreichs, der die wissenschaftliche Führungsrolle in wichtigen Disziplinen gefährdete. Es fehlten nun Ressourcen, um mit den englischsprachigen Ländern, insbesondere den USA, auf Dauer zu konkurrieren. Ein Anzeichen dafür, neben anderen, ist der Verlust der führenden Stellung bei den wissenschaftlichen Bibliographien und Referatenorganen an die USA.

Die Übergabe der Macht an die Nationalsozialisten hatte dann nahezu Züge des wissenschaftlichen Suizids. Tausende von Spitzenwissenschaftlern, vor allem Juden, wurden des Landes vertrieben oder ermordet. Hinzu kam der abermalige völlige Ruin durch den erneuten Weltkrieg. Mangels adäquater Arbeitsmöglichkeiten zog es auch nach dem Krieg zahlreiche Wissenschaftler ins Ausland, wiederum vor allem in die USA – ein Prozeß, der, wenngleich abgeschwächt, bis auf den heutigen Tag anhält.

Eine der Auswirkungen auf Deutsch als internationale Wissenschaftssprache ist der schwindende Anteil von Deutsch am Welt-Gesamtaufkommen wissenschaftlicher Publikationen. In den Naturwissenschaften ist dieser

Anteil von rund 30% in der Zeit vor dem Ersten Weltkrieg auf nur noch 3% um 1980 geschrumpft (Tsunoda 1983). Ist dieser Trend nun zum Stillstand gekommen, oder hat er sich sogar umgekehrt? Die folgenden Zahlen aus eigenen Analysen bibliographischer Datenbanken sollen Aufschluß darüber liefern.

Ein Problem solcher Analysen besteht darin, daß die meisten einigermaßen umfassenden bibliographischen Datenbanken heute ihren Sitz in den angelsächsischen Ländern haben. In den deutschsprachigen Ländern sind zahlreiche Datenbanken eingegangen oder wurden von der angelsächsischen Konkurrenz absorbiert. Es ist daher zu vermuten, daß die englische Sprache in diesen Datenbanken bevorzugt wird. Allerdings zeigte der Vergleich zwischen zwei Datenbanken ähnlichen Formats, von denen die eine ihren Sitz in den USA und die andere in Deutschland hat, keine entsprechende Verzerrung. Beim Vergleich neuerer Jahrgänge des *Zentralblatts für Mathematik und ihre Grenzgebiete/Mathematics Abstracts* mit *Mathematical Reviews*, und zwar der Jahrgänge 1980 bis 1983, ergab sich sogar ein höherer englischsprachiger Anteil für die in Deutschland hergestellte Datenbank (vgl. Ammon 1998: 144). Es ist schwer zu sagen, inwiefern dieser Befund dem tatsächlichen Gewicht der englischen Sprache entspricht oder aus der Überanpassung der deutschen Datenbank an vorherrschende Sprachverhältnisse resultiert. Wenn auch der tatsächliche Anteil der Sprachen an der Welt-Gesamtheit wissenschaftlicher Publikationen von den Zahlen der Datenbanken abweichen mag, so scheinen Analysen auf ihrer Grundlage doch insoweit aussagekräftig, als sie Tendenzen anzeigen. Es ist nämlich nicht damit zu rechnen, daß Englisch neuerdings mehr bevorzugt wird als zu früheren Zeiten. Eher sind die Datenbanken der angelsächsischen Welt – infolge öffentlicher Kritik oder Verdachtsäußerungen einer Bevorzugung des Englischen – um möglichst gleichgewichtige Berücksichtigung von Publikationen verschiedener Sprachen bemüht.

Die folgenden beiden Tabellen enthalten Mittelwerte aufgrund der Analyse verschiedener Datenbanken. Die Werte für die einzelnen Datenbanken sind getrennt wiedergegeben in Ammon 1998 (S. 146-167). In die Tabelle zu den Naturwissenschaften sind Zahlen einbezogen aus Analysen von *Biological Abstracts*, *Chemical Abstracts*, *Physics Abstracts*, *Index Medicus* und *Mathematical Reviews*. Die Tabelle zu den Geisteswissenschaften basiert auf Analysen von *Sociological Abstracts*, *Historical Abstracts* und *The Philosopher's Index*. Es wurde jeweils der ungewichtete Mittelwert (arithmetisches Mittel) aus den einzelnen Datenbanken errechnet; dadurch erhalten zwar diejenigen mit weniger Titeln ein übergebührendes Gewicht, wodurch jedoch keine die Gesamtaussage verdrehenden Verzerrungen resultieren.

Tab. 1: Anteile der Sprachen an den naturwissenschaftlichen Publikationen von 1980 bis 1996 (in Prozent)

	1980	1984	1988	1992	1996
Englisch	74,6	77,1	80,5	87,2	90,7
Russisch	10,8	9,2	6,9	3,9	2,1
Französisch	2,3	2,5	2,1	2,3	1,7
Japanisch	3,1	2,4	2,4	1,6	1,3
Deutsch	3,5	3,3	2,9	1,6	1,2

Tab. 2: Anteile der Sprachen an den sozial- und geisteswissenschaftlichen Publikationen von 1974 bis 1995 (in Prozent)

	1974	1978	1982	1986	1990	1995
Englisch	66,6	69,1	69,9	70,6	71,7	82,5
Französisch	6,8	6,6	5,9	5,9	5,9	5,9
Deutsch	8,0	5,2	6,0	5,4	5,7	4,1
Spanisch	3,8	3,6	3,6	4,0	3,8	2,2

In den Naturwissenschaften spielt Spanisch eine geringe Rolle, und in den Geisteswissenschaften fallen Russisch und Japanisch stark ab, weshalb diese Sprachen jeweils nicht mit einbezogen sind. Abgesehen davon wird erkennbar, daß der Anteil des Englischen in den Naturwissenschaften deutlich größer ist als in den Geisteswissenschaften, in denen etwas mehr Raum für andere Sprachen bleibt.

Auch das Deutsche ist in den Geisteswissenschaften noch stärker vertreten als in den Naturwissenschaften. In letzteren, in denen es einstmals eine besonders prominente Rolle gespielt hat, erscheint es fast bedeutungslos. Allerdings zeigt sich in beiden Wissenschaftsgruppen eine parallele Tendenz: Beide Male zeigt sich der Anteil von Deutsch als weiterhin rückläufig, und zwar bis zum jüngsten Untersuchungsjahr. Von einem Ende des Abwärtstrends oder gar einer Umkehrung kann also keine Rede sein.

Als einen wesentlichen Faktor dieser Tendenz hat schon Sabine Skudlik (1990) das Überwechseln der deutschen Wissenschaftler zum Englischen als Publikationssprache festgestellt. Diese Tendenz wird auch durch eine Analyse der Datenbanken bestätigt. Dazu habe ich den Anteil der Autoren aus

Deutschland an den deutschsprachigen und an den englischsprachigen Beiträgen in zwei Datenbanken ermittelt. Da sich nicht die Herkunft aller Autoren ermitteln läßt, weil die Datenbanken bei dieser Angabe teilweise inkonsistent verfahren, sind die Zahlen mit einer gewissen Unsicherheit behaftet. Diese ist jedoch nicht so groß, daß die Aussage der Zahlen im Hinblick auf die übergreifende Tendenz in Frage zu stellen wäre.

Tab. 3: Anteile von Autoren aus Deutschland in *Biological Abstracts* und *Mathematical Reviews* (in Prozent)

Biological Abstracts	1980	1984	1988	1992	1995		
An deutschsprachigen Beiträgen	22,0	23,6	26,7	10,7	77,2		
An englischsprachigen Beiträgen	0,7	3,0	3,1	1,4	5,3		
Mathematical Reviews	1940	1945	1950	1955	1960	1965	1970
An deutschsprachigen Beiträgen	1,3	–	–	1,3	0,9	1,8	2,4
An englischsprachigen Beiträgen	5,3	5,6	4,8	5,3	4,8	5,9	6,3
Mathematical Reviews	1975	1980	1982	1983	1985	1990	1995
An deutschsprachigen Beiträgen	1,3	2,1	4,4	27,7	38,8	51,2	58,0
An englischsprachigen Beiträgen	6,0	6,0	6,2	10,2	12,2	12,1	12,3

Wie man sieht, steigt in beiden Fällen der Anteil der Autoren aus Deutschland sowohl an den deutschsprachigen als auch an den englischsprachigen Beiträgen. Daraus lassen sich zweierlei interessante Schlüsse ziehen. Einerseits wechseln immer mehr deutschsprachige Autoren über vom Deutschen zum Englischen (Erhöhung ihres Anteils an den englischsprachigen Beiträgen). Andererseits publizieren immer weniger nicht-deutschsprachige Autoren auf deutsch, weshalb der Anteil der aus Deutschland stammenden Autoren an deutschsprachigen Beiträgen immer größer wird. Das dramatische Anwachsen gerade dieses Anteils verrät sogar besonders deutlich den Stellungsverlust von Deutsch als internationale Wissenschaftssprache: Sofern

Deutsch als Wissenschaftssprache 349

überhaupt noch auf Deutsch publiziert wird, tun es mehr und mehr nur noch die Deutschen selber. So bitter diese Befunde für alle Deutschsprachigen und alle Freunde der deutschen Sprache sein müssen, es scheint mir wichtig, sie zur Kenntnis zu nehmen und zu überlegen, wie man damit angemessen umgeht. Ich persönlich wäre am glücklichsten, wenn sich die Zahlen als fehlerhaft erweisen ließen und die Stellung des Deutschen als internationale Wissenschaftssprache in Wirklichkeit viel stärker wäre, als in diesen Zahlen zum Ausdruck kommt. Allerdings passen die Zahlen in ein Gesamtbild, das sich auch aufgrund zahlreicher anderer Beobachtungen und Berichte abzeichnet.

2. Vordringen des Englischen auch in der Hochschullehre

Ende der 80er Jahre schien es noch ziemlich gewiß, daß die Hochschullehre auf Dauer der deutschen Sprache vorbehalten bleibt. So stellte Sabine Skudlik bei der Untersuchung verschiedener Textsorten fest, daß vor allem die „Lehrbücher" fast ausschließlich „in deutscher Sprache verfaßt waren", auch in den ansonsten anglophonen Disziplinen. Die Lehre gehört ja auch in gewissem Sinn zum Bereich der „Vermittlung zwischen Wissenschaften und Gesellschaft." Die Gesellschaft aber muß in der ihr eigenen Sprache informiert werden. „Der Wissenschaftler hat deshalb die Aufgabe, diese Rückvermittlung in einer Sprache zu leisten, die die Gesellschaft (...) verstehen kann." (Skudlik 1990: 87 bzw. 229). Nun allerdings ist auch diese Schranke gefallen, nachdem sie nur kurze Zeit von meinungsbildenden Journalisten und von auf Modernität bedachten Politikern bestürmt wurde. Im Wintersemester 1997/98 sind an zunächst einmal 18 Hochschulen in Deutschland „internationale Studiengänge" in englischer und deutscher Sprache angelaufen, und zwar 9 für nicht-graduierte und 16 für graduierte Studierende. Sie werden gefördert vom Bundesministerium für Bildung, Wissenschaft, Forschung und Technologie, und vom Deutschen Akademischen Austauschdienst zentral verwaltet.

Primäres Motiv für ihre Einrichtung ist nicht etwa der Versuch, die Einheit von Forschung und Lehre in sprachlicher Hinsicht wieder herzustellen, sondern die breitere Öffnung der Universitäten Deutschlands für ausländische Studierende. Die Zahl der echten Ausländer – zu unterscheiden von Angehörigen der nicht eingebürgerten Wohnbevölkerung („Bildungsinländer") – ist in den letzten Jahren drastisch zurückgegangen. Als einer der Gründe wird angenommen, vermutlich zu Recht, daß die Kenntnis der deutschen Sprache eine zu hohe Hürde für eventuelle Interessenten ist. Die Zahl von Ausländern mit den für ein Studium ausreichenden Deutschkenntnissen ist nämlich im Verlauf der letzten Jahre ebenfalls geschrumpft, oder zumindest ist sie nicht in gleichem Maße gewachsen wie die Neigung der Jugendlichen vieler Länder, im Ausland zu studieren. Die englischsprachigen Länder ziehen den Löwenanteil von Auslandsstudierenden an sich, allen voran die USA. Dafür spielt sicher das Prestige der Universitäten des Weltwissenschaftszentrums ebenso eine Rolle wie ihre bekanntermaßen großzügige Ausstattung, angesichts derer auch hohe Studiengebühren in Kauf genommen werden. Ein nicht ganz unwichtiger Faktor ist aber auch die englische Sprache, die praktisch in allen nicht-englischsprachigen Ländern der Welt erste und am intensivsten gelernte Fremdsprache ist, so daß die Fähigkeiten in ihr meist für die Aufnahme eines Studiums ausreichen. Wenn der Zustrom von Ausländern zu den deutschen Universitäten versiegt, so droht Deutschland bzw. den deutschsprachigen Ländern die Isolierung. Dadurch würde in Zukunft die Anknüpfung und Aufrechterhaltung politischer, wirtschaftlicher, wissenschaftlicher und kultureller Kontakte erheblich erschwert, mit unabsehbaren negativen Konsequenzen.

Die neuen internationalen Studiengänge mit Englisch als – man muß schon sagen: hauptsächlicher – Sprache der Lehre wurden zunächst einmal eingerichtet in den Naturwissenschaften, Technologien (Ingenieurwissenschaften), Mathematik sowie den Wirtschaftswissenschaften. Nicht beteiligt sind bislang die Geisteswissenschaften im engeren Sinn. Dies entspricht dem unterschiedlichen Grad der Dominanz von Englisch als internationale Wissenschaftssprache, wie auch in Abschnitt 1 deutlich wurde. Die Terminologiesysteme in den Naturwissenschaften, auch noch den Wirtschaftswissenschaften, lassen sich vom Deutschen viel leichter an das Englische anpassen, als dies in den Geisteswissenschaften der Fall ist. Generell sind in den Geisteswissenschaften die Termini und zugehörigen Begriffe in stärkerem Maße einzelwissenschaftlich geprägt und weniger universell. Dies hängt nicht zuletzt mit dem geringeren Formalisierungsgrad der Wissenschaftssprachen zusammen, aufgrund dessen die geisteswissenschaftliche Terminologie der jeweiligen Gemeinsprache viel enger verhaftet ist. Dies macht ein Umsteigen von der Muttersprache auf eine Fremdsprache weit schwieriger. Während deutsche Naturwissenschaftler den Übergang auf das Englische oft ohne allzu große Probleme meistern, kann er sich für Geisteswissenschaftler als ungeheuer schwierig, wenn letztlich nicht sogar unmöglich, erweisen.

In den Geisteswissenschaften macht sich das „linguistische Relativitätsprinzip" nachhaltig bemerkbar. Es handelt sich dabei um die spätestens seit Wilhelm von Humboldt bekannte Abhängigkeit des Denkens von der Struktur, zumindest der semantischen Struktur, der jeweiligen Einzelsprache.

Für die Einführung des Englischen in die deutsche Hochschullehre ist die Notwendigkeit von Kontakten mit der nicht-deutschsprachigen übrigen Welt das wohl wichtigste Motiv. Sie gelingt am besten durch die Wahl der englischen Sprache. Unter Bezugnahme auf Wilhelm von Humboldt stehen dabei zwei Kräfte im Widerstreit: Einerseits die Prägung der Erkenntnis, auch der wissenschaftlichen, durch die Struktur der jeweiligen Sprache, an-

Deutsch als Wissenschaftssprache 351

dererseits die wünschenswerte Einheit von Forschung und Lehre. Diese Einheit hat auch eine sprachliche Seite. Die naturwissenschaftliche Erkenntnis ist der Prägung durch die Struktur der Einzelsprache vermutlich so weit enthoben, daß sie dem Bedürfnis nach sprachlicher Einheit von Forschung und Lehre keinen nachhaltigen Widerstand entgegensetzt. In den Geisteswissenschaften ist dies anders. Auch hier publizieren viele deutschsprachige Wissenschaftler schon auf englisch und nutzen schon englischsprachige Texte als Informationsquelle. Der Übergang zum Englischen in der Lehre dürfte sich immer noch auf längere Sicht, wenn nicht sogar dauerhaft, als sehr schwierig erweisen, aufgrund der nachhaltig in der Gemeinsprache verwurzelten Terminologie und Erkenntnisstruktur.

Literatur

Ammon, Ulrich (1998): Ist Deutsch noch internationale Wissenschaftssprache? Englisch auch für die Lehre an den deutschsprachigen Hochschulen. Berlin: de Gruyter.
Biological Abstracts (1927ff.): Philadelphia: BIOSIS.
Chemical Abstracts (1907ff.): Columbus, OH: Chemical Abstracts; A Division of the American Chemical Society.
Historical Abstracts (1775-1945; 1955-1970): Santa Barbara, CA: Clio [Fortsetzung als Modern History Abstracts, 1775-1914 und Twentieth Century Abstracts].
Index Medicus (1879ff.): Washington, D. C.: National Library of Medicine.
Mathematical Reviews (1940ff.): Providence, RI: American Mathematical Society.
The Philosopher's Index (1940 - March (on Disk) 1997): Bowling Green, OH: Philosopher's Information Center.
Physics Abstracts (Science Abstracts Series A) (1898 ff.): Piscataway, NJ.: Institute of Electrical Engineers.
Skudlik, Sabine (1990): Sprachen in den Wissenschaften. Deutsch und Englisch in der internationalen Kommunikation (Forum für Fachsprachen-Forschung, 10). Tübingen: Narr.
Sociological Abstracts (1952ff.): New York: Sociological Abstracts.
Tsunoda, Minoru (1983): Les langues internationales dans les publications scientifiques et techniques. Sophia linguistica: 144-155.
Zentralblatt für Mathematik und ihre Grenzgebiete/Mathematics Abstracts (1980-1983).

Christine Römer

Metaphern in der Wissenschaftssprache:
Bildfelder der sprachwissenschaftlichen Fachkommunikation

1. Einführung

In der Vergangenheit gab es vielfältige Vorbehalte gegenüber der Verwendung von Metaphern in der Wissenschaftssprache. Als Beispiel sei hier nur Max Black, einer der Ahnväter der modernen Metapherntheorie, zitiert. Er leitete seinen berühmten Aufsatz „Metaphor", 1954 veröffentlicht, mit folgenden Worten ein:

> Auf die Metapher eines Philosophen aufmerksam machen, heißt ihn herabsetzen – als rühmte man einen Logiker wegen seiner schönen Handschrift. Der Hang zur Metapher gilt als verderblich nach der Maxime, worüber sich nur metaphorisch reden lasse, solle man am besten überhaupt nicht reden.(55)

Heute hat sich die ablehnende Bewertung gegenüber Metaphern in wissenschaftlichen Texten weitgehend aufgelöst. Es folgt damit auch eine Anpassung an die tatsächlichen Gegebenheiten, an die Tatsache, daß es in wissenschaftlichen Texten eine Vielzahl von „toten" und „innovativen" Metaphern gibt. Diese Metaphern erfüllen in der Regel auch keine dekorativen Aufgaben. Sie sind vielmehr häufig mit dem wissenschaftlichen Phänomen eng verbunden, und sie werden zum Teil schon über Jahrhunderte tradiert. Sie bestimmen auf diese Weise ganz wesentlich das wissenschaftliche Wissen.

George Lakoff und Mark Johnson haben in ihrem für die Metapherntheorie wesentlichsten Buch „Metaphors we live by" (1980) mit Recht als das Wesentliche der Metapher hervorgehoben, daß man mit ihr Dinge verstehen und erleben kann.

„The essence of metaphor is understanding and experiencing one kind of thing in terms of another." (5)

Harald Weinrich hob diesen kreativen Aspekt der Metaphern folgendermaßen hervor:

> Daß unsere Metaphern gar nicht, wie die alte Metaphorik wahrhaben wollte, reale und vorgedachte Gemeinsamkeiten abbilden, sondern daß sie ihre Analogien erst stiften, ihre Korrespondenzen erst schaffen. (331)

In dem vorgelegten Beitrag soll es nicht um stilistische oder sprachpflegerische Aspekte der Problematik gehen, wie häufig, wenn über Wissenschaftssprache und Metaphern nachgedacht wird. Es soll vielmehr der Frage nachgegangen werden, welche Bildfelder für die sprachwissenschaftliche Fachkommunikation typisch sind. Speziell interessiert dabei auch, welche kognitiven Modelle für die sprachwissenschaftliche Kommunikation und Modellbildung charakteristisch sind. Als Beispielmaterial sollen etablierte germanistische Termini und Fachwörter aus der Lexikontheorie und Syntax dienen.

2. Konzeptualisierte Erfahrungsbereiche

Lakoff/Johnson haben für die Metaphorik in der Alltagssprache drei Hauptgruppen von Metaphern unterschieden: die ontologischen Metaphern, die Orientierungsmetaphern und die Konstellationsmetaphern, die auf den grundlegenden physischen und kulturellen Erfahrungen der Menschen basieren.

Die Konzeptualisierung von lexikalischen und syntaktischen Phänomenen durch die Sprachwissenschaftler/innen kann diesen Metaphernmodellen zugeordnet werden.

i) Ontologische Metaphern: ABSTRAKTA sind OBJEKTE/SUBSTANZEN

Ontologische Metaphorik geht von gut bekannten, greifbaren, konkreten Objekten und Substanzen aus. Ihre Eigenschaften werden zur Konzeptualisierung von vagen und/oder abstrakten Vorstellungen benutzt, indem ihnen Objekt- oder Substanzeigenschaften zugesprochen werden. Dies ermöglicht, abstrakte Phänomene zu lokalisieren, zu kategorisieren und zu quantifizieren wie konkrete Objekte und Substanzen.

Dies ist z. B. der Fall, wenn wir ein WORT als einen CONTAINER FÜR BEDEUTUNGEN auffassen, wie in den Termini *Bedeutungsentleerung* oder *Bedeutungsübertragung*. Die nicht physische Entität BEDEUTUNG wird als physisches Objekt, wie z.B. Kleider oder Hosen, aufgefaßt, welches von einem Behälter in einen anderen Behälter gelegt werden kann. Dieses Bildfeld schließt auch das „mentale Wort" und das „mentale Lexikon" ein, die als Container, Behälter aufgefaßt werden, in denen sich sprachliche Objekte befinden. Diese Objekte können dann in der gewählten Begrifflichkeit auch wie Kleider oder Hosen bearbeitet werden, z.B. indem Bedeutungen verengt oder erweitert werden, *Bedeutungsverengung, Bedeutungserweiterung*.

Wir finden ontologische Metaphorik auch außerhalb der Wissenschaftssprache sehr häufig. Sie ist nach Reinhardt Fiehler (1990: 100) die „häufigste Form der Konzeptionalisierung abstrakt-unanschaulicher Entitäten". In unserem Korpus kommen hauptsächlich folgende ontologischen Metaphernkonzepte vor:

Metaphern in der Wissenschaftssprache 355

- WÖRTER/KONSTITUENTEN/SÄTZE sind MENSCHEN/LEBEWE-SEN, sie haben MENSCHLICHE bzw. PFLANZLICHE EIGEN-SCHAFTEN (Personifizierungen)

Agens (lat. agere: handeln) (KONSTITUENTEN sind HANDELNDE)
Aktiv/Passiv (SÄTZE sind AKTIV/PASSIV)
Ast (KONSTITUENTENSTRUKTUREN haben ÄSTE)
Erbwort (WÖRTER werden GEERBT)
Fügungspotenz (WÖRTER haben EINE POTENZ)
Grammatisches Geschlecht (WÖRTER haben EIN GESCHLECHT)
Head-Konstituente (EINE KONSTITUENTE ist HEAD/KOPF)
Schwester-von-Relation (KONSTITUENTEN sind SCHWESTERN)
Sproßformen (FORMEN, die GESPROSSEN sind)
Sproßvokal (VOKALE, die GESPROSSEN sind)
Stamm (WÖRTER haben STÄMME)
Starke, schwache Verben (VERBEN sind STARK/ (SCHWACH)
Sippennamen (NAMEN FÜR SIPPEN)
Strukturbaum, Baumgraph, Baumdiagramm (KONSTITUENTENSTRUKTUREN sind BÄUME,...)
Tochter-von-Relation (KONSTITUENTEN sind TÖCHTER)
Wortfamilien (WÖRTER haben FAMILIEN)
Wurzel (WÖRTER haben WURZELN)
Zeichenkörper (ZEICHEN haben KÖRPER)
Zwillingsformel (FORMELN sind ZWILLINGE)

- WÖRTER haben eine FARBE

Abtönungspartikel (PARTIKEL TÖNEN AB)
Klangfarbe (DER WORTKLANG hat EINE FARBE)
Lautbild (DER LAUTTEIL VON WÖRTERN ist EIN BILD)
Lautmalerei (WÖRTER MALEN)
Verdunklung (WÖRTER werden DUNKEL)

Diese beiden Metapherntypen wurden besonders zur Hochzeit der historisch vergleichenden Sprachwissenschaft geprägt, und sie haben ihre Entsprechung in der Leitmetapher:
DIE SPRACHE ist EIN ORGANISMUS.
Aber auch neuere Konzeptualisierungen folgen diesem Muster (*Head, Strukturbaum* etc.)

- WÖRTER sind RÄUME/KÖRPER/CONTAINER für BEDEUTUNGEN

Bedeutungsentleerung (DIE BEDEUTUNG wird ENTLEERT)
Bedeutungserweiterung (DIE BEDEUTUNG wird ERWEITERT)

Bedeutungsfeld, Wortfeld, Feldforschung (BEDEUTUNGEN sind auf EINEM FELD, ...)
Bedeutungsverengung (DIE BEDEUTUNG wird ENGER)
Inhaltsseite (WÖRTER haben SEITEN)
Bedeutungsumfang (BEDEUTUNGEN haben EINEN UMFANG)

- KONSTITUENTEN/SÄTZE/TEXTE sind RÄUME/ORTE/ CONTAINER für SPRACHTEILE

Absatz (TEXTE haben ABSÄTZE)
Netzwerk (SPRACHTEILE befinden sich IN NETZEN)
Sinnbezirk (DER SINN befindet sich IN EINEM BEZIRK)

- WÖRTER/KONSTITUENTEN befinden sich IN RÄUMEN

Achsenstellung des finiten Verbs (VERBEN stehen auf DER ACHSE)
Anaphorische Insel (EINE KONSTITUENTE befindet sich AUF EINER INSEL)
Ausdrucksstelle (EINE KONSTITUENTE befindet sich AUF DER AUSDRUCKSSTELLE)
Ausgangssprache (DIE SPRACHE befindet sich AM AUSGANG)
Distanzstellung (SATZTEILE befinden sich IN DISTANZ)
Eindrucksstelle (EINE KONSTITUENTE befindet sich AUF DER EINDRUCKSSTELLE)
Grenzknotentheorie (EINE KONSTITUENTE ist EIN GRENZKNOTEN)
Kontaktstellung (SATZTEILE befinden sich IN KONTAKT)
Platzhalter (EINE KONSTITUENTE hält EINEN PLATZ)
Spaltsatz (EINE KONSTITUENTE wird HINTER EINEN SPALT verschoben)
Zielsprache (DIE SPRACHE befindet sich AM ZIEL)

Die letzten beiden Metapherntypen konzeptualisieren weitgehend statische Bildfelder. Sie entstammen zum größten Teil dem strukturalistischen Paradigma.

ii) Orientierungsmetaphern („orientational metaphors")

Die zweite Hauptart von Metaphern, die von Lakoff/Johnson unterschieden wird, tritt auch in unserem Korpus auf. Dieser Metapherntyp umfaßt die räumlichen Orientierungsmetaphern. Deren Charakteristikum ist, daß die physischen Grunderfahrungen der Menschen, daß sie sich selbst bzw. Objekte in Räumen in verschiedenen Richtungen bewegen können, daß sie sich an horizontalen und vertikalen Achsen orientieren (*oben/unten, über/unter, vor /zurück, hinter/vor* etc.), auf abstrakte Erscheinungen übertragen werden.

Metaphern in der Wissenschaftssprache 357

Im betrachteten Datenbereich traten folgende Formen von Orientierungsmetaphern auf:

- OBEN ist SICHTBAR, ist BEOBACHTBAR

Oberflächenstruktur (DIE STRUKTUR, die an DER OBERFLÄCHE SICHTBAR ist)
Oberflächensyntax (DIE SYNTAX, die DIE OBERFLÄCHE zum Ausgangspunkt der Interpretation nimmt)
Oberflächenkasus (DIE KASUS, die an der OBERFLÄCHE SICHTBAR sind)

- TIEF ist UNSICHTBAR, ist INHÄRENT

Satztiefe (DER SATZ hat EINE AUFBEWAHRUNGSTIEFE IM GEDÄCHTNIS)
Tiefenstruktur/ Tiefengrammatik (DIE STRUKTUR, die in DEN TIEFEN die BASIS bildet)
Tiefenkasus (DIE KASUS, die in DEN TIEFEN die Basis für die Rollenzuweisung bilden)

- INNEN ist UNSICHTBAR/NICHT HÖRBAR, ist GEISTIG, ist WICHTIG

Innere Sprachform (DIE SPRACHFORM, die INNEN IM GEIST ist)
Innere Sprache (DIE SPRACHE, die INNEN ist, als SPRACHE DES GEISTES)
Inneres Sprechen (DAS SPRECHEN, das INNEN stattfindet)
Innere Flexion (FLEXION, die INNEN erfolgt, die MORPHEME verändert)

- INTERN ist INNEN, ist SUBJEKTIV

internes Lexikon (DAS LEXIKON, das INTERN IM GEIST ist)
interne Repräsentation (DIE REPRÄSENTATION, die INTERN IM GEIST ist)

- LAUTE/WÖRTER/PHRASEN sind in BEWEGUNG

Hebung/Senkung (ELEMENTE werden GEHOBEN/GESENKT)
Lautverschiebung (LAUTE werden VERSCHOBEN)
Linksversetzung, Rechtsversetzung (ELEMENTE werden nach links VERSETZT)
Bewege alpha, Bewegungstransformation (ELEMENTE werden BEWEGT)

iii) Konstellationsmetaphern

Konstellationsmetaphern, als dritter Metaphern-Haupttyp, weisen einen höheren Komplexitätsgrad als die bereits besprochenen anderen zwei Haupttypen auf, sie treten auch in der Linguistik häufig auf. Sie verwenden prototypische komplexe Erfahrungssituationen aus dem Alltag zur Strukturierung diffuser und/oder nicht direkt zugänglicher Phänomene. Ihr stark selektiver Charakter resultiert daraus, daß durch das zur Konzeptualisierung gewählte Bildfeld nur bestimmte, mit dem Bildfeld konforme Aspekte ins Blickfeld treten.

In der einschlägigen Literatur über Konstellationsmetaphern spielt die Diskussion um die linguistische Conduitmetapher, KOMMUNIKATION ist NACHRICHTEN VERSENDEN, eine wichtige Rolle. Sie hat speziell im strukturalistischen Rahmen die Kommunikationsauffassung bestimmt (vgl. z.B. Roman Jakobsons Kommunikationsmodell. Es ist die Rede vom *Sender, Empfänger, Kanal, Code* und der *Nachricht*). Zahlreiche Autoren haben dieses Modell auch kritisiert, weil es wesentliche Aspekte der Kommunikation verdecke. Andererseits ermöglicht es, den komplexen Kommunikationsprozeß verständlich zu strukturieren. Deshalb wundert es auch nicht, daß Kritiker dieser Kommunikationsauffassung in dem Conduitbildrahmen bleiben, wie z. B. Schulz von Thun. In ihrem psychologistischen Kommunikationsmodell ist u.a. vom *Nachrichtenquadrat* die Rede.

Folgende Konstellationsmetaphernmodelle treten in der Lexikologie und Syntax auf:

- WÖRTER/KONSTITUENTEN/SÄTZE/TEXTE werden GEBAUT, sind BAUWERKE (Bauwerksmetaphern)

agglutinieren (KONSTITUENTEN werden ANEINANDER GEFÜGT)
Basismorphem (DAS MORPHEM bildet DIE BASIS des WORTBAUES)
Basissatz (EIN SATZ ist DIE BASIS der KONSTRUKTION)
Begriffsbildung (BEGRIFFE werden ZUSAMMEN GEBILDET)
Fugenelement, Fuge (EIN ELEMENT ist DIE FUGE des WORTES)
Funktionsverbgefüge (Besonderes GEFÜGE mit VERBEN)
Kante (DIE KANTE verbindet KONSTITUENTEN)
Komposition, Kompositum (lat. compositio; WÖRTER werden ZUSAMMENGEFÜGT)
Kompositionalität (DIE GESAMTHEIT wird ZUSAMMENGEFÜGT)
Satzbauplan (DER PLAN für den BAU des Satzes)
Satzkonstruktion (SÄTZE werden KONSTRUIERT)
Sprachbau (SPRACHEN werden GEBAUT)
Stufen (Zweistufensemantik) (DIE SEMANTIK wird STUFENWEISE gebaut)
Trägersatz (EIN SATZ ist DER TRÄGER für andere SÄTZE)

- WÖRTER/SÄTZE/TEXTE werden von COMPUTERN erzeugt bzw. gespeichert

Eintrag (CHARAKTERISTIKA werden IN DEN SPEICHER EINGETRAGEN)
Modul/Modularität (DER GEIST besteht aus MODULEN)
Schnittstelle, Interface (STELLE, die GESCHNITTEN ist, über die Informationen ausgetauscht werden können)
Wortspeicher (WÖRTER sind im SPEICHER)

- SPRACHPRODUKTION ist HANDWERK, verlangt KRAFT

Amalgamierung (ELEMENTE werden ZUSAMMENGEFAßT)
Applikation (ELEMENTE werden ANGEFÜGT)
Ausklammerung (ELEMENTE werden AUSGEKLAMMERT)
Ausdrucksverstärkung (DER AUSDRUCK wird VERSTÄRKT)
Bindevokal (DER VOKAL, der BINDET)
Bindungstheorie (DIE THEORIE von DER BINDUNG)
Brechung (DER VOKAL wird GEBROCHEN)
Einbettung (ELEMENTE werden EINGEBETTET)
Illokutionäre Kraft (DIE ILLOKUTION hat KRAFT)
Satzbruch (DER SATZ wird ABGEBROCHEN)
Satzgefüge (SÄTZE werden ZUSAMMENGEFÜGT)
Satzverarbeitung (DER SATZ wird VERARBEITET)
Satzverbindung (SÄTZE werden VERBUNDEN)
Satzverflechtung (SÄTZE werden VERFLOCHTEN)
Umformungsprobe (SÄTZE werden UMGEFORMT)

- SPRACHE hat KRAFT

Schlagwort (EIN WORT, das Leser SCHLÄGT)
Schlagzeile (EINE ZEILE, die LESER SCHLÄGT)

- SÄTZE sind BEFEHLSEMPFÄNGER

C-Kommando (KONSTITUENTEN üben KOMMANDO aus)
Fahnenwörter (EIN WORT ist DIE FAHNE)
Regierende Kategorie, Rektion (KATEGORIEN REGIEREN)

- SÄTZE sind BERECHENBAR (MATHEMATISCH)

Bedeutungspostulat (BEDEUTUNGEN werden POSTULIERT)
Differenzhypothese (DIE HYPOTHESE von DER DIFFERENZ sprachlicher Codes)
Ellipse (SÄTZE sind ELLIPSEN)

Hyperbel (SÄTZE sind HYPERBELN)
Mehrzahl (ELEMENTE sind MEHR IN DER ZAHL)

- SPRACHE ist ein SPIEL

Sprachspiel (DIE SPRACHE ist EIN SPIEL)

- SÄTZE sind RÄTSELHAFT

Tabuwörter (WÖRTER sind TABU)
Holzwegsätze, Garden path sentence (SÄTZE, die HOLZWEGE haben)
Spurentheorie (DIE THEORIE von den SPRACHLICHEN SPUREN)
Rattenfängerkonstruktion, Pied Piping (KONSTRUKTIONEN, die RATTEN FANGEN)

Die keineswegs vollständige Auflistung von lexikalischen und syntaktischen sprachwissenschaftlichen Metaphern verdeutlicht auf jeden Fall drei Tatsachen: Erstens, die linguistische Terminologie ist stark metaphorisch durchsetzt. Zweitens, die linguistische Terminologie verwendet die gleichen Metapherntypen wie die Alltagssprache. Drittens, die sprachwissenschaftlichen Bildfelder werden wesentlich von den theoretischen Grundannahmen geprägt.
    Wie wir im nachfolgenden Abschnitt noch darstellen werden, stehen sie in einem besonderen Zusammenhang zu den verwendeten Leitmetaphern.

3. Linguistische Leitmetaphern

Die bekanntesten linguistischen Leitmetaphern wurden zur Bestimmung der Wesenseigenschaften von Sprache geprägt. Ihre Prägung steht in Verbindung zu Entwicklungen in anderen Wissenschaften.
Die bekanntesten Sprachdefinitionen sind:

- SPRACHE ist EIN ORGANISMUS

Diese Auffassung, daß die Sprache als ein Organismus anzusehen sei, wurde von den Romantikern geprägt. Besonders für die Sprachtheorie Humboldts war diese Metapher zentral. Er verwendete sie im Anschluß an Kants Organbegriff. Im lebendigen Organismus wurde ein Modell für die Sprache gesehen, das vor allem die Naturgegebenheit, die Entwicklung, die Strukturiertheit (die Sprache teilt „die Natur alles Organischen, dass Jedes in ihr nur durch das Andre, und Alles nur durch die eine, das Ganze durchdringende Kraft besteht. Ihr Wesen wiederholt sich immerfort"[1]) und den Wesenszusammenhang der Teile („Sprache, als eines innerlich zusammenhängenden Organismus"[2]) hervorhebt.

August Schleicher hatte die Organismusmetapher zu „Die Sprachen sind Naturorganismen" (1863: 88) modifiziert, um den genetischen Aspekt der Organismusmetapher hervorzuheben, und mit der Einordnung der Sprachwissenschaft in die Naturwissenschaften verbunden, was bekanntlich den Protest der kulturwissenschaftlich orientierten Sprachwissenschaftler hervorrief.

- SPRACHE ist EIN SYSTEM VON ZEICHEN

Diese Sprachbestimmung, die die Sprache mit einem System, einem geordneten Gefüge, und die Wörter mit Zeichen gleichsetzt, lenkte die Forschungen der Strukturalisten in Anlehnung an den späten de Saussure. Als Aufgabe der Sprachwissenschaft wurde die Beschreibung dieses Systems von Zeichen angesehen und damit die Regelhaftigkeit der Sprache ins Zentrum gerückt. Die individuellen, sprechergebundenen, individualpsychologischen Aspekte traten damit aus dem Betrachtungsfeld. Indem nur der „langue" Systemcharakter zugesprochen wurde, wurde übersehen, daß auch die „parole" systemhaft funktioniert.

Mit dem Gleichsetzen der sprachlichen Elemente mit Zeichen, mit Informationsträgern, war eine weitere Einengung der Beschreibung des sprachwissenschaftlichen Objektes verbunden, die Anzeichen- und Signalfunktionen rückten in den „toten Winkel".

- SPRACHE ist EINE MENGE von WOHLGEFORMTEN Sätzen

Diese Sprachdefinition stammt von dem frühen Noam Chomsky.[3] Sie rückt die Idee ins Zentrum, daß es Aufgabe der Linguistik sei, eine Grammatik zu konstruieren, die alle wohlgeformten Sätze produzieren („generieren") kann. Die Sätze wurden dabei mit mathematischen Mengen verglichen. Damit wurde die Verengung des linguistischen Objektes weiter fortgeführt. Alles Individuelle, Subjektive und Inhaltliche wurde aus dem Gegenstandsbereich der Grammatik verbannt, u.a. weil die konkret Kommunizierenden außerhalb der Betrachtung blieben. Gleichzeitig deutete sich eine Erweiterung der linguistischen Perspektive an, da die formalen Gemeinsamkeiten aller Sprachen zentral wurden.

---

[1] Wilhelm v. Humboldt: Ueber das vergleichende Sprachstudium, in: Wilhelm von Humboldt. Über die Sprache, hg. v. Jürgen Trabant. Tübingen, Basel 1994, S. 12

[2] Wilhelm v. Humboldt: Über die Verschiedenheit des menschlichen Sprachbaues, hg. v. Donatella Di Cesare. Paderborn, 1998, S. 146

[3] Noam Chomsky: Syntactic Structures. S'Gravenhage 1957

- SPRACHE ist EIN INSTRUMENT zur Realisierung kommunikativer Zwecke

Diese Ansicht, daß die Sprache ein Werkzeug (ein Organon) sei, wurde bereits von Platon vertreten. Sie wurde später von dem Vorläufer der Psycholinguistik, von Karl Bühler, wieder aufgegriffen. Die Sprechakttheoretiker rückten sie in neuerer Zeit ins Zentrum, um die Intentionalität, die Zweckhaftigkeit von Sprache als Forschungsschwerpunkt zu markieren.

Diese Akzentuierung führte zu einer Ausweitung, manche sagen auch zu einer Überdehnung, des linguistischen Objektes auf nonverbale, psychologische und soziale Komponenten der Kommunikation, da ja die Intentionen der Kommunikationsakte nichtsprachlicher Natur sind und auch nicht allein mit verbalen Mitteln realisiert werden.

- SPRACHE ist EIN ORGAN

> Wir können uns sinnvollerweise das Sprachvermögen, das Zahlenvermögen u.a. als ‚mentale Organe' vorstellen, analog dem Herzen oder dem visuellen System oder dem System der motorischen Koordination (Chomsky 1980, dt. 46).

Diese Definition wurde vom „späten" Chomsky erstmals um 1975 geprägt, um die genetische Determination und das Wachsen von geistigen Fähigkeiten hervorzuheben. Gleichzeitig wollte er mit dieser Analogisierung die Übernahme der naturwissenschaftlichen Methodik anregen („Galileischer Stil"):

> Wie können wir bei der Erforschung der sprachlichen Eigenschaften verfahren? Um diese Frage zu klären, können wir über die weniger umstrittene Aufgabe der Untersuchung der physikalischen Struktur des Körpers nachdenken. (1980, dt. 228).

Obwohl Chomsky betont hatte, daß die Sprache kein Organ in dem Sinne sei, daß wir es körperlich abgrenzen können, verführte die gewählte Leitvorstellung dazu, dies doch annehmen zu wollen.[4]

Die Organmetapher ruft nicht nur eine Reihe von Konnotationen auf, sie steht auch in deutlichen intertextuellen Bezügen, zum einen zu den linguistischen Organismus- und Organon-Metaphern und zum anderen zu kognitiven Computermetaphern und speziell zu Jerry A. Fodors „The Modularity of Mind".

---

[4] vgl. Günther Grewendorf: Sprache als Organ, Sprache als Lebensform. Frankfurt a.M. 1995

4. Möglichkeiten und Grenzen von Metaphern in der Fachsprache

Die linguistischen Leitmetaphern entsprechen in ihrer Struktur völlig dem gängigen Muster von wissenschaftlichen Metaphern, das dadurch geprägt ist, daß „das Thema der Metapher üblicherweise ein Gegenstand der Theorie, der Phoros ein Objekt, das der unmittelbaren sinnlichen Anschauung allgemein zugänglich ist," (Gessinger: 32) ist.

Gemeinsam ist diesen Metaphern, daß im metaphorischen Fokus Nominalphrasen stehen, die in einem umfassenderen begrifflichen Netz stehen, daß bei ihrer Nennung assoziiert wird. Deshalb kann eine Substitution durch einen sogenannten wörtlichen Ausdruck nicht als äquivalent angesehen werden.

Der Metaphernrahmen ist immer die Definitionsformel:
Die Sprache   ist   *[NP].*
Rahmen/Thema   Fokus/Phoros

Die zur vergleichenden Erläuterung und zur Versinnlichung der wissenschaftlichen Gegenstände herangezogenen anschaulichen Objekte haben im Verlaufe der Entwicklung der Sprachwissenschaft gewechselt, wie oben dargestellt. Die einmal gewählten Leitmetaphern, die für die jeweiligen Theorien konstitutiv sind, entwickelten und entwickeln eine gewisse Dynamik, indem ihr Bildfeld die Erforschung und Beschreibung des wissenschaftlichen Phänomens lenkt aber auch einengt. Die mit den Leitmetaphern verbundenen Netzassoziierungen sind deshalb ein Vorteil und Nachteil zugleich.

Black argumentierte für seine Interaktionstheorie der Metapher u.a. mit der These seines Lehrers Ivor Armstrong Richards:

> Auf die einfachste Formulierung gebracht, bringen wir beim Gebrauch der Metapher zwei unterschiedliche Vorstellungen in einen gegenseitigen aktiven Zusammenhang, unterstützt von einem einzelnen Wort oder einer einzelnen Wendung, deren Bedeutung das Ergebnis der Interaktion beider ist.(55)

Im Falle der linguistischen Organmetapher erfährt das im Fokus stehende *Organ* eine Erweiterung seiner Bedeutungsextension. Es kommt darüber hinaus zu einer Interaktion von *Sprache* und *Organ*, die mit „Ersatz" oder „Vergleich" nicht zutreffend beschrieben ist. Wichtig ist nun, daß es bei der Interaktion der beiden Begriffe zu „blinden" Flecken kommt, speziell bei dem im Fokus stehenden Begriff, weil dieser durch das Bildfeld der Metapher strukturiert wird. Nicht in dieses Bild fallende Phänomene werden ausgeblendet.

So verbindet sich mit dem *Organ*-Begriff in etwa folgende Konzeptstruktur, hier nur ausschnitthaft skizziert, die im Langzeitgedächtnis in Form von einem konzeptuellen Netzwerk gespeichert ist:

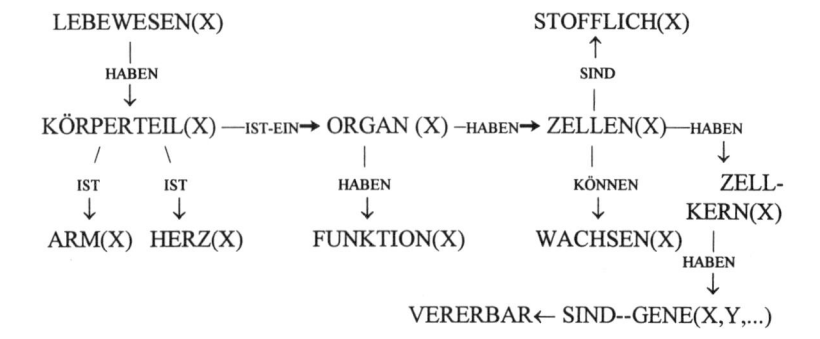

```
LEBEWESEN(X)                           STOFFLICH(X)
    |                                       ↑
  HABEN                                    SIND
    ↓                                       |
KÖRPERTEIL(X) —IST-EIN→ ORGAN (X) –HABEN→ ZELLEN(X)—HABEN
   /    \                   |                 |         ↓
  IST   IST               HABEN            KÖNNEN      ZELL-
   ↓     ↓                  ↓                 ↓        KERN(X)
 ARM(X) HERZ(X)         FUNKTION(X)       WACHSEN(X)    |
                                                      HABEN
                                                        ↓
                              VERERBAR← SIND--GENE(X,Y,...)
```

Wenn diese Konzeptstruktur zur Strukturierung von menschlicher Sprache verwendet wird, treten u.a. die Bedeutungsmerkmale „ist ein KÖRPERTEIL", „hat FUNKTIONen", „hat GENE", ist also „VERERBBAR", in den Vordergrund. Andere mit dem Organbegriff eng verbundene Bedeutungsmerkmale, wie „ist STOFFLICH", können zu Mißverständnissen führen. Andere wesentliche Eigenschaften des im Fokus stehenden Begriffs, wie „LEXIK ist LERNBAR" werden völlig ausgeblendet.

Speziell die durch die Metaphorik ausgeblendeten Eigenschaften rücken in dem speziellen Forschungsparadigma, das die Leitmetapher konstituiert, bewußt oder unbewußt in den Hintergrund. Dies ist bei der Etablierung eines neuen Paradigmas ein Vorzug, weil bestimmte Bedeutungsmerkmale, die bis dahin vernachlässigt wurden, nun in den Fokus der Forschung rücken. Wenn sich ein Paradigma etabliert hat, kann die Leitmetapher zu einem beschränkenden und behindernden Element werden.

Ob der Erforschung eines so komplexen Phänomens, wie es die Sprache ist, mit einer die Forschung bestimmenden Leitmetapher geholfen ist, bezweifle ich. Die in der Sprachwissenschaft in den letzten 300 Jahren geprägten Leitmetaphern akzentuieren m.E. alle wesentliche Eigenschaften der Sprache, keine kann in Anspruch nehmen, die wesentlichsten Eigenschaften zu beschreiben.

Wenn man will, kann man die ORGAN-Metapher gut mit den anderen Leitmetaphern verknüpfen, und als Komponenten einer umfassenden ORGANISMUS-Strukturmetapher auffassen. Zwischen den Leitmetaphern können folgende intertextuelle Relationen aufgezeigt werden:

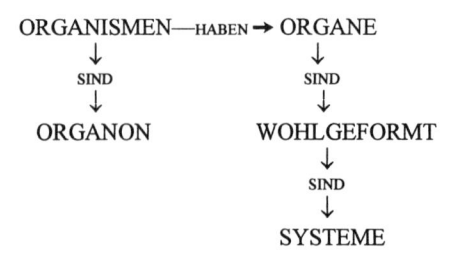

```
ORGANISMEN—HABEN → ORGANE
    ↓                 ↓
   SIND              SIND
    ↓                 ↓
 ORGANON         WOHLGEFORMT
                      ↓
                     SIND
                      ↓
                   SYSTEME
```

In dieser Sichtweise kann die Geschichte der neueren Sprachwissenschaft als eine Anreicherung der Organismuskonzeption angesehen werden.
Die Organismuskonzeptualisierung der Sprache ist dadurch gekennzeichnet, daß der sprachwissenschaftliche Bildempfängerbereich maßgeblich durch Bilder (Bildspender) aus der Biologie (ORGANISMEN, ORGANE) und der Technik und dem Handwerk (ORGANON/WERKZEUG, SYSTEM) strukturiert wurde.

Literatur

Baldauf, Christa: Metapher und Kognition. Frankfurt a. M. 1997
Bartschat, Brigitte: Methoden der Sprachwissenschaft. Von Hermann Paul bis Noam Chomsky. Berlin 1996
Black, Max: Die Metapher, in: Theorie der Metapher, hg. Anselm Haverkamp. Darmstadt ²1996
Chomsky, Noam: About the fixed nucleus and its innateness. Discussion, in: Language and learning, ed. Massimo Piattelli-Palmarini. Cambridge/Mass. 1980
Chomsky, Noam: Regeln und Repräsentationen. Frankfurt a.M. 1981 (eng. 1980)
Fiehler, Reinhard: Kommunikation, Information und Sprache. Alltagsweltliche und wissenschaftliche Konzeptualisierungen und der Kampf um die Begriffe, in: Information ohne Kommunikation? Die Loslösung der Sprache vom Sprecher, hg. R. Weingarten. Frankfurt a. M. 1990
Gessinger, Joachim: Metaphern in der Wissenschaftssprache, in: Beiträge zur Fachsprachenforschung, hg. Theo Bungarten. Tostedt 1992
Grewendorf, Günther: Sprache als Organ, Sprache als Lebensform. Frankfurt a.M. 1995
Lakoff, George/Johnson, Mark: Metaphors we live by. Chicago, London. 1980
Römer, Christine/Urban, Astrid: Metaphern und semantische Unbestimmtheit, in: Zeitschrift für Literaturwissenschaft und Linguistik, 28. Jg. Heft 112, 1998, S. 71-80
Römer, Christine: Semantische Zugänge und Metaphern, in: Interdisziplinarität und Methodenpluralismus in der Semantikforschung, hg. I. Pohl. Frankfurt a. M. 1999
Schleicher, August: Die Darwinsche Theorie und die Sprachwissenschaft. Weimar 1863
Weinrich, Harald: Semantik der kühnen Metapher., in: Theorie der Metapher, hg. Anselm Haverkamp. Darmstadt ²1996

Gotthard Schreiter

Metaphern in persuasiver Rede

Mit der Themenformulierung wird auf einen Zusammenhang verwiesen, der so oft belegt und beschrieben worden ist, daß er schon trivial erscheint: Die Metapher, die Königin der Tropen, wird häufig als das sprachliche Mittel betrachtet, das aufgrund seiner Originalität und Attraktivität besonders geeignet sei, die Überredungs- bzw. Überzeugungskraft von Argumentationen zu verstärken. Das leistet sie gewiß auch – immer noch und immer wieder –, aber darum wird es im folgenden nicht gehen. Vielmehr will ich die von Pielenz (1993:13) vertretene These zu überprüfen versuchen, daß folgender reguläre Zusammenhang zwischen Metapher und Argumentation bestehe: „Jede Metapher [...] vermittelt einen kulturell begründeten und für alle Teilhaber einer Kommunikationsgemeinschaft verfügbaren Vorrat plausibler Argumente." Dazu soll zuerst das theoretische Umfeld dieser These zusammengefaßt werden, bevor sie an einem Textbeispiel auf ihr Zutreffen befragt wird.

Unter persuasiver Rede verstehe ich „zielgerichtetes, planmäßiges Handeln mit der erklärten Absicht einer Beeinflussung grundsätzlich eigenständig entscheidender Personen" (Wehner 1996:13). Damit ist gesagt, daß der entsprechende Illokutionstyp (vgl. Searle 1990:31ff.) bzw. die Appellfunktion des Textes (vgl. Brinker 1997:108ff.) zu erkennen gegeben ist und daß dem Adressaten das Reagieren auf die Intentionen des Sprechers/Schreibers prinzipiell freigestellt bleibt, also nicht erzwungen sein darf (vgl. dazu auch Stöckl 1997:67ff., 79ff.). Um unter diesen Bedingungen den beabsichtigten Effekt persuasiver Kommunikation mit einer gewissen Wahrscheinlichkeit zu erreichen, werden bevorzugt zwei Strategien eingesetzt: Entweder wird die angestrebte Reaktion mit dem Versprechen eines Vorteils für den Adressaten verknüpft (positiver Appell) oder mit der Androhung eines Nachteils, falls die empfohlene Reaktion unterbleibt (negativer Appell/ Furchtappell), wobei natürlich auch beide Arten von Appellen kombiniert sein können (vgl. Wehner 1996:21ff.).

Diese Strategien wiederum haben nur dann einigermaßen Aussicht auf Erfolg, wenn das zukünftige Eintreten des Versprochenen oder Angedrohten argumentativ plausibel gemacht wird. Das geschieht durch Begründungsformen, wie sie in der Alltagskommunikation üblich sind. Für die werbliche Kommunikation klassifiziert sie Wehner (1996: 29) „in einem hierarchischen Modell zunehmender Begründungsstärke oder Evidenz" unter den drei Oberkategorien „bloße Behauptung, Plausibilität, Beweis". Es ist leicht zu erkennen, daß von diesen Kategorien ein direkter Bezug sowohl zur rhetorischen Argumentationslehre als auch zur Topik hergestellt werden kann (vgl. Ottmers 1996: 67ff., 86ff.). In persuasiver Rede finden sich Beweisformen, die auf das Grundmuster des Enthymems bzw. Epicheirems zurückführbar sind (vgl. Ottmers 1996:73ff., 79ff.) oder auch auf das inhaltlich entsprechende Argumentationsmodell Toulmins (1958; vgl. auch Pielenz 1993:15ff.). Der antike Topos hat im Enthymem/ Epicheirem als *propositio*, im Toulminschen Schema als *warrant* die Funktion der Schlußregel; sie rechtfertigt den Schluß von einem unstrittigen Argument auf die Geltung einer strittigen These (Pro-Argumentation) oder auf die Widerlegung des Geltungsanspruchs einer These (Kontra-Argumentation). Dabei bleiben oft Teilschritte einer Argumentation unausgeführt. Die Unschärfe des antiken Topos-Begriffs führt Ottmers (1996: 86ff.) darauf zurück, daß damit zum einen formale, kontextabstrakte Argumentationsmuster gemeint seien, zum anderen Schlüsse, die in einer konkreten Situation eingesetzt werden, also kontextrelevant funktionieren. Pielenz (1993: 122 f.) unterscheidet entsprechend formale und materiale Topoi. So beruht beispielsweise die (als Behauptung/ Allsatz formulierte) Schlußregel „Alle Zweitakter werden mit einem Öl-Kraftstoff-Gemisch betrieben" auf dem formalen Topos aus Ursache und Wirkung: Die Konstruktionsweise des Zweitaktmotors erfordert eine bestimmte Beschaffenheit des Kraftstoffs. Auf dieser Grundlage läßt sich die „These" eines nostalgischen Trabantbesitzers als Angeberei qualifizieren, wenn er schwärmt, dieser Motor sei so robust, daß er ihn ohne weiteres auch mit Camping-Petroleum fahren könnte. Das in der Alltagskommunikation verwendete Arsenal an Topoi umfaßt allerdings nicht nur Schlußregeln im eigentlichen (logischen) Sinne, „sondern auch bestimmte normative Prämissen (>> Gleiches Recht für alle <<) oder ethische Präferenzregeln (>> Man soll dem Schwächeren helfen <<), darin finden sich aber auch sehr allgemeine und meist triviale Aussagen (>> Dicke Menschen sind gemütlich <<), die als Gemeinplätze (Klischees, in der Rhetorik teilweise auch als *loci communes* bezeichnet) in unser Meinungs- und Erfahrungswissen eingegangen sind "(Ottmers 1996:90). Ottmers (1996:91ff.) trägt dem Rechnung, indem er zwei Typen von Topoi unterscheidet: Topoi mit alltagslogischen Schlußregeln und Topoi mit konventionalisierten Schlußregeln. Letztere sind dadurch gekennzeichnet, „daß sie nicht auf wie auch immer gearteten > logischen <, quasi-logischen oder an logische Strukturen erinnernde (sic!) Schlußregeln basieren, sondern auf rein konventionell festgelegten Schlußmustern. Damit gehören sie zu der Gruppe der kontextrelevanten Topoi" (Ottmers 1996:109f.).

Die Eigenschaften und Funktionen von Topoi liefern Pielenz (1993) genau den Ansatz, von dem aus er die Beziehungen zwischen Argumentation und Metapher entwickelt, wie sie in der eingangs genannten These dargestellt sind. Sie besagt auch, „daß konzeptuelle Metaphern zentrale kulturelle Einstellungen und Werte eines Kommunikationsgefüges verkörpern, die sich sodann in seinen Texten auffinden lassen" (Pielenz 1993: 141), z.B. eben auch in persuasiver Rede. Jede dieser Metaphern ist „als ein *Verfügungsraum* oder *Bündel von*

Schlußregeln" (a.a.O.: 105) auffaßbar, mit deren Hilfe wir im Bedarfsfalle die Geltung von Schlüssen absichern oder widerlegen können. Das heißt, Metaphern sind in ihrer Struktur und Funktionsweise den Topoi vergleichbar; sie gehen mit ihnen eine argumentative Allianz ein (vgl. Pielenz 1993:119ff.). Eine konzeptuelle Metapher repräsentiert dabei als kontextfreie Abstraktionsform, als *type*, eine Reihe unterschiedlicher metaphorischer Ausdrücke, lexikalisierter wie auch okkasioneller Metaphern, die als *tokens* Instantiierungen ein und derselben konzeptuellen Metapher sind (vgl. Pielenz 1993:71).

Das folgende Beispiel aus Pielenz (1993:106) bringt zum einen eine Liste möglicher *tokens* für den *type* „Liebe als kooperatives Kunstwerk", zum anderen zeigt es, wie diese konzeptuelle Metapher als gemeinsames Antezedens eines ganzen Bündels von Schlußregeln (Topoi) beschreibbar ist, die implizit oder explizit für Argumentationen zur Verfügung stehen, mit denen Handlungen beurteilt, Handlungsziele motiviert, Schlußfolgerungen gerechtfertigt werden können.

„Liebe als kooperatives Kunstwerk
Wenn Liebe ein kooperatives Kunstwerk ist, dann
– ist Liebe Kunst.
– erfordert Liebe Hilfe.
– verlangt Liebe Kompromisse.
– erfordert Liebe Geduld.
– ist Liebe eine ästhetische Erfahrung.
– ist Liebe ein Ausdruck tiefsten Empfindens.
– ist Liebe kreativ.
– fordert Liebe Opfer.
– bringt Liebe Krisen mit sich.
– drängt Liebe zur Vollendung hin.
– ist Liebe schön (emphatisch!) und kostbar.
– verlangt Liebe Harmonie.
– fordert Liebe Disziplin.
– bringt Liebe Enttäuschung und Trauer mit sich etc."

Das voranstehende Beispiel veranschaulicht auch das Zustandekommen von Metaphern. Sie resultieren aus einem interaktiven kognitiven Verfahren, bei dem ein Zielbereich – hier das Phänomen „Liebe" – mit den Begriffen und Wertungen eines Herkunftsbereichs – hier der Bereiche „Kunst" und „menschliche Kooperation" – interpretiert wird (vgl. Pielenz 1993:81ff.; Strauß 1991: 156ff.). Im Falle der vorliegenden Metapher werden also die im Konzept „kooperatives Kunstwerk" implizierten oder auch nur damit assoziierten Begriffe „Hilfsbereitschaft", „Kompromißfähigkeit", „Geduld" usw. auf das Konzept „Liebe" projiziert. Das Ergebnis ist eine originelle oder auch traditionelle Wirklichkeitskonstruktion, ein Interpretationsangebot, das geistige wie praktische Orientierungshilfe leisten soll und kann. Das interaktive Moment der Metaphernbildung drückt sich nicht nur darin aus, daß in der konzeptuellen Metapher Elemente der beteiligten Begriffsfelder zusammenwirken, sondern auch darin, daß unter der Intention, eine bestimmte Sichtweise von einem Wirklichkeitsausschnitt zu vermitteln, die dafür als geeignet betrachteten Begriffe des Herkunftsbereichs ausgewählt und damit hervorgehoben, andere dagegen vernachlässigt werden und zurücktreten (vgl. dazu auch Hülzer-Vogt 1995:178ff., 186ff.).

Es bleibt noch ein wichtiger Bestandteil des theoretischem Umfeldes nachzutragen, auf dem die schon zitierte Grundthese der Pielenzschen Arbeit basiert, nämlich daß „wir alltäglich und notwendig" (Pielenz 1993: 11) Metaphern als Schlußregeln für Argumentationen nutzen. Dahinter steht der Gedanke, daß metaphorische Ausdrucksweise nicht als gelegentlicher Schmuck zu sehen ist, der rhetorischer Redegestaltung zu Glanz und Wirksamkeit verhilft, sondern daß menschliches Denken und Handeln grundlegend metaphorisch ist, Metaphern folglich die konzeptuelle Basis jeder sprachlichen Kommunikation sind (vgl. auch Schumacher 1997: 17ff.). Pielenz stützt sich dabei vor allem auf die Ideen von Lakoff und Johnson, wie sie im Kern schon in dem 1980 publizierten Buch *Metaphors we live by* enthalten sind. Es heißt dort auf Seite 3:

> Metaphor is for most people a device of the poetic imagination and the rhetorical flourish – a matter of extraordinary rather than ordinary language. Moreover, metaphor is typically viewed as characteristic of language alone, a matter of words rather than thought or action. For this reason, most people think they can get along perfectly well without metaphor. We have found, on the contrary, that metaphor is pervasive in everyday life, not just in language but in thought and action. Our ordinary conceptual system, in terms of which we both think and act, is fundamentally metaphorical in nature.

Unser Denken und Handeln – sprachliches Handeln inklusive – ist also durch ein ganzes Netzwerk solcher interagierender konzeptueller Metaphern geprägt, das in seiner Gesamtheit soziokulturell determiniert ist und sich in vielen Teilen als erstaunlich stabil erweist, aber selbstverständlich gesellschaftlichen Entwicklungen offensteht. Ein Beweis für die Allgegenwart metaphorischer Konzepte kann freilich im Rahmen dieses Aufsatzes nicht angestrebt werden; er bescheidet sich ja mit der Analyse eines Textes.

Für meine Analyse wähle ich als Textbeispiel eine ganzseitige Anzeige der Erfurter Braugold-Brauerei Riebeck GmbH & Co. KG, wie sie 1997 mehrfach in Publikumszeitschriften geschaltet wurde und wie sie in variierter Form bis heute im Thüringer Raum verbreitet wird. Ihr Layout, die Verbindung von Text und Bild, insbesondere die Verknappung des verbalen Teils entsprechen den Bedingungen der Low-Involvement-Werbung (vgl. Zielke 1991:116 ff.; Schenk et al. 1990:20ff.), d. h. einer Werbung, bei der sich der Rezipient erfahrungsgemäß für das beworbene Produkt eher am Rande und zufällig interessiert und daher der Anzeige keine oder nur geringe Aufmerksamkeit entgegenbringt.

Die Anzeige wirbt für die Biersorte „Braugold Pilsner". Das Foto einer Flaschenabfüllung dieses Biers zieht – mittig angeordnet – als Catch- und zugleich

Key-Visual den Blick des Betrachters auf sich (zu den „kommunikativen Elementen eines Werbemittels" vgl. Zielke 1991:65ff.). Die Flasche wird wie ein wertvolles Exponat im wahrsten Sinne des Wortes „ins rechte Licht gerückt": Der dunkelblaue bis schwarze Hintergrund, der die gesamte Fläche der Anzeige füllt, wird durch eine verdeckte Lichtquelle hinter der Flasche aufgehellt, so daß sie von einer Aureole umgeben scheint, die ihre Konturen scharf hervortreten läßt und einen wirkungsvollen Kontrast zu den braunen bis goldenen Farben von Flasche, Flaschenhals- und Flaschenetikett bildet. Die auf der Flasche sichtbaren Kondenswassertropfen vermitteln als „gastronomisches Icon" (Eco 1991:272) den Eindruck der Frische und unterstützen so das Genußversprechen von Schlagzeile und Slogan. Das goldfarbene Flaschenhalsetikett, der breite Goldrand des Flaschenetiketts und die goldene Unterstreichung des Markennamens auf eben diesem Etikett und dem Logo am linken unteren Bildrand korrespondieren mit der zentralen Metapher der Textteile. Diese findet sich zuerst in der zweizeilig angeordneten Schlagzeile in großer weißer Antiqua am oberen Bildrand: „Trinken ist Silber. Genießen ist Gold." Der Markenname „Braugold Pilsner", der dreimal erkennbar ist: auf dem Flaschenhalsetikett, am größten auf dem Flaschenetikett und – etwas nach links versetzt – am unteren Bildrand als Teil des Logos, greift diese Metapher auf. Der Slogan schließlich „So genießen wir das Leben" wiederholt – neben dem Logo angeordnet – das Genußversprechen der zweiten Schlagzeile und entläßt damit den Leser aus der Anzeige.

Bevor ich auf die Hauptargumentationslinie der Textteile in dieser Anzeige eingehe, soll eine zweite kurz mit erwähnt werden. Sie verweist auf die langjährige und regionale Tradition der Biermarke: Dazu gehören die dem Thüringer Landeswappen nachempfundene Vignette, die einen gekrönten goldenen (bzw. schwarzen) Löwen darstellt, umgeben von neun kleinen Sternchen, weiterhin die Zeitangabe „Seit 1888", die außer auf dem Flaschenhalsetikett auch als Bestandteil des Logos unter der Vignette ihren Platz hat, und ganz unten auf dem Flaschenetikett die Nominalphrase „Thüringer Brautradition". Mit den Hinweisen auf die Tradition der Biersorte soll zum einen ein regionales Image vermittelt werden, das den potentiellen Käufer aus Thüringen anspricht, zum anderen wird damit eine hohe Qualität des Produkts suggeriert: Wenn ein Bier sich so lange auf dem Markt behaupten kann, muß es gut sein. Bei Wehner (1996: 33) ist diese Begründungsform der Plausibilität zugeordnet, und zwar auf einer schwachen Stufe der Begründungsstärke oder Evidenz. In anderen etwas älteren Werbemitteln der Firma Braugold wurde übrigens diese Argumentation in den Mittelpunkt gestellt. In Bezug auf den Hauptargumentationsstrang der Anzeige hat die eben beschriebene Stützungsfunktion, also die Funktion des *backing* (vgl. Toulmin 1958:103ff.). Die Angaben „Seit 1888" und „Thüringer Brautradition" aktivieren einen Wissensrahmen, der die schwache Beweiskraft des im folgenden skizzierten Begründungszusammenhanges absichern hilft.

Die vorliegende Anzeige arbeitet mit der Strategie des positiven Appells. Dem Adressaten wird als *unique selling proposition (USP)*, als „einzigartiges Verkaufsversprechen" (vgl. Schweiger/ Schrattenecker 1995: 50 f.; Wehner 1996: 22 f.) ein psychologischer Zusatznutzen zugesichert, der sich mit dem Konsum der beworbenen Biersorte einstellen werde, nämlich die Gratifikation, der Wert des Genusses. Damit reiht sich diese Werbung in einen Trend ein, der gerade für Verbrauchsgüter charakteristisch ist: Da Preise und Qualitätsmerkmale der in Deutschland angebotenen Biere (auch aufgrund gesetzlicher Vorgaben) wenig unterschiedlich sind, versucht die Werbung den potentiellen Käufer mit dem Versprechen postmaterialistischer Werte für ihr Produkt zu gewinnen (vgl. die Liste solcher Werte in Wehner 1996: 25). Der Hinweis auf die Thüringer Brautradition gehört natürlich auch hierher.

Wie wird in der von mir herangezogenen Anzeige argumentiert, um das Genußversprechen plausibel erscheinen zu lassen? Die beiden Schlagzeilen sind leicht als Abwandlung des Sprichworts „Reden ist Silber, Schweigen ist Gold" zu erkennen. Sie übernehmen die Metaphern „Silber" und „Gold" und ordnen sie anderen menschlichen Verhaltensweisen zu, dem Trinken bzw. dem Genießen. Die Sprichwortähnlichkeit verleiht den Schlagzeilen etwas vom Charakter einer Lebensweisheit, deren Geltung nicht in Frage steht. Zwischen Trinken und Genießen wird ein gravierender Unterschied behauptet, dessen Absolutheit durch die grafische und interpunktorische Trennung der beiden Schlagzeilen unterstrichen wird: Andere Biersorten kann man – zugegebenermaßen –schon trinken. ABER um die höhere Qualität des Genießens zu erlangen, muß man zu Braugold Pilsner greifen. Die Schlagzeilen fungieren hier als Schlußregel, die den Vergleichsschlüssen, und zwar dem „Topos aus dem Mehr oder Minder", zugeordnet werden kann (vgl. Ottmers 1996:97ff.; Pielenz 1993:121f.): Wenn Trinken schon Silber ist, dann ist genußvolles Trinken mehr als Silber, nämlich Gold. Die dabei benutzten Metaphern sind *tokens* der vielverwendeten konzeptuellen Metapher „X als wertvolles Material bzw. als Gegenstand aus wertvollem Material". Unser Wortschatz ist reich an lexikalisierten Metaphern, metaphorischen Vergleichen und Periphrasen, die Personen, Lebewesen, Dinge, Eigenschaften oder Beziehungen unter diesem Blickwinkel beschreiben und beurteilen, wobei Gold-Metaphern besonders häufig sind: Edelstein, Juwel, Perle, Schatz, Schmuckstück flüssiges/ schwarzes/ weißes Gold, Goldjunge, Goldstück, Goldene Stadt, goldrichtig, treu wie Gold, hochkarätig u.a.m. Der für die beworbene Biersorte kreierte Markenname „Braugold" ordnet sich in diese Liste ein.

Die Metapher „Genießen als Gold" kann nun in Anwendung der oben dargestellten Zusammenhänge als Bündel von implizierten Schlußregeln verstanden werden.

Wenn Genießen Gold ist, dann
- ist es von hohem ideellen Wert
- ist es etwas Bleibendes/ Beständiges
- ist es etwas Besonderes/ Nicht-Alltägliches
- ist es etwas Schönes/ Vollendetes
- schafft es Freude/ Wohlbefinden usw.

Im Kontext der Metapher „Trinken als Silber" soll mitverstanden werden, daß diese Implikationen beim genußvollen Trinken in weit stärkerem Maße oder überhaupt nur dabei gelten. Insgesamt kommt ihnen in der Schlußregel die Funktion des *backing* zu. Es handelt sich um tradierte Vorstellungen, um einen Teil unseres kulturellen Wissens, das sich mit dem Begriff „Gold" verbindet.

Der „Trick" des Argumentationsablaufs in der Anzeige besteht nun darin, daß unter der Hand, also implizit, der Begriff „Gold" gegen den Begriff „Braugold" ausgetauscht wird. Nach dem Motto *nomen est omen* soll dem Leser suggeriert werden: Unser Bier hat ja eben deshalb den Namen „Braugold" erhalten, weil es alle die Eigenschaften aufweist, die mit dieser Metapher impliziert bzw. assoziiert werden. Man unterstellt damit, die oben aufgelisteten Schlußregeln für die Metapher „Genießen als Gold" würden auch für die Aussage „Genießen ist Braugold" erhalten bleiben. Damit kann der (reduktive) Schluß von der Eigenschaft „Braugold sein" auf „Genießen" sozusagen als gerechtfertigt gelten, so daß in übertreibender Verallgemeinerung im Slogan verkündet werden darf: „So genießen wir das Leben."

Was im Sprachmaterial der Anzeige geliefert wird, kann und will nicht als ernsthaftes Argument verstanden werden. Der spielerische Umgang mit einem geläufigen Sprichwort und mit vielgebrauchten Metaphern, das Anknüpfen an überlieferte wie auch an moderne Wertvorstellungen, das marktschreierische Übertreiben im Slogan sowie in der Gestaltung des Flaschendesigns und seiner grafischen Repräsentation, all das soll auffallen, möglichst sogar gefallen und so auf die beworbene Biersorte aufmerksam machen mit dem Effekt, daß sich der Leser im Getränkemarkt an diese Marke erinnert, sie gelegentlich testet und sie vielleicht sogar zu seiner Hausmarke macht. Was sich bei genauerer Analyse als logisch fragwürdig und kommunikativ trickreich erweist, sind allerdings Merkmale üblicher Argumentationsweisen, wie wir sie nicht nur im Alltag praktizieren (vgl. Liebert 1992), sondern wie sie auch zum Beispiel in der öffentlichen politischen Kommunikation gang und gäbe sind (vgl. Jäger 1993:157ff.). Metaphern, und zwar gerade abgegriffene und dadurch verblaßte sprachliche Bilder, sind dabei ein unerschöpflicher Fundus gängiger Argumentationsmuster.

Ich denke, daß mein Analyseversuch die eingangs zitierte These bestätigen konnte – allerdings mit den starken Einschränkungen, die die Eingrenzung des „Korpus" auf nur einen Text auferlegt. Eine zusätzliche Einschränkung ergibt sich daraus, daß die einschlägigen Qualitäten der Bildsprache und ihre Argumentationsfunktionen im Zusammenwirken mit den verbalen Elementen nur angedeutet worden sind. Ich kann hier lediglich auf die umfangreiche Literatur zu dieser Thematik verweisen, z.b. auf Gaede (1992) und Stöckl (1997), und dem interessierten Leser empfehlen, sich mit dieser faszinierenden Dimension unseres kommunikativen Alltags weiter auseinanderzusetzen.

Literatur

Brinker, Klaus (1997): Linguistische Textanalyse – Eine Einführung in Grundbegriffe und Methoden.– 4. Aufl.– Berlin: Schmidt.
Eco, Umberto (1991): Einführung in die Semiotik.– 7. Aufl. – München: Fink (= Uni-Taschenbücher 105).
Gaede, Werner (1992): Vom Wort zum Bild – Kreativ-Methoden der Visualisierung.– 2. Aufl.– München: Wirtschaftsverlag Langen-Müller/ Herbig.
Hülzer-Vogt, Heike (1995): Metapher.– In: N. Lenke; H.-D. Lutz; M. Sprenger: Grundlagen sprachlicher Kommunikation.– München: Fink (= Uni-Taschenbücher 1877), 176-197.
Jäger, Siegfried (1993): Kritische Diskursanalyse – Eine Einführung.– Duisburg: DISS.
Lakoff, George; Johnson, Mark (1980): Metaphors we live by.– Chicago, London: University of Chicago Press.
Liebert, Wolf-Andreas (1992): Metaphernbereiche der deutschen Alltagssprache. Kognitive Linguistik und die Perspektiven einer kognitiven Lexikographie.– Frankfurt/ M. etc.: Lang.
Ottmers, Clemens (1996): Rhetorik.– Stuttgart, Weimar: Metzler (= Sammlung Metzler 283).
Pielenz, Michael (1993): Argumentation und Metapher.– Tübingen: Narr (= Tübinger Beiträge zur Linguistik 381).
Schenk, Michael; Donnerstag, Joachim; Höflich, Joachim (1990): Wirkungen der Werbekommunikation.– Köln, Wien: Böhlau (= Böhlau Studienbücher; Grundlagen des Studiums).
Schumacher, René (1997): ‚Metapher' – Erfassen und Verstehen frischer Metaphern.– Tübingen und Basel: Francke (= Basler Studien zur deutschen Sprache und Literatur 75).
Schweiger, Günter; Schrattenecker, Gertraud (1995): Werbung – Eine Einführung.– 4. Aufl.– Stuttgart, Jena: Fischer (= Uni-Taschenbücher 1370).
Searle, John R. (1990): Ausdruck und Bedeutung – Untersuchungen zur Sprechakttheorie.– 2. Aufl.– Frankfurt/ M.: Suhrkamp (= suhrkamp taschenbuch wissenschaft 349).
Stöckl, Hartmut (1997): Werbung in Wort und Bild – Textstil und Semiotik englischsprachiger Anzeigenwerbung.– Frankfurt/ M. etc.: Lang (= Europäische Hochschulschriften – Reihe XIV – Angelsächsische Sprache und Literatur 336).
Strauß, Gerhard (1991): Metaphern – Vorüberlegungen zu ihrer lexikographischen Darstellung.– In: G. Harras; U. Haß; G. Strauß (Hg.): Wortbedeutungen und ihre Darstellung im Wörterbuch.– Berlin, New York: de Gruyter (= Schriften des Instituts für deutsche Sprache 3), 125-211.
Toulmin, Stephen Edelston (1958): The uses of arguments.– Cambridge: Cambridge University Press.

Wehner, Christa (1996): Überzeugungsstrategien in der Werbung – Eine Längsschnitt-analyse von Zeitschriftenanzeigen des 20. Jahrhunderts.– Opladen: Westdeutscher Verlag (= Studien zur Kommunikationswissenschaft 14).

Zielke, Achim (1991): Beispiellos ist beispielhaft oder Überlegungen zur Analyse und zur Kreation des kommunikativen Codes von Werbebotschaften in Zeitungs- und Zeitschriftenanzeigen.– Pfaffenweiler: Centaurus-Verlagsgesellschaft (= Reihe Medienwissenschaft 5).

5. Sprachgeschichte

Heinz Endermann

Zur Datierung des althochdeutschen Tatian

I

Der althochdeutsche (ahd.) Tatian (T^{ahd}), erhalten in der St. Galler Handschrift G 56, ist das umfangreichste Übersetzungswerk in Prosa aus der älteren Periode des Althochdeutschen. Auf der Grundlage seines großen Wortschatzes von ca. 2030 Wörtern, von denen 14% in keinem anderen ahd. Denkmal vorkommen, und seines ostfränkischen Lautstandes hat er frühzeitig als Grundlage für die Erarbeitung einer ahd. Grammatik gedient. In dem heute noch grundlegenden Werk von Wilhelm Braune heißt es auch in der jüngsten Auflage immer noch: „In unserer Darstellung gehen wir von der ältesten Grundlage des Nhd., dem Ostfränk. Tatians, aus."[1] Dieser Gesichtspunkt spielte auch bei der Behandlung des Konsonantismus eine Rolle, wo ausdrücklich noch einmal formuliert wird: „In diesem Buche sind die als Beispiele angeführten ahd. Wörter hinsichtlich der Lautverschiebungsstufe stets in der dem ostfränkischen Dialekte (T) zukommenden Form angeführt, sofern es nicht auf einen bestimmten Dialekt ankam."[2] So ist der Sprachstand des T^{ahd} gewissermaßen zur Norm für das Ahd. schlechthin geworden, und damit steht seine Bedeutung für die Geschichte der deutschen Sprache, besonders aber ihrer ahd. Periode, außer Zweifel. Im Grunde folgen alle grammatischen Darstellungen des Althochdeutschen diesem Prinzip bis heute.[3] Es bedarf daher kaum noch einer Begründung, daß T^{ahd} genau nach Ort und Zeit eingeordnet werden muß, damit für damit zusammenhängende sprachhistorische Untersuchungen feste Grundlagen vorhanden sind.

Nach der Neuausgabe der St. Galler Bilingue durch Achim Masser 1994[4], die die Ausgabe von Eduard Sievers[5] nach über einhundert Jahren er-

---

[1] Althochdeutsche Grammatik von Wilhelm Braune, fortgeführt von Karl Helm, 11. Aufl. bearb. von Walther Mitzka. Tübingen 1963, §6d.
[2] Braune, Anm. 1, §90.
[3] Vgl. den Artikel ‚Tatian' von Achim Masser im Verfasserlexikon, Sp. 625.
[4] Die lateinisch-althochdeutsche Tatianbilingue Stiftsbibliothek St. Gallen Cod. 56. unter Mitarbeit von Elisabeth De Felip-Jaud herausgegeben von Achim Masser. Göttingen 1994. (= Studien zum Althochdeutschen Bd. 25).
[5] Tatian. Lateinisch und altdeutsch mit ausführlichem Glossar herausgegeben von Eduard Sievers, zweite neubearbeitete Ausgabe. Paderborn 1982 (Unveränderter

setzt, wäre es wünschenswert, einmal eine Geschichte der Tatian-Forschung zu schreiben, die besonders den ahd. Teil betrifft und die die mehr als 120 Jahre seit der Erstausgabe durch Eduard Sievers 1872[6] umfaßt. Umwege, Abwege und Irrwege der Tatian-Forschung aufzuzeigen, kann in diesem Falle – und nicht nur in diesem – wichtig und aufschlußreich sein.[7] Es ist bemerkenswert, daß die ältere Tatian-Forschung heute wieder einen anderen Stellenwert hat als noch vor etwa 20 Jahren. Das ‚neue Tatian-Bild' hatte sich, wie Masser es formulierte, „als Schritt in die Sackgasse erwiesen" und war schließlich zugunsten neuerer Einsichten aufgegeben worden, „die auf einer höheren Ebene zu den alten Vorstellungen zurückführten".[8] Auch für Eckhard Meineke zeigte sich, daß Sicherheit in der Frage des Abfassungsortes erst „nach ausgesprochen abenteuerlichen Umwegen" erreicht worden ist.[9]

Damit wird neben T^{ahd} auch der lateinische (lat.) Text des G 56 (T^{lat}) in seinem Verhältnis zu T^{ahd} stärker ins Auge gefaßt, d. h. das gesamte vorliegende Werk, eben G 56, wird völlig zu Recht als Werk in seiner Einheit gesehen.

Es ist zunächst der Entstehungsprozeß von G 56 darzustellen. Die Anfertigung von Bilinguen in St. Gallen war nichts Ungewöhnliches, aus der Mitte des 9. Jahrhunderts sind in der Gestalt des Codex Sang. 48 Reste einer griech.-lat. Bilingue erhalten, sie ist interlinear.[10] Da man in St. Gallen eine ernsthafte bibelkritische und bibelphilologische Arbeit betrieb, war man daran interessiert, neben got.-lat. Bibelbilinguen[11] auch eine lat.-deutsche Bilingue zu besitzen. Diese konnte aber nur in Fulda angefertigt werden, weil es nur dort einen lat. Tatian-Text gab, der – das wußte man in St. Gallen – einen autorisierten Text darstellte. Es war dies der Codex Fuldensis des Bonifatius.

Ausgangspunkt für die lat.-deutsche Bilingue ist dieser Text, und nach ihm und aus ihm ist T^{ahd} herzuleiten. G 56 ist eine Auftragsarbeit, die von St. Gallen in Fulda bestellt wurde. Dabei ging es zuerst um eine verläßliche Kopie des nur in Fulda vorhandenen lat. Victor-Codex. Eine lat.-deutsche Bilingue war damit nicht vorn vornherein intendiert. Sie wurde in Fulda

---

Nachdruck 1960). (= Bibliothek der ältesten deutschen Literatur-Denkmäler Bd.5).

[6] Tatian. Lateinisch und altdeutsch mit ausführlichem Glossar herausgegeben von Eduard Sievers. Paderborn 1872. (=Bibliothek der ältesten deutschen Literatur-Denkmäler Bd.5).

[7] Einen Überblick dazu findet man in der Einleitung zu Achim Massers Ausgabe (vgl. Anm. 3), S. 9-13. – Vgl. auch Masser (1991), besonders Abschnitt II und Meineke (1996), S. 403-410.

[8] Masser (1991), S. 91.

[9] Meineke (1996), S. 403.

[10] Vgl. dazu Masser (1991), S. 97. – Walter Berschin (1992), S. 73.

[11] Masser (1991) macht ausdrücklich darauf aufmerksam, daß es sich um gotisch-lateinische und nicht lateinisch-gotische Bilinguen handelt, S. 94.

Zur Datierung des Tatian

immer mit dem Namen Hrabanus Maurus verbunden, den ältere Forschung in diesem Zusammenhang wohl überschätzt hat,[12] paßt aber, wie gezeigt wurde, ebenso gut in die systematische Bibelphilologie in St. Gallen. Daher ist zu beachten, was Masser darüber schrieb:

> Auf den Einfall, dem Text des lateinischen Tatians bei Gelegenheit der ohnehin aufwendigen Kopie eine nicht minder genau ausgeführte Übersetzung in die Volkssprache an die Seite stellen zu lassen, kann man ebensogut in St. Gallen gekommen sein, denn man wird zugeben müssen, daß sich eine lateinisch-althochdeutsche Bilingue in die [...] St. Galler Traditionen und Interessen sehr gut einfügt.[13]

Nur war eben in St. Gallen kein Text vorhanden, der als autoritativ hätte gelten können.

Wie hat man sich die Entstehung von G 56 vorzustellen? Für den älteren Stand der Forschung sei die Ansicht von William G. Moulton als repräsentativ angeführt. In seiner Arbeit „Scribe γ of the Old High German Tatian Translation" schrieb er 1944:

> During the years when Hrabanus Maurus was abbot of Fulda (822 - 842), there was in the monastery library a Latin MS of the *Diatessaron* (Gospel harmony) of Tatian, a Syrian monk of the 2d century. Around the year 830, or perhaps not until about 840, one or more of the Fulda monks translated the MS into German, making at first only a rough draft. Shortly afterwards, six of the monks wrote out a more finished copy of the translation. In order to do their copying quickly and efficiently, they divided the MS approximately in half and probably worked on both parts simultaneously. ... While these others [= die Schreiber α, β, γ, ε, ζ, H. E.] were at work, a sixth scribe, δ, tackled the ends of both halves. He wrote the last 30 pages of part one and the last 22 pages of part two, in each case the final two quaternions. After the others had finished, hard-working δ went back over the whole work and made whatever corrections he thought necessary.[14]

Der Schwerpunkt der dann folgenden Untersuchungen Moultons liegt auch deutlich auf dem ahd. Text, und aus der zitierten Aufsatzstelle wird deutlich, daß der lateinische Paralleltext keine Rolle spielt. Das ist für Untersuchungen zur sprachgeschichtlichen Stellung von T^{ahd} ein durchaus legitimes Verfahren.

Als Repräsentanten neuerer Tatianforschung sollen hier nur zwei Vertreter erwähnt werden. Achim Masser stellte sich den Entstehungsprozeß von G 56 so vor: Von der im Kloster Fulda vorhandenen lateinischen Evangelienharmonie – das war der Fuldaer Cod. Bonifatianus 1 – wurde eine detailgetreue, stellenweise korrigierte Kopie angefertigt, diese wurde (nach Überprüfungen und Korrekturen) von einem Gemeinschaftsunternehmen ins

---

[12] Vgl. Masser (1991), S. 103, der zu bedenken gibt: „...ohne deswegen doch eine andere Person namhaft machen zu können." Vgl. auch ebenda, S. 126.
[13] Vgl. Masser (1991), S. 115.
[14] William Moulton (1944), S. 311 f.

Deutsche übertragen, auch hier kam es zu Verbesserungen, Kontrollen und Überarbeitungen. In einem dritten Arbeitsgang wurden die Kopie und ihre Übersetzung in eine Bilingue gebracht, und zwar so:

> Der Texteintrag erfolgte nämlich derart, daß lateinischer Text und deutscher Text jeweils vom gleichen Schreiber aus getrennten Konzeptvorlagen Zeile für Zeile parallel eingetragen wurden.[15]

Das geschah im 2. Viertel des 9. Jahrhunderts.[16] Es bleibt festzuhalten, daß der nun fertiggestellte Codex „als originales Endprodukt des gesamten Vorhabens zu betrachten" ist.[17] Wenn also getrennte Konzeptvorlagen vorhanden waren, ist es prinzipiell möglich, jede dieser Vorlagen auch für sich zu betrachten und die andere beiseite zu lassen, je nachdem, was man untersuchen möchte. So war schon die Arbeit von Moulton angelegt. Heutige Arbeiten haben sorgfältiger als frühere Untersuchungen das Verhältnis des lat. zum ahd. Text zu berücksichtigen, das Masser folgendermaßen charakterisierte:

> Wohl könnte der lateinische Tatiantext sofort und ohne jegliche Schwierigkeit verselbständigt werden, der althochdeutsche hingegen könnte allein nicht bestehen. Der lateinische Text des St. Galler Codex 56 benötigt den in der rechten Spalte stehenden alt-hochdeutschen nicht, dieser aber ist auf den lateinischen der linken Spalte angewiesen.[18]

Das unterstreicht noch einmal die Feststellung, daß der ganze Codex als eine Einheit zu betrachten ist.

In einer der letzten Arbeiten, die sich T^{ahd} widmen, zeichnet Eckhard Meineke ein ähnliches Bild. Wie der Titel seiner Arbeit vermuten lassen könnte, behandelt er nur den ahd. Teil des St. Galler Codex.[19] Dankenswerterweise widmet er sich jedoch dem Codex insgesamt. Im ersten Teil gibt er eine detaillierte Darstellung über die „textgeschichtliche Stellung der St. Galler Handschrift". Die Forschungsergebnisse besonders von Johannes Rathofer werden mit einbezogen.[20] Auch für Meineke ergibt sich, daß T^{lat} in Wirklichkeit doch die Lesung des Fuldensis vertritt.[21] Damit wird aber auch Fulda als Entstehungsort von G 56 gesichert. Der von Peter Ganz immerhin in Erwägung gezogene Entstehungsort Würzburg[22] dürfte somit endgültig ausscheiden. „Der Diatessarontext der St. Galler Handschrift und die althochdeutsche Übersetzung sind mit Sicherheit in Fulda geschrieben wor-

---

[15] Masser (1993), S. 127.
[16] Vgl. Masser im Verfasserlexikon, Sp. 622. – Auf die Reihenfolge und den Arbeitsumfang der Schreiber α - ζ einzugehen, würde hier zu weit führen.
[17] Masser (1991), S. 103.
[18] Masser (1991), S. 99.
[19] Meineke (1996), S. 403 - 426.
[20] Vgl. die Literaturangaben bei Meineke (1996) in der Anm. 31.
[21] Meineke (1996), S. 407.
[22] Ganz (1969), S. 28 - 76.

den."[23] Meineke teilte die Entstehung von T^{ahd} in folgende Schritte auf: Bei der Anfertigung von G 56 hat seinem lat. Teil T^{lat} der lat. Fuldensis vorgelegen. Dieser wurde überarbeitet und ergab das Konzept $*K^{lat}$, das die Textgrundlage für den ahd. Text wurde. In diesem Konzept dürfte die Übersetzung vorgenommen worden sein, und zwar als Interlinearversion. Bei der Reinschrift, das heißt, bei der Anfertigung der Bilingue, griff man wiederum auf den Fuldensis zurück und richtete sich bei der Zeilengliederung nach ihm. Diese Bilingue nun mit spaltenweise angeordnetem lat. und ahd. Text ist das erste Exemplar ihrer Art. „Der Sangallensis ist also in diesem Sinne Original, nicht Abschrift zu nennen. Vor der St. Galler Handschrift dürfte nur ein Konzept bestanden haben."[24] Das würde dem entsprechen, was Moulton auch schon angenommen hat. Bei der im Ganzen übereinstimmenden Auffassung von Masser und Meineke gibt es auch die gemeinsame Ansicht, daß es sowohl für den lat. als auch für den ahd. Teil je eine wie auch immer geartete Vorlage gegeben hat. Der fertige Codex dürfte etwa um 830 fertig vorgelegen haben.

Damit ist noch nichts über die Datierung dieser Vorlagen von G 56 gesagt, auch nichts darüber, wie viele Übersetzer an diesen Vorlagen beteiligt waren und ob vielleicht von den Schreibern schon enige an der Übersetzung mitgewirkt hatten. Fragen solcher Art müssen hier ausgespart werden. Daß zwischen den Vorlagen und der Reinschrift ein zeitliches Intervall gelegen hat, dürfte selbstverständlich sein. Wie groß war dieses? Masser stellte völlig zu Recht fest: „Über die Zeitspanne, die zwischen der Anfertigung der Übersetzung und ihrem Eintrag in den Cod. Sang. 56 anzusetzen ist, wird in der Regel nicht reflektiert."[25] Und auch Meineke stellte deutlich heraus: „Diese Konzeptübersetzung kann zeitlich mehr oder weniger weit vom Zeitpunkt ihrer ersten Reinschrift in der im St. Galler Kodex vorliegenden Form entfernt sein."[26] Geht man von einem Konzept im Sinne Meinekes aus, kann man zwei Vorstufen annehmen: $*G^{lat}$ und $*G^{ahd}$. Sie sind mit Sicherheit früher und unabhängig voneinander entstanden als der uns jetzt vorliegende G 56. Jedoch gibt Meineke auch zu bedenken:

Steht aber die Revision des lateinischen Tatiantextes und dessen althochdeutsche Übersetzung im Zusammenhang eines im Kloster Fulda formulierten oder an das Kloster Fulda ergangenen Auftrags, dann wäre es unwahrscheinlich, daß das fertige Konzept etwa zehn, zwanzig oder gar dreißig Jahre ohne Umsetzung in die Reinschrift liegengelassen worden wäre.[27]

Nach den vorangegangenen Ausführungen können nun in unserem Zusammenhang Überlegungen für G^{lat} bzw. $*G^{lat}$ beiseite bleiben, hier geht es um

---

[23] Meineke (1996), S. 409.
[24] Vgl. Meineke (1996), S. 409f.
[25] Masser, S. 104, Anm. 67.
[26] Meineke (1996), S. 414.
[27] Meineke (1996), S. 415.

G^{ahd}. Die einzelnen Schreiber waren jeder für sich für den lat. zusammen mit dem ahd. Teil ihrer Abschnitte verantwortlich.[28] Die Teile existierten unabhängig voneinander nebeneinander oder sind erst im Verlaufe der Arbeit entstanden.

Daß dieses neue Werk immer noch Fehler enthielt, ist an den vielen Rasuren und Korrekturen, die vor allem vom Schreiber ζ vorgenommen wurden, ersichtlich. Und sie sind es, die Auskunft geben können über das Alter der Vorlagen, die zum Vorschein kommen, wenn die Korrekturen analysiert werden. Die Korrekturen sind ein zweiter Schritt nach Fertigstellung der ganzen Handschrift. Der Text, der gleichsam darunter lag, kann zu einem Teil Aufschluß darüber geben, wann die ahd. Übersetzung angefertigt worden ist. So schloß auch Georg Baesecke seine Tatian-Monographie 1948 mit den folgenden Worten:

> Das erste, was wir an unserm Tatian zu tun hätten, wäre die volle Ausnutzung des uns schon vor 75 Jahren [vom Erscheinungsjahr der Monographie 1948 an gerechnet – H. E.] geschenkten kritischen Apparats, auch für Hraban und Walahfrid.[29]

Dies ist – neben anderen – ein gangbarer Weg, dem Alter der Vorlage von T^{ahd} auf die Spur zu kommen. Aus Platzgründen müssen die folgenden Untersuchungen auf wenige Beispiele, die besonders aussagekräftig sind, beschränkt werden, andere, vielleicht nicht so auffällige, deswegen aber nicht weniger gewichtige, müssen ausgespart werden. Ganz beiseite bleiben müssen Betrachtungen zum Wortschatz.[30]

---

[28] Vgl. Moulton (1944), S. 312; Masser (1991), S. 101 ff.; Masser, Ausgabe (1994) S. 31.

[29] Baesecke (1948), S. 30.

[30] In seinem hier mehrfach zitierten Aufsatz lehnte Eckhard Meineke meine Methode des Vorgehens hinsichtlich der Frage nach dem zeitlichen Ansatz der Tatianübersetzung, genauer: der Vorlage, ab, wie ich sie in meiner Dissertation „Untersuchungen zur Sprache und zum Wortschatz des althochdeutschen Tatian", Jena 1971 (masch.) entwickelt habe. Heute, bei einem Abstand von fast 30 Jahren und bei der Bewegung, die in die Tatian-Forschung gekommen ist, sind diese Probleme auch aus meiner Sicht anders zu beurteilen, als mir das damals möglich war, das hat mir Meinekes Arbeit sehr deutlich gemacht. Auch muß jetzt mit der Ausgabe von Masser gearbeitet werden. Dennoch komme ich bei den Beispielen auf meine Ergebnisse von 1971 zurück.

II

Wie bereits angedeutet, kommt T^{ahd} insofern eine besondere Bedeutung zu, als er auf Grund seines großen Umfangs für die Kenntnis des frühen Althochdeutschen eine der wichtigsten Quellen ist. Die folgenden Ausführungen gelten daher auch ausschließlich ihm. Die Korrekturen, die zum Teil von den Schreibern selbst, zum Teil vom Endredaktor ζ vorgenommen wurden, lassen erkennen, daß hinter der letzten sprachlichen Gestalt des T^{ahd}, wie sie uns G 56 bietet, die Vorlage, zumindest ein Teil davon, aufscheint – so unsere These. Niemand wird erwarten, daß nach Rückführung der Korrekturen auf das, was darunter stand, der ursprüngliche T^{ahd} „rekonstruiert" werden könnte. Im Sinne Georg Baeseckes sollten sie aber auch nicht unbeachtet bleiben, und es ist schon auffällig, daß oft genug ein älterer Lautstand zum Vorschein kommt. Nicht unbeachtet bleiben darf dabei, was Meineke gewissermaßen warnend herausstellte:

> Nun verhält es sich aber so, daß in zahlreichen Fällen, in denen die Ausgabe von Sievers Rasur angibt, was als Korrektur älteren Lautstandes aufgefaßt werden könnte, eine Korrektur gar nicht vorliegt. Vielmehr ist hier lediglich die Oberfläche des Pergaments mit Bimsstein für die Abschrift des Textes vorbereitet worden.[31]

Hier hat in vielen Fällen die Ausgabe von Masser Klarheit geschaffen. Es bleibt aber immer noch genügend Material, dessen Auswertung möglich ist. Da der Konsonantismus schon von Braune als besonders wichtig angesehen wurde (vgl. oben), beginnen wir damit. Die Stellennachweise müssen jetzt nach der Ausgabe von Masser erfolgen. Das geschieht in folgender Weise. Die erste Zahl bezieht sich auf die Seite der Ausgabe, nicht auf die Seite des St. Galler Codex, die man jedoch bei Masser in [ ] angegeben findet. Entsprechend gibt die zweite Zahl die Zeile der jeweiligen Seite dieser Ausgabe an. Damit entfällt die bisher übliche Stellenangabe, die sich immer auf die Ausgabe von Sievers bezog. Hier kann man bei Bedarf vergleichen, denn Masser hat in seiner Ausgabe den jeder Seite beigegebenen Apparat dreifach gegliedert. Der erste Teil besteht aus einem aus fünf Zeilen gegliederten Kopf, dort gibt Masser „4. die Zählung der Ausgabe von E. Sievers" an.[32] Die folgenden Ausführungen sind meiner Dissertation „Untersuchungen zur Sprache und zum Wortschatz des althochdeutschen Tatian" von 1971 entnommen.[33] Eine erneute Überprüfung der Belege war nötig und konnte zusammen mit der Umstellung von Sievers' auf Massers Zählung vorgenommen werden.

Zu Beginn der Schreibarbeit hielten sich die Abschreiber offenbar eng an ihre Vorlage, deshalb finden sich Spuren der Vorlage besonders deutlich

---

[31] Meineke (1996), S. 614.
[32] Zur Einrichtung des Apparats vgl. Massers Ausgabe (1994), S. 17.
[33] Endermann (1971).

am Anfang der jeweiligen Schreiberpartien. Später, mit zunehmender Souveränität der Schreiber gegenüber der Vorlage, flossen ihnen modernere oder geläufigere Formen in die Feder.

Paul Pietsch wies auf die Wichtigkeit der auslautenden -*m* in der Flexion für die Datierung ahd. Denkmäler[34] hin und nahm den Übergang zu -*n* für den Beginn des 2. Viertels des 9. Jahrhunderts an. „-m in der 1. sg. prs. ind. der sw. verba auf -ôn und -ên, von uuesan, gân und stân ist meist zu -n geworden. Doch bietet T. noch etwa 30 m."[35] Im T^{ahd} sind verschiedene Flexionsendungen zu unterscheiden. Zunächst ist der von Pietsch herausgegriffene Fall zu untersuchen. Beim Verbum substantivum ist die Behandlung der 1. Pers. Sg. *bim* besonders aufschlußreich, weil hier viel Belegmaterial vorliegt:

bim: ε 451,9
α: *bim* ist zu bin korrigiert worden in 69,14;69,15; 71,26 (*nibim* > *nibin*); 109,13; 109,19; 111,1; *bim* in 69,11 unkorrigiert gelassen.

In α' kommen die Formen mit -m häufiger vor, dazu kommen folgende Korrekturen *bim* > *bin*: 435,25; 435,28; 437,4; 441,23; 443,16; 443,28; 443,13 hatte ursprünglich *bin*, das vom Schreiber zu *bim* (!) korrigiert wurde. Die Zeile davor 443,12 umfaßt eine ganze Zeilenrasur des Schreibers. Es ist auffällig, daß er in diesen korrigierten Zeilentext ebenfalls *bim* aufgenommen hat.

β: Korrekturen -*m* > -*n* 129,10; 221,26; 223,12; 259,11; 261,2; 261,21; 129,9 (*nibin* nicht aus Korrektur);
β': 453,7 *bim* nicht korrigiert
γ: *nibin* 325,19; *nibin* 325,31; 253,25 *bim* nicht korrigiert
ε: *bim* 443,16; 443,28; 451,1; 451,24.

Die Stellen verdienen besondere Beachtung, da ε nur wenige Seiten geschrieben hat. Masser:

> Mitten auf S. 216 (Zeile 16) löst ein neuer Mitarbeiter, der bislang nicht in Erscheinung getreten ist, der Schreiber ε, den Schreiber α, der ein zweites Textstück von rund 20 Seiten geschrieben hatte, ab. Schreiber ε schreibt an sich nicht schlechter als seine Vorgänger. Und doch: nach genau viereinhalb Seiten nur, mit dem Ende von S. 220, scheidet er schon wieder aus.[36]

ζ: 461,5 und 461,9 *bim* ohne Korrektur.
β' δ δ': keine Belege.

---

[34] Pietsch (1876), S. 330-368 und 407-450.
[35] Pietsch (1876), S. 427.
[36] Masser (1991), S. 101.

Zur Datierung des Tatian 387

Sievers: „Es kann danach kaum einem Zweifel unterliegen, dass die Hand, welche die Mehrzahl der ursprünglichen *bim* in *bin* verwandelte, eben die des Correktors ζ war."[37] Der Schreiber ζ war, wie bekannt, gleichzeitig der Korrektor des ganzen Codex. Es muß angenommen werden, daß er sich nicht ganz klar darüber war, welcher Form er denn nun den Vorzug geben sollte. Auffällig ist, daß die Formen mit *-m* immer am Anfang der Schreiberhände stehen.

Der Dativ Plural der starken Deklination zeigt überwiegend die Endung *-un*. Auch die über diesen Kasus hergeleiteten Adverbien gehören hierher. Der Korrektor hat in den meisten Fällen aus *-un -on* hergestellt und damit dem fränkischen Lautstand um 830 Rechnung getragen. Davor aber lag ein noch älterer Lautstand, der einige Male *-um* bietet. Zunächst sind einige Korrekturen auffällig:

α: 85,25 *tuochum*] *-on* < *um* korrigiert; Sievers 6,2 *tuochum* corr. in o; *-m* zu n; Masser zu derselben Stelle: 87,9 *tuochon* < *tuochun* korrigiert
γ: 329,5 *simblun* < *simblum* korrigiert
ε: 445,3 *simbolun* < *simbolum* durch Rasur des *-m* korrigiert

Auch hier fällt auf, daß die Beispiele insgesamt am Anfang der Schreiberhände stehen. Je weiter man in die einzelnen Abschnitte hineinkommt, desto seltener verwenden die Schreiber selbst diese alten Formen.

Unverschobenes *d* im Anlaut ist einige Male vorhanden. Späte Lehnwörter haben ihr *d* behalten. „Dass die späten Lehnwörter *dezemo, dezemon, diacan* ihr *d* wahren, kann nicht auffallen."[38] *tiuri* mit seinen Ableitungen weist 31 *d-* gegen 7 *t-* auf. Andere Wörter mit *d-* statt *t-* zählt ST § 30 auf: *duom* und Ableitungen bzw. Komposita, *duoh, dod, dragabetti, duri, dougolo, duon, dilli*. Diese Beispiele sind nach Hennig Brinkmann Restfälle.[39] Brinkmanns Überlegungen sind folgendermaßen zusammenzufassen: Ein Rückzugs- oder Restwort erscheint mit *d-*, wenn es nicht durch eine südliche Entsprechung verdrängt werden konnte. Das ist der Fall bei der Sippe germ. *dôm*, ahd. *tuom*, die zwar im Ahd. verdrängt wird, aber bei T^{ahd} eben noch vorhanden ist. Der Zusammenhang des T^{ahd} mit dem nördlichen Sprachgebiet ist in diesen Fällen also deutlich, was für Fulda nicht außergewöhnlich ist.

Auffällig ist die Verwendung älterer Buchstaben. Zu Anfang des Teils α wird noch einigemale das Zeichen ð verwendet. Daß dies noch Spirans war, dafür spricht diese Schreibung. In α kommt es noch siebenmal vor: *ðemo* 85,11; *ðemo* 87,27 und 87,28; *ðem* 87,30 und 87,31; *ðar* 91,13; mitgezählt ist ein einmaliges *uuvrðun* 85,23; 85,8 *demo*, *d-* < ð korrigiert. Dazu kommt

---

[37] Sievers (1892), S. XXIX.
[38] Sievers (1892), § 29.
[39] Brinkmann (1931), S. 138 ff.

ein etwas undeutlicher Beleg, Sievers verzeichnete noch ein ðemo, nach seiner Zählung 5,11 (= Masser 85,8), bemerkte aber: „*ðemo, der Strich des ð ist fast ganz ausrad.*" Masser hat zu der Stelle keine Anmerkung. Die Vorlage kannte dieses alte Zeichen offenbar noch, und der Schreiber α hat es verwendet, aber nur am Anfang seines Teils und auch da nur einige Male. Im übrigen überwiegt die Schreibung *th-* durchaus. Als frühe Beispiele für diese Schreibung kommen weiterhin Lex Salica und einige Belege aus den ersten 5 Zeilen des Hildebrandsliedes in Frage,[40] so daß zumindest nichts dagegen spricht, hier auf eine frühere Vorlage zu schließen. Später gilt für den aus germ. /þ/ hervorgegangenen stimmhaften Verschlußlaut /d/ im Tatian die regelmäßige Schreibung <th>. Das anlautende germ. /þ/ ist im Ahd. im freien Anlaut meist als <th> erhalten, dies ist auch die Regel im Tatian. „For initial *þ-* the scribes other than γ write *th-* in a vast majority of cases."[41]

Eine Überlegung sei hier eingeschaltet. Die Belege konzentrieren sich auf engem Raum, alle mit Ausnahme von 91,13 stehen in der Weihnachtsgeschichte. Das kann nicht zufällig sein, und eine Begründung könnte in folgendem liegen. In einer kürzlich erschienenen Untersuchung unter dem Titel „Sprachliche Evergreens in der deutschen Bibel" machte Heinrich Löffler[42] auf Kontinuitäten aufmerksam, wie sie für die Bibelsprache seit alters charakteristisch sind:

> Die Bibelsprache hatte wohl von Anfang an ihre eigenen Gesetze. Sie reagierte nur mäßig und in Abständen auf Entwicklungen der Alltagssprache und behielt einen geziemenden Abstand zu ihr, da sie aus einer anderen Welt zu künden hatte.[43]

Nun untersuchte Löffler an Hand von sieben Bibelversionen zwar vor allem die Lexik, es ist aber zu fragen, ob nicht auch andere Erscheinungen mit einbezogen werden könnten. Um eine solche würde es sich hier handeln. Das Weihnachtsfest und damit natürlich auch das Weihnachtsevangelium oder die Perikope hatte einen bevorzugten Platz im Ablauf des Kirchenjahres,[44] der Text war daher vor anderen neutestamentlichen Stellen herausgehoben. Das machte sich nun auch bei der Abschrift der Textstelle des T^{ahd} geltend, hier schrieb der Schreiber α bewußt so, wie es in der Vorlage stand. Diese enthielt die alten Grapheme. Auch der Korrektor hat bei der Endredaktion nichts geändert! Auf diese Weise würde sich erklären, daß die ältere Vorlage hier also deutlich durchscheint. Damit soll nicht gesagt werden, daß auf diesem Wege die Vorlage rekonstruiert werden kann, es gibt im Weihnachtsabschnitt genügend *th-*, die auch in der Vorlage vorhanden gewesen sein werden, und Vermutungen über das Verhältnis der Schreibungen zuein-

---

[40] Vgl. Braune (1987), § 7, Anm. 2.
[41] Moulton (1944), S. 323.
[42] Löffler (1999), S. 255 - 268.
[43] Löffler (1999), S. 267.
[44] Vgl. dazu den Artikel „Weihnachten" in Heim (1998), S. 453f.

Zur Datierung des Tatian 389

ander würden zu reinen Spekulationen führen. Es sei lediglich erwogen, ob „der Kontinuität und Konstanz von Wörtern und Wendungen"[45] nicht eine solche auf graphematischer Ebene an die Seite zu stellen wäre.

ð in Initialstellung ist durchgängig in der Lex Salica vorhanden. „Only the SALLAW shows exclusively ð, 28 times."[46] Dies aber ist ein ziemlich sicher zu datierender Text, er gehört an den Anfang des 9. Jahrhunderts. „Die Sprache ist frühalthochdeutsch und führt auf die Jahre um 800 zurück".[47] Die Lex Salica ist zudem noch mit Fulda in Verbindung zu bringen. Der Schreiber α, der als α' auf Seite 196 des Sangallensis noch einmal einsetzte, griff auf die Schreibungen zu Anfang seines ersten Abschnitts nicht noch einmal zurück.

Gerade das Verhältnis zwischen verschobenen und unverschobenen Formen und seine Wiederspiegelung bei den einzelnen Schreibern des T^{ahd} müßte noch einmal genauer untersucht und zusammengestellt werden.

Interessant ist die Schreibung für den aus germ. /k/ hervorgegangenen Laut. Hier wird nur die Schreibung für das inlautende germ. /k/ nach Vokalen betrachtet. Es wurde verschoben zur Doppelspirans (und vereinfacht im Auslaut und vor Konsonanten), womit T^{ahd} zunächst auf gemeinahd. Stufe steht. Nun gibt es allerdings dafür unterschiedliche Schreibungen, die in den ältesten Quellen als *-hh-* erscheinen, das bald von *-ch-* abgelöst wird. Chronologisch läßt es sich nicht genau fixieren,[48] doch ist *-hh-* die ältere Schreibung. T^{ahd} hat 331 *hh* gegen 249 *ch*.[49] In der Vorlage scheint es weitere *hh* gegeben zu haben, es gibt folgende Korrekturen:[50] In β *láches*] *-c-* auf Rasur vom Schreiber (für *h*, wie Sievers angibt) 197,21; *láhhin*] *-c-* aus *-h-* korrigiert vom Korrektor 205,4; in γ *seohhoro*<*seohhoro* korrigiert 283,28; *riche*] *-c-* auf Rasur vom Schreiber (Sievers: aus angefangenem *h*) 305,7; in ζ *lihhezerin*] das erste *-h-* auf Rasur vom Schreiber 529,27; *sueizduohhe*] das erste *-h-* durch Rasur aus *-c-* korrigiert 541,6; *brachin*] *brachi* Hs., wobei *-c-* auf Rasur vom Schreiber 651,8. Aus Sievers' Tabelle geht weiterhin hervor, daß einzelne Schreiber die ältere Schreibung bevorzugten. Das waren α (α'), β (β') und ζ, auch ε mit seinen wenigen Zeilen kennt kein *ch*. γ und δ (δ') verwenden ausschließlich *ch* (bis auf jeweils ein *hh*). Insgesamt könnte man daraus schließen, daß T^{ahd} zumindest hier einer älteren Schreibtradition folgte.

---

[45] Löffler (1999), S. 256.
[46] Moulton (1944), S. 325. – Vgl. auch Braune (1987), §167, Anm. 3.
[47] Haubrichs (1988), S.193. – Haubrichs' Datierung ist in der älteren wie in der neueren Literatur die *communis opinio*, weshalb hier keine weiteren Nachweise gegeben werden.
[48] Braune (1987), § 145 und Anm. 1.
[49] Vgl. die Tabelle bei Sievers (1892), § 53.
[50] Stellenangaben wieder nach der Ausgabe von Masser (1994).

Schwieriger gestalten sich Untersuchungen zum Vokalismus. Dialektale Eigenheiten versperren oft genug den Blick auf lautliche Entwicklungen. Ahd. Diphthongierungen und Monophthongierungen sind da immer noch am zuverlässigsten, wo es um Altersbestimmungen ahd. Denkmäler geht. Daher sollen einige wenige Beispiele aus diesen Bereichen das Bild des Konsonantismus ergänzen.

Germ. /ô/ ist wie gemeinahd., so auch im T^{ahd} als *uo* vorhanden. Bemerkenswert sind auch hier wieder die Korrekturen und Ausnahmen. Zunächst gibt es einige undiphthongierte Formen: *uorstotun* γ 299,17; *giodmotigot* δ 375,29 und 375,30; *giotmotigot* 403,18 und 403,19. Des weiteren ist zu bemerken, daß T^{ahd} eine Entwicklung über u kennt. Franck hatte schon festgestellt: „Für Durchgang von uo zu jüngermfr. ô durch einen u-Laut spricht wohl, daß als Monophthong zunächst fast nur u auftritt."[51] Dabei weist er diese Erscheinung nach im Weißenburger Katechismus, in Lex Salica, im Trierer Capitulare, in Otfrid und dann später natürlich.[52] ô hat sich im Ostfränkischen offenbar ziemlich lange gehalten.[53]

Germ. ê (ê²) scheint durchgängig diphthongiert zu sein, wenn man nicht einige Fälle von einfachem *e*, die ausschließlich bei γ stehen und dort vom Korrektor in *ie* korrigiert wurden, als Rest älteren Lautstandes ansehen will. Sie betreffen jedoch ausnahmslos das Präteritum von *gên*, das auch mit kurzem *e* belegt ist.[54] Möglicherweise hat der Korrektor diese *e* als lange ê angesehen und „modernisierte" dann den Text. Die Belege sind: *ingiengunt*] - *gien*- auf Rasur vom Korrektor (Sievers: g:n, das letzte n durchstrichen) 283,6; *zuogieng* < *zuogeng* 311,19; *uzgieng*] -*ie*- auf Korrktur vom Korrektor 313,11; *giengun* auf Rasur vom Schreiber (Sievers: das *ie* rc) 313,20; *zuo giengun*] *gien*- auf Rasur vom Korrktor (Sievers: rc, Raum für nur 2 Buchstaben, Sievers las Zusammenschreibung) 335,13; *gieng*] *gie*- auf Rasur vom Korrektor 339,5; *gieng*] *gie*- auf Rasur vom Korrektor (Sievers: für nur 2 Buchstaben) 339,13.

Die angeführten Fälle betreffen das äußere, das heißt das orthographische Bild. Auf die Lautung kann wohl nicht immer geschlossen werden. Gerade dies jedoch läßt erkennen, daß eine ältere Vorlage für T^{ahd} verwendet wurde. Zwischen diesem *T^{ahd} und dem T^{ahd} des G 56 dürften durchaus einige Jahrzehnte liegen. Vergleiche des Schreibusus von T^{ahd} bzw. *T^{ahd} mit dem anderer Denkmäler aus dem ersten Jahrzehnt des 9. Jahrhunderts haben Gemeinsamkeiten erkennen lassen.

---

[51] Franck (1909), § 44.
[52] Franck (1909), § 46. – Vgl. auch Braune (1987), § 41c, Anm. 6.
[53] Braune (1987), § 41c, Anm. 6.
[54] Braune (1987), § 350, Anm. 7.

Literatur

Baesecke, Georg (1948): Die Überlieferung des althochdeutschen Tatian. Halle, Saale.

Berschin, Walter (1992): Lateinische Literatur aus Sankt Gallen. In: Die Kultur der Abtei Sankt Gallen, herausgegeben von Werner Vogler. Zürich, S. 145-160.

Braune, Wilhelm (1987): Althochdeutsche Grammatik. 14. Auflage, bearbeitet von Hans Eggers, Tübingen.

Brinkmann, Hennig (1931; 1965): Sprachwandel und Sprachbewegung in althochdeutscher Zeit. Jenaer Germanistische Forschungen 18. Neuauflage in: Studien zur Geschichte der deutschen Sprache und Literatur; Bd. 1. Düsseldorf.

Endermann, Heinz (1971): Untersuchungen zur Sprache und zum Wortschatz des althochdeutschen Tatian. Phil. Diss. (masch.): Jena.

Franck, Johannes (1909): Altfränkische Grammatik. Göttingen.

Ganz, Peter (1969): Ms. Junius 13 und die althochdeutsche Tatianübersetzung. In: Beiträge zur Geschichte der deutschen Sprache und Literatur 91, Tübingen, S. 28-76.

Haubrichs, Wolfgang (1988): Die Anfänge: Versuche volkssprachiger Schriftlichkeit im frühen Mittelalter (Ca. 700-1050/60). (= Geschichte der deutschen Literatur von den Anfängen bis zum Beginn der Neuzeit, herausgegeben von Joachim Heinzle. Bd. I: Von den Anfängen zum hohen Mittelalter, Teil 1. Frankfurt am Main.)

Heim, Manfred (1998): Kleines Lexikon der Kirchengeschichte. München.

Löffler, Heinrich (1999): Sprachliche Evergreens in der deutschen Bibel. Beobachtungen zur Langzeit-Wirkung der althochdeutschen Bibelprosa und -poesie. In: Ze hove und an der strâzen. Die deutsche Literatur des Mittelalters und ihr „Sitz im Leben", Festschrift für Volker Schupp zum 65. Geburtstag, herausgegeben von Anna Keck und Theodor Nolte. Stuttgart-Leipzig, S. 255-268.

Masser, Achim (1991): Die lateinisch-althochdeutsche Tatianbilingue des Cod. Sang. 56 (mit zwölf Abbildungen). Göttingen, (= Nachrichten der Akademie der Wissenschaften in Göttingen, I. Philologisch-historische Klasse, Jg. 1991, Nr. 3).

– (1993): Der handschriftliche Befund und seine literarhistorische Auswertung. In: Probleme der Edition althochdeutscher Texte, herausgegeben von Rolf Bergmann. Göttingen, (= Studien zum Althochdeutschen, herausgegeben von der Kommission für das Althochdeutsche Wörterbuch der Akademie der Wissenschaften in Göttingen, Band 19), S. 124-134.

– (1994): 'Tatian'. In: Die deutsche Literatur des Mittelalters. Verfasserlexikon, 2. Auflage. Bd. 9. Berlin - New York, Sp. 620-628.

Meineke, Eckhard (1996): Fulda und der althochdeutsche Tatian. In: Kloster Fulda in der Welt der Karolinger und Ottonen Verlag, herausgegeben von Gangolf Schrimpf, Frankfurt am Main, S. 403-426.

Moulton, William G. (1944): Scribe γ of the Old High German Tatian Translation. In: Publications of the Modern-Language-Association of America. vol. LIX, nr. 2, S. 307-334.

Pietsch, Paul (1876): der oberfränkische Lautstand im IX. Jahrhundert. In: Zeitschrift für deutsche Philologie 7, S. 330-368; S. 407-450.

Tatian. Lateinisch und altdeutsch, mit ausführlichem Glossar herausgegeben von Eduard Sievers. Zweite neubearbeitete Ausgabe. 1892. Paderborn, (= Bibliothek der ältesten deutschen Litteratur-Denkmäler, V. Band).

Tatianbilingue Stiftsbibliothek St. Gallen (Die lateinisch-althochdeutsche) Cod. 56. Unter Mitarbeit von Elisabeth De Felip-Jaud herausgegeben von Achim Masser. 1994. Göttingen, (= Studien zum Althochdeutschen, herausgegeben von der Kommission für das Althochdeutsche Wörterbuch der Akademie der Wissenschaften in Göttingen, Band 25).

Eckhard Meineke

Zur wechselseitigen Bestimmung der Wortbedeutungen

1. Einführung

In der Geschichte der Wortfeldtheorie und der Wortfeldforschung sind die ursprünglichen Ansichten und ihre bildliche Verdeutlichung in verschiedener Hinsicht weiterentwickelt worden. Auf grundlegende Literatur sei am Schluß dieses Beitrags hingewiesen.

Die Weiterentwicklung der Wortfeldtheorie wird unter anderem von bestimmten neueren empirisch-theoretischen Arbeiten geleistet. Ausgehend von dem Vorhaben, einen bestimmten Teilbereich des Wortschatzes mit der Feldtheorie zu bearbeiten, diskutieren sie auch die Geschichte, Theorie und Praxis der Wortfeldforschung. Hier seien etwa die Veröffentlichungen von M. Schlaefer[1] und H.-J. Becker[2] genannt. Neuere Stellungnahmen zum Wortfeldtheorem tragen auf verschiedene Weise zu dessen Differenzierung und Verbesserung bei, müssen sich aber auch ihrerseits einer Diskussion stellen. Das trifft etwa für die von H. Geckeler[3] vertretene Auffassung zu, daß die Weiterentwicklung der Feldlehre durch Eugenio Coseriu gegenüber der in hohem Maße intuitiven Konzeption von Jost Trier und Leo Weisgerber durch ihre tragfähige theoretische Basis und durch ihre handhabbaren Zugriffsweisen einen unbestreitbaren Fortschritt darstelle.[4]

---

[1] Michael Schlaefer, Studien zur Ermittlung und Beschreibung des lexikalischen Paradigmas ‚lachen‘ im Deutschen, Germanische Bibliothek. Neue Folge. 3. Reihe: Untersuchungen, Heidelberg 1987.
[2] Hans-Joachim Becker, Das Feld um *alt*, Monographien zur Sprachwissenschaft 16, Heidelberg 1991.
[3] Horst Geckeler, Le champ lexical, structure fondamentale du lexique, in: Ulrich Hoinkes/ Wolf Dietrich (Hrsg.), Kaleidoskop der Lexikalischen Semantik, Tübingen 1997, S. 93-103, hier S. 99.
[4] Man vergleiche: Eckhard Meineke, Abstraktbildungen im Althochdeutschen. Wege zu ihrer Erschließung, Studien zum Althochdeutschen 23, Göttingen 1994, S. 435-464; Eckhard Meineke, Das Substantiv in der deutschen Gegenwartssprache, Monographien zur Sprachwissenschaft 17, Heidelberg 1996, S. 199-230. Hierzu auch Günther L. Karcher, Kontrastive Untersuchung von Wortfeldern im Deutschen und Englischen, Europäische Hochschulschriften. Reihe XIV. Angelsächsische Sprache und Literatur 68, Frankfurt am Main – Bern – Las Vegas 1979, S. 168-175.

In diesem Beitrag soll es darum gehen, inwieweit zentrale Aspekte der Wortfeldtheorie tragfähig sind, und insbesondere um eine Auseinandersetzung mit der grundsätzlichen Kritik, die Monica Koch[5] vor einiger Zeit an diesem Modell wie auch an anderen Theoremen der Semantik geübt hat. Als Diskussionsbasis vorausgesetzt wird neben der am Schluß dieses Beitrags genannten Literatur die Diskussion um den vor allem mit Ferdinand de Saussure verbundenen[6] Strukturalismus[7], der hier in seiner europäischen, nicht aber amerikanischen Ausprägung[8] interessiert.[9] Es geht um die synthe-

---

[5] Monica Koch, Wird die Linguistik der Bedeutung gerecht?, Tübinger Beiträge zur Linguistik 203, Tübingen 1984, S. 116-127.

[6] Eugenio Coseriu, Einführung in die Allgemeine Sprachwissenschaft, Uni-Taschenbücher 1372, Tübingen 1988, S. 117-128; Gunther Ipsen, Der neue Sprachbegriff, in: Wortfeldforschung, S. 55-77, hier S. 62-72; Stephen Ullmann, Neue Richtungen in der Semantik, in: Strukturelle Bedeutungslehre. Herausgegeben von Horst Geckeler, Wege der Forschung 426, Darmstadt 1978, S. 15-39, hier S. 17f.

[7] Jörn Albrecht, Europäischer Strukturalismus. Ein forschungsgeschichtlicher Überblick, Uni-Taschenbücher 1487, Tübingen 1988; Hans Arens, Sprachwissenschaft. Der Gang ihrer Entwicklung von der Antike bis zur Gegenwart. II. Das 20. Jahrhundert, Fischer Athenäum Taschenbücher Sprachwissenschaft, Frankfurt am Main o. J., S. 573-736; Helmut Gipper, Sprachwissenschaftliche Grundbegriffe und Forschungsrichtungen. Orientierungshilfen für Lehrende und Lernende, Lehrgebiet Sprache 1, München 1978, S. 208-212; Gerhard Helbig, Geschichte der neueren Sprachwissenschaft, WV studium 48, 6. A. Opladen 1983, S. 46-118.

[8] Horst Geckeler, Strukturelle Semantik und Wortfeldtheorie, Internationale Bibliothek für allgemeine Linguistik 7, 3. A. München 1982, S. 27-40.

[9] Zu Leonard Bloomfields behavioristischem Strukturalismus vergleiche man John Lyons, Semantik, I-II, Beck'sche Elementarbücher, München 1980-1983, I, S. 133-150; Algirdas Julien Greimas, Strukturale Semantik. Methodologische Untersuchungen. Autorisierte Übersetzung aus dem Französischen von Jens Ihwe, Wissenschaftstheorie, Wissenschaft und Philosophie 4, Braunschweig 1971, S. 2f.; Robert Müller, Methodologische Probleme der Wortfeldtheorie. Vorüberlegungen für eine Aufstellung des Wortfeldes der Verba dicendi, in: Festschrift für Adalbert Schmidt zum 70. Geburtstag. Herausgegeben von Gerlinde Weiss unter Mitwirkung von Gerd-Dieter Stein, Stuttgarter Arbeiten zur Germanistik 4, Stuttgart 1976, S. 497-536, S. 502f.; E. Coseriu, Einführung in die Allgemeine Sprachwissenschaft, S. 130. Zu Edward Sapir s. E. Coseriu, Einführung in die Allgemeine Sprachwissenschaft, S. 128f.; Leslie Seiffert, Wortfeldtheorie und Strukturalismus. Studien zum Sprachgebrauch Freidanks, Studien zur Poetik und Geschichte der Literatur 4, Stuttgart – Berlin – Köln – Mainz 1968, S. 16; G. Helbig, Geschichte der neueren Sprachwissenschaft, S. 73-78. Zu den von L. Bloomfield verarbeiteten Autoren wie A. Meillet, J. B. de Courtenay, F. Boas, H. Sweet, P. Passy, W. F. Jones, F. N. Finck, N. S. Trubetzkoy, W. von Humboldt, H. Steinthal und G. von der Gabelentz s. Portraits of Linguists. A Biographical Source Book for the History of Western Linguistics, 1746-1963, edited by Thomas A. Sebeok, I-II, Indiana University Studies in the History and Theory of Linguistics, 2. A. Bloomington – London 1967.

tische und die analytische Grammatik[10], um die syntagmatischen Beziehungen, das Prinzip der Funktionalität[11], das Prinzip der Opposition[12], das Prinzip der Systematizität[13] und das Prinzip der Neutralisierung.[14] Das letzte Prinzip ist nur im europäischen Strukturalismus formuliert und anerkannt worden, nicht im amerikanischen.[15]

Die anhand der phonologischen Verhältnisse entwickelten Strukturtypen sind vom Strukturalismus für den Wortschatz postuliert worden. Übertragen auf die Bedeutungsebene würde diese Vorstellung besagen, daß die einzelne sprachliche Bedeutung eines sprachlichen Zeichens keine absolute Größe ist, sondern erst dann ganz verstanden werden kann, wenn man sie als Schnittpunkt von bestimmten Koordinaten eines Netzes sieht, das von allen Bedeutung tragenden Zeichen einer Sprache gebildet wird.[16] Das einzelne Wort hat demnach seine spezifische Bedeutung nur deshalb, weil sie im funktionellen Zusammenspiel mit den Bedeutungen anderer sprachlicher Zeichen existiert. Damit hätte der Strukturalismus die Theorie des lexikalischen Feldes vorbereitet.

Aus der Adaption der strukturellen Phonologie entnommener Vorstellungen folgt noch eine weitere Idee. Wer die Phonemsysteme mehrerer Sprachen vergleicht, erkennt, daß die materielle Grundlage der Phonemsysteme die gleiche ist. Diese besteht im Sprechapparat des Menschen mit den von daher gegebenen Möglichkeiten der Artikulation ausdrucksseitig als distinkt empfundener Einheiten. Aber wenn auch die Sprachen diese oder jene einzelnen Phoneme gemeinsam haben, so daß beispielsweise die Sprachen A und B einen Phonem *p* kennen, so muß das Phonemsystem als ganzes keineswegs das gleiche sein. Oppositionelle Möglichkeiten, die die eine Sprache für bestimmte Artikulationsstellen systematisiert, brauchen in der anderen Sprache keineswegs funktionalisiert zu sein und umgekehrt. Gegenüber der Sprache A kann die Sprache B ganz andere Oppositionstypen funktionalisieren und umgekehrt. Schließlich kann auch die Zahl der Phoneme differieren.[17] Auf die Semantik angewandt würde das besagen, daß jede Sprache eigene Systeme der Bedeutungsbezüge aufweisen könnte, die mit dem

---

[10] Georg von der Gabelentz, Die Sprachwissenschaft. Ihre Aufgaben, Methoden und bisherigen Ergebnisse. Mit einer Studie von Eugenio Coseriu neu herausgegeben von Gunter Narr und Uwe Petersen, 3. A. Tübingen 1984, S. 85f.
[11] E. Coseriu, Einführung in die Allgemeine Sprachwissenschaft, S. 170-200.
[12] E. Coseriu, Einführung in die Allgemeine Sprachwissenschaft, S. 201-209.
[13] E. Coseriu, Einführung in die Allgemeine Sprachwissenschaft, S. 209-212.
[14] E. Coseriu, Einführung in die Allgemeine Sprachwissenschaft, S. 212-218.
[15] E. Coseriu, Einführung in die Allgemeine Sprachwissenschaft, S. 212.
[16] Gerd Wotjak, Untersuchungen zur Struktur der Bedeutung. Ein Beitrag zu Gegenstand und Methode der modernen Bedeutungsforschung unter besonderer Berücksichtigung der semantischen Konstituentenanalyse. Mit zahlreichen Skizzen, Tabellen und Schemata im Text und einer Falttabelle am Schluß, 2. A. München 1977, S. 67-74.
[17] Man vergleiche J. Lyons, Semantik, I, S. 244-246.

System einer anderen Sprache in den drei angesprochenen Weisen nicht identisch sind. Damit ist das Prinzip der sprachlichen Relativität[18] vorformuliert.

Die Erfahrung, daß eine ältere Sprachstufe einer Sprache ein angenommenes Bedeutungskontinuum durch ausdrucksseitig verwandte oder ausdrucksseitig unverwandte Wörter anders gliedert als spätere Sprachstufen, ist Ausgangspunkt der Wortfeldtheorie. Als deren maßgebliche erste Theoretiker gelten J. Trier und L. Weisgerber[19], nach Vorläufern wie G. W. Leibniz, H. Paul, E. Tegnér und G. Ipsen[20] und anderen.[21] J. Trier[22] hat ein

---

[18] Man vergleiche Helmut Gipper, Bausteine zur Sprachinhaltsforschung. Neuere Sprachbetrachtung im Austausch mit Geistes- und Naturwissenschaft, Düsseldorf 1962, S. 297-366; Helmut Gipper, Gibt es ein sprachliches Relativitätsprinzip? Untersuchungen zur Sapir-Whorf-Hypothese, Conditio humana, Frankfurt am Main 1972; Iwar Werlen, Sprache, Mensch und Welt. Geschichte und Bedeutung des Prinzips der sprachlichen Relativität, Erträge der Forschung 269, Darmstadt 1989; Wilhelm Köller, Philosophie der Grammatik. Vom Sinn grammatischen Wissens, Stuttgart 1988, S. 265-285; Suzanne Öhman, Wortinhalt und Weltbild. Vergleichende und methodologische Studien zu Bedeutungslehre und Wortfeldtheorie, Stockholm 1951, S. 127, 151-159; Paul Osswald, Wortfeldtheorie und Sprachenvergleich: Französisch *campagne* und deutsch *Landschaft*, Tübinger Beiträge zur Linguistik 4, 2. A. Tübingen 1977, S. 58-66, 67-170; Leo Weisgerber, Die sprachliche Gestaltung der Welt, Von den Kräften der deutschen Sprache 2, 3. A. Düsseldorf 1962, S. 132; J. Lyons, Semantik, I, S. 247f.

[19] Zur Entwicklung der Ansichten L. Weisgerbers vergleiche man Leo Weisgerber, Zur Grundlegung der ganzheitlichen Sprachauffassung. Aufsätze 1925-1933, zur Vollendung des 65. Lebensjahres Leo Weisgerbers herausgegeben von Helmut Gipper, Düsseldorf 1964, passim.

[20] S. Öhman, Wortinhalt und Weltbild, S. 72-76; J. Trier, Feld, sprachliches. In: Historisches Wörterbuch der Philosophie, hrsg. von Joachim Ritter, Bd. II, völlig neu bearb. Ausgabe von Rudolf Eisler, Basel – Stuttgart 1971 ff., Sp. 929-933; auch in: Jost Trier, Aufsätze und Vorträge zur Wortfeldtheorie, herausgegeben von Anthony van der Lee und Oskar Reichmann, Janua linguarum. Series minor 174, The Hague – Paris 1973, S. 200-205, hier S. 201-203; Anthony van der Lee – Oskar Reichmann, Einführung in die Geschichte der Feldtheorie, in: J. Trier, Aufsätze, S. 9-11; Richard M. Meyer, Bedeutungssysteme, Zeitschrift für vergleichende Sprachforschung. 43 (1910) S. 352-368; P. Osswald, Wortfeldtheorie, S. 5-7; Eugenio Coseriu, Sprache. Strukturen und Funktionen. XII Aufsätze zur allgemeinen und romanischen Sprachwissenschaft, in Zusammenarbeit mit Hansbert Bertsch und Gisela Köhler herausgegeben von Uwe Petersen, Tübinger Beiträge zur Linguistik 2, 3. A. Tübingen 1979, S. 149-159; Susanne Höfer-Lutz, Jost Trier – sein wissenschaftlicher Werdegang und die Entwicklung der Wortfeldtheorie, in: Jost Trier. Leben – Werk – Wirkung. Herausgegeben von Werner Zillig. Mit Beiträgen von Carsten Albers, Susanne Höfer-Lutz, Christina Mahler und Werner Zillig, Münster 1994, S. 71-128, hier S. 87.

[21] S. Höfer-Lutz, in: Jost Trier, S. 80-82; Peter Rolf Lutzeier, Lexikalische Felder – was sie waren, was sie sind und was sie sein könnten, in: Die Ordnung der Wörter. Kognitive und lexikalische Strukturen. Herausgegeben von Gisela Har-

bestimmtes Wortfeld und seine Einzelvertreter vom Althochdeutschen ausgehend bis zum Ende des 13. Jahrhunderts behandelt: den deutschen Wortschatz im Sinnbezirk des Verstandes. Bei den von J. Trier verwendeten Termini unterstellt die wissenschaftliche Diskussion stets eine gewisse Unschärfe. So wird etwa gesagt, daß nur vage definiert sei, was man unter einem Sinnbezirk verstehen könne.[23] Das stets und etwa auch von J. Lyons vorgestellte Beispiel[24] der Wörter des Wissens in zwei verschiedenen synchronen Stadien, das sich aus den von J. Trier in diesem Zusammenhang bearbeiteten Wörtern ergibt[25], vermag aber klar zu zeigen, daß in diesem Bereich eine sich verändernde Wortfeldstruktur besteht.

Nun mag J. Trier selbst seine Einsichten begrifflich etwas vage formuliert haben. In ihrer Frühzeit wurde die Feldtheorie auch durch später falsifizierte Nebenvorstellungen belastet. Erstens stellte man sich die durch das Wortfeld erfolgende Überdeckung der zu bezeichnenden Welt als lückenlos und klar abgegrenzt vor. Zweitens ging man von einer durchgehenden Ordnung des ganzen Wortschatzes in Felder aus. Drittens nahm man an, daß bei den Sprachträgern das Bewußtsein der Präsenz des Gesamtfeldes bestehe.[26] Und

---

ras, Institut für deutsche Sprache. Jahrbuch 1993, Berlin – New York 1995, S. 4-29, hier S. 10-15.

[22] Jost Trier, Der deutsche Wortschatz im Sinnbezirk des Verstandes. Von den Anfängen bis zum Beginn des 13. Jahrhunderts, Germanische Bibliothek. Dritte Reihe. Untersuchungen und Einzeldarstellungen, 2. A. Heidelberg 1973.

[23] Man vergleiche J. Lyons, Semantik, I, S. 262f.

[24] Semantik, I, S. 267f.

[25] Jost Trier, Das sprachliche Feld. Eine Auseinandersetzung, in: Wortfeldforschung, S. 129-161, hier S. 134-144; Jost Trier, Die Worte des Wissens, in: Mitteilungen des Universitätsbundes Marburg 1931, 33-40; auch in: Jost Trier, Aufsätze und Vorträge zur Wortfeldtheorie, 66-78; Jost Trier, Über Wort- und Begriffsfelder, in: Wortfeldforschung, S. 1-38, hier S. 26-38; Jost Trier, Die Idee der Klugheit in ihrer sprachlichen Entfaltung, in: Zeitschrift für Deutschkunde 46 (1932) 625-635; auch in: Jost Trier, Aufsätze und Vorträge zur Wortfeldtheorie, 79-92; Wortfeldforschung, 41-54; Jost Trier, Über die Erforschung des menschenkundlichen Wortschatzes, in: Wortfeldforschung, S. 185-192 (auch in: J. Trier, Aufsätze, S. 179-187), hier S. 187-192; L. Weisgerber, Die sprachliche Gestaltung der Welt, S. 266-276; St. Ullmann, in: Strukturelle Bedeutungslehre, S. 32-34; Stephen Ullmann, Grundzüge der Semantik. Die Bedeutung in sprachwissenschaftlicher Sicht. Deutsche Fassung von Susanne Koopmann. Zweite, unveränderte Auflage, De Gruyter Lehrbuch, Berlin – New York 1972, S. 153-156; Stephen Ullmann, Semantik. Eine Einführung in die Bedeutungslehre. Deutsche Fassung von Susanne Koopmann, Conditio humana, 3. A. Frankfurt am Main 1981, S. 312f.; Gerd Fritz, Bedeutungswandel im Deutschen. Neuere Methoden der diachronen Semantik, Germanistische Arbeitshefte 12, Tübingen 1974, S. 36-41.

[26] A. van der Lee – O. Reichmann, in: J. Trier, Aufsätze, S. 19. Zu den wichtigsten Einwänden gegen die Frühfassung der Wortfeldtheorie vergleiche man auch Rudolf Hoberg, Die Lehre vom sprachlichen Feld. Ein Beitrag zu ihrer Geschichte, Methodik und Anwendung, Sprache der Gegenwart 11, 2. A. Düsseldorf 1973,

es ist auch zutreffend, daß die Arbeit an vergangenen Sprachstufen besondere Probleme mit sich bringt, mit denen sich die Feldtheorie in ihrer Frühzeit belastet hat, bevor sie als solche stringent ausformuliert war.[27]

Was folgt nun aber aus der Unschärfe, mit der J. Trier selbst das von ihm Vertretene ausgedrückt hat, und aus den geschilderten Quellenproblemen für die Berechtigung des Ansatzes selbst, für die Wortfeldtheorie? Die vorgestellten Einwände gegen das theoretische Konzept bedeuten noch keine Falsifikation. Denn daß jemand etwas vielleicht mißverständlich formuliert, daß er es nicht abschließend durchdacht hat oder daß ein anderer es vielleicht nicht versteht beziehungsweise nicht verstehen will, berührt die Wahrheit des Gemeinten ebensowenig wie die Schwierigkeiten, die bei der Erforschung der älteren Sprachstufen des Deutschen auftreten. Denn diese Probleme stellen sich bei jeder Art von Fragestellung, mit der man an Quellenmaterial nur bruchstückhaft und schriftlich überlieferter Sprachen herangeht. Gerade der Feldtheorie dieses Problem vorzuwerfen, geht an der Sache vorbei.

2. Das logische Kernproblem

Die Kritik von M. Koch, um die es im folgenden gehen soll, befaßt sich nicht mit der Anwendung der Wortfeldtheorie auf vergangene Sprachstufen, sondern mit der strukturalistischen Grundlage der Wortfeldtheorie. Ihre Kritik geht aus von J. Triers Ansicht, daß nicht das Einzelzeichen etwas sagt, sondern daß nur das System der Zeichengesamtheit etwas sagen könne angesichts des Einzelzeichens. Die Geltung eines Wortes wird nach J. Trier erst erkannt, wenn sie gegen die Geltung der benachbarten und opponierenden Wörter abgegrenzt wird. Nur als Teil des Ganzen, so J. Trier, hat das Wort Sinn, denn nur im Feld gibt es Bedeuten.[28]

Dagegen wendet M. Koch[29] ein, dieser in vielfacher Variation festgehaltene Grundgedanke enthalte den logischen Zirkel, daß sich die Einheiten nur gegenseitig bestimmen können, wenn sie bereits vorher bestimmt sind, beziehungsweise das Ganze seine Teile nur bestimmen kann, wenn es diese Teile bereits als bestimmte gibt. Es sei zwar durchaus möglich, daß sich zwei Sachen gegenseitig beeinflussen. Dafür müßten sie jedoch vorher be-

---

S. 101-119. Zum Bewußtsein von Feldteilen aus psychologischer Sicht vergleiche man Robert Müller, Wortfeldtheorie und Kognitive Psychologie, in: Studien zur Wortfeldtheorie. Herausgegeben von Peter Rolf Lutzeier, Linguistische Arbeiten 288, Tübingen 1993, S. 215-228, hier S. 218f.

[27] Man vergleiche J. Lyons, Semantik, I, S. 268f.
[28] Jost Trier, Über Wort- und Begriffsfelder, in: Wortfeldforschung, S. 1-38, hier S. 6.
[29] Wird die Linguistik der Bedeutung gerecht?, S. 116f.

reits existieren. Sie können, so M. Koch, nicht in ihrer Relation zueinander erst zustandekommen. Diese Kritik an dem angenommenen logischen Zirkel als Grundlage der Wortfeldtheorie hat etwa auch G. Kandler geübt.[30]

> Wie bestimmt sich A? Durch B. Und B? Durch A. Wie kann bei diesem Zirkel eine konkrete Sinnerfüllung in das Wort hineinkommen? Wenn man sagt: *Grün* ist, was einerseits nicht *gelb* ist, andererseits nicht *blau* ist, so erhellt daraus weder der absolute Ort im Farbkörper noch auch, daß es sich überhaupt um eine Farbe handelt.

M. Koch[31] sieht in diesem Vorwurf bereits die Disqualifikation der ganzen Theorie begründet, denn er treffe genau ihre Grundlage. Gleichwohl tauche er in den zahlreichen Kritiken der Wortfeldtheorie, wenn überhaupt, als bloßer Hinweis auf „logische Schwierigkeiten" auf. So führt R. Hoberg[32] aus, daß die inhaltliche Begrenzung der Farbwörter nicht mit dem Problem der Entstehung sprachlicher Inhalte verwechselt werden darf, die ein Problem der Philosophie sei, soweit es allgemein betrachtet werde, beziehungsweise eines der energetischen Sprachbetrachtung, soweit es konkret untersucht werde. Die Feldlehre vermöge lediglich die inhaltliche Abhängigkeit der Wörter voneinander zu erkennen. Dagegen wendet M. Koch[33] ein:

> Die Kritik, daß A nur dann durch B bestimmt werden kann, wenn wenigstens B bestimmt ist, hat jedoch ebensowenig mit der E n t s t e h u n g der Wortbedeutung zu tun als die kritisierte These [daß sich die Wortbedeutungen gegenseitig bestimmen, E. M.] selbst, sondern bezeichnet eine p r i n z i p i e l l e Unmöglichkeit.

Das soll durch die Kritik an zwei Beispielen der Anwendung von J. Triers Feldlehre verdeutlicht werden. Das eine Beispiel ist die Notenskala, in der J. Trier zufolge die Einzelwörter durch ihre Zahl und Lagerung im Lexemfeld gegenseitig ihre Bedeutungen bestimmen und entsprechend auch die Beurteilungen im Schulzeugnis. Was *mangelhaft* bedeute, sei nur verständlich, wenn man mit der Skala von 1 bis 6 (*sehr gut* bis *ungenügend*) vertraut sei.[34] In Wirklichkeit, so M. Koch, bedeute *mangelhaft* jedoch außerhalb der Skala genau dasselbe wie innerhalb der Skala, nämlich ‚mangelhaft'. Deswegen erscheine es auch an der und keiner anderen Stelle in der Skala. Die Frage dagegen, mit wieviel solcher Noten man sitzenbleibt, hat laut M. Koch überhaupt nichts mit dem Verstehen von *mangelhaft* zu tun, sondern ist eine rein außersprachliche Angelegenheit. Die Tatsache, daß in der

---

[30] Günter Kandler, Die „Lücke" im sprachlichen Weltbild. Zur Synthese von „Psychologismus" und „Soziologismus", in: Wortfeldforschung, S. 351-370, hier S. 358f.
[31] Wird die Linguistik der Bedeutung gerecht?, S. 117.
[32] Die Lehre vom sprachlichen Feld, S. 109.
[33] Wird die Linguistik der Bedeutung gerecht?, S. 117.
[34] Man vergleiche S. Höfer-Lutz, in: Jost Trier, S. 94f.

Schule Leistungen nur relativ zueinander bewertet werden, liefere also keinen Beweis für die Relativität der Wortbedeutungen.

Das zweite Beispiel, dessen Aussagekraft M. Koch in diesem Zusammenhang in Abrede stellt, kommt aus dem Hausbau. J. Trier sagt, das Haus sei nicht aus Steinen und Balken gebildet, sondern umgekehrt ließen sich diese nur aus dem Ganzen heraus bestimmen.[35] Fragt man aber einen Architekten, so M. Koch, aus was für einem Stein ein bestimmtes Haus gebaut sei, so antworte er mit Sicherheit nicht, das hänge von dem Haus als ganzem ab. Solche prekären Beispiele entsprächen durchaus der zweifelhaften These von der wechselseitigen Bestimmung der Wortbedeutungen.

Was ist nun zu diesen Beispielen und ihrer Kritik durch M. Koch zu sagen? Beim ersten Beispiel ist es in der Tat etwas unglücklich, daß eine definitorisch festgelegte Notenskala gewählt worden ist und nicht ein Komplex aus der nicht definitorisch festgelegten Gemeinsprache. Trotzdem ist es unzutreffend, daß *mangelhaft* einfach ‚mangelhaft' bedeutet, wie M. Koch annimmt. Aus den beiden beteiligten Elementen, nämlich dem Substantiv *der Mangel* und dem Adjektivbildungsmorphem *-haft*, würde sich nämlich nur die kontextfreie Bedeutung ‚mit Mängeln behaftet' ergeben. Nun sind ja in der Praxis fast alle schulischen Leistungen oder sonstige Produkte mit kleineren oder größeren Mängeln behaftet, ohne aber *mangelhaft* genannt zu werden. Im außerschulischen Sprachgebrauch ist etwas, das als *mangelhaft* bezeichnet wird, nicht nur mit Mängeln behaftet, sondern mit so vielen oder entscheidenden Mängeln, daß es unbrauchbar oder jedenfalls im Vergleich mit Konkurrenzprodukten nicht empfehlenswert ist. Das Wort *mangelhaft* ist so gesehen morphologisch elliptisch. Es bedeutet ‚mit schweren (entscheidenden, unakzeptablen) Mängeln behaftet'. So wird das Fahrverhalten eines Autos, das bei einem Ausweichtest umkippt, als *mangelhaft* bewertet.

In der Schule und der sonstigen Ausbildung ist *mangelhaft* aber nicht einfach auf gleiche Weise ‚mangelhaft', wenn es einmal in einer Skala von *sehr gut* bis *mangelhaft* (fünf Notenstufen) und ein andermal in einer Skala von *sehr gut* bis *ungenügend* (sechs Notenstufen) auftritt. Ist *mangelhaft* die schlechteste Zensur, dann kann deren Definition etwa lauten: ‚eine Leistung, die wegen erheblicher Mängel den Anforderungen nicht mehr genügt'. Eine noch schlechtere Einschätzung ist dann innerhalb dieser Skala nicht mehr möglich. Die Note *ausreichend* pflegt übrigens definiert zu werden als ‚eine Leistung, die trotz ihrer Mängel den Anforderungen entspricht'. Die so beurteilte Leistung hat auch größere Mängel, aber noch diesseits der Grenze zur Unbrauchbarkeit. Ist nun aber *ungenügend* die schlechteste Zensur, dann können mit *mangelhaft* nicht mehr die allerschlechtesten Leistungen beurteilt werden, was ansonsten nicht anders möglich ist. Im Fünfnotensystem bezieht sich *mangelhaft* auf alle Leistungen jenseits der Brauchbarkeitsgren-

---

[35] Jost Trier, Das sprachliche Feld. Eine Auseinandersetzung, in: Wortfeldforschung, S. 129-161, hier S. 130f.

Zur wechselseitigen Bestimmung der Wortbedeutungen 401

ze. Im Sechsnotensystem ist für die völlig unbrauchbaren Leistungen aber die Note *ungenügend* reserviert. Daraus ergibt sich aber für *mangelhaft*, daß das damit Benotete so völlig unbrauchbar nicht ist. Sofern es sich um eine Zeugnisnote handelt, wird mit *mangelhaft* ausgedrückt, daß die Leistung zwar nicht genügt, daß bei entsprechender Anstrengung des Schülers aber eine Verbesserung seiner Leistung bis zur Brauchbarkeit zu erwarten ist. Das ist bei der mit dem Prädikat *ungenügend* beurteilten Leistung nicht der Fall.

Die Frage, mit wievielen „Fünfern" man die Klasse wiederholen muß, ist in der Tat außersprachlich beantwortet worden, doch tangiert das die Validität des Beispiels nicht. Es ist jedenfalls irrig, wenn angenommen wird, daß *mangelhaft* innerhalb bestimmter Skalen genau das gleiche bedeutet wie außerhalb.

Die Problematik des zweiten Beispiels (Bestimmung der Steine und der Balken aus dem Ganzen des gebauten Hauses) ist, daß es aus dem nichtsprachlichen Bereich stammt. Ob J. Triers Ansicht richtig ist oder nicht, besagt deshalb für die Frage der Validität der Wortfeldtheorie nichts. Es kann aber wohl durchaus von dem Haus als ganzem abhängen, aus was für einem Material es gebaut werden muß. Und die Eigenschaften der Baumaterialien sind deshalb so und nicht anders beschaffen, weil sie für den Hausbau gedacht sind. Es gibt keinen Baustein, keinen Dachziegel, keinen Hausbalken, der „an sich" ohne Berücksichtigung der Aufgabe, im Gefüge des Hauses an seinem Platz zu funktionieren, entwickelt würde.
Sodann führt M. Koch[36] aus, daß man nicht wissen müsse, was *Hocker* heißt, um zu wissen, was *Stuhl* heißt, wie der Fremdsprachenunterricht tagtäglich hundertfach erweise. Umgekehrt verändere sich die Bedeutung von *Stuhl* für jemanden nicht, wenn man *Chaiselongue* und *Bettcouch* kennenlerne. Hier werden zwei Ebenen miteinander vermischt, und bei sachgerechter Überlegung erweisen sich die beiden Phänomene nicht als Widerlegung der Wortfeldtheorie. Was in einer Sprachgemeinschaft mit dem Wort *Stuhl* bedeutet wird, bemißt sich ja unter anderem daran, daß es Wörter wie *Hocker* gibt, und daß die Semgehalte der beiden Wörter in einer bestimmten Relation zueinander stehen. Wer im Fremdsprachenunterricht die Bedeutung eines Wortes *Stuhl* lernt, lernt etwas, was jedenfalls nicht in der gleichen Weise durch das Wort *Hocker* bedeutet wird. Die Bedeutung des Wortes *Stuhl* kann sich für jemanden, der nun auch die Wörter *Chaiselongue* und *Bettcouch* kennenlernt, selbstverständlich nicht ändern, weil sich ja bereits die Bedeutung von *Stuhl* unter anderem danach bemaß, was dieses Wort selbst und was andere Wörter bedeuten.

Nun ist es an der Zeit, das angebliche logische Grundproblem aufzulösen, das die Wortfeldtheorie nach der Ansicht M. Kochs bereits im Ansatz obsolet macht. Wieso kann sich A aus B bestimmen, wenn umgekehrt B

---
[36] *Wird die Linguistik der Bedeutung gerecht?*, S. 117f.

auch durch A bestimmt ist? Und warum soll das Ganze nichts mit der Entstehung der Wortbedeutung zu tun haben? Es geht aber bei dieser Frage weder um einen logischen Zirkel noch um das Henne-Ei-„Paradoxon". Das Problem kann nur dann als Scheinproblem erkannt werden, wenn man sich klarmacht, daß die Sprache eine geschichtliche, das heißt an den Menschen gebundene Größe ist, die ihre Existenz in der tagtäglichen Rekonstruktion durch die Sprecher hat. Die Sprachgemeinschaft verwendet für die Gegenstände, die bei ihr in Rede stehen, bestimmte sprachliche Zeichen. Sie bezieht sich auf die ausdifferenzierte Welt mit einem Wortschatz, der zu der begrifflichen Ausdifferenzierung der Welt in einem vermittelten Verhältnis steht. Soweit nun in der Lebenswelt der Sprachgemeinschaft verschiedene Sitzgelegenheiten zu bezeichnen sind, handelt es sich um geschichtlich entwickelte Objekte, die zu irgendeinem Zeitpunkt in Existenz getreten sind. Der einzelne Sprachteilhaber wird aber zumeist das geschichtlich entwickelte Repertoire an Sitzmöbeln und die dafür verwendeten Bezeichnungen bereits vorfinden. Er muß sowohl die Sachwelt als auch den Wortschatz dafür kennenlernen. In der Sachwelt wie in der Wortwelt tritt demnach das scheinbare logische Problem in praxi nicht auf. Sofern nun in irgendeinem Bereich neue Sachen entstehen, kann die Sprachgemeinschaft dafür das für den nächstverwandten Gegenstand bislang verwendete Wort heranziehen oder aber ein neues. Oft genug wird ja das neue Wort mit der Sache aus einer gebenden Kultur übernommen, wie das etwa bei *Chaiselongue* zutrifft. Dieses Wort wird aber nicht zuletzt deshalb übernommen, weil sich die bisher gebrauchten Wörter für Sitzgelegenheiten auf andere Sachen beziehen und deshalb nicht die Gebrauchsbedingungen haben, die sie auf das als Sache übernommene Wohnzimmermöbel anwendbar macht. Soweit nun materielle Dinge betroffen sind, scheinen die Abgrenzungen zwischen den Dingen selbst und den sie bedeutenden Wörtern oftmals völlig klar zu sein.

Aber bereits hier gibt es oft verblüffende Unschärfen, so etwa bei der Frage, welche Uhr einerseits *Chronometer* genannt werden darf beziehungsweise faktisch genannt wird, während andererseits die Bedeutung des Wortes *Chronograph* ganz eindeutig ist. Im Umkehrschluß folgt daraus, daß die Deckung von Sachwelt und Wortwelt entgegen dem von M. Koch Postulierten nicht bestehen muß, eine bestimmte Uhr also einmal als *Chronometer* bezeichnet werden könnte, ein andermal aber nicht. Bei den scheinbar so sachdeckungsgleichen Bezeichnungen für die Sitzmöbel gibt es durchaus eine Grauzone zwischen den Sitzgelegenheiten, die einmal als *Bürodrehsessel*, ein andermal als *Bürodrehstuhl* bezeichnet werden. Wo ist die Grenze zwischen *Jacke* und *Mantel* überschritten, zwischen *Hügel*, *Höhenzug* und *Berg*, wie verhalten sich *Keks* und *Plätzchen* zueinander? Es scheint jeweils Kernbereiche der Gegenstandsformationen zu geben, in denen eindeutig nur das eine Wort verwendet werden darf, nicht das jeweils andere. Insoweit stehen die Wörter in einer umschreibbaren Opposition zueinander. Aber die nicht selten unscharfen Verwendungsgrenzen weisen darauf hin, daß sich die

Grenzen, die Kernbereiche, die Oppositionsverhältnisse auch verschieben können. Und daß sie das in der Tat auch tun, lehrt jede Beschäftigung mit den älteren Sprachstufen einer historischen Einzelsprache. So bedeutet etwa das Lexem *stuol* in den Textdenkmälern des Althochdeutschen ‚Stuhl, Sitz, Thron'[37], während *sez[zal]* dort mit der Bedeutung ‚Thron'[38] überliefert ist.

3. Abstrakte Gegenstände

Daß die Wortfelder von der Sache her ihre Stütze erfahren, wie das etwa bei dem „Feld" der Wörter für Sitzgelegenheiten der Fall ist, stellt noch keine Abgrenzungsidentität in Wortwelt und Sachwelt her. Wie aber steht es bei den abstrakten Größen, deren Stützfunktion für die Bedeutungen der sprachlichen Zeichen aufgrund der geringeren Anschaulichkeit wesentlich schwächer ausgeprägt sein dürfte? Der Umstand, daß aufgrund der Wandelbarkeit der Begriffe für abstrakte Gegenstände eine onomasiologische Bezeichnungsgeschichte bei Abstrakta nicht in der gleichen Weise möglich ist wie bei Konkreta, war ja für J. Trier einer der Gründe für die Entwicklung der Feldlehre gewesen.[39] Hier geht M. Koch[40] nun auf das Beispiel der Wörter für Verstandesqualitäten ein, das aus J. Triers Habilitationsschrift stammt. J. Trier[41] hatte ausgeführt, daß sich mhd. *wîs* gerade insoweit von nhd. *weise* unterscheide, daß neben ihm keine mit nhd. *klug, gescheit, gerissen, schlau, gewitzigt* [sic!] vergleichbaren Wörter stehen. Der dahinterstehende Gedanke ist offenbar, daß ein Bezeichnungsbereich durch die genannten Wörter im Neuhochdeutschen anders aufgeteilt ist, als das mit den mittelhochdeutschen Wörtern für die Verstandesqualitäten der Fall sein kann. In diesem Bezeichnungsbereich hat demnach mhd. *wîs* eine andere Gefügeposition als nhd. *weise*.

Dazu schreibt M. Koch, daß der Unterschied zwischen den beiden lautlich verwandten Wörtern offenbar darin gesehen werde, daß es im Mittelhochdeutschen die genannten weiteren Wörter für Verstandesqualitäten noch nicht gab. Der Unterschied sei also rein negativ zu bestimmen. Analog könnte man, so M. Koch, den Unterschied zwischen einer Kutsche und einem Auto darin suchen, daß letzteres sich vom Bus, vom Lastwagen und vom Motorrad abgrenzt, während diese zur Zeit der Kutsche noch nicht exi-

---

[37] Rudolf Schützeichel, Althochdeutsches Wörterbuch. 5., überarbeitete und erweiterte Auflage, Tübingen 1995, S. 274.
[38] R. Schützeichel, Althochdeutsches Wörterbuch, S. 249.
[39] Man vergleiche S. Höfer-Lutz, in: Jost Trier, S. 84-86.
[40] M. Koch, Wird die Linguistik der Bedeutung gerecht?, S. 118f.
[41] Der deutsche Wortschatz im Sinnbezirk des Verstandes, S. 8.

stierten. Gerade umgekehrt müsse man den Begriff ‚Auto' positiv bestimmen, bevor man ihn mit anderen überhaupt vergleichen könne.[42]

An diesem Beispiel ist allerdings mißlich, daß das Analogon auf der Sachebene gesucht wird, nicht auf der sprachlichen Ebene. Was die beiden Wörter *wîs* und *weise* angeht, trifft es nicht zu, daß der Unterschied zwischen den beiden nur ex negativo zu bestimmen sei. Er kann selbstverständlich auch positiv formuliert werden. Das mittelhochdeutsche Wort hat möglicherweise eine andere Bedeutung als nhd. *weise*, was damit zusammenhängen kann, daß es einen Bezeichnungsbereich mit wenigeren und anderen Wortkonkurrenten auslegt. Der Bezeichnungsbereich ist anders aufgeteilt. Dabei braucht man angesichts der Seinsweise der Sprache als im Sprechen reproduzierte Größe nicht davon ausgehen, daß das eine Wort das andere in seinen Begrenzungen bestimmt; das ist ohnehin nur eine bildliche Sprechweise. Vielmehr finden die Sprachträger zu einer bestimmten Zeit eine bestimmte Anzahl von Wörtern mit verwandten Bedeutungen vor, unter denen sie zur Bezeichnung einer bestimmten Entität die Auswahl haben. Und je nachdem, wie für welche Entität welches Wort zu deren Bezeichnung ausgewählt wird, wird sich auch das entwickeln und gegeneinander abgrenzen, was die Bedeutung des Wortes genannt wird. Insoweit gilt für die Struktur der Sprache, wie R. Keller[43] auf der Grundlage früherer Theoretiker richtig gesehen hat, das Prinzip des Marktes.

Das von M. Koch zur Demonstration des Vergleichs verschiedener synchroner Feldstrukturen gewählte Beispiel aus dem Gebiet der Verkehrsmittel ist ungeeignet. Bei dem von J. Trier gewählten Vergleich ging es ja um den Vergleich eines bestimmten Wortes mit seinem nur lautlich geänderten Nachfolger in einer angenommenen Gefügestruktur von Wörtern. Es geht darum, was ein Wort bedeutet, nicht um den Vergleich verschiedener Sachen in verschiedenem historischen Umfeld. Richtig ist allerdings, daß auch bei der Wortfelduntersuchung die Bedeutung eines Wortes nicht bereits damit bestimmt ist, daß man es von anderen Wörtern abgrenzt. Sondern die Feldstruktur läßt sich nur ausgehend davon beschreiben, daß zuerst die Bedeutungen der beteiligten Wörter für sich bestimmt werden. Wer mit dem Analogon eines Sachbereichs arbeiten möchte, wird also zuerst die beteiligten Sachen, etwa Fahrzeuge, beschreiben und dann fragen, wie sie ihre Funktion, hier die Beförderung von Sachen und Personen, im Strukturgefüge der verschiedenen Fahrzeugtypen ausüben. Ein weiteres geeignetes Beispiel aus dem Sachbereich, das die Verhältnisse im Wortfeld und zugleich deren Abhängigkeit von der Sprache als Markt verdeutlichen kann, ist der Vergleich der Marktposition bestimmter Automarken. Es liegt auf der Hand, daß sich die Marktposition einer bestimmten Automarke in der Weise ergibt,

---

[42] M. Koch, Wird die Linguistik der Bedeutung gerecht?, S. 119.
[43] Rudi Keller, Sprachwandel. Von der unsichtbaren Hand in der Sprache, Uni-Taschenbücher 1567, Tübingen 1990, passim.

daß der Kunde die Qualitäten des Autos mit denen konkurrierender Fabrikate vergleicht und dann das Fahrzeug einer bestimmten Marke wählt. Eine schließliche Entscheidung basiert aber gerade nicht (nur) auf den meßbaren Sachqualitäten, sondern auch auf dem irrationalen Moment Image, das die eine Marke im „Feld" von der anderen unterscheidet. Dazu kommt als weitere irrationale Größe der Geschmack. Resultat der vielen individuellen Auswahlprozesse ist dann die Marktposition. Diese kommt natürlich nicht dadurch zustande, daß die Position der Marke A durch die der Marke B bestimmt wird, sondern sie ist Resultat eines invisible-hand-Prozesses, der tausendfachen individuellen Auswahlprozesse der Konsumenten. Insoweit ist die Fundierung der Wortfeldtheorie in der Tat vom Kopf auf die Füße zu stellen.

J. Trier irrt vermutlich deshalb auch mit der Ansicht, daß die diachronische Verschiebung eines Zeichens die ganze Gruppe in Unruhe und Bewegung versetzen wird, bis das Gleichgewicht der Zeichen untereinander in der Repräsentation des inhaltlichen Komplexes wiederhergestellt sein wird, wie er in seinem Buch „Der deutsche Wortschatz im Sinnbezirk des Verstandes"[44] ausführt. Hier wird nämlich der strukturalistische Systemgedanke mit der daraus gerade nicht folgenden Auffassung verknüpft, daß dieses System auch ein homöostatisches System sein müsse, das also irgendwie im Gleichgewicht sei und bei dessen Störung dieses Gleichgewicht wiederzuerlangen suche. Diese Vorstellung und die sich daraus ergebende Idee des Sprachwandels als perpetuum mobile dürfte nicht gegenstandsadäquat sein.

Aufgrund der bildlichen Sprechweise J. Triers, der ausgerechnet die Wörter im Feld als Aktanten des Feldstrukturwandels darstellt, ist er natürlich leicht angreifbar. Insoweit fragt M. Koch mit Recht, wie etwa das Wort *kunst* zu dem Agressionsakt gekommen sei, das Wort *list* über die Wissenschafts- und Kunstgrenze hinauszudrängen. Das Vokabular aus dem Kriegswesen, mit dem diese Prozesse beschrieben werden, verstellt die wirklichen Grundlagen einer Bedeutungsveränderung und der sich daraus ergebenden veränderten Feldstruktur. Es geht wie gesagt um Handel und Wandel auf dem Markt, nicht um das Hauen und Stechen in der Feldschlacht.

4. Sprache und Weltbild

Mit dieser Hypostasierung der Wörter als Quasi-Agens mag es auch zusammenhängen, daß J. Trier und L. Weisgerber der Auffassung waren, daß die Sprache zwar ein Gebilde sei, das sicherlich sinnenhafte Wirklichkeit nur im Individuum und seinem Sprechen gewinnt, das aber trotzdem vom

---

[44] J. Trier, Der deutsche Wortschatz im Sinnbezirk des Verstandes, S. 12.

einzelnen empirischen Individuum nicht nur wesentlich unabhängig sei, sondern sogar auf das einzelne Individuum sprachlich-begrifflich bestimmend und lenkend einwirke.[45] Dem wird man nur teilweise zustimmen wollen, obwohl sehr viele Erfahrungen für diese These sprechen. Erstens ist die Sprache und deren Erhalt selbstverständlich vom einzelnen Individuum abhängig, aber eben nur in dem Maße, wie der Einzelne in Relation zur gesamten Sprachgemeinschaft sprachlich wirksam werden kann. Das hatte ja bereits F. de Saussure mit dem Kornhaufengleichnis beschrieben. Zweitens ist es nicht mit einem einfachen Ja oder Nein zu beantworten, ob die Sapir-Whorf-These des sprachlichen Relativitätsprinzips zutrifft. Die Frage ist auch nicht generell zu beantworten. Sondern es hängt von der individuellen Intelligenz ab, ob man sich unreflektiert von Ideologie steuern läßt oder nicht unbedingt gegenstandsadäquaten sprachlichen Strukturen aufsitzt. Solche Strukturen werden entweder personal in manipulativer Absicht geschaffen wie die Euphemismen *Seniorenresidenz* und *Entsorgungspark*[46] oder die „Unwörter" *Grufti* und *Rentnerschwemme* oder sind durch soziokybernetische Prozesse entstanden, etwa das in jüngerer Zeit nicht selten pseudowissenschaftlich diskutierte Genus„system" der indogermanischen Sprache Deutsch.[47]

5. Opposition

Wenn davon gesprochen wird, daß eine logische Struktur innerhalb des Wortfeldes bestehen kann, dann ist auch zu fordern, daß da postulierte logische Verhältnisse als solche von kulturellen Implikaten unabhängig sind. Das heißt, daß zwischen zwei Wörtern im Wortfeld ein Unterschied bestimmter Art besteht. Daß die Denotationsgrenzen so oder so liegen, das ist Bestandteil und Kennzeichen eben jenes historischen Gebildes Einzelsprache. Daß demzufolge der Denotatbereich von *caerulus* die Bereiche ‚blau' und ‚dunkel' umfaßt, ist historisches Faktum in der Einzelsprache Latein. Daß sich aber *caerulus* ‚blau' und *flavus* mit der Bedeutung ‚gelb' in einem strukturellen Gegensatz befinden, der als solcher bei den deutschen Wörtern *blau* und *gelb* oder *grün* und *rot* oder *braun* und *weiß* ebenso auftritt, ist ein logisch beschreibbares strukturelles Faktum jenseits der Einzelsprache, das als universale strukturelle Möglichkeit postuliert werden könnte. An dieser Stelle kommt der Strukturbegriff der Opposition ins Spiel. Dieser Begriff

---

[45] Man vergleiche J. Trier, Der deutsche Wortschatz im Sinnbezirk des Verstandes, S. 9.

[46] Man vergleiche dazu Gerd Fritz, Historische Semantik, Sammlung Metzler 313, Stuttgart – Weimar 1998, S. 77f.

[47] Man vergleiche: E. Meineke, Das Substantiv in der deutschen Gegenwartssprache, S. 142-157.

war innerhalb der strukturalistischen Sprachwissenschaft am besten an den funktionellen Sprachlauten, den Phonemen, expliziert worden. Denn die Sprachlaute sind deshalb Phoneme, weil sie sich von den jeweils anderen Phonemen als zeichendifferenzierende Größen unterscheiden, zu ihnen in Opposition treten. Und J. Trier spricht im Vorwort seines Werkes über den deutschen Wortschatz im Sinnbezirk des Verstandes davon, daß jedes Wort, das ausgesprochen wird, sein Gegenteil im Bewußtsein des Sprechers oder Hörers hervorruft[48], was von Anderen in ähnlicher Weise behauptet worden ist. Nun ist diese Aussage aber nicht sogleich eine Aussage über die Struktur des Wortfeldes, sondern über eine Konnotation. Und als eine solche ist sie eigentlich nicht korrekt in dem Sinne, daß dieser Umstand der Assoziation des Gegenwortes sich durchaus nicht jedesmal einzustellen braucht, wenn ein bestimmtes Wort verwendet wird. Das wäre wahrscheinlich auch ziemlich lästig.

6. Abgrenzbarkeit der Wortbedeutungen

Die frühe These von der scharfen Abgrenzbarkeit der Wortbedeutungen ist bereits innerhalb der Feldlehre selbst aufgegeben worden und kann insoweit heute kein Gegenstand der Kritik mehr sein. Wenn man in einem Bild die Wörter als Zentren darstellt, von denen aus die Bedeutungen ausgehen und dabei durchaus auch in Bedeutungsradien anderer Wörter eingreifen, ist das natürlich auch nur ein Bild, das aber jedenfalls die sprachliche Realität weitaus besser treffen könnte als das von R. M. Meyer geprägte und von G. Ipsen übernommene Mosaikbild[49], das J. Trier schließlich durch das Bild der im Rennen liegenden Pferde ersetzt hat.[50] Die Frage ist, inwieweit auch bei dieser Vorstellung von einer Interdependenz der Wortinhalte gesprochen werden kann. Nachdem nun das angebliche logische Problem der gegenseitigen Bestimmung der Wortbedeutungen mit Rekurs auf die Sprache als Medium und Produkt der Kommunikation aufgehoben worden ist, sollte es

---

[48] J. Trier, Der deutsche Wortschatz im Sinnbezirk des Verstandes, S. 1. Man vergleiche dazu F. J. Heyvaert, Antonymy and convention, in: Worlds behind words: essays in honour of Prof. Dr. F. G. Droste on the occasion of his sixtieth birthday. Herausgegeben von F. J. Heyvaert und F. Steurs, Leuven 1989, S. 163-174; Dieter Herberg, Makrostrukturelle Beziehungen im Wortschatz und in Wörterbucheinträgen. Möglichkeiten und Grenzen des allgemeinen einsprachigen Wörterbuchs, in: Lexikontheorie und Wörterbuch. Wege der Verbindung von lexikologischer Forschung und lexikographischer Praxis, herausgegeben von Ursula Brauße und Dieter Viehweger (†), Lexicographica. Series Maior 44, Tübingen 1992, S. 89-163, hier S. 112-139.
[49] Hierzu P. R. Lutzeier, in: Die Ordnung der Wörter, S. 23f.
[50] Man vergleiche S. Höfer-Lutz, in: Jost Trier, S. 96f.

möglich sein, auch dieses Ausgreifen von Bedeutungen in den Bereich der Bedeutungen anderer Wörter in rechter Weise zu verstehen.

Dieses Ausgreifen von Wortbedeutungen in den Bereich der Bedeutungen anderer Wörter ist ein Produkt der Sprachverwendung, die weiter oben mit dem Bild des Marktes beschrieben worden ist. Wenn das Marktgeschehen dort mit dem Vergleich des Marktanteils von Automarken (oder sonstigen lebenspraktisch ebenso wichtigen Produkten wie etwa Armbanduhren, Kaffees, Waschmitteln etc.) verdeutlicht worden ist, so gilt dieses Bild auch hier. Das einzelne Wort mit seiner Bedeutung neben den anderen Wörtern mit ähnlicher Bedeutung ist ein Angebot, das der Sprecher für einen bestimmten Aussagezweck annehmen kann oder nicht, je nachdem, welches Wort er für seinen Ausdruckszweck für angemessen hält. Dabei kommen die möglicherweise auch verwendbaren Wörter wie konkurrierende Waren ins Blickfeld, und die Wahl mag bei diesem Sprecher auf dieses Wort fallen, bei jenem auf ein anderes. Gleichzeitig verändern sich die Bedeutungen der Wörter gar nicht oder verändern sich schwach oder stärker als Resultat des kollektiven Gebrauchs durch die Sprachgemeinschaft, und gleichzeitig verändert sich auch der bedeutete Sachbereich gar nicht, schwach oder stärker nach Maßgabe des Gegenstandsbereichs und seiner historisch-kulturellen Entwicklung. Daß der Markt wie auch die Sprache gegliedert ist, ist also nur indirekt von den in Gliederung stehenden Größen, bei der Sprache den Wörtern, zu verantworten, indem diese als Angebote im Vergleich zu anderen bevorzugt oder benachteiligt werden. Bei alledem ist das Bild des Marktes nur ein Analogon, das bestimmte Aspekte des Wortgebrauchs und seiner Veränderung beleuchten kann, aber nicht alles. Daß manches mit dem Bild des Marktes beschrieben werden kann, macht die Sprache noch nicht zum Markt.

7. Die Lücken im Wortfeld

Da man die Inhalte von Wörtern durch Seme beschreiben kann, das jeweilige Wort sich strukturalistisch also als ein Semkollokat verstehen läßt, lassen sich auch Semkollokate konstruieren, die theoretisch denkbar wären, aber von einer Einzelsprache nicht als Wörter realisiert werden beziehungsweise, weniger personifiziert ausgedrückt, in einer Einzelsprache nicht als solche vorhanden sind. Wenn hier nun von einer „Lücke" gesprochen worden ist, so handelt es sich wieder um ein Bild, dessen Ausformulierung man ebensowenig auf die Goldwaage legen sollte wie die alternative Sprechweise, daß das sprachliche Begriffsnetz weitere oder engere Netzmaschen aufwei-

se, also eine ungleichmäßige Dichte, wie das H. Schwarz[51] einmal ausgedrückt hat.
Die Paradebeispiele für Phänomene dieser Art sind von der Wortfeldtheorie in „Feldern" wie den Windbezeichnungen und vor allem den Verwandtschaftsbezeichnungen gefunden worden, worauf der Verfasser an anderer Stelle[52] näher eingegangen ist. M. Koch[53] argumentiert mit dem System der Verwandtschaftsbezeichnungen des Lateinischen, um die Unhaltbarkeit der These von der Lücke im Wortfeld zu erweisen. Sie macht geltend, daß etwa für die Bezeichnung des Sohnes des Onkels mütterlicherseits, für den das Lateinische kein eigenes Lexem aufweist, ohne weiteres durch die Umschreibung *avunculi filius* eine klare Bezeichnung hergestellt werden könne. Ferner sei das Wort *consobrinus* ‚Sohn der Tante mütterlicherseits' auch mit der Bedeutung ‚Sohn des Onkels mütterlicherseits' zu verwenden. Lediglich in dem vom Strukturalismus postulierten System also gebe es eine Lücke, in der tatsächlichen Sprache nicht.[54] Diese Argumentation geht selbstverständlich an der Sache vorbei, denn die Wortfeldtheorie behauptet ja nicht eine völlige Unfähigkeit der Sprachgemeinschaft, sich auf eine Entität zu beziehen, sondern lediglich, daß dieser Bezug in einer bestimmten Sprache an einer bestimmten möglichen Stelle jedenfalls nicht mit einem nur für diese Position bestimmten Einzelwort geschieht. Daß die Sprache darüberhinaus alles auch mit *Dings* bezeichnen könne[55], ist erst recht kein Argument, da *Dings* eine Hülse für ein in der Sprechsituation mögliches Wort ist, das dem Sprecher aber gerade nicht einfällt. Die „Lücken" im Wortfeld werden durch Umschreibungen kompensiert, aber nicht mit Lexemen geschlossen.

8. Sprachinhalt und Begriff

M. Koch führt abschließend F. Dornseiff als einen frühen Kritiker der Wortfeldlehre ins Feld. F. Dornseiff nun stütze sich auf ein Argument, das ganz und gar unmodern sei und deswegen in den zahlreichen Kritiken der Feldlehre überhaupt keinen Platz mehr finde. Das Argument, jedem gewöhnlichen Menschen eine Selbstverständlichkeit, aber in der Linguistik des 20. Jahrhunderts (wohl gerade deshalb?) völlig diskreditiert, sei, daß Sprachinhalte, da sie Begriffe von Dingen sind, nicht die Leistung der Sprache, sondern des Denkens sind. Hier wird also die Bedeutung von Wörtern mit Be-

---

[51] Hans Schwarz, Zwölf Thesen zur Feldtheorie, in: Wortfeldforschung, S. 426-435, hier S. 433.
[52] E. Meineke, Das Substantiv in der deutschen Gegenwartssprache, S. 214-225.
[53] Wird die Linguistik der Bedeutung gerecht?, S. 124f.
[54] Wird die Linguistik der Bedeutung gerecht?, S. 124.
[55] Wird die Linguistik der Bedeutung gerecht?, S. 124.

griffen von Entitäten gleichgesetzt, so daß auch sie als Produkte des Denkens erscheinen können, nicht aber als Ergebnisse eines invisible-hand-Prozesses. Mit der Auffassung „jedes gewöhnlichen Menschen" kann aber hier nicht argumentiert werden, denn es hat sich gezeigt, daß auch andere Auffassungen „gewöhnlicher Menschen", etwa daß sich die Sonne um die Erde drehe oder daß die Erde eine Scheibe sei, der wissenschaftlichen Exploration nicht standhalten konnten. So steht es auch mit der naiven Ineinssetzung von Bedeutung und Begriff.

Gibt es zwischen der Ausdrucksseite des sprachlichen Zeichens und dem Begriff eine dritte, wiederum dann vermittelnde Größe, die, das Zeichen konstituierend, die eigentliche ‚Bedeutung' wäre? Nun sprechen alle diesbezüglichen Überlegungen dafür, daß tatsächlich die Gedankengröße Begriff und die sprachliche Größe Bedeutung terminologisch voneinander getrennt werden sollten. Und zwar in dem Sinne, daß der Begriff als Gedanken- oder Vorstellungsinhalt mehr umfaßt, als das sprachliche Zeichen mit seiner Größe Bedeutung. So ist etwa der Gedanken- oder Vorstellungsinhalt „Schuh" möglicherweise dadurch geprägt, daß man weiß, daß es den typischen Damenschuh und den typischen Herrenschuh gibt, daß es Schuhe für verschiedene Gelegenheiten gibt, daß Obermaterial und Sohle für einen bestimmten Gebrauchszweck aus Leder bestehen sollten, für einen anderen aber gerade nicht, daß es ein typisches Repertoire von Farben und Mustern gibt. Das ist ein Wissensstereotyp, der wiederum unterschieden werden muß von dem gesamten enzyklopädischen Wissen, das jemand entsprechend einer bestimmten Ausbildung von der Sache haben kann. Einige, aber nicht alle Elemente dieses Wissensstereotyps sind wohl für die Bedeutung und damit Anwendbarkeit des Wortes *Schuh* relevant.[56] Sprachlich vorhanden ist vielleicht nur das Semkollokat ‚Bekleidung für den Fuß'.

Es kommt nun auch hinzu, daß für das Wort eine Instanz der Gebrauchsbedingung, wie dies E. Leisi genannt hat, auftritt, die offenbar nicht primär begrifflich bedingt ist, sondern sprachlich. Wer von einer dünn gestalteten Entität spricht, der sagt *ein Blatt Papier*, aber *eine Scheibe Glas* oder aber *eine Bahn Stoff*. Der wird sprachlich gezwungen, eine bestimmte Haarfarbe *blond* zu nennen, welches Adjektiv ansonsten allenfalls noch auf das Bier anwendbar ist, aber nicht auf das Gold. Der Begriff ist aber bei genauerem Zusehen beidesmal ‚goldgelb', falls man sich nicht von der Sprache täuschen läßt und meint, es gebe da einen Begriff ‚goldgelb (von der Haarfarbe)'. Was an dieser Stelle nur angedeutet werden soll, ist der Unterschied zwischen lexikalischer, dem Lexem mitgegebener Bedeutung und dem Begriff einer Sache.

---

[56] Zur Vertikalität des Weltwissens und darauf bezüglicher Wortschatzkenntnisse vergleiche man Sigurd Wichter, Experten- und Laienwortschätze. Umriß einer Lexikologie der Vertikalität, Reihe Germanistische Linguistik 144, Tübingen 1994.

Die Bedeutung ist ein sprachlicher Stereotyp, der Begriff ist ein Wissensstereotyp oder vielmehr Prototyp im Sinne der Prototypentheorie der Psycholinguistik, der auf sprachlicher Seite die Prototypensemantik entspricht,[57] sofern sie sich wirklich mit sprachlichen Tatsachen befaßt und nicht auch wieder unreflektiert außersprachliche Größen zum Gegenstand macht.

Wenn nun die Ebenen des Sprachlichen und des Außersprachlichen analytisch voneinander getrennt werden, dann heißt das aber gerade nicht, was M. Koch offenbar annimmt[58], daß die „handfeste Welt" aus der Sprachtheorie verbannt wird. Das ist a priori nicht möglich, weil ja die Sprache auf die vom Menschen erkannte Welt bezogen ist. Aber deshalb sind Sprache und Welt dennoch zwei Bereiche, die nicht einfach verquickt werden dürfen. Was meint J. Trier[59] damit, wenn er erklärt, daß die „Begriffsfelder" nicht irgendwo in einem Reich der Ideen als Substanzen lebten? J. Trier gebraucht diese Formulierung, das ist dabei zu beachten, um zu erläutern, wie er die Auffassung versteht, daß die Wortfelder auch jenseits des aktuellen Sprechens eine Wirklichkeit und Verbindlichkeit haben. Gemeint ist, daß es sich dabei zwar um ein semantisches Wissen der Sprachträger jenseits der Anwendung handelt, das diesem Sprechen zugrundeliegt. Die Wortfelder sind dabei aber kein System sui generis.

M. Koch[60] mißversteht diese Ausführung: J. Trier sage, die Wirklichkeit der Felder liege nicht in den Begriffen der Dinge. Ausgerechnet die Zusammengehörigkeit der Wörter als Zusammengehörigkeit der dadurch bezeichneten Begriffe, also die tatsächliche Grundlage für die Gruppierungen semantisch verwandter Wörter, finde Trier ziemlich absurd. Jenseits des aktuellen Sprechens und völlig unabhängig vom „Reich der Ideen" existierten laut Trier die Wortfelder folglich in ihrer eigenen Verbindlichkeit, sie existierten für sich allein. Die Verkennung dessen, was J. Trier tatsächlich meinte, ist wohl als eines der Symptome dafür anzusehen, daß hier eine Analyse vorliegt, die der kritisierten Bedeutungstheorie nicht gerecht wird. Wenn man aber versucht, die Wortfeldtheorie auf kommunikativpragmatischer Grundlage zu reformulieren, erweist sie sich gerade als fruchtbar.*

---

[57] Angelika Linke – Markus Nussbaumer – Paul R. Portmann, Studienbuch Linguistik, Reihe Germanistische Linguistik 121, Tübingen 1991, S. 157-159; 347-352; Norbert Dörschner, Lexikalische Strukturen. Wor[t]feldkonzeption und Theorie der Prototypen im Vergleich, Studium Sprachwissenschaft. Beiheft 26, Münster 1996.
[58] Man vergleiche M. Koch, Wird die Linguistik der Bedeutung gerecht?, S. 127.
[59] J. Trier, Der deutsche Wortschatz im Sinnbezirk des Verstandes, S. 9.
[60] Wird die Linguistik der Bedeutung gerecht?, S. 127.

* Angesichts der zahlreichen theoretischen und empirischen Arbeiten zur Wortfeldforschung kann in diesem Rahmen nur ausgewählte Literatur genannt werden. Bei deren Ermittlung und Beschaffung unterstützten mich Dr. Judith Schwerdt und Susanna Herrmann. – Vilmos Ágel, Lexikalische Verträglichkeiten, in: Vilmos Ágel / Regina Hessky (Hgg.), Offene Fragen – offene Antworten in der Sprachgermanistik, Reihe Germanistische Linguistik 128, Tübingen 1992, S. 15-34; Kurt Baldinger, Semasiologie und Onomasiologie, in: Strukturelle Bedeutungslehre. Herausgegeben von Horst Geckeler, Wege der Forschung 426, Darmstadt 1978, S. 372-401, besonders 372-376; Klaus Baumgärtner, Die Struktur des Bedeutungsfeldes, in: Satz und Wort im heutigen Deutsch. Probleme und Ergebnisse neuerer Forschung. Jahrbuch 1965/1966, Sprache der Gegenwart 1, Düsseldorf 1967, S. 165-197; Hartmut Beckers, Neue Wege struktureller Semantikforschung auf dem Gebiet der älteren germanischen Sprachen, in: Gedenkschrift für Jost Trier, herausgegeben von Hartmut Beckers und Hans Schwarz, Köln – Wien 1975, S. 172-210; Henning Bergenholtz, Zur Wortfeldterminologie, Muttersprache 85 (1975) S. 278-285; Manfred Bierwisch, Strukturelle Semantik, in: Die deutsche Sprache. Kleine Enzyklopädie in zwei Bänden, I-II, Leipzig 1969-1970, I, S. 562-567, bes. S. 564; Gustav H. Blanke, Bemerkungen zur Kombinierbarkeit von Feldmethoden, in: Gedenkschrift für Jost Trier, S. 150-160; Winfried Breidbach, *Reise – Fahrt – Gang*. Nomina der Fortbewegung in den altgermanischen Sprachen, Sprachwelten 9, Frankfurt am Main – Berlin – Bern – New York – Paris – Wien 1994 [Rez. Heinrich Tiefenbach, BNF. N.F. 31 (1996) S. 437-440]; Eugenio Coseriu, Für eine strukturelle diachrone Semantik, in: Strukturelle Bedeutungslehre, S. 90-163, Eugenio Coseriu, Lexikalische Solidaritäten, Poetica 1 (1967) S. 293-303; auch in: Strukturelle Bedeutungslehre, S. 239-253; Eugenio Coseriu, Sprache. Strukturen und Funktionen. XII Aufsätze zur allgemeinen und romanischen Sprachwissenschaft, in Zusammenarbeit mit Hansbert Bertsch und Gisela Köhler herausgegeben von Uwe Petersen, Tübinger Beiträge zur Linguistik 2, 3. A. Tübingen 1979, S. 161-175; Norbert Dörschner, Lexikalische Strukturen. Wor[t]feldkonzeption und Theorie der Prototypen im Vergleich, Studium Sprachwissenschaft. Beiheft 26, Münster 1996; Otto Ducháček, Über verschiedene Typen sprachlicher Felder und die Bedeutung ihrer Erforschung, in: Wortfeldforschung. Zur Geschichte und Theorie des sprachlichen Feldes. Herausgegeben von Lothar Schmidt, Wege der Forschung 250, Darmstadt 1973, S. 436-452; Kurt Gabka, Theorien zur Darstellung eines Wortschatzes. Mit einer Kritik der Wortfeldtheorie, Linguistische Studien, Halle (Saale) 1967, S. 5-43; Horst Geckeler, Strukturelle Semantik und Wortfeldtheorie, Internationale Bibliothek für allgemeine Linguistik 7, 3. A. München 1982, S. 84-167, 177-204, 205-232; Horst Geckeler, Zur Wortfelddiskussion. Untersuchungen zur Gliederung des Wortfeldes „alt – jung – neu" im heutigen Französisch, Internationale Bibliothek für allgemeine Linguistik 7, München 1971, S. 23-204; Horst Geckeler, Le champ lexical, structure fondamentale du lexique, in: Ulrich Hoinkes/ Wolf Dietrich (Hrsg.), Kaleidoskop der Lexikalischen Semantik, Tübingen 1997, S. 93-103; Helmut Gipper, Der Inhalt des Wortes und die Gliederung der Sprache, in: Duden. Grammatik der deutschen Gegenwartssprache. Herausgegeben und bearbeitet von Günther Drosdowski in Zusammenarbeit mit Gerhard Augst, Hermann Gelhaus, Helmut Gipper, Max Mangold, Horst Sitta, Hans Wellmann und Christian Winkler, Duden Band 4, Mannheim – Wien – Zürich 1984, S. 502-558, bes. S. 521-534, 543-

553; Helmut Gipper, Die feldhafte Gliederung des Wortschatzes und das Problem ihrer Formalisierbarkeit, in: Probleme der Lexikologie und Lexikographie. Jahrbuch 1975 des Instituts für deutsche Sprache, Sprache der Gegenwart 39, Düsseldorf 1976, S. 26-49; Helmut Gipper, Sind sprachliche Felder formalisierbar?, in: Gedenkschrift für Jost Trier, S. 116-149; Helmut Gipper, Gibt es ein sprachliches Relativitätsprinzip? Untersuchungen zur Sapir-Whorf-Hypothese, Conditio humana, Frankfurt am Main 1972, S. 135-140; Helmut Gipper, Sprachwissenschaftliche Grundbegriffe und Forschungsrichtungen. Orientierungshilfen für Lehrende und Lernende, Lehrgebiet Sprache 1, München 1978, S. 197-200; Helmut Gipper (Hrsg.), Kinder unterwegs zur Sprache. Zum Prozeß der Spracherlernung in den ersten drei Lebensjahren – mit 50 Sprachdiagrammen zur Veranschaulichung. Unter Mitarbeit von Christine Boving – Ute Cron-Böngeler – Susanne Leupold – Gisela Niggemann – Martin Rothaut, Düsseldorf 1985, S. 71-75; Helmut Gipper, Strukturalismus und Sprachinhaltsforschung, in: Satz und Wort im heutigen Deutsch, S. 392-409; Helmut Gipper, Sessel oder Stuhl? Ein Beitrag zur Bestimmung von Wortinhalten im Bereich der Sachkultur, in: Sprache – Schlüssel zur Welt, S. 271-292; auch in: Wortfeldforschung, S. 371-398; Helmut Gipper, Theorie und Praxis inhaltbezogener Sprachforschung. Aufsätze und Vorträge 1953-1990. III. Eigen- und Stellenwert der Wortinhalte in Feld und Wortschatz, Münster 1993 (darin u. a.: Sessel oder Stuhl?, S. 19-44; Die feldhafte Gliederung des Wortschatzes und das Problem ihrer Formalisierbarkeit, S. 129-152; Sind sprachliche Felder formalisierbar?, S. 153-184); Dieter Goeke – Joachim Kornelius, Wortfelder aus bemessenen Ordnungen. Ein empirischer Beitrag zur Wortfeldforschung, Trier 1984; Pascal Goergen, Das lexikalische Feld der deutschen inchoativen Verben, München 1994, S. 30-34; Gerhard Helbig, Geschichte der neueren Sprachwissenschaft, WV studium 48, 6. A. Opladen 1983, S. 152-156; Rudolf Hoberg, Die Lehre vom sprachlichen Feld. Ein Beitrag zu ihrer Geschichte, Methodik und Anwendung, Sprache der Gegenwart 11, 2. A. Düsseldorf 1973; Ladislaus Hojsak, Zur Diskussion der Feldlehre in sowjetischen Arbeiten, in: Integrale Linguistik. Festschrift für Helmut Gipper, herausgegeben von Edeltraud Bülow und Peter Schmitter, Amsterdam 1979, S. 179-212; Bernd Horlitz, Lexikalische semantik seit 1975, Zeitschrift für germanistische Linguistik 8 (1980) S. 106-115; André Jolles, Antike Bedeutungsfelder, in: Wortfeldforschung, S. 104-115; Günter Kandler, Die „Lücke" im sprachlichen Weltbild. Zur Synthese von „Psychologismus" und „Soziologismus", in: Wortfeldforschung, S. 351-370; Wilhelm Köller, Philosophie der Grammatik. Vom Sinn grammatischen Wissens, Stuttgart 1988, S. 97-105; Erwin Koller, Nu müez iuch got bewarn, fruot unde geil gesparn! Zur Geschichte des Wortfelds ‚gesund', in: Deutsche Sprachgeschichte. Grundlagen, Methoden, Perspektiven. Festschrift für Johannes Erben zum 65. Geburtstag. Herausgegeben von Werner Besch, Frankfurt am Main – Bern – New York – Paris 1990, S. 129-140; Franz von Kutschera, Eine logische Analyse des sprachwissenschaftlichen Feldbegriffs, in: Linguistik und Sprachstudium. Symposion vom 15. bis 16. November 1971 in Hannover, Studia Leibnitiana. Sonderheft 3, Wiesbaden 1973, S. 71-84, Diskussion S. 149-152; Anthony van der Lee – Oskar Reichmann, Einführung in die Geschichte der Feldtheorie, in: Jost Trier, Aufsätze und Vorträge zur Wortfeldtheorie, herausgegeben von Anthony van der Lee und Oskar Reichmann, Janua linguarum. Series minor 174, The Hague – Paris 1973, S. 9-39; Winfred P. Lehmann, Einführung in die historische Linguistik. Autorisierte, vom Verfasser durchgesehene Übersetzung von Rudolf Freudenberg, Sprachwissenschaftliche Studienbücher. Zweite Abteilung, Heidelberg 1969, S. 169f.; Leonard Lipka, Methodology and Representation in the Study of Lexical Fields, in: Perspektiven der lexikalischen Semantik. Beiträge zum Wuppertaler Semantikkolloquium vom 2.-3. Dezember 1977. Herausgegeben von Dieter Kastovsky, Gesamthochschule Wuppertal. Schriftenreihe Linguistik 2, Bonn 1980, S. 93-114; Peter Rolf Lutzeier, Lexikalische Felder – was sie waren, was sie sind und was sie sein könnten, in: Die Ordnung der Wörter. Kognitive und lexikalische Strukturen. Herausgegeben von Gisela Harras, Institut für deutsche Sprache. Jahrbuch 1993, Berlin – New York 1995, S. 4-29; Peter Rolf Lutzeier, Die semantische Struktur des Lexikons, in: Christoph Schwarze – Dieter Wunderlich (Hrsg.), Handbuch der Lexikologie, Königstein/Ts. 1985, S. 105-133; Peter Rolf Lutzeier, Linguistische Semantik, Sammlung Metzler 219, Stuttgart 1985, S. 91-100; Peter Rolf Lutzeier, Wort und Feld. Wortsemantische Fragestellungen mit besonderer Berücksichtigung des Wortfeldbegriffes, Linguistische Arbeiten 103, Tübingen 1981, S. 82-246; Robert Müller, Methodologische Probleme der Wortfeldtheorie. Vorüberlegungen für eine Aufstellung des Wortfeldes der Verba dicendi, in: Festschrift für Adalbert Schmidt zum 70. Geburtstag. Herausgegeben von Gerlinde Weiss unter Mitwirkung von Gerd-Dieter Stein, Stuttgarter Arbeiten zur Germanistik 4, Stuttgart 1976, S. 497-536; Suzanne Öhman, Theories of the „Linguistic Field", Word 9 (1953) S. 123-134; Suzanne Öhman, Sprachliche Feldtheorie, in: Wortfeldforschung, S. 288-317; Suzanne Öhman, Wortinhalt und Weltbild. Vergleichende und methodologische Studien zu Bedeutungslehre und Wortfeldtheorie, Stockholm 1951, S. 72-89; Paul Osswald, Wortfeldtheorie und Sprachenvergleich: Französisch *campagne* und deutsch *Landschaft*, Tübinger Beiträge zur Linguistik 4, 2. A. Tübingen 1977, S. 5-66; Walter Porzig, Wesenhafte Bedeutungsbeziehungen, in: Wortfeldforschung, S. 78-103; Walter Porzig, Das Wunder der Sprache. Probleme, Methoden und Ergebnisse der Sprachwissenschaft. Achte Auflage. Herausgegeben von Andrea Jecklin und Heinz Rupp, Uni-Taschenbücher 32, Tübingen 1986, S. 117-126; Bernard Pottier, Entwurf einer modernen Semantik, in: Strukturelle Bedeutungslehre. Herausgegeben von Horst Geckeler, Wege der Forschung 426, Darmstadt 1978, S. 45-89; Probleme der semantischen Analyse. Von einem Autorenkollektiv unter der Leitung von Dieter Viehweger, studia grammatica 15, Berlin 1977, S. 320-343; Bruno Quadri, Aufgaben und Methoden der onomasiologischen Forschung. Eine entwicklungsgeschichtliche Darstellung, Romanica Helvetica 37, Bern 1952, S. 149-156; Oskar Reichmann, Germanistische Lexikologie. Zweite, vollständig umgearbeitete Auflage von „Deutsche Wortforschung", Sammlung Metzler 82, Stuttgart 1976, S. 44-46, 84-89; Karl Reuning, Die Feldtheorie, in: Wortfeldforschung, S. 226-277; Germán Ruipérez, Die strukturelle Umschichtung der Verwandtschaftsbezeichnungen im Deutschen. Ein Beitrag zur historischen Lexikologie, diachronen Semantik und Ethnolinguistik, Marburger Studien zur Germanistik 5, Marburg 1984; Heinz Rupp, Wortfeld und Wortinhalt, in: Festgabe für Friedrich Maurer zum 70. Geburtstag am 5. Januar 1968. Herausgegeben von Werner Besch, Siegfried Grosse und Heinz Rupp, Düsseldorf 1968, S. 35-49; Peter Schifko, Bedeutungstheorie. Einführung in die linguistische Semantik, problemata 45, Stuttgart – Bad Cannstatt 1975, S. 74-79; Thea Schippan, Einführung in die Semasiologie, 2., überarb. Auflage, Leipzig 1975, S. 150-160;

Hans Schwarz, Von der Wertigkeit der Sprachmittel. Zu Geschichte und Idee der semantischen Valenz in der Sprachinhaltsforschung, in: Gedenkschrift für Jost Trier, S. 355-368; Hans Schwarz, Leitmerkmale sprachlicher Felder. Ein Beitrag zur Verfahrensweise der Gliederungsforschung, in: Wortfeldforschung, S. 336-350; Hans Schwarz, Zwölf Thesen zur Feldtheorie, in: Wortfeldforschung, S. 426-435; Hans Schwarz, Wort und Welt. Aufsätze zur deutschen Wortgeschichte, zur Wortfeldlehre und zur Runenkunde. Mit einer Vorrede von Helmut Gipper: Hans Schwarz – Leben und Werk. Herausgegeben und mit einem Register versehen von Hartmut Beckers, Münster 1993 (darin die genannten Aufsätze S. 143-156, 121-133, 134-142); G. S. Sčur, Feldtheorien in der Linguistik, Sprache der Gegenwart 42, Düsseldorf 1977; Leslie Seiffert, Wortfeldtheorie und Strukturalismus. Studien zum Sprachgebrauch Freidanks, Studien zur Poetik und Geschichte der Literatur 4, Stuttgart – Berlin – Köln – Mainz 1968, S. 9-70; Hansjakob Seiler, Zur Erforschung des lexikalischen Feldes, in: Sprachnorm, Sprachpflege, Sprachkritik. Jahrbuch 1966/1967, Sprache der Gegenwart 2, Düsseldorf 1968, S. 268-286; August Sladek, Wortfelder in Verbänden, I-II, Tübinger Beiträge zur Linguistik 38, 63, Tübingen 1975-1976; N. C. W. Spence, Semantics: Field Theories, in: Encyclopaedia of Linguistics, Information and Control. Editor-in-chief A. R. Meetham, associate Editor R. A. Hudson, Oxford – London – Edinburgh – New York 1969, S. 504-507; N. C. W. Spence, Linguistic Fields, Conceptual Systems and the *Weltbild*, in: Transactions of the Philological Society 1961, Oxford 1961, S. 87-106; M. D. Stepanowa, Methoden der synchronen Wortschatzanalyse, Linguistische Studien, München 1973, S. 131-136; Studien zur Wortfeldtheorie. Herausgegeben von Peter Rolf Lutzeier, Linguistische Arbeiten 288, Tübingen 1993; Jost Trier, Sprachliche Felder, in: Jost Trier, Aufsätze und Vorträge zur Wortfeldtheorie, herausgeben von Anthony van der Lee und Oskar Reichmann, Janua linguarum. Series minor 174, The Hague – Paris 1973, S. 93-109; Jost Trier, Deutsche Bedeutungsforschung, in: J. Trier, Aufsätze, S. 110-144; Jost Trier, Meine drei Ansätze zur Wortforschung, in: Gedenkschrift für Jost Trier, S. 1-12; Jost Trier, Über Wort- und Begriffsfelder, in: Wortfeldforschung, S. 1-38; auch in: J. Trier, Aufsätze, S. 40-65; Jost Trier, Das sprachliche Feld. Eine Auseinandersetzung, in: Wortfeldforschung, S. 129-161; auch in: J. Trier, Aufsätze, S. 145-178; Jost Trier, Altes und Neues vom sprachlichen Feld, in: Wortfeldforschung, S. 453-464; auch in: J. Trier, Aufsätze, S. 188-199; Stephen Ullmann, Grundzüge der Semantik. Die Bedeutung in sprachwissenschaftlicher Sicht. Deutsche Fassung von Susanne Koopmann. Zweite, unveränderte Auflage, De Gruyter Lehrbuch, Berlin – New York 1972, S. 141-158; Stephen Ullmann, Semantik. Eine Einführung in die Bedeutungslehre. Deutsche Fassung von Susanne Koopmann, Conditio humana, 3. A. Frankfurt am Main 1981, S. 306-318; Werner H. Veith, Zum Terminus *Feld* in der Linguistik, Zeitschrift für Dialektologie und Linguistik 38 (1971) S. 347-355; Maurice Vliegen, Verben der auditiven Wahrnehmung im Deutschen. Eine semantisch-syntaktische Analyse, Studien zur deutschen Grammatik 35, Tübingen 1988; Walther von Wartburg, Betrachtungen über die Gliederung des Wortschatzes und die Gestaltung des Wörterbuchs, in: Wortfeldforschung, S. 162-184; Leo Weisgerber, Grundzüge der inhaltsbezogenen Grammatik, Von den Kräften der deutschen Sprache 1, 4. A. Düsseldorf 1971, S. 96-101, 163-211; Leo Weisgerber, Die vier Stufen in der Erforschung der Sprachen, Sprache und Gemeinschaft. Grundlegung 2, Düsseldorf 1963; Leo

Weisgerber, Vom inhaltlichen Aufbau des deutschen Wortschatzes, in: Wortfeldforschung, S. 193-225; Leo Weisgerber, Die Sprachfelder in der geistigen Erschließung der Welt, in: Wortfeldforschung, S. 318-335; Herbert Ernst Wiegand, Synchronische Onomasiologie und Semasiologie. Kombinierte Methoden zur Strukturierung der Lexik, Germanistische Linguistik 1 (1969/70) S. 243-384; Herbert Ernst Wiegand, Lexikalische Strukturen II, in: Semantik und Pragmatik. Lehrgang Sprache. Einführung in die moderne Linguistik. Bearbeitete Neuausgabe der Studienbegleitbriefe zum Funkkolleg Sprache. Herausgegeben vom Deutschen Institut für Fernstudien an der Universität Tübingen, Weinheim – Basel – Tübingen 1974, S. 702-728; Herbert Ernst Wiegand – Werner Wolski, Lexikalische Semantik, in: Lexikon der Germanistischen Linguistik. Herausgegeben von Hans Peter Althaus, Helmut Henne, Herbert Ernst Wiegand, 2., vollständig neu bearbeitete und erweiterte Auflage, Tübingen 1980, S. 199-211; Siegfried Wyler, Ist die Wortfeldtheorie noch zeitgemäß?, Zeitschrift für Anglistik und Amerikanistik 38 (1990) S. 14-24; Werner Zillig, Wörter, Felder und Wortfelder. Ein Essay über eine sprachwissenschaftliche Metapher, in: Jost Trier, S. 129-203.

Wolfgang Ullrich Wurzel

‚Dia-Synchronie' oder: Vom Wandel zur Struktur

Das Verhältnis von Diachronie und Synchronie in der Grammatik in seinen unterschiedlichen Aspekten steht auch heute auf der Tagesordnung der linguistischen Forschung und Theoriebildung. Zum einen gibt es in der Grammatik gerade gegenwärtig ein großes Angebot von Theorien, Theorievarianten und Hypothesen, über deren Angemessenheit bei einem rein synchronischen Herangehen oft nicht begründbar zu entscheiden ist. Hier kann die Diachronie wertvolle Entscheidungshilfe dazu leisten, welche theoretischen Annahmen angemessen, weil mit dem Verlauf von Sprachveränderungen kompatibel sind. Damit ist die Diachronie als Partner der Synchronie gefragt. Zum anderen werden sprachhistorische Untersuchungen, speziell im Bereich der Einzelphilologien, auch heute noch häufig ohne eine solide grammatiktheoretische Fundierung betrieben, was Erklärungen erschwert und Verallgemeinerungen im Sinne einer Wandeltheorie von vornherein einschränkt, wenn nicht unmöglich macht. Dieses atheoretische Herangehen sollte endlich überwunden werden; die historische Grammatik muß wieder zu einer wirklich theorierelevanten Disziplin werden, wie sie es zur Zeit von Hermann Paul war. Hier ist die Synchronie als Partner der Diachronie gefragt. Insgesamt geht es darum, Synchronie und Diachronie stärker als bisher in systematischer Weise aufeinanderzubeziehen, wobei eben nicht einseitig die Synchronie als ‚Theorielieferant' und die Diachronie als ‚Theorieanwender' gesehen werden kann.

Im Forschungskontext der vorliegenden Arbeit werden Diachronie und Synchronie in spezifischer Weise miteinander verbunden. In den meisten vorliegenden Arbeiten, die den Zusammenhang von synchronischen und diachronischen Gegebenheiten in der Grammatik thematisieren, wird der Weg von der Struktur zum Wandel genommen. Es wird danach gefragt, welche Veränderungen in einem gegebenen Sprachsystem möglich sind. Veränderungen werden aus der Struktur erklärt.[1] Hier soll dagegen die umgekehrte

---

[1] Peter Suchsland – dem hiermit herzlichst zum 65. gratuliert sei – gehörte mit zu den ersten, die die strukturelle Erklärung von Wandel in die deutsche Sprachgeschichte einbrachten, zu einer Zeit, als die Sprachwandeldiskussion in Deutschland noch weitgehend von ‚Sprachgeist' und ‚Weltsicht' einerseits und von vulgärmarxistischen Kurzschlüssen zwischen Gesellschaft und Sprache andrerseits geprägt war; vgl. Suchsland (1969).

Blick- und Schlußrichtung, d.h. der methodologische Weg von der Diachronie zur Synchronie gewählt werden: Sprachveränderungen werden unter dem Gesichtspunkt untersucht, was sie über die Organisation der Grammatik besagen. Vom Wandel wird auf die Struktur geschlossen, die den Ausgangspunkt des Wandels bildet, die Struktur wird aus dem Wandel erklärt. Auf diese Weise soll das Erkenntnispotential der diachronischen Grammatik für die Grammatiktheorie aufgezeigt werden.[2]

In diesem Zusammenhang wollen wir hier speziell die Frage verfolgen, wie sich das Verhältnis zwischen einem Sprachwandel und den Schußfolgerungen für die grammatische Struktur im einzelnen darstellt und wie daraus generellere Erkenntnisse gewonnen werden können. Im folgenden soll gezeigt werden, wie man herangehen kann, um diese Frage zu beantworten bzw. einer Antwort näherzubringen. Das wird anhand von wenigen, aber möglichst interessanten Beispielfällen geschehen. Dabei erweist es sich aus methodologischen Gründen manchmal als notwendig, einzelne Wandelerscheinungen aus umfangreicheren Wandelprozessen herauszulösen. Das bedeutet freilich nicht, daß das die einzige Möglichkeit des Herangehens ist; man kann und muß natürlich auch ganze Wandelprozesse nach ihren Konsequenzen für die grammatische Strukturbildung untersuchen.

Hier sollen Fälle aus dem Bereich des morphologischen Wandels zugrunde gelegt werden; man könnte die Fragestellung jedoch genau so gut anhand von phonologischem oder syntaktischem Wandel untersuchen. Die Beispielfälle sind aus dem Bereich der Repräsentation morphologischer Eigenschaften im Lexikon, der Flexionsklassen und des Aufbaus von Flexionsparadigmen gewählt. Sie sind nach dem jeweiligen logischen Verhältnis zwischen dem Sprachwandel und den resultierenden Annahmen für die Sprachstruktur geordnet; eine Vollständigkeit der möglichen entsprechenden Konstellationen kann in dieser Darstellung natürlich nicht angestrebt werden. Wir werden in jedem Fall die einschlägigen Wandelfälle darstellen, sie analysieren und daraus dann Schlußfolgerungen für die Struktur ziehen.

Ehe das geschehen kann, ist jedoch noch zu klären, welcherart von Sprachveränderungen für diese Problematik überhaupt relevant sein können. Einschlägig sind hier Veränderungen, die ‚im System selbst angelegt' sind, natürliche grammatische Wandelerscheinungen.[3] Untersucht wird also grammatischer Wandel, durch den Markiertheit abgebaut wird bzw. der zu präfe-

---

[2] Diese Herangehensweise ist natürlich bei weitem nicht neu. Als erster zog Paul Kiparsky bereits vor drei Jahrzehnten in systematischer Weise Sprachveränderungen für die Rechtfertigung der Organisation von (synchronischen) Grammatiken heran; vgl. Kiparsky (1968: spez. 174). Heute spielt die Nutzung der Diachronie für die Synchronie in der Grammatiktheorie demgegenüber leider eine recht untergeordnete Rolle.

[3] Zum Konzept des natürlichen grammatischen Wandels vgl. speziell Bailey (1973: 37f.) und Wurzel (1994: 28ff.).

renteren Strukturen führt, nicht Wandel, der (in welcher Weise auch immer) sozial bedingt ist. Dabei muß weiterhin beachtet werden, daß
- die Untersuchung von phonologischem Wandel nur zu Erkenntnissen über die phonologische Struktur,
- die Untersuchung von morphologischem Wandel nur zu Erkenntnissen über die morphologische Struktur und
- die Untersuchung von syntaktischem Wandel nur zu Erkenntnissen über die syntaktische Struktur führen kann. So besagt beispielsweise phonologischer Wandel nichts über die Morphologie oder die Syntax, weil er nicht morphologischen bzw. syntaktischen Bedingungen folgt. (Wenn etwa das Wort für phonologischen Wandel eine Rolle spielt, dann als phonologisches Wort; wenn syntaktische Konstituenten für phonologischen Wandel eine Rolle spielen, dann nur, wenn ihnen zugleich phonologische Einheiten entsprechen usw.)

1. Typ: Mit dem Auftreten eines Sprachwandels W_i ist nur die Struktur S_j kompatibel, davon abweichende Strukturen dagegen nicht

Die Konstellation, bei der vom Auftreten eines grammatischen Wandels unmittelbar auf eine spezifische grammatische Struktur geschlossen werden kann, stellt methodologisch den einfachsten Fall dar. Vgl. dazu zunächst die beiden folgenden Beispiele aus der deutschen Sprachgeschichte.

Beispiel I: Übertritt von starken zu den schwachen Verben im Deutschen
Die einzelnen verbalen Flexionsklassen des Althochdeutschen unterscheiden sich in den Formen der Infinitive; vgl. *geban*: starke Klasse, *suochen*: *jan*-Klasse, *salbôn*: *ôn*-Klasse und *habên*: *ên*-Klasse. Etwa mit dem Übergang zum Mittelhochdeutschen werden durch phonologischen Wandel alle Infinitivmarker zu -*en*, phonetisch [-ən], neutralisiert; vgl. mhd. *geben, suochen, salben* und *haben*. Mit dieser Neutralisierung beginnen die Übertritte starker Verben zu den schwachen, die auch heute noch anhalten; vgl. frnhd. *bellen, kreischen, schmiegen* – Präteritum *boll, krisch, schmog* > modern nhd. Präteritum *bellte, kreischte, schmiegte*. Gegenwärtig vollziehen Verben wie *gären, melken* und *saugen* diesen Klassenübergang: Präteritum *gor, molk, sog* > *gärte, melkte, saugte*.

Beispiel II: Übertritt von schwachen zu den starken Maskulina im Deutschen
Die althochdeutschen schwachen Maskulina enden durchgängig auf den Vokal -*o*, vgl. *boto* ‚Bote'. Diesem -*o* entspricht dann im Mittelhoch-deutschen ein -*e*, vgl. *bote*. Doch ein Teil dieser Wörter verliert bereits im Mittelhoch-

deutschen aufgrund von phonologischen Tilgungen den Auslautvokal vgl. *helme* ‚Helm' > *helm*, *hirze* ‚Hirsch' > *hirz* und *kerne* ‚Kern' > *kern*. Diese Entwicklung setzt sich auch später weiter fort. Die von der Tilgung erfaßten Wörter enden dann auf Konsonant, auf Diphthong oder auf Langvokal (phonologisch gesehen auf einen sich verzweigenden Reim). Sie haben damit den gleichen Wortausgang wie die starken Maskulina der *a*-De-klination. Beginnend mit dem Abbau des Auslautvokals zeigen solche Substantive die Tendenz zum Übertritt von der Klasse der schwachen Maskulina mit *n*-Pluralbildung zur Klasse der starken Maskulina mit *e*-Pluralbildung; vgl. mittelhochdeutsche Klassenübergänge wie *helm, hirz, kern* – G.SG. *des helmen, hirzen, kernen* – N.PL. *die helmen, hirzen, kernen* > *helm, hirz, kern* – G.SG. *des helmes, hirzes, kerns* – N.PL. *helme, hirze, kerne*. Spätere Übergänge sind u.a. *blitz, greis, pfau, schwan* – G.SG. *des blitzen, greisen, pfauen, schwanen* – N.PL. *die blitzen, greisen, pfauen, schwanen* > Blitz, Greis, Pfau, Schwan – G.SG. *des Blitzes, Greises, Pfaus, Schwans* – N.PL. *die Blitze, Greise, Pfaue, Schwäne*.

Diese beiden Beispiele sollen unter dem Gesichtspunkt betrachtet werden, ob die Lexeme im Lexikon der Sprache in Form von konkreten Wortformen oder in Form von Morphemen (Basismorphemen) repräsentiert sind. Beide Fälle zeigen deutlich, daß das Auftreten des morphologischen Wandels von der phonologischen Form des Wortes, genauer von der Form des Infinitivs bzw. des N.SG., abhängig ist. Der Wandel setzt jeweils ein, wenn man dieser Form die Flexionsklassenzugehörigkeit der Lexeme nicht mehr ansehen kann, d.h. zu dem Zeitpunkt, wo die für die Flexionsklasse eindeutigen Morpheme auf phonologischem Wege neutralisiert werden bzw. verloren gehen. Genau dann setzt die Attraktionskraft der jeweils größeren (stärker belegten) Flexionsklasse ein, und viele der Wörter der jeweils kleineren Klasse gehen entsprechend in die andere Klasse über. Wir können also annehmen, daß z.B. das starke Verb *geban* und das schwache Verb *suochen* im Althochdeutschen in folgender Weise gespeichert sind (V steht für Verb, BM für Basismorphem, VBM für verbales Basismorphem):

(1) a. $[[geb]_{BM}\mathbf{an}]_V$ b. $[[suox]_{BM}\mathbf{en}]_V$

Damit ist ihre Klassenzugehörigkeit eindeutig ausgewiesen; Übergänge finden nicht statt. Im Mittelhochdeutschen haben sie dagegen aufgrund der phonologischen Neutralisierung identische Infinitivmorpheme; vgl.

(2) a. $[[geb]_{BM}\mathbf{en}]_V$ b. $[[suox]_{BM}\mathbf{en}]_V$

Sie haben damit die Indikatoren für die Flexionsklassenzugehörigkeit verloren, und die Voraussetzungen für den Klassenübertritt sind gegeben. Das Auftreten des Wandels gerade zum Zeitpunkt der phonologischen Neutralisierung läßt sich dagegen nicht sinnvoll erklären, wenn man Reprä-

Dia-Synchronie

sentationen in Form des jeweiligen Basismorphems mit diakritischen Flexionsangaben wie

(3) a. [geb]$_{VBM}$, Stark   b. [suox]$_{VBM}$, Schwach

(oder ähnlich) für beide Sprachstufen annehmen würde.[4] Eine vergleichbare Konstellation liegt im Fall des Übertitts schwacher Maskulina auf Konsonant zu den starken Maskulina vor.

Welche Schlußfolgerungen für die Struktur ergeben sich nun aus diesen beiden Wandelerscheinungen?

Wir können erstens die eindeutige Schlußfolgerung ziehen, daß die Repräsentation der Lexeme in den beiden diskutierten Fällen in deren lexikalischen Grundform erfolgt, d.h. bei den Verben in der Form des Infinitivs und bei den Substantiven in der Form des N.SG., also nicht in Form von Basismorphemen.

Zweitens haben wir weiterhin Grund zu der Annahme, jedenfalls solange, bis wir auf Gegeninstanzen stoßen (die hier allerdings höchst unwahrscheinlich sind), daß die Repräsentation der Wörter im Lexikon in Sprachen mit Flexion grundsätzlich in der Grundform geschieht.[5] Die Flexionsmorphologie ist damit in diesem Sinne wortbasiert und nicht morphembasiert organisiert. Das ist eine sehr generelle Annahme über die Organisation des Lexikons. Eine Grammatiktheorie ist hinsichtlich der Lexikonrepräsentation also dann angemessen, wenn sie das Sprachsystem in dieser Weise erfaßt. An dieser Stelle ist zu bemerken, daß eine solche Annahme zur Lexikonrepräsentation auch bei ausschließlich synchronischen Betrachtung der Verhältnisse zumindest nicht unplausibel erscheint, auch wenn diese Plausibilität von einer ganzen Reihe von Linguisten nicht akzeptiert wird, die eine morphembasierte Morphologie für angemessen halten. Die Bezugnahme auf den Wandel führt hier also zur Verifizierung einer von zwei einander widersprechenden Hypothesen.

Anders liegen jedoch die Verhältnisse im folgenden interessanten Beispielfall, bei dem es um Kriterien für die Zuordnung von Wörtern zu Flexionsklassen, um morphologische Klassifizierung geht.

Beispiel III: Übertritt von Feminina der i- und der ô-Deklination zur konsonantischen Deklination im Altisländischen

Im Urgermanischen unterscheiden sich die Feminina der konsonantischen, der *i-* und der o-Deklination formal in ihrer Grundform; vgl. * *vík-z* ‚Bucht', **leið-iz* ‚Weg' und **man-ô* ‚Mähne'. Im Altisländischen sind dann aufgrund

---

[4] Auf die Flexionsspezifizierungen der Verben im Mittel- und Neuhochdeutschen kommen wir im Abschn. 3 zurück.
[5] Das besagt natürlich nicht, daß die Grundform in allen einschlägigen Sprachen von den gleichen Kategorien gebildet werden müssen; man denke hier nur an die Ergativsprachen.

von phonologischen Reduktionen am Wortende die drei Flexionsklassen in ihrer Grundform formal zusammengefallen. Die Wörter aller drei Klassen enden übereinstimmend auf Konsonant; vgl. aisld. *vík*, *leið* und *mon*. Sie haben damit die phonologischen Indikatoren für ihre Flexionsklassenzugehörigkeit (*-z* vs. *-iz* vs. *-ô*) verloren. Auch in diesem Bereich sind dementsprechend verschiedene Klassenübergänge festzustellen. Wichtig für den gegebenen Zusammenhang ist, daß bereits im Altisländischen bestimmte Wörter aus der *i*-Deklination wie *ǫnd* ‚Ente' und *ǫlpt* ‚Schwan' und Wörter aus der *o*-Deklination wie *hind* ‚Hirschkuh' mehr oder weniger konsequent zur konsonantischen Deklination übergetreten sind.

Wie sind diese Übergänge zu erklären? Sie erscheinen zunächst insofern etwas überraschend, als sowohl die *i*-Deklination als auch die ô-Deklination jeweils mehr Wörter als die kleine konsonantische Klasse umfassen. Damit wären also, nach allem, was wir über solche Konstellationen wissen[6], eher Übertritte in ungekehrter Richtung zu erwarten. Wenn man sich jedoch das Inventar der konsonantischen Klasse etwas näher ansieht, so zeigt sich, daß diese neben anderen Wörtern u.a. auch eine ganze Reihe von Tierbezeichnungen wie z.B. *geit* ‚Ziege', *kýr* ‚Kuh', *sýr* ‚Sau' und *mús* ‚Maus' enthält. Entscheidend für die Richtung der Übertritte ist also nicht, wie viele Wörter die Klassen jeweils insgesamt enthalten, sondern wie viele Tierbezeichnungen sie enthalten. Das läßt sich nur so interpretieren, daß die Sprecher die semantische Eigenschaft ‚Tierbezeichnung' zum Kriterium für die Flexionsklassenzugehörigkeit machen, eine doch recht spezifische Eigenschaft der Wörter. Aufgrund der ursprünglich zufälligen Verteilung der Wörter auf die drei einschlägigen Klassen ist die konsonantische Deklination zur präferenten, d.h. unmarkierten Flexionsklasse für feminine Tierbezeichnungen auf Konsonant geworden und Wörter der beiden anderen Klassen mit diesen Eigenschaften schließen sich ihr an.

Zu den Schlußfolgerungen aus dem Beispiel:

Erstens erweist dieser Wandel, daß die Sprecher des Altnordischen neben den auch sonst im Germanischen häufig zugrunde gelegten syntaktischen und phonologischen Eigenschaften wie Genus (hier: Femininum) und Wortausgang (hier: auf Konsonant) eine doch recht spezifische semantische Eigenschaft wie ‚Tierbezeichnung' für die Flexionsklassenzuweisung nutzen, eine Eigenschaft, die vorher (soweit zu sehen) nie eine Rolle in der germanischen und nordischen Grammatik gespielt hat. Daß die Sprecher diese Eigenschaft zur morphologischen Klassifizierung heranziehen, zeigt weder die synchrone Grammatik vor dem Wandel, noch die synchrone Grammatik nach dem Wandel; es wird überhaupt erst durch die Übertritte, also in der

---

[6] Vgl. dazu Paul (1909: 111f.) und Wurzel (1984: 125ff.).

Dia-Synchronie 423

Diachronie sichtbar. Fälle wie dieser (die sicher nicht allzu häufig vorkommen) sind daher für die hier behandelte Problematik von besonderem methodologischen Wert.

Dieses Beispiel läßt zweitens auch noch eine generellere Schlußfolgerung zu: Für die Zuordnung der Wörter zu den vorhandenen Flexionsklassen nutzen die Sprecher ganz offensichtlich nicht nur die leicht zugänglichen (salienten) und durch das Gesamtsystem gestützten Eigenschaften der Wörter, sondern eben auch recht spezielle Eigenschaften, wenn dadurch diese Zuordnung transparenter und handhabbarer wird.[7] Dafür spricht auch, daß semantische Eigenschaften für die Flexionsklassenzugehörigkeit im Altisländischen sonst überhaupt keine Rolle spielen.[8]

An dieser Stelle sei noch einmal darauf verwiesen, daß wir es bei den diskutierten Fällen mit einer wirklich strikten Implikation vom Wandel zur Struktur zu tun haben: Ein bestimmter Wandel impliziert eine ganz bestimmte Struktur. Anders herum, von der Struktur zum Wandel, funktioniert das faktisch nie so. Zwar läßt sich in den meisten Fällen sagen, daß eine bestimmte Struktur einen bestimmten Wandel bedingt, wenn im gegebenen Bereich eine Veränderung eintritt. Ob diese Veränderung aber wirklich auch eintritt, ist (wie wir wissen) nicht mehr grammatisch, sondern sozial determiniert. Der Weg vom Wandel zur Struktur ist also methodologisch gesehen nicht die einfache Umkehrung des Wegs von der Struktur zum Wandel; er erlaubt weitergehende Schlußfolgerungen.

2. Typ: Mit dem Auftreten eines Sprachwandels W_i ist die Struktur S_j nicht kompatibel, sondern nur eine davon abweichende Struktur

Kommen wir zunächst noch einmal auf die Beispiele I und II zurück, wo es um die lexikalische Repräsentation der Wörter ging. Aufgrund der aufgetretenen Veränderungen, des Übertritts von starken Verben zu den schwachen und des Übertritts von schwachen Maskulina auf Konsonant zu den starken von einem bestimmten Zeitpunkt an, konnte die Repräsentation der Wörter in ihren Grundformen verifiziert werden. Der damit verbundene zweite, negative Schluß, die Falsifizierung der Repräsentation in Morphemform, hat beim Vorhandensein von nur zwei Möglichkeiten keinen zusätzlichen erklärenden Wert. Interessanter sind in diesem Zusammenhang solche

---

[7] Für die Nutzung von sehr speziellen phonologischen Eigenschaften für die Flexionsklassenzuordnung vgl. Köpcke (1994: 86ff.).
[8] Anders liegen die Verhältnisse in ‚naturbasierten' Klassifikationssystem, wo (wie u.a. in den Bantu-Sprachen) auch die Eigenschaft ‚Tierbezeichnung' systematisch genutzt wird.

Fälle, wo es wenigstens drei unterschiedliche Möglichkeiten der Struktur gibt. Vgl. dazu das folgende Beispiel.

Beispiel IV: Abbau des Konsonantenwechsels bei den mittelhochdeutschen Rückumlautsverben
Im Mittelhochdeutschen existiert eine Klasse von Rückumlautsverben, also Verben mit *t*-Suffix und Vokalwechsel im Präteritum, die zusätzlich noch einen Konsonantenwechsel aufweisen. Sie verfügen damit also über drei Präteritalmarker (von denen zwei durch phonologischen Wandel ent-standen sind); vgl. z.B. *smecken – smahte, schepfen – schafte, zücken – zuhte* und *knüpfen – knufte*. Bereits im Mittelhochdeutschen kann man bei diesen Verben eine Angleichung des Konsonantismus an das Präsens und damit also den Abbau eines der Präteritamarker beobachten. Anstelle der alten Formen wie *smahte, schafte, zuhte* und *knufte* erscheinen jetzt *smacte, schapfte, zucte* und *knupfte*.

Wenn ein und dieselbe Kategorie in einer Wortform nicht nur einmal, sondern mehrfach symbolisiert wird, dann sind die einzelnen Marker normalerweise nicht gleichwertig; einer der Marker ist der Hauptmarker, der andere ist bzw. die anderen sind Nebenmarker. Wieweit kann der Wandel dazu beitragen, den Status der drei Marker zu ermitteln? Im Beispiel wird einer davon, die Konsonantenalternation, durch morphologischen Wandel getilgt.[9] Das zeigt, daß die Konsonantenalternation für die Sprecher nicht der Hauptmarker des Präteritums sein kann. Aus dem betrachteten Wandel kann man jedoch nicht schließen, welcher der beiden erhaltenen Marker den Hauptmarker darstellt. Aufgrund des Wandels können wir in diesem Fall also lediglich eine von drei möglichen Strukturinterpretationen, nämlich daß die Konsonternalternation der Hauptmarker ist, ausschließen; die beiden anderen sind gleichermaßen mit dem Wandel kompatibel. (Erst ein späterer Wandel, der Abbau des Vokalwechsels bei fast allen dieser Verben, zeigt dann, daß der Hauptmarker das schwache Dentalsuffix ist; vgl. z.B. *decken – dacte > decken – decte/deckte*.)

Die Schlußfolgerungen aus diesem Wandel halten sich hier in relativ engen Grenzen:

Die Konsonantenalternation stellt bei den mittelhochdeutschen Rückumlautverben nicht den Hauptmarker dar, was überdies auch bereits im Rahmen einer synchronen Analyse nicht unplausibel erscheint (sowohl das Dentalsuffix als auch der Vokalwechsel kommt anders als der Konsonantenwech-

---

[9] Das ist hier entscheidend. Wenn der Abbau durch einen phonologischen Wandel geschähe, wäre der Fall in unserem Zusammenhang nicht relevant; vgl. weiter oben.

sel jeweils im System als alleiniger Präteritalmarker vor). Dieses Ergebnis ist natürlich sehr spezifisch, da es lediglich eine relativ untergeordnete Struktureigenschaft des mittelhochdeutschen Verbsystems betrifft. So ist der betrachtete Wandel eher methodologisch als theoretisch von Interesse.

3. Typ: Mit dem Auftreten eines Sprachwandels W_i ist die Struktur S_j mit weniger Zusatzannahmen kompatibel als die Struktur S_k

In allen Flexionssystemen mit Flexionsklassen, in denen die Klassenzugehörigkeit der Wörter nicht eindeutig aufgrund von unabhängigen (phonologischen, syntaktischen, semantischen) Eigenschaften festgelegt ist, in denen also Wörter mit den gleichen relevanten Eigenschaften unterschiedlichen Flexionsklassen angehören, sind immer wieder Übergänge von einer nichtpräferenten (markierten) zur präferenten (unmarkierten) Klassenzugehörigkeit zu beobachten. Man vgl. die Beispiele I bis III, also die Übertritte von starken zu den schwachen Verben und von schwachen Maskulina auf Konsonant zu den starken im Deutschen, aber auch die von femininen Tierbezeichnungen auf Konsonant von der *ō*- und der *i*-Klasse in die konsonantische Klasse im Altisländischen.

Weiter oben haben wir diese Veränderungen unter dem Gesichtspunkt betrachtet, was die strukturellen Voraussetzungen dafür sind, daß Übertritte dieses Typs vorkommen können. Jetzt sollen die strukturellen Voraussetzungen dafür ermittelt werden, daß solche möglichen Übertritte auch tatsächlich eintreten. Mit anderen Worten, es wird danch gefragt, was die Motivation solcher Übertritte ist. Nach allem, was wir über natürlichen grammatischen Wandel wissen, führt dieser von einer stärker markierten zu einer schwächer markierten grammatischen Struktur, d.h. zu einer Vereinfachung der Ausgangsstruktur. Der Übertritt einzelner Wörter von einer schwächer belegten zu einer stärker belegten Klasse (oder Teilklasse) an sich stellt aber noch keine Vereinfachung dar. Solange beide Klassen noch erhalten sind (also nicht alle Wörter in die stärker belegte Klasse übergetreten sind), kann sich eine Vereinfachung der Struktur nicht im System der Flexionsregeln, sondern nur in der Flexionsklassenspezifizierung der Einzelwörter im Lexikon niederschlagen. Hinsichtlich der Spezifizierung der Klassenzugehörigkeit der Wörter im Lexikon in Fällen, wo ein Wort aufgrund seiner Eigenschaften unterschiedlichen Klassen angehören könnte wie bei den deutschen Verben, gibt es zwei generelle Möglichkeiten. Entweder sind die markierte und die unmarkierte Klassenzugehörigkeit gleichermaßen jeweils explizit in den Lexikoneinträgen ausgewiesen, also beispielsweise im älteren Neuhochdeutschen das (damals noch starke) Verb *bellen* als ‚Stark' und das Verb *stellen* als ‚Schwach' (oder ähnlich). Oder es ist entsprechend dem Prinzip der Unterspezifizierung nur die jeweils markierte Klassenzugehörigkeit explizit angegeben und die unmarkierte Klassenzugehörigkeit wird per Default zugewiesen, also *bellen* wird im Lexikon als ‚Stark' klassifiziert, aber *stellen* bleibt ohne Klassifizierung.

Der Übertritt von starken zu den schwachen Verben ist im Prinzip mit beiden erwähnten Annahmen zur Struktur vereinbar, aber in durchaus unterschiedlicher Weise. In der Variante mit Unterspezifizierung läßt sich der Klassenübergang von starken Verben wie *bellen* als Tilgung des Flexionsklassenmerkmals ‚Stark' erklären, also als eindeutige Vereinfachung der Lexikoneintragung. In der Variante mit Vollspezifizierung würde dagegen beim Wechsel eines Verbs zur schwachen Konjugation das Merkmal ‚Stark' durch das Merkmal ‚Schwach' ersetzt. Unter diesen Bedingungen kann man das Auftreten des Wandels nur dann als Strukturvereinfachung erklären, wenn das Merkmal ‚Schwach' in irgendeiner Weise ‚weniger Gewicht' hat als das Merkmal ‚Stark', wozu dann ein zusätzlicher Bewertungsmechanismus für Flexionsmerkmale notwendig wird. Der Markiertheitsgrad drückt sich in diesem Fall nicht mehr einfach in der Anzahl der notwen-digen Merkmale aus, ein lexikalisches Merkmal ist nicht mehr gleich einem lexikalischen Merkmal, was eine sehr starke Zusatzannahme bedeutet. Fazit: Der Wandel ist damit also prinzipiell mit beiden Annahmen über die Spezifizierung der Klassenzugehörigkeit kompatibel, aber im Rahmen der Variante mit Vollspezifizierung ist eine entsprechende Zusatzannahme notwendig.

Auch hier eine entsprechende Schlußfolgerung:

Die Hypothese, daß die Wörter im Lexikon hinsichtlich ihrer Flexionsklassenzugehörigkeit in der skizzierten Weise unterspezifiziert sind, verlangt keine spezifischen Annahmen über die Gewichtung der einzelnen Flexionsmerkmale im Lexikon. Sie ist deshalb plausibler als die Gegenhypothese, daß die Klassenzugehörigkeit in jedem Fall explizit angegeben ist, denn diese setzt spezifische Annahmen über die Gewichtung von Merkmalen voraus. Doch es bleibt festzuhalten, daß auch die letztere Hypothese nicht im strikten Sinne ausgeschlossen ist.

4. Typ: Das Nichtauftreten eines logisch möglichen Sprachwandels W_i spricht für die Struktur S_j

In manchen Fällen kann auch das Nichteintreten eines bestimmten Wandels für die Ermittlung von Struktureigenschaften relevant sein, wie das folgende Beispiel zeigt.

Beispiel V: Konsequenter und partieller Übertritt von schwachen zu den starken Maskulina im Deutschen

Beim Übertritt von schwachen Maskulina auf Konsonant zu den starken treten zwei unterschiedliche Wandeltypen auf, ein konsequenter und ein partieller Übergang. Der konsequente Übergang findet sich (wie gesagt) bei Wörtern wie *Greis* und *Blitz*; vgl. älter Plural *die Blitzen* – G.SG. *des Blitzen* > moderner Plural *die Blitze* – G.SG. *des Blitzes*. Den partiellen Übergang zeigen hingegen Wörter wie *Nachbar* und *Untertan* in ihrer gegenwärtigen Flexion, vgl. älter *Untertan* – Plural *die Untertanen* – G.SG. *des Untertanen* > moderner Plural *die Untertanen* – G.SG. *des Untertans*. Hier wird der Singular heute stark gebildet, der Plural bleibt aber schwach. Die dritte logisch mögliche Variante des Übergangs, nämlich ein Wandel derart, daß die Pluralform die starke *e*-Flexion annimmt, aber der G.SG. weiter schwach mit *-n* gebildet wird, also das Muster *Untertan* – Plural *die Untertane – G.SG. *des Untertanen*, kommt hingegen nicht vor.

Es stellt sich also die Frage, weshalb der gerade der Wandel von *n*-Plural und *n*-G.SG. zu *e*-Plural und *n*-G.SG. nicht belegt ist. Bei der Bewertung dessen ist zunächst zu berücksichtigen, daß natürlich nicht jeder im System angelegte Wandel tatsächlich auch eintreten muß. Wäre das der Grund für das Fehlen dieser Variante, dann wäre der letztgenannte potentielle Wandel vom Standpunkt der Grammatik aus gesehen einfach zufälligerweise nicht eingetreten. Doch mit solchen Wertungen sollte man sich nicht zufrieden geben, solange es im System selbst liegende, also grammatische Erklärungsmöglichkeiten gibt.[10] In diesem Sinne kann man die theoretisch interessantere Annahme favorisieren, daß der ‚fehlende' Wandel durch eine ganz bestimmte Struktureigenschaft des deutschen Flexionssystems verhindert wird: Für die nichtfeminimen Flexionsparadigmen des Deutschen gilt ein strikt implikatives Verhältnis.

(4) [e/PL.] ⊃ [s/G.SG.]

Diese Implikation hat den Status einer sogenannten Paradigmenstrukturbedingung:[11] Wenn im Paradigma der Nichtfeminina der Marker *-e* im Plural erscheint, dann tritt im G.SG. immer auch der Marker *-s* auf. Damit kann der ‚fehlende' Wandel aus rein grammatischen Gründen überhaupt nicht eintreten, weil ein *-e* im Plural mit einem *-n* im G.SG. innerhalb des Paradigmas nicht kombinierbar ist. Man beachte, daß die inverse Implikation eben nicht gilt, was die Veränderung des Typs *Untertan* – *des Untertanen* – *die Untertanen* zu *Untertan* – *des Untertans* – *die Untertanen* zeigt. Damit ergeben sich die folgenden Verteilungsmöglichkeiten der entsprechenden Marker auf

---

[10] Ein engagiertes Plädoyer für die Suche nach grammatischen Erklärungen von Veränderungen grammatischer Systeme findet sich in Suchsland (1969: 97f.).
[11] Zum Status der Paradigmenstrukturbedingungen vgl. Wurzel (1998).

die einschlägigen Klassen (die übergetretenen Fälle sind durch Fettdruck hervorgehoben):

	s / G.SG.	n / G.SG.
e / PL.	*Hund*; **Blitz** (stark)	∅
n / PL.	**Untertan** („gemischt')	*Bär* (schwach)

Welche Schlußfolgerungen ergeben sich nun aus diesem Fall?

Das Fehlen der Kombination von *-e* im Plural und *-n* im G.SG. ist nicht einfach zufällig, sondern beruht auf dem Aufbau des Flexionssystems. Dieses Ergebnis ist natürlich zunächst ein nur sehr spezielles, weil es sich lediglich auf den relativ untergeordneten Strukturzusammenhang der deutschen Substantivflexion bezieht, daß ein bestimmter Pluralmarker einen bestimmten G.SG.-Marker impliziert.

Doch hier sind noch weitergehende Schlußfolgerungen möglich, wenn man davon ausgehend weitere diachrone und synchrone Fakten der deutschen Substantivflexion in die Betrachtung einbezieht. Dann zeigt sich nämlich, daß (unter Voraussetzung der lexikalischen Eigenschaften der Wörter) der Marker des G.SG. in allen regulären Paradigmen durchgängig implikativ aus dem Marker des Plurals ableitbar ist, was doch immerhin eine recht generellere Einsicht über den Aufbau der deutschen Substantivflexion darstellt.[12] Diese Annahme ist desweiteren insofern interessant, als sie der traditionell postulierten Einteilung in ein Singular- und ein Pluralteilparadigma widerspricht.[13]

Auf Grundlage solcher Zusammenhänge kann man dann in einem dritten Schritt generalisierend die Hypothese aufstellen, daß die implikative Strukturierung ein Grundprinzip des Aufbaus von Flexionssystemen ist, in denen es (wie beim deutschen Substantiv und Verb) konkurrierende Flexionsklassen gibt. Wenn man das überprüft, so ergibt sich, daß diese Hypothese allem Anschein nach korrekt ist. Paradigmenstrukturbedingungen der Form

---

[12] Der implikative Zusammenhang zwischen dem Pluralmarker und dem G.SG.-Marker wird u.a. (positiv) durch den folgenden Wandel bestätigt: Das Neutrum *Herz* in seiner traditionellen Flexion stellt eine echte Ausnahme im Flexionssystem dar, da der G.SG. hier nicht aus dem Plural abzuleiten ist; vgl. *Herz – die Herzen – des Herzens*. Hier sollte wie beim entsprechenden Normalfall *Ohr – die Ohren – des Ohr(e)s* ein *s*-G.SG. auftreten. Gegenwärtig ist eine Regularisierung des Paradigmas zu beobachten, bei der die G.SG.-Form *des Herzens* durch *des Herzes* und (ebenso erwartbar) die D.SG.-Form *dem Herzen* durch *dem Herz* (vgl. *dem Ohr*) ersetzt wird.

[13] Dazu und zum folgenden vgl. Wurzel (ebd.).

(5) Ein Marker M_i in der Kategorie K_j impliziert einen Marker M_k in der Kategorie K_l.

gelten uneingeschränkt für alle Wörter mit präferenter (unmarkierter) Flexionsklassenzugehörigkeit. Sie strukturieren damit das gesamte Flexionssystem.[14]

Wenn das korrekt ist, so sind wir vom Nichtauftreten eines theoretisch möglichen Wandels zunächst zu einem Detail der einzelsprachlichen Struktur gelangt. Bei Hinzuziehung weiterer Fakten ergab sich dann, daß dieses Strukturdetail eine spezielle Ausprägung einer übergeordneten Struktureigenschaft des einzelsprachlichen Systems ist. Schließlich konnte dann eine plausible Hypothese über den Aufbau von Flexionssystemen generell formuliert werden.

5. Fazit

Hier sollte anhand weniger ausgewählter Beispiele aus dem Bereich der Flexionsmorphologie ausschnitthaft gezeigt werden, auf welche Weise man aus dem Sprachwandel, d.h. aus diachronen Fakten, Erkenntnisse über synchrone grammatische Strukturen gewinnen kann. Abschließend dazu jetzt noch einige zusammenfassende methodologische Bemerkungen.

Erstens sollte bei entsprechenden Untersuchungen jeweils das logische Verhältnis zwischen dem gegebenen Sprachwandel und der zu ermittelnden Sprachstruktur geklärt werden. Hier ist also die Frage zu beantworten, ob es wirklich einen strikt implikativen Zusammenhang zwischen dem Wandel und der Struktur gibt, ob der Zusammenhang Wahrscheinlichkeitscharakter hat und damit die resultierende Strukturannahme zumindest plausibel (plausibler als konkurrierende Annahmen) ist oder ob eine Struktur lediglich neben anderen mit dem untersuchten Wandel (auf welche Weise auch immer) vereinbar ist. Diese unterschiedlichen Konstellationen werden in Diskussionen über historische Evidenzen in der Linguistik häufig nicht deutlich voneinander abgegrenzt, bloße Vereinbarkeit wird als Beweis für bestimmte Strukturannahmen angesehen, was natür-lich methodologisch inkorrekt ist und zu inadäquaten Ergebnissen führen kann.

---

[14] Der spezielle Status von Wörtern mit nichtpräferenter Klassenzugehörigkeit (wie z.B. den starken Verben im Deutschen) zeigt sich darin, daß für sie einzelne Paradigmenstrukturbedingungen blockiert sind. Bei suppletiven Fällen können die implikativen Zusammenhänge im Paradigma schließlich völlig außer Kraft gesetzt sein.

Zweitens muß jeweils klar herausgearbeitet werden, welchen Allgemeinheitsgrad die aus der Analyse eines Wandels gewonnenen Erkenntnisse für die Sprachstruktur haben. Gelten sie streng genommen nur für den behandelten Einzelfall, betreffen sie auch bestimmte parallele, ähnlich gelagerte Fälle oder haben sie generellere Geltung? In diesem Zusammenhang kann dann auch die Frage gestellt werden, unter welchen Voraussetzungen die jeweils erzielten Ergebnisse auf andere bzw. umfassendere Bereiche übertragbar sind.

Drittens ist danach zu fragen, ob der Wert der gewonnenen Einsichten in die Sprachstruktur („nur') darin besteht, daß auf ihrer Grundlage vorliegende grammatiktheoretische Konzepte verifiziert und damit andere falsifiziert werden können, oder ob sie sie zu neuen Erkenntnissen führen, die ohne den gewählten diachronischen Blickwinkel überhaupt nicht zu gewinnen sind? Hier kann man dann die (sicher nicht leicht zu beantwortende) Frage stellen, wie Sprachveränderungen strukturiert sein müssen, die zu solchen im echten Sinne neuen Erkenntnissen führen.

Insgesamt hat sich der hier gewählte Weg, aufgrund der Untersuchung des Verlaufs von Sprachwandelerscheinungen zu gesicherten Einsichten über die Struktur natürlicher Sprachen zu kommen, als fruchtbar erwiesen. Er ist es durchaus wert, auch künftig weiter verfolgt zu werden.

Literatur

Bailey, C.-J. N. (1973), Variation and Linguistic Theory. Arlington: Center for Applied Linguistics

Kiparsky, P. (1968), Linguistic universals and linguistic change. In: E. Bach, R.T. Harms (eds.), Universals in Linguistic Theory. New York: Holt, Rinehard and Winston, 171-202

Köpcke, K.-M. (1994), Zur Rolle von Schemata bei der Pluralbildung monosyllabischer Maskulina. In: K.-M. Köpcke (Hg.), Funktionale Untersuchungen zur deutschen Nominal- und Verbalmorphologie. Tübingen: Niemeyer

Noreen, A. (1923), Altisländische und altnorwegische Grammatik (Laut- und Flexionslehre), 4. Vollst. umgearb. Auflage. Halle: Niemeyer

Paul, H. (1909), Prinzipien der Sprachgeschichte, 4. Auflage. Halle: Niemeyer

– (1989), Mittelhochdeutsche Grammatik, 23. Auflage, neu bearb. von P. Wiehl und S. Grosse. Tübingen: Niemeyer

Suchsland, P. (1969), Zum Strukturwandel im morphologischen Teilsystem der deutschen Nominalflexion. In: Wissenschaftliche Zeitschrift der Friedrich-Schiller-Universität Jena, Gesellschafts- und sprachwissenschaftliche Reihe, H. 5, Jg. 18

Wurzel, W. U. (1984), Flexionsmorphologie und Natürlichkeit. Ein Beitrag zur morphologischen Theoriebildung. Berlin: Akademie-Verlag

- (1994), Grammatisch initiierter Wandel. Unter Mitarbeit von A. Bittner und D. Bittner. Projekt ‚Prinzipien des Sprachwandels'. Bochum: Brockmeyer
- (1998), Drei Ebenen der Struktur von Flexionsparadigmen. In: R. Fabry, A. Ortmann, T. Parodi (eds.), Models of Inflection. Tübingen: Niemeyer

6. Briefe

Gisela

Dear Peter

Zehn Briefe aus Amerika

In den achtziger Jahren veröffentlichte die Süddeutsche Zeitung eine Reihe von Briefen, die Gisela aus New York an Peter irgendwo in Deutschland, genauer in Jena, schrieb. Im Folgenden ist aus jedem Jahr jeweils ein Brief abgedruckt. Zu diesem Zweck waren einige Rearrangements der Originale notwendig; es ist so, wie es Goethe in Bezug auf die Wiedergabe von Anekdoten und Berichte unerhörter Begebenheiten formuliert hat: „Alles bleibt gleich, oder nichts."

Dear Peter,

dies ist der erste Brief, den ich Ihnen aus New York, dieser gigantischen Metropole, schreibe. Ein ungewöhnlicher Zufall hat mir als Nachbarn meines bescheidenen Appartments an der Lower East Side zwei junge Leute beschert, die vor Kurzem am MIT diplomiert wurden, einer in Linguistik, einer in Psychologie. Dies trifft sich vorzüglich, da ich weiß, dass Sie, lieber Peter, als Germanist an der Friedrich-Schiller-Universität in Jena beharrlich und gegen viele Widerstände in Ihrem Land für eine wissenschaftliche, das ist, wenn ich Sie richtig verstanden habe, auch immer eine formalisierte Grammatik eintreten. Allerdings habe ich Sie, als wir uns vor meiner Abreise nach Amerika in Berlin trafen, darüber klagen hören, dass es jüngste Entwicklungen in Amerika, besonders bei dem derzeit berühmtesten Linguisten Noam Chomsky, gebe, die die Grammatik einer Sprache wie des Englischen, Deutschen oder Japanischen zu einer eher marginalen linguistischen Erscheinung degradieren wollen. Nach allem, was ich von meinen Nachbarn gehört habe, scheinen Sie Anlass zu einer solchen Sorge zu haben: Chomsky soll demnächst ein neues Buch publizieren, in dem als Zentrum der Linguistik die Erforschung einer universalen Grammatik gefordert wird. Ich kann mir das allerdings schwer vorstellen. Als Journalistin bin ich auf Daten und Fakten angewiesen, die ich auswerte, systematisiere und generalisiere. So wie ich meine neuen Freunde verstanden habe, scheint ein solcher Arbeitsprozess bei den Linguisten auf den Kopf gestellt zu sein. Aber vielleicht können Sie mir Näheres dazu sagen, wenn es denn die schwierigen Umstände unserer Kommunikationsmöglichkeiten erlauben sollten. Ich würde mich jedenfalls sehr freuen, etwas von Ihnen zu hören.

Sincerely yours
Gisela, New York 1981

Dear Peter,

es war eine große Überraschung und Freude für mich, Ihren Brief zu erhalten, der auf langen Umwegen hier eintraf. Haben Sie vielen Dank für Ihre Mühe, die Sie sich gemacht haben, um mich mit der Gedankenwelt der generativen Grammatik vertraut zu machen. Ihre Studenten und Studentinnen (um *politically correct* zu sein) können sich glücklich schätzen, einen so sorgfältigen und geduldigen Lehrer zu haben.

Jetzt muss ich Ihnen aber zuerst mitteilen, dass das neue Buch von Chomsky soeben erschienen ist. Es heißt „Lectures on Government and Binding". Einige meiner Kollegen hielten es zunächst für ein politisches Buch über den Machtfilz im Weißen Haus, eine Art Fortsetzung der „Mandarine von Amerika". Meine Nachbarn klärten mich aber auf und versicherten mir, es sei ein durch und durch linguistisches Buch. Ein Exemplar liegt auf meinem Schreibtisch, und ich werde es Ihnen trotz aller damit verbundenen Risiken zukommen lassen.

Das Wichtigste in diesem Buch ist nach Einschätzung meiner Nachbarn der Bruch mit der traditionellen Grammatik, der noch viel radikaler ist als bei der generativen Grammatik der sechziger und frühen siebziger Jahre. In dieser Sicht sind traditionelle taxonomische Kategorien wie ‚Passiv' oder ‚Relativsatz' in Wirklichkeit bloße Artefakte; was richtig wirklich ist, sind fixierte universale Prinzipien, die durch alle Konstruktionen in allen Sprachen repräsentiert sind. Die Vielfalt einzelsprachlicher Konstruktionen wird reduziert auf eine überschaubare Anzahl von Prinzipien und Parametern. Dies ist der neue Minimalismus in der Grammatiktheorie, was meiner Meinung nach einen unschätzbaren Vorteil im Vergleich zu den von Ihnen auch genannten „Aspects" darstellt. (Eine Freundin von mir, die Linguistik studiert hat, gestand mir einmal, dass sie bei Transformationsregel 51 die Lektüre dieses Buches eingestellt habe!)

Auf meine Frage, was denn der Gegenstand einer solchen minimalistischen Theorie sein solle, gaben mir meine Freunde vom MIT ein praktisches Beispiel: die drei Welten der Sophie.

Die erste Welt: Wenn Sophie ein farbiges Bild ihrer Mutter malt, dann tut sie dies aufgrund ihrer Fähigkeit, farbige Bilder malen zu können, obwohl sie kaum eine oder keine Ahnung davon hat, was das Bildermalen wesentlich ausmacht. Dies entspricht unserer normalen Praxis des Sprechens; wir haben keine aktive Kenntnis der Sprachstruktur. Diese Welt des Könnens ist für Chomsky kein Gegenstand, weil eine Sprachtheorie keine Bewußtseinstheorie *per se* darstellt.

Die zweite Welt der Sophie: Sophie weiß, wie ein Bild ihrer Mutter aussieht, vor allem, wie es sich von einem Bild ihres Vaters, ihrer Katze, von Kaninchen und anderen Dingen unterscheidet. Dies entspricht dem Wissen, das wir haben, um verschiedene Arten von Sätzen zu unterscheiden, wie es in der generativen Grammatik formuliert ist, wie z.B. die beiden Sätze (mit denen typischerweise Amerikas kulinarische Situation thematisiert wird):
(1) Es ist schwer, roten Pfeffer in Albuquerque zu finden
(2) Roter Pfeffer ist in Albuquerque schwer zu finden

Die dritte Welt der Sophie: Diese ist die Welt basaler und sehr allgemeiner Prinzipien, die mit Prozessen wie dem Auftragen von Farbe auf eine bestimmte Oberfläche verbunden sind. Die chemischen Reaktionen der Farbdichte auf bestimmte Typen von Papier haben spezifische Effekte. Sophie, wie vielleicht die meisten Maler, kommt mit ihrer Malerei sehr gut zurecht ohne ein Wissen über diese Prinzipien, das ein zugrundeliegendes Wissen darstellt. Und dieses „Wissen" von wenigen Grundprinzipien ist der Gegenstand des Prinzipien-und-Parameter-Ansatzes, der in dem neuen Buch entwickelt wird.

Verzeihen Sie mir, lieber Freund, dass ich so ausführlich geworden bin und dabei wahrscheinlich nur Eulen nach Athen getragen habe, aber es war mir wichtig, Ihnen meinen äußerst bescheidenen Kenntnisstand zu offenbaren, auch um Ihnen die Plattform für meine Skepsis an dem gesamten neugenerativen Unternehmen mitzuliefern. Meine Skepsis, die im Übrigen ein alter Stuttgarter Freund mit mir teilt, ist die folgende: Handelt nicht die Wissenschaft vom Geist, anders als die von der Natur, von Bekanntem? Die Linguistik analysiert Wissen, und man sollte meinen, dass man das, was man weiß, auch kennt. Und kann man im Bereich des Wissens überhaupt Entdeckungen machen? Ich habe bei einigen amerikanischen Philosophen gelesen, dass man in der Welt des Geistes nur stipulieren, jedoch nichts entdecken kann. Was soll das aber heißen? Des vielen Fragens (und der meistens damit verbundenen Rattenfängerei) muss nun rasch ein Ende gemacht werden, damit dieser Brief, der ohnedies Ihre Geduld vermutlich über alle Maßen strapazieren wird, auch endlich auf seine lange und unwägbare Reise gehen kann.

Sincerely yours,
Gisela, New York 1982

Dear Peter,

Sie ahnen gar nicht, wie ich mich gefreut habe, als ich gestern Ihren Brief erhielt. Verzeihen Sie mir meine rüde Ausdrucksweise vom „neugenerativen Unternehmen"; ich habe es nicht hämisch gemeint, und jetzt hoffe ich sehr, dass Sie mich nicht mit Ihren Potsdamer Kollegen, von denen Sie allerlei Merkwürdigkeiten berichten, in einen ideologischen Topf werfen.

Ihre Erläuterungen zu dem Chomskyschen Konzept von „Government and Binding" haben mich sehr beeindruckt. Besonders gefallen haben mir Ihre Ausführungen zur Möglichkeit der Interpretation von nominalen und pronominalen Ausdrücken im Zusammenhang mit bestimmten syntaktischen Konstruktionen. Dass man einen Satz wie:

(1) Als er aus Georgien zurückkam, sah Peter die Mauer fallen

so interpretieren kann, dass *er* und *Peter* (entschuldigen Sie die Indiskretion Ihrer Namensnennung, ich folge dabei nur einer bei Ihrer Zunft gängigen Praxis) sich auf ein und dieselbe Person beziehen, leuchtet unmittelbar ein, ebenso, dass eine solche Interpretation bei einem Satz wie:

(2) Er kam aus Georgien zurück, als Peter die Mauer fallen sah

nicht möglich ist; hier müssen *er* und *Peter* auf zwei verschiedene Personen bezogen werden. Die Erklärung der beiden Interpretationsmöglichkeiten liegt nun, wenn ich Sie richtig verstanden habe, im Rückgriff auf unterschiedliche syntaktische Herrschaftsstrukturen, wenn Sie mir diese etwas laienhafte Ausdrucksweise gestatten. Aber ich denke, dass ich das Prinzip der Erklärung verstanden habe. Trotzdem frage ich mich immer noch, ob es sich dabei um eine Entdeckung wie die einer chemischen Verbindung oder eines Virus handelt, vielleicht oder gerade weil das Prinzip syntaktischer Herrschaften zu unserem „zugrundeliegenden" sprachlichen Wissen gehört. Wäre die wirkliche Entdeckung nicht eher im Bereich des menschlichen Gehirns (brain) und nicht in dem des Geistes (mind) zu machen? Ja, ich weiß, jede bejahende Antwort auf diese Frage würde Ihren Beruf überflüssig werden lassen, oder zumindest entstünde damit die Gefahr eines solchen Arguments, die auch nur andeutungsweise heraufzubeschwören, mir wirklich fernliegt.

Aber, wie immer, seien Sie versichert: es hat mir Spaß gemacht, diesen Brief zu schreiben.

Sincerely yours
Gisela, New York 1983

Dear Peter,

es kommt mir immer wieder wie ein Wunder vor, dass es – offenbar der ganzen Welt zum Trotz – Kanäle gibt, die unsere Kommunikation befördern. Ich habe mich sehr darüber gefreut, dass Sie nach Schweden zu diesem interessanten Kolloquium reisen und dort Kollegen und Kolleginnen aus dem westlichen Teil Ihres Landes kennen lernen konnten.

Was Sie mir über die kognitive Orientierung Ihrer Wissenschaft schreiben, deckt sich mit den Einschätzungen meiner beiden Nachbarn, die mir auch berichteten, dass Chomsky in Kalifornien ein aufsehenerregendes Papier über die Modularität des Geistes geschrieben hat. Demzufolge ist Sprache bzw. die Sprachfähigkeit ein Modul der gesamten kognitiven Ausstattung des Menschen, d.h. sie ist einerseits autonom, andererseits so eingerichtet, dass sie mit anderen kognitiven Modulen interagieren kann und muss. Auch diesmal reagierten meine Nachbarn auf meine Frage, wie man dies zu verstehen habe, mit einem Beispiel, genauer einer „fairy tale" über Evolution:

Es war einmal ein Primat mit demselben sensomotorischen und konzeptuellen Apparat wie dem unsrigen. Er denkt unsere Gedanken, aber er spricht nicht. Er kann ebenso gut denken wie wir und hat unsere Intentionen, unsere Artikulationswerkzeuge und unseren perzeptuellen Apparat. Ihm fehlt nur die Sprachfähigkeit. Plötzlich wird er von kosmischen Strahlen getroffen, die bewirken, dass ihm eine Sprachfähigkeit in sein ansonsten unverändertes Hirn eingepflanzt wird. Nehmen wir an, die neue Sprachfähigkeit sei von optimalem Design, von einem göttlichen Schöpfer erfunden. Kann der Affe jetzt sprechen?

Meine naive Antwort auf diese Frage war spontan „Nein" mit der Begründung, dass der Affe nicht in der Lage sei, andere Lebewesen – also Menschen – zu verstehen, kurz dass ihm die kommunikative Fähigkeit gänzlich abgehe. Meine Antwort sei zwar richtig, belehrten mich meine Freunde, aber ihre Begründung falsch. Der Witz liege nicht in den äußeren kommunikativen Bedingungen, sondern in der internen Ausstattung des Menschen, die als genetisches Gesamtkunstwerk von vornherein modular ausgerichtet sei. Dem Affen nütze die so spät implantierte, noch so vollkommene, Sprachfähigkeit gar nichts, da ihm die genetische Ausrüstung der modularen Interaktion fehle.

Hat diese Auffassung nun Konsequenzen für die Linguistik? Heißt dies, dass der Linguistik die Gefahr droht, in einer neuen Superdisziplin Kognitionswissenschaft unterzugehen? Mein psychologischer Nachbar meinte, dass auf alle Fälle mehr Interdisziplinarität von Nöten sei, also Psychologen, Anthropologen, Neurologen, Philosophen und Linguisten enger zusammen arbeiten sollten. Sie schrieben mir neulich, dass Sie an Ihrer Universität ein interdisziplinäres Kolloquium planen, das vor allem diesen Fragen gewidmet sein soll. Dies ist sicher – wie Sie auch schon angedeutet haben – ein langwieriges und schweres Unterfangen in der gegenwärtigen (wissenschafts)politischen Situation in Ihrem Land. Ich wünschen Ihnen jedenfalls von ganzem Herzen Kraft und Mut dazu.

Sincerely yours,
Gisela, New York 1984

Dear Peter,

so langsam gewöhne ich mich an die Wunder unserer geheimnisvollen Kommunikationskanäle. Haben Sie vielen Dank für Ihren Brief, in dem Sie von Ihrer Betrübnis und vielleicht auch Wut über und auf bestimmte Trends, Meinungen und Vorurteile Ihrer Zeitgenossen reden. Sie Ärmster scheinen tatsächlich in eine Art Zwei-, wenn nicht sogar, Dreifrontenkrieg geraten zu sein. Nachdem Sie sich jahre-, vielleicht sogar jahrzehntelang gegen die Auf- oder Ablösung der Grammatiktheorie durch eine funktional-kommunikativ orientierte Betrachtung von Sprache (kommt die vielleicht vorwiegend aus Potsdam?) wehren mussten, scheint Ihnen jetzt der Kampf gegen die Auflösung der Grammatiktheorie durch die Superwissenschaft von der menschlichen Kognition bevorzustehen. Die Fragen aus meinem letzten Brief sind damit positiv beantwortet. Und die Entwicklung scheint inzwischen noch weiter gegangen zu sein, indem offenbar die Autonomie der Sprachfähigkeit – Sie schreiben der „Grammatik", die ja einen wesentlichen Teil derselben ausmacht – auf dem Spiel steht. Die dritte Front, in die Sie jetzt geraten sind, scheint mir eher durch Dogmatiker besetzt zu sein. Das Diktum Ihres Kollegen, man könne zwar deutscher Philologe, aber nicht deutscher Grammatiker sein, halte ich ebenso wie Sie für methodologisch falsch und darüber hinaus noch für dogmatisch.

Vermutlich können wir uns ganz schnell auf das Rationale einigen: ein guter Philologe ist allemal besser als ein schlechter Grammatiker (im Verstand Ihres Kollegen), und ins Allgemeine gewendet: es gibt, wie überall, gute und schlechte Wissenschaft, egal ob generativ, kognitiv, strukturalistisch oder philologisch, natürlich Truismen! Aber ich bin mir sicher, dass Sie, lieber Freund, zu den Guten gehören, und ich glaube, dies auch zurecht behaupten zu können nach der Lektüre einiger Kostproben Ihrer Arbeiten, die meinem geringen linguistischen Verstand zugänglich waren, und nicht zuletzt nach all den mündlichen und schriftlichen Gesprächen, die wir führten.

Im Übrigen scheint es zu den Untugenden der Deutschen zu gehören, Richtungskämpfe einigermaßen verbittert ausfechten zu wollen. Hier in Amerika geht es derweil etwas toleranter zu: Wie mir der linguistische Freund von nebenan versichert, gibt es hier an den Universitäten alle sprachwissenschaftlichen Schattierungen: neben den Indogermanisten, die sich vielleicht immer noch Sorgen um das Schicksal des idg. /e/ machen, gibt es die Generativisten, Kognitivisten, Strukturalisten und welche -Isten auch immer. Aber vielleicht ist das alles ja auch eine ökonomische Frage; je weniger Geld zu verteilen ist, desto stärker der Verteilungskampf, auch hier. Wir sehen das gerade an der Entwicklung der KI-Forschung. Und dabei fällt mir dann noch ein Argument für Ihre These der Komplementarität von Deskription und Explanation ein: die aufboomende Computerlinguistik benötigt natürlich für ihre vielfältigen Anwendungen (theoriegeleitete) Beschreibungen einzelsprachlicher Strukturen. Sie sehen also, Sie müssen sich darüber keine grauen Haare wachsen lassen!

Dies ist nun eine Art Trostbief geworden. Demnächst kann ich Ihnen aber wieder von einem neuen Buch Chomskys berichten. Bis dann

Sincerely yours
Gisela, New York 1985

Dear Peter,

das neue Buch Chomskys „Knowledge of Language" ist nun erschienen. Es ist, auch nach Einschätzung meiner Nachbarn, noch biologistischer als die früheren. Das merkt man schon an den verwendeten Metaphern: Sprache wird als ein spezies-spezifisches „Organ" bezeichnet, das jedem Exemplar der Spezies Mensch zukommt. Sprache wächst uns wie Haare und Fingernägel. Das sprachspezifische Organ des Menschen besteht in der genetisch angelegten Sprachfähigkeit, die durch eine Reihe von abstrakten Prinzipiensystemen geprägt ist, die determinieren, was eine mögliche Grammatik ist. An der Auffassung der Universalgrammatik hat sich gegenüber dem Parameter-und-Prinzipien-Ansatz nichts geändert.

Was mich an diesem Buch besonders interessiert hat, ist die Konfrontation der Chomskyschen Auffassung mit der Wittgensteins in der Interpretation Kripkes, des einstigen philosophischen Wunderkinds Amerikas. Ich darf Ihnen vielleicht ganz kurz die Kripke-Position skizzieren, wobei es mir nicht um die Feinheiten möglicher Wittgenstein-Exegese geht; vielmehr möchte ich zwei Sprachauffassungen ins Licht rücken, die vermutlich die einzigen, philosophisch-wissenschaftlich begründeten sind, und die Frage stellen, wie sie sich zueinander verhalten.

Also kurz und sehr vereinfachend zu Kripke: Sprache ist in dieser Auffassung ein kollektives Phänomen. Von einem Menschen zu sagen, er meine etwas mit einem sprachlichen Ausdruck, er folge einer Regel oder allgemein: er verfüge über eine Sprache, heißt, ihn als Mitglied einer Gemeinschaft zu betrachten. Aussagen über Regeln einer Sprache sind Aussagen über soziale Praktiken einer Gemeinschaft, über ihre Lebensform. Keinesfalls sind sie Aussagen über mentale Zustände einzelner Sprachteilnehmer. Von einem Individuum zu sagen, es verfüge über Sprache, hat überhaupt nur dann Sinn, wenn man es als Mitglied eines Kollektivs betrachtet. Dies gilt auch für Robinson Crusoe auf seiner einsamen Insel.

Chomsky stürzt sich nun justament auf das Gedankenexperiment der Robinsonade. Er stimmt zunächst mit Kripke darin überein, dass physische Isolation keine Rolle für die Behauptbarkeit des Verfügens über Sprache, des Regelbefolgens spiele. Aber, so Chomsky: Die Lebensform als Bedingung für die Behauptbarkeit von Regelbefolgung ist nicht durch die Gemeinschaft konstituiert, sondern durch die artspezifische Ausstattung des Menschen, seiner biologisch angelegten Sprachfähigkeit. Diese begründet die sehr viel grundsätzlichere Lebensform des Menschen. Eine wahrlich kühne Uminterpretation Wittgensteins!

Jetzt möchte ich gerne Sie, lieber Peter, um Ihre Meinung fragen. Wie sehen Sie das Verhältnis dieser beiden Sprachbegriffe? Ich denke, sie schließen einander aus. Es gibt keine Möglichkeiten, keine Argumente, die zur Versöhnung führen könnten. Dennoch meine ich, dass sie sich in ihren Konsequenzen für die wissenschaftliche Praxis komplementär zueinander verhalten. Ich hoffe, Sie haben ein wenig Geduld, weiter zu lesen und mir in meinen unverblümten Gedankengängen noch eine Weile zu folgen.

Die universale Grammatik im Sinn Chomskys gehört zur biologischen Ausstattung des Menschen, ist also ein Aspekt der Humangenetik. In diesem Verständnis ist die Untersuchung von Sprache letztlich ein Teil der Humanbiologie. Als solche ist sie der – wie Chomsky es nennt – galileischen Methode verpflichtet, die darin besteht, abstrakte mathematische Modelle zu konstruieren und diesen einen höheren Realitätsgrad zuzuschreiben als der durch unsere Sinnesorgane erschlossenen Alltagswelt. Zu den Hauptaufgaben der Linguistik gehört es demnach, Hypothesen aufzustellen, Voraussagen zu machen darüber, was eine mögliche phonologische, morphologische, syntaktische und semantische Struktur eines sprachlichen Ausdrucks ist und wie diese durch abstrakte Prinzipien erklärt werden können, die ihrerseits auf neurophysiologische und biochemische Kategorien projizierbar sind.

Die Sprachauffassung Wittgensteins hingegen verhindert nun geradezu ein solches naturwissenschaftliches Vorgehen. „Denk nicht, sondern schau!" heißt die Maxime Wittgensteins, und gemäß dieser untersucht er mit der analytischen Methode die Ausdrücke unserer Sprache mit dem Ziel, die Philosophie von ihrer Irrtümern zu befreien. Mit der sprachanalytischen Methode werden inhaltliche Feststellungen über die Sprache getroffen. Ich meine nun, dass gerade solche Untersuchungen für die Linguistik, und nicht nur für sie, unverzichtbar sind. Mit ihnen werden Fragen nach dem Status von Aussagen beantwortbar, sowie Fragen nach dem Zusammenhang zwischen der Bedeutung wissenschaftlicher und der Bedeutung alltagssprachlicher Ausdrücke, Fragen nach dem Verhältnis zwischen wissenschaftlicher Erkenntnis und der Bedeutung alltagssprachlicher Ausdrücke und schließlich die Frage, wie verschiedene Theorien ineinander übersetzbar sind.

Gerade bezüglich dieser Fragen weist das Chomskysche Wissenschaftsverständnis meiner Meinung nach erhebliche Defizite auf. Angesichts des hohen Abstraktionsgrades seiner Theorie ist nicht nur die sprachliche Vermittlung mit Ausdrücken der natürlicher Sprache ungesichert, es ist zudem völlig unklar, wie ein Übersetzungstransfer zwischen Chomskys abstrakten Kategorien und den neurophysiologischen oder biochemischen Kategorien einer biologischen Theorie hergestellt werden könnte. Die Lösung dieser Art von Sprachproblemen ist aber nicht nur für die Linguistik unverzichtbar, sie ist auch dringend nötig, um sinnvolle interdisziplinäre Diskussionen zu ermöglichen, und sogar für unsere bescheidenen Gespräche bedarf es der Lösung dieses Problems.

Zehn Briefe aus Amerika 443

Jetzt habe ich aber Ihre Geduld genug strapaziert. Zum Schluss kann ich Ihnen auch noch etwas sehr Erfreuliches mitteilen: Meine Zeitung plant, mich im nächsten Jahr als Berichterstatterin zum Internationalen Linguistenkongress nach (Ost)Berlin zu schicken. Dies würde dann auch hoffentlich bedeuten, dass wir uns sehen und wieder einmal miteinander reden könnten. Darauf freue ich mich sehr,

sincerely yours
Gisela, New York 1986

Dear Peter,

das Jahr 1987 geht so langsam seinem Ende entgegen, und zu den angenehmsten Erinnerungen daran gehören unsere Begegnung in Berlin und mein Aufenthalt bei Ihnen und Ihrer Familie in Jena. Ich möchte Ihnen und Ihrer lieben Gattin dafür nochmals besonders herzlich danken.

Der Linguistenkongress hat mich in seiner imposanten Bandbreite außerordentlich beeindruckt, aber auch über Ihre Wissenschaft ganz schön ins Grübeln gebracht. Wir haben in unserem Briefwechsel ja schon verschiedentlich über die Bedrohung der Auf- oder Ablösung der Linguistik gesprochen. Nun scheint mir dies ein nachgerade in die Wissenschaft von der Sprache eingebautes Risiko zu sein. Mir ist beim Anhören ganz unterschiedlicher Vorträge aufgefallen, dass, wenn es über die Beschreibung der Sprachstrukturen hinaus um die Erklärung dieser Phänomene ging, häufig Anleihen bei anderen Disziplinen gemacht wurden: von den Semantikern bei den Sprachphilosophen, Logikern und Psychologen, von den Syntaktikern manchmal bei den Mathematikern, manchmal bei den Psychologen und von den Pragmatikern auch bei den Soziologen. Dies erklärt zumindest teilweise auch den Richtungsstreit unter den Linguisten, denke ich. Es hat aber auch etwas Positives: langweilig wird's nicht! In diesem Sinn

Sincerely yours
Gisela, New York 1987

Dear Peter,

ich freue mich sehr, von Ihnen zu hören, dass Sie jetzt viele Kontakte mit Ihren Kolleginnen und Kollegen aus dem westlichen Teil Deutschlands haben. Auch finde ich es sehr interessant, dass es sogar bei Linguisten Sprach- bzw. Kommunikationsprobleme gibt. Sie schrieben mir von Ihren Problemen mit der Bezeichnung *Pragmatik*. Offenbar denken Sie dabei in erster Linie an schlechte Linguistik, die in einer kleinen Garnisonsstadt in der Nähe von Berlin fabriziert wird. Mein linguistischer Nachbar hingegen meinte, dass man ernsthafte Semantik gar nicht ohne Pragmatik betreiben könne, wobei er unter Pragmatik eine Sichtweise auf Sprache versteht, mit der die situativen Bedingungen der Sprachverwendungsmöglichkeiten gleichberechtigt neben den strukturellen Eigenschaften der Ausdrücke berücksichtigt werden. Mir leuchtet sofort ein, dass man die Bedeutung von Ausdrücken wie *ich, hier, vor, hinter, heute,* aber auch *wissen, versprechen* ohne eine solche Berücksichtigung gar nicht adäquat beschreiben kann, und ich kann mir nicht vorstellen, dass Sie da widersprechen wollten. Also wird wohl das Ganze ein kommunikatives Problem zwischen Ost und West sein. Aber ich könnte mir vorstellen, dass Sie solche Probleme den Jahren des notgedrungenen Schweigens vorziehen. Deshalb wünsche ich Ihnen noch ganz viele solcher schönen Probleme,

Sincerely yours,
Gisela, New York 1988

Dear Peter,

es ist nicht zu fassen: Sie sind fern im Kaukasus, und in Ihrem Land passiert eines der wichtigsten Ereignisse dieses Jahrhunderts! Der amerikanische Nachrichtensender CNN konnte gar nicht mehr davon ablassen, all die glücklich aussehenden Menschen zu zeigen, die über die deutsch-deutsche Grenze fuhren. Jeder Journalist musste einmal an der mittlerweile lustvoll abgetragenen Mauer stehen und geschichtsträchtige Sätze von sich geben.

Ich verstehe, dass, wie Sie schreiben, momentan Ihre Beschäftigung mit der Linguistik etwas in den Hintergrund getreten ist, und ich kann mir auch sehr gut vorstellen, dass Sie tausend Fragen zu Ihrer politischen und wissenschaftlichen Zukunft haben. Ein bisschen neidisch bin ich allerdings schon: nun bin ich Tausende von Kilometern über den Ozean gereist in die Metropole der Superlative, und wo passiert wirklich was? In Deutschland – wer hätte das gedacht!

Ich wünsche Ihnen und Ihrer Gattin sowie Thomas alles erdenklich Beste für das kommende, für Sie so wichtige Jahr,

sincerely yours
Gisela, New York 1989

Dear Peter,

dies wird nun der letzte Brief sein, den ich Ihnen aus Amerika schreibe. Am Ende dieses Jahres werde ich nach Deutschland zurückkehren, was den unschätzbaren Vorteil hat, dass wir uns dann des öfteren mal besuchen und miteinander reden können.

Was Sie über die Entwicklung in Ihrem Land und an Ihrer Universität schreiben, klingt so, als käme doch noch Einiges auf Sie zu. Sie sind wirklich nicht zu beneiden: Offenbar müssen Sie sich jetzt nach der Abwehr dreier linguistischer Fronten (wir hatte um die Mitte des Jahrzehnts darüber gesprochen) auch noch für einen Kampf mit einer neuen wissenschaftlichen Westfront rüsten. Aber ich bin ganz zuversichtlich, dass Sie da ein sehr viel leichteres Spiel haben werden.

Was mich allerdings ziemlich wütend gestimmt hat, war Ihre Nachricht, dass Ihr neuer Kanzler das Karl-Marx-Denkmal im Garten Ihrer Universität entfernen lassen will. Bitte, lieber Peter, wenn es noch steht, kaufen Sie auf meine Rechnung einen Strauß roter Rosen und legen Sie sie dem Mann zu Füßen, der für die jüngste Entwicklung in Ihrem Land nun wirklich nicht verantwortlich ist.

In der Vorfreude, Sie in Zukunft des öfteren sehen und sprechen zu können, und mit den besten Wünschen für Kraft und Mut im nächsten Jahrzehnt,

sincerely yours
Gisela, New York 1990

7. Schriftenverzeichnis

Schriftenverzeichnis von Peter Suchsland

A. Bücher und Broschüren

(1) Die Sprache der Jenaer Ratsurkunden. Entwicklung von Lauten und Formen von 1317 bis 1525. Akademie-Verlag Berlin 1968.
(2) Deutsche Volksbücher in drei Bänden. Ausgewählt, eingeleitet und mit Anmerkungen versehen von Peter Suchsland. Textrevision von Erika Weber. Bibliothek deutscher Klassiker. Aufbau-Verlag Berlin und Weimar 1968, 1975, 1979, 1983; 5., überarbeitete Auflage 1992.
(3) Giorgi Natroschwili: Nikolos Barataschwili. Deutsch von R. Gamcharaschwili und P. Suchsland. Tbilissi 1968.
(4) Sprache und Gesellschaft. Deutsche Akademie der Wissenschaften zu Berlin. Philosophisch-methodologische Seminare. Reihe Seminarreferate. Berlin 1971.
(5) Kurze Einführung in die generative Grammatik des Deutschen. Universitätsverlag Krakòw 1973.
(6) [mit Albrecht Neubert, Werner Neumann, Ulrich Ricken, Rudolf Růžička, Wolfgang Ullrich Wurzel und anderen] Das Sprachsystem und seine Entwicklungsgesetzmäßigkeiten. LS/ZISW/A, Sonderheft 4/1 und 4/2. Berlin 1974.
(7) Theoretische Probleme der Sprachwissenschaft. Von einem Autorenkollektiv unter Leitung von Werner Neumann. Reihe Sprache und Gesellschaft, Band 9. Akademie-Verlag Berlin 1976. [Eigener Anteil: Stellvertretender Leiter der Redaktionsgruppe, verantwortlicher Autor des Kapitels 4: Das Sprachsystem und seine Entwicklungsgesetzmäßigkeiten (überarbeitete Fassung von (6)]
(8) [mit Wolfgang Fleischer, Wolfdietrich Hartung, Joachim Schildt (Hrsg.)] Kleine Enzyklopädie: Deutsche Sprache. VEB Bibliographisches Institut Leipzig 1983. [Eigener Anteil: Redaktion des Kapitels 2: Das System der deutschen Gegenwartssprache, Autor der Abschnitte 2.1: Die Sprache als System, 2.4. Syntax, S. 170-210]
(9) Biologische und soziale Grundlagen der Sprache. Interdisziplinäres Symposium des Wissenschaftsbereiches Germanistik der Friedrich-Schiller-Universität Jena, 17.-19.
(10) Oktober 1989. Herausgegeben von Peter Suchsland. Max Niemeyer Verlag Tübingen 1992.

(11) Dokumente der Ehrenpromotion von Manfred Bierwisch an der Philosophischen Fakultät der Friedrich-Schiller-Universität am 5. Dezember 1990. Herausgegeben von Peter Suchsland. Jena: Institut für Germanistische Sprachwissenschaft 1993.

(12) Robert D. Borsley: Syntax-Theorie. Ein zusammengefaßter Zugang. Deutsche Bearbeitung von Peter Suchsland. Konzepte der Sprach- und Literaturwissenschaft 55. Max Niemeyer Verlag Tübingen, 1997.

B. Aufsätze

(1) Die Aufgabe der Dichtung und die Auseinandersetzung mit Hafis in Goethes „Westöstlichem Divan". WZ/FSU Jena, Gesellschafts- und sprachwissenschaftliche Reihe, 8. Jg. 1958-59, H. 4-5, S. 491-494.

(2) Erwin Strittmatter: Der Wundertäter. Beiträge zur Literaturdiskussion. Sonderdruck zur Woche des Buches. [Beilage zu] Weimar – ein Kulturspiegel für Stadt und Land, Nr. 10. Weimar 1958, S.11-13.

(3) Dichter welcher Freiheit? [Autorenkollektiv am Germanistischen Institut der Friedrich-Schiller-Universität Jena: Analyse bundesdeutscher Publizistik zum Schiller-Jahr 1959]. NDL 1960, H. 8, S.122-127.

(4) Zur Sprache der Jenaer Ratsurkunden. WZ/FSU Jena, Gesellschafts- und sprachwissenschaftliche Reihe, 14. Jg. 1965, H. 3, S. 467-473.

(5) Zum Strukturwandel im morphologischen Teilsystem der deutschen Nominalflexion. WZ/FSU Jena, Gesellschafts- und sprachwissenschaftliche Reihe, 18. Jg. 1969, H. 5, S. 97-103.

(6) Zum Problem der Expansion von Nominalkomplexen und der Einführung von Eigennamen in einer generativen Grammatik der deutschen Sprache. Biuletyn Polskiego Towarzystwa Językoznawczego [1971] zeszyt XXIX, S. 141-153.

(7) [mit Dieter Herberg] Wie kommt es, daß die Zahlen überall gleich sind, obwohl es so viele verschiedene Sprachen gibt? Sprachpflege, 20. Jg. 1971, H. 8, S. 163-164.

(8) Gesellschaftliche Funktion und gesellschaftlicher Charakter der Sprache [Erster Teil der überarbeiteten Fassung von A(4)]. Sprachpflege, 20. Jg. 1971, H. 10, S. 193-202. [Gekürzt in: Germanistische Studientexte. Wort – Satz – Text. Leipzig 1977, S. 9-19, S. 271-273.]

(9) Philosophisch-methodologische Seminare – Foren des Meinungsstreits. Spektrum, 2. Jg. 1971, H. 7-8, S. 43-44.

(10) Über den Zusammenhang von gesellschaftlichen Strukturformen und menschlicher Sprache [Zweiter Teil der überarbeiteten Fassung von A(4)]. Sprachpflege, 21. Jg. 1972, H. 1, S. 1-7.

(11) Einige Bemerkungen zur „cartesianischen" Fundierung der Sprachwissenschaft bei Chomsky als Ausdruck des philosophischen Idealismus in der spätbürgerlichen Linguistik. Synchronischer und diachronischer

Sprachvergleich. Wissenschaftliche Beiträge der Friedrich-Schiller -Universität Jena, Jena 1972, S. 93-108.
(12) [mit Manfred Bierwisch, Karl Erich Heidolph, Wolfgang Motsch und Werner Neumann] Grammatiktheorie, Sprachtheorie und Weltanschauung. Bemerkungen über das Verhältnis der marxistisch-leninistischen Sprachwissenschaft zur generativen Transformationsgrammatik N. Chomskys. LS/ZISW/A, Band 2, Berlin 1973, S. 1-86.
(13) Überlegungen zum Systemaspekt der Sprache. LS/ZISW/A, Band 2. Berlin 1973 [auch: DaF, 11. Jg. 1974, H. 1, S. 5-12 und H. 2, S. 65-75.]
(14) [Diskussionsbeiträge auf der Arbeitstagung „Sprachwissenschaft und Fremdsprachenunterricht" der Germanistenkommission DDR – VRP im Mai 1973] LS/ZISW/A, Band 20, Berlin 1975, S. 31,46, 50-51, 73-75, 84-85, 115-116, 169-170.
(15) Bemerkungen zur Funktion morphologischer Kategorien (Ein Beitrag zur Diskussion). Heinz Mettke zum 50. Geburtstag. DaF, 12. Jg. 1975, H. 6, S. 321-325.
(16) Vorüberlegungen für eine marxistische Darstellung des Sprachsystems. ZPSK, 29. Jg. 1976, H. 3, S. 226-233.
(17) Gottfried Wilhelm Leibniz (1646-1716). Über sein theoretisches und sein praktisches Verhältnis zur deutschen Sprache. Erbe – Vermächtnis und Verpflichtung. Reihe Sprache und Gesellschaft, Band 10. Akademie-Verlag Berlin 1977, S. 32-59.
(18) Gibt es Widersprüche zwischen Leibniz' theoretischen und praktischen Bemühungen um die deutsche Sprache? ZPSK, 29. Jg. 1976, H. 5/6, S. 472-475.
(19) Probleme der Darstellung des Sprachsystems. Germanistica Pragensia 1976[1983], S. 59-83.
(20) Einige Bemerkungen über methodologische Probleme der marxistisch-leninistischen Sprachwissenschaft. LS/ZISW/A, Band 40, Berlin 1977, S. 62-82.
(21) [mit Brigitte Matzke] Zur Konstituentenstruktur der deutschen Passivzeitformen – Bemerkungen zum Beitrag von V.A. Zerebkov. DaF, 14. Jg. 1977, H. 4, S. 223-225.
(22) Bemerkungen zum Verhältnis von sprachlich-kommunikativer Tätigkeit und sozialen Normen. DaF, 15. Jg. 1978, H. 1, S. 1-9.
(23) Zur Definitionsgrundlage für deutsche Satzglieder. Beiträge zu Problemen der Satzglieder. Herausgegeben von Gerhard Helbig. Linguistische Studien. VEB Verlag Enzyklopädie Leipzig 1978, S. 234-262.
(24) Sprachbeherrschung, Sprachkultur und Lebensweise. Jenaer „Anti-Dühring"-Konferenz. Wissenschaftliche Beiträge der FSU Jena. Universitätsverlag Jena 1979, S. 205-210.
(25) Das Sprachsystem als theoretisches und methodologisches Problem der Linguistik [Antrittsvorlesung vom 15.4.1980]. Antrittsvorlesungen.

Ausgewählte Vorträge der Friedrich-Schiller-Universität. Universitätsverlag Jena 1986, S. 1-15.

(26) Grundstrukturen und Abwandlungsstrukturen – Bemerkungen zur Syntax-Ausbildung an Universitäten und Hochschulen. Sprache in Geschichte und Gegenwart. Wissenschaftliche Beiträge der FSU Jena. Universitätsverlag Jena 1980, S. 218-230.

(27) Zum Verhältnis von Grundstrukturen und Abwandlungsstrukturen in einer Beschreibung der deutschen Syntax. WZ/PH Zwickau, 16. Jg. 1980, H. 1/2, S. 117-128.

(28) [mit Helmut Metzler] Zum Wechselverhältnis von Semantik und Syntax. Linguistische und philosophische Aspekte. DZfPhilos, 29. Jg. 1981, H. 11, S. 1351-1359.

(29) Grundlagen und Ziele der Jenaer Semantik-Syntax-Forschungen in den kommenden Jahren. 1. Jenaer Semantik-Syntax-Symposium. Wissenschaftliche Beiträge der FSU Jena. Universitätsverlag Jena 1982, S. 9-28.

(30) Einige Bemerkungen zur logischen Struktur der Manipulation. LS/ZISW/A, Band 97. Berlin 1982, S. 55-61.

(31) Zu einigen Bedingungen für die Reduzierbarkeit von Konstituentensätzen zu Infinitivkonstruktionen im Deutschen. Übersetzungswissenschaftliche Beiträge, Band 6. VEB Verlag Enzyklopädie Leipzig 1983.

(32) Bemerkungen zur logisch-semantischen Analyse von Verben (am Beispiel von *bringen*). LS/ZISW/A, Band 109, Berlin 1983, S. 229-240.

(33) Einige Bemerkungen über Probleme einer tätigkeitsbezogenen Sprachauffassung. Manuskript. Jena 1983.

(34) Germanistische Grammatikforschung in der DDR – Versuch eines historischen Überblicks. DaF, 27. Jg. 1984, H. 1, S. 1-8.

(35) Über einige Probleme der Behandlung des Verhältnisses von Semantik und Syntax in einer deutschen Grammatik. DaF, 21. Jg. 1984, H. 2, S. 65-71.

(36) [mit Roland Hahnemann] Einige Gedanken zur Sprachphilosophie Wilhelm von Humboldts. Manuskript. Jena 1984.

(37) Text und Handlungsziele. Sprache und Pragmatik (Lunder Symposium 1984). Herausgegeben von Inger Rosengren. Almqvist & Wiksell International Stockholm 1984, S. 217-228.

(38) Der mittelalterliche Stadtrat von Jena und seine Urkunden. WZ/FSU Jena, 34. Jg. 1985, H. 5/6, S. 559-570.

(39) Präsentation: Grammatik der deutschen Gegenwartssprache – eine systemorientierte Darstellung. LS/ZISW/A, Band 127. Berlin 1985, S. 229-237.

(40) Der Präteritalausgleich im Lichte der Natürlichkeitstheorie. WZ/PH Zwickau, 22. Jg. 1986, H. 2, S. 37-44.

(41) Zur Syntax und Semantik von *lassen*. ZPSK, 40. Jg. 1987, H. 5, S. 652-667.

(42) Zum AcI und zu verwandten Konstruktionen im Deutschen. DaF, 24. Jg. 1987, H. 6, S. 321-329.
(43) Rückschau und Ausblick. Gedanken zur Eröffnung. 2. Jenaer Semantik-Syntax-Symposium 1987. Wissenschaftliche Beiträge der Friedrich-Schiller-Universität Jena. Jena: Universitätsverlag Jena 1988, S. 7-14.
(44) Satzkomplemente. 2. Jenaer Semantik-Syntax-Symposium 1987. Wissenschaftliche Beiträge der Friedrich-Schiller-Universität Jena. Jena: Universitätsverlag Jena 1988, S. 25-41.
(45) Überlegungen zur Behandlung von substantivischen Wortgruppen mit deverbalem Kern in einer Grammatik des Deutschen. Syntax, Semantik und Lexikon. Rudolf Růžička zum 65. Geburtstag. Herausgegeben von Manfred Bierwisch, Wolfgang Motsch und Ilse Zimmermann. studia grammatica XXIX. Berlin: Akademie-Verlag 1988, S. 232-256.
(46) Verben mit Satzkomplementen. Sprache und Spracherwerb. Wissenschaftliche Beiträge der Friedrich-Schiller-Universität Jena, Jena: Universitätsverlag Jena 1988, S. 23-28.
(47) Zur Interaktion von Morphologie und Syntax. DaF, 25. Jg. 1988, H. 6, S. 321-327.
(48) Vor-Sätze und Grund-Sätze für Grammatikforschung. ZPSK, 42. Jg. 1989, H. 2, S. 255-259.
(49) Einige Grundbegriffe der neueren Grammatiktheorie. Noam Chomsky zum 60. Geburtstag am 7. Dezember 1988. ZfGerm, 10. Jg. 1989, H. 3, S. 274-292.
(50) Sprachwandel – eine Herausforderung an die Grammatiktheorie? Deutsche Sprache und Literatur in Mittelalter und früher Neuzeit. Wissenschaftliche Beiträge der Friedrich-Schiller-Universität Jena. Universitätsverlag Jena 1989, S. 10-21.
(51) Gratulationsrede zum 65. Geburtstag von Heinz Mettke. Heinz Mettke zur Erinnerung an den 20. Dezember 1989. Herausgegeben von Norbert Richard Wolf, Würzburg 1990, S. 7-9.
(52) Vorwort. Biologische und soziale Grundlagen der Sprache. Tübingen: Niemeyer 1992, S. VII-VIII.
(53) Einführung. Biologische und soziale Grundlagen der Sprache. Tübingen: Niemeyer 1992, S. 1-4.
(54) Ist die Grammatiktheorie noch zu retten? Biologische und soziale Grundlagen der Sprache. Tübingen: Niemeyer 1992, S. 385-389.
(55) Laudatio für die Verleihung der Ehrendoktorwürde der Philosophischen Fakultät der Friedrich-Schiller-Universität an Herrn Professor Dr. Manfred Bierwisch am 5. Dezember 1990. Dokumente der Ehrenpromotion von Manfred Bierwisch an der Philosophischen Fakultät der Friedrich-Schiller-Universität am 5. Dezember 1990. Herausgegeben von Peter Suchsland. Jena: Institut für Germanistische Sprachwissenschaft 1993, S. 7-13

(56) The Structure of German Verb Projections – a Problem of Syntactic Parametrization? The Parametrization of Universal Grammar. Edited by Gisbert Fanselow. Linguistik Aktuell, Volume 8, Amsterdam/Philadelphia: John Benjamins Publishing Company 1993, pp. 123-143.
(57) „Innere" und „äußere" Aspekte von Infiniteinbettungen im Deutschen. Zur Satzwertigkeit von Infinitiven und Small Clauses. Herausgegeben von Anita Steube und Gerhild Zybatow. Linguistische Arbeiten, Band 315. Tübingen: Max Niemeyer Verlag 1994, S. 7-16.
(58) Subjekte und Prädikate in neueren Grammatiktheorien. Deutsch als Fremdsprache. An den Quellen eines Faches. Festschrift für Gerhard Helbig zum 65. Geburtstag. Herausgegeben von Heidrun Popp. München: iudicium verlag 1995, S. 69-89.
(59) Die neue deutsche Orthographie. Über Sinn und Unsinn der Reform. Handreichung (Manuskript). Jena 1995.
(60) [mit Lutz Götze] Deutsch als Fremdsprache: Thesen zur Struktur des Faches. DaF. 33. Jg. 1996, H. 2, S. 67-72.
(61) Was ist denn *da*? Über zwielichtige Subjekte im Deutschen. Sprache als Schlüssel zur Welt. Plenarvorträge und Sektionsbeiträge, gehalten auf der 3. Fachtagung des Verbandes der Deutschlehrer und Germanisten der Slowakei am 26.-29. August 1996 in Prešov. Herausgegeben von Ladislav Sisák und Ladislav Šimon und Marion Bujňáková. Prešov 1997, S. 117-124.
(62) [mit Josef Bayer] Expletiva und leere Subjekte im Deutschen. Groninger Arbeiten zu Germanistischen Linguistik (GAGL) Nr. 41. Rijksuniversiteit Groningen, Groningen 1997, S. 12-38.
(63) Wege zum Minimalismus in der Grammatiktheorie. Entwicklungen in der generativen Grammatik (I). DaF. 35. Jg. 1998, H. 4, S. 212-219.
(64) Wege zum Minimalismus in der Grammatiktheorie. Entwicklungen in der generativen Grammatik (II). DaF. 36. Jg. 1999, H. 1, S. 26-31.
(65) [mit Josef Bayer] Some Remarks on Expletives in German. Contribution to the [electronic] Festschrift in honor of Noam Chomsky's 70th Birthday. http://mitpress. mit.edu/chomskydisc
(66) *Soll man Kopf stehend und freudestrahlend Eis laufen?* Linguistische Fußangeln der neuen deutschen Rechtschreibung. Linguistik und Deutsch als Fremdsprache. Festschrift für Gerhard Helbig zum 70. Geburtstag. Herausgegeben von Bernd Skibitzki und Barbara Wotjak. Tübingen: Niemeyer 1999, S. 209-226.
(67) [mit Lutz Götze]: Am (vorläufigen) Ende einer Debatte. DaF, 36. Jg. 1999, H. 2, S. 75-80.
(68) *... ibu dû mî ênan sagês, ik mî dê ôdre uuêt.* Zur Syntax des *Hildebrandliedes*. Eine Fallstudie. Septuaginta quinque. Festschrift für Heinz Mettke. Herausgegeben von Jens Haustein, Eckhard Meineke und Norbert Richard Wolf. Jenaer germanistische Forschungen. N.F. 5, Heidelberg: C. Winter 2000, S. 355-379.

C. Rezensionen

(1) Künstlerproblematik und Realismus: Inge Diersen: Untersuchungen zu Thomas Mann. NDL 1960, H. 3, S. 137-140.
(2) Hans Koch: Franz Mehrings Beitrag zur marxistischen Literaturtheorie. DZfPhilos, 4. Jg. 1960, H.9, S. 1136-1139.
(3) Noam Chomsky: Aspekte der Syntax-Theorie. DLZ, 93. Jg. 1972, H. 4/5, Sp. 305-309.
(4) Allgemeine Sprachwissenschaft. Band I: Existenzformen, Funktionen und Geschichte der Sprache. Von einem Autorenkollektiv unter der Leitung von B. A. Serebrennikow. Ins Deutsche übertragen und herausgegeben von Hans Zikmund und Günter Feudel. DLZ, 95. Jg. 1974, H. 2, Sp. 94-97.
(5) Hans Eggers: Deutsche Sprache im 20. Jahrhundert. DLZ, 95. Jg. 1974, H. 5, Sp. 346-348.
(6) Lexikon der Germanistischen Linguistik. Herausgegeben von Hans Peter Althaus, Helmut Henne und Herbert Ernst Wiegand. DLZ, 96. Jg. 1975, H. 6, Sp. 459-464.
(7) Allgemeine Sprachwissenschaft. Band II: Die innere Struktur der Sprache. Von einem Autorenkollektiv unter der Leitung von B. A. Serebrennikow. Ins Deutsche übertragen und herausgegeben von Hans Zikmund und Günter Feudel. DLZ, 97. Jg. 1976, H. 10, Sp. 854-858.
(8) John J. Gumperz: Sprache, lokale Kultur und soziale Identität. ZPSK, 30. Jg. 1977, H. 1, S. 100-103.
(9) Allgemeine Sprachwissenschaft. Band III: Methoden sprachwissenschaftlicher Forschung. Von einem Autorenkollektiv unter der Leitung von B. A. Serebrennikow. Ins Deutsche übertragen und herausgegeben von Hans Zikmund und Günter Feudel. DLZ, 98. Jg. 1978, H. 10/11, Sp. 678-682.
(10) B.N. Golowin: Einführung in die Sprachwissenschaft. Ins Deutsche übersetzt und herausgegeben von Hans Zikmund. DLZ, 99. Jg. 1978, H. 1, Sp 13-16.
(11) Beiträge zur generativen Grammatik. Referate des 5. Linguistischen Kolloquiums Regensburg 1970. Herausgegeben von Arnim von Stechow. Schriften zur Linguistik 3. Linguistics 208, 1979, S. 76-82.
(12) B. Sandberg: Die neutrale -en-Ableitung der deutschen Gegenwartssprache. ZPSK, 32. Jg. 1979, H. 2, S. 243-248.
(13) D. Viehweger et al.: Probleme der semantischen Analyse. DLZ, 101. Jg. 1980, H. 2, Sp. 108-110.
(14) A. D. Peer: Studien zur Wortbildung in einer „klassischen" Transformationsgrammatik. ZPSK, 34. Jg. 1981, H. 3, S. 376-3-78.
(15) Sprache und Pragmatik. Lunder Symposium 1978. Herausgegeben von Inger Rosengren. DaF, 18. Jg. 1981, H. 3, S. 177-179.

(16) Grundzüge einer deutschen Grammatik. Herausgegeben von Karl-Erich Heidolph, Walter Flämig und Wolfgang Motsch. ZfGerm, 2. Jg. 1981, H. 4, S. 474-478.
(17) H.-J. Heringer, B. Strecker und R. Wimmer: Syntax. Fragen – Lösungen – Alternativen. DLZ, 103. Jg. 1982, H. 2, Sp. 110-114.
(18) W. Klein und N. Dittmar: Developing Grammars. ZPSK, 35. Jg. 1982, H. 2, S. 223-225.
(19) B. Sandberg: Zur Repräsentation, Besetzung und Funktion einiger zentraler Leerstellen bei Substantiven. ZPSK, 35. Jg. 1982, H. 3, S. 357-359.
(20) W. Sökeland: Indirektheit von Sprechakten. ZPSK, 35. Jg. 1982, H. 3, S. 366-368.
(21) R. Harweg: Pronomina und Textkonstitution. ZPSK, 35. Jg. 1982, H. 3, S. 370.
(22) Sprache und Pragmatik. Lunder Symposium 1980. Herausgegeben von Inger Rosengren. ZPSK, 35. Jg. 1982, H. 6, S. 734-738.
(23) P. H. Matthews: Syntax. DLZ, 104. Jg. 1983, H. 4, Sp. 299-302.
(24) Lexikon der Germanistischen Linguistik. 2. Auflage. Herausgegeben von Hans Peter Althaus, Helmut Henne, Herbert Ernst Wiegand. ZPSK, 36. Jg. 1983, H. 4, S. 481-483.
(25) Wissenschaftssprache. Theo Bungarten. DLZ, 104. Jg. 1983, H. 6, S. 511-513.
(26) T. de Mauro: Einführung in die Semantik. DLZ, 104. Jg. 1983, H. 6, Sp. 950-952.
(27) R. Bartsch und Th. Vennemann: Grundzüge der Sprachtheorie. DLZ, 105. Jg. 1984, H. 1, S. 7-10.
(28) Sprache beschreiben und erklären. Sprache erkennen und verstehen. Akten des 16. Linguistischen Kolloquiums Kiel 1981. DLZ, 105. Jg. 1984, H. 10, Sp. 815-816.
(29) Sprache und Pragmatik. Lunder Symposium 1982. Herausgegeben von Inger Rosengren. DaF, 22. Jg. 1985, H. 1, S. 55-57.
(30) J. Jacobs: Syntax und Semantik der Negation im Deutschen. DLZ, 106 Jg. 1985, H. 12, Sp. 815-816.
(31) On the Formal Syntax of the Westgermania. edited by Werner Abraham. DaF, 22. Jg. 1985, H. 5, S. 319-320.
(32) W.U. Wurzel: Flexionsmorphologie und Natürlichkeit. Ein Beitrag zur morphologischen Theoriebildung. studia grammatica XXI. DLZ, 106. Jg. 1985, H. 5/6, Sp. 361-366.
(33) H. Niebaum: Dialektologie. ZPSK, 39. Jg. 1986, H. 3, S. 382-383.
(34) Festschrift für Lauri Seppänen zum 60. Geburtstag. Herausgegeben von A. Jäntti. DaF, 23. Jg. 1986, H. 3, S. 175-176.
(35) H. Seiler: Sprache und Gegenstand. DLZ, 107. Jg. 1986, H. 4, S. 339.
(36) P. R. Lutzeier: Linguistische Semantik. DLZ, 107. Jg. 1986, H. 9, S. 614-616.

(37) G. Helbig: Entwicklung der Sprachwissenschaft nach 1970. DaF, 24. Jg. 1987, H. 4, S. 248-250.
(38) G. Gazdar, E. Klein, G. Pullum, I. Sag: Generalized Phrase Structure Grammar. DLZ, 108. Jg. 1987, H. 5/6, S. 369-372.
(39) W. Nöth: Handbuch der Semiotik. DLZ, 108. Jg. 1987, Sp. 7-8.
(40) Linguistics across Historical and Geographical Boundaries. edited by Dieter Kastovsky and A. Szwedek. ZPSK, 40. Jg. 1987, H. 4, S. 565-566.
(41) E. Rothacker, G. Saile: Ich weiß nicht, was soll es bedeuten. Grundfragen der Semantik. DLZ, 108. Jg. 1987, H. 12, Sp. 899-890.
(42) P. Eisenberg: Grundriß der deutschen Grammatik. ZPSK, 41. Jg. 1988, H. 2, S. 245-247.
(43) Satzmodus zwischen Grammatik und Pragmatik. Herausgegeben von Jörg Meibauer. ZfGerm, 10. Jg. 1988, H. 3, S. 357-360.
(44) W. Mayerthaler et al.: Leitmotifs in Natural Morphology. ZPSK, 43. Jg. 1990, H. 2, S. 298-299.
(45) Thüringisches Wörterbuch. Band IV und V. Jahrbuch für Regionalgeschichte 17, II. Teil, 1990, S. 205-207.
(46) P. Gallmann: Kategoriell komplexe Wortformen. DaF, 29. Jg. 1992, H. 1, S. 60-62.
(47) Deutsche Syntax. Ansichten und Aussichten. Herausgegeben von Ludger Hoffmann. Beiträge zur Geschichte der deutschen Sprache und Literatur. Begründet von Wilhelm Braune, Hermann Paul, Eduard Sievers. 117. Band 1995, 2. H. 2, S. 289-294.
(48) The Prague School of Structural and Functional Linguistics. edited by Philip A. Luelsdorff. Germanistik. Internationales Referatenorgan mit bibiliographischen Hinweisen, 36. Jg. 1995, H. 3/4, S. 711-712.
(49) U. Engel: Syntax der deutschen Gegenwartssprache. 3. Auflage. Germanistik. Internationales Referatenorgan mit bibiliographischen Hinweisen, 36. Jg. 1995, H. 3/4, S. 739.
(50) P. Bondre-Beil: Parameter der Syntax. Germanistik. Internationales Referatenorgan mit bibiliographischen Hinweisen, 36. Jg. 1995, H. 3/4, S. 706-707.
(51) N. Chomsky: The Minimalist Program. Germanistik. Internationales Referatenorgan mit bibiliographischen Hinweisen, 37. Jg. 1996, H. 1, S. 33-34.
(52) B. Haas: Universalgrammatik und gesteuerter Zweitsprachenerwerb. DaF, 34. Jg. 1997, H. 1, S. 54-55.
(53) W. Abraham: Deutsche Syntax im Sprachenvergleich. Grundlegung einer typologischen Syntax des Deutschen. DaF, 34. Jg. 1997, H. 4, S. 247-249.
(54) B. Bartschat: Methoden der Sprachwissenschaft. Von Hermann Paul bis Noam Chomsky. Germanistik. Internationales Referatenorgan mit bibliographischen Hinweisen, 38. Jg. 1997, H. 1, S. 19.

(55) N. Chomsky: Probleme sprachlichen Wissens. Germanistik. Internationales Referatenorgan mit bibliographischen Hinweisen, 38. Jg. 1997, H. 1, S. 34-35.
(56) G. J. Huck and J.A. Goldsmith: Ideology and Linguistic Theory. Noam Chomsky and the deep structure debates. Germanistik. Internationales Referatenorgan mit bibliographischen Hinweisen, 38. Jg. 1997, H. 1, S. 35-36.
(57) A. Wierzbicka: Semantics. Primes and Universals. Germanistik. Internationales Referatenorgan mit bibiliographischen Hinweisen, 38. Jg. 1997, H. 1, S.39.
(58) U. Maas: Verfolgung und Auswanderung deutschsprachiger Sprachforscher 1933-1945. Band I: Einleitung und biobibliographische Daten A-F. Deutsch als Fremdsprache, 35. Jg. 1998, H. 3, S. 191-193.
(59) Lexikalische Semantik aus kognitiver Sicht. Perspektiven im Spannungsfeld linguistischer und psychologischer Modellierungen. Herausgegeben von P. Ludewig und B. Geurts. DaF (im Druck).
(60) B. Sandberg: Zum es bei transitiven Verben vor satzförmigem Akkusativobjekt. DaF (im Druck).

D. Reihen

[mit K. E. Heidolph, G. Kettmann, J. Kunze, R. Lötzsch. D. Nelz, H. Schmidt, B. Techtmeier und H. Zikmund (Hg.)] Linguistische Studien des Zentralinstituts für Sprachwissenschaft der Akademie der Wissenschaften der DDR, Reihe A (LS/ZISW/A), Berlin 1973-1976.

Abkürzungen

DaF	Deutsch als Fremdsprache, Leipzig
DLZ	Deutsche Literaturzeitung, Berlin
DzfPhilos	Deutsche Zeitschrift für Philosophie
LS/ZISW/A	Linguistische Studien des Zentralinstituts für Sprachwissenschaft der Akademie der Wissenschaften der DDR, Reihe A, Berlin
NDL	Neue deutsche Literatur, Berlin
WZ/FSU Jena	Wissenschaftliche Zeitschrift der Friedrich-Schiller-Universität Jena, Jena
WZ/PH Zwickau	Wissenschaftliche Zeitschrift der Pädagogischen Hochschule Zwickau, Zwickau
ZfGerm	Zeitschrift für Germanistik, Berlin
ZPSK	Zeitschrift für Phonetik, Sprachwissenschaft und Kommunikationsforschung, Berlin